REPERCUSSÃO GERAL DA
QUESTÃO CONSTITUCIONAL

O GEN | Grupo Editorial Nacional reúne as editoras Guanabara Koogan, Santos, Roca, AC Farmacêutica, Forense, Método, LTC, E.P.U. e Forense Universitária, que publicam nas áreas científica, técnica e profissional.

Essas empresas, respeitadas no mercado editorial, construíram catálogos inigualáveis, com obras que têm sido decisivas na formação acadêmica e no aperfeiçoamento de várias gerações de profissionais e de estudantes de Administração, Direito, Enfermagem, Engenharia, Fisioterapia, Medicina, Odontologia, Educação Física e muitas outras ciências, tendo se tornado sinônimo de seriedade e respeito.

Nossa missão é prover o melhor conteúdo científico e distribuí-lo de maneira flexível e conveniente, a preços justos, gerando benefícios e servindo a autores, docentes, livreiros, funcionários, colaboradores e acionistas.

Nosso comportamento ético incondicional e nossa responsabilidade social e ambiental são reforçados pela natureza educacional de nossa atividade, sem comprometer o crescimento contínuo e a rentabilidade do grupo.

Coordenação

**LUIZ FUX
ALEXANDRE FREIRE
BRUNO DANTAS**

REPERCUSSÃO GERAL DA
QUESTÃO CONSTITUCIONAL

RIO DE JANEIRO

- A EDITORA FORENSE se responsabiliza pelos vícios do produto no que concerne à sua edição (impressão e apresentação a fim de possibilitar ao consumidor bem manuseá-lo e lê-lo). Nem a editora nem o autor assumem qualquer responsabilidade por eventuais danos ou perdas a pessoa ou bens, decorrentes do uso da presente obra.
Todos os direitos reservados. Nos termos da Lei que resguarda os direitos autorais, é proibida a reprodução total ou parcial de qualquer forma ou por qualquer meio, eletrônico ou mecânico, inclusive através de processos xerográficos, fotocópia e gravação, sem permissão por escrito do autor e do editor.

Impresso no Brasil – *Printed in Brazil*

- Direitos exclusivos para o Brasil na língua portuguesa
Copyright © out./2014 by
EDITORA FORENSE LTDA.
Uma editora integrante do GEN | Grupo Editorial Nacional
Travessa do Ouvidor, 11 – Térreo e 6º andar – 20040-040 – Rio de Janeiro – RJ
Tel.: (21) 3543-0770 – Fax: (21) 3543-0896
forense@grupogen.com.br | www.grupogen.com.br

- O titular cuja obra seja fraudulentamente reproduzida, divulgada ou de qualquer forma utilizada poderá requerer a apreensão dos exemplares reproduzidos ou a suspensão da divulgação, sem prejuízo da indenização cabível (art. 102 da Lei n. 9.610, de 19.02.1998). Quem vender, expuser à venda, ocultar, adquirir, distribuir, tiver em depósito ou utilizar obra ou fonograma reproduzidos com fraude, com a finalidade de vender, obter ganho, vantagem, proveito, lucro direto ou indireto, para si ou para outrem, será solidariamente responsável com o contrafator, nos termos dos artigos precedentes, respondendo como contrafatores o importador e o distribuidor em caso de reprodução no exterior (art. 104 da Lei n. 9.610/98).

- Capa: Danilo Oliveira

- CIP – Brasil. Catalogação-na-fonte.
Sindicato Nacional dos Editores de Livros, RJ.

F934r

Fux, Luiz

Repercussão geral da questão constitucional / coordenação Luiz Fux, Alexandre Freire, Bruno Dantas – Rio de Janeiro : Forense, 2014.

Bibliografia
ISBN 978-85-309-5656-1

1. Direito constitucional – Brasil. I. Fux, Luiz. II. Dantas, Bruno. III. Freire, Alexandre. IV. Título.

14-11993   CDU: 342(81)

PREFÁCIO

Introduzida na ordem jurídica brasileira pela Emenda Constitucional nº 45/2004, a repercussão geral passou a consubstanciar requisito específico de admissibilidade do recurso extraordinário (CRFB, art. 102, § 3º).

Inspirado no *writ of certiorari* norte-americano, o instituto foi criado como ferramenta para a redução da sobrecarga de recursos submetidos à apreciação do Supremo Tribunal Federal, cingindo-os aos casos de maior relevância jurídica, política, social ou econômica. Com isso, esperava-se *racionalizar* e *otimizar* a prestação jurisdicional da Suprema Corte brasileira; objetivos esses potencializados pela sistemática de julgamento por amostragem de pretensões repetitivas (introduzida pela Lei nº 11.418/2006).

A medida vem dando resultados. Entre julho de 2007 e novembro de 2013, como registram os dados disponíveis na página oficial do Supremo Tribunal Federal na internet, o novo perfil da impugnação extraordinária ensejou uma redução de 64% na distribuição e de 58% do estoque de processos recursais perante o STF. Ao longo deste período foram devolvidos mais de 90 mil feitos aos tribunais de origem, o que, comparativamente, representa mais de 95% dos recursos autuados pelo Tribunal no mesmo intervalo de tempo. De modo *geral*, a redução no número de processos em tramitação no STF, como em qualquer outro órgão judicante, tem contribuído para a própria *funcionalidade* da Corte, severamente ameaçada pelo acúmulo de demandas que clamam por julgamento célere e cuidadoso. De modo *particular*, a especialização do Supremo Tribunal em questões de repercussão maior sobre a sociedade brasileira reforça o seu *papel constitucional* e evita a banalização da jurisdição extraordinária.

Sem embargo, ainda há muito no que avançar. Desde o início de sua aplicação, em maio de 2007, a repercussão geral foi reconhecida pelo Supremo Tribunal Federal em 490 (quatrocentos e noventa) recursos extraordinários. Desse total, apenas 32,24% (158 processos) foram julgados em definitivo, restando pendentes 332 feitos (67,76% do total). Esses números revelam a necessidade de se articularem novos modelos de organização interna da Corte, que deem vazão, sem perda de qualidade, à quantidade de processos cotidianamente distribuídos. Importante, bem por isso, refletir sobre, entre outros aspectos, (*i*) a partilha de competências entre as Turmas e o Plenário; (*ii*) o modelo deliberativo do colegiado; e (*iii*) a própria relação entre o Supremo Tribunal Federal e os tribunais inferiores, atualmente responsáveis por aplicar, em definitivo, o entendimento fixado em sede de repercussão geral.

Passados quase dez anos de sua criação e sete de sua entrada em vigor, revela-se oportuno proceder a um balanço dos avanços conquistados e das dificuldades encontradas pela sistemática da repercussão geral em recurso extraordinário. Daí a oportuna iniciativa em organizar com os Professores Bruno Dantas e Alexandre Freire a presente coletânea de estudos realizados por eminentes juristas nacionais.

As reflexões aqui registradas, dentre os diversos méritos, dão conta da experiência brasileira acumulada ao longo deste período de vigência do "filtro" processual, fornecendo um diagnóstico preciso da realidade pátria acerca do tema. Os ensaios coligidos apontam ainda os desafios remanescentes à prática da Suprema Corte, sugerindo formatos engenhosos para o aperfeiçoamento do instituto.

Saúdo os coautores pelas valiosas contribuições que resultaram nesta preciosa obra, cuja leitura se faz indispensável a todos os estudiosos do direito constitucional-processual brasileiro.

Ministro Luiz Fux

SUMÁRIO

1. A REPERCUSSÃO GERAL E O (NOVO) PERFIL DO SUPREMO TRIBUNAL FEDERAL
   Alonso Reis Freire e José Emílio Medauar Ommati 1

2. REFLEXOS DO *WRIT OF CERTIORARI* NO CENÁRIO DO *COMMON LAW* E DA REPERCUSSÃO GERAL NO DIREITO BRASILEIRO
   Aluisio Gonçalves de Castro Mendes e Larissa Clare Pochmann da Silva 27

3. REPERCUSSÃO GERAL DA QUESTÃO CONSTITUCIONAL EM DEMANDAS FAMILIARES
   André Luís Bergamaschi e Fernanda Tartuce 53

4. REQUISITOS DE RELEVÂNCIA NO SISTEMA RECURSAL ALEMÃO
   Antonio do Passo Cabral 71

5. UMA REVISITA AO TEMA DA REPERCUSSÃO GERAL COMO REQUISITO DE ADMISSIBILIDADE DO RECURSO EXTRAORDINÁRIO
   Arlete Inês Aurelli 87

6. REPERCUSSÃO GERAL: IMPRESSÕES GERAIS E PERSPECTIVAS
   Arruda Alvim 107

7. RELEVÂNCIA DA QUESTÃO FEDERAL E A FUNÇÃO CONSTITUCIONAL DO RECURSO ESPECIAL
   Bruno Dantas e Isabel Gallotti 129

8. O CABIMENTO DO RECURSO EXTRAORDINÁRIO EM MATÉRIA TRABALHISTA
   Carolina Tupinambá 161

9. ALGUMAS CONSIDERAÇÕES SOBRE O INSTITUTO DA REPERCUSSÃO GERAL
   Cassio Scarpinella Bueno 181

10. O INSTITUTO DA REPERCUSSÃO GERAL NO DIREITO BRASILEIRO ATUAL: UMA ANÁLISE DEMOCRÁTICA
    Daniella Pinheiro Lameira 199

11. REPERCUSSÃO GERAL E SEPARAÇÃO DE PODERES: UMA PERSPECTIVA PROCEDIMENTALMENTE ADEQUADA DO INSTITUTO ANTE A RELAÇÃO ENTRE LEGISLATIVO E JUDICIÁRIO NO ESTADO DEMOCRÁTICO DE DIREITO
    Emilio Peluso Neder Meyer 223

12. REPERCUSSÃO GERAL E RECURSOS REPETITIVOS: A ATUAÇÃO DOS TRIBUNAIS DE ORIGEM
    Flávio Cheim Jorge e Thiago Ferreira Siqueira 259

13. REPERCUSSÃO GERAL: A REFORMA APLICADA E A POSSIBILIDADE DE SUA AMPLIAÇÃO PARA O RECURSO ESPECIAL
    Flávio Crocce Caetano 281

14. O *WRIT OF CERTIORARI* E SUA INFLUÊNCIA SOBRE O INSTITUTO DA REPERCUSSÃO GERAL DO RECURSO EXTRAORDINÁRIO
    Ana Carolina Squadri Santanna e Humberto Dalla Bernardina de Pinho 301

15. O RECURSO EXTRAORDINÁRIO E A TEORIA DO PRECEDENTE: REFLEXOS NA "REPERCUSSÃO GERAL" E NOS "RECURSOS REPETITIVOS"
    Humberto Theodoro Júnior 325

16. DA REPERCUSSÃO GERAL. EVOLUÇÃO E CRÍTICAS AO INSTITUTO
    José Miguel Garcia Medina, Rafael de Oliveira Guimarães e Alexandre Freire 351

17. REPERCUSSÃO GERAL: DESENVOLVIMENTO E DESAFIOS
    Luciano Felício Fuck 377

18. DA REPERCUSSÃO GERAL E DE SEUS REFLEXOS EM RELAÇÃO AOS LITIGANTES: O EXEMPLO DA CAIXA ECONÔMICA FEDERAL
    Jailton Zanon da Silveira e Luiz Dellore 403

19. O SUPERIOR TRIBUNAL DE JUSTIÇA ENQUANTO CORTE SUPREMA: DE CORTE DE REVISÃO PARA CORTE DE PRECEDENTES
    Luiz Guilherme Marinoni 417

20. ANOTAÇÕES SOBRE A REPERCUSSÃO GERAL NOS RECURSOS EXTRAORDINÁRIO E ESPECIAL
    Luiz Manoel Gomes Junior e Fernando da Fonseca Gajardoni 443

21. TÉCNICAS INDIVIDUAIS DE REPERCUSSÃO COLETIVA X TÉCNICAS COLETIVAS DE REPERCUSSÃO INDIVIDUAL: UM GOLPE À TUTELA DE DIREITOS
    Marcelo Abelha Rodrigues 473

22. A REPERCUSSÃO GERAL DA QUESTÃO CONSTITUCIONAL: O CARÁTER CONSTITUCIONAL DA ATRIBUIÇÃO E TRÁFEGO JURÍDICO-PATRIMONIAIS DA PROPRIEDADE INDUSTRIAL
    Marcello Soares Castro 487

23. A REPERCUSSÃO GERAL EM TEMA DE PRECATÓRIO
    Marcus Vinicius Furtado Coêlho 519

24. A REPERCUSSÃO GERAL COMO INSTRUMENTO DE RACIONALIZAÇÃO DA PRESTAÇÃO JURISDICIONAL NO CONTEXTO DA CRISE DA RECORRIBILIDADE EXTRAORDINÁRIA
    Osmar Mendes Paixão Côrtes 535

25. REPERCUSSÃO GERAL E O USO DA RECLAMAÇÃO CONSTITUCIONAL CONTRA A DECISÃO DE SOBRESTAMENTO DO RECURSO EXTRAORDINÁRIO
    Pedro Henrique Pedrosa Nogueira 551

26. PARA UMA EFETIVIDADE MAIOR DO INSTITUTO DA REPERCUSSÃO GERAL DAS QUESTÕES CONSTITUCIONAIS
    Pedro Miranda de Oliveira 563

27. ANÁLISE CRÍTICA DO INSTITUTO DA REPERCUSSÃO GERAL DENTRO DA ATUAL SISTEMÁTICA PROCESSUAL – NECESSIDADE DE TOMADA DE AÇÕES PREVENTIVAS
    Rodolfo de Camargo Mancuso e Vanessa Chacur Politano 593

28. REPERCUSSÃO GERAL COMO TRANSFORMÁ-LA NUM INSTITUTO ADEQUADO À MAGNITUDE DA MISSÃO DE UMA CORTE SUPERIOR?
    Teresa Arruda Alvim Wambier e Luiz Rodrigues Wambier 615

29. REPERCUSSÃO GERAL E O *WRIT OF CERTIORARI* – UMA PROPOSTA DE *LEGE FERENDA*
    Thiago Rodovalho 633

30. RECLAMAÇÃO NA REPERCUSSÃO GERAL
    Zulmar Duarte de Oliveira Junior 653

1

A REPERCUSSÃO GERAL E O (NOVO) PERFIL DO SUPREMO TRIBUNAL FEDERAL

ALONSO REIS FREIRE
Doutorando em Direito Público pela UERJ. Mestre em Direito Constitucional pela UFMG. Professor da Universidade Federal do Maranhão e da Universidade CEUMA.

JOSÉ EMÍLIO MEDAUAR OMMATI
Doutor e Mestre em Direito Constitucional pela Universidade Federal de Minas Gerais. Professor da PUC MINAS – Campus Serro.

SUMÁRIO: Introdução – 1. O Supremo Tribunal Federal antes da introdução do instituto da Repercussão Geral; 1.1. O perfil do Supremo Tribunal Federal antes da Constituição Federal de 1988; 1.1.1. O Supremo Tribunal de Justiça na Constituição de 1824; 1.1.2. O Supremo Tribunal Federal na Constituição de 1891; 1.1.3. A Corte Suprema na Constituição de 1934; 1.1.4. O Supremo Tribunal Federal na Constituição de 1937; 1.1.5. O Supremo Tribunal Federal na Constituição de 1946; 1.1.6. O Supremo Tribunal Federal na Ditadura; 1.2. O perfil do Supremo Tribunal Federal após a Constituição Federal de 1988 – 2. O Supremo Tribunal Federal após a Repercussão Geral – Referências Bibliográficas.

INTRODUÇÃO

Em uma democracia constitucional, é particularmente relevante a questão a propósito de quem é ou deve ser o intérprete autorizado a ter a última palavra sobre as normas que compõem a constituição nacional. A questão se acentua pelo fato de as normas constitucionais, ordinariamente, serem mais gerais e abertas que as típicas normas infraconstitucionais, permitindo elas uma maior latitude interpretativa para aqueles que as interpretam[1]. Com efeito, por vezes, interpretações constitucionais inovadoras realizadas pelos órgãos judiciais autorizados podem muito bem ter as mesmas consequências que as modificações formais à Constituição feitas por meio de emendas constitucionais.

A maioria dos países que adotam constituições escritas permite que cortes e demais órgãos do Poder Judiciário decidam casos ordinários envolvendo diretamente normas constitucionais. Contudo, mesmo nesses países, a questão sobre quem possui a última palavra concernente ao significado das normas constitucionais, bem como a que diz respeito as interpretações constitucionais realizadas por determinados órgãos do Judiciário, ao julgarem determinados casos, possuem autoridade para vincularem outros órgãos do mesmo e dos demais poderes constituídos, como o Legislativo e o Executivo, muitas vezes, não podem ser respondidas sem qualquer implicação e custos políticos, havendo ainda inúmeras tentativas teóricas de conciliação desse poder com a democracia[2]. Em vários países, incluindo, por exemplo, os Estados Unidos da América e Israel, não há disposição expressa para o controle judicial de constitucionalidade da legislação[3], nem mesmo a designação de um intérprete detentor do poder de ter a última palavra sobre suas normas. No entanto, nesses países, estudiosos têm sustentado que o poder judicial de controlar a constitucionalidade da legislação está implícito no sistema, assim como a autoridade conferida às suas Supremas Cortes de terem a última palavra. Em ambos os países, todavia, ainda há um debate acadêmico e político que conta com fortes argumentos favoráveis e contrários a esse poder e a essa autoridade[4].

Segundo a Constituição Federal de 1988, ao Supremo Tribunal Federal compete, precipuamente, a guarda da Constituição. Essa foi a principal tarefa que lhe foi conferida pelo Poder Constituinte originário. Como se percebe, isso significa

---

[1] SUNSTEIN, Cass R. Introduction: the legitimacy of constitutional courts: notes on theory and practice. *East European Constitutional Review*, v. 6, n. 1, p. 61-63, 1997.
[2] A respeito, cf. SULTANY, Nimer. The state of progressive constitutional theory: the paradox of constitutional democracy and the project of political justification. *Harvard Civil Rights-Civil Liberties Law Review*, v. 47, p. 371-455, 2012.
[3] Nos Estados Unidos, a primeira decisão afirmando esse poder foi tomada em 1803, em *Marbury vs. Madison*, e, em Israel, apenas em 1995, em *United Mizrahi Bank Ltd. vs. Migdal Coop. Vil.*
[4] A literatura norte-americana é muito vasta e a discussão é antiga. Cf., em especial, a coletânea de ensaios FRIEDMAN, Barry. The history of the countermajoritarian difficulty, partes 1, 2, 3, 4 e 5. Quanto a Israel, cf., entre outros, WEILL, Rivka. Hybrid constitutionalism: the Israeli Case for judicial review and why we should care. *Berkely Journal of International Law*, v. 30, n. 2, p. 349-411, 2012.

que a principal função do Supremo Tribunal Federal é proteger a própria criação do Poder que lhe conferiu esse poder, inclusive fiscalizando o exercício dos Poderes Constituintes derivados de Revisão e de Reforma da Constituição Federal[5]. À primeira vista, essas afirmações não geram qualquer controvérsia ou mesmo qualquer dúvida, diferentemente do que ocorre em outros países[6], pois essa função precípua atribuída ao Supremo Tribunal Federal já constava do texto original da Constituição Federal de 1988[7]. No entanto, essas mesmas afirmações sugerem pelo menos duas grandes conclusões controversas sobre o poder do Supremo Tribunal Federal. A primeira é a de que o Supremo Tribunal Federal, mesmo se não houvesse qualquer outra previsão a esse respeito, tem o poder de controlar a constitucionalidade das leis e demais atos dos Poderes constituídos. A segunda é a de que o Supremo Tribunal Federal tem o monopólio da última palavra sobre o significado da Constituição.

Essa última conclusão, contudo, não parece ser tão controversa no próprio Supremo Tribunal Federal. O Ministro Celso de Mello a sustentou, inclusive, em termos bastante claros:

> O exercício da jurisdição constitucional, que tem por objetivo preservar a supremacia da Constituição, põe em evidência a dimensão essencialmente política em que se projeta a atividade institucional do Supremo Tribunal Federal, pois, no processo de indagação constitucional, assenta-se a magna prerrogativa de decidir, em última análise, sobre a própria substância do poder. [...] A interpretação constitucional derivada das decisões proferidas pelo Supremo Tribunal Federal – a quem se atribuiu a função eminente de "guarda da Constituição" (CF, art. 102, *caput*) – assume papel de fundamental importância na organização institucional do Estado brasileiro, a justificar o reconhecimento de que o modelo político-jurídico vigente em nosso país conferiu, à Suprema Corte, a singular prerrogativa de dispor do monopólio da última palavra em tema de exegese das normas inscritas no texto da Lei Fundamental[8].

A questão a propósito desse poder veio à tona recentemente – inclusive com grande repercussão nacional – após a aprovação, na Comissão de Cidadania e Justiça

---

[5] A Emenda Constitucional n.º 45, de 2004, acrescentou o § 3.º ao art. 102, mas delegou ao legislador ordinário o tratamento processual do novo instituto, regulamentado pela Lei n.º 11.418, de 19.12.2006, que acrescentou os arts. 543-A e 543-B ao Código de Processo Civil brasileiro.

[6] Vejam-se, por exemplo, os debates ainda hoje calorosos nos Estados Unidos da América e as recentes discussões acerca desse poder em Israel.

[7] Essa afirmação, porém, não significa a aceitação da tese segundo a qual o Poder Constituinte originário é jurídica e politicamente ilimitado e livre. Esse é um ponto para o qual aqui, todavia, não há espaço para o seu desenvolvimento.

[8] MS n.º 26.603/DF, Rel. Min. Celso de Mello, j. 04.10.2007.

da Câmara dos Deputados Federais, de uma proposta de emenda constitucional que submete decisões do Supremo Tribunal Federal ao Congresso Nacional. Legisladores e cidadãos que apoiam a proposta sustentam, entre outras coisas, que a ideia de submeter decisões do Supremo Tribunal Federal ao Congresso Nacional se baseia na própria Constituição Federal de 1988, que estabelece, no parágrafo único do art. 1.º, que todo poder emana do povo, que o exerce por meio de representantes eleitos ou diretamente, nos termos estabelecidos em seu próprio texto. Por outro lado, legisladores e cidadãos que se opõem à referida proposta levantam argumentos contrários sobretudo em favor da separação de poderes, ao afirmarem que a democracia representativa tem como alicerce a existência dos três Poderes controlados entre si, de modo que nenhum deles seja absoluto, devendo funcionar em harmonia. "Nós temos um sistema em que se verifica o primado do Judiciário. A última palavra não cabe ao setor político, cabe ao Judiciário, o órgão de cúpula, o guarda da Constituição é o Supremo", afirmou o Min. Marco Aurélio, quando solicitada sua opinião sobre a referida proposta de emenda constitucional.

Neste breve artigo, contudo, não pretendemos discutir a constitucionalidade dessa proposta de emenda constitucional, nem mesmo enfrentar as questões envolvidas a propósito do tema. Nosso intuito é analisar a correção e a atualidade da afirmação do Ministro Celso de Mello supratranscrita, tendo em vista, em especial, o instituto da Repercussão Geral, incorporado anos atrás ao texto constitucional por obra do Poder Constituinte derivado de Reforma, como requisito constitucional de admissibilidade do recurso extraordinário, um dos principais meios processuais que possibilitam ao Supremo Tribunal Federal exercer a guarda da Constituição Federal de 1988.

Antes, porém, é preciso esclarecer que a função de guardar a Constituição Federal de 1988 não é atribuída apenas ao Supremo Tribunal Federal, no âmbito do Poder Judiciário. Em termos descritivos, a conclusão decorre da própria leitura do art. 102, *caput*, e demais disposições constitucionais relacionadas. Essa função judicial, é bem verdade, lhe é precípua, mas não exclusiva, tendo em vista a adoção no Brasil do sistema difuso de controle judicial de constitucionalidade, que permite a fiscalização da validade dos atos do Poder Público por todos os órgãos do Poder Judiciário, tendo como parâmetro a Constituição Federal de 1988.

Contudo, uma vez que no atual sistema jurídico brasileiro cabe ao Supremo Tribunal Federal julgar, mediante recurso extraordinário, causas em que haja contrariedade à Constituição Federal, e considerando que a ele cabe realizar o controle concentrado por via direta ou incidental[9] de constitucionalidade, com

---

[9] A arguição de descumprimento de preceito fundamental é possível tanto por via direta quanto por via incidental, mesmo sendo o Supremo Tribunal Federal o único órgão competente para processá-la e julgá-la, o que torna o controle, por meio dessa ação, também

parâmetro na Constituição Federal, inclusive pelo fato de suas decisões definitivas de mérito proferidas nas ações diretas de inconstitucionalidade, nas ações declaratórias de constitucionalidade[10], produzirem eficácia contra todos e efeito vinculante, relativamente aos demais órgãos do Poder Judiciário e à administração pública direta e indireta, nas esferas federal, estadual e municipal[11], é inegável seu papel preponderante no exercício da guarda da Constituição Federal de 1988.

O certo é que ninguém, em uma democracia constitucional, detém o monopólio da interpretação da Constituição, nem mesmo o Poder Judiciário, aplicador do Direito por excelência. Juízes, advogados, membros do Ministério Público, integrantes dos Poderes Legislativo e Executivo de todas as esferas, juristas, doutrinadores, pareceristas, cidadãos, todos, enfim, são os seus legítimos e autorizados intérpretes. Não são, portanto, apenas os órgãos incumbidos de aplicar o Direito que devem interpretar as normas constitucionais. Como bem observa Luís Roberto Barroso, o "Poder Judiciário, portanto, não é o único intér-

---

concentrado, mesmo, pois, na hipótese de arguição incidental de descumprimento de algum preceito fundamental decorrente da Constituição Federal.

[10] As decisões definitivas de mérito proferidas pelo Supremo Tribunal Federal nas arguições de descumprimento de preceito fundamental também geram tais efeitos, mas por disposição legal. A Lei n.º 9.882/1999, que regulamenta a Arguição de Descumprimento de Preceito Fundamental, estabelece em seu art. 10, § 3.º, que a decisão que julga a ação terá eficácia contra todos e efeito vinculante relativamente aos demais órgãos do Poder Público.

[11] Ressalte-se que essa autoridade das decisões definitivas de mérito proferidas pelo Supremo Tribunal Federal nessas duas ações não foi conferida pelo Poder Constituinte originário. Primeiramente, por meio da Emenda Constitucional n.º 03, de 1993, acrescentou-se mais um parágrafo ao art. 102, tendo a seguinte redação: "as decisões definitivas de mérito, proferidas pelo Supremo Tribunal Federal, nas ações declaratórias de constitucionalidade de lei ou ato normativo federal, produzirão eficácia contra todos e efeito vinculante, relativamente aos demais órgãos do Poder Judiciário e ao Poder Executivo". Observe-se que, anteriormente, esse dispositivo tratava apenas de efeitos das decisões proferidas em sede de ação direta declaratória de constitucionalidade. Somente em 2004, com a Emenda Constitucional n.º 45, passou-se a ter no Brasil norma constitucional prevendo que as ações direta de inconstitucionalidade possuem tais efeitos. Antes disso, os efeitos de tais decisões estavam previstos apenas em norma infraconstitucional, precisamente no parágrafo único do art. 28 da Lei n.º 9.868/1999, que estende os mesmos efeitos inclusive à interpretação conforme a Constituição e à declaração parcial de inconstitucionalidade sem redução de texto. Após alguns anos, tendo sua constitucionalidade questionada, em 07.11.2002, ao apreciar a Rcl (AgR-QO) 1.880/SP, o Supremo Tribunal Federal declarou a constitucionalidade do parágrafo único do art. 28 da Lei n.º 9.868/1999. Considerou-se, na oportunidade, que a ação declaratória de constitucionalidade consubstancia uma ação direta de constitucionalidade com sinal trocado e, tendo ambas caráter dúplice, seus efeitos seriam semelhantes.

prete da Constituição, embora o sistema lhe reserve a primazia de dar a palavra final"[12]. Esse é um aspecto que merecia um esclarecimento preliminar, muito em especial porque o que aqui se pretende analisar é a assunção corriqueira de que o Supremo Tribunal Federal tem o monopólio da última palavra no que diz respeito à interpretação da Constituição Federal[13]. Acrescente-se a isso, ainda sob uma perspectiva descritiva, que não é verdade que o Supremo Tribunal Federal tenha o poder de dar a última palavra sobre o significado da Constituição, e isto "pelo simples fato de que *não há última palavra* em muitos casos"[14].

A partir de um plano descritivo, o presente trabalho visa questionar se o Supremo Tribunal Federal, após a instituição da Repercussão Geral, possui tal monopólio. Ao final, será feita breve análise a partir de um ponto de vista prescritivo.

É inegável que a Repercussão Geral é um instituto importante e necessário para o Supremo Tribunal Federal, apesar das críticas que merecem consideração e atenção. Este trabalho não pretende enfrentar essa questão, mas responder ao seguinte questionamento: seria correto afirmar que o instituto da Repercussão Geral subtraiu do Supremo Tribunal Federal o "monopólio [judicial] da última palavra" sobre a interpretação da Constituição Federal ou, a despeito do instituto, o Supremo Tribunal Federal ainda teria o suposto "monopólio [judicial] da última palavra em tema de exegese das normas positivadas no texto da Lei Fundamental, como tem sido assinalado, com particular ênfase, pela jurisprudência desta Corte Suprema", segundo afirmou o Ministro Celso de Mello[15]? Portanto, discutiremos a específica questão sobre se o Supremo Tribunal Federal detém um suposto monopólio *judicial* da última palavra. Ou seja: considerando o sistema constitucional e o sistema processual vigentes, é possível afirmar que, após a inserção do instituto da Repercussão Geral, no âmbito do Poder Judiciário brasileiro, possui, o Supremo Tribunal Federal, a última palavra?

Para responder essa pergunta, convém primeiro (1) analisar se esse monopólio (já) pertencia, de fato, ao Supremo Tribunal Federal antes da introdução

---

[12] BARROSO, Luís Roberto. *Curso de direito constitucional contemporâneo*: os conceitos fundamentais e a construção do novo modelo. 2. ed. São Paulo: Saraiva, 2010. p. 301.
[13] Veja-se, por exemplo: "O STF é o intérprete maior e final da CF, a ele cabendo dizer qual é a única interpretação possível para o texto constitucional" (NERY JUNIOR, Nelson; NERY, Rosa Maria de Andrade. *Código de Processo Civil comentado e legislação extravagante*. 12. ed. São Paulo: RT, 2012). "É o Supremo Tribunal Federal quem profere a última palavra em matéria de interpretação da constituição" (BULOS, Uadi Lammêgo. *Curso de direito constitucional*. 7. ed. São Paulo: Saraiva, 2012. p. 445).
[14] SARMENTO, Daniel; SOUZA NETO, Cláudio Pereira de. *Direito constitucional*: teoria, história e métodos de trabalho. Belo Horizonte: Fórum, 2012. p. 402.
[15] MS n.º 26.603/DF, rel. Min. Celso de Mello.

do instituto da repercussão geral. Para isso, primeiramente, (1.1) analisaremos se esse monopólio pertencia ao Supremo Tribunal Federal antes da Constituição Federal de 1988 para, depois, (1.2) verificar se a ele foi dado tal monopólio pela atual Constituição Federal. Feito isso, (2) examinaremos, a partir de um ponto de vista descritivo, como, após a introdução da Repercussão Geral, em 2004, por meio do Poder Constituinte de reforma, ficou o perfil do Supremo Tribunal Federal no sistema jurídico brasileiro.

1. O SUPREMO TRIBUNAL FEDERAL ANTES DA INTRODUÇÃO DO INSTITUTO DA REPERCUSSÃO GERAL

1.1. O perfil do Supremo Tribunal Federal antes da Constituição Federal de 1988[16]

1.1.1. O Supremo Tribunal de Justiça na Constituição de 1824

Como se sabe, foram poucas as virtudes da Constituição de 1824. Embora nossa primeira Constituição tenha adotado um sistema de separação de poderes, atribuindo as funções de criar e de executar a poderes distintos e prometendo independência ao Poder Judiciário, franqueava ao Imperador um poder *sui generis*, o Moderador.

Em seu texto, estava prevista a instituição do Supremo Tribunal Justiça (art. 154). A Corte, contudo, foi efetivamente instituída apenas anos depois, em 1829. Sua competência, porém, era limitada, cingindo-se ao julgamento de recursos de revista, conflitos de jurisdição e ações penais contra determinadas autoridades.

A Carta de 1824 não contemplou qualquer mecanismo de controle judicial de constitucionalidade das leis. A única referência expressa ao controle de constitucionalidade é feita para atribuir a função ao próprio Poder Legislativo: caberia à Assembleia promover a "guarda da Constituição" (art. 13, IX). A única possibilidade de controle externo ao Legislativo era o emprego da prerrogativa imperial, inerente ao Poder Moderador, de interferir nos demais poderes. Não por outra razão, há quem identifique o Poder Moderador como o instituto antecedente do controle judicial da constitucionalidade[17].

---

[16] Há duas reconstruções da trajetória histórica do Supremo Tribunal Federal na literatura nacional que se destacam: SOUZA CRUZ, Álvaro Ricardo de. *Jurisdição constitucional democrática*. Belo Horizonte: Del Rey, 2004. cap. VI; e SARMENTO, Daniel; SOUZA NETO, Cláudio Pereira de. *Direito constitucional*: teoria, história e métodos de trabalho. Belo Horizonte: Fórum, 2012. cap. 3 e 4.

[17] SARMENTO, Daniel; SOUZA NETO, Cláudio Pereira de. *Direito constitucional*: teoria, história e métodos de trabalho. Belo Horizonte: Fórum, 2012. p. 100-101.

Portanto, no Império, a única função do Judiciário era a de fiel aplicador das leis a casos concretos, sendo o Supremo Tribunal de Justiça apenas um "órgão responsável por corrigir erros de interpretação da lei e por uniformizar a jurisprudência dos tribunais inferiores"[18]. Como nos lembra Álvaro Ricardo de Souza Cruz, o "Supremo Tribunal de Justiça estava longe de ser o órgão máximo de um dos poderes soberanos do Estado brasileiro. Ao contrário, enquadrava-se mais como um dos Ministérios do Governo Imperial"[19].

Em outras palavras, "[c]onsagrava-se, assim, no Direito Constitucional brasileiro, ao menos em termos ideais, a supremacia do Parlamento, e não da Constituição"[20].

O Imperador Dom Pedro II já havia manifestado o desejo de instituir no País um tribunal nos moldes da Suprema Corte norte-americana, tendo, inclusive, estabelecido missão oficial aos Estados Unidos com o propósito de estudar seu funcionamento. O propósito de Dom Pedro era de que o tribunal a ser instituído no Brasil abarcasse as atribuições do Poder Moderador[21].

1.1.2. O Supremo Tribunal Federal na Constituição de 1891

O desejo de instituir no Brasil um tribunal nos moldes da Suprema Corte norte-americana e que detivesse também o Poder Moderador não pôde ser realizado, tendo em vista o golpe que resultou na Proclamação da República em 1889.

O Governo Provisório da República dos Estados Unidos do Brasil, constituído pelo Exército e a Armada, em nome e com assenso da Nação, considerando a suprema urgência de acelerar a organização definitiva da República, e entregar no mais breve prazo possível à Nação o governo de si mesma, resolveu formular, sob as mais amplas bases democráticas e liberais, de acordo com as lições da experiência, as nossas necessidades e os princípios que inspiraram a revolução a 15 de novembro, origem atual de todo o nosso direito público, a Constituição dos Estados Unidos do Brasil. Em português atual, foi esse, em parte, o preâmbulo do Decreto n.º 510, de 22.06.1890, conhecido como Constituição Provisória da

---

[18] BRANDÃO, Rodrigo. *Supremacia judicial versus diálogos constitucionais*: a quem cabe a última palavra sobre o sentido da Constituição. 2.ª impressão. Rio de Janeiro: Lumen Juris, 2012. p. 92.

[19] SOUZA CRUZ, Álvaro Ricardo de. *Jurisdição constitucional democrática*. Belo Horizonte: Del Rey, 2004. p. 270.

[20] BINENBOJM, Gustavo. *A nova jurisdição constitucional brasileira*: legitimidade democrática e instrumentos de realização. 3. ed. Rio de Janeiro: Renovar, 2010. p. 122.

[21] RODRIGUES, Leda Boechat. *A história do Supremo Tribunal Federal*. 2. ed. Rio de Janeiro: Civilização Brasileira, 1991. v. I, p. 1.

República[22], que o marechal Deodoro da Fonseca e um grupo de militares do exército brasileiro proclamaram em 15 de novembro de 1889.

Por meio do seu art. 54, *caput*, o Governo Provisório decretava que o Poder Judiciário da União teria, como um de seus órgãos, um Supremo Tribunal Federal, com sede na capital da República[23]. Esse tribunal seria composto por quinze juízes a serem nomeados pelo Presidente da República, dentre os trinta juízes federais mais antigos e os cidadãos de notável saber elegíveis para o Senado[24].

A competência do Supremo Tribunal Federal foi fixada nas disposições do art. 58 do referido Decreto. Ao Supremo Tribunal Federal competia processar e julgar originária e privativamente (a) o Presidente da República nos crimes comuns e os Ministros de Estado, (b) os ministros diplomáticos, nos crimes comuns e nos de responsabilidade, (c) os pleitos entre a União e os Estados, ou, entre estes, (d) os litígios e reclamações entre nações estrangeiras e a União, ou os Estados e (e) os conflitos dos juízes ou tribunais federais entre si, ou entre estes e os dos Estados. Além dessas competências originárias, eram previstas igualmente competências recursais.

O controle judicial (difuso e incidental) de constitucionalidade foi estabelecido via Decreto n.º 848/1890, que instituiu a Justiça Federal. Esse poder, posteriormente, foi ratificado pela Constituição Federal de 1891, a primeira republicana, cujos traços essenciais revelavam forte influência norte-americana[25], sobretudo por resultado, quase que integralmente, do pensamento de Ruy Barbosa[26].

---

[22] O Decreto n.º 510, na verdade, era um Anteprojeto elaborado por uma comissão de cinco juristas (Saldanha Marinho, Américo Brasiliense, Santos Werneck, Rangel Pestana e Magalhães Castro) nomeada pelo Decreto n.º 29, editado em 1889.

[23] VILLA, Marco Antonio. *A história das Constituições brasileiras*: 200 anos de luta contra o arbítrio. Rio de Janeiro: Leya, 2011.

[24] O Decreto n.º 510 não falava em Senado Federal, apenas Senado.

[25] SOUZA CRUZ, Álvaro Ricardo de. *Jurisdição constitucional democrática*. Belo Horizonte: Del Rey, 2004. p. 274.

[26] "A Constituição de 1891 era a encarnação, em texto legal, do liberalismo republicano e moderado que havia se desenvolvido nos EUA. Importaram-se dos Estados unidos as instituições e os valores do liberalismo para uma sociedade que nada tinha de liberal: o exemplo acabado do lideatismo na Constituição." O pensamento de Ruy Barbosa se impusera quase integralmente na Constituinte, diante de outras correntes de pensamento, como o positivismo, que tinha então grande força na sociedade brasileira. A influência norte-americana foi sentida até na mudança do nome do País, que passou a se chamar oficialmente de "Estados Unidos do Brasil". SARMENTO, Daniel; SOUZA NETO, Cláudio Pereira de. *Direito constitucional*: teoria, história e métodos de trabalho. Belo Horizonte: Fórum, 2012. p. 109.

Diante dessa grande influência, era natural, portanto, que a todos os juízes e tribunais fosse atribuído o poder de controlar a constitucionalidade das leis e de outros atos normativos, deixando de aplicá-los a casos concretos quando se entendesse que eles contrariavam a Constituição Federal.

A despeito do reconhecimento do Supremo Tribunal Federal como uma instituição autônoma, enquanto vigorou a Constituição de 1891, o predomínio do Poder Executivo era incontestável. Não se pode afirmar, portanto, que o Supremo Tribunal Federal tenha adotado uma postura omissa e completamente passiva durante a vigência da Constituição de 1891. Como a história certifica, o "Poder Judiciário, que foi formalmente fortalecido pela Constituição de 1891, com a instituição do controle de constitucionalidade das leis, muitas vezes não quis, outras não pôde, controlar os abusos do Executivo. Apesar de alguns episódios pontuais de resistência, o Supremo Tribunal Federal foi, em geral, bastante dócil diante dos desmandos dos governantes de plantão"[27-28].

As competências do Supremo Tribunal Federal estavam fixadas no art. 59. Em seu § 1.º e em suas duas alíneas, estava prevista a competência recursal que lhe possibilitava exercer o controle de constitucionalidade:

> § 1.º Das sentenças das Justiças dos Estados, em última instância, haverá recurso para o Supremo Tribunal Federal:
>
> a) quando se questionar sobre a validade, ou a aplicação de tratados e leis federais, e a decisão do Tribunal do Estado for contra ela;
>
> b) quando se contestar a validade de leis ou de atos dos Governos dos Estados em face da Constituição, ou das leis federais, e a decisão do Tribunal do Estado considerar válidos esses atos, ou essas leis impugnadas.

Esse recurso, posteriormente denominado pelo Regimento Interno do Supremo Tribunal Federal como "recurso extraordinário", não era, porém, a única forma de o Supremo Tribunal Federal exercer o controle judicial de cons-

---

[27] SARMENTO, Daniel; SOUZA NETO, Cláudio Pereira de. *Direito constitucional*: teoria, história e métodos de trabalho. Belo Horizonte: Fórum, 2012 p. 113-114.

[28] Há de reconhecer, porém, como o faz Rodrigo Brandão, que, "[a]pesar dos diversos tipos de reações políticas às decisões judiciais, o período de 1891 a 1926 foi um momento áureo da jurisprudência do STF. Neste período [...] o STF engendrou uma das mais – se não a mais – importantes construções jurisprudenciais da sua história: a doutrina brasileira do *habeas corpus*" (BRANDÃO, Rodrigo. *Supremacia judicial* versus *diálogos constitucionais*: a quem cabe a última palavra sobre o sentido da Constituição. 2.ª impressão. Rio de Janeiro: Lumen Juris, 2012. p. 100).

titucionalidade, uma vez que ele também poderia executá-lo no exercício de sua competência originária[29].

Em resumo, a Constituição de 1891 não declarava a quem cabia a sua guarda. Na prática, diante dos mandos e desmandos autoritários, dos recorrentes episódios de descumprimento de decisões do Supremo Tribunal Federal e de ameaças concretas à sua autonomia[30], não se pode afirmar jamais que o Supremo Tribunal Federal detinha o "monopólio da última palavra" sobre o significado da Constituição de 1891. Além disso, de uma perspectiva estritamente jurídica, essa afirmação também se mostrava impossível, já que suas decisões proferidas em controle difuso de constitucionalidade eram desprovidas de efeitos vinculantes ou de eficácia contra todos.

1.1.3. A Corte Suprema na Constituição de 1934

Ao ser instituído o Governo Provisório em 1931, dissolvendo o Congresso Nacional, as Assembleias Legislativas estaduais e as Câmaras municipais, concentraram-se nele as funções executiva e legislativa. Em fevereiro do ano seguinte, foi expedido decreto que reduzia o número de membros do Supremo Tribunal Federal de 15 para 11, estabelecendo-se também regras com o propósito de abreviar seus julgamentos. Poucos dias depois, Getulio Vargas aposentou seis ministros do Supremo Tribunal Federal, considerados ultraconservadores, bem como o Procurador-Geral da República. Getúlio, então, nomeou dois novos ministros. Tais atos revelavam claramente que a independência do Supremo Tribunal Federal estava mais que ameaçada[31].

---

[29] Como Luciano Felício Fuck afirma, "a estrutura desse recurso constituía instrumento bastante precário para o exercício do controle judicial de constitucionalidade, uma vez que previa como parâmetro de controle tanto a constituição quanto a legislação ordinária federal. A utilização do mesmo instrumento para garantir a hegemonia e a uniformidade de interpretação tanto da Constituição como do ordenamento legal federal muito contribuiu para confundir as competências de Corte Constitucional e Corte de Revisão" (FUCK, Luciano Felício. O Supremo Tribunal Federal e a repercussão geral. *Revista de Processo*, São Paulo: RT, n. 181, p. 14, 2010).

[30] A respeito, veja-se, entre outros, RODRIGUES, Leda Boechat. *A história do Supremo Tribunal Federal*. 2. ed. Rio de Janeiro: Civilização Brasileira, 1991; CRUZ, Álvaro Ricardo de Souza. *Jurisdição constitucional democrática*. Belo Horizonte: Del Rey, 2004; SARMENTO, Daniel; SOUZA NETO, Cláudio Pereira de. *Direito constitucional*: teoria, história e métodos de trabalho. Belo Horizonte: Fórum, 2012; BRANDÃO, Rodrigo. *Supremacia judicial* versus *diálogos constitucionais*: a quem cabe a última palavra sobre o sentido da Constituição. 2.ª impressão. Rio de Janeiro: Lumen Juris, 2012.

[31] SOUZA CRUZ, Álvaro Ricardo de. *Jurisdição constitucional democrática*. Belo Horizonte: Del Rey, 2004. p. 284-285.

A Constituição de 1934, que segue a esses atos, rompeu com a tradição liberal anterior, inaugurando o constitucionalismo social no Brasil. Os direitos fundamentais não eram mais considerados apenas posições jurídicas negativas de limitação da ação do Estado[32]. Havia um compromisso, pelo menos sob o ponto de vista jurídico, com direitos positivos que, ao contrário, exigiam ação prestativa por parte do Estado.

No que diz respeito ao Supremo Tribunal Federal, com a Constituição de 1934, esse tribunal passou a ser chamado de "Corte Suprema" (art. 63, alínea *a*). A Constituição manteve o controle difuso e incidental de constitucionalidade, mas, em relação à Constituição anterior, acrescentou três importantes questões no que dizem respeito ao controle de constitucionalidade.

Primeiro, foi instituído o princípio da reserva de plenário. De acordo com o art. 179, "só pela maioria absoluta dos votos da totalidade dos seus juízes, poderão os tribunais declarar a inconstitucionalidade de lei ou de ato do poder público".

Segundo, foi prevista a competência do Senado para suspender a execução das normas declaradas inconstitucionais pelo Poder Judiciário. É que, embora o controle difuso de constitucionalidade chancelado pela Constituição anterior representasse importante e indiscutível avanço, esse sistema, em um país sem tradição de respeito a precedentes judiciais, apresentou desde logo o grande inconveniente da divergência de entendimentos e do desrespeito às decisões tomadas pelo Supremo Tribunal Federal. Diante disso, a Constituição de 1934 pretendeu criar um mecanismo de correção[33]. Com isso, e de acordo com o art. 91, inciso IV, da Constituição, competia ao Senado "suspender a execução, no todo ou em parte, de qualquer lei ou ato, deliberação ou regulamento, quando hajam sido declarados inconstitucionais pelo Poder Judiciário".

Terceiro, foi criada uma modalidade de controle preventivo de constitucionalidade das leis federais por meio das quais se decretava a intervenção da União nos Estados. Esse controle tinha como parâmetro os chamados princípios constitucionais sensíveis, previstos nas alíneas do art. 7.º do texto

---

[32] "Rompendo com o modelo liberal anterior, ela incorporou uma série de temas que não eram objeto de atenção nas constituições pretéritas, voltando-se à disciplina da ordem econômica, das relações de trabalho, da família, da educação e da cultura. A partir dela, pelo menos sob o ângulo jurídico, a questão social não poderia mais ser tratada no Brasil como 'caso de polícia', como se dizia na República Velha". SARMENTO, Daniel; SOUZA NETO, Cláudio Pereira de. *Direito constitucional*: teoria, história e métodos de trabalho. Belo Horizonte: Fórum, 2012. p. 117.

[33] BINENBOJM, Gustavo. *A nova jurisdição constitucional brasileira*: legitimidade democrática e instrumentos de realização. 3. ed. Rio de Janeiro: Renovar, 2010. p. 125.

constitucional[34]. A Constituição de 1934, por meio de seu art. 68, contudo, vedava expressamente ao Poder Judiciário conhecer de questões exclusivamente políticas[35]. Suas competências originária e recursal estavam previstas no art. 76. A Constituição também estabelecia, no parágrafo único do art. 78 que das decisões dos tribunais federais caberia recurso para a Corte Suprema, "sempre que tenha sido controvertida matéria constitucional e, ainda, nos casos de denegação de *habeas corpus*".

A Constituição de 1934 não vingou. A Lei de Segurança Nacional enviada para o Congresso Nacional no mês seguinte à promulgação da Constituição era o sinal do que estava por vir. De fato, a Constituição vigorou apenas até novembro de 1937, precisamente até o dia 10 desse mês, quando Getúlio Vargas "proclamou" ao povo brasileiro sua justificativa de ruptura com a Constituição e a outorga de uma nova Constituição para a República[36].

Diante desse cenário de retorno ao autoritarismo, não é possível afirmar, sob o ângulo descritivo, que o Supremo Tribunal Federal, ou melhor, a Corte Suprema, detinha o "monopólio da última palavra". Ele sequer teve tempo para afirmar isso. De uma perspectiva estritamente jurídica, também não é possível fazer tal afirmação, já que as decisões da Corte proferidas em controle de constitucionalidade tinham apenas efeitos *inter partes* e não vinculantes.

1.1.4. *O Supremo Tribunal Federal na Constituição de 1937*

Com a Constituição outorgada de 1937, houve uma alta concentração dos poderes do Estado na figura do Presidente da República. O autoritarismo foi seu

---

[34] Eram eles: a) forma republicana representativa, b) independência e coordenação de poderes, temporariedade das funções eletivas, c) limitada aos mesmos prazos dos cargos federais correspondentes, e proibida a reeleição de Governadores e Prefeitos para o período imediato, d) autonomia dos Municípios, e) garantias do Poder Judiciário e do Ministério Público locais, f) prestação de contas da Administração, g) possibilidade de reforma constitucional e h) competência do Poder Legislativo para decretá-la e representação das profissões.

[35] "A jurisprudência da insindicabilidade judicial das questões políticas – posteriormente referendada pela Constituição de 1937 – foi aplicada a diversas matérias, destacando-se as intervenções federais nos Estados. Desta forma, destituições de governos eleitos pelo voto popular, feitas pelo Executivo Federal, ficavam sem controle judicial" (BRANDÃO, Rodrigo. *Supremacia judicial* versus *diálogos constitucionais*: a quem cabe a última palavra sobre o sentido da Constituição. 2.ª impressão. Rio de Janeiro: Lumen Juris, 2012. p. 106).

[36] "[A]s medidas seriam necessárias em razão da 'profunda infiltração comunista' e da inaptidão da Constituição de 1934 para assegurar a paz, a segurança e o bem-estar da Nação. Não houve resistência armada. O golpe de Estado de 1937 ocorreu sem derramamento de sangue" (SARMENTO, Daniel; SOUZA NETO, Cláudio Pereira de. *Direito constitucional*: teoria, história e métodos de trabalho. Belo Horizonte: Fórum, 2012. p. 122).

traço marcante e distintivo. Até o ano de 1945, o País viveu sob uma autêntica ditadura em regime de emergência. Com o Congresso fechado, cabia ao Presidente, enquanto não fosse eleito novo Parlamento, "expedir decretos-leis sobre todas as matérias da competência legislativa da União", segundo o art. 180 da Constituição outorgada.

Conquanto previstos no texto constitucional os três Poderes, a própria Constituição declarava ser o Presidente da República a "autoridade suprema do Estado", cabendo-lhe dirigir a política interna e externa, promover ou orientar a política legislativa de interesse nacional. O mesmo art. 73 declara ser o Presidente o superintendente da Administração do País.

O órgão de cúpula do Poder Judiciário voltou a ser chamado "Supremo Tribunal Federal". O controle difuso de constitucionalidade foi mantido pela Constituição. Contudo, uma inovação condizente com o ambiente autoritário foi estabelecida. Dispunha o parágrafo único do art. 96 que, caso fosse declarada a inconstitucionalidade de uma lei que, a juízo do Presidente da República, fosse necessária ao bem-estar do povo, à promoção ou defesa de interesse nacional de "alta monta", poderia o Presidente da República submetê-la novamente ao exame do Parlamento. Se este a confirmasse por dois terços de votos em cada uma das Câmaras, ficaria sem efeito a decisão do Supremo Tribunal Federal. Essa possibilidade foi obra do jurista Francisco Campos, redator da Constituição de 1937:

> Quanto à introdução da possibilidade de o Legislativo tornar sem efeito decisão judicial de inconstitucionalidade de leis, [Francisco Campos] argumentava que a interpretação constitucional não é monopólio do Judiciário, competindo igualmente aos demais "poderes", no exercício das suas atribuições [...]. Além disto, ao se atribuir ao Judiciário a última palavra na definição do sentido da Constituição os inevitáveis processos de mudança social acabariam por ser impedidos *por uma interpretação constitucional orientada por critérios puramente formais ou inspirados na evocação de um mundo que já morrera*[37].

Como os professores Daniel Sarmento e Cláudio de Souza Neto notam:

> Como o Legislativo esteve fechado durante todo o Estado Novo, o próprio Presidente chegou a editar um decreto-lei (DL n.º 1.564/1939) cassando decisão do STF que exercera o controle de constitucionalidade sobre outro decreto--lei do regime, invocando o art. 180 da Carta, que lhe permitia desempenhar

---

[37] BRANDÃO, Rodrigo. *Supremacia judicial* versus *diálogos constitucionais*: a quem cabe a última palavra sobre o sentido da Constituição. 2.ª impressão. Rio de Janeiro: Lumen Juris, 2012. p. 100.

as funções do Parlamento enquanto esse não se reunisse. Houve protestos no STF, mas, naturalmente, a posição do governo prevaleceu.[38]

Esse fato, por si só, já revela muito bem que o Supremo Tribunal Federal não tinha, de fato e de "direito", "a última palavra" no que diz respeito à interpretação da Constituição de 1937. Portanto, a forte concentração do poder político no Executivo federal, a filosofia autoritária e estatalista e seus reflexos na política e no direito brasileiros tornam evidente a submissão do Supremo Tribunal Federal ao Executivo no período entre 1930 e 1945. Ou seja, desde a Constituição de 1934 até a revogação da Constituição de 1937, o Supremo Tribunal Federal (Corte Suprema, na Constituição de 1934) foi submisso.

1.1.5. O Supremo Tribunal Federal na Constituição de 1946

Diferentemente das duas constituições brasileiras anteriores, a Constituição de 1946 procurou conciliar liberalismo com Estado Social, tendo se afastado do autoritarismo da Constituição de 1937. Foi instituído um rígido sistema de separação de poderes. Assim, "[e]m reação contra os abusos do regime pretérito, o constituinte preocupou-se em restituir a dignidade ao Legislativo e ao Judiciário"[39].

O Supremo Tribunal Federal permaneceu como órgão de cúpula do Judiciário. O constituinte manteve igualmente o controle difuso e incidental de constitucionalidade, não estando mais prevista a possibilidade de revisão de suas decisões pelos demais poderes.

Embora com boas intenções, a Constituição de 1946 passou por três momentos identificáveis:

> O primeiro momento se estende de 1946 até setembro de 1961, quando, no contexto de séria crise política, foi aprovada a Emenda n.º 4, que instituiu o parlamentarismo. O segundo momento vai de 1961 até o golpe militar de 1964, e passa pela volta ao presidencialismo, com a edição da Emenda n.º 6, em janeiro de 1963. E o terceiro momento corresponde ao período em que a Constituição conviveu com o arbítrio militar, estendendo-se de abril de 1964 até sua revogação, em janeiro de 1967[40].

---

[38] SARMENTO, Daniel; SOUZA NETO, Cláudio Pereira de. *Direito constitucional*: teoria, história e métodos de trabalho. Belo Horizonte: Fórum, 2012. p. 125.
[39] SARMENTO, Daniel; SOUZA NETO, Cláudio Pereira de. *Direito constitucional*: teoria, história e métodos de trabalho. Belo Horizonte: Fórum, 2012. p. 132.
[40] SARMENTO, Daniel; SOUZA NETO, Cláudio Pereira de. *Direito constitucional*: teoria, história e métodos de trabalho. Belo Horizonte: Fórum, 2012. p. 135.

O Supremo Tribunal Federal, em todos eles, não vivenciou, contudo, um momento de expansão de seu poder. Sua jurisprudência mantinha-se fiel a uma perspectiva bastante liberal e conservadora, continuando a decidir questões de somenos[41].

1.1.6. O Supremo Tribunal Federal na Ditadura

No início do governo militar, em 1964, não havia clima de tensão entre o Executivo e o Supremo Tribunal Federal. Os conflitos entre o governo militar e o órgão de cúpula do Judiciário surgiram somente após as edições dos AI-1 e AI-2. Esse segundo ato restaurou a justiça federal de primeiro grau e aumentou o número de ministros do Supremo Tribunal Federal, passando de 11 para 16[42].

No que diz respeito ao controle de constitucionalidade, houve uma grande novidade no sistema constitucional brasileiro. Por meio da Emenda Constitucional n.º 16, de 1965, acrescentou-se, ao lado do controle difuso e incidental de constitucionalidade, a possibilidade de o Supremo Tribunal Federal julgar a representação contra a inconstitucionalidade de lei ou ato normativo federal ou estadual, encaminhada pelo Procurador-Geral da República (art. 101, I, *k*). A partir de então, passou o Supremo Tribunal Federal a exercer um controle abstrato de constitucionalidade, ou seja, contra lei em tese, e de forma concentrada[43].

Além da possibilidade de um controle de lei em tese, a representação de inconstitucionalidade possuía efeitos subjetivos *erga omnes*, projetando efeitos para todos os destinatários da norma constitucional interpretada.

> Apesar de o modelo de controle de constitucionalidade brasileiro (a partir de então misto) ter se fortalecido com a EC n. 16/1965, daí não se pode inferir que tenha havido uma expansão do Judiciário, o que comprova, mais uma vez, que os principais fatores de propulsão desse fenômeno são políticos. Com efeito, em um regime de exceção com hipertrofia do Executivo e sem alternância democrática no poder, não havia condições para o Judiciário decidir com independência e expandir o seu papel político[44].

---

[41] Veja-se BRANDÃO, Rodrigo. *Supremacia judicial* versus *diálogos constitucionais*: a quem cabe a última palavra sobre o sentido da Constituição. 2.ª impressão. Rio de Janeiro: Lumen Juris, 2012. p. 108-112.

[42] OLIVEIRA, Fabiana Luci. *Supremo Tribunal Federal*: do autoritarismo à democracia. Rio de Janeiro: Elsevier, 2012. p. 38.

[43] OMMATI, José Emílio Medauar. *Teoria da Constituição*. 2. ed. Rio de Janeiro: Lumen Juris, 2013. p. 212.

[44] BRANDÃO, Rodrigo. *Supremacia judicial* versus *diálogos constitucionais*: a quem cabe a última palavra sobre o sentido da Constituição. 2.ª impressão. Rio de Janeiro: Lumen Juris, 2012. p. 114.

Os poderes do Supremo Tribunal Federal foram aumentados com a Emenda Constitucional n.º 7, de 1977, que atribuiu à Corte a competência para julgar a representação do Procurador-Geral da República, por inconstitucionalidade ou para *interpretação* de lei ou ato normativo federal ou estadual. A mesma emenda acrescentou ao Supremo Tribunal Federal a competência para, a pedido do Procurador-Geral da República, avocar as causas processadas perante quaisquer juízos ou Tribunais, quando decorresse imediato perigo de grave lesão à ordem, à saúde, à segurança ou às finanças públicas.

Embora após o AI-2 seja possível encontrar sinais de resistência do Supremo Tribunal Federal ao regime ditatorial, com a edição do Ato Institucional n.º 5, de 1968, seu papel na ordem constitucional brasileira foi completamente esvaziado, assim como o do Judiciário como um todo:

> De fato, o AI-5 excluiu da apreciação do Poder Judiciário as condutas praticadas com base nos atos institucionais, autorizou o Presidente a decretar o "recesso" dos órgãos legislativos, a suspender direitos políticos, a cassar mandatos eletivos, suspendeu as garantias da vitaliciedade e da estabilidade, e o *habeas corpus* em crimes contra a segurança nacional etc. Como era de se esperar, vieram "os anos de chumbo": mais de 80 deputados foram cassados, vários servidores públicos foram demitidos ou aposentados compulsoriamente, restabeleceu-se a censura, foi realizada uma série de prisões arbitrárias, torturas, homicídios etc. No âmbito do STF, foram cassados os Ministros Hermes Lima, Victor Nunes Leal e Evandro Lins e Silva. Daí em diante não mais teria o STF condições de resistir ao regime, transformando-se, antes, em seu instrumento, sobretudo com vistas a controlar a atuação dos juízes e tribunais brasileiros[45].

Durante a Ditadura, portanto, não restava qualquer dúvida de que "a última palavra" sobre a Constituição não pertencia ao Judiciário, ou ao seu órgão de cúpula, mesmo que esse poder, esse "monopólio", estivesse assegurado juridicamente.

De modo geral, não se pode falar em supremacia judicial antes de 1988, nem nos períodos autoritários (1930 a 1945 e 1964 a 1988) nem nos períodos democráticos (1891 a 1930 e 1946 a 1964)[46].

---

[45] BRANDÃO, Rodrigo. *Supremacia judicial* versus *diálogos constitucionais*: a quem cabe a última palavra sobre o sentido da Constituição. 2.ª impressão. Rio de Janeiro: Lumen Juris, 2012. p. 115.

[46] BRANDÃO, Rodrigo. *Supremacia judicial* versus *diálogos constitucionais*: a quem cabe a última palavra sobre o sentido da Constituição. 2.ª impressão. Rio de Janeiro: Lumen Juris, 2012. p. 115.

Nos períodos autoritários, em virtude da hipertrofia do Executivo e do não fracionamento do poder, não havia espaço para que o Judiciário exercesse com independência o controle de constitucionalidade, muito menos para afirmar seu "monopólio de dar a última palavra". De fato, o monopólio da última palavra nos períodos autoritários pertencia ao Executivo, especificamente ao Presidente da República, embora o Supremo Tribunal Federal, em algumas circunstâncias e casos especiais, tenha tentado se impor. As tentativas de resistência quase sempre, porém, recebiam retaliações institucionais, o que acabavam por tornar o Supremo Tribunal Federal um órgão submisso ao regime.

Nos períodos democráticos, embora se observe mais respeito à instituição do Supremo Tribunal Federal, maior consideração à separação de poderes e aos direitos fundamentais, ainda assim se verifica que o Supremo Tribunal Federal, como órgão de cúpula do Judiciário, não esteve em posição confortável para se afirmar perante os demais poderes. Como observa Rodrigo Brandão, "tais 'momentos democráticos' foram entrecortados por sucessivas decretações de estado de sítio e de intervenções federais – muitas vezes sem a presença dos seus pressupostos constitucionais e sem controle judicial –, e pela consequente suspensão das garantias constitucionais, com a realização de arbitrárias prisões, cassações de mandato, demissões, aposentadorias compulsórias, etc."[47]

1.2. O perfil do Supremo Tribunal Federal após a Constituição Federal de 1988

A Constituição Federal de 1988 atribuiu ao Supremo Tribunal Federal amplos poderes e legislações posteriores acentuaram seu viés democrático[48]. Ela reconheceu expressamente que compete ao Supremo Tribunal Federal, precipuamente, a guarda da Constituição. De modo geral, há inegáveis avanços no tocante ao controle de constitucionalidade, tanto difuso quanto concentrado, embora críticas importantes não devam ser desconsideradas[49].

A competência do Supremo Tribunal Federal é privativa para realizar, por via de ação direta, o controle de constitucionalidade das normas em face da Constituição Federal. Compete-lhe processar e julgar, originariamente, as ações diretas de inconstitucionalidade genérica (art. 102, I, *a*), a ação direta de inconsti-

---

[47] BRANDÃO, Rodrigo. *Supremacia judicial* versus *diálogos constitucionais*: a quem cabe a última palavra sobre o sentido da Constituição. 2.ª impressão. Rio de Janeiro: Lumen Juris, 2012. p. 116.

[48] Cf. SOUZA CRUZ, Álvaro Ricardo de. *Jurisdição constitucional democrática*. Belo Horizonte: Del Rey, 2004; e OMMATI, José Emílio Medauar. *Teoria da Constituição*. 2. ed. Rio de Janeiro: Lumen Juris, 2013. p. 213 e ss.

[49] Cf. CATTONI, Marcelo. *Direito constitucional*. Belo Horizonte: Mandamentos, 2002.

tucionalidade interventiva (art. 36, III), a ação declaratória de constitucionalidade (art. 102, I, *a*), ação direta de inconstitucionalidade por omissão (art. 103, § 2.º), e, por fim, arguição de descumprimento de preceito fundamental (art. 102, § 1.º).

Além de ter ampliado os instrumentos de proteção da ordem constitucional, a Constituição Federal de 1988 aumentou igualmente o rol de legitimados para provocar o controle concentrado e abstrato de constitucionalidade. Na atual Carta, foi estabelecido um elenco de legitimados *ativos* para sua propositura, enunciados, taxativamente, em seu art. 103.

Com essa ampliação, de fato, ficou reduzida a importância do controle incidental de constitucionalidade, pois, com a edição da Emenda Constitucional n.º 45, de 2004, que alterou o § 2.º do art. 102, as decisões definitivas de mérito, proferidas pelo Supremo Tribunal Federal, nas ações diretas de inconstitucionalidade e nas ações declaratórias de constitucionalidade, produzirão eficácia contra todos e efeito vinculante, relativamente aos demais órgãos do Poder Judiciário e *à administração pública direta e indireta, nas esferas federal, estadual e municipal*. A vinculação também decorrerá da interpretação conforme a Constituição e da declaração parcial de inconstitucionalidade sem redução de texto, conforme estabelece o parágrafo único do art. 28 da Lei 9.868/1999[50].

Na hipótese de seu descumprimento, o Supremo Tribunal Federal admite a utilização de reclamação, desde que ajuizada por um dos colegitimados para a ação direta de inconstitucionalidade[51]. À evidência, com essa disposição constitucional, o juízo no controle difuso de constitucionalidade ficará vinculado às decisões definitivas já tomadas pelo Supremo Tribunal Federal em sede de ação direta de inconstitucionalidade ou ação declaratória de constitucionalidade. Isso, obviamente, pretende retirar por completo a possibilidade de serem dadas outras interpretações da lei ou ato normativo já apreciado pelo Supremo Tribunal Federal[52].

---

[50] Sobre os efeitos da decisão no controle de judicial de constitucionalidade no direito brasileiro, cf. MEYER, Emílio Peluso Neder. *A decisão no controle de constitucionalidade*. São Paulo: Método, 2008.

[51] "O eventual descumprimento, por juízes ou Tribunais, de decisões emanadas do Supremo Tribunal Federal, especialmente quando proferidas com efeito vinculante (art. 102, § 2.º), ainda que em sede de cautelar, torna legítima a utilização do instrumento constitucional da reclamação, cuja específica função processual – além de impedir a usurpação de competência da Corte Suprema – também consiste em fazer prevalecer e em resguardar a integridade e a eficácia subordinante dos comandos que emergem de seus atos decisórios" (BRASIL, Supremo Tribunal Federal, ARR 1.723-1-CE, Rel. Min. Celso de Mello, *Diário da Justiça*, 6 abr. 2001).

[52] "As decisões consubstanciadoras de declaração de constitucionalidade ou de inconstitucionalidade, inclusive aquelas que importem em interpretação conforme à Constituição e em declaração parcial de inconstitucionalidade sem redução de texto, quando proferidas

Nos termos da Emenda Constitucional n.º 45, que também acrescentou o § 3.º ao art. 102, aquele que fizer uso do recurso extraordinário deverá, nos termos da lei, demonstrar a repercussão geral das questões constitucionais discutidas no caso, a fim de que o Tribunal examine a admissão do recurso, somente podendo recusá-lo pela manifestação de dois terços de seus membros. Trata-se, portanto, de significativa alteração nos requisitos de admissibilidade desse recurso e, consequentemente, mais um obstáculo ao acesso à jurisdição constitucional brasileira, talvez, há muito, esperado[53].

2. O SUPREMO TRIBUNAL FEDERAL APÓS A REPERCUSSÃO GERAL

Com a excessiva sobrecarga de feitos decorrentes de suas competências originária e recursal, sobretudo desta última, o Supremo Tribunal viu-se obrigado a desenvolver uma jurisprudência cada vez mais defensiva ao longo da década de 1990, no que diz respeito ao cabimento do Recurso Extraordinário, que, cada vez mais, mostrava-se excepcional.

O preenchimento de diversos requisitos processuais passou a ser exigido para que o referido recurso fosse conhecido pelo Supremo Tribunal Federal, por exemplo, o prequestionamento da questão, a indicação correta da alínea que autorizava o cabimento do recurso, a precisão do preceito constitucional violado entre outros tantos.

Com a instituição da Repercussão Geral, o Supremo Tribunal Federal passou a poder se concentrar em questões constitucionais mais relevantes, garantindo também um "efeito multiplicador" das decisões de mérito.

---

pelo Supremo Tribunal Federal, em sede de fiscalização normativa abstrata, revestem-se de eficácia contra todos (*erga omnes*) e possuem efeito vinculante em relação a todos os magistrados e Tribunais, bem assim em face da Administração Pública federal, estadual, distrital e municipal, impondo-se, em consequência, à necessária observância por tais órgãos estatais, que deverão adequar-se, por isso mesmo, em seus pronunciamentos, ao que a Suprema Corte, em manifestação subordinante, houver decidido, seja no âmbito da ação direta de inconstitucionalidade, seja no da ação declaratória de constitucionalidade, a propósito da validade ou da invalidade jurídico-constitucional de determinada lei ou ato normativo" (BRASIL, Supremo Tribunal Federal, Rcl 2.143-AgR, Rel. Min. Celso de Mello, *Diário da Justiça*, 6 jun. 2003).

[53] "[E]sta é, para nós, uma solução realmente inovadora: exigir que seja de alta relevância a questão federal suscitada, para se admitir recurso, [pois] ainda que estes outros estivessem presentes, o recurso não seria admitido, quando a questão de direito federal focalizada não fosse de alta relevância. Essa relevância, posta como condição de admissibilidade do recurso, seria verificada sob o ponto de vista do interesse público" (VELLOSO, Carlos Mário da Silva. Do Poder Judiciário: como torná-lo mais ágil e dinâmico – efeito vinculante e outros temas. *Revista dos Tribunais*, ano 6, n. 25, p. 15, out.-dez. 1998).

Contudo, o que não se percebeu foi que, com a instituição da Repercussão Geral, o Supremo Tribunal Federal, na hipótese de não reconhecê-la, deixa a questão suscitada a ser resolvida por outros órgãos judiciais. Com isso, o Supremo Tribunal Federal abre mão de seu "monopólio" de dar a última palavra judicial sobre a questão constitucional.

Envolvida em enorme controvérsia sobre o seu real significado e alcance constitucionais, a Repercussão Geral foi introduzida pela Emenda Constitucional n.º 45, de 2004, que alterou o documento constitucional para introduzir o § 3.º ao seu art. 102, com o seguinte teor:

> § 3.º No recurso extraordinário o recorrente deverá demonstrar a repercussão das questões constitucionais discutidas no caso, nos termos da lei, a fim de que o Tribunal examine a admissão do recurso, somente podendo recusá-lo pela manifestação de dois terços de seus membros.

Com a introdução desse novo requisito de admissibilidade do Recurso Extraordinário, muita discussão ocorreu na doutrina sobre seu real alcance e significado. Para alguns, a Repercussão Geral seria um instrumento para permitir a abertura cognitiva do sistema jurídico em face dos outros sistemas da sociedade, tornando, de fato e de direito, o Supremo Tribunal Federal o centro do sistema jurídico, na medida em que se permitiria, a partir desse momento, que o Tribunal pudesse selecionar aquilo que fosse importante enquanto irritação para o Direito e responder a essas irritações juridicamente[54].

Outros autores apresentaram a ideia de que a Repercussão Geral seria mais um mecanismo a permitir que se introduzisse, no Brasil, a cultura de respeito aos precedentes, cara a um Estado de Direito consolidado[55].

Todavia, apesar de interpretações interessantes e ousadas do referido instituto, parece-nos que a razão se encontra mesmo com a maior parte da doutrina ao revelar o intuito meramente de racionalização e diminuição dos recursos extraordinários perante o Supremo Tribunal Federal[56]. O instituto desperta muitas críticas, várias delas acertadas, outras nem tanto. Não será, no entanto, nosso objetivo, em virtude

---

[54] Nesse sentido, vide: VIANA, Ulisses Schwarz. *Repercussão geral sob a ótica da teoria dos sistemas de Niklas Luhmann*. São Paulo: Saraiva, 2010.

[55] Esse é o posicionamento do Professor Luiz Guilherme Marinoni na seguinte obra: MARINONI, Luiz Guilherme. *Precedentes obrigatórios*. 2. ed. São Paulo: RT, 2011.

[56] Nesse sentido: BAHIA, Alexandre Gustavo Melo Franco. *Recursos extraordinários no STF e no STJ*: conflito entre interesses público e privado. Curitiba: Juruá, 2009; ABBOUD, Georges. *Jurisdição constitucional e direitos fundamentais*. São Paulo: RT, 2012; MENDES, Gilmar Ferreira; COELHO, Inocêncio Mártires; BRANCO, Paulo Gustavo Gonet. *Curso de*

do enfoque escolhido, adentrar nessas críticas. Importa sim analisar como a Repercussão Geral sepulta de uma vez por todas o mito construído pelo Ministro Celso de Mello no sentido de que o Supremo Tribunal Federal é o detentor da última palavra em matéria de interpretação constitucional.

Pois bem. Uma vez incorporado ao documento constitucional, o instituto em análise foi regulamentado pela Lei 11.418, de 2006, que introduziu os arts. 543-A e 543-B e respectivos parágrafos ao Código de Processo Civil brasileiro. Assim, pela nova sistemática processual, o Supremo Tribunal Federal não conhecerá do recurso extraordinário, quando a questão constitucional nele versada não oferecer "repercussão geral", nos termos da lei em comento. Além disso, tal decisão é irrecorrível. Apressa-se a lei a dizer que há repercussão geral quando o recorrente demonstrar a existência de questões relevantes do ponto de vista econômico, político, social ou jurídico, que ultrapassem os interesses subjetivos da causa.

É justamente por força desse dispositivo incluído no Código de Processo Civil pela Lei 11.418, de 2006, que o Ministro Gilmar Mendes compreende que está havendo no Brasil um processo de objetivação do Recurso Extraordinário, o que levaria a uma verdadeira mutação constitucional do art. 52, X, da Constituição de 1988. Junto com a melhor doutrina sobre a questão, discordamos dessa posição[57].

A lei ainda presume repercussão geral sempre que o recurso impugnar decisão contrária a súmula ou jurisprudência dominante do Tribunal.

No entanto, o que poderia parecer um mecanismo essencial para desafogar o Supremo Tribunal Federal, que se via, cada vez mais, com um número muito elevado de recursos a julgar, não surtiu os efeitos desejados, pois o próprio Tribunal passou a reconhecer repercussão geral em praticamente todos os recursos extraordinários que lá passaram a chegar. Assim, em vez de causar o efeito desejado no sentido de diminuir o número de recursos para serem julgados pelo Supremo Tribunal Federal, de 2008 para cá não houve as esperadas diminuição e racionalização do trabalho de nossa Corte Suprema, como nos revela Georges Abboud[58]. Mais recentemente, Fábio Portela Lopes

---

    direito constitucional. 5. ed. São Paulo: Saraiva, 2010; FERNANDES, Bernardo Gonçalves. *Curso de direito constitucional*. 4. ed. Salvador: JusPodium, 2012.

[57] Sobre o equívoco da posição do Ministro Gilmar Mendes, vide: ABBOUD, Georges. *Jurisdição constitucional e direitos fundamentais*. São Paulo: RT, 2012; PEDRON, Flávio Quinaud. *Mutação constitucional na crise do positivismo jurídico*. Belo Horizonte: Arraes Editores, 2012.

[58] Segundo Abboud: "Em 2008, os números sofreram pequenas reduções, sendo proferidos 130.747 julgamentos e, em 2009, 121.316 julgamentos e, por fim, em 2010, 103.869 julga-

de Almeida, em coluna do *site* Consultor Jurídico, apresentou, em 28.01.2013[59], dados interessantes sobre a questão e que confirmam as conclusões de Abboud. De acordo com o colunista, o Supremo Tribunal Federal tem aceitado cerca de 70,4% dos recursos extraordinários como portadores de repercussão geral, o que é no mínimo estranho, lançando dúvidas sobre a eficiência desse mais novo filtro recursal.

Apenas 28% dos recursos extraordinários tiveram seu prosseguimento negado em virtude de o Supremo Tribunal Federal ter entendido que eles não tinham repercussão geral. Ora, se fizermos uma conta rápida e percebermos que o Tribunal recebe cerca de 100 mil recursos extraordinários por ano, perceberemos que em mais ou menos 28 mil casos a decisão final é prolatada por outro órgão judiciário senão a nossa mais alta corte do País.

Assim, percebe-se que nem sempre o Supremo Tribunal Federal é o detentor da última palavra *judicial* em matéria constitucional, pois, seja antes de 1988, seja a partir de 1988, ou ainda após o instituto da Repercussão Geral, o Tribunal, em muitos momentos, e deliberadamente, deixa a última palavra para outro órgão, não necessariamente jurisdicional, tornando, portanto, a tese da última palavra em termos de interpretação constitucional nas mãos do Supremo Tribunal Federal não apenas errada, mas desnecessária para o aprimoramento da nossa democracia constitucional.

Inclusive, como bem mostram Conrado Hübner Mendes[60] e Rodrigo Brandão[61], até mesmo quando o Supremo Tribunal Federal decide julgar demandas de grande repercussão jurídica, econômica ou social, muitas vezes exercita aquilo que o autor chama de diálogo constitucional, ou seja, atua de modo respeitoso e deferente para com outros intérpretes igualmente importantes do texto constitucional.

Portanto, é possível perceber que a tese ainda hoje afirmada pelo Ministro Celso de Mello no sentido de que o Supremo Tribunal Federal é o intérprete último da Constituição não se sustenta, seja histórica, seja normativamente, devendo ser abandonada em nome de uma genuína democracia constitucional.

---

mentos. Para mais detalhes, vide: ABBOUD, Georges. *Jurisdição constitucional e direitos fundamentais*. São Paulo: RT, 2012, p. 464-467.

[59] ALMEIDA, Fábio Portela Lopes de. Quando a busca pela eficiência paralisa o Judiciário. *Consultor Jurídico*, 28 jan. 2013. Acesso em: 28 jan. 2013.

[60] MENDES, Conrado Hübner. *Direitos fundamentais, separação de poderes e deliberação*. São Paulo: Saraiva, 2011.

[61] BRANDÃO, Rodrigo. *Supremacia judicial* versus *diálogos constitucionais*: a quem cabe a última palavra sobre o sentido da Constituição. 2.ª impressão. Rio de Janeiro: Lumen Juris, 2012.

REFERÊNCIAS BIBLIOGRÁFICAS

ABBOUD, Georges. *Jurisdição constitucional e direitos fundamentais*. São Paulo: RT, 2012.

ALMEIDA, Fábio Portela Lopes de. Quando a busca pela eficiência paralisa o Judiciário. *Consultor Jurídico*, 28 jan. 2013. Acesso em: 28 jan. 2013.

BAHIA, Alexandre Gustavo Melo Franco. *Recursos extraordinários no STF e no STJ*: conflito entre interesses público e privado. Curitiba: Juruá, 2009.

BARROSO, Luís Roberto. *Curso de direito constitucional contemporâneo*: os conceitos fundamentais e a construção do novo modelo. 2. ed. São Paulo: Saraiva, 2010.

BINENBOJM, Gustavo. *A nova jurisdição constitucional brasileira*: legitimidade democrática e instrumentos de realização. 3. ed. Rio de Janeiro: Renovar, 2010.

BULOS, Uadi Lammêgo. *Curso de direito constitucional*. 7. ed. São Paulo: Saraiva, 2012.

BRANDÃO, Rodrigo. *Supremacia judicial* versus *diálogos constitucionais*: a quem cabe a última palavra sobre o sentido da Constituição. 2.ª impressão. Rio de Janeiro: Lumen Juris, 2012.

CATTONI, Marcelo. *Direito constitucional*. Belo Horizonte: Mandamentos, 2002.

FERNANDES, Bernardo Gonçalves. *Curso de direito constitucional*. 4. ed. Salvador: JusPodium, 2012.

FRIEDMAN, Barry. The history of the countermajoritarian difficulty, part one: the road to judicial supremacy. *New York University Law Review*, v. 73, n. 2, p. 333-433, 1998.

_____. The history of the countermajoritarian difficulty, part two: reconstruction's political court. *The Georgetown Law Review*, v. 91, p. 1-65, 2002.

_____. The history of the countermajoritarian difficulty, part three: the lesson of lochner. *New York University Law Review*, v. 76, p. 1383-1455, 2001.

_____. The history of the countermajoritarian difficulty, part four: law's politics. *University of Pennsylvania Law Review*, v. 148, n. 4, p. 971-1064, 2000.

_____. The history of the countermajoritarian difficulty, part five: the birth of an academic obsession. *The Yale Law Journal*, v. 112, p. 153-259, 2002.

FUCK, Luciano Felício. O Supremo Tribunal Federal e a repercussão geral. *Revista de Processo*, São Paulo: RT, n. 181, p. 14, 2010.

MARINONI, Luiz Guilherme. *Precedentes obrigatórios*. 2. ed. São Paulo: RT, 2011.

MENDES, Conrado Hübner. *Direitos fundamentais, separação de poderes e deliberação*. São Paulo: Saraiva, 2011.

MENDES, Gilmar Ferreira; COELHO, Inocêncio Mártires; BRANCO, Paulo Gustavo Gonet. *Curso de direito constitucional*. 5. ed. São Paulo: Saraiva, 2010.

MEYER, Emílio Peluso Neder. *A decisão no controle de constitucionalidade*. São Paulo: Método, 2008.

NERY JUNIOR, Nelson; NERY, Rosa Maria de Andrade. *Código de Processo Civil comentado e legislação extravagante*. 12. ed. São Paulo: RT, 2012.

OLIVEIRA, Fabiana Luci. *Supremo Tribunal Federal*: do autoritarismo à democracia. Rio de Janeiro: Elsevier, 2012.

OMMATI, José Emílio Medauar. *Teoria da Constituição*. 2. ed. Rio de Janeiro: Lumen Juris, 2013.

PEDRON, Flávio Quinaud. *Mutação constitucional na crise do positivismo jurídico*. Belo Horizonte: Arraes Editores, 2012.

RODRIGUES, Leda Boechat. *A história do Supremo Tribunal Federal*. 2. ed. Rio de Janeiro: Civilização Brasileira, 1991.

SARMENTO, Daniel; SOUZA NETO, Cláudio Pereira de. *Direito constitucional*: teoria, história e métodos de trabalho. Belo Horizonte: Fórum, 2012.

SOUZA CRUZ, Álvaro Ricardo de. *Jurisdição constitucional democrática*. Belo Horizonte: Del Rey, 2004.

SULTANY, Nimer. The state of progressive constitutional theory: the paradox of constitutional democracy and the project of political justification. *Harvard Civil Rights-Civil Liberties Law Review*, v. 47, p. 371-455, 2012.

SUNSTEIN, Cass R. Introduction: the legitimacy of constitutional courts: notes on theory and practice. *East European Constitutional Review*, v. 6, n. 1, p. 61-63, 1997.

VELLOSO, Carlos Mário da Silva. Do Poder Judiciário: como torná-lo mais ágil e dinâmico – efeito vinculante e outros temas. *Revista dos Tribunais*, ano 6, n. 25, out.-dez. 1998.

VIANA, Ulisses Schwarz. *Repercussão geral sob a ótica da teoria dos sistemas de Niklas Luhmann*. São Paulo: Saraiva, 2010.

VILLA, Marco Antonio. *A história das Constituições brasileiras*: 200 anos de luta contra o arbítrio. Rio de Janeiro: Leya, 2011.

WEILL, Rivka. Hybrid constitutionalism: the Israeli Case for judicial review and why we should care. *Berkely Journal of International Law*, v. 30, n. 2, p. 349-411, 2012.

2

REFLEXOS DO *WRIT OF CERTIORARI* NO CENÁRIO DO *COMMON LAW* E DA REPERCUSSÃO GERAL NO DIREITO BRASILEIRO

ALUISIO GONÇALVES DE CASTRO MENDES

Pós-Doutor pela Universidade de Regensburg, Alemanha. Doutor em Direito pela UFPR. Mestre em Direito pela UFPR. Mestre em Direito pela Johann Wolfgang Goethe Universität (Frankfurt am Main, Alemanha). Especialista em Direito Processual Civil pela UnB. Professor nos cursos de graduação e pós-graduação da UERJ e da Unesa. Diretor do Instituto Brasileiro de Direito Processual (IBDP). Membro do Instituto Ibero-americano de Direito Processual, da Associação Brasil-Alemanha de Juristas e da *International Association of Procedural Law*. Ex-Promotor de Justiça. Desembargador Federal.

LARISSA CLARE POCHMANN DA SILVA

Graduada em Direito pela Universidade do Estado do Rio de Janeiro (UERJ). Mestranda em Direito pela Universidade Estácio de Sá (Unesa). Professora da Universidade Candido Mendes (UCAM). Advogada.

SUMÁRIO: Introdução – 1. O cenário do *common law* e do *civil law* – 2. O *writ of certiorari* no cenário do *common law*; 2.1. Surgimento; 2.2. Positivações; 2.3. Estatísticas – 3. A repercussão geral no direito brasileiro; 3.1. Surgimento; 3.2. Previsão normativa; 3.3. Estatísticas – 4. Reflexos da adoção do modelo do *writ of certiorari* e do mecanismo da repercussão geral; 4.1. A função das Supremas Cortes e do STF; 4.2 O respeito aos julgamentos das Supremas Cortes; 4.3. Impacto nas estatísticas processuais – Conclusão – Referências Bibliográficas.

INTRODUÇÃO

O *writ of certiorari* é um instrumento processual que, embora seja mais conhecido nos Estados Unidos, é utilizado há alguns séculos nos países de *common law*, para processamento e julgamento de casos pela Suprema Corte. Mesmo sem data precisa, tem sua origem na Inglaterra e, posteriormente, foi incorporado por suas colônias e protetorados.

Já a repercussão geral é um dos requisitos de admissibilidade do recurso extraordinário no Brasil e tem sua previsão recente no ordenamento jurídico, a partir da Emenda Constitucional n.º 45, de 2004, para filtrar a grande quantidade de recursos recebida no Supremo Tribunal Federal.

Presentes em tradições jurídicas distintas, pretende-se analisar o reflexo de adoção de cada um desses modelos nos países de *common law* e no Brasil, utilizando-se, para isso, a teoria e as estatísticas da prática forense.

1. O CENÁRIO DO *COMMON LAW* E DO *CIVIL LAW*

Common law e *civil law* são dois sistemas que se formaram em circunstâncias políticas e culturais distintas e que levaram à formação de tradições jurídicas diferentes, compostas por institutos próprios em cada um dos dois sistemas[1].

O sistema do *common law* é tradicionalmente composto pelas ex-colônias britânicas e seus protetorados. É um sistema que, em sua origem, não havia uma Constituição escrita nem leis codificadas; os precedentes são de observância obrigatória; há uma ampla liberdade de contratar e vigora a máxima "é permitido tudo o que não está proibido pela lei"[2].

O direito no *common law*, em sua origem, espelha tanto os costumes gerais, incluindo os costumes e as máximas que se estabelecem nas sociedades, como os locais, porque se restringem a determinado país do sistema ou porque são observados em determinada região e, por isso, aplicado em seus tribunais.

Como consequência, chegou-se a defender que a jurisdição nos países de *common law* seria meramente declaratória dos costumes gerais existentes na sociedade. A natureza declaratória da jurisdição também era identificada quando o juiz decidia com base em um precedente, apenas mantendo um direito já conhecido.

A teoria declaratória foi alvo de muitas críticas, que fundamentavam que o juiz, para construir um precedente, teria, como antecedente lógico, a

---

[1] MARINONI, Luiz Guilherme. Aproximação crítica entre as jurisdições de *common law* e de *civil law* e a necessidade de respeito aos precedentes no Brasil. *Revista da Faculdade de Direito da Universidade Federal do Paraná*, Curitiba: Universidade Federal do Paraná, n. 49, p. 11-12, 2009.

[2] Q.C., Willian Tetley. Mixed jurisdictions: common law vs. civil law (codified and uncodified). *Revue de Droit Uniforme*, Quebec: Unidroit, v. 3, p. 597, 1999.

criação do Direito. A função jurisdicional seria responsável pela criação do Direito, e não pela mera declaração. No entanto, tanto a teoria declaratória como a constitutiva, embora não concordassem sobre a função do juiz – declarar o direito ou criá-lo –, admitiam a possibilidade de se alterar (*overrule*) um precedente[3].

Não se pretende, no presente trabalho, ingressar em uma discussão sobre precedentes[4], mas apenas destacar a relação entre a atuação do Poder Judiciário no sistema de *common law* e a adoção dos *writs*.

Considerando que o sistema de *common law* teve início no século XI na Inglaterra, somente depois se difundindo por seus protetorados e por suas colônias, o *writ* foi o sistema adotado ainda no século XII, com a ideia do instrumento pelo qual a jurisdição era provocada. Havia modalidades de *writs*, cada uma com cabimento restrito a determinadas hipóteses, que permitiam desde a submissão da pretensão de um indivíduo a um chanceler – que, ao analisar que o pedido seria procedente, enviava uma ordem para a satisfação do queixoso[5] –, até a revisão de julgamentos.

Por outro lado, o sistema do *civil law*, adotado, quantitativamente, na maioria dos países, é utilizado em países como França, Alemanha, Portugal e em todas as suas ex-colônias, incluindo o Brasil, no centro e no leste europeu, bem como no leste da Ásia.

É um sistema desenvolvido a partir da tradição romano-germânica e posteriormente influenciado pelo direito francês e pelo direito alemão, em especial pelo Código de Napoleão, de 1804, de onde muitos dogmas se mostram relevantes na realidade dos países.

O sistema jurídico é baseado em uma Constituição escrita e em regras codificadas, e apenas questões administrativas geralmente não são encontradas na forma de um código; somente o que está previsto na lei é considerado obrigatório para todos; a liberdade contratual não é tão ampla – a vontade livre de contratar entre as partes somente é válida se não ferir as disposições legais[6].

---

[3] A discussão sobre os sistemas de *common law*, *civil law* e o precedente pode ser obtida em MARINONI, Luiz Guilherme. Op. cit., p. 14-17.

[4] O processo de tomada de decisão dos juízes no sistema de *common law*, questão que não será analisada no presente trabalho, pode ser encontrada em CAPPALLI, Richard B. The Common Law's Case Against Non-Precedential Opinion. *Southern California Law Review*, California: Southern Law School, v. 76, p. 755, 2003.

[5] GILISSEN, John. *Introdução histórica ao direito*. 4. ed. Lisboa: Fundação Calouste Gulbenkian, 2003. p. 207-220.

[6] Q.C., Willian Tetley. Op. cit., p. 596.

É certo que, atualmente, muito se discute sobre as aproximações entre o sistema de *common law* e de *civil law*[7], mas esse debate tem como marco a imprescindibilidade do precedente nos dois sistemas.

Em relação à provocação da prestação jurisdicional, enquanto o sistema de *civil law* costuma associar a nomenclatura ação associada ao procedimento para a proteção do direito material, como ocorre nas ações possessórias, que são, na verdade, um procedimento para a tutela da posse, na ação de depósito, um procedimento para a restituição da coisa depositada, e até mesmo na ação civil pública, o sistema do *common law* se baseou nos *writs*.

Dessa forma, na atualidade, em grau recursal, enquanto a Suprema Corte nos países de *common law* é provocada por meio de um *writ* denominado *writ of certiorari*, o Supremo Tribunal Federal no Brasil, país de *civil law*, é provocado por meio do recurso extraordinário, que tem como um dos requisitos de sua admissibilidade a repercussão geral reconhecida. A semelhança ou não desses mecanismos em cenários jurídicos em sua origem distintos, mas que hoje teriam como tendência a aproximação, é que passará a ser analisada.

2. O *WRIT OF CERTIORARI* NO CENÁRIO DO *COMMON LAW*

O *writ of certiorari* significa uma ordem, a partir de um requerimento admitido por um tribunal *ad quem*, para que juízes ou um tribunal *a quo* transfiram um procedimento para um tribunal *ad quem*, para julgamento ou para revisão do julgamento[8]. Embora o *writ of certiorari* seja mais associado à Inglaterra e aos Estados Unidos, diversos países de *common law* adotam esse mecanismo[9]. O instituto é, portanto, muito mais amplo do que a disposição do direito inglês ou do direito norte-americano.

Nesse momento, será analisado o histórico do *writ of certiorari*, as disposições positivadas nos países que adotam esse mecanismo e as estatísticas nas Supremas Cortes.

---

[7] MARINONI, Op. cit., e SCHAUER, Frederick. Why Precedent in Law (and Elsewhere) is Not Totally (and Even Substantially) About Analogy. Disponível em: <http://papers.ssrn.com/sol3/papers.cfm?abstract_id=1007001>. Acesso em: 28 out. 2012.

[8] CHAMIER, Daniel. *Law and Pratice Related to Court of Appeals*: Mandamus, Prohibition and Certiorari. London: Law Publishers and Booksellers, 1896, p. 103. Versão e-book disponível em: <http://ia600300.us.archive.org/33/items/lawpracticerelat00chamiala/lawpracticerelat00chamiala.pdf>. Acesso em: 2 nov. 2012.

[9] No direito romano, há referência ao *writ of certiorari* nas obras de Ulpiano, mas não houve mais notícias desse mecanismo no cenário da *civil law*, a maior difusão do mecanismo encontra-se presente no cenário da *common law*, razão pela qual apenas se retratará este último cenário.

2.1. Surgimento

O *writ of certiorari* é considerado um dos cinco *writs* mais importantes em sua origem no cenário do *common law*. Passou por mais de 900 anos de alterações e espalhou-se da Inglaterra para as suas demais colônias e protetorados[10].

A história do *writ of certiorari* possui diversas versões e marcos teóricos distintos, mas pode-se afirmar que é permeada pelo intuito de fortalecimento da figura do rei, enquanto autoridade estatal, para nomear pessoas para realizar os julgamentos dos conflitos e executar a sentença dos tribunais[11].

Os reis reservavam para si o julgamento dos casos que consideravam mais importantes para a Coroa, eram os crimes que afetavam a paz do Reino e os casos que atingiam as finanças. Nessas situações, os barões atuavam como juízes e o Conselho Real logo proferia a sentença, com base no Direito. As demais situações eram julgadas por pessoas do povo, com aplicação da equidade[12].

Caso houvesse fundamentos de que o julgamento feito por pessoas do povo poderia não ter sido justo e imparcial, permitia-se a utilização do *writ of certiorari* como instrumento adequado para se realizar o requerimento para que o tribunal real revisasse o julgamento[13].

Com o tempo, o tribunal real, o *Curia Regis*, ampliou sua jurisdição, havendo autorização para que casos comuns, antes submetidos a tribunais populares e julgados com base na equidade, passassem a ser analisados pelo tribunal real e julgados com base no Direito. Posteriormente, alguns juízes do tribunal real tornaram-se itinerantes e a administração da justiça se concentrou nas mãos dos juízes dos tribunais reais.

Já no final do século XII o rei era supremo no sistema judicial, em um sistema até então desconhecido na Idade Média. Todos os juízes eram remunerados pelo rei e submetidos a sua figura. Com essa alteração, o *writ of certiorari* perdeu muito de sua importância.

Entretanto, é necessário destacar que o *certiorari* também era utilizado quando decisões de juízes sobre a remessa de recursos aos tribunais era

---

[10] DOUGHERTY, Lucia A.; SCHERKER, Elliot H. Rights, remedies, and ratiocination: toward a cohesive approach to appellate review of land use orders after board of county commissioners v. Snyder. *Stetson Law Review*, Florida: Stetson University College of Law, v. XXIV, p. 315, 1995.

[11] HANUS, Jerome J. *The American Journal of Legal History*. Philadelphia: Temple University, v. 12, n. 2, p. 65, abr. 1968.

[12] GOODNOW, Frank J. The Writ of Certiorari. *Political Science Quarterly*, Nova York: Academy of Political Science, v. 6, n. 3, p. 493-496, Sep. 1891.

[13] CHAMIER, Daniel. Op. cit., p. 103

omissa. Era, portanto, o *certiorari* um meio de remover uma causa de um tribunal popular para um tribunal real, para julgamento ou para a revisão do julgamento, ou, ainda, como forma de corrigir a aplicação equivocada de um procedimento[14].

Entre os séculos XIV e XVII, o *writ* adquiriu, também, uma função administrativa, representando um mecanismo de revisão de decisões de órgãos administrativos. Esse método ganhou destaque no cenário do *common law*.

A vertente, porém, abordada será o requerimento de *writs of certiorari* para que julgamentos judiciais sejam revisados pela Suprema Corte. Ao ser admitido o requerimento de *certiorari* para análise do caso pela Suprema Corte, são enviadas, ao mesmo tempo, uma comunicação e uma ordem ao juízo *a quo*: uma comunicação sobre a admissão do *certiorari* e uma ordem para que sejam enviados os registros do caso que a Suprema Corte analisará em sede recursal[15].

Cabe destacar que, em geral, as Supremas Cortes são competentes para analisar processos apenas sobre questões de direito, as questões fáticas não são objeto de análise, salvo se houver autorização expressa em lei para tal.

A partir do século XVII, o *writ of certiorari*, com origem na Inglaterra, passou a ter marcos históricos importantes em cada um dos países. Nos Estados Unidos, por exemplo, a perspectiva do *certiorari* já foi implementada no contexto de "um mandado discricionário emitido por um tribunal de recurso para um tribunal inferior, nos casos em que o recurso judicial ou mandado de erro não estava disponível, ordenando que os arquivos da corte inferior sejam providenciados para revisão, de modo que se determine se o tribunal excedeu sua competência ou não procedeu de acordo com a lei"[16].

O *certiorari* não possui a mesma concepção inglesa de um dos *writs* mais importantes, sendo reduzido a um instrumento ordinário. Isso significa que o pedido de revisão do julgado em um tribunal inferior por um tribunal superior não será feito pela via do *certiorari* se houver um instrumento mais adequado. O *certiorari* é considerado instrumento de utilização extraordinária[17].

---

[14] O histórico do *writ of* certiorari, de sua origem ao século XII, utilizou como base os marcos temporais apresentados por GOODNOW, Frank J. Op. cit., p. 493-500.

[15] CHAMIER, Daniel. Op. cit., p. 103.

[16] Tradução livre do trecho "a discretionary writ issued by an appellate court to a lower court in cases where an appeal or writ of error was unavailable, directing that the record of the lower court be provided for review to determine whether the lower court has exceeded its jurisdiction or not proceeded according to law", a que a Suprema Corte da Flórida fez referência no julgamento do caso *Haines City Cmty. Dev. v. Heggs*, 658 So. 2d 523, 525 (Fla. 1995) (*quoting* 3 Fla. Jur. 2d *Appellate Review* §456 (1978)).

[17] GOODNOW, Frank J. Op. cit., p. 501-503.

Teve sua previsão com o *Judiciary Act* de 1891, mas só foi efetivamente utilizado após a previsão do *Judiciary Act* de 1925, que trouxe à Suprema Corte alguma medida de discricionariedade na concessão ou não da medida, para rever um julgamento de um tribunal estadual ou federal.

O primeiro caso admitido foi o *Olmstead*, em 1928, em que se discutia a admissibilidade da escuta enquanto meio probatório. Nesse caso, a Suprema Corte firmou sua competência para as questões constitucionais, destacando que o *certiorari* não seria um instrumento apenas para o interessado, mas para o Tribunal se pronunciar sobre questões que considera relevantes. Posteriormente, teve advento como legislação sobre *certiorari* o *Supreme Court Case Selections Act* of 1988[18].

Hoje, a regra é que o *certiorari* só será concedido se observada a disciplina dos arts. 10 a 16 das Regras da Suprema Corte norte-americana, com versão de 12.01.2010, em vigor desde 16.02.2010, nos arts. 10 a 16[19], que ainda serão abordados.

Na Inglaterra, os conflitos que começaram a surgir também a partir do século XVII, entre as antigas e novas instituições que emergiam a partir do fortalecimento do Parlamento no país, geraram impactos sobre o *certiorari*, especialmente se sua concessão ou não estaria relacionada da liberdade para decidir se haveria ou não interesse do Estado na causa[20]. No século XVIII, o *writ of certiorari* deixou de ser utilizado para corrigir decisões no âmbito criminal, adotando-se, para tal finalidade, o *habeas corpus*.

Desde o século XVIII até meados do século XX, houve um período relevante de regulamentação do *certiorari*, com destaque para o art. 126 do *Country Courts Act*, de 1888, que regulamentava como, após a admissão de um requerimento de *certiorari*, a demanda seria enviada ao tribunal superior para seu julgamento[21]. A partir de 1938 ocorreu a definição de que o *certiorari* seria dirigido à Suprema Corte[22].

Contudo, ainda se verificam muitas de suas características presentes ao longo de sua história: o requerimento de uma medida de *certiorari* deve ser fundamentado e a sua concessão ou não é critério do Tribunal, sem regras previamente

---

[18] HARTNETT, Edward A. Questioning Certiorari: Some Reflections Seventy-Five Years After the Judge Bill. *Columbia Law Review*, Columbia: Columbia Law School, n. 7, v. 100, p. 1704-1713, Nov. 2000.
[19] Regras disponíveis em: <http://www.supremecourt.gov/ctrules/2010RulesoftheCourt.pdf>. Acesso em: 19 out. 2012.
[20] HANUS, Jerome J. Op. cit., p. 82.
[21] CHAMIER, Daniel. Op. cit., p. 103-104.
[22] Ibid., p. 92.

estabelecidas. O *writ of certiorari* é adotado como um mecanismo de controle dos atos jurisdicionais dos tribunais inferiores.

Na Austrália, o *writ of certiorari* começa a ser teorizado no ordenamento apenas no século XX, muitos séculos após a Inglaterra e os Estados Unidos. É de competência da Suprema Corte e está relacionado à alegação de equívoco quanto a questões constitucionais[23].

É a partir desse breve histórico que se avança para tratar das disposições positivadas em cada um desses países sobre o *writ of certiorari*.

2.2. Positivações

Na Inglaterra, há legislações que dispõem sobre os *writs*, enquanto ações de destaque no país, sem especificar as modalidades de *writ*. As legislações a que se refere são *The Parliamentary Writs Order*, de 1983[24], que dispõe sobre o procedimento geral das ações, e *The Rules of the Supreme Court (Writ and Appearance)*, de 1979[25]. Trata-se, porém, de regras gerais de processo civil, sem que haja uma disposição específica sobre o *certiorari*.

O desenvolvimento histórico do instituto e análise dos casos julgados são muito mais frequentes do que a referência à positivação das suas normas, o que indica uma pequena relevância da positivação das regras sobre *certiorari* para a determinação do instituto no país.

O *Country Courts Act*, com versão de 1984 e com projetos de alteração em análise, trouxe a previsão do *certiorari* como instrumento de acesso à Suprema Corte em seu art. 38, que dispõe que tribunais federais não podem analisar *certioraris*, e, no art. 83, determina que a admissão do pedido de *certiorari* suspende o processo no tribunal inferior, com sua remessa para a Suprema Corte[26].

As Regras da Suprema Corte do Reino Unido, de 2009[27], dispõem sobre o prazo e o procedimento para o acesso à Suprema Corte em qualquer caso, sendo

---

[23] Disponível em: <http://www.aat.gov.au/Publications/SpeechesAndPapers/Downes/JudicialReviewMarch2011.htm>. Acesso em: 1.º nov. 2012.

[24] Disponível em: <http://www.legislation.gov.uk/uksi/1983/605/contents/made>. Acesso em: 1.º nov. 2012.

[25] Disponível em: <http://www.legislation.gov.uk/uksi/1979/1716/contents/made>. Acesso em: 1.º nov. 2012.

[26] Regras disponíveis em: <http://www.legislation.gov.uk/ukpga/1984/28>. Acesso em: 4 nov. 2012.

[27] Disponível em: <http://www.supremecourt.gov.uk/docs/uksc_rules_2009.pdf>. Acesso em: 2 nov. 2012.

que o art. 18 prevê que a Suprema Corte, além de aceitar totalmente ou rejeitar o requerimento, poderá aceitá-lo apenas parcialmente, limitando-se a admitir processar e julgar apenas algumas das questões aventadas pelas partes.

A previsão, restrita à matéria criminal, está no *Administration of Justice Act*, de 1960[28], que trata do *certiorari* no capítulo 65, na mesma seção do *contempt of court* e do *habeas corpus*. Autoriza a revisão de julgamentos em matéria criminal pela Suprema Corte, a partir da alegação de que o tribunal que irá analisar o delito não é competente.

Não há outras previsões que disponham sobre as hipóteses de cabimento do *certiorari*, além do único artigo sobre matéria criminal. Por essa razão, afirma-se que, na Inglaterra, cabe à própria Suprema Corte a tarefa de analisar, sem critérios previamente estabelecidos, se concederá ou não o *certiorari*.

Por outro lado, nos Estados Unidos, as disposições sobre o *writ of certiorari* fazem sua equiparação a um procedimento comum, sem o intuito de uma garantia dos cidadãos. O *certiorari* não é admitido se há um remédio adequado previsto para o caso.

Para a Suprema Corte norte-americana, a admissão de uma petição do *writ of certiorari* deve contar com a concordância de um mínimo de quatro dos nove juízes. A admissão não significa necessariamente que a Suprema Corte não concorde com a decisão do tribunal inferior, mas apenas que pelo menos quatro dos juízes consideraram que as circunstâncias descritas na petição são suficientes para justificar a revisão pela Suprema Corte. Da mesma forma, a negação de uma petição do *writ of certiorari* apenas significa que as circunstâncias descritas parecem não se adequar aos casos de revisão.

A disciplina está nos arts. 10 a 16 das Regras da Suprema Corte norte-americana, com versão de 12.01.2010, em vigor desde 16.02.2010, nos arts. 10 a 16[29]. A disposição é extensa, mas merecem destaque os arts. 10, 11 e 14. Os arts. 12, 13, 15 e 16 não receberão um destaque, remetendo-se às próprias disposições, na medida em que preveem apenas sobre a tramitação do *certiorari* na Suprema Corte.

O art. 10 explicita que a revisão feita pela Suprema Corte não é um direito, pois não há um direito, nos Estados Unidos, de se ter o processo analisado pela Suprema Corte; o julgamento será feito quando seus membros considerarem pertinente se:

---

[28] Disponível em: <http://www.legislation.gov.uk/ukpga/1960/65/pdfs/ukpga_19600065_en.pdf>. Acesso em: 1.º nov. 2012.

[29] Regras disponíveis em: <http://www.supremecourt.gov/ctrules/2010RulesoftheCourt.pdf>. Acesso em: 19 out. 2012.

a) um tribunal norte-americano tiver proferido uma decisão conflitante com a de outro tribunal norte-americano de mesmo grau de jurisdição; tiver decidido sobre uma importante questão federal de forma que esteja em conflito com uma decisão de um tribunal estadual de última instância; ou não tenha observado o procedimento previsto; b) um tribunal estadual de última instância tenha decidido uma questão federal importante de forma a estar em conflito com a decisão de outro tribunal estadual de última instância ou de uma corte de recursos dos EUA; c) um tribunal estadual ou de recursos dos EUA tenha decidido uma questão federal importante que não tenha sido, mas deveria sê-lo, pacificada pela Suprema Corte, ou tenha decidido sobre uma questão federal importante de forma a estar em conflito com decisões relevantes da Suprema Corte. A petição para este *writ of certiorari* é raramente provida quando o erro alegado consistir sobre matéria de fato ou aplicação errônea de lei válida.

O art. 11 explicita que o pedido feito mediante o *writ of certiorari*, para que a Suprema Corte analise um caso ainda pendente de julgamento em um tribunal federal de apelação norte-americano, somente será concedido se for demonstrado que o caso é de imperativa importância pública, de modo a não se submeter ao rito ordinário do recurso de apelação.

Por fim, o art. 14 dispõe, além de regras procedimentais, sobre o conteúdo da petição, que ela deve indicar todas as questões que se pretende sejam analisadas pela Suprema Corte, de forma sucinta; a previsão constitucional e infraconstitucional do caso; no caso de erro no procedimento, deve haver a descrição do procedimento adotado desde a primeira instância, onde foi o equívoco o fundamento da competência da Suprema Corte.

Pode-se afirmar que, dos países que adotam o *certiorari*, os Estados Unidos possuem a disposição mais detalhada sobre o assunto. A Austrália, outro país de *common law* analisado, não tem previsão expressa do *certiorari* em sua Constituição, mas no Capítulo III, cuja disposição é relativa à jurisdição na Suprema Corte, os arts. 73 a 75 permitem que a Suprema Corte reveja os julgamentos de qualquer tribunal estadual ou federal do país.

2.3. Estatísticas

Sem embasamento para indicar estatísticas sobre a Austrália, discorre-se sobre a Inglaterra e sobre os Estados Unidos. A estatística mais recente na Suprema Corte do Reino Unido indica que, em julho de 2012[30], 41 casos tiveram pedido de

---

[30] Dados disponíveis em: <http://www.supremecourt.gov.uk/docs/permission-to-
-appeal-1207.pdf>. Acesso em: 2 nov. 2012.

certiorari à Corte. Destes, 17 foram admitidos e os demais rejeitados, um após a sustentação oral dos interessados, para justificar se existiria ou não relevância, e os outros 23 rejeitados de plano, por não haver interesse público relevante presente a justificar a análise pela Suprema Corte.

Em junho de 2012[31], as estatísticas na Inglaterra não foram distintas. A Suprema Corte registrou o pedido de *certiorari* em apenas 19 casos, mas, desses, apenas seis foram admitidos para processamento e julgamento pela Corte. Todos os demais foram indeferidos pelo mesmo fundamento: não haveria interesse público relevante presente à análise pela Suprema Corte.

Já no mês anterior, maio de 2012, foram 16 casos com o requerimento de *certiorari*, número próximo a junho, na medida em que julho teve uma quantidade grande de casos submetidos à análise se comparado à média mensal da Corte. Destes, cinco foram admitidos para processamento e julgamento. Os rejeitados não foram admitidos sempre com o mesmo fundamento: a ausência de interesse público relevante para a análise pela Suprema Corte.

Dessa forma, pode-se perceber, tomando por amostragem os três meses supramencionados, que aproximadamente 1/3 dos casos submetidos à Corte, mensalmente, é admitido para processamento e julgamento, o que representa aproximadamente 33,33% de admissão dos *writ of certioraris* requeridos. Todos os demais casos são rejeitados, sob o mesmo fundamento.

Por outro lado, nos Estados Unidos, as estatísticas da Suprema Corte são diferentes; elas demonstram um percentual ainda menor de casos admitidos, aproximadamente 1% dos casos submetidos à análise da Suprema Corte norte-americana é admitido para julgamento[32].

Os dados nos Estados Unidos sobre o número de petições do *writ of certiorari* admitidas não são tão recentes como na Inglaterra, mas, no período de 2005 a 2006, das 8.517 petições submetidas à Suprema Corte, apenas 78 foram aceitas para serem processadas e julgadas[33], e uma estatística detalhada por matéria, no ano de 2004, demonstra que foram admitidos 104 casos em matéria

---

[31] Dados disponíveis em: <http://www.supremecourt.gov.uk/docs/PTA-1206.pdf>. Acesso em: 2 nov. 2012.

[32] A partir de 1928, as estatísticas anuais do *certiorari*, que indicam a cada ano um percentual de aproximadamente 1% dos casos admitidos para processamento e julgamento, são divulgadas na *Harvard Law Review*, The Statistics. Disponível em: <http://www.harvardlawreview.org/issues/124/november10/Statistics_7568.php>. Acesso em: 4 nov. 2012.

[33] THOMPSON, David C.; WACHTELL, Melanie F. An Empirical Analysis of Supreme Court Certiorari Petition Procedures: The Call for Response and the Call for the Views of the Solicitor General. *George Mason Law Review*, Virginia: George Mason University, v. 16, n. 2, p. 241, Winter 2009.

criminal e rejeitados, enquanto em outras matérias, cíveis em sentido amplo, foram 88 casos admitidos e 3.862 casos rejeitados, provenientes de todos os 11 circuitos norte-americanos[34].

Em 2010, as estatísticas não foram distintas; elas demonstram que, de acordo com os dados coletados no final do ano de 2009, manteve-se a média de apenas 1% do total de casos em que o *certiorari* é requerido é admitido[35].

Dessa forma, mesmo dentro do cenário do *common law*, as práticas das Supremas Cortes são diversas. Os Estados Unidos, um país que positivou regras que trazem um grande detalhamento ao *writ of certiorari*, realizam uma interpretação mais restritiva dos critérios para sua admissão do que a Inglaterra, onde as poucas regras positivadas deixam à Suprema Corte do país a tarefa de deliberar se há interesse público relevante a admitir a petição do *certiorari*.

É a partir de tais considerações que se começa a analisar o cenário brasileiro, enquanto país de *civil law*, com a figura da repercussão geral no recurso extraordinário.

3. A REPERCUSSÃO GERAL NO DIREITO BRASILEIRO

Nesse momento, será feita a análise da repercussão geral no direito brasileiro, sua origem, suas regras e suas estatísticas, no sentido de perquirir quantos casos possuem a repercussão geral admitida.

3.1. Surgimento

A repercussão geral foi criada pela Emenda Constitucional n.º 45/2004, com a expectativa de reduzir a quantidade de recursos que chegam anualmente ao Supremo Tribunal Federal (STF)[36].

As demandas repetitivas há alguns anos preocupam o Poder Judiciário, na medida em que tornam insuficientes os esforços materiais e humanos para manifestação em casos idênticos. Em 2004, foram 20,3 milhões de casos novos recebidos no Poder Judiciário, em 2005, 21,4 milhões; 22,6 milhões em 2006, 24,1 milhões em 2007; 25,4 milhões em 2008; e 25,5 milhões em 2009, o que indica

---

[34] Dados disponíveis em: <http://www.uscourts.gov/uscourts/Statistics/JudicialBusiness/2004/appendices/b2.pdf>. Acesso em: 20 out. 2012.
[35] Dados disponíveis em: <http://www.supremecourt.gov/orders/journal/jnl10.pdf>. Acesso em: 2 nov. 2012.
[36] DANTAS, Bruno. *Repercussão geral*: perspectivas histórica, dogmática e de direito comparado, questões processuais. 2. ed. São Paulo: RT, 2009. p. 250.

um aumento anual de novos casos que ingressam no Poder Judiciário e apenas se somam aos milhões já em tramitação[37].

O cenário de recursos recebidos no Supremo Tribunal Federal também justificava a preocupação: enquanto apenas aproximadamente 5% dos casos que chegavam ao Supremo Tribunal Federal eram de sua competência originária e perto de 1% para sua atuação no controle de constitucionalidade, mais de 90% buscavam sua atuação enquanto via recursal[38].

Quantitativamente, no STF, houve um crescimento do número de processos, que variou em torno de 50% a 100% a cada década, de 1950 até 1990. Desta última década, entretanto, para a seguinte, ou seja, entre os anos de 1990 e 2000, houve um incremento de mais de 400%, passando o número de processos protocolados por ano de 18.564 para 105.307. É de ressaltar que o período coincide com, a rigor, os anos seguintes à redemocratização e da entrada em vigor da Constituição de 1988, supondo-se que os processos ajuizados em primeira instância na década de 1990 tenham chegado ao Excelso Tribunal cerca de dez anos depois. O aumento, ainda que em proporções bem menores, continuou nos períodos seguintes até o ano de 2006, quando o STF recebeu 127.535 processos protocolados. Tais dados indicavam que a necessidade de reduzir a quantidade de demandas que chegam à Corte significava repensar sua função recursal, estabelecendo filtros para que nem todos os recursos submetidos fossem analisados. Essa filtragem de recursos, conforme analisa Arruda Alvim, encontra institutos análogos em diversos países, a exemplo da Alemanha (*Die Zulassung der Revision*), dos Estados Unidos (*writ of certiorari*, previsto nas *Rules of the Supreme Court of the United States*), da Argentina (*gravidad institucional*) e do Japão (instituto análogo ao *writ of certiorari* norte-americano)[39].

Barbosa Moreira também apontou a existência, no direito estrangeiro, de institutos semelhantes à repercussão geral. Ele equiparou a "significação fundamental" da questão jurídica a ser apreciada, presente no direito alemão e no direito austríaco, ao requisito previsto pelo direito brasileiro de relevância da questão federal[40].

Afirma-se, porém, que, mesmo no Brasil, essa ideia não é nova.

---

[37] Dados disponíveis em: <http://www.cnj.jus.br/images/pesquisas-judiciarias/Publicacoes/pesq_sintese_morosidade_dpj.pdf>. Acesso em: 25 out. 2012.

[38] A pesquisa Supremo em Números, realizada pela Fundação Getúlio Vargas (FGV), divulgada em 2011, está disponível em: <http://www.supremoemnumeros.com.br/wp-content/uploads/2011/05/I-Relat%C3%B3rio-Supremo-em-N%C3%BAmeros.pdf>. Acesso em: 2 nov. 2012.

[39] ALVIM, Arruda. A Emenda Constitucional 45 e a repercussão geral. *Revista de Direito*, Rio de Janeiro: Renovar, n. 31, p. 85-91, jan.-abr. 2005.

[40] BARBOSA MOREIRA, José Carlos. *Comentários ao Código de Processo Civil*. Rio de Janeiro: Forense, 2008. v. V, p. 618.

Dois institutos acabam associados como antecedentes da repercussão geral: a arguição de relevância e um instituto do direito processual trabalhista ainda vigente, previsto no art. 896-A da Consolidação das Leis do Trabalho[41].

A arguição de relevância foi criada a partir da previsão na Constituição não mais vigente de 1967 ao permitir que o próprio Supremo Tribunal Federal dispusesse, em seu regimento interno, sobre as regras para regramento e processamento desses recursos.

Dessa forma, em 1975, com a alteração no art. 308, *caput*, do Regimento Interno da Corte[42], houve a adoção da arguição de relevância da questão federal, um filtro relacionado ao valor e à natureza da causa, excetuando das restrições impostas os casos de ofensa à Constituição e de discrepância manifesta da jurisprudência dominante do STF[43]. Tratou-se de critério balizador da apreciação dos recursos extraordinários.

Este instituto da arguição de relevância, porém, não parece tão próximo da repercussão geral como costuma se indicar, na medida em que "visava a possibilitar o conhecimento deste ou daquele Recurso Extraordinário *a priori* incabível, funcionando como um instituto com característica central inclusiva"[44].

Por outro lado, a previsão, desde setembro de 2001, do art. 896-A da CLT, embora de menor expressão na doutrina, parece mais relacionada à ideia da repercussão geral, na medida em que dispõe que os recursos de revista para o Tribunal Superior do Trabalho só serão admitidos se a causa oferecer transcendência no tocante aos reflexos gerais de natureza econômica, política, social ou jurídica.

3.2. Previsão normativa

A repercussão geral foi introduzida no Brasil pela Emenda Constitucional n.º 45/2004, que estabeleceu a necessidade de a questão constitucional trazida nos recursos extraordinários possuir repercussão geral para que fosse analisada pelo Supremo Tribunal Federal. É, portanto, um filtro para a admissibilidade do recurso extraordinário[45].

---

[41] "Art. 896-A. O Tribunal Superior do Trabalho, no recurso de revista, examinará previamente se a causa oferece transcendência com relação aos reflexos gerais de natureza econômica, política, social ou jurídica."

[42] Regimento Interno do STF, art. 308, já alterado. "Salvo nos casos de ofensa à Constituição ou relevância da questão federal, não caberá recurso extraordinário, a que alude o seu artigo 119, parágrafo único, das decisões proferidas".

[43] DANTAS, Bruno. Op. cit., p. 251-252.

[44] MARINONI, Luiz Guilherme; MITIDIERO, Daniel. *Repercussão geral no recurso extraordinário*. São Paulo: RT, 2007. p. 31.

[45] MARINONI, Luiz Guilherme, MTIDIERO, Daniel. *Código de Processo Civil comentado artigo por artigo*. 3. ed. São Paulo: RT, 2011. p. 583.

O instituto foi regulamentado apenas em 2007, com aplicação para a interposição de recurso cuja intimação do acórdão recorrido se deu a partir de 03.05.2007, mediante alterações no Código de Processo Civil, nos arts. 543-A[46] e 543-B[47], que tratam da repercussão geral e dos recursos repetitivos no recurso extraordinário, e no Regimento Interno do Supremo Tribunal Federal.

---

[46] "Art. 543-A. O Supremo Tribunal Federal, em decisão irrecorrível, não conhecerá do recurso extraordinário, quando a questão constitucional nele versada não oferecer repercussão geral, nos termos deste artigo.

§ 1.º Para efeito da repercussão geral, será considerada a existência, ou não, de questões relevantes do ponto de vista econômico, político, social ou jurídico, que ultrapassem os interesses subjetivos da causa.

§ 2.º O recorrente deverá demonstrar, em preliminar do recurso, para apreciação exclusiva do Supremo Tribunal Federal, a existência da repercussão geral.

§ 3.º Haverá repercussão geral sempre que o recurso impugnar decisão contrária a súmula ou jurisprudência dominante do Tribunal.

§ 4.º Se a Turma decidir pela existência da repercussão geral por, no mínimo, 4 (quatro) votos, ficará dispensada a remessa do recurso ao Plenário.

§ 5.º Negada a existência da repercussão geral, a decisão valerá para todos os recursos sobre matéria idêntica, que serão indeferidos liminarmente, salvo revisão da tese, tudo nos termos do Regimento Interno do Supremo Tribunal Federal.

§ 6.º O Relator poderá admitir, na análise da repercussão geral, a manifestação de terceiros, subscrita por procurador habilitado, nos termos do Regimento Interno do Supremo Tribunal Federal.

§ 7.º A Súmula da decisão sobre a repercussão geral constará de ata, que será publicada no Diário Oficial e valerá como acórdão."

[47] "Art. 543-B. Quando houver multiplicidade de recursos com fundamento em idêntica controvérsia, a análise da repercussão geral será processada nos termos do Regimento Interno do Supremo Tribunal Federal, observado o disposto neste artigo.

§ 1.º Caberá ao Tribunal de origem selecionar um ou mais recursos representativos da controvérsia e encaminhá-los ao Supremo Tribunal Federal, sobrestando os demais até o pronunciamento definitivo da Corte.

§ 2.º Negada a existência de repercussão geral, os recursos sobrestados considerar-se-ão automaticamente não admitidos.

§ 3.º Julgado o mérito do recurso extraordinário, os recursos sobrestados serão apreciados pelos Tribunais, Turmas de Uniformização ou Turmas Recursais, que poderão declará-los prejudicados ou retratar-se.

§ 4.º Mantida a decisão e admitido o recurso, poderá o Supremo Tribunal Federal, nos termos do Regimento Interno, cassar ou reformar, liminarmente, o acórdão contrário à orientação firmada.

§ 5.º O Regimento Interno do Supremo Tribunal Federal disporá sobre as atribuições dos Ministros, das Turmas e de outros órgãos, na análise da repercussão geral."

O cabimento do recurso extraordinário está fixado nas hipóteses do art. 102, III, *a* a *d*, da Constituição Federal[48]. Está condicionado ao fato de a causa já ter sido decidida nas instâncias inferiores, além da necessidade de ter havido o prequestionamento constitucional do ato impugnado e a ofensa direta ao texto fundamental. Ademais, o recorrente deve demonstrar, ainda, a repercussão geral das questões constitucionais discutidas no caso, nos termos da lei[49], a fim de que o Tribunal examine a admissão do recurso, somente podendo recusá-lo pela manifestação de dois terços de seus membros.

A repercussão geral deve ser composta por dois elementos: relevância e transcendência. A relevância está relacionada a aspectos políticos, econômicos, social e jurídico. Basta que a causa seja relevante de um desses pontos de vista. Já a transcendência possui uma vertente qualitativa e outra quantitativa[50].

Qualitativamente, interessa o importe da questão debatida para a sistematização e o desenvolvimento do direito. Por sua vez, quantitativamente, a transcendência significa o número de pessoas que podem ser afetadas, no presente ou no futuro, pela questão de direito em discussão na causa[51].

O Supremo Tribunal Federal já fixou causas com e sem repercussão geral, que podem ser consultadas no endereço eletrônico do tribunal[52], atribuindo repercussão geral a matérias que envolvam a observância ou a violação a direitos fundamentais, materiais ou processuais, admitindo-se a transcendência em sua dimensão objetiva.

---

[48] "Art. 102. Compete ao Supremo Tribunal Federal, precipuamente, a guarda da Constituição, cabendo-lhe: [...] III – julgar, mediante recurso extraordinário, as causas decididas em única ou última instância, quando a decisão recorrida:
a) contrariar dispositivo desta Constituição;
b) declarar a inconstitucionalidade de tratado ou lei federal;
c) julgar válida lei ou ato de governo local contestado em face desta Constituição.
d) julgar válida lei local contestada em face de lei federal.
[...]
§ 3.º No recurso extraordinário o recorrente deverá demonstrar a repercussão geral das questões constitucionais discutidas no caso, nos termos da lei, a fim de que o Tribunal examine a admissão do recurso, somente podendo recusá-lo pela manifestação de dois terços de seus membros."

[49] WAMBIER, Luiz Rodrigues; WAMBIER, Teresa Arruda Alvim; MEDINA, José Miguel Garcia. *Breves comentários à nova sistemática processual civil*. São Paulo: RT, 2007. p. 240.

[50] MARINONI, Luiz Guilherme; MITIDIERO, Daniel. *Repercussão geral no recurso extraordinário*. São Paulo: RT, 2007. p. 33.

[51] MARINONI, Luiz Guilherme, MTIDIERO, Daniel. *Código de Processo Civil comentado artigo por artigo*. 3.ed. São Paulo: RT, 2011. p. 584.

[52] Disponível em: <http://www.stf.jus.br/portal/jurisprudenciaRepercussao/pesquisarProcesso.asp?tipo=AC>. Acesso em: 2 nov. 2012.

A repercussão geral é analisada, desde o segundo semestre de 2008, por meio do plenário virtual. Nos termos do art. 323 do Regimento Interno do STF[53], será sempre o Ministro Presidente do STF o primeiro a se manifestar se a questão possui ou não repercussão geral, seguido por cada ministro. Caso um ministro não se manifeste, considera-se que a questão possui repercussão geral, e, se a repercussão geral for reconhecida por, pelo menos, 8 dos 11 Ministros do Tribunal, a matéria será distribuída a um dos ministros para que atue como relator.

3.3. Estatísticas

O Supremo Tribunal Federal disponibiliza, em seu endereço eletrônico, as estatísticas sobre a repercussão geral.

Antes, porém, de ingressar na análise quantitativa dos casos que tiveram a repercussão geral reconhecida, cabe destacar que, desde o início de sua aplicação, para que um recurso seja analisado pelo Supremo Tribunal Federal, isto é, para que o Supremo verifique se o caso possui ou não repercussão geral, é necessário que se destaque a repercussão geral em um item como preliminar do recurso.

Nesse sentido, do segundo semestre de 2007 até o segundo semestre de 2012, foram distribuídos 224.109 processos ao Supremo Tribunal Federal em grau recursal. Destes, 122.554 possuíam a preliminar de repercussão geral destacada e 101.555 não a possuíam, o que representa apenas 54,68% dos processos com análise sobre se o tema possui ou não repercussão geral e que 45,32% dos processos distribuídos já foram, de plano, inadmitidos[54]. Ainda a partir dessas

---

[53] Regimento Interno com versão de março de 2011 disponível em: <http://www.stf.jus.br/arquivo/cms/legislacaoRegimentoInterno/anexo/RISTF_marco_2011.pdf>. Acesso em: 2 nov. 2012.

[54] Dados disponíveis em: <http://www.stf.jus.br/portal/cms/verTexto.asp?servico=jurisprudenciaRepercussaoGeral&pagina=numeroRepercussao>. Acesso em: 4 nov. 2012.
"Art. 543-A. O Supremo Tribunal Federal, em decisão irrecorrível, não conhecerá do recurso extraordinário, quando a questão constitucional nele versada não oferecer repercussão geral, nos termos deste artigo.
§ 1.º Para efeito da repercussão geral, será considerada a existência, ou não, de questões relevantes do ponto de vista econômico, político, social ou jurídico, que ultrapassem os interesses subjetivos da causa.
§ 2.º O recorrente deverá demonstrar, em preliminar do recurso, para apreciação exclusiva do Supremo Tribunal Federal, a existência da repercussão geral.
§ 3.º Haverá repercussão geral sempre que o recurso impugnar decisão contrária a súmula ou jurisprudência dominante do Tribunal.
§ 4.º Se a Turma decidir pela existência da repercussão geral por, no mínimo, 4 (quatro) votos, ficará dispensada a remessa do recurso ao Plenário.

estatísticas, do segundo semestre de 2007 até 31.08.2012, dos 122.554 processos que tiveram a repercussão geral analisada, foram 423 matérias com repercussão geral reconhecida, o que representa 71,21% do total de casos que chegaram a ter a repercussão geral analisada pelo Tribunal ou 87.227 processos; 156 matérias com repercussão geral negada, o que representa apenas 26,26% de casos que tiveram a repercussão geral analisada, mas não prosseguiram para julgamento no Tribunal; e 15 matérias ainda pendentes de julgamento quando da conclusão da pesquisa, o que representa apenas 2,53% dos casos ainda não analisados[55].

A previsão da repercussão geral, segundo o STF, permitiu, no período do segundo semestre de 2007 ao primeiro semestre de 2012, uma redução de 73.669 processos no Tribunal, que deixaram de ser processados e julgados desde a implantação do instituto[56]. Cabe destacar que, segundo as estatísticas, a repercussão geral trouxe um impacto positivo na redução de processos que são recebidos no STF, porém, ainda assim, considerando os processos que hoje já estão no Tribunal, não se pode afirmar que o volume de trabalho chegou a um patamar razoável para a Suprema Corte: como ilustração, das matérias com repercussão geral reconhecida, até 31.08.2012, apenas 117 temas já tiveram o mérito julgado[57].

4. REFLEXOS DA ADOÇÃO DO MODELO DO *WRIT OF CERTIORARI* E DO MECANISMO DA REPERCUSSÃO GERAL

4.1. A função das Supremas Cortes e do STF

O *writ of certiorari* é instrumento adotado nos países de *common law*, a partir de requerimento feito pelas partes à Suprema Corte e admitido por seus ministros, para que juízes transfiram um procedimento de um tribunal para análise por um tribunal superior, no caso em questão, a Suprema Corte. Utiliza-se a expressão

---

§ 5.º Negada a existência da repercussão geral, a decisão valerá para todos os recursos sobre matéria idêntica, que serão indeferidos liminarmente, salvo revisão da tese, tudo nos termos do Regimento Interno do Supremo Tribunal Federal.

§ 6.º O Relator poderá admitir, na análise da repercussão geral, a manifestação de terceiros, subscrita por procurador habilitado, nos termos do Regimento Interno do Supremo Tribunal Federal.

§ 7.º A Súmula da decisão sobre a repercussão geral constará de ata, que será publicada no Diário Oficial e valerá como acórdão."

[55] Dados disponíveis em: <http://www.stf.jus.br/portal/cms/verTexto.asp?servico=jurisprudenciaRepercussaoGeral&pagina=numeroRepercussao>. Acesso em: 2 nov. 2012.

[56] Dados disponíveis em:http://www.stf.jus.br/portal/cms/verTexto.asp?servico=jurisprudenciaRepercussaoGeral&pagina=numeroRepercussao. Acesso em: 4 nov. 2012.

[57] Dados disponíveis em <http://www.stf.jus.br/portal/cms/verTexto.asp?servico=jurisprudenciaRepercussaoGeral&pagina=numeroRepercussao>. Acesso em: 4 nov. 2012.

instrumento porque, enquanto na Inglaterra é uma das ações mais importantes, nos Estados Unidos é comparado às demais ações.

O tratamento do *writ* possui algumas diferenças no cenário do *common law*, mas estas são tênues, seu tratamento geral acaba bem próximo. Apenas para destacar algumas delas, pode-se perceber, por exemplo, que a Suprema Corte norte-americana admite, percentualmente, muito menos casos de *certioraris* requeridos do que a Suprema Corte inglesa. A positivação das disposições do *certiorari* está mais presente nos Estados Unidos do que nos demais países do *common law*.

No entanto, essas tênues diferenças não são capazes de alterar o papel das Supremas Cortes nos países que adotam o modelo do *writ of certiorari*. Cabe aos Ministros da Suprema Corte decidir quais os casos que serão ou não analisados. Na Inglaterra, origem do *certiorari*, só se admite a análise da Corte no caso se houver interesse público relevante, segundo critério definido pelos ministros. Esse é um conceito aberto, de difícil determinação, e são os próprios Ministros da Suprema Corte que se atribuem a tarefa de dizer o que seria o interesse público relevante, em uma análise a partir de cada caso submetido à Corte.

Mesmo nos Estados Unidos, em que há requisitos para serem observados pelos Ministros da Suprema Corte, previstos nas disposições do Tribunal, discute-se com base em que critérios os pedidos de *certiorari* seriam ou não admitidos. Estudiosos afirmam que a seleção de casos admitidos para processamento e julgamento na Suprema Corte por meio do *writ of certiorari* seria feita, na verdade, com base na escolha dos casos de maior repercussão política na sociedade, em que a Suprema Corte selecionaria para interferir em decisões políticas, ou que estivessem com projeto de lei em tramitação do Poder Legislativo, em sentido contrário a que decidiriam os ministros da Suprema Corte. Dessa forma, observa-se se os Ministros da Suprema Corte norte-americana reservariam sua atuação aos casos de maior impacto na atuação do país, em substituição aos próprios legisladores[58].

Como consequência, as Cortes que adotam o *writ of certiorari* possuem uma relevante atuação política, que antecede e se torna até mesmo mais relevante do que a atuação da sua função jurisdicional, na medida em que é a primeira que estabelecerá e analisará os critérios abertos para admissão ou não dos pedidos de *certiorari*, e muitos casos não são admitidos. Para isso, cabe recordar os dados expostos: nos Estados Unidos, apenas 1% dos pedidos é admitido e, na Inglaterra, aproximadamente 33,33%, o que demonstra um forte controle dos ministros da Suprema Corte sobre a atuação de seus tribunais.

---

[58] EPSTEIN, Lee; SEGAL, Jeffrey A.; VICTOR, Jennifer Nicoll. Dynamic Agenda-Setting on the United States Supreme Court: an Empirical Assessment. *Harvard Journal on Legislation*, Cambridge: Harvard Law School, v. 39, p. 395-433, 2002.

Por outro lado, a adoção do instituto da repercussão geral como um dos requisitos de admissibilidade do recurso extraordinário representa um importante filtro recursal, até mesmo como forma de viabilizar a atuação do Supremo Tribunal Federal ante a quantidade de recursos recebida.

Além de uma redução relevante de um pouco menos da metade dos recursos recebidos, que acabam sendo, de plano, inadmitidos por não possuírem o requisito formal da existência de uma preliminar sobre a repercussão geral do caso, dos 54,68% dos casos analisados (122.554 processos), 71,21% foram admitidos para serem processados e julgados pelo STF, o que representa, aproximadamente, 87.227 processos, distribuídos por 423 matérias distintas.

Como um país de *civil law*, existindo a preliminar recursal de repercussão geral, segue-se a previsão dos requisitos legais. É certo que a relevância e a transcendência para caracterizar a repercussão geral são conceitos fluidos, mas a relação de matérias que já tiveram a repercussão geral reconhecida[59], aliada à publicidade da divulgação de todos os dados, seja da quantidade de casos admitidos, de tribunais de origem, como da relação de matérias admitidas ou não, possibilita um panorama se o seu recurso terá ou não a repercussão geral reconhecida.

Como consequência, o Supremo Tribunal Federal esclarece os critérios que utiliza para seu filtro, e funciona dentro da típica atividade jurisdicional, como uma instância recursal, capaz de revisar o julgamento de tribunais superiores que desrespeitem suas funções previstas na Constituição Federal.

4.2 O respeito aos julgamentos das Supremas Cortes

Dentro de uma lógica de um instrumento ser adotado no cenário do *common law* e outro no cenário do *civil law*, o respeito às decisões admitidas para análise pelas Suprema Cortes, este tópico se torna, na verdade, mais um reflexo de cada cenário do que uma decorrência de cada instrumento.

O *writ of certiorari* é um instituto antigo nos países de *common law*, presente há alguns séculos no ordenamento jurídico. As suas regras, mesmo que poucas sejam positivadas e sua admissão esteja sujeita a critérios abertos, determinados pelos próprios ministros das Supremas Cortes, são conhecidas e reiteradas durante todo o período desde sua adoção.

A Suprema Corte, ao admitir uma petição de *certiorari*, poderá ou não reformar a decisão do tribunal inferior, mas, considerando que são países de *common*

---

[59] Disponível em: <http://www.stf.jus.br/portal/jurisprudenciaRepercussao/pesquisarProcesso.asp?tipo=AC>. Acesso em: 2 nov. 2012.

law, os casos analisados tornar-se-ão relevantes para o sistema jurídico do país e serão respeitados enquanto precedentes.

No Brasil, o cenário é diverso. A repercussão geral é apenas um dos requisitos para a admissibilidade do recurso extraordinário, devendo, inclusive, ser destacada na petição do recurso. Uma vez admitida a repercussão geral, o recurso extraordinário será processado e julgado, podendo ser revista ou não a decisão atacada. Ocorre que, no Brasil, julgamentos do Supremo Tribunal Federal em que a repercussão geral foi reconhecida acabaram sendo desrespeitados pelo Poder Judiciário, porque ainda está presente a equivocada visão de que não haveria um sistema de precedentes.

Como consequência, começou-se a utilizar a via da reclamação para se garantir a observância da determinação do julgamento do recurso com repercussão geral, aumento do número de processos que se tentava reduzir com a própria previsão do instituto da repercussão geral.

A questão foi analisada pelo Plenário do Supremo Tribunal Federal, em 13.04.2011, na Reclamação n.º 10.793[60], de São Paulo. Em voto de relatoria da Ministra Ellen Gracie, restou consignado que a via estreita da reclamação se presta, classicamente, à preservação da competência do Tribunal e à garantia da autoridade de suas decisões, sendo cabível apenas quando algum Tribunal mantenha posição contrária à do Supremo Tribunal Federal.

Não pode, portanto, ser utilizada *per saltum*, como acesso ao Tribunal, para garantir o respeito às decisões proferidas pelos tribunais em casos de repercussão geral. Para o respeito a esses casos deve-se utilizar das vias recursais cabíveis.

Dessa forma, enquanto os julgamentos dos *certioraris* são respeitados em uma tradição de precedentes, os julgamentos de casos com repercussão geral reconhecida não se tornam vinculantes e sua solução, mesmo após o julgamento da Suprema Corte brasileira, significa a utilização do sistema recursal para que juízes e tribunais respeitem o julgamento do STF.

4.3. Impacto nas estatísticas processuais

Nos países que adotam o *writ of certiorari* não é possível abordar o impacto das estatísticas processuais antes e após a adoção do instituto, pois trata-se de origem remota nos países.

---

[60] Íntegra do voto disponível em: <http://www.stf.jus.br/arquivo/cms/noticiaNoticiaStf/anexo/Rcl10793.pdf>. Acesso em: 2 nov. 2012.

Nos Estados Unidos, há, porém, dados referentes às petições de *certiorari* concedidas por circuitos, com dados do ano de 2004. A Suprema Corte dos Estados Unidos admitiu o *certiorari* em 3 casos provenientes do Primeiro Circuito e rejeitou em 68 deles. No Segundo Circuito, admitiu 12 casos e rejeitou em 210. No Terceiro, admitiu em 4 e rejeitou em 396. No Quarto Circuito, admitiu em 9 e rejeitou em 667. No Quinto Circuito, admitiu 11 casos e rejeitou 1.338. No Sexto, admitiu em 9 casos e rejeitou em 537. No Sexto Circuito, admitiu em 9 e rejeitou em 537 casos.

No entanto, do Sétimo Circuito, foram 3 casos admitidos e 381 negados. No Oitavo Circuito, foram 10 casos admitidos e 329 rejeitados; no Décimo Circuito foram 3 casos admitidos e 278 rejeitados, e, no Décimo Primeiro Circuito, foram 11 casos admitidos e 705 negados[61].

Esses dados apenas refletem o baixo percentual de casos admitidos, em números bem similares, independentemente da quantidade de pedidos recebida por cada tribunal.

Embora os dados disponíveis para essa análise se restrinjam aos dos Estados Unidos, o que pode não ser capaz de fornecer um panorama do *common law*, pode-se afirmar que, em pelo menos um dos principais cenários do *certiorari*, os poucos casos admitidos não são proporcionais à quantidade de casos recebidos pelos tribunais, mas concedidos de maneira uniforme pelos tribunais do país.

Por outro lado, no Brasil, as pesquisas indicam que a repercussão geral já começou a reduzir o número de processos que chegam ao STF na categoria de recursos. Embora o percentual de recursos admitidos ainda seja elevado se comparado à Suprema Corte norte-americana, e até mesmo ainda se possa considerar superior à Suprema Corte inglesa, muitos recursos acabam sendo inadmitidos antes desse juízo por não possuírem como requisito formal a preliminar de repercussão geral.

Corroborando a afirmação, o Supremo Tribunal Federal constatou que, no mesmo período entre o segundo semestre de 2007 e o primeiro semestre de 2012, a adoção da repercussão geral reduziu em 64% os recursos distribuídos ao STF e permitiu uma redução de 58% no estoque de processos recursais[62].

A adoção da repercussão geral nos tribunais sobrestava, com dados de 2011, 8.683 de Juizados Federais da Segunda Região; 33.325 de Juizados Federais

---

[61] Dados disponíveis em: <http://www.uscourts.gov/uscourts/Statistics/JudicialBusiness/2004/appendices/b2.pdf>. Acesso em: 2 nov. 2012.

[62] Dados disponíveis em: <http://www.stf.jus.br/portal/cms/verTexto.asp?servico=jurisprudenciaRepercussaoGeral&pagina=numeroRepercussao>. Acesso em: 4 nov. 2012.

de Terceira Região, 29.878 de Juizados Federais da Quarta Região; e 15.775 de Juizados Federais da Quinta Região.

Nos Tribunais, foram sobrestados 2.027 processos no Superior Tribunal de Justiça; 21.002 do Tribunal Superior do Trabalho; 8.676 do Tribunal Regional Federal da Primeira Região; e 35.982 do Tribunal Regional Federal da Quarta Região[63].

No entanto, esse número ainda é elevado, se considerar que desde a adoção da repercussão geral, por exemplo, os Ministros ainda não julgaram metade das matérias com a repercussão geral reconhecida.

Pelas estatísticas, pode-se constatar que, além de os processos admitidos pelo filtro da repercussão geral serem percentualmente mais numerosos do que os analisados pelos conceitos indeterminados para admissão do *certiorari*, a petição do *certiorari* é admitida, nos Estados Unidos, em um número muito semelhante de processos originários de cada tribunal, independentemente da quantidade de pedidos recebida de cada tribunal.

Já a repercussão geral, com temas indicados pelo Supremo Tribunal Federal, é reconhecida em números diferentes em cada tribunal, observando-se a quantidade de processos recebida de cada tribunal de origem.

Todavia, a análise não deve se esgotar por aqui. Essas diferenças podem estar relacionadas ao histórico dos institutos: o *certiorari* é um instituto de séculos, de teoria e prática consagradas, enquanto a repercussão geral foi aplicada apenas a partir de 2007 e ainda tem seus impactos estudados no STF.

Essa conclusão exigirá o necessário acompanhamento das tendências do instituto da repercussão geral nos próximos anos. Em uma análise preliminar dos dados, parece que, mesmo com as diferenças hoje existentes, a repercussão geral poderá, nos próximos anos, caminhar para apenas um dos reflexos do *certiorari*: uma redução significativa na quantidade de recursos na Suprema Corte de acordo com a realidade do País. Conforme indicam os dados do STF, se, no segundo semestre de 2007, logo após a implementação do instituto, foram apenas 348 processos não admitidos, no ano seguinte, em 2008, esse número chegou a 11.200 processos inadmitidos no STF, elevou-se para 19.950 em 2010, 24.231 em 2011 e, apenas no primeiro semestre de 2012, foram 10.318 processos inadmitidos[64].

---

[63] Dados disponíveis em: <http://www.stf.jus.br/portal/cms/verTexto.asp?servico=estatistica&pagina=sobrestadosrg>. Acesso em: 2 nov. 2012.

[64] Dados disponíveis em: <http://www.stf.jus.br/portal/cms/verTexto.asp?servico=jurisprudenciaRepercussaoGeral&pagina=numeroRepercussao>. Acesso em: 4 nov. 2012.

Não se afirma que a Suprema Corte brasileira chegará a estatísticas processuais próximas às da Suprema Corte norte-americana ou às da Suprema Corte inglesa, mas, respeitadas as peculiaridades do cenário de cada país, os dados indicam que pode a repercussão geral ser um filtro efetivo aos processos no Supremo Tribunal Federal em sua função recursal, talvez em dados mais próximos ao do cenário inglês nos próximos anos. É essa realidade que precisa ser acompanhada[65].

CONCLUSÃO

O *writ of certiorari* é um instrumento não restrito apenas ao direito norte-americano ou ao direito inglês, mas presente no sistema do *common law*. Já a repercussão geral é instrumento adotado apenas no Brasil, no âmbito do recurso extraordinário, embora se destaque que exista semelhança com o sistema de diversos países, especialmente em países de *civil law*.

Embora os sistemas de *civil law* e de *common law* tenham se formado em circunstâncias políticas e culturais distintas e que levaram à formação de tradições jurídicas diferentes, compostas por institutos próprios em cada um dos dois sistemas, afirma-se que esses sistemas hoje convergem.

Essa convergência é destacada basicamente pelo reconhecimento da necessidade de respeito aos precedentes, mas, hoje, a partir de aspectos históricos, estatísticos e das hipóteses de cabimento, não se pode afirmar que o *certiorari* e a repercussão geral sejam institutos próximos.

Não se pretendeu, porém, esgotar o tema na comparação. A comparação realizada foi apenas para que se pudessem compreender os institutos, pois as diferenças geram reflexos nos dois sistemas. Essas diferenças dizem respeito ao funcionamento diferenciado das Supremas Cortes nos países que adotam o *certiorari* e no Brasil, com o mecanismo de repercussão geral, bem como impactos distintos nas estatísticas processuais e respeito ao julgamento das Supremas Cortes. Países que adotam o *certiorari* costumam atribuir à Suprema Corte uma relevante atuação política, admitir quantitativamente menos pedidos de revisão de julgamentos na Suprema Corte, sendo esses pedidos admitidos em números semelhantes por cada tribunal de origem, independentemente da proporção de recursos recebidos, e respeitar as decisões dos casos julgados em *certiorari* enquanto precedentes.

---

[65] Informação da pesquisa Supremo em Números, divulgada em 2011, pela Fundação Getúlio Vargas, disponível em: <http://www.supremoemnumeros.com.br/wp-content/uploads/2011/05/I-Relat%C3%B3rio-Supremo-em-N%C3%BAmeros.pdf>. Acesso em: 2 nov. 2012.

Por outro lado, a repercussão geral no Brasil demonstra a preocupação com a função recursal do Supremo Tribunal Federal, mas os casos julgados por este tribunal nem sempre são observados.

O número de casos com repercussão geral reconhecida observa o quantitativo de pedidos de cada tribunal, e o número de processos recebidos na Suprema Corte brasileira, na atualidade, ainda é elevado se considerados os recursos materiais e humanos disponíveis.

Entretanto, a relevante redução anual do número de casos admitidos no STF poderá tornar a repercussão geral um filtro recursal ainda mais eficiente, aproximando as estatísticas brasileiras da Suprema Corte inglesa. Trata-se de uma possibilidade que precisará ser acompanhada nos próximos anos, mas que representará, apenas para efeito das estatísticas processuais, sem alteração nos demais reflexos dos dois institutos, mais uma aproximação entre os cenários do *common law* e do *civil law*.

REFERÊNCIAS BIBLIOGRÁFICAS

ALVIM, Arruda. A Emenda Constitucional 45 e a repercussão geral. *Revista de Direito*. Rio de Janeiro: Renovar, n. 31, p. 75-130, jan.-abr 2005, p. 85-91.

BARBOSA MOREIRA, José Carlos. *Comentários ao Código de Processo Civil*. Rio de Janeiro: Forense, 2008. v. V.

CAPPALLI, Richard B. The *Common law*'s Case Against Non-Precedential Opinion. *Southern California Law Review*, California: Southern Law School, v. 76, p. 755-797, 2003.

CHAMIER, Daniel. *Law and Pratice Related to Court of Appeals*: Mandamus, Prohibition and Certiorari. London: Law Publishers and Booksellers, 1896. Versão e-book disponível em: <http://ia600300.us.archive.org/33/items/lawpracticerelat00chamiala/lawpracticerelat00chamiala.pdf>. Acesso em: 2 nov. 2012.

DANTAS, Bruno. *Repercussão geral*: perspectivas histórica, dogmática e de direito comparado, questões processuais. 2. ed. rev. São Paulo: RT, 2009.

DOUGHERTY, Lucia A.; SCHERKER, Elliot H. Rights, remedies, and ratiocination: toward a cohesive approach to appellate review of land use orders after board of county commissioners v. Snyder. *Stetson Law Review*, Florida: Stetson University College of Law, v. XXIV, p. 311-354, 1995.

EPSTEIN, Lee; SEGAL, Jeffrey A.; VICTOR, Jennifer Nicoll. Dynamic Agenda-Setting on the United States Supreme Court: an Empirical Assessment. *Harvard Journal on Legislation*, Cambridge: Harvard Law School, v. 39, p. 395-433, 2002.

GILISSEN, John. *Introdução histórica ao direito*. 4. ed. Lisboa: Fundação Calouste Gulbenkian, 2003.

GOODNOW, Frank J. The Writ of Certiorari. *Political Science Quarterly*, Nova York: Academy of Political Science, v. 6, n. 3, p. 493-536, Sep. 1891.

HANUS, Jerome J. Certiorari and Policy-Making in English History. *The American Journal of Legal History*, Philadelphia: Temple University, v. 12, n. 2, p. 63-94, abr. 1968.

HARTNETT, Edward A. Questioning Certiorari: Some Reflections Seventy-Five Years After the Judge Bill. *Columbia Law Review*, Columbia: Columbia Law School, n. 7, v. 100, p. 1703-1738, Nov. 2000.

MARINONI, Luiz Guilherme. Aproximação crítica entre as jurisdições de *common law* e de *civil law* e a necessidade de respeito aos precedentes no Brasil. *Revista da Faculdade de Direito da Universidade Federal do Paraná*, Curitiba: Universidade Federal do Paraná, n. 49, p. 11-58, 2009.

_____; MITIDIERO, Daniel. *Código de Processo Civil comentado artigo por artigo*. 3. ed. São Paulo: RT, 2011.

_____; _____. *Repercussão geral no recurso extraordinário*. São Paulo: RT, 2007.

MENDES, Aluisio Gonçalves de Castro. *Teoria geral do processo*. Rio de Janeiro: Lumen Juris, 2009.

Q.C., Willian Tetley. Mixed jurisdictions: *common law* vs. *civil law* (codified and uncodified). *Revue de Droit Uniforme*, Quebec: Unidroit, v. 3, p. 591-618, 1999.

SCHAUER, Frederick. Why Precedent in Law (and Elsewhere) is Not Totally (and Even Substantially) About Analogy. Disponível em: <http://papers.ssrn.com/sol3/papers.cfm?abstract_id=1007001>. Acesso em: 28 out. 2012.

THOMPSON, David C.; WACHTELL, Melanie F. An Empirical Analysis of Supreme Court Certiorari Petition Procedures: The Call for Response and the Call for the Views of the Solicitor General. *George Mason Law Review*, Virginia: George Mason University, v. 16, n. 2, p. 237-302, Winter 2009.

WAMBIER, Luiz Rodrigues; WAMBIER, Teresa Arruda Alvim; MEDINA, José Miguel Garcia. *Breves comentários à nova sistemática processual civil*. São Paulo: RT, 2007.

3

REPERCUSSÃO GERAL DA QUESTÃO CONSTITUCIONAL EM DEMANDAS FAMILIARES

ANDRÉ LUÍS BERGAMASCHI
Mestrando em Direito Processual pela USP. Professor de Processo Civil e Metodologia Aplicada em cursos de especialização em Processo Civil na Escola Paulista de Direito (EPD/SP). Pesquisador do Programa de Pós-Graduação *Lato Sensu* da Escola de Direito da Fundação Getulio Vargas (FGV/SP). Advogado orientador do Departamento Jurídico do Centro Acadêmico XI de Agosto (USP).

FERNANDA TARTUCE
Doutora e Mestre em Direito Processual pela USP. Professora dos cursos de Mestrado e Doutorado da FADISP (SP). Professora e Coordenadora em cursos de especialização em Processo Civil na Escola Paulista de Direito (EPD/SP). Advogada orientadora do Departamento Jurídico do Centro Acadêmico XI de Agosto (USP). Membro do IBDFAM (Instituto Brasileiro de Direito de Família) e do IBDP (Instituto Brasileiro de Direito Processual). Mediadora.

SUMÁRIO: 1. Relevância do tema – 2. Acúmulo de demandas e repercussão geral da questão constitucional – 3. A abordagem constitucional do Direito de Família – 4. Critérios da repercussão geral da questão constitucional – 5. Casos apreciados pelo STF: 5.1. Bem de família; 5.2. Repropositura de demanda sobre paternidade; 5.3. União homoafetiva e sucessão; 5.4. Uniões simultâneas e efeitos previdenciários; 5.5. Coabitação e separação de fato; 5.6. Prevalência da paternidade socioafetiva sobre a biológica – 6. Considerações finais – Referências bibliográficas.

1. RELEVÂNCIA DO TEMA

Ao receber alguém que pretende tutelar seus interesses por meio do acesso ao Poder Judiciário, é comum que o advogado seja instado a expor os possíveis caminhos a serem percorridos. Como funcionará a tramitação do feito? Caso seja derrotado, poderá recorrer? Até que ponto?

Lidar com as expectativas de um jurisdicionado que almeja respostas precisas não é algo fácil para o advogado, especialmente porque, em termos de perspectiva temporal, não há dados seguros a expor. Atualmente, tampouco a admissibilidade recursal pode ser considerada algo objetivo, já que muitas "surpresas" passaram a ser apresentadas com o desenvolvimento da lamentável "jurisprudência defensiva".

O foco deste trabalho é responder às seguintes questões: a decisão final sobre os rumos de uma família em conflito sobre sua situação jurídica pode ser definida pelo Supremo Tribunal Federal? Pode haver, na demanda, relevância da questão constitucional em debate que extravase os interesses pessoais dos envolvidos de modo que a decisão da Suprema Corte brasileira possa gerar um impacto nacional?

Qual é a chance de o STF adentrar o mérito de um recurso extraordinário que versa sobre Direito de Família? E mais: o que leva o STF a reconhecer a repercussão geral em um recurso extraordinário nesses casos?

Poder-se-ia imaginar que o caráter muito específico e casuísta que marca os casos de família seria uma dificuldade para o implemento desse requisito de admissibilidade – a não ser que o caso suscitasse um recorte jurídico claro, observável em outras circunstâncias.

A resposta exata a tais perguntas será construída a partir das decisões da Corte Constitucional sobre a existência ou não de repercussão geral nos recursos extraordinários interpostos em demandas que versam sobre Direito de Família.

2. ACÚMULO DE DEMANDAS E REPERCUSSÃO GERAL DA QUESTÃO CONSTITUCIONAL

Vivemos tempos de crise... Aliás, é difícil recordar época em que esta frase não foi usada no Brasil em geral e em nosso Poder Judiciário, em específico. A impressão, porém, é que com o passar do tempo fortes adjetivos podem ser apropriadamente adicionados à expressão: vivemos tempos de crise complexa, árdua, complicada e muitas vezes inviabilizadora do acesso à justiça.

Desde os idos de 1970 fala-se em crise numérica do Supremo, já traduzida como "crise do Recurso Extraordinário", que ocasionou ao longo dos anos a criação de institutos e expedientes destinados a filtrar o Recurso[1].

---

[1] MANCUSO, Rodolfo de Camargo. *Recurso extraordinário e recurso especial*. 12. ed. São Paulo: RT, 2013. p. 69-73, passim.

Segundo Ovídio Baptista da Silva, a crise do recurso extraordinário foi se tornando cada vez mais visível conforme se acelerou a marcha rumo à globalização, fenômeno que elimina fronteiras e exige, especialmente enquanto fenômeno econômico, "um sistema processual dotado da maior simplicidade e clareza possíveis"[2].

Além disso, vivemos em uma sociedade democrática, complexa e pluralista marcada por transformações constantes e profundas, sendo natural conviver com exigências, expectativas e valores políticos, morais e religiosos conflitantes entre si[3].

O interesse prático na redução dos litígios[4], expresso no declarado "intuito de desafogar o excessivo afluxo de processos ao Supremo Tribunal Federal"[5], é reconhecido como a grande mola propulsora da previsão do filtro da repercussão geral.

Para Barbosa Moreira, a repercussão geral é "fator de alívio" que busca evitar que o STF precise se ocupar de questões de interesse restrito à esfera jurídica dos litigantes do processo "em ordem a poder reservar sua atenção e seu tempo para matérias de mais vasta dimensão, para grandes problemas cuja solução deva influir com maior intensidade na vida econômica, social, política do país"[6].

Some-se ao alívio numérico a tendência clara de nossos Tribunais Superiores de buscar a uniformização – ou seria homogeneização? – da Jurisprudência, tendência essa calcada na visão de que a existência de entendimentos conflitantes é fonte tanto de multiplicação de recursos quanto na crença de insegurança jurídica. Tal tendência se reflete na reprodução de dispositivos legais que prestigiam súmulas e "jurisprudência dominante" (art. 475, § 3.º; art. 518, § 1.º; art. 544, § 4.º, *c* e *d*; art. 557, § 1.º-A, todos do CPC)[7].

---

[2] BAPTISTA DA SILVA, Ovídio A. "Questão de fato" em recurso extraordinário. *Revista Magister de Direito Civil e Processual Civil*, n. 13, jul.-ago. 2006.

[3] BAPTISTA DA SILVA, Ovídio A. "Questão de fato" em recurso extraordinário, cit. Em última análise, como uma decorrência desse ambiente cultural, vivemos em um mundo hermenêutico, posto necessitarmos permanentemente interpretá-lo, compreendê-lo, assombrados como estamos pelo choque cultural causado por essas transformações e, justificadamente, temerosos de nosso futuro próximo. Esse ambiente é o inverso daquele vivido pelo século XIX europeu, que é a matriz cultural de nosso sistema processual.

[4] BOTELHO DE MESQUITA, José Ignácio; DELLORE, Luiz; ZVEIBEL, Daniel. G.; TEIXEIRA, Guilherme S.; SILVEIRA, S. A.; LOMBARDI, M. C.; AMADEO, Rodolfo C. M. R.; RIBEIRO, D. A repercussão geral e os recursos repetitivos. Economia, direito e política. *Revista de Processo*, São Paulo: RT, n. 220, jun. 2013.

[5] ARRUDA ALVIM; ASSIS, Araken de; ALVIM, Eduardo Arruda. *Comentários ao Código de Processo Civil*. Rio de Janeiro: Ed. GZ, 2012. p. 928.

[6] BARBOSA MOREIRA, José Carlos. Reforma do Judiciário: a Emenda Constitucional n.º 45 e o Processo. *Revista Magister de Direito Civil e Processual Civil*, n. 11, mar.-abr. 2006.

[7] O Projeto do Novo Código de Processo Civil (PL n. 8046/2010) intensifica tal tendência: art. 333, I a III e V; art. 507, § 3.º; arts. 520 a 522, entre outros.

Predomina a visão de que, para que nossa Suprema Corte possa cumprir sua função de proteger a Constituição, seus julgamentos "em grau de recurso extraordinário devem efetivamente limitar-se a temas relevantes para o pensamento jurídico nacional"[8].

Afirma-se, nesse sentido, que devemos nos empenhar em defender o recurso extraordinário "como um instrumento indispensável para a consolidação de um Estado Democrático de Direito"[9], mas essa defesa implica limitar sua apreciação?

É forçoso destacar que a resposta positiva parece estar focada mais no interesse do Poder Judiciário de reduzir o número de feitos do que em tutelar os jurisdicionados em crise. É muito complicado explicar para um litigante que a questão constitucional envolvida em sua demanda, embora para ele seja crucial, não será apreciada porque, como 2/3 dos Ministros do STF não a entenderam relevante sob a perspectiva nacional, decidiram não abordar a questão constitucional envolvida e negaram seguimento ao recurso.

Afinal, se há uma violação da Constituição pelas instâncias ordinárias, apenas o STF poderá apreciá-la. E como buscar a reversão da violação constitucional nos casos de repercussão apenas individual? Conviverá o sistema com ela?

Vale destacar que o reconhecimento da inexistência de repercussão geral em uma determinada hipótese gera uma nova categoria de questão constitucional: a questão de constitucionalidade ou inconstitucionalidade destituída de repercussão geral[10].

Assim, como destacado por Botelho de Mesquita e outros, o julgamento da questão constitucional sem repercussão geral fica restrito ao âmbito dos Tribunais de origem. Nada impedirá que, nesses casos, Tribunais diferentes esposem teses também diferentes para as mesmas questões, o que poderá no futuro dar lugar ao acolhimento da prejudicial repercussão geral, que, contudo, não beneficiará os que por ela se viram anteriormente desfavorecidos[11].

---

[8] LEONEL, Ricardo de Barros. Reforma do Poder Judiciário: primeiras reflexões. *Revista Magister de Direito Civil e Processual Civil*, n. 4, jan.-fev. 2005.

[9] BAPTISTA DA SILVA, Ovídio A. "Questão de fato" em recurso extraordinário, cit.

[10] BOTELHO DE MESQUITA, José Ignácio; DELLORE, Luiz; ZVEIBEL, Daniel. G.; TEIXEIRA, Guilherme S.; SILVEIRA, S. A.; LOMBARDI, M. C.; AMADEO, Rodolfo C. M. R.; RIBEIRO, D. *A repercussão geral e os recursos repetitivos*. Economia, direito e política, no prelo.

[11] BOTELHO DE MESQUITA, José Ignácio; DELLORE, Luiz; ZVEIBEL, Daniel. G.; TEIXEIRA, Guilherme S.; SILVEIRA, S. A.; LOMBARDI, M. C.; AMADEO, Rodolfo C. M. R.; RIBEIRO, D. *A repercussão geral e os recursos repetitivos*. Economia, direito e política, no prelo.

Ao ler o texto constitucional, a doutrina e inúmeros precedentes sobre a missão protetora do STF, não parece ter sido intenção da Constituição formar essa nova categoria.

3. A ABORDAGEM CONSTITUCIONAL DO DIREITO DE FAMÍLIA

Como destaca Rodrigo da Cunha Pereira, por serem "prevalentes os interesses da sociedade e do Estado na proteção da família", há grandes questões sobre a delimitação entre o público e o privado[12].

> Enfim, organizar juridicamente as intricadas e complexas relações familiares nestes tempos de declínio do patriarcalismo, de pós-feminismo, de avanços científicos e biotecnológicos, requer dos operadores do Direito a ampliação da compreensão de que as relações jurídicas da família, antes, acima e depois de estarem sustentadas nas regras e nos códigos, estão assentadas em uma principiologia jurídica, cuja força motriz deve ser sempre em direção ao sujeito ético, que por sua vez pressupõe o sujeito do desejo. E é por isto que não se pode mais falar em Direito de Família, mas em Direito de Famílias[13].

Muito se tem falado na "constitucionalização do Direito Civil", perspectiva a partir da qual os antigos princípios fundantes do Direito Civil derivados do liberalismo (igualdade formal, autonomia da vontade, força vinculante dos contratos) dividem e até cedem a outros de previsão constitucional (função social da propriedade, dignidade da pessoa humana e igualdade material), tornando a Constituição um guia de interpretação do Direito Civil mais importante do que a codificação e as leis esparsas, emanando a essas suas normas maiores.

Nesse contexto, afirma Tepedino que "[p]ropriedade, empresa, família, relações contratuais tornam-se institutos funcionalizados à realização de valores constitucionais, em especial da dignidade da pessoa humana, não mais havendo setores imunes a tal incidência axiológica, espécies de zonas francas para a atuação da autonomia privada"[14].

---

[12] PEREIRA, Rodrigo da Cunha. *Princípios fundamentais norteadores para o direito de família*. Belo Horizonte: Del Rey, 2006. p. 152.
[13] PEREIRA, Rodrigo da Cunha. *Princípios fundamentais norteadores para o direito de família*, cit., p. 202.
[14] TEPEDINO, Gustavo. Normas constitucionais e direito civil na construção unitária do ordenamento. In: EHRARDT JR., Marcos; BARROS, Daniel Conde (Coord.). *Temas de direito civil*: estudos em homenagem ao professor Paulo Luiz Netto Lobo. Salvador: JusPodivm, 2009. p. 29.

Como vemos, o Direito de Família está inserido nessa perspectiva constitucional. Flávio Tartuce bem destaca a necessidade de revisitar os institutos do Direito de Família sob o prisma da Constituição Federal, a ensejar uma nova dimensão de tratamento dessa disciplina cujo *ponto de origem* é a Constituição Federal de 1988[15].

Além disso, há em nossa Constituição previsões específicas voltadas ao Direito de Família[16], que constituem importantes fontes normativas e principiológicas, notadamente as previsões de proteção da "entidade familiar"[17], da união estável[18], da igualdade entre cônjuges[19], da proteção integral à criança e ao adolescente[20] e de assistência ao idoso[21].

Não obstante defenda-se que a hermenêutica constitucional, entendida em um sentido mais amplo como colocação da norma na realidade pública, é também exercida por cidadãos e grupos, órgãos estatais, sistema público e opinião pública, é certo que permanece a responsabilidade da jurisdição constitucional (STF) de dizer a última palavra a respeito da Constituição[22].

É de se lembrar, ainda, que as inconstitucionalidades perpetradas em decisões em processos judiciais, em regra e na ordem comum da marcha processual, apenas chegam ao STF por meio do *recurso extraordinário*, não mais podendo ser revistas após a formação da coisa julgada (ressalvada a limitada tese da coisa julgada inconstitucional[23]).

---

[15] TARTUCE, Flávio. Novos princípios do direito de família brasileiro. Disponível em: <www.flaviotartuce.adv.br/artigos/Tartuce_princfam.doc>. Acesso em: 15 nov. 2013. No mesmo sentido se manifesta: FARIAS, Cristiano Chaves de. Redesenhando os contornos do casamento (casar e permanecer casado): eis a questão. In: ------ (Coord.). *Temas atuais de direito e processo de família*: primeira série. Rio de Janeiro: Lumen Juris, 2004. p. 199.

[16] CF, arts. 226 e 227.

[17] CF, art. 226, § 4.º.

[18] Art. 226, § 3.º.

[19] Art. 226, § 5.º.

[20] Art. 227, *caput*.

[21] Art. 230.

[22] HÄBERLE, Peter. *Hermenêutica constitucional*: a sociedade aberta dos intérpretes da Constituição. Porto Alegre: SAFE, 1997. p. 14.

[23] Em recente julgado, por exemplo, o Superior Tribunal de Justiça reconheceu que o art. 741, parágrafo único, do CPC atribui eficácia rescisória aos embargos à execução contra a Fazenda Pública em face de sentenças inconstitucionais, dentro de certos critérios de declaração de inconstitucionalidade pelo STF (BRASIL, Superior Tribunal de Justiça, Recurso Especial n. 1189619/PE, 1.ª Seção, Rel. Castro Meira, j. 25.08.2010).

Assim, se o litigante não logra êxito em obter uma aplicação entendida como constitucional das normas que regem o Direito de Família nas instâncias ordinárias, outra via não lhe resta senão o recurso extraordinário. Não há dúvida, portanto, sobre a importância do instrumento na tutela constitucional do Direito de Família.

4. CRITÉRIOS DA REPERCUSSÃO GERAL DA QUESTÃO CONSTITUCIONAL

Como assinala Rodolfo de Camargo Mancuso, a repercussão geral surgiu no contexto da Reforma do Judiciário com o intuito declarado de ser *elemento de contenção* dos recursos extraordinários que afluem ao STF, sendo uma das respostas à sobrecarga de trabalho com vistas também à racionalização de julgamento de recursos que versam sobre a mesma questão constitucional; para o autor, não há, portanto, que se cogitar que a repercussão geral tenha surgido como um elemento facilitador do acesso ao STF[24].

Requisito semelhante já existiu em nosso Direito: trata-se da *arguição de relevância*, instituída regimentalmente no contexto da Emenda Constitucional n. 1/1969, que previa que o STF poderia elencar em seu regimento as causas de que conheceria em sede de Recurso Extraordinário[25]. Assim, o Regimento previu em rol fechado os recursos que poderiam ser conhecidos, excluindo os demais, *exceto* aqueles que "pelos reflexos na ordem jurídica, e considerados os aspectos morais, econômicos, políticos ou sociais da causa, exigir[em] a apreciação..." (§ 1.º do antigo art. 327 do Regimento Interno do SFT).

A repercussão geral surgiu no entusiasmo de reviver esse tipo de filtro de recursos para conter o volume de processos nos tribunais superiores, tendo in-

---

[24] MANCUSO, Rodolfo de Camargo. *Recurso extraordinário e recurso especial*. 12. ed. São Paulo: RT, 2013. p. 187.

[25] Art. 119. Compete ao Supremo Tribunal Federal: [...] III – julgar, mediante recurso extraordinário, as causas decididas em única ou última instância por outros tribunais, quando a decisão recorrida: a) contrariar dispositivo desta Constituição ou negar vigência de tratado ou lei federal; b) declarar a inconstitucionalidade de tratado ou lei federal; c) julgar válida lei ou ato do govêrno local contestado em face da Constituição ou de lei federal; ou d) der à lei federal interpretação divergente da que lhe tenha dado outro Tribunal ou o próprio Supremo Tribunal Federal. Parágrafo único. As causas a que se refere o item III, alíneas a e d, dêste artigo, serão indicadas pelo Supremo Tribunal Federal no regimento interno, que atenderá à sua natureza, espécie ou valor pecuniário.

clusive sido pregada, no contexto da Reforma do Judiciário, a sua extensão para o Recurso Especial[26].

A diferença entre a antiga arguição de relevância e a atual repercussão geral reside no fato de que, naquela, o recurso extraordinário inicialmente não cabível era incluído em razão de sua relevância reconhecida por quatro ministros; nesta, o recurso inicialmente cabível deixa de ser conhecido se oito dos ministros admitirem a *inexistência* de repercussão geral[27].

O art. 102, § 3.º, da CF relega à Lei a definição da repercussão geral. O art. 543-A, § 1.º, atendendo ao comando constitucional, prevê, textualmente, que há repercussão geral em "questões relevantes do ponto de vista econômico, político, social ou jurídico, que ultrapassem os interesses subjetivos da causa".

Para Rodolfo Mancuso, o que marca a repercussão geral de um recurso extraordinário é sua resolução ir "além do interesse direto e imediato das partes, assim transcendendo-o, para alcançar, em maior ou menor dimensão ou intensidade, um expressivo segmento da sociedade"[28].

Em sentido semelhante, para José Rogério Cruz e Tucci, "o que realmente interessa é que a repercussão da matéria constitucional discutida tenha amplo espectro, vale dizer, abranja um expressivo número de pessoas"[29].

O destaque para a transcendência do interesse das partes também é dado por Humberto Theodoro Júnior, para quem,

> Enquanto a questão jurídica debatida e solucionada estiver adstrita às partes do processo e aos seus interesses apenas, não haverá campo propício ao recurso extraordinário. Para que este se torne viável é indispensável que a questão individualmente dirimida esteja também sendo objeto de preocupação geral, fora do processo, envolvendo toda a comunidade ou pelo menos grandes e numerosos segmentos da sociedade[30].

---

[26] Nota de: MANCUSO, Rodolfo de Camargo. *Recurso extraordinário e recurso especial*, cit., p. 185.
[27] MANCUSO, Rodolfo de Camargo. *Recurso extraordinário e recurso especial*, cit., p. 187.
[28] MANCUSO, Rodolfo de Camargo. *Recurso extraordinário e recurso especial*, cit., p. 196.
[29] CRUZ E TUCCI, José Rogério. Anotações sobre a repercussão geral como pressuposto de admissibilidade do recurso extraordinário: Lei n.º 11.418/2006. *Revista Magister de Direito Civil e Processual Civil*, n. 16, jan.-fev. 2007.
[30] THEODORO JÚNIOR, Humberto. Repercussão geral no recurso extraordinário (Lei n.º 11.418) e súmula vinculante do Supremo Tribunal Federal (Lei n.º 11.417). *Revista Magister de Direito Empresarial, Concorrencial e do Consumidor*, n. 14, abr.-maio 2007.

Contudo, é de se levar em conta a advertência feita por Glaucia Mara Coelho no sentido de que mesmo em demandas individuais pode haver questões que repercutam socialmente a ponto de merecerem análise pelo STF; para tanto, basta que a questão jurídica tenha potencial para afetar a vida de várias outras e mereça, por isso, uma expressa posição da Corte Superior; podem ser vistos como exemplos conceitos relativos ao binômio "necessidade x capacidade de alimentar" em uma demanda de alimentos[31].

Outro ponto destacado pelos autores que tratam do tema é a textura aberta do conceito de repercussão geral, que entrega ao aplicador Juiz a missão de preenchê-lo na análise do caso concreto. Para José Rogério Cruz e Tucci,

> Andou bem o legislador não enumerando as hipóteses que possam ter tal expressiva dimensão, porque o referido preceito constitucional estabeleceu um "conceito jurídico indeterminado" (como tantos outros previstos em nosso ordenamento jurídico), que atribui ao julgador a incumbência de aplicá-lo diante dos aspectos particulares do caso analisado[32].

Igualmente, Eduardo Arruda Alvim e Araken de Assis apontam que "a repercussão geral é conceito jurídico indeterminado que necessariamente envolve um elevado teor de subjetividade na aplicação *in concreto*"[33].

Por outro lado, adverte Tucci que, não obstante a subjetividade, "os critérios que serão estabelecidos para o exame e avaliação da *repercussão geral* jamais poderão ser discricionários, até porque a Corte deverá explicitar a respectiva *ratio decidendi*"[34].

Não obstante a afirmada subjetividade, Eduardo Arruda Alvim e Araken de Assis destacam ser possível vislumbrar fatores de existência de repercussão geral nos seguintes casos:

> a) contrariedade do provimento recorrido com súmula [...]; b) questão objeto de multiplicidade de recursos (543-b); c) o acórdão recorrido impede a evolução da interpretação constitucional; d) o julgado recorrido chancela uma interpretação difícil de questão constitucional muito debatida; e) o aresto abrange questão constitucional que provocou processos repetitivos; f) o acórdão recorrido evidencia a necessidade de correção da lei para adequá-la aos ditames constitucionais;

---

[31] COELHO, Gláucia Mara. *Repercussão geral da questão constitucional no processo civil brasileiro*. São Paulo: Atlas, 2009. p. 99.
[32] CRUZ E TUCCI, José Rogério. Anotações sobre a repercussão..., cit.
[33] ARRUDA ALVIM; ASSIS, Araken de; ALVIM, Eduardo Arruda. *Comentários ao Código de Processo Civil*, cit., p. 929.
[34] CRUZ E TUCCI, José Rogério. Anotações sobre a repercussão..., cit.

g) o julgado recorrido abarca questão constitucional muito controversa na jurisprudência e na literatura especializada; h) o julgado recorrido decidiu questão que interessa a muitas pessoas[35].

Em tentativa de dar maior concretude ao requisito, Humberto Theodoro Júnior desenvolve noções dos diversos planos em que pode ser constatada repercussão geral:

> No plano econômico, em primeiro lugar há de se levar em conta as questões em torno daquelas atividades de larga repercussão coletiva que se encontram regulamentadas a partir da própria Constituição, como os serviços públicos essenciais (transportes coletivos, telefonia, energia, saneamento básico etc.).
> São igualmente relevantes, para a coletividade, questões que envolvam pretensões reivindicadas por um número considerável de pessoas, a exemplo do que se passa com índices de correção monetária, remuneração de certos serviços ou de determinada categoria, sistema nacional de habitação, sistema tributário etc. [...]
> A repercussão no plano político é facilmente detectável quando a questão em jogo no recurso extraordinário possa ter influência em relações com estados estrangeiros ou organismos internacionais, ou no plano interno, quando envolva atritos de poder ou de competência entre órgãos da soberania ou ponha em risco política econômica pública ou diretrizes governamentais [...]
> Reflexos sociais ocorrem sempre que a questão debatida seja daquelas que envolvam direitos coletivos ou difusos, como aqueles protegidos pela ordem constitucional em torno da saúde, educação, moradia, seguridade social etc. É o que, com frequência, também se trava em temas debatidos em ação popular, ações civis públicas, mandado de segurança coletivo etc. [...]
> A relevância jurídica pode ser divisada quando esteja em jogo "o conceito ou a noção de um instituto básico do nosso direito", havendo necessidade de evitar que uma decisão forme precedente perigoso ou inconveniente, como, *v.g.*, em relação ao direito adquirido e outros valores constitucionais muito importantes para a prevalência da interpretação legítima da Constituição que ao STF compete realizar[36].

Cabe verificar se o Supremo Tribunal Federal tem se valido de critérios igualmente objetivos aos preconizados pela doutrina, pois, como destacado por Arruda Alvim, "[s]ó com o amadurecimento da orientação jurisprudencial do STF é que se poderá estabelecer requisitos precisos para a existência da repercussão geral"[37].

---

[35] ARRUDA ALVIM; ASSIS, Araken de; ALVIM, Eduardo Arruda. *Comentários ao Código de Processo Civil*. Rio de Janeiro: Ed. GZ, 2012. p. 929.

[36] THEODORO JR., Humberto. Repercussão geral no recurso extraordinário..., cit.

[37] ARRUDA ALVIM; ASSIS, Araken de; ALVIM, Eduardo Arruda. *Comentários ao Código de Processo Civil*, cit., p. 930.

5. CASOS APRECIADOS PELO STF

5.1. Bem de família

Ainda que mais afeto ao Direito Civil em geral do que ao Direito de Família, o primeiro caso com reconhecimento de repercussão geral que se vincula à proteção da família (ou da unidade familiar, caso preferir) diz respeito à penhorabilidade do bem de família do fiador do contrato de locação (Tema 295), cujo recurso representativo foi o Recurso Extraordinário n. 612360.

Versava o recurso sobre a incompatibilidade da penhorabilidade do bem de família do fiador com o art. 6.º, *caput*, da Constituição Federal, mormente o direito à habitação.

O assunto já havia sido apreciado em reiterados Recursos Extraordinários em que se entendia pela constitucionalidade da disposição do art. 3.º, VII, da Lei n. 8.009/1990, mas não em sistemática abrangente como a da repercussão geral.

Na decisão, a Relatora Ministra Ellen Gracie levou em conta critério numérico para reconhecer a repercussão geral, *in verbis*:

> A questão versada no presente apelo extremo possui relevância do ponto de vista econômico, político, social e jurídico, nos termos do art. 543-C do Código de Processo Civil. É que o assunto afeta, certamente, grande número de famílias, as quais têm interesse na solução do impasse sobre a penhorabilidade do imóvel residencial do fiador em contrato de locação[38].

O mérito da repercussão geral, contudo, não foi julgado, tendo a relatora posteriormente negado seguimento ao recurso por entender que o recurso não estava em desconformidade com a jurisprudência da Corte, simplesmente ratificando-a (decisão de 23.09.2010).

5.2. Repropositura de demanda sobre paternidade

Outro tema afeto ao Direito de Família cuja repercussão geral foi apreciada tratou-se da possibilidade de propositura de nova ação de investigação de paternidade em decorrência de novas condições de viabilidade de realização de exame de DNA (Tema 392).

---

[38] BRASIL, Supremo Tribunal Federal, Recurso Extraordinário n. 612360 – Repercussão Geral – SP, Plenário, Rel. Min. Ellen Gracie, j. 13.08.2010, *DJe* 03.09.2010.

No *leading case* (RE n. 363889/DF), o pedido da primeira investigação de paternidade havia sido julgado improcedente por falta de provas, não tendo o Estado custeado o exame de DNA à época. A segunda investigação proposta foi extinta sem julgamento de mérito por violação à coisa julgada. O Recurso em questão fundava-se no direito à paternidade responsável (art. 226, § 7.º) e abordava também a violação de acesso à justiça em termos de direito à assistência judiciária gratuita.

As especificidades do caso levaram alguns Ministros, a exemplo do Ministro Luiz Fux, a questionar a existência de repercussão geral:

> De sorte que é uma causa com tantas características próprias, que talvez não fosse a melhor hipótese de se dar repercussão geral a esse caso, porque ele é muito particular. Quer dizer, o grande anseio é a discussão genérica; aqui, basicamente, há essas duas questões. A parte inclusive invoca a violação do artigo da Constituição com relação à gratuidade de Justiça.

No caso, os ministros não tinham dúvidas quanto à admissibilidade do recurso, pois, sendo anterior à EC n. 45, não se submeteria à exigência da repercussão geral. Contudo, fixou-se a conveniência de reconhecer Repercussão Geral ao caso para que outros casos análogos também fossem considerados na Corte; a despeito do questionamento, foi admitida por ser a discussão relevante do ponto de vista social e jurídico.

A repercussão geral ainda ficou limitada "à discussão acerca da incidência dos artigos 5.º, incisos XXXVI e LXXIV, e 227, § 6.º, ambos da Constituição Federal, aos casos de ação de paternidade julgada improcedente por falta de condições materiais para a realização da prova", ou seja, o caso específico abordado pelo recurso[39].

Diferentemente do caso anterior, o Tribunal houve por bem julgar o mérito do recurso, dando-o provimento e reconhecendo a possibilidade de relativizar a coisa julgada em ações de investigação de paternidade em que a parte não pôde comprovar o vínculo biológico em razão da inviabilidade material da realização do exame de DNA, devendo prevalecer o direito fundamental à identidade genética, o direito à igualdade entre filhos e o princípio da paternidade responsável.

---

[39] BRASIL, Supremo Tribunal Federal, Recurso Extraordinário n. 363889/DF, Tribunal Pleno, Rel. Min. Dias Toffoli, j. 02.06.2011, *DJe* 16.12.2011.

5.3. União homoafetiva e sucessão

O terceiro tema ligado ao Direito de Família cuja repercussão geral foi apreciada pelo STF diz respeito ao direito do companheiro homoafetivo à sucessão legítima (Tema 498).

O acórdão recorrido era do Tribunal de Justiça do Estado do Rio Grande do Sul, para quem, sendo o vínculo entre companheiros de mesmo sexo classificado como *união estável*, a sucessão deveria seguir o disposto no art. 1.790 do Código Civil (sucessão do companheiro), e não a sucessão legítima prevista no art. 1.837, que seria reservada ao cônjuge. O acórdão ainda afirmava que a Constituição não teria igualado os institutos do casamento e da união estável, segundo o art. 226, § 3.º, da Constituição da República.

O recurso extraordinário divisava que a aplicação do art. 1.790 prejudicaria os companheiros homoafetivos e constituiria discriminação indireta, devendo-lhes ser reconhecida a sucessão legítima (art. 1.837). O recurso fundou-se nos princípios da igualdade e da dignidade independentemente de orientação sexual. O Ministro Marco Aurélio reconheceu a existência de repercussão geral, nos seguintes termos:

> Cumpre ao Supremo definir o alcance do artigo 226 da Constituição Federal, presente a limitação do artigo 1.790 do Código Civil. O tema alusivo à sucessão, à união estável homoafetiva e a suas repercussões jurídicas está a reclamar o crivo do Supremo[40].

O mérito da questão ainda está pendente de julgamento.

5.4. Uniões simultâneas e efeitos previdenciários

No âmbito do Direito Previdenciário, mas tocando diretamente questões de Direito de Família, reconheceu-se a repercussão geral de recurso extraordinário que abordava o reflexo no Direito Previdenciário da existência de "concubinato" paralelo ao casamento legalmente constituído em que não havia separação de fato. A "concubina", no caso, evoca a proteção do art. 226, § 3.º, da Constituição Federal deferida à união estável.

---

[40] BRASIL, Supremo Tribunal Federal, Recurso Extraordinário n. 646721 – Repercussão Geral – SP, Plenário, Rel. Min. Marco Aurélio, j. 10.11.2011, *DJe* 07.12.2011.

A controvérsia cingia-se à possibilidade de rateio entre esposa e "concubina" da pensão por morte paga pelo INSS em decorrência do falecimento de varão do qual ambas dependiam economicamente.

O Ministro Luiz Fux considerou a existência de repercussão do ponto de vista social e econômico:

> Sob o ângulo da repercussão geral, afirma ultrapassar o tema o interesse subjetivo das partes, mostrando-se relevante do ponto de vista social e econômico, porquanto a decisão impugnada, caso mantida, implica obrigar o INSS ao pagamento de pensão por morte à esposa e à concubina, ainda que de forma rateada, sendo necessário o estabelecimento da extensão e do alcance da união estável no direito brasileiro[41].

Também trata-se de caso cuja apreciação do mérito pende de julgamento.

Em caso também discutido no âmbito dos benefícios previdenciários, foi reconhecida a repercussão geral de recurso extraordinário em que o recorrente pretende reconhecer sua união estável homoafetiva com homem que concomitantemente mantinha outra união estável, com a consequente possibilidade de rateio da pensão por morte.

No recurso extraordinário afirmava-se a existência de repercussão geral, pela "importância social do tema, por referir-se a situação cada vez mais comum em todo o país, qual seja, a existência de uniões estáveis entre pessoas do mesmo sexo, ou não, em período coincidente, e os efeitos previdenciários originados desses casos". As questões jurídicas recortadas pelo Ministro Ayres Britto foram (i) a existência de união estável homoafetiva e (ii) a possibilidade de uniões estáveis concomitantes. Ao apreciar a presença de repercussão geral, afirmou que

> as questões constitucionais discutidas no caso (possibilidade de reconhecimento jurídico de união estável homoafetiva e possibilidade de reconhecimento jurídico de uniões estáveis concomitantes) se encaixam positivamente no âmbito de incidência do § 1.º do art. 543-A do Código de Processo Civil[42].

Tratando-se de agravo contra despacho de inadmissão do Recurso Extraordinário, houve provimento para recebimento deste, mas o mérito ainda pende de julgamento.

---

[41] BRASIL, Supremo Tribunal Federal, Recurso Extraordinário n. 669465 – Repercussão Geral – ES, Plenário, Rel. Min. Luiz Fux, j. 08.03.2012, *DJe* 16.10.2012.

[42] BRASIL, Supremo Tribunal Federal, Agravo no Recurso Extraordinário n. 656298 – Repercussão Geral – ES, Plenário, Rel. Min. Ayres Britto, j. 08.03.2012, *DJe* 02.05.2012.

5.5. Coabitação e separação de fato

Outra questão levada ao STF que teve a repercussão geral apreciada foi a necessidade de se provar a ausência de coabitação dos cônjuges como prova da separação de fato (Tema 560).

Segundo a recorrente, a repercussão geral estaria presente porque o tema relativo à necessária ausência de coabitação para caracterizar a separação de fato de um casal apresenta nítida relevância social e jurídica.

A alegação foi acolhida pelo Ministro Luiz Fux, para quem

> A questão constitucional versada nos autos apresenta repercussão geral, posto a orientação a ser firmada por esta Corte definirá se a necessidade de ausência de coabitação dos cônjuges, para comprovar a separação de fato, está de acordo com o artigo 226 da Constituição Federal, mormente quando os cônjuges residem sob o mesmo teto e estão separados de fato. Portanto, sob os ângulos social e jurídico (CPC, art. 543-A, § 1.º), a matéria – coabitação dos cônjuges e separação de fato – extravasa evidentemente os interesses subjetivos da causa, notadamente pela aptidão para se multiplicar para além do caso concreto posto em julgamento.

Contudo, o Tribunal, por maioria, entendeu não haver repercussão geral no caso, por se tratar de matéria infraconstitucional, e a repercussão geral deveria se dar em relação à questão constitucional[43].

5.6. Prevalência da paternidade socioafetiva sobre a biológica

O último e mais recente tema de Direito de Família em que houve apreciação da existência de repercussão geral pelo STF diz respeito à prevalência da paternidade socioafetiva em detrimento da paternidade biológica (Tema 622).

No caso em questão, nas instâncias ordinárias, foi julgada procedente ação de investigação de paternidade que filho registrado pelos avós (por "adoção à brasileira") promoveu em face de quem, ao longo do processo, foi provado ser seu pai biológico. As decisões em ambas as instâncias determinaram a averbação do nome do réu nos registros civis do autor.

No STJ, o Recurso Especial não foi conhecido, proclamando aquela Corte a "imprescritibilidade da pretensão de investigação de paternidade cumulada com a anulação do registro de nascimento no qual conste o nome de outrem que não o pai biológico", e consignando que,

---

[43] BRASIL, Supremo Tribunal Federal, Recurso Extraordinário n. 633981/DF, Plenário, Rel. Min. Luiz Fux, j. 29.06.2012.

[...] em se tratando de adoção à brasileira, o filho adotado possui o direito de, a qualquer momento, buscar judicialmente a nulidade do registro e fazer prevalecer a paternidade sanguínea, independentemente da existência de vínculo socioafetivo.

O acórdão do STJ ensejou Recurso Extraordinário com base no art. 226, *caput*, da Constituição Federal.

O relator, Ministro Luiz Fux entendeu que "a prevalência da paternidade socioafetiva em detrimento da paternidade biológica é relevante sob os pontos de vista econômico, jurídico e social"[44].

O mérito, contudo, aguarda julgamento.

6. CONSIDERAÇÕES FINAIS

Institutos e expedientes de contenção de recursos extraordinários foram criados ao longo da história recente do Judiciário, com o intuito controlar o volume de processos que afluem aos Tribunais Superiores e superar a constante crise numérica que os acomete.

Na década passada, a crise do Judiciário ganhou destaque especial, culminando o debate em torno dela na Reforma do Judiciário (EC n. 45), que, dentre outras mudanças, trouxe a *repercussão geral* como novo requisito de admissibilidade do Recurso Extraordinário.

Nas demandas que envolvem Direito de Família, o Recurso Extraordinário é importante instrumento de promoção da tutela constitucional da família, pois é a via adequada para levar as demandas particulares ao STF e obter, assim, a última palavra sobre a interpretação constitucional.

Nesse ramo do Direito, as previsões constitucionais gerais que se irradiaram ao Direito Civil, bem como as previsões constitucionais específicas sobre a proteção da família, são bases importantes que fundamentam os Recursos Extraordinários em questão.

Poder-se-ia cogitar que as especificidades das demandas que envolvem Direito de Família seriam óbices ao implemento do requisito da repercussão geral. Estaria o requisito da repercussão geral inviabilizando a admissão de recursos envolvendo demandas familiares?

Foram localizados sete julgamentos de repercussão geral envolvendo questões de família, dentre os quais apenas um deles não teve o requisito reconhecido, o Recurso Extraordinário n. 633981/DF, em que se discutia a necessidade de prova

---

[44] BRASIL, Supremo Tribunal Federal, Agravo no Recurso Extraordinário n. 692186 – Repercussão Geral – DF Plenário, Rel. Min. Luiz Fux, j. 29.11.2012, *DJe* 21.02.2013.

da ausência de coabitação dos cônjuges como prova da separação de fato. Mesmo nesse caso, o Relator Luiz Fux reconheceu a repercussão a princípio, apenas não tendo sido acompanhado pela maioria dos ministros.

Destaca-se que a razão pelo não reconhecimento da repercussão geral no caso foi a ausência de questão *constitucional*, não tendo sido pontuada irrelevância do caso. Já no caso do bem de família do fiador locatício, a repercussão geral foi conhecida, mas o mérito não foi julgado por ser o acórdão recorrido em conformidade com a jurisprudência massiva do Tribunal.

Mesmo no Recurso Extraordinário n. 363889/DF, a alta especificidade do caso envolvendo a repropositura da investigação e paternidade não impediu o Tribunal de reconhecer a repercussão geral.

Pela amostra, portanto, o STF não tem utilizado desmedidamente o filtro em causas envolvendo Direito de Família.

Certamente que, nos últimos anos, muitos outros Recursos Extraordinários, além dos sete analisados envolvendo questões familiares, afluíram ao STF com variadas matérias que não foram objeto de apreciação de repercussão geral, o que poderia ser explicado por terem talvez esbarrado em outros filtros, como a Súmula n. 279 do STF[45]. Isso seria, contudo, objeto para outro desenvolvimento e extrapolaria os limites desta pesquisa.

Importa aqui analisar que, nos casos pesquisados, o STF reconheceu a repercussão geral na maioria dos casos envolvendo Direito de Família.

A fundamentação dos julgamentos, como se pode observar de sua leitura, é concisa, sem muito desenvolvimento conceitual da repercussão geral e de seus diferentes aspectos.

Outro ponto que merece destaque é que, nos julgados analisados, a *relevância social* é frequentemente levantada. Outra questão pontuada pelos Ministros em sua fundamentação é a possibilidade de existirem diversas outras famílias em hipóteses semelhantes às ventiladas nos recursos, que podem ser vistas dentro da mesma controvérsia jurídica.

Também chama a atenção o fato de três dos sete casos referirem-se ao alcance da proteção da *união estável*, tendo, em todos, o STF conferido a si o papel de defini-lo.

Resta, assim, torcer para que o STF continue se sensibilizando ante as questões de família, com maior ou menor generalidade, veiculadas nos Recursos Extraordinários, reconhecendo-lhes a repercussão geral e adentrando no mérito de tantos pontos que demandam a correta interpretação constitucional.

---

[45] Súmula 279. Simples reexame de prova – Cabimento – Recurso extraordinário. Para simples reexame de prova não cabe recurso extraordinário.

REFERÊNCIAS BIBLIOGRÁFICAS

ARRUDA ALVIM; ASSIS, Araken de; ALVIM, Eduardo Arruda. *Comentários ao Código de Processo Civil*. Rio de Janeiro: Ed. GZ, 2012.

BAPTISTA DA SILVA, Ovídio A. "Questão de fato" em recurso extraordinário. *Revista Magister de Direito Civil e Processual Civil*, n. 13, jul.-ago. 2006.

BARBOSA MOREIRA, José Carlos. Reforma do Judiciário: a Emenda Constitucional n.º 45 e o processo. *Revista Magister de Direito Civil e Processual Civil*, n. 11, mar.-abr. 2006.

BOTELHO DE MESQUITA, José Ignácio; DELLORE, Luiz; ZVEIBEL, Daniel. G.; TEIXEIRA, Guilherme S.; SILVEIRA, S. A.; LOMBARDI, M. C.; AMADEO, Rodolfo C. M. R.; RIBEIRO, D. A repercussão geral e os recursos repetitivos. Economia, direito e política. *Revista de Processo*, São Paulo: RT, n. 220, jun. 2013.

COELHO, Gláucia Mara. *Repercussão geral da questão constitucional no processo civil brasileiro*. São Paulo: Atlas, 2009.

CRUZ E TUCCI, José Rogério. Anotações sobre a repercussão geral como pressuposto de admissibilidade do recurso extraordinário: Lei n.º 11.418/2006. *Revista Magister de Direito Civil e Processual Civil*, n. 16, jan.-fev. 2007.

FARIAS, Cristiano Chaves de. Redesenhando os contornos do casamento (casar e permanecer casado): eis a questão. In: ------ (Coord.). *Temas atuais de direito e processo de família*: primeira série. Rio de Janeiro: Lumen Juris, 2004.

HÄBERLE, Peter. *Hermenêutica constitucional*: a sociedade aberta dos intérpretes da Constituição. Porto Alegre: SAFE, 1997.

LEONEL, Ricardo de Barros. Reforma do Poder Judiciário: primeiras reflexões. *Revista Magister de Direito Civil e Processual Civil*, n. 4, jan.-fev. 2005.

MANCUSO, Rodolfo de Camargo. *Recurso extraordinário e recurso especial*. 12. ed. São Paulo: RT, 2013.

PEREIRA, Rodrigo da Cunha. *Princípios fundamentais norteadores para o direito de família*. Belo Horizonte: Del Rey, 2006.

TARTUCE, Flávio. Novos Princípios do direito de família brasileiro. Disponível em: <www.flaviotartuce.adv.br/artigos/Tartuce_princfam.doc>. Acesso em: 15 nov. 2013.

TEPEDINO, Gustavo. Normas constitucionais e direito civil na construção unitária do ordenamento. In: EHRARDT JR., Marcos; BARROS, Daniel Conde (Coord.). *Temas de direito civil*: estudos em homenagem ao Professor Paulo Luiz Netto Lobo. Salvador: JusPodivm, 2009.

THEODORO JÚNIOR, Humberto. Repercussão geral no recurso extraordinário (Lei n.º 11.418) e súmula vinculante do Supremo Tribunal Federal (Lei n.º 11.417). *Revista Magister de Direito Empresarial, Concorrencial e do Consumidor*, n. 14, abr.-maio 2007.

4

REQUISITOS DE RELEVÂNCIA NO SISTEMA RECURSAL ALEMÃO

Antonio do Passo Cabral
Professor Adjunto de Direito Processual Civil da Universidade do Estado do Rio de Janeiro (UERJ). Doutor em Direito Processual pela UERJ e pela Universidade de Munique, Alemanha (*Ludwig-Maximilians-Universität*). Mestre em Direito Público pela UERJ. Pós-doutorando pela Universidade de Paris I (*Panthéon-Sorbonne*). Procurador da República no Rio de Janeiro.

Sumário: 1. Introdução – 2. O sistema recursal alemão e os filtros de relevância – 3. A reclamação constitucional e o requisito da significação geral (*allgemeine Bedeutung*) – 4. A "significação fundamental" (*grundsätzliche Bedeutung*) no processo civil: das cortes superiores às instâncias ordinárias; 4.1. Apelação (*Berufung*); 4.2. Revisão ou Cassação (*Revision*); 4.3. Queixa ou reclamação (*Beschwerde*) – 5. Conclusão. Breve comparação com a repercussão geral brasileira – Bibliografia.

1. INTRODUÇÃO

Existe uma clara tendência legislativa no sentido do aumento dos filtros discricionários para o acesso às instâncias recursais. Esses requisitos, por criarem obstáculos à cognição dos meios impugnativos pelos tribunais de apelação e pelas cortes de superposição, encontram opositores ferrenhos naqueles que combatem os poderes discricionários do juiz, ou nos entusiastas dos recursos como forma de aprimoramento das decisões de instâncias inferiores.[1] Não obstante, esses mecanis-

---

[1] GRECO, Leonardo. A falência do sistema de recursos. *Estudos de direito processual*. Campos dos Goytacazes: Editora da FDC, 2005. p. 301 e ss.

mos são também enaltecidos por outros setores doutrinários como instrumentos de eficiência, atuando em favor da segurança jurídica,[2] da coerência e do bom funcionamento do sistema jurídico por reduzir o número de processos.[3]

Bons ou ruins, amados ou odiados, essa tendência de incremento dos filtros recursais vem sendo observada não apenas no Brasil, como em muitos outros ordenamentos processuais ao redor do planeta. Esses filtros refletem requisitos de "relevância", que incluem no juízo de admissibilidade dos recursos (e meios impugnativos em geral) uma análise sobre a importância do *thema decidendum* e seu impacto social, político, econômico para além do caso singular.

No direito estrangeiro, exemplos desses requisitos são encontrados no *writ of certiorari* dos Estados Unidos da América, ou em alguns procedimentos perante a Suprema Corte da Argentina.[4] Por aqui, além da extinta e autoritária "arguição de relevância",[5] muito criticada por ser pouco fundamentada e instituída com contornos ditatoriais incompatíveis com o Estado de Direito contemporâneo, ainda experimentamos historicamente o requisito da "transcendência" no recurso de revista no processo do trabalho (art. 896-A da CLT), culminando com a introdução, pela Emenda Constitucional n. 45/2004, do requisito da "repercussão

---

[2] FUX, Luiz. *A reforma do processo civil*. 2. ed. Niterói: Impetus, 2008. p. 278.

[3] MARINONI, Luiz Guilherme; MITIDIERO, Daniel. *Repercussão geral no recurso extraordinário*. São Paulo: RT, 2007. p. 19. Segundo Humberto Theodoro Júnior, o modo de ser da disciplina processual da repercussão geral tem grande impacto nos litígios repetitivos. Confira-se esta passagem: "É fácil concluir que a sistemática da repercussão geral, disciplinada pela Lei n.º 11.418/2006, de reduzir o excessivo e intolerável volume de recursos a cargo do STF, não teve como objeto principal e imediato os extraordinários manejados de maneira isolada por um ou outro litigante. O que se ataca, de maneira frontal, são as causas seriadas e a constante repetição das mesmas questões em sucessivos processos que levam à Suprema Corte milhares de recursos substancialmente iguais, o que é muito frequente, *v.g.*, em temas de direito público, como as pertinentes ao sistema tributário e previdenciário, e ao funcionalismo público. A exigência de repercussão geral em processos isolados, e não repetidos em causas similares, na verdade, não reduz o número de processos no STF, porque, de uma forma ou de outra, teria aquela corte de enfrentar todos os recursos para decidir sobre a ausência do novo requisito de conhecimento do extraordinário" (Repercussão Geral no recurso extraordinário (Lei n.º 11.418) e súmula vinculante do Supremo Tribunal Federal (Lei n.º 11.417). *Revista Magister de Direito Empresarial, Concorrencial e do Consumidor*, Porto Alegre, n. 14, abr.-maio 2007. p. 97). No mesmo sentido: NASCIMENTO, Bruno Dantas. *Repercussão geral*. 3. ed. São Paulo: RT, 2012. p. 82-84.

[4] Cf. MARINONI, Luiz Guilherme; MITIDIERO, Daniel. *Repercussão geral no recurso extraordinário*, cit., p. 19-20.

[5] Como era previsto no art. 119, parágrafo único, da Emenda n. 1/1969, que estabeleceu uma nova constituição outorgada pelo regime ditatorial brasileiro. Cf. BARBOSA MOREIRA, José Carlos. Breve notícia sobre a reforma do processo civil alemão. *Revista de Processo*, n. 111, p. 111, jul.-set. 2003.

geral" no recurso extraordinário na Constituição da República (art. 102 § 3.º),[6] disciplinada posteriormente pela Lei n. 11.418/2006 e inserida também no Código de Processo Civil (arts. 543-A e 543-B).[7]

O cenário que se anuncia na tramitação do projeto de novo CPC não parece ampliar os requisitos de relevância para além da repercussão geral no recurso extraordinário, embora trate o tema em conjunto com outros instrumentos de litigância de massa, como o incidente de resolução de demandas repetitivas. Contudo, como ainda não se apresentou uma versão final do projeto, cujo debate ainda está aberto, é possível algum incremento, especialmente tendo em vista a busca incessante por reduzir o número de recursos nos tribunais.

Nesse ensaio, que tem escopo puramente descritivo, tentaremos trazer os contornos dos principais filtros de relevância no sistema impugnativo alemão, resumindo-lhes os aspectos essenciais em termos do seu desenho legislativo e da interpretação que se lhes dão a doutrina e a jurisprudência germânicas.

Esperamos que o exame comparativo seja útil não só para os requisitos já existentes no ordenamento brasileiro, mas também para as perspectivas da atividade legiferante do Congresso Nacional.

2. O SISTEMA RECURSAL ALEMÃO E OS FILTROS DE RELEVÂNCIA

Não nos cabe, em um texto de pequenas proporções e objetivos estreitos como este, dissertar longamente sobre as idiossincrasias do sistema impugnativo e recursal alemão em toda a sua inteireza. Para uma tarefa tão complexa, seriam necessárias profundas digressões na estrutura do Judiciário tedesco, a disposição dos diversos tribunais na cadeia recursal, além de detalhada análise sobre as interseções e divisões de trabalho entre os órgãos jurisdicionais, especialmente no campo da jurisdição administrativa.

Para o relato que pretendemos, basta retratar os recursos e meios impugnativos em que podem ser observados requisitos de relevância, a fim de compreender-lhes o conteúdo, bem assim a forma como têm sido aplicados na Alemanha.

---

[6] "Art. 102, § 3.º No recurso extraordinário o recorrente deverá demonstrar a repercussão geral das questões constitucionais discutidas no caso, nos termos da lei, a fim de que o Tribunal examine a admissão do recurso, somente podendo recusá-lo pela manifestação de dois terços de seus membros."

[7] THEODORO JR., Humberto; NUNES, Dierle; BAHIA, Alexandre. Litigiosidade de massa e repercussão geral no recurso extraordinário. *Revista de Processo*, ano 34, n. 177, p. 22, nov. 2009; BONDIOLI, Luis Guilherme Aidar. A nova técnica de julgamento dos recursos extraordinário e especial repetitivos. *Revista Jurídica*, ano 58, n. 387, p. 27 e ss., jan. 2010.

Nosso foco é o processo civil. E adiante entraremos na análise de requisitos de relevância próprios desta disciplina, e positivados na ordenança (*Zivilprozessordnung* ou *ZPO*), que é equivalente a um Código de Processo Civil naquele país. Todavia, não há como descrever o debate alemão sem considerar um importante filtro impugnativo, mas especificamente estudado no processo constitucional, que é a denominada "significação geral", que veremos no próximo item.

3. A RECLAMAÇÃO CONSTITUCIONAL E O REQUISITO DA SIGNIFICAÇÃO GERAL (*ALLGEMEINE BEDEUTUNG*)

Relevante mecanismo impugnativo, presente no processo constitucional alemão, é a reclamação ou queixa constitucional (*Verfassungsbeschwerde*), endereçada ao Tribunal Constitucional Federal tedesco.[8] A reclamação constitucional, prevista no § 93, I, da Lei Fundamental de Bonn, e disciplinada no § 90 da Lei do Tribunal Constitucional Federal (abreviada por BVerfGG), tem uma dupla função: ao mesmo tempo em que protege interesses subjetivos do cidadão, compreende-se que a análise da corte constitucional sobre o mérito contribui para a evolução do ordenamento jurídico e para a tutela do direito objetivo.[9] No entanto, há uma forte concepção da subsidiariedade desse mecanismo.[10]

Esse instrumento, que, comparado com o sistema brasileiro, por vezes faria as vezes de sucedâneo recursal excepcional, em outras como uma espécie de mandado de segurança *per saltum*, também encontra uma barreira de admissibilidade fundada na relevância.

Trata-se do requisito da "significação geral" (§ 90 da BVerfGG), que procura reduzir o número excessivo de reclamações e assegurar que o mecanismo mantenha sua característica de subsidiariedade e excepcionalidade como instrumento impugnativo, como afirma a doutrina[11] e já decidiu o *Bundesverfassungsgericht*.[12]

---

[8] SCHLAICH, Klaus; KORIOTH, Stefan. *Das Bundesverfassungsgericht*. Stellung, Verfahren, Entscheidungen. 8. ed. München: C.H. Beck, 2010. p. 128 e ss.

[9] MAURER, Hartmut. *Staatsrecht*. 5. ed. München: C.H. Beck, 2007. p. 674.

[10] ZUCK, R. Die Subsidiarität der Verfassungsbeschwerde. *Festschrift Redeker*, p. 213, 1993; ZIPPELIUS, Reinhold; WÜRTENBERGER, Thomas. *Deutsches Staatsrecht*. 31. ed. München: C.H.Beck, 2005. p.462; SCHLAICH, Klaus; KORIOTH, Stefan. *Das Bundesverfassungsgericht*, cit., p. 128, 131 e 152 e ss.

[11] MAURER, Hartmut. *Staatsrecht*, cit., p. 675-676.

[12] BVerfGE 18, p. 325; BVerfGE 22, p. 290; BVerfGE 78, p. 160; BVerfGE 68, p. 379 e ss; BVerfGE 70, p. 185 e ss; BVerfGE 91, p. 306.

Sem embargo, com o escopo de atuar a função da reclamação constitucional de tutelar a ordem jurídica (e não apenas os direitos subjetivos), o conteúdo desse filtro de relevância é atendido quando houver, para o autor, um "prejuízo grave e inevitável" para a tutela judicial de seus interesses, caso não seja admitido esse meio excepcional de impugnação.[13]

Observe-se, portanto, que o requisito, em linhas gerais, tem função sistêmica de redução quantitativa, atuando essa finalidade por meio de técnica de filtragem que analisa, a partir do dano alegado, a imprescindibilidade do mecanismo da reclamação constitucional. Muito diverso, como veremos a seguir, é o instituto da significação fundamental no processo civil.

4. A "SIGNIFICAÇÃO FUNDAMENTAL" (*GRUNDSÄTZLICHE BEDEUTUNG*) NO PROCESSO CIVIL: DAS CORTES SUPERIORES ÀS INSTÂNCIAS ORDINÁRIAS

Pois bem, agora falemos sobre outro requisito de relevância na Alemanha, a chamada "significação fundamental" (*grundsätzliche Bedeutung*). Esse filtro é talvez mais interessante, em termos comparativos, do que o requisito da significação geral, pois a significação fundamental, como veremos, é prevista como requisito de relevância recursal não apenas para o que, aqui no Brasil, chamaríamos de recursos excepcionais, mas também para recursos ordinários, direcionados aos tribunais de apelação ou de segunda instância. Especial atenção merece esse requisito também no momento em que se discute um projeto de novo CPC, embora até esse momento não haja proposta de estender a repercussão geral para outros recursos.

Desde logo, a observação que salta aos olhos é a diferença de nomenclatura. Enquanto, na jurisdição constitucional alemã, a legislação utiliza o adjetivo "geral", a lei processual civil lança mão do qualificativo "fundamental". Como se verá logo em seguida, esta última expressão parece denotar melhor o conteúdo do requisito. De fato, se pensarmos apenas em uma significação ou repercussão (para usar o termo brasileiro) *geral*, toma-se como determinante a capacidade daquela discussão de disseminar uma pluralidade de outros casos. Vale dizer, privilegia-se o critério *quantitativo*. Por outro lado, quando a lei fala em uma significação "fundamental", a cláusula tem seu conteúdo enriquecido, abarcando naturalmente questões que, ainda que não se vislumbre uma probabilidade de multiplicação, mesmo assim revelam discussões importantes que mereçam ultrapassar esse obstáculo da admissibilidade recursal.

---

[13] Na doutrina, SCHLAICH, Klaus; KORIOTH, Stefan. *Das Bundesverfassungsgericht*, cit., p. 159. Na jurisprudência, além dos acórdãos já citados, confiram-se BVerfGE 91, p. 106; BVerfGE 62, p. 342; BVerfGE 63, p. 242.

No entanto, a despeito de terem as cláusulas dicção legal diversa, essa concepção não é unânime na doutrina alemã,[14] e muitos são os autores que têm se posicionado mais limitativamente, focando na questão quantitativa[15] e deixando de lado o aspecto qualitativo.

Outro dado interessante acerca da significação fundamental é seu amplo espectro de aplicação. No processo civil alemão, são três as figuras recursais básicas: a *Berufung*, a *Revision* e a *Beschwerde*. E nas três espécies a lei prevê esse requisito de relevância como filtro de admissibilidade. Vejamos especificamente nos itens seguintes.

4.1. Apelação (*Berufung*)

A *Berufung* é o recurso análogo à apelação brasileira, cabível contra as sentenças (*Urteile*),[16] e algumas decisões definitivas proferidas incidentemente no processo (como as sentenças parciais).[17]

A ordenança processual civil alemã (§ 511) condiciona a admissibilidade da *Berufung*, além dos casos em que o valor da pretensão seja superior a seiscentos euros, à apreciação, por parte do juízo *a quo*, de que a questão tenha significação fundamental ou que seja necessária para o desenvolvimento do Direito ou para a constância da jurisprudência uniforme (um objetivo relacionado à segurança jurídica).[18]

Entende-se, na jurisprudência tedesca, que existe significação fundamental a pedir um pronunciamento da instância revisora, quando a questão debatida no recurso tenha importância a uma grande quantidade de casos,[19] por exemplo, o dos

---

[14] PÉREZ RAGONE, Alvaro. El nuevo proceso civil alemán: principios y modificaciones al sistema recursivo. *Genesis – Revista de Direito Processual Civil*, n. 32, p. 363, abr.-jun. 2004.

[15] Como já percebera, mais de uma década atrás, BARBOSA MOREIRA, José Carlos. Breve notícia sobre a reforma do processo civil alemão, cit., p. 112.

[16] BARBOSA MOREIRA, José Carlos. Breve notícia sobre a reforma do processo civil alemão, cit., p. 108.

[17] ROSENBERG, Leo; SCHWAB, Karl-Heinz; e GOTTWALD, Peter. *Zivilprozessrecht*. 16. ed. München: C.H. Beck, 2004. p. 951 e ss.; MUSIELAK, Hans-Joachim. *Grundkurs ZPO*. 8. ed. München: C.H. Beck, 2005. p. 305; JAUERNIG, Othmar; HESS, Burkhard. *Zivilprozessrecht*. 30. ed. München: C.H.Beck, 2011. p. 288.

[18] STÜRNER, Michael. *Die Anfechtung von Zivilurteilen*. München: Beck, 2002. p.148-153; JAUERNIG, Othmar; HESS, Burkhard. *Zivilprozessrecht*, cit., p. 292; MUSIELAK, Hans--Joachim. *Grundkurs ZPO*, cit., p. 306; PÉREZ RAGONE, Alvaro. El nuevo proceso civil alemán: principios y modificaciones al sistema recursivo, cit., p. 362.

[19] BGHZ 159, p. 137 e ss.

processos-modelo.[20] A jurisprudência aceita haver relevância também nos casos em que, ao admitir o recurso, estar-se-ia permitindo ao tribunal de apelação uma atividade de desenvolvimento, aprimoramento e evolução do Direito, abrindo-se oportunidade para uma decisão que oriente qual o correto entendimento sobre uma determinada norma, ou ainda sobre uma situação típica capaz de multiplicar--se e se generalizar para outros casos.[21] De salientar que essa concepção pressupõe que é tarefa do tribunal de apelação (segundo grau de jurisdição), e não apenas das cortes de superposição, decidir numa perspectiva de macrojustiça, com preocupações sistêmicas para além do caso concreto e da pura tutela dos direitos subjetivos daqueles litigantes.

Outra hipótese em que se tem observado a admissibilidade das apelações, com consideração de que está presente a significação fundamental, é aquela em que a decisão recorrida afasta-se da jurisprudência consolidada dos tribunais superiores. Nesses casos, sustenta-se que o interesse fomentado pela lei é a preservação da segurança jurídica e da constância e coerência sistêmica.[22]

No entanto, quando, em um prognóstico de êxito da *Berufung*, o tribunal *a quo* entender que há uma baixa probabilidade de sucesso, entende-se que não há significação fundamental.[23] Essa análise é interessante porque inclui na significação fundamental uma prognose sobre a correção das teses veiculadas no recurso, e seu potencial de provimento no tribunal *ad quem*.

Outro dado curioso é que, não sendo caso de significação fundamental, a lei atribui poderes monocráticos ao relator do recurso. Isto é, uma das hipóteses em que a legislação alemã autoriza a decisão recursal fora do colegiado é a consideração de que a questão não tem significação fundamental (§ 526).

---

[20] BGH, *NJW*, p. 65, 2003; BGH, *NJW*, p. 3765, 2003.
[21] BGH, *NJW*, p. 289, 2004; BGHZ 154, p. 292. No Brasil, a doutrina assim também se manifestou. Cf. MARINONI, Luiz Guilherme; MITIDIERO, Daniel. *Repercussão geral no recurso extraordinário*, cit., p. 17.
[22] JAUERNIG, Othmar; HESS, Burkhard. *Zivilprozessrecht*, cit., p. 292. Na Alemanha, compreende-se que a previsibilidade, a constância e a coerência são componentes da segurança jurídica. Cf. SINGER, Reinhard. *Das Verbot widersprüchlichen Verhaltens*. München: C.H.Beck, 1993. p. 77-79; Kontinuität und Vertrauensschutz bei Änderungen der Rechtsprechung. *Deutsches Steuerrecht*, n. 9, p. 263-264, 1989; SCHMIDT-ASSMANN, Ebehard. Der Rechtsstaat. In: ISENSEE, Josef; KIRCHHOF, Paul (Org.). *Handbuch des Staatsrechts der Bundesrepublik Deutschland*. Band II: Verfassungsstaat. Heidelberg: C.F.Müller, 1996. p. 587; WERDER, Alexander. *Dispositionsschutz bei der Änderung von Steuergesetzen zwischen Rückwirkungsverbot und Kontinuitätsgebot*. Berlin: Duncker & Humblot, 2005. p. 94.
[23] BVerfG, *NJW*, p. 281, 2003.

4.2. Revisão ou Cassação (*Revision*)

A *Revision* é um recurso no qual se veicula apenas matéria de direito, pugnando-se por um reexame *in iure*, não servindo para revisão de matéria fática.[24] Dessa maneira, à moda dos recursos excepcionais no Brasil (extraordinário e especial), entende-se que o escopo principal da *Revision* é assegurar a uniformidade da jurisprudência; compreende-se, ainda, que essa modalidade recursal é utilizada predominantemente no interesse geral (no Brasil, diríamos que há uma primacial "tutela do direito objetivo"), e os direitos subjetivos dos litigantes atuam como *veículo* dos interesses públicos protegidos pelo meio de impugnação.[25]

A *Revision* é cabível em duas hipóteses-padrão: a primeira, e mais comum na prática, é a *Revision* interposta contra acórdão proferido no julgamento de uma apelação (*Berufung*), muito similar ao nosso recurso especial. No entanto, se o cabimento e a função de ambos os recursos (a *Revision* alemã e o REsp brasileiro) são parecidos, os efeitos do julgamento de uns e outros são diversos. Na Alemanha, o julgamento da *Revision* normalmente só acarreta a *cassação* da decisão de instância inferior; raramente ao tribunal julgador caberá proferir decisão que substitua aquela que foi impugnada (§ 563 da ZPO).

A segunda hipótese de *Revision*, prevista no § 566 da ZPO, é uma revisão *per saltum* (*Sprungrevision*), utilizada para impugnar decisões de primeiro grau de jurisdição no lugar da *Berufung* (comparável à hipótese do cabimento de recurso ordinário constitucional no caso do art.105, II, alínea "c", da Constituição da República).[26]

Na *Revision*, a lei prevê a significação fundamental como requisito de relevância que leva à obrigatoriedade de admissão do recurso (§§ 543 e 566 da ZPO),

---

[24] Para uma excelente referência, no direito alemão, sobre o recurso de *Revision*, posto que antes da reforma legal, cf. RIMMELSPACHER, Bruno. Zur Systematik der Revisionsgründe im Zivilprozess. *ZZP*, n. 84, p. 41-73, 1971; BLOMEYER, Arwed. *Zivilproßrecht*. Erkenntnisverfahren. 2. ed. Berlin: Duncker & Humblot, 1985. p. 537 e ss. Na literatura mais recente, BALL. Die Zulassung der Revision wegen offensichtlicher Unrichtigkeit des Berufungsurteils und wegen Verletzung von Verfahrensgrundrechten. *Festschrift Musielak*, p. 23 e ss., 2003; MUSIELAK, Hans-Joachim. Der Zugang zur Revisionsinstanz im Zivilprozess. *Festschrift Gerhardt*, p. 653 e ss., 2004; SCHLOSSER, Peter. Voraussetzungen der Zulassung einer Revision. *JZ*, p. 1009 ss., 2005.

[25] ROSENBERG, Leo; SCHWAB, Karl-Heinz; GOTTWALD, Peter. *Zivilprozessrecht*, cit., p. 994 e ss.; MUSIELAK, Hans-Joachim. *Grundkurs ZPO*, cit., p. 317 e ss.; JAUERNIG, Othmar; HESS, Burkhard. *Zivilprozessrecht*, cit., p. 298.

[26] ROSENBERG, Leo; SCHWAB, Karl-Heinz; GOTTWALD, Peter. *Zivilprozessrecht*, cit., p. 999.

não havendo discricionariedade do juízo *a quo* em não admiti-lo.[27] Entende-se que haverá significação fundamental quando o debate na instância superior possa aclarar ou responder a uma *quaestio iuris* que transcenda os limites do processo sob exame e possa servir para uma série não previamente determinada de casos futuros.[28] Exemplos, além dos processos-modelo, já citados no estudo da *Berufung*, seriam os casos referentes às condições gerais dos contratos ou questões mais amplas sobre responsabilidade civil que necessitem de uma decisão da corte superior. Note-se a lembrança da doutrina, comum também no Brasil, de que a importância jurídica do tema não equivale à relevância econômica da disputa,[29] embora a jurisprudência já tenha afirmado que o peso econômico de um processo pode implicar seu impacto no tráfego jurídico, e assim justificar a admissibilidade do recurso porque presente a relevância.[30]

Afirma-se que existe significação fundamental quando em discussão certos âmbitos normativos que tenham sido regrados muito recentemente, e portanto mereçam um pronunciamento da corte superior desde logo, ou ainda naquelas relações jurídicas dinâmicas.[31] A jurisprudência admite estar preenchido o requisito de relevância também quando princípios processuais fundamentais tenham sido (alegadamente) violados a tal ponto que se possa compreender uma ofensa incisiva aos valores fundamentais do processo.[32]

A literatura e a jurisprudência entendem estar presente a significação fundamental também quando a admissão do recurso colabore para o desenvolvimento do Direito ou para a uniformização da jurisprudência, no sentido de evitar decisões conflitantes que impeçam a previsibilidade da interpretação e aplicação das normas jurídicas pelo Judiciário,[33] um aspecto considerado, na Alemanha, um relevante braço da segurança jurídica. Nesse caso, é comum a referência de que, quando a decisão recorrida contrariar a jurisprudência do *Bundesgerichtshof* (BGH, similar ao STJ brasileiro), estaria presente a significa-

---

[27] PRÜTTING, Hans. *Die Zulassung der Revision*. München: Carl Heymann, 1976. p. 15-21, 101-226.
[28] Assim decidiu o *Bundesgerichtshof*: BGHZ 151, p. 221; BGHZ 152, p. 182; BGHZ 154, p. 288 e ss., especialmente p. 291.
[29] PÉREZ RAGONE, Alvaro. El nuevo proceso civil alemán: principios y modificaciones al sistema recursivo, cit., p. 367-368.
[30] BGH, *NJW*, p. 65 e 68, 2003.
[31] JAUERNIG, Othmar; HESS, Burkhard. *Zivilprozessrecht*, cit., p. 299.
[32] BGHZ 152, p. 182. Vejam-se ainda os comentários do Dr. Florian Jacoby a essa decisão na ZZP, n. 116, p. 223, 2003.
[33] MUSIELAK, Hans-Joachim. *Grundkurs ZPO*, cit., p. 319; PÉREZ RAGONE, Alvaro. El nuevo proceso civil alemán: principios y modificaciones al sistema recursivo, cit., p. 367.

ção fundamental, justificando a admissibilidade do recurso.[34] Ou ainda que a incorporação do entendimento divergente daquele das cortes superiores, e sua potencial reiteração, poderia produzir insegurança jurídica para outros casos,[35] e aí residiria a significação fundamental. Fala o BGH na significação sob um viés "sintomático".[36] Aliás, na Alemanha existe ampla aceitação da ideia de que as decisões jurisdicionais também pautam comportamentos, e que a segurança jurídica exige uma certa continuidade da jurisprudência.[37] Nesse cenário, e *a contrario sensu*, se não houver potencial de reprodução daquela conclusão, não deve ser admitido o recurso.[38]

Os tribunais germânicos afirmam ainda que há significação fundamental quando a discussão do caso concreto permitir precisar o sentido de regras processuais ou do direito material, bem assim viabilizar um pronunciamento da corte superior que venha a suprir eventuais lacunas da lei.[39]

É de ressaltar que, como pode ser notado na formulação legal do requisito, em princípio a significação fundamental da *Berufung* parece ser tratada da mesma maneira que o mesmo requisito no caso da *Revision*. Todavia, como ambos os recursos têm características e funções diversas, no processo de aplicação

---

[34] SCHEUCH, S.; LINDNER, R. Zur Auslegung der Zulassungstatbestände des §543, II ZPO. *NJW*, p. 728-730, 2003; GHERLEIN, M. Erste Erfahrung mit der reformierten ZPO – Revision und Beschwerde. *MDR*, p. 548, 2003; BAUMERT, A. Revisionsverfahren – Entscheidungserheblichkeit des Zulassungsgrundes der Rechtsgrundsätzlichkeit. *MDR*, p. 606 e ss., 2003; LINDNER, R. Die Entscheidungserheblichkeit der Grundsatzfrage beim Zulassungsgrund der grundsätzlichen Bedeutung der Rechtssache. *MDR*, p. 1097 e ss., 2003.

[35] BGHZ 159, p. 139.

[36] BGH, *NJW*, p. 66, 2003.

[37] KIRCHHOF, Paul. Kontinuität und Vertrauensschutz bei Änderung der Rechtsprechung, cit., p.263-264; KRUSE, Heinrich Wilhelm. "Kontinuität und Fortschritt der höchstrichterlichen Rechtsprechung. *Festschrift – 75. Jahre Reichsfinanzhof – Bundesfinanzhof*. Bonn: Stollfuß, 1993. p. 239 e ss.; BURMEISTER, Joachim. Grenzen rückwirkender Verschärfung der Besteuerungspraxis aufgrund einer Änderung der Auslegung (veranlagungs-) steuerlicher Vorschriften durch die Finanzverwaltung und – gerichte. *Staat, Wirtschaft, Steuern. Festschrift für Karl Heinrich Friauf zum 65. Geburtstag*. Heidelberg: C.F.Müller, 1996. p. 765; REINICKE, G.; REINICKE, D. Zum Vertrauensschutz auf eine ständige Rechtsprechung. *Monatsschrift für Deutsches Recht*, ano 10, n. 6, p. 327-328, 1956; IPSEN, Jörn. *Richterrecht und Verfassung*. Berlin: Duncker & Humblot, 1975. p. 223; LANGENBUCHER, Katja. *Die Entwicklung und Auslegung von Richterrecht. Eine methodologische Untersuchung zur richterlichen Rechtsfortbildung im deutschen Zivilrecht*. München: C.H.Beck, 1996. p. 117.

[38] BGH, *NJW*, p. 3784, 2002; BGHZ 154, p. 292 e ss.

[39] JAUERNIG, Othmar; HESS, Burkhard. *Zivilprozessrecht*, cit., p. 299.

normativa deste filtro de relevância, isto é, na concretização da cláusula geral, tem-se interpretado a significação fundamental levando em consideração uma abordagem estrutural-teleológica de cada recurso,[40] o que diferencia, em parte, os resultados para a *Revision*.

4.3. Queixa ou reclamação (*Beschwerde*)

A *Beschwerde* é o recurso cabível para impugnar outras decisões que não a sentença, e poderia ser parcialmente assimilada ao nosso recurso de agravo.[41] Com as últimas reformas legislativas no sistema recursal alemão, a ZPO passou a prever três espécies de *Beschwerde*.[42] As duas mais comuns são a *sofortige Beschwerde* (queixa imediata) e a *Rechtsbeschwerde* (queixa sobre questões jurídicas), esta reservada, como na *Revision*, à discussão de matéria de direito.[43] Entretanto, as últimas alterações legais introduziram uma modalidade excepcional chamada *Nichtzulassungsbeschwerde* (que pode ser traduzida como "queixa contra a inadmissibilidade" ou "queixa contra a revisão denegada"),[44] recurso destinado a impugnar a decisão que julgou inadmissível uma *Revision*, à semelhança do art. 544 e parágrafos do Código de Processo Civil brasileiro, aplicáveis à inadmissibilidade do recurso especial.[45]

No que tange à queixa ou reclamação, a ZPO prevê requisito de relevância para a queixa imediata (§ 568) e também para queixa em matéria de direito (§ 574, alínea 2). A admissibilidade da *Beschwerde* é condicionada à verificação de que a matéria jurídica objeto do recurso tenha significação fundamental. No caso da *Rechtsbeschwerde*, a lei dispõe que o recurso deve ser admitido quando se imponha um pronunciamento da instância superior para garantir a jurisprudência uniforme[46] ou para a evolução e desenvolvimento do Direito,[47] e muitos autores, em uma interpretação teleológica, acabam por incorporar essa ideia ao conteúdo do requisito da significação fundamental.

---

[40] Em sentido similar, JAUERNIG, Othmar; HESS, Burkhard. *Zivilprozessrecht*, cit., p. 300.
[41] MUSIELAK, Hans-Joachim. *Grundkurs ZPO*, cit., p. 331 e ss.
[42] JAUERNIG, Othmar. Neues zu Beschwer und Beschwerdegegenstand bei Nichtzulassungsbeschwerde, Berufung und Sprungrevision. *NJW*, p. 3615 e ss., 2007.
[43] JAUERNIG, Othmar; HESS, Burkhard. *Zivilprozessrecht*, cit., p. 311.
[44] Esta última tradução é preferida por PÉREZ RAGONE, Alvaro. El nuevo proceso civil alemán: principios y modificaciones al sistema recursivo, cit., p. 369.
[45] Como também afirma BARBOSA MOREIRA, José Carlos. Breve notícia sobre a reforma do processo civil alemão, cit., p. 110.
[46] BGHZ 151, p. 42; BGHZ 154, p. 297.
[47] BGHZ 151, p. 221.

5. CONCLUSÃO. BREVE COMPARAÇÃO COM A REPERCUSSÃO GERAL BRASILEIRA

Por este breve relato, pudemos perceber que o requisito da significação fundamental é hoje o maior e mais amplo filtro de relevância no sistema recursal germânico.

No entanto, na Alemanha, a preocupação com o potencial de multiplicação de que a questão possa ter em outros processos é o principal foco da doutrina e da jurisprudência na concretização do que é a significação fundamental.

Não obstante, devemos ter em mente que o critério quantitativo não é o único, e que a expressão significação fundamental não pode reduzir-se à aferição de quantidade real ou potencial de processos. De outro lado, lembremos que alguns autores (não muitos, é verdade) registram que não se pode resumir a importância "jurídica" de um determinado tema para o ordenamento limitando-se ao número de casos ou à sua dimensão econômica.

No Brasil, o filtro recursal mais importante é o requisito da repercussão geral no recurso extraordinário. Por aqui, a própria definição legal do que se deve entender por repercussão geral já deixa claro que o intuito do legislador não foi apenas delinear um critério de quantidade real ou potencial de processos em que a questão esteja sendo ou possa vir a ser discutida. Como se vê no § 1.º do art. 543-A do Código de Processo Civil, o debate terá repercussão geral não apenas nos casos com potencial de multiplicação ou dispersão quantitativa de uma discussão idêntica, como também quando as questões controversas revelarem-se importantes do ponto de vista econômico, político, social ou jurídico, ultrapassando os limites daquele processo individual.[48]

Ora, nesse sentido, tanto no Brasil quanto na Alemanha (embora lá com menos ênfase), vemos preocupação de que o requisito de relevância leve em consideração aspectos qualitativos do debate posto para julgamento.[49] O recurso pode vencer o filtro de admissibilidade se a discussão tiver importância social, política, econômica ou jurídica. E são características alternativas: não é preciso que o processo repercuta em todas essas dimensões, basta que assuma alguma relevância sob um desses pontos de vista.[50]

---

[48] CPC, "art. 543-A. [...] § 1.º Para efeito da repercussão geral, será considerada a existência, ou não, de questões relevantes do ponto de vista econômico, político, social ou jurídico, que ultrapassem os interesses subjetivos da causa".

[49] Nesse sentido, utilizando outra nomenclatura, Marinoni e Mitidiero dizem que repercussão geral equivale à relevância somada à transcendência. Cf. MARINONI, Luiz Guilherme; MITIDIERO, Daniel. *Repercussão geral no recurso extraordinário*, cit., p. 33 e 36-37.

[50] Por exemplo, certos setores doutrinários, por aqui, adotando critério qualitativo, dizem que os processos coletivos, pela sua ampla abrangência e pela sensibilidade social da maioria

Por fim, cabe destacar que, apesar de tratar a repercussão geral com outros instrumentos que consideram a litigância de massa (como o incidente de resolução de demandas repetitivas, em que haverá uma presunção de repercussão geral), o projeto de novo CPC não estendeu os requisitos de relevância para outros recursos, nem para o recurso especial, nem para as instâncias ordinárias (apelação e agravo).

BIBLIOGRAFIA

BALL. Die Zulassung der Revision wegen offensichtlicher Unrichtigkeit des Berufungsurteils und wegen Verletzung von Verfahrensgrundrechten. *Festschrift Musielak*, 2003.

BARBOSA MOREIRA, José Carlos. Breve notícia sobre a reforma do processo civil alemão. *Revista de Processo*, n. 111, jul.-set. 2003.

BAUMERT, A. Revisionsverfahren – Entscheidungserheblichkeit des Zulassungsgrundes der Rechtsgrundsätzlichkeit. *MDR*, 2003.

BLOMEYER, Arwed. *Zivilproßrecht*. Erkenntnisverfahren. 2. ed. Berlin: Duncker & Humblot, 1985.

BONDIOLI, Luis Guilherme Aidar. A nova técnica de julgamento dos recursos extraordinário e especial repetitivos. *Revista Jurídica*, ano 58, n. 387, jan. 2010.

BURMEISTER, Joachim. Grenzen rückwirkender Verschärfung der Besteuerungspraxis aufgrund einer Änderung der Auslegung (veranlagungs-) steuerlicher Vorschriften durch die Finanzverwaltung und – gerichte. *Staat, Wirtschaft, Steuern. Festschrift für Karl Heinrich Friauf zum 65. Geburtstag.* Heidelberg: C.F.Müller, 1996.

FUX, Luiz. *A reforma do processo civil.* 2. ed. Niterói: Impetus, 2008.

GHERLEIN, M. Erste Erfahrung mit der reformierten ZPO – Revision und Beschwerde. *MDR*, 2003.

GRECO, Leonardo. A falência do sistema de recursos. *Estudos de direito processual*. Campos dos Goytacazes: Editora da FDC, 2005.

IPSEN, Jörn. *Richterrecht und Verfassung*. Berlin: Duncker & Humblot, 1975.

JAUERNIG, Othmar. Neues zu Beschwer und Beschwerdegegenstand bei Nichtzulassungsbeschwerde, Berufung und Sprungrevision. *NJW*, 2007.

_____; HESS, Burkhard. *Zivilprozessrecht*. 30. ed. München: C.H.Beck, 2011.

KIRCHHOF, Paul. Kontinuität und Vertrauensschutz bei Änderungen der Rechtsprechung. *Deutsches Steuerrecht*, n. 9, 1989.

---

das questões neles resolvida, normalmente apontam para a presença da repercussão geral. Cf. MARINONI, Luiz Guilherme; MITIDIERO, Daniel. *Repercussão geral no recurso extraordinário*, cit., p. 38.

KRUSE, Heinrich Wilhelm. Kontinuität und Fortschritt der höchstrichterlichen Rechtsprechung. *Festschrift – 75. Jahre Reichsfinanzhof – Bundesfinanzhof.* Bonn: Stollfuß, 1993.

LANGENBUCHER, Katja. *Die Entwicklung und Auslegung von Richterrecht.* Eine methodologische Untersuchung zur richterlichen Rechtsfortbildung im deutschen Zivilrecht. München: C.H.Beck, 1996.

LINDNER, R. Die Entscheidungserheblichkeit der Grundsatzfrage beim Zulassungsgrund der grundsätzlichen Bedeutung der Rechtssache. *MDR*, 2003.

MARINONI, Luiz Guilherme; MITIDIERO, Daniel. *Repercussão geral no recurso extraordinário.* São Paulo: RT, 2007.

MAURER, Hartmut. *Staatsrecht.* 5. ed. München: C.H. Beck, 2007.

MUSIELAK, Hans-Joachim. Der Zugang zur Revisionsinstanz im Zivilprozess. *Festschrift Gerhardt*, 2004.

_____. *Grundkurs ZPO.* 8. ed. München: C.H. Beck, 2005.

NASCIMENTO, Bruno Dantas. *Repercussão geral.* 3. ed. São Paulo: RT, 2012.

PÉREZ RAGONE, Alvaro. El nuevo proceso civil alemán: principios y modificaciones al sistema recursivo. *Genesis – Revista de Direito Processual Civil*, n. 32, abr.-jun. 2004.

PRÜTTING, Hans. *Die Zulassung der Revision.* München: Carl Heymanns, 1976.

REINICKE, G.; REINICKE, D. Zum Vertrauensschutz auf eine ständige Rechtsprechung. *Monatsschrift für Deutsches Recht*, ano 10, n. 6, 1956.

RIMMELSPACHER, Bruno. Zur Systematik der Revisionsgründe im Zivilprozess. *ZZP*, n. 84, 1971.

ROSENBERG, Leo; SCHWAB, Karl-Heinz; GOTTWALD, Peter. *Zivilprozessrecht.* 16. ed. München: C.H. Beck, 2004.

SCHEUCH, S.; LINDNER, R. Zur Auslegung der Zulassungstatbestände des § 543, II ZPO. *NJW*, 2003.

SCHLAICH, Klaus; KORIOTH, Stefan. *Das Bundesverfassungsgericht.* Stellung, Verfahren, Entscheidungen. 8. ed. München: C.H. Beck, 2010.

SCHLOSSER, Peter. Voraussetzungen der Zulassung einer Revision. *JZ*, 2005.

SCHMIDT-ASSMANN, Ebehard. Der Rechtsstaat. In: ISENSEE, Josef; KIRCHHOF, Paul (Org.). *Handbuch des Staatsrechts der Bundesrepublik Deutschland.* Band II: Verfassungsstaat. Heidelberg: C.F.Müller, 1996.

SINGER, Reinhard. *Das Verbot widersprüchlichen Verhaltens.* München: C.H.Beck, 1993.

STÜRNER, Michael. *Die Anfechtung von Zivilurteilen.* München: Beck, 2002.

THEODORO JR., Humberto. Repercussão geral no recurso extraordinário (Lei n.º 11.418) e súmula vinculante do Supremo Tribunal Federal (Lei n.º 11.417). *Revista Magister de Direito Empresarial, Concorrencial e do Consumidor*, Porto Alegre, n. 14, abr.-maio 2007.

_____; NUNES, Dierle; BAHIA, Alexandre. Litigiosidade de massa e repercussão geral no recurso extraordinário. *Revista de Processo*, ano 34, n. 177, nov. 2009.

WERDER, Alexander. *Dispositionsschutz bei der Änderung von Steuergesetzen zwischen Rückwirkungsverbot und Kontinuitätsgebot*. Berlin: Duncker & Humblot, 2005.

ZIPPELIUS, Reinhold; WÜRTENBERGER, Thomas. *Deutsches Staatsrecht*. 31. ed. München: C.H.Beck, 2005.

ZUCK, R. Die Subsidiarität der Verfassungsbeschwerde. *Festschrift Redeker*, 1993.

5

UMA REVISITA AO TEMA DA REPERCUSSÃO GERAL COMO REQUISITO DE ADMISSIBILIDADE DO RECURSO EXTRAORDINÁRIO

ARLETE INÊS AURELLI
Mestre e doutora em Direito Processual civil pela PUC/SP, professora de Direito Processual Civil nos cursos de graduação e pós-graduação *stricto sensu* da PUC/SP e advogada em São Paulo.

SUMÁRIO: Introdução – Conceito – Repercussão Geral e Prequestionamento – A Repercussão Geral no Código Projetado – Conclusão – Bibliografia.

INTRODUÇÃO

No presente artigo, pretendemos fazer uma necessária revisita ao tema da repercussão geral, mas, dessa vez, procedendo à análise do instituto tendo por pano de fundo a atual tendência de objetivação relativamente ao recurso extraordinário, que norteia a Suprema Corte, tendência essa que se reflete na normatização, sobre o tema, constante do projeto do Código de Processo Civil.

O Supremo Tribunal Federal tem por função ser o guardião da Constituição Federal, protegendo-a contra possíveis violações por parte dos tribunais da Federação, bem como uniformizar a interpretação da Constituição Federal em todo o Brasil, seguindo os princípios constitucionais e a garantia e defesa do Estado de Direito. Sua competência está prevista no art. 102 da Constituição Federal, que estabelece não somente os processos que originários, mas também os casos em que o Tribunal age como órgão de revisão, inclusive nos julgamentos de recursos extraordinários.

Neste último caso, o Supremo Tribunal Federal desempenha papel diferenciado dos demais tribunais, pois sua finalidade precípua não é discutir o direito material envolvido em determinado litígio que lhe é submetido à apreciação, mas sim, como se disse, buscar a inteireza da interpretação da Constituição Federal. Em função dessa específica finalidade, o recurso extraordinário possui requisitos de admissibilidade próprios, além daqueles determinados para qualquer recurso. Um desses requisitos, trazido pela Emenda Constitucional 45/2004, corresponde à necessidade da demonstração da existência de repercussão geral.

Nesse sentido, determina o parágrafo terceiro do art. 102 que:

> No recurso extraordinário o recorrente deverá demonstrar a repercussão geral das questões constitucionais discutidas no caso, nos termos da lei, a fim de que o Tribunal examine a admissão do recurso somente podendo recusá-lo pela manifestação de dois terços de seus membros.

Em decorrência dessa disposição, a Lei 11.418, de 19.12.2006, encartou os arts. 543-A e 543-B no Código de Processo Civil.

Assim, examinar a repercussão geral é tema de especial importância para o sistema recursal brasileiro, que deve merecer dos estudiosos do direito processual uma dedicação especial e dos profissionais da área, cuidadoso e elaborado trabalho de preparação desse importante recurso, no sentido de possibilitar a demonstração da existência desse requisito, no corpo da petição de interposição.

Como já se asseverou em trabalho anterior,[1] a natureza jurídica da repercussão geral é de verdadeiro requisito de admissibilidade do recurso extraordinário, uma vez que, se a demonstração da existência de repercussão geral não for realizada no corpo do recurso apresentado pelo interessado, tal recurso não será conhecido pelo Supremo Tribunal Federal.

A repercussão geral funciona assim como verdadeiro e necessário filtro ao acesso ao Supremo Tribunal Federal a fim de possibilitar que desempenhe de modo satisfatório a importante missão de guardião da Carta Magna.

Nesse sentido, Cassio Scarpinella Bueno afirma que: "o fato de o acesso ao Supremo Tribunal Federal ter se restringido por força da repercussão geral, ou-

---

[1] AURELLI, Arlete Inês. Repercussão geral como requisito de admissibilidade do recurso extraordinário. *Revista de Processo*, São Paulo: RT, n. 151, p. 140-149, 2007.

trossim, não traz ao instituto nenhuma inconstitucionalidade no sentido material. Pela natureza e finalidade dos recursos extraordinários, é possível (até mesmo desejável) que o constituinte se encarregue de estabelecer verdadeiros filtros ao acesso ao Supremo Tribunal Federal (e também ao Superior Tribunal de Justiça) para viabilizar que ele melhor desempenhe sua função, de estabelecer parâmetros seguros e objetivos de aplicação do direito federal em todo o território nacional. A repercussão geral, destarte, faz as vezes de um verdadeiro filtro sobre os casos em que cabe o recurso extraordinário".[2]

É certo, porém, que, pela sistemática prevista para a repercussão geral, verifica-se que ela, além de operar como filtro sobre os casos em que cabe o recurso extraordinário, também possibilita julgamentos por amostragem de recursos com repercussão geral reconhecida.

De fato, por meio do julgamento por amostragem, a decisão do STF, quanto ao mérito de determinada questão constitucional, com repercussão geral reconhecida, deverá ser adotada nas instâncias inferiores e aplicadas a todos os recursos extraordinários, represados na origem, que tenham por objeto idêntica questão.

Além disso, sempre que o STF entender pela falta de repercussão geral da questão discutida em dado recurso, essa decisão valerá para todos os demais recursos que tratem de idêntica questão, ou seja, ficará prejudicado não apenas esse recurso, mas também todos os demais que cuidem de igual questão. Ao contrário, sempre que o STF decidir que a questão tem repercussão geral, todos os demais recursos extraordinários, com idêntica questão, ficam sobrestados até o julgamento de mérito daquele com repercussão geral reconhecida. Em resumo, a decisão tomada em apenas um caso valerá para múltiplos outros que versem sobre igual questão.

Forçoso concluir, portanto, que a repercussão geral e a possibilidade de julgamentos por amostragem têm nítido propósito de reduzir a sobrecarga de recursos submetidos à apreciação do STF, bem como possibilitar a uniformização da jurisprudência do STF quanto a questões constitucionais de relevância e transcendência. O objetivo parece ser o de fortalecer o próprio Supremo Tribunal Federal, na sua missão de guardião da Carta Magna, bem como garantir a uniformidade da interpretação das normas constitucionais. E mais, a repercussão geral tem o nítido propósito de contribuir para a formação e o fortalecimento de um sistema brasileiro de precedentes.

---

[2] SCARPINELLA BUENO, Cassio. *Curso sistematizado de direito processual civil*. 3. ed. São Paulo: Saraiva, 2011. v. 5, p. 291.

CONCEITO

Como asseveramos em nosso trabalho anterior, repercussão geral é um conceito vago, que depende da análise e valoração subjetiva a ser feita pelo intérprete, no caso o órgão julgador, em cada caso concreto, ao aplicar a regra jurídica para que se possa dentro do sistema positivo e codificado determinar em cada circunstância o perímetro e o contorno das determinações legais.

Nesse sentido, Teresa Arruda Alvim Wambier ensina que,

> [...] às vezes, as regras jurídicas contêm conceitos precisos (p. ex. = um ano, patrimônio) e, por outras vezes, conceitos, que linguisticamente têm sido chamados de conceitos vagos ou indeterminados (p. ex. = união estável, bom pai de família, interesse público etc.). Estes últimos são expressões linguísticas (signos) cujo referencial semântico não tão nítido carece de contornos claros. Esses conceitos não dizem respeito a objetos fácil, imediata e prontamente identificáveis no mundo dos fatos.[3]

O sistema propositalmente emite certos conceitos vagos e pode-se dizer, com certeza, que esse é o caso da repercussão geral, com a finalidade de que, ao serem aplicados, possam corresponder sempre aos atuais anseios da sociedade, nos vários momentos históricos em que a lei é interpretada e aplicada.

Sobre o conceito vago, Barbosa Moreira afirma que

> [...] nem sempre convém, e às vezes é impossível, que a lei delimite com traços de absoluta nitidez o campo de incidência de uma regra jurídica, isto é, que descreva em termos pormenorizados e exaustivos todas as situações fáticas a que há de ligar-se este ou aquele efeito no mundo jurídico.[4]

Portanto, sendo a repercussão geral um conceito vago, nossa tarefa, no presente artigo, será examinar se há condições de se tecer algum parâmetro para saber quais questões seriam de repercussão geral e quais, não.

Conceito vago é, pois, a definição trazida pelo art. 543-A que reza:

> Art. 543-A. [...] § 1.º Para efeito da repercussão geral, será considerada a existência, ou não, de questões relevantes do ponto de vista econômico, político, social ou jurídico, que ultrapassem os interesses subjetivos da causa.

---

[3] WAMBIER, Teresa Arruda Alvim. *Controle das decisões judiciais por meio de recurso de estrito direito e de ação rescisória: recurso extraordinário, recurso especial e ação rescisória: o que é uma decisão contrária à lei?* São Paulo: RT, 2001. p. 304.

[4] BARBOSA MOREIRA, José Carlos. Regras de experiência e conceitos juridicamente indeterminados. *Temas de direito processual*. 2.ª série. São Paulo: Saraiva, 1988. p. 64.

O parágrafo único do art. 322 do Regimento Interno do STF praticamente repete o conteúdo de referido dispositivo legal.

A lei processual dispõe em um único momento, de forma objetiva, sobre o que seria questão de repercussão geral, no parágrafo terceiro do mesmo art. 543-A, que define que "haverá repercussão geral sempre que o recurso impugnar decisão contrária a súmula ou jurisprudência dominante do Tribunal".

O parágrafo primeiro do art. 323 do Regimento Interno salienta que, nesses casos, a repercussão geral é presumida.

Tendo em vista que a finalidade do recurso extraordinário é proteger a Constituição Federal, preservando sua autoridade e uniformidade, é natural que se estabeleçam alguns filtros de modo que somente sejam admitidos e levados a julgamento aqueles recursos em que se ultrapasse o mero interesse subjetivo das partes.

Então, pode-se dizer que a questão constitucional seria de repercussão geral se interessasse a toda a coletividade, se fosse de interesse público relevante. No entanto, se é assim, poder-se-ia dizer que todas as normas constitucionais seriam de repercussão geral, pelo que bastaria que o recurso extraordinário se referisse à violação de normas constitucionais para ser admitido. No entanto, sabe-se que não é assim.

Luiz Guilherme Marinoni e Daniel Mitidiero afirmam que "existe repercussão geral no recurso extraordinário quando a causa constitucional nele debatida apresenta relevância e transcendência (art. 543-A, § 1.º, CPC)".[5]

Portanto, deixam claro que relevância e transcendência não são a mesma coisa. Para ter repercussão geral, a causa constitucional precisa ter ambos os aspectos.

E complementam:

> A relevância da causa deve ser aquilatada do ponto de vista econômico, político, social ou jurídico. Basta que a causa seja relevante sob um desses pontos de vista. Não é necessário que o seja sob todos. Há relevância sob o ponto de vista jurídico, por exemplo, quando o acórdão recorrido toma por inconstitucional determinada norma infraconstitucional. A transcendência da controvérsia constitucional levada ao conhecimento do Supremo Tribunal Federal pode ser caracterizada tanto em uma perspectiva qualitativa como quantitativa. Na primeira, interessa para individualização da transcendência o importe da questão debatida para a sistematização e o desenvolvimento do direito; na segunda, o número de pessoas suscetíveis de alcance, atual ou futuro, pela decisão daquela questão pelo Supremo e, bem assim, a natureza do direito posto em causa.[6]

---

[5] MARINONI, Luiz Guilherme; MITIDIERO, Daniel. *Código de Processo Civil Comentado artigo por artigo*. 3. ed. São Paulo: RT, 2011. p. 583

[6] Idem, ibidem, p. 584.

Desse modo, para renomados autores, para saber se uma determinada questão constitucional é relevante, devemos nos ater a importância dela, sob os aspectos econômico, político, social ou jurídico.

Luiz Manoel Gomes Júnior[7] faz interessante estudo em que dá uma série de exemplos sobre o que seriam questões relevantes para efeito de repercussão social, a saber:

> a) Reflexos econômicos: quando a decisão possuir potencial de criar um precedente outorgando um direito que pode ser reivindicado por um número considerável de pessoas (alteração nos critérios para se considerar a correção monetária dos salários de determinada categoria, por exemplo).
>
> b) Quando presente relevante interesse social: que tem uma vinculação ao conceito de interesse público em seu sentido lato, ligado a uma noção de "bem comum". Apontar algumas situações fáticas, inclusive nas quais reconheceu-se a legitimidade do Ministério Público para a defesa de interesses individuais homogêneos, pode ser útil, todas dotadas de repercussão geral: b.1) aumento das mensalidades escolares; b.2) questões vinculadas ao Programa de Crédito Educativo; b.3) nulidade de cláusula de instrumento de compra e venda, inclusive proibindo a sua utilização nos contratos futuros; b.4) defesa de trabalhadores de minas que atuavam em condições insalubres; b.5) proteção do direito ao recebimento do salário mínimo por servidores municipais; b.6) aumento das mensalidades de planos de saúde; b.7) ausência de discriminação das ligações interurbanas em apenas um único município; b.8) objetivando a regularização de loteamentos urbanos destinados a moradias populares.
>
> c) Reflexos políticos: na hipótese de decisão que altere a política econômica ou alguma diretriz governamental de qualquer esfera de Governo (Municipal, Estadual ou Federal).
>
> d) Reflexos sociais: existirão quando a decisão deferir um direito ou indeferi-lo e esta mesma decisão vir a alterar a situação fática de várias pessoas. Nas ações coletivas, a regra é que sempre, em princípio, haverá repercussão geral a justificar o acesso ao STF, considerando a amplitude da decisão, claro, se a questão possuir natureza constitucional.
>
> e) Reflexos jurídicos: este é um requisito relevante, sob vários aspectos. Será relevante a matéria deduzida no recurso extraordinário todas as vezes que for contrária ao que já decidido pelo STF ou estiver em desacordo com a jurisprudência dominante ou sumulada. Se o papel do STF é uniformizar a interpretação da Constituição, decisões contrárias ao seu entendimento não podem ser mantidas.

---

[7] GOMES JÚNIOR, Luiz Manoel. A repercussão geral da questão constitucional no recurso extraordinário. *Revista de Processo*, São Paulo: RT, n. 151, p. 101-102, 2007.

No tocante à transcendência, em que os reflexos da decisão não se limitam apenas aos litigantes, mas se estendem sobre uma coletividade, verifica-se que a delimitação é um pouco mais objetiva, sendo que Marinoni e Mitidiero ilustram com alguns exemplos, a saber:

> Observe-se que eventuais questões envolvendo a reta observância ou a frontal violação de direitos fundamentais, materiais ou processuais, tendo em conta a dimensão objetiva desses, apresentam a princípio transcendência. Constituindo os direitos fundamentais objetivamente considerados, uma tábua mínima de valores de determinada sociedade em dado contexto histórico, cujo respeito interessa a todos, natural que se reconheça, num primeiro momento, a transcendência de questões envolvendo, por exemplo, afirmações concernentes a violações ou ameaças de violação das limitações ao poder constitucional de tributar, ou aos direitos fundamentais inerentes ao processo justo. São exemplos de transcendência qualitativa. Demandas que envolvem direitos coletivos e direitos difusos, tanto em seus aspectos materiais como processuais, também contam, em tese, com a nota da transcendência, mas já aí na perspectiva quantitativa.[8]

No entanto, é certo que, ainda assim, especificamente para saber sobre quais matérias seriam relevantes sob o ponto de vista econômico, político, social ou jurídico, continuamos diante de conceitos subjetivos, que dependem dos valores do intérprete para serem aquilatados.

José Miguel Garcia Medina aclara esses conceitos trazendo valiosos exemplos de cada espécie de questão relevante, a saber:

> a) relevância econômica, como aquelas que se vê em ações que discutem, p. ex. o sistema financeiro de habitação ou a privatização de serviços públicos essenciais, como a telefonia, o saneamento básico, a infraestrutura etc.; b) relevância política, quando, por ex., de uma causa possa emergir decisão capaz de influenciar relações com Estados estrangeiros ou organismos internacionais; c) relevância social há numa ação em que se discutem problemas relativos à escola, à moradia, à saúde ou mesmo à legitimidade do MP para propositura de certas ações (considerou--se que tem repercussão geral a questão relativa à "obrigatoriedade de o Poder Público fornecer medicamentos de alto custo", STF, RE 566.47/RN, j. 15.11.2007, rel. Min. Marco Aurélio, *DJ* 07.12.2007, p. 16); d) relevância jurídica no sentido estrito existe, p. ex., quando esteja em jogo o conceito ou a noção de um instituto básico de nosso direito, de molde que aquela decisão, se subsistir, possa significar perigoso e relevante precedente, como p. ex. a de direito adquirido.[9]

---

[8] MARINONI, Luiz Guilherme; MITIDIERO, Daniel. *Código de Processo Civil Comentado artigo por artigo*. 3. ed. São Paulo: RT, 2011. p. 584.

[9] MEDINA, José Miguel Garcia. *Código de Processo Civil comentado*. 3.ª tiragem. São Paulo: RT, 2011. p. 625.

Analisando-se os casos em que o STF considerou como portadores de repercussão geral, pode-se dizer que a maioria trata de questões tributárias e administrativas, as quais que podem gerar grande impacto para os contribuintes em geral e para as empresas.[10]

Quanto aos casos em que o Supremo Tribunal Federal decidiu que não há repercussão geral, verifica-se que em grande parte tratam de causas administrativas, trabalhistas e tributárias.[11]

Enfim, podemos concluir com Cassio Scarpinella Bueno que:

> [...] "estabelecer casos que oferecem repercussão geral" deve ser entendido como a elaboração de uma verdadeira lista de casos que, segundo dois terços dos ministros do Supremo Tribunal Federal, criam significativo impacto no ambiente econômico, político, social ou jurídico, a merecer, destarte, análise derradeira por aquele Tribunal, que, manifestando-se sobre eles, dará a solução a prevalecer sobre as manifestações dos demais órgãos jurisdicionais. A identificação de tais casos depende de análise cuidadosa, pelos Ministros do Supremo Tribunal Federal, da qualidade e quantidade de casos que lhe são enviados para julgamento em sede de recurso extraordinário à luz das exigências legais e regimentais.[12]

Entretanto, uma coisa é certa, o reconhecimento, pelo STF, de que a questão é, ou não, de repercussão geral de forma alguma pode ser atividade discricionária.

---

[10] Disponível em: <http://www.stf.jus.br/portal/cms/verTexto.asp?servico=jurisprudencia RepercussaoGeral&pagina=listas_rg>.
Também, podemos observar que foi essa conclusão tirada pelo grupo de pesquisadores sobre o tema da repercussão geral, no Projeto Pensando o Direito, promovido pela Secretaria de assuntos legislativos (SAL) do Ministério da Justiça, como se extrai da seguinte conclusão: "É possível perceber que as matérias predominantes nos recursos analisados são Direito Administrativo e Outras Matérias de Direito Público (27%) e Direito Tributário (30%) que, juntas, correspondem a mais da metade dos recursos nos quais foi julgada a repercussão geral". No entanto, ao analisarem a questão por temas, os pesquisadores concluem que "É possível perceber que o Tribunal tem uma forte 'preferência' por Direito Processual Penal (que apresenta o índice mais alto) e Direito Tributário, e uma 'preferência' relativamente baixa por temas de Direito do Trabalho (que apresenta o índice mais baixo) e Direito Administrativo e Outras Matérias de Direito Público". Disponível em: <http://portal.mj.gov.br/main.asp?Team={7393FACA-F9C1-42B0-BE43-8F8756A587C8}>,v.40.

[11] Na pesquisa empreendida pelo Projeto Pensando o Direito, citado na nota anterior, concluiu-se que, quanto aos recursos sem repercussão geral, o direito administrativo tem ampla prevalência (43%). Disponível em: <http://portal.mj.gov.br/main.asp?Team={7393FACA-F9C1-42B0-BE43-8F8756A587C8}>.

[12] SCARPINELLA BUENO, Cassio. *Curso sistematizado de direito processual civil*. 3. ed. São Paulo: Saraiva, 2011. v. 5, p. 294.

Nos casos de decisões jurisdicionais (e aí se inclui a decisão sobre se a matéria objeto do recurso extraordinário é de repercussão geral), não há que falar em oportunidade e conveniência do órgão julgador, ainda que se conceda ampla liberdade. Como já se asseverou em artigo anterior, ao contrário da arguição da relevância da questão federal, implementada no sistema antes da Constituição de 1988, a decisão que reconhece, ou não, a repercussão geral precisa ser fundamentada, como bem determina o art. 93, X, da Carta Magna. Portanto, partilhamos da mesma opinião de Bruno Dantas no sentido de que não há que falar em discricionariedade judicial no exame da repercussão geral. Afirma ele que "a ausência de controle não determina a existência de discricionariedade."[13]

Nesse sentido, Cassio Scarpinella Bueno salienta que:

> A definição dos casos que oferecem repercussão geral não é e não deve ser entendida como mera reunião das opiniões ou impressões que os Ministros do Supremo Tribunal Federal têm acerca da causa submetida a julgamento, como se a deliberação sobre existir, ou não, repercussão geral fosse questão *interna corporis*, imotivada e, como já se admitiu no direito brasileiro, sob a égide da Constituição Federal de 1969 (art. 119, § 1.º e § 3.º, letra "c", com relação à então vigente "arguição de relevância") secreta (arts 151 a 153 c/c art. 327 do RISTF de 1980).[14]

O Projeto Pensando o Direito, patrocinado pela Secretaria de Assuntos Legislativos do Ministério da Justiça, que empreendeu pesquisa sobre o tema da repercussão geral, concluiu que

> [...] a maioria dos critérios incidentes nos casos com repercussão geral – 76, ou 22% das incidências – revelou que a justificativa mais apresentada pelos ministros é o fato de a matéria interessar a grande número de pessoas, incluindo-se aí os casos de direitos coletivos. Em seguida, também em número relativamente elevado de incidências (57, ou 16% do total), justifica-se a existência da repercussão geral com fundamento no grande número de processos. Para matérias tributárias e previdenciárias, fala-se inclusive em um possível "efeito cascata" da decisão de mérito do Tribunal, uma vez que a questão decidida pode se reproduzir em múltiplos feitos.[15]

---

[13] DANTAS, Bruno. *Repercussão geral*. 3. ed. São Paulo: RT, 2012. p. 276 e 280.
[14] SCARPINELLA BUENO, Cassio. *Curso sistematizado de direito processual civil*. 3. ed. São Paulo: Saraiva, 2011. v. 5, p. 294-295.
[15] Vide volume 40 disponível em: <http://portal.mj.gov.br/main.asp?Team={7393FACA-F9C1-42B0-BE43-8F8756A587C8}>.

Isto nos leva a concluir que o entendimento do Supremo Tribunal Federal sobre o que seria matéria de repercussão geral efetivamente gira em torno do somatório da relevância com a transcendência da questão constitucional.

José Miguel Garcia Medina, nesse diapasão, afirma que:

> A repercussão geral opera em dois planos, em relação ao recurso extraordinário: de um lado, funciona como mecanismo de restrição das questões constitucionais que podem ser levadas ao STF; de outro funciona como veículo de transposição de recurso extraordinário, já que, uma vez havendo repercussão geral, tende a jurisprudência do Supremo a abrandar a exigência da presença de outros requisitos do recurso.[16]

As partes, recorrente e recorrido, em função do princípio da cooperação, podem e devem interferir, influenciar, para a avaliação dos casos que oferecem repercussão geral, apresentando arrazoados que demonstrem, minuciosamente, se a questão é, ou não, relevante e transcendente. Além das partes, também há previsão expressa, no parágrafo sexto do art. 543-A, para participação de terceiros, verdadeira intervenção sob a forma de *amicus curiae*. Essa participação de terceiros é importante para viabilizar o debate democrático sobre o que seriam, ou não, questões de repercussão geral.[17]

O interesse jurídico que habilita a participação do *amicus curiae* não é o mesmo que habilita os demais terceiros. Trata-se, na verdade, de um interesse institucional, assim entendido aquele interesse jurídico que ultrapassa a esfera jurídica de um indivíduo apenas, mas sim que diz respeito a toda a sociedade e que é defendido por grupos ou segmentos sociais. O *amicus curiae* não atua em prol de uma pessoa, mas defende interesses de um grupo.

---

[16] MEDINA, José Miguel Garcia. *Código de Processo Civil comentado*. 3.ª tiragem. São Paulo: RT, 2011. p. 625.

[17] Veja, a propósito, a opinião de Cassio Scarpinella Bueno, a saber: "O § 6.º do art. 543-A admite que, na análise da repercussão geral, isto é, na elaboração da 'lista' a que faz referência o parágrafo anterior, terceiros, desde que representados por procuradores habilitados, manifestem-se nos autos para sustentar suas razões relativas ao caso oferecer (ou não) repercussão geral. A hipótese, a despeito do silêncio do dispositivo legal, é de *amicus curiae*, modalidade de intervenção de terceiros que se justifica quando a decisão a ser tomada em um dado caso tem o condão de influenciar, com maior ou menor intensidade, outros, o que é irrecusável em se tratando do reconhecimento (ou não) da repercussão geral". E complementa: "A iniciativa deve ser incentivada, ademais, para viabilizar o amplo e prévio debate sobre a ocorrência, ou não, de repercussão geral, permitindo a participação de setores organizados da sociedade civil e do próprio Estado, perante o Supremo Tribunal Federal" (*Curso sistematizado de direito processual civil*. 3. ed. São Paulo: Saraiva, 2011. v. 5, p. 296).

Sobre a intervenção de terceiros, na forma de *amicus curiae*, nos processos com repercussão geral, a pesquisa empreendida pelo Projeto Pensando o Direito, promovido pela Secretaria de Assuntos Legislativos do Ministério da Justiça, concluiu que:

> [...] pode-se verificar uma aproximação de critérios de admissibilidade apresentados pelos ministros em relação àqueles utilizados em sede de controle concentrado de constitucionalidade. Constatou-se que, além de alguns ministros exigirem relevância da matéria e adequada representatividade da entidade (não admitindo, inclusive, a participação de nenhum indivíduo como terceiro interessado), também se exige a existência de pertinência temática entre as atribuições institucionais do postulante e o tema a ser julgado – critérios utilizados pelo STF para admissão de entidades como *amici curiae* nas ações do controle concentrado de constitucionalidade de normas. Interessante notar, inclusive, que precedentes do controle concentrado têm sido utilizados para fundamentar decisões sobre a intervenção, o que corrobora a ideia de aproximação.[18]

REPERCUSSÃO GERAL E PREQUESTIONAMENTO

Para a admissão tanto do recurso extraordinário como do recurso especial exige-se que a questão constitucional ou federal a ser discutida nesses recursos tenha sido objeto de debate anterior, pelas partes, devendo constar obrigatoriamente da decisão final. O fundamento para essa exigência, embora não de modo expresso, consta da própria Carta Magna, que, no inciso III do art. 105, fala em causa decidida. Esta seria o resultado do amplo debate travado entre as partes. Como sabemos, questão é um ponto (fundamento da demanda ou da defesa) acerca do qual surgiu uma controvérsia – a questão surge quando uma parte impugnar o ponto trazido pela outra, dentro do processo. A questão também pode decorrer da atividade do juiz, quando este pode conhecer da questão de ofício ou mesmo no caso de revelia. Assim, os pontos controvertidos transformam-se em questões que deverão ser resolvidas pelo juiz. Portanto, a discussão relativa a esses meios de ataque e de defesa, unida à decisão proferida sobre tais questões, é o prequestionamento da causa. O debate sobre as questões levantadas pelas partes seria como um rio que deverá desaguar na foz, que é a decisão, o acórdão impugnado por recurso extraordinário ou especial.

---

[18] Vide volume 40 disponível em: <http://portal.mj.gov.br/main.asp?Team={7393FACA-F9C1-42B0-BE43-8F8756A587C8>.

No entanto, como observa Rodolfo de Camargo Mancuso,

> [...] na experiência brasileira, porém, ante a crescente sobrecarga de processos que foi assoberbando nossos Tribunais da Federação, uma outra *função*, embora não admitida expressamente, passou a ser desempenhada pelo *prequestionamento*, qual seja a de operar como um *filtro, elemento de contenção* ou ao menos regulador do volume excessivo de recursos excepcionais dirigidos ao STF e ao STJ.[19]

Seria, na verdade, um instrumento de controle político das questões a serem decididas pelos Tribunais Superiores.

A questão que surge, após o advento da exigência de que a questão constitucional ostente repercussão geral, é se o requisito do prequestionamento estaria mantido.

De fato, o papel do recurso extraordinário vem se modificando nos últimos anos, demonstrando tendência marcada, pelo que se passou a chamar de objetivação do recurso extraordinário, ou seja, a análise em abstrato, pelo Supremo Tribunal Federal, de casos concretos objeto de recursos extraordinários, com a finalidade de conceder eficácia vinculante e *erga omnes* aos julgamentos assim produzidos. Essa tendência se consolidou com a exigência da repercussão geral.

Conforme José Miguel Garcia Medina,

> A repercussão geral opera em dois planos, em relação ao recurso extraordinário: de um lado, funciona como mecanismo de restrição das questões constitucionais que podem ser levadas ao STF; de outro, funciona como veículo de transposição de recurso extraordinário, já que, uma vez havendo repercussão geral, tende a jurisprudência do Supremo a abrandar a exigência de presença de outros requisitos do recurso.[20]

Assim, é de se indagar: na hipótese de a matéria envolvida no recurso extraordinário oferecer repercussão geral, o requisito do prequestionamento poderia ser abrandado?

Alguns entendem que sim. Se a matéria objeto do recurso extraordinário oferecer repercussão geral, os demais requisitos, inclusive o prequestionamento e até mesmo a tempestividade, poderiam ser deixados de lado.

Esse não é o posicionamento de José Miguel Garcia Medina, para quem "não basta a existência de questão constitucional na decisão recorrida; além disso

---

[19] MANCUSO, Rodolfo de Camargo. *Recurso extraordinário e recurso especial*. 12. ed. São Paulo: RT, 2013. p. 289.
[20] Disponível em: <http://www.cartaforense.com.br/conteudo/entrevistas/prequestionamento-e-repercussao-geral/10156>.

exige-se que a questão ofereça repercussão geral, para que o recurso extraordinário seja admissível". Afirma referido autor que "não basta, de todo modo, que haja prequestionamento, para que o recurso extraordinário seja admitido. É imprescindível que a questão constitucional prequestionada ostente repercussão geral".[21]

Portanto, no entendimento de renomado autor, pode-se dizer que, na verdade, não há flexibilização do prequestionamento, quando existe repercussão geral. Afinal, só pode haver repercussão geral, se existir uma questão constitucional a ser examinada.

No entanto, na jurisprudência percebe-se que, de fato, outros requisitos formais relativos ao recurso extraordinário têm sido minimizados, diante da existência evidente de repercussão geral da questão constitucional.[22]

Concordamos que o Supremo Tribunal Federal realmente deve cumprir seu papel na jurisdição constitucional, conferindo maior efetividade às suas decisões, cumprindo a missão de guardião da Constituição Federal, flexibilizando, para tanto, os requisitos de admissibilidade que muitas vezes impedem a análise de importantes violações à Carta Magna. É preciso, no entanto, que

---

[21] MEDINA, José Miguel Garcia. *Prequestionamento e repercussão geral e outras questões relativas ao recurso especial e extraordinário*. 6. ed. São Paulo: RT, 2012. p. 117.

[22] Nesse sentido, já decidiu o STF, como se observa da seguinte ementa:
Agravo regimental em agravo de instrumento. Servidores do Município de Porto Alegre. Reajuste de vencimentos concedido pela Lei Municipal 7.428/1994, art. 7.º, cuja inconstitucionalidade foi declarada pelo pleno do STF no RE 251.238. Aplicação deste precedente aos casos análogos submetidos à Turma ou ao Plenário (art. 101 do RISTF).
1. Decisão agravada que apontou a ausência de prequestionamento da matéria constitucional suscitada no recurso extraordinário, porquanto a Corte *a quo* tão somente aplicou a orientação firmada pelo seu Órgão Especial na ação direta de inconstitucionalidade em que se impugnava o art. 7.º da Lei 7.428/1994 do Município de Porto Alegre – cujo acórdão não consta do traslado do presente agravo de instrumento –, sem fazer referência aos fundamentos utilizados para chegar à declaração de constitucionalidade da referida norma municipal.
2. Tal circunstância não constitui óbice ao conhecimento e provimento do recurso extraordinário, pois, para tanto, basta a simples declaração de constitucionalidade pelo Tribunal *a quo* da norma municipal em discussão, mesmo que desacompanhada do aresto que julgou o *leading case*.
3. O RE 251.238 foi provido para se julgar procedente ação direta de inconstitucionalidade da competência originária do Tribunal de Justiça Estadual, processo que, como se sabe, tem caráter objetivo, abstrato e efeitos *erga omnes*. Esta decisão, por força do art. 101 do RISTF, deve ser imediatamente aplicada aos casos análogos submetidos à Turma ou ao Plenário. Nesse sentido, o RE 323.526, 1.ª Turma, rel. Min. Sepúlveda Pertence.
Agravo regimental provido (Disponível em: <http://www.stf.jus.br/portal/diarioJustica/verDiarioProcesso.asp?numDj=208&dataPublicacaoDj=28/10/2004&incidente=3551842&codCapitulo=5&numMateria=33&codMateria=3>).

se evitem decisões conflitantes e que violem o princípio da isonomia. Assim, urge que o Supremo Tribunal Federal venha a uniformizar suas decisões, no tocante ao juízo de admissibilidade, especialmente quanto ao requisito do prequestionamento.

A REPERCUSSÃO GERAL NO CÓDIGO PROJETADO

No código projetado, o instituto da repercussão geral é prestigiado, e parece adotar fórmula da conjugação da relevância com a transcendência para a sua caracterização.

Tanto é assim que o parágrafo terceiro do art. 989 determina que se aplica também ao julgamento dos recursos repetitivos e da repercussão geral em recurso extraordinário o incidente de demandas repetitivas previsto no art. 988.[23]

O art. 1.048 do Código projetado, transcrevendo, em parte, o contido no atual 543, determina que:

> O Supremo Tribunal Federal, em decisão irrecorrível, não conhecerá do recurso extraordinário, quando a questão constitucional nele versada não oferecer repercussão geral, nos termos deste artigo.
>
> § 1.º Para efeito da repercussão geral, será considerada a existência, ou não, de questões relevantes do ponto de vista econômico, político, social ou jurídico, que ultrapassem os interesses subjetivos da causa.

Como se vê, o legislador continua mantendo o conceito vago hoje existente e antes apontado.

O parágrafo segundo de referido dispositivo, também repetindo norma do atual CPC, determina que "o recorrente deverá demonstrar, para apreciação exclusiva do Supremo Tribunal Federal, a existência da repercussão geral". Suprimiu-se, no entanto, a determinação de que tal demonstração fosse realizada em preliminar de recurso extraordinário. Parece-nos que tal supressão foi feita não porque o re-

---

[23] Art. 988. É admissível o incidente de resolução de demandas repetitivas, quando, estando presente o risco de ofensa à isonomia e à segurança jurídica, houver efetiva ou potencial repetição de processos que contenham controvérsia sobre a mesma questão de direito material ou processual.
Art. 989. [...]
[...]
§ 3.º Este artigo aplica-se também ao julgamento dos recursos repetitivos e da repercussão geral em recurso extraordinário.

corrente não deva fazer a demonstração em preliminar, antes de discutir o mérito propriamente dito, mas sim porque seria desnecessária tal previsão.

Já o parágrafo terceiro enuncia, de forma mais objetiva, as hipóteses em que, obrigatoriamente, deverá ser reconhecida a existência de repercussão geral. São elas:

I – impugnar decisão contrária a súmula ou jurisprudência dominante do Supremo Tribunal Federal;

Essa hipótese já consta do atual artigo do CPC.

II – contrariar tese fixada em julgamento de casos repetitivos;

O código projetado traz previsão do incidente de coletivização de demandas, com o objetivo de resolver conflitos com potencial de gerar relevante multiplicação de processos. Como se asseverou acima, o código projetado prevê que o incidente também se aplicará aos recursos extraordinários e especiais repetitivos. No inciso ora tratado, a previsão do projeto é de que haverá repercussão geral sempre que for contrariada tese fixada em julgamento de casos repetitivos, seja a decisão proferida em incidente de demandas ou decorrente de julgamento de recursos extraordinários ou especiais.

O código projetado cria uma subseção específica para o julgamento dos recursos extraordinário e especial repetitivos, conforme se verifica a partir do art. 1.049. O que se constata é que o código projetado prevê dois procedimentos diferenciados: um para os casos de multiplicidade de recursos com idêntico fundamento e outro para os demais casos, em que o tratamento será o regular estabelecido no art. 1.048.

O art. 1.049 determina que, sempre que houver multiplicidade de recursos com fundamento em idêntica questão de direito, o recurso extraordinário ou o recurso especial será afetado para julgamento de acordo com os termos da referida subseção, observado o disposto no regimento interno do Supremo Tribunal Federal e do Superior Tribunal de Justiça.

O parágrafo único reza que, "Na decisão de afetação, o órgão colegiado identificará com precisão a questão a ser levada a julgamento; veda-se ao Tribunal a extensão a outros temas não identificados na referida decisão".

Analisando referidas disposições, percebe-se claramente que a finalidade do código projetado é fortalecer o sistema brasileiro de precedentes, bem como o de que a repercussão geral efetivamente funcione como um necessário mecanismo de filtragem com o objetivo de selecionar e evitar o acúmulo de recursos repetitivos na Corte Suprema. Nesse mister, o Supremo Tribunal Federal deverá agir com cautela para examinar a existência da relevância e transcendência da matéria em debate, a fim de não obstacularizar o acesso à justiça pela via desse importante recurso e com isso propiciar a violação ao princípio do devido processo legal.

III – questionar decisão que tenha reconhecido a inconstitucionalidade de tratado ou lei federal, nos termos do art. 97 da Constituição da República.

O parágrafo quarto do art. 1.048 do código projetado consolida a normatização dos atuais arts. 543-A e 543-B do atual Código de Processo Civil, declarando expressamente que, negada a existência de repercussão geral, a decisão valerá para todos os recursos sobre matéria idêntica, os quais serão automaticamente inadmitidos, salvo revisão de tese, nos termos do regimento interno do Supremo Tribunal Federal.

O art. 1.050 traz disposição, em parte, análoga aos atuais art. 543-B e 543-C, dispondo sobre o processamento, no tribunal de origem, quando se tratar de recursos representativos da controvérsia. Diz-se em parte porque o dispositivo também contém previsão sobre a suspensão também dos processos que versem matéria idêntica e que estejam ainda tramitando no primeiro grau.

Verifica-se que, para as demandas repetitivas, previu-se uma disciplina análoga àquela referente aos procedimentos da repercussão geral nos recursos extraordinários e do julgamento de "recursos repetitivos" no Superior Tribunal de Justiça. Dessa forma, o problema de sobrecarga do Poder Judiciário e da uniformização das decisões judiciais pode ser sanado de uma só vez.

Assim, dispõe que "O presidente ou vice-presidente do tribunal de origem selecionará recursos representativos da controvérsia, que serão encaminhados ao Supremo Tribunal Federal ou ao Superior Tribunal de Justiça, e, independentemente de juízo de admissibilidade, determinará a suspensão do processamento dos demais recursos até o pronunciamento definitivo do tribunal superior. Os recursos representativos de controvérsia serão admissíveis.

O parágrafo segundo define o que se deve entender por recurso representativo da controvérsia como "aquele originado de processo em que tenha havido completa e diversificada argumentação e discussão em torno da questão objeto do incidente".

O parágrafo terceiro determina que, se o presidente ou vice-presidente do Tribunal de origem não adotar "a providência descrita na parte final do *caput*, o relator, no tribunal superior, ao identificar que sobre a questão de direito já existe jurisprudência dominante ou que a matéria já está submetida à cognição do colegiado, poderá determinar a suspensão dos recursos nos quais a controvérsia esteja estabelecida".

O parágrafo quarto dispõe que "Os processos em que se discute idêntica controvérsia de direito e que estiverem em primeiro grau de jurisdição ficam suspensos por período não superior a um ano, salvo decisão fundamentada do relator". Essa suspensão deverá ter o prazo máximo de um ano, após o que, sem que tenha sido julgado o incidente ou haja decisão fundamentada em outro sentido, os processos retomarão regular tramitação.

O parágrafo quinto dispõe que "As partes deverão ser intimadas da decisão que, em primeiro grau de jurisdição, suspender o curso do processo, contra a qual caberá agravo de instrumento, na hipótese em que a controvérsia discutida nos autos não seja idêntica à do recurso paradigma". No mesmo sentido, o parágrafo oitavo prevê o cabimento do agravo interno, dirigido ao órgão colegiado, a que estiver vinculado o Relator, para a hipótese em que a controvérsia discutida nos recursos não seja idêntica à do recurso paradigma.

Assim, pelo procedimento previsto no projeto do CPC, termina-se de vez com a dúvida de alguns, no sentido de que, se houvesse represamento incorreto pelo Presidente do Tribunal *a quo*, haveria usurpação de competência do STF, pelo que seria cabível a reclamação constitucional. A previsão é clara: nesse caso, caberá agravo de instrumento para as causas que estejam em primeiro grau e agravo interno para o grau de recurso.

O art. 1.051 traz a previsão de requisição de informações aos tribunais inferiores a respeito da controvérsia, bem como manifestação do Ministério Público. O prazo para tanto será de quinze dias, devendo ser realizado, preferentemente, pelo meio eletrônico. Da mesma forma, há previsão para a participação efetiva de *amicus curae,* além de audiência pública em que se ouvirão depoimentos de pessoas com experiência e conhecimento na matéria.

Conforme afirma José Miguel Garcia Medina, a participação do *amicus curiae* no processo liga-se à noção de direito de participação procedimental, que é inerente à ideia de Estado Democrático de Direito, como reconhece o próprio STF, sendo que essa intervenção funciona como fator de legitimação social das decisões da Suprema Corte.[24]

O acórdão a ser proferido, nas hipóteses de recursos representativos de controvérsia, deverá ter conteúdo que abranja a análise de todos os fundamentos suscitados à tese jurídica discutida, favoráveis ou contrários, e essa tese será aplicada sobre os demais recursos e causas idênticas ou serão declarados prejudicados. No caso de a repercussão geral ser negada, os demais recursos sobrestados serão considerados automaticamente inadmitidos.

Em consequência, o art. 1.053 prevê que, publicado o acórdão paradigma:

I – os recursos especiais e extraordinários sobrestados na origem não terão seguimento, se o acórdão recorrido coincidir com a orientação do tribunal superior;

II – o tribunal de origem reexaminará a causa de competência originária, a remessa necessária ou o recurso anteriormente julgado, na hipótese de o acórdão recorrido contrariar a orientação do tribunal superior;

---

[24] MEDINA, José Miguel Garcia. *Prequestionamento e repercussão geral e outras questões relativas ao recurso especial e extraordinário*. 6. ed. São Paulo: RT, 2012. p. 305.

III – os processos suspensos no primeiro e segundo grau de jurisdição retomarão seu curso para julgamento e aplicação da tese firmada pelo tribunal superior.

Conforme parágrafo primeiro do dispositivo mencionado, para fundamentar a decisão de manutenção do acórdão divergente, o tribunal de origem demonstrará a existência de distinção. O parágrafo segundo determina que, mantido o acórdão divergente pelo tribunal de origem, far-se-á o exame dos demais requisitos de admissibilidade do recurso especial ou do extraordinário. O parágrafo terceiro dispõe que feito o juízo de retratação e revogado o acórdão divergente, o tribunal de origem, se for o caso, decidirá as demais questões antes não decididas e que o enfrentamento se torne necessário em decorrência da revogação.

O art. 1.054 dispõe que, sobrevindo, durante a suspensão dos processos, decisão da instância superior a respeito do mérito da controvérsia, o juiz proferirá sentença e aplicará a tese firmada.

Os parágrafos desse dispositivo preveem que a parte poderá desistir da ação em curso no primeiro grau de jurisdição, antes de proferida a sentença, se a questão nela discutida for idêntica à resolvida pelo recurso representativo da controvérsia, independentemente de consentimento do réu, e, se ocorrer antes de oferecida a contestação, a parte ficará isenta do pagamento de custas e de honorários de sucumbência.

Nos casos de os recursos extraordinários e especiais não serem admitidos, caberá o agravo de admissão, para o STF ou STJ conforme o caso, havendo previsão (art. 1.055, parágrafo terceiro) no sentido de que caberá ao agravante, sob pena de não conhecimento do referido recurso, demonstrar, de forma expressa, a existência de distinção entre o caso em análise e o precedente invocado ou a superação da tese, quando a inadmissão do recurso extraordinário se fundar em decisão anterior do STF, no sentido de inexistência de repercussão geral da questão constitucional debatida ou, nos casos de recurso extraordinário ou especial, fundados em entendimento firmado em julgamento de demanda repetitiva pelo tribunal superior.

CONCLUSÃO

A necessidade de reduzir a crescente demanda nos Tribunais Superiores, em um primeiro momento, levou o STF a esquecer sua missão primordial de proteção da Constituição Federal para se transformar em um mero mentor do que se passou a chamar de jurisprudência defensiva, aquela em que o único objetivo era procurar razões para deixar de analisar os recursos extraordinários que lhe eram postos à apreciação. Com a instituição da repercussão geral, nota-se que o STF, nos últimos anos, modificou o procedimento. O recurso extraordinário deixou de ter caráter subjetivo ou de defesa de interesse das partes, para assumir, de forma decisiva, a função de defesa da ordem constitucional objetiva. Nota-se uma tendência de objetivação do controle difuso da constitucionalidade, não somente em função da racionalização do trabalho judiciário, mas também da otimização na prestação jurisdicional e triagem de casos de referência. A função do STF, no tocante ao recurso extraordinário, não pode ser somente a de resolver litígios particulares de um ou de outro, nem a de revisar todos os pronunciamentos das Cortes inferiores. O processo entre as partes, trazido para análise pela Corte Suprema, via recurso extraordinário, deve ser visto apenas como pressuposto para uma atividade jurisdicional que transcende os interesses subjetivos. E, nesse sentido, a repercussão geral assume caráter primordial.

BIBLIOGRAFIA

AURELLI, Arlete Inês. Repercussão geral como requisito de admissibilidade do recurso extraordinário. *Revista de Processo*, São Paulo: RT, n. 151, p. 140-149, 2007.

BARBOSA MOREIRA, José Carlos. Regras de experiência e conceitos juridicamente indeterminados. *Temas de direito processual*. 2.ª série. São Paulo: Saraiva, 1988.

DANTAS, Bruno. *Repercussão geral*. 3. ed. São Paulo: RT, 2012.

GOMES JÚNIOR, Luiz Manoel. A repercussão geral da questão constitucional no recurso extraordinário. *Revista de Processo*, São Paulo: RT, n. 151, p. 101-102, 2007.

MANCUSO, Rodolfo de Camargo. *Recurso extraordinário e recurso especial*. 12. ed. São Paulo: RT, 2013.

MARINONI, Luiz Guilherme; MITIDIERO, Daniel. *Código de Processo Civil Comentado artigo por artigo*. 3. ed. São Paulo: RT, 2011.

MEDINA, José Miguel Garcia. *Código de Processo Civil comentado*. 3.ª tiragem. São Paulo: RT, 2011.

_____. *Prequestionamento e repercussão geral e outras questões relativas ao recurso especial e extraordinário*. 6. ed. São Paulo: RT, 2012.

MITIDIERO, Daniel; MARINONI, Luiz Guilherme. *Código de Processo Civil Comentado artigo por artigo*. 3. ed. São Paulo: RT, 2011.

SCARPINELLA BUENO, Cassio. *Curso sistematizado de direito processual civil*. 3. ed. São Paulo: Saraiva, 2011. v. 5.

WAMBIER, Teresa Arruda Alvim. *Controle das decisões judiciais por meio de recurso de estrito direito e de ação rescisória: recurso extraordinário, recurso especial e ação rescisória*: o que é uma decisão contrária à lei? São Paulo: RT, 2001.

6

REPERCUSSÃO GERAL: IMPRESSÕES GERAIS E PERSPECTIVAS

ARRUDA ALVIM
Professor do Programa de Mestrado e Doutorado da Pontifícia
Universidade Católica de São Paulo (PUC/SP). Advogado em São Paulo, Rio
de Janeiro e Brasília.

SUMÁRIO: Introdução – 1. A repercussão geral e os principais aspectos de sua regulamentação: reflexões gerais – 2. Impressões e balanço da repercussão geral: a visibilidade e o prestígio dos precedentes do STF – 3. A proposta análoga, para o STJ, da adoção da relevância para o recurso especial – 4. Anotações finais – Referências bibliográficas.

INTRODUÇÃO

O objeto destas notas cinge-se a tecer algumas considerações em torno do instituto da repercussão geral, sobretudo a partir de uma leitura de seu impacto em nosso sistema jurídico, e particularmente perante os Tribunais, passados já quase oito anos desde sua instituição.[1]

---

[1] É bem verdade, porém, que conquanto a exigência desse novo requisito colocado à admissão dos recursos extraordinários já derivasse do próprio texto constitucional reformado, *de natureza cogente* (EC n.º 45, com a inserção do § 3.º ao art. 102 da Constituição Federal) – tendo parecido a alguns que não era possível que o STF, desde então, deixasse de averiguar a sua presença na apreciação dos recursos extraordinários –, a regulamentação em nível legal a que se refere o texto constitucional deu-se apenas no

Não se pretende, nestas linhas, assentar premissas fundamentais em torno de seu significado e das variadas implicações na admissibilidade do recurso extraordinário. A essa função já nos dedicamos anteriormente, tão logo veio a lume a Emenda Constitucional n.º 45, ocasião em que publicamos o trabalho intitulado *A EC n.º 45 e o instituto da repercussão geral*,[2] e no qual procuramos analisar os principais aspectos constitutivos e mais significativos do então novel instituto.[3]

---

mês de dezembro de 2006, com o advento da Lei n.º 11.418 (de 19.12.2006, publicada no Diário Oficial da União de 20.12.2006 (com previsão entrar em vigor no prazo de 60 (sessenta) dias contados de sua publicação), incluindo dois dispositivos ao Código de Processo Civil brasileiro (arts. 543-A e 543-B). Por isto tudo, a preliminar formal de repercussão geral passou a ser exigida nos recursos extraordinários interpostos de acórdãos publicados a partir de 03.05.2007, data da entrada em vigor da Emenda Regimental n.º 21/2007 ao RISTF, que estabeleceu as normas necessárias à execução das disposições legais e constitucionais sobre o novo instituto, consoante fixou o próprio STF, no julgamento da Questão de Ordem no AI n.º 664.567, de que foi relator o Min. Sepúlveda Pertence.

[2] Esse trabalho, de nossa autoria, foi publicado na coletânea *Reforma do Judiciário*: primeiras reflexões sobre a Emenda Constitucional 45/2004. Coordenação de Teresa Arruda Alvim Wambier, Luiz Rodrigues Wambier, Luiz Manoel Gomes Júnior, Otávio Campos Fischer e William Santos Ferreira. São Paulo: RT, 2005. p. 63-99, escrito antes da regulamentação do instituto, que veio a ocorrer com o advento da Lei n.º 11.418. Muitos anos antes, em 1988, escrevemos trabalho em que procuramos estudar detidamente a então vigente *arguição de relevância no âmbito do recurso extraordinário,* instituto que se pode dizer análogo à repercussão geral (v. ARRUDA ALVIM NETTO, José Manoel de. *A arguição de relevância no recurso extraordinário.* São Paulo: RT, 1988).

[3] Desde então, inúmeros trabalhos de relevo foram publicados, dedicados precisamente à tarefa de revelar os contornos da repercussão geral, bem como os múltiplos aspectos derivados de sua adoção em nosso ordenamento. V., em particular: WAMBIER, Luiz Rodrigues; WAMBIER, Teresa Arruda Alvim; MEDINA, Miguel Garcia. Repercussão geral e súmula vinculante – Relevantes novidades trazidas pela EC n.º 45/2004. In: WAMBIER, Teresa Arruda Alvim et al. (Coord.). *Reforma do Judiciário* – primeiras reflexões sobre a Emenda Constitucional n.º 45/2004. São Paulo: RT, 2005. p. 373-390; WAMBIER, Teresa Arruda Alvim. Repercussão geral. *Revista do IASP – Instituto dos Advogados de São Paulo*, São Paulo, ano 9, n. 19, jan.-jun. 2007; CRUZ E TUCCI, José Rogério. A "repercussão geral" como pressuposto de admissibilidade do recurso extraordinário. *Revista dos Tribunais,* São Paulo: RT, n. 848, jun. 2006; Theodoro Jr., Humberto. O poder de controle do cabimento do recurso extraordinário referente ao requisito da repercussão geral. In: MEDINA, José Miguel Garcia et al. (Coord.). *Os poderes do juiz e o controle das decisões judiciais* – estudos em homenagem à Professora Teresa Arruda Alvim Wambier. 2.ª tiragem. São Paulo: RT, 2008. p. 929-941; MARINONI, Luiz Guilherme; MITIDIERO, Daniel. *Repercussão geral no recurso extraordinário.* São Paulo: RT, 2007 (atualmente, em sua 3.ª edição, 2012); e DANTAS, Bruno. *Repercussão geral*: perspectivas histórica, dogmática e de direito comparado – questões processuais. São

A pretensão deste trabalho é algo diversa: objetiva-se, fundamentalmente, tentar surpreender o impacto da adoção do requisito da repercussão geral para os recursos extraordinários em nosso sistema, especialmente a sua contribuição para o desafogamento dos Tribunais (e, em particular, do STF, conferindo-lhe, por conseguinte, maior visibilidade e maior prestígio), bem como as perspectivas que se apresentam quanto ao futuro, à vista da recente proposta de Emenda Constitucional n.º 209/2012.

1. A REPERCUSSÃO GERAL E OS PRINCIPAIS ASPECTOS DE SUA REGULAMENTAÇÃO: REFLEXÕES GERAIS

A Emenda Constitucional n.º 45 inseriu, por meio de seu art. 1.º, o § 3.º ao art. 102 da Constituição Federal, estatuindo que "No recurso extraordinário o recorrente deverá demonstrar a repercussão geral das questões constitucionais discutidas no caso, nos termos da lei, a fim de que o tribunal examine a admissão do recurso, somente podendo recusá-lo pela manifestação de dois terços de seus membros". O diploma legal a que se refere o texto constitucional é precisamente a Lei n.º 11.418, de 19.12.2006, por obra da qual a repercussão geral veio a ser regulamentada mediante a inserção de dois dispositivos (arts. 543-A e 543-B) no Código de Processo Civil, complementando-se ainda com a disciplina dada ao instituto pelas Emendas de n.ᵒˢ 21, 23, 24, 27, 29, 31, 41 e 42, ao Regimento Interno do Supremo Tribunal Federal (RI/STF).[4]

A expressão "repercussão geral" significa o estabelecimento de um *filtro* em relação ao cabimento do recurso extraordinário, donde se conclui que há recursos que cabem e haverão de ser examinados pelo Supremo Tribunal Federal, e há os que – porque despidos do requisito da repercussão geral – não cabem. É dizer, a partir da instalação do regime da Emenda Constitucional n.º 45, o STF passou a julgar apenas os recursos extraordinários imantados de repercussão geral. Todas

---

Paulo: RT, 2008 (atualmente em sua 3.ª edição revista e atualizada, pela Editora Revista dos Tribunais, São Paulo). Consulte-se, ainda, o que escrevemos sobre o instituto, em coautoria com Eduardo Arruda Alvim e Araken de Assis, nos *Comentários ao Código de Processo Civil*, 2. ed., São Paulo: RT, 2012, especialmente os comentários aos arts. 543-A e 543-B.

[4] Os dispositivos do RISTF que se prestam a regulamentar a execução do instituto são: art. 13, com a redação das Emendas Regimentais n.º 24/2008, 29/2009 e 41/2010; arts. 21, 340 e 341, com a redação das Emendas Regimentais n.º 41/2010 e 42/2010; arts. 38, 57, 59, 60, 67, 78, 323-A e 325-A, com a redação da Emenda Regimental n.º 42/2010; arts. 322-A e 328, com a redação da Emenda Regimental n.º 21/2007; art. 324, com a redação das Emendas Regimentais n.º 31/2009 e 41/2010; e art. 328-A, com a redação da Emenda Regimental n.º 23/2008 e da Emenda Regimental n.º 27/2008.

as demais questões constitucionais ficam excluídas, de per si, da possibilidade de recursos extraordinários – ainda que formal ou substancialmente pudessem ser aptos à admissão e ao julgamento.[5]

Como igualmente assentamos em precedente estudo,[6] trata-se de um requisito de *admissibilidade específico* que se coloca ao recurso extraordinário. É preciso que o recorrente, na petição de interposição do recurso extraordinário, evidencie que a questão constitucional ali discutida tenha imantada a repercussão geral, e haverá de fazê-lo em preliminar formal[7] (*i.e.*, no terreno da admissão), diversamente do que se passava até o advento da Emenda Constitucional n.º 45, quando, configurados os requisitos constitucionais e legais do cabimento do recurso extraordinário, este haveria de ser admitido e julgado pelo STF (Súmula 456 do STF).[8]

Aduza-se, ademais, que o fato de ter sido reconhecida a existência da repercussão geral (para além, é claro, dos demais requisitos de admissibilidade recursais), em um dado caso concreto, não significará que o recurso extraordinário há de ser necessariamente provido. Por isso afirma-se, com inteiro acerto, que a repercussão geral insere-se no espectro do juízo de admissibilidade do recurso extraordinário, ainda que, neste âmbito, a nossa impressão seja a de que a avaliação quanto ao comparecimento da repercussão seja *de caráter político*, e não jurisdicional (caráter que inspira a atividade de verificação do comparecimento dos demais requisitos de admissibilidade do recurso extraordinário).

---

[5] V., no mesmo sentido, o que escrevemos em A EC n.º 45 e o instituto da repercussão geral. In: WAMBIER, Teresa Arruda Alvim; WAMBIER, Luiz Rodrigues; GOMES JÚNIOR, Luiz Manoel; FISCHER, Otávio Campos; FERREIRA, William Santos (Coord.). *Reforma do Judiciário*: primeiras reflexões sobre a Emenda Constitucional 45/2004. São Paulo: RT, 2005. p. 64.

[6] A EC n.º 45 e o instituto da repercussão geral. In: WAMBIER, Teresa Arruda Alvim; WAMBIER, Luiz Rodrigues; GOMES JÚNIOR, Luiz Manoel; FISCHER, Otávio Campos; FERREIRA, William Santos (Coord.). *Reforma do Judiciário*: primeiras reflexões sobre a Emenda Constitucional 45/2004. São Paulo: RT, 2005. p. 63-65.

[7] A Lei n.º 11.418, de 19.12.2006, alterando o Código de Processo Civil, exigiu que tal requisito constasse de "preliminar" formal e fundamentada. É o que consta, assim, do § 2.º, **do art. 543-A:** "O recorrente deverá demonstrar, em preliminar do recurso, para apreciação exclusiva do Supremo Tribunal Federal, a existência da repercussão geral". O STF tem exigido essa mesma preliminar nos agravos de despachos denegatórios de recursos extraordinários.

[8] STF-Súmula n.º 456, 01.10.1964, *DJ* 08.10.1964, p. 3.647; *DJ* 09.10.1964, p. 3.667; *DJ* 12.10.1964, p. 3.699: "O Supremo Tribunal Federal, conhecendo do recurso extraordinário, julgará a causa, aplicando o direito à espécie".

Na regulamentação que o instituto recebeu no Regimento Interno do STF[9-10] deixou-se evidente que o exame da repercussão geral (que há de ser feito pelo Plenário do STF)[11] só terá lugar acaso não recusada a admissão do recurso extraordinário *por outro motivo*. Por razões de economia processual,[12] prescreve o art. 323 do RISTF, alterado pelas Emendas Regimentais 21/2007 e 42/2010, que, "Quando não for caso de inadmissibilidade do recurso por outra razão, o(a) Relator(a) ou o Presidente submeterá, por meio eletrônico, aos demais ministros, cópia de sua manifestação sobre a existência, ou não, de repercussão geral" – afastando-se, no ponto, da solução dada pela Alemanha, por exemplo.[13] É dizer, o juízo preambu-

---

[9] É de registrar, porém, que, na época da vigência da *arguição de relevância*, o texto constitucional (CF/1969, § 1.º do art. 119) delegava competência para o STF disciplinar e determinar, em seu Regimento Interno, o regime do instituto e especialmente quais seriam os casos de relevância, aptos a ensejar a admissão do recurso extraordinário. O próprio STF era o legislador e, à época e nesse caso, a norma regimental valia como lei processual. Atualmente, é a Lei n.º 11.418 que regulamenta o instituto da repercussão geral – observando, naturalmente, os lindes constitucionais estabelecidos no **§ 3.º do art. 102/CF, dado o caráter eminentemente procedimental da Lei n.º 11.418 – competindo ao Regimento Interno do STF então a disciplina relativa à execução destes preceitos, legais e constitucionais.**

[10] Extrapola os limites do recorte metodológico que fizemos na abertura deste breve ensaio, mas convém apenas referir, rapidamente, que nunca nos pareceu a melhor solução a dependência de lei ordinária, relativamente ao texto constitucional e à exigência ali já contemplada, da repercussão geral como requisito de admissibilidade aos recursos extraordinários. O que nos parece, de fato, é que o significado da expressão geral sempre teve – e tem – um *núcleo irredutível*, plenamente imantado pela expressão já contemplada na EC n.º 45 ("repercussão geral"). No direito argentino, por exemplo, é suficiente para afastar a gravidade institucional (art. 280), o mesmo se passando com o direito americano.

[11] Estatui o art. 543-A, § 2.º, da Lei n.º 11.418: O recorrente deverá demonstrar, em preliminar do recurso, para apreciação exclusiva do Supremo Tribunal Federal, a existência da repercussão geral.

[12] Essa a arguta opinião de Araken de Assis, para quem: "Inconfundível que seja a repercussão geral com as demais condições, quer com as hipóteses de cabimento do art. 102, III, *a* até *d*, da CF/1988, quer com as da lei ordinária, poderosas razões de economia recomendam que tal juízo aconteça após o relator declarar preenchidos tais requisitos. E, realmente, de modo algum a melhor opção localizará a repercussão geral como requisito prévio às demais condições de admissibilidade. É preciso conjugá-la com o princípio da economia, que exige obtenção de resultados máximos com o mínimo de esforço [...]" (*Manual dos recursos*. 4. ed. rev., atual. e ampl. São Paulo: RT, 2012. item 84.1.4.3, p. 755).

[13] Na obra Rosenberg-Schwab-Gottwald, *Zivilproβrecht,* 15. ed., München: Vergal. C.H. Beck, 1993, p. 863, § 142.2, "c", aduz-se que, ao admitir uma questão como dotada de significação fundamental, na verdade, nada se diz ou se afirma, ainda, em relação à admissibilidade propriamente dita do recurso. No original, consta: "über die Zulässigkeit und Begründenheit der Revision ist dadurch noch nichts ausgesgt".

lar em torno da presença da repercussão geral instala-se, sem dúvida, dentro do juízo de preliminares ao mérito recursal. No entanto, apenas e tão só se superado o juízo de admissibilidade com a avaliação da presença dos demais requisitos de cabimento, constitucionais e legais, do recurso extraordinário, é que se passará a considerar a presença ou não da repercussão geral.[14]

A adoção do requisito da repercussão geral aos recursos extraordinários significará a não admissão de recursos que não mais tenham razão alguma de ser, e que no mais das vezes decorriam de uma insistência socialmente não desejável do recorrente, permeada, fundamentalmente, por um "*animus* lotérico" ou, quiçá, de mero retardamento e tentativa de postergação do trânsito em julgado da decisão.

Por isso, apenas os recursos extraordinários dotados desse predicado ou dessa qualificadora – *de importância, relevância ou transcendência* – passarão a receber a atenção do Supremo Tribunal Federal, em função justamente das temáticas neles ventiladas.

Esse sistema instituído pela Emenda Constitucional n.º 45 é, em larga medida, eco de experiências estrangeiras, todas muito bem-sucedidas, tais como a da Alemanha,[15] dos Estados Unidos,[16] da Argentina[17] e do Japão.[18] Além disso, no próprio sistema brasileiro, instituto análogo, da *arguição de relevância da*

---

[14] Ver a mesma opinião manifestada pelo subscritor dessas linhas, ao lado dos Professores Eduardo Arruda Alvim e Araken de Assis, nos *Comentários ao Código de Processo Civil*, 2. ed., São Paulo: RT, 2012, especialmente os comentários de n. 3 ao art. 543-A ("Posição lógica da repercussão geral no conjunto dos requisitos que compõem o juízo de admissibilidade e competência para sua apreciação").

[15] De acordo com o § 543, item 2, da ZPO (ou *Zivilprozessordnung*), que prevê a chamada *revisão por admissão*, a "revisão deve ser admitida quando: 1. a questão de direito tem uma *importância fundamental* (o itálico é nosso) ou 2. seja necessária uma decisão do Tribunal de revisão para o aperfeiçoamento do direito ou para a garantia da uniformidade da jurisprudência". No original: "§ 543. [...] 2) Die Revision ist zuzulassen, wenn: 1. die Rechtssache grundsätzliche Bedeutung hat oder 2. die Fortbildung des Rechts oder die Sicherung einer einheitlichen Rechtsprechung eine Entscheidung des Revisionsgerichts erfordert. Das Revisionsgericht ist an die Zulassung durch das Berufungsgericht gebunden". Na literatura alemã, há farta doutrina sobre o tema: ROSENBERG, Leo; SCHWAB, Karls Heinz; GOTTWALD, Peter. *Zivilproßessrecht [Direito processual civil]*. 16. ed. München: C.H.Beck, 2004. p. 994; LUKE, Wolfgang. *Zivilproßessrecht [Direito processual civil]*. 9. ed. München: C.H.Beck, 2005. p. 400-402; e PUTZO, Hans. *Zivilproßessrecht* – Kommentar *[Direito processual civil* – Comentários*]*. 27. ed. München: C.H.Beck, 2005. p. 711-712.

[16] Cf. Rule 10 das *Rules of the Supreme Corte*. Sobre o tema, consultem-se as reflexões em torno da aplicação do filtro do *certiorari*: GOLDSTEIN, Thomas. Court Watch Supreme Court Review: analyzing the cert process, bringing order to chaos in the law: lawyers need to bring better cases for review - and the court need to resolve more lower-court conflicts. *Legal Times*, ano 24, n. 27, July 2, 2001; e HARTNETT, Edward A. Questioning certiorari:

questão federal junto ao recurso extraordinário, existiu no sistema constitucional passado. Na legislação trabalhista, por intermédio da MP 2.226, de 04.09.2001, introduziu-se na CLT instituto consistente em filtro análogo para o recurso de revista (art. 896-A).[19]

Os parâmetros referenciais do § 3.º do art. 102 da CF foram explicitados pela Lei n.º 11.418, de 19.12.2006, que acrescentou ao Código de Processo Civil vigente os arts. 543-A e 543-B.[20] Dizem, em particular, o *caput* e o § 1.º do art. 543-A que: "Art. 543-A. O Supremo Tribunal Federal, em decisão irrecorrível, não conhecerá do recurso extraordinário, quando a questão constitucional nele versada não oferecer repercussão geral, nos termos deste artigo. § 1.º Para efeito da repercussão geral, será considerada a existência, ou não, de questões relevantes do ponto de vista econômico, político, social ou jurídico, que ultrapassem os interesses subjetivos da causa". Complementa-se pelo § 3.º, desse mesmo dispositivo, em que se lê que: "Haverá repercussão geral sempre que o recurso impugnar decisão contrária a súmula ou jurisprudência dominante do Tribunal".

Mesmo antes dessa explicitação, e antecedendo o que nos parecia certo que haveria de constar do texto legal, sustentávamos: "A instituição da repercussão geral envolve a outorga de um poder político ao tribunal que haverá de apreciar

---

some reflections seventy-five years after the Judges' bill. *Columbia Law Review*, nov. 2000. Disponível em: <https://lawschool.westlaw.com>.

[17] Consta, assim, do art. 280 do *Código Procesal Civil y Comercial de La Nación*, mencionando a *gravidad institucional* como requisito para que a questão possa vir a ser examinada pela Suprema Corte argentina.

[18] V. o CPC japonês de 1996, comentado no primoroso texto de Yasuhei Taniguchi, intitulado O código de processo civil Japonês de 1996 – um processo para o próximo século? E traduzido por José Carlos Barbosa Moreira, publicado na *Revista de Processo,* São Paulo: RT, n. 99, p. 50-73, jul.-set. 2000, especialmente no item 4.

[19] "**Art. 896-A.** O Tribunal Superior do Trabalho, no recurso de revista, examinará previamente se a causa oferece transcendência com relação aos reflexos gerais de natureza econômica, política, social ou jurídica." (Acrescentado pela MP 2.226/2001.)

[20] Interessante observar que, conquanto a Lei n.º 11.418 tenha inserido dois dispositivos no Código de Processo Civil brasileiro (os já referidos arts. 543-A e 543-B), essa regulamentação é válida e será exigida para todos os recursos, ainda que não relativos a assuntos cíveis, subordinados à disciplina do CPC. Por isso é que se tem exigido a alegação de demonstração da presença da repercussão geral para recursos de natureza criminal, eleitoral e trabalhista. Nesse sentido, reconheceu o STF no julgamento da Questão de Ordem tirada do AgIn 664.567: "I. Questão de ordem. Recurso extraordinário, em matéria criminal, e a exigência constitucional da repercussão geral. 1. O requisito constitucional da repercussão geral (art. 102, **§ 3.º**, da CF/1988, red. EC 45/2004), com a regulamentação da Lei 11.418/2006 e as normas regimentais necessárias à sua execução, aplica-se aos recursos extraordinários em geral e, em consequência, às causas criminais. [...]".

as causas marcadas por importância social, econômica, institucional ou jurídica. Estes são desdobramentos da expressão repercussão geral, e que nesta podem ser lidos ou havidos por ela compreendidos. Esse poder político não deverá ter atrofiado pela sua regulamentação em lei ordinária, a margem de flexibilidade, de que se pode dizer inerente ao ajuizamento de questões políticas, vale dizer, a conveniência ao julgamento destas inerente, para utilizarmos de expressão clássica e constante do direito administrativo".[21]

De fato, os critérios fornecidos em nível infraconstitucional confirmam essa nossa sustentação feita anos atrás. Uma causa será portadora de repercussão geral quando se reconhecer, na questão constitucional nela versada, a existência de questões relevantes do ponto de vista *econômico, político, social* ou *jurídico,*[22] e que, além disso, "ultrapassem os interesses subjetivos da causa".[23]

---

[21] A EC n.º 45 e o instituto da repercussão geral. In: WAMBIER, Teresa Arruda Alvim; WAMBIER, Luiz Rodrigues; GOMES JÚNIOR, Luiz Manoel; FISCHER, Otávio Campos; FERREIRA, William Santos (Coord.). *Reforma do Judiciário*: primeiras reflexões sobre a Emenda Constitucional 45/2004. São Paulo: RT, 2005. p. 86.

[22] Assim, no direito alemão, em relação a instituto análogo, afirma-se que uma causa é detentora de *importância fundamental* quando "a questão de direito seja carente de solução, passível de solução e relevante para a decisão", e, ademais, diga respeito "ao interesse abstrato da coletividade no tratamento uniforme da legislação e que, além disso, não tenha sido decidida por instância suprema" (BAUMBACH, Adolf; LAUTERBACH, Wolfgang; ALBERS, Jan; HARTMANN, Peter. *Zivilprozessordnung [Código de Processo Civil]*. 63. ed. München: C.H.Beck, 2005. comentários ao § 543, 2, p. 1.703-1.704). No original: "Nötig ist Vorliegen einer klärungsbedürftigen, klärungsfähigen und entscheidungserheblichen Rechtsfrage, die das abstrakte Interesse der Allgemeinheit an der einheitlichen Handhabung des Recht berührt und höchstrichterlich noch nicht entschieden sein darf".

[23] De igual modo, afirma-se, à luz do direito alemão, que "Os efeitos da decisão de tal questão de direito não podem restringir-se à estipulação da relação entre as partes do processo, nem à estipulação de um número previamente limitado de casos similares; em vez disso, eles devem referir-se a uma infinidade indeterminada de casos. Os efeitos não podem se dar em uma área concreta; portanto, não basta que o ponto de partida do processo diga respeito a um amplo grupo de indivíduos". Citam-se, neste trabalho de Baumbach e outros, acima referido, os julgados que corroboram essa posição: Decisões do BGH, NJW 70, 1549, Decisões do Tribunal Administrativo Federal alemão [*Bundesverwaltungsgericht, ou apenas BVerwG*] 13, 90. (BAUMBACH, Adolf; LAUTERBACH, Wolfgang; ALBERS, Jan; HARTMANN, Peter. *Zivilprozessordnung [Código de Processo Civil]*. 63. ed. München: C.H.Beck, 2005. p. 1.704). No original: "Die Auswirkungen der Entscheidung dieser Rechtsfrage dürfen sich nicht in der Regelung der Beziehungen zwischen den Prozeßbeteiligten oder der Regelung einer vornherein überschaubaren Anzahl gleichgelagerter Fälle erschöpfen, sondern müssen eine unbestimmte Vielzahl von Fällen betreffen [...]. Die Auswirkungen dürfen nicht auf tatsächlichem Gebiet liegen, so daß es nicht genügt, wenn vom Ausgang des Prozesses größerer Personenkreis betroffen ist".

Disso se deduz – *como, aliás, também se afirmava quando vigia a arguição de relevância* – que a lei ordinária não estabeleceu o "conceito" do que seja repercussão geral. Servindo-se da técnica do conceito vago, a lei limitou-se legitimamente a estabelecer os parâmetros, critérios ou referenciais em funções dos quais se poderá dizer, casuisticamente, se uma dada causa ostenta ou não repercussão geral. É bem verdade que – *lidos ao contrário* – esses mesmos critérios servem para determinar o que não repercute, de maneira geral. Franqueia-se, assim, e corretamente, *espaço para o STF*, sem engessar o Texto Constitucional.[24]-[25]-[26]

Cuida-se, portanto, de um elemento legitimamente qualificador dos recursos extraordinários, que serão admissíveis e admitidos em função sempre da sua importância ou significação da questão ali debatida, a qual haverá continuamente de transcender ou ultrapassar os lindes da causa e dos sujeitos que contendem naquele dado caso em concreto.

---

[24] Em precedente trabalho, aqui já referido, sustentamos: "Há 'ideias' que, em si mesmas, dificilmente, comportam uma definição. Mais ainda, se definidas forem, seguramente, agora no campo da operatividade do direito – passam a deixar de ensejar, só por isso, o rendimento esperado de um determinado instituto jurídico que tenha sido traduzido por meio de conceito vago. Com os valores, que são ideias indefiníveis (aporias e, portanto, inverbalizáveis), o que ocorre é que devem ser indicados por conceitos vagos; não são nem devem ser propriamente conceituados, mas devem ser apenas *referidos*, pois é intensa a interação entre eles e a realidade paralela, a que se reportam. Não há como fazer que fiquem adequadamente cristalizados num texto de lei, ou que sejam verbalizados de forma plena na lei posta" (A EC n.º 45 e o instituto da repercussão geral. In: WAMBIER, Teresa Arruda Alvim; WAMBIER, Luiz Rodrigues; GOMES JÚNIOR, Luiz Manoel; FISCHER, Otávio Campos; FERREIRA, William Santos (Coord.). *Reforma do Judiciário*: primeiras reflexões sobre a Emenda Constitucional 45/2004. São Paulo: RT, 2005. p. 74, primeira coluna). Para uma reflexão mais espaçada em relação aos conceitos vagos e o uso da tópica na avaliação da antiga arguição de relevância e da atual repercussão geral, v., de nossa autoria, *A arguição de relevância no recurso extraordinário*, São Paulo: RT, 1988, 2.ª parte, itens 18 e ss., p. 77-96.

[25] Refira-se, com inteira justiça, a dois excelentes trabalhos na literatura brasileira sobre os vários problemas em torno dos conceitos vagos, ambos de Teresa Arruda Alvim Wambier: (1) Limites à chamada "discricionariedade" judicial. *Revista de Direito Público*, ano 24, n. 96, p. 157, out.-dez. 1990; (2) *Controle das decisões judiciais por meio de recursos de estrito direito e de ação rescisória*, obra esta atualizada e reformulada, atualmente intitulada *Recurso especial, recurso extraordinário e ação rescisória*, 2. ed., São Paulo: RT, 2008, especialmente o Capítulo II da Primeira Parte da obra, p. 99-209).

[26] A despeito da utilização de um conceito vago, o art. 543-A aponta duas situações ou indicadores positivos de existência de repercussão geral, a saber: quando o provimento recorrido contraria súmula ou jurisprudência dominante do STF (art. 543-A, § 3.º) e quando o provimento julga questão constitucional objeto de multiplicidade de recursos (art. 543-B). V. no mesmo sentido: ASSIS, Araken de. *Manual dos recursos*. 4. ed. rev., atual. e ampl. São Paulo: RT, 2012. item 84.1.4.4, p. 756.

E isso tem todo o sentido, na medida em que, conquanto a validade e a eficácia das decisões sejam, predominantemente, circunscritas às partes, aquelas que são proferidas pelos tribunais de cúpula – e particularmente as proferidas pelo STF – transcendem o ambiente das partes, e com isso projetam o prestígio, a eficácia e a autoridade da decisão em todos os segmentos da atividade jurídica, e, em um espectro maior, para a sociedade toda, que se poderá conduzir segundo os referenciais dados pelo STF.[27]

Aduza-se, de outro lado, que não se pode sustentar um sistema na falsa premissa de que "tudo" (é dizer, todas as causas e questões) é importante. Em trabalho anterior escrevemos que, a agir-se assim, "o que acaba acontecendo é que haverá emperramento imobilizador da atividade jurisdicional, com o que o prejuízo resulta geral e positivamente indiscriminado".[28] E dizíamos ainda, nesse trabalho: "Quando se diz que tudo é importante, disso normalmente resulta que nada ou quase nada é tratado, ou melhor, pode ser tratado como realmente importante, até mesmo pela impossibilidade material, mesmo porque com isto ocorre a banalização definitiva do significado real de 'importante'".[29]

Como se verá logo adiante, o impacto da adoção da repercussão geral em nosso sistema já é sentido e é altamente positivo, como os próprios números fornecidos pelos Tribunais demonstram. A esse ponto voltaremos em breve.

Parece-nos claro, por fim, que, referindo o texto do § 3.º do art. 102 da CF a "tribunal", e mais ainda, aludindo-se a um *quorum* dos membros do Supremo, a verificação da repercussão geral ficou afetada para o Tribunal todo (Plenário), e não a uma das suas turmas.[30-31] Apenas um *quorum* prudencial,

---

[27] A EC n.º 45 e o instituto da repercussão geral. In: WAMBIER, Teresa Arruda Alvim; WAMBIER, Luiz Rodrigues; GOMES JÚNIOR, Luiz Manoel; FISCHER, Otávio Campos; FERREIRA, William Santos (Coord.). *Reforma do Judiciário*: primeiras reflexões sobre a Emenda Constitucional 45/2004. São Paulo: RT, 2005. p. 83.

[28] A EC n.º 45 e o instituto da repercussão geral. In: WAMBIER, Teresa Arruda Alvim; WAMBIER, Luiz Rodrigues; GOMES JÚNIOR, Luiz Manoel; FISCHER, Otávio Campos; FERREIRA, William Santos (Coord.). *Reforma do Judiciário*: primeiras reflexões sobre a Emenda Constitucional 45/2004. São Paulo: RT, 2005. p. 90, segunda coluna.

[29] A EC n.º 45 e o instituto da repercussão geral. In: WAMBIER, Teresa Arruda Alvim; WAMBIER, Luiz Rodrigues; GOMES JÚNIOR, Luiz Manoel; FISCHER, Otávio Campos; FERREIRA, William Santos (Coord.). *Reforma do Judiciário*: primeiras reflexões sobre a Emenda Constitucional 45/2004. São Paulo: RT, 2005. p. 90, segunda coluna (os itálicos constam do original).

[30] Parece, ainda, que falece competência ao presidente do tribunal local para manifestar-se a respeito da presença da repercussão geral. O presidente (ou vice) do Tribunal local pode verificar a presença dos demais requisitos de admissibilidade do recurso extraordinário (cabimento, prazo, preparo), e também o comparecimento da preliminar formal de re-

de oito ministros, pode recusar a sua presença, mas se a Turma – por quatro votos – já decidir pela existência da repercussão, ficará dispensada a remessa do recurso ao Plenário (§ 4.º, art. 543-A). Ademais, decorrido o prazo sem *quorum* suficiente para a recusa, "reputar-se existente a repercussão geral" (art. 324, parágrafo único, RISTF).

Por fim, a decisão que declare a inexistência de repercussão geral será irrecorrível (art. 543-A),[32] devendo ser aplicada a todos os recursos em que se verse idêntica controvérsia. Daí por que os relatores de recursos versando idêntica controvérsia podem denegá-los liminarmente, salvo revisão de tese.

2. IMPRESSÕES E BALANÇO DA REPERCUSSÃO GERAL: A VISIBILIDADE E O PRESTÍGIO DOS PRECEDENTES DO STF

Passemos a uma avaliação deste sistema, que, como adiantamos, sempre nos afigurou altamente positivo.[33] De fato, o cenário em que a repercussão foi adotada justificava, sobremaneira, a sua instituição.

---

percussão geral (além, naturalmente, das hipóteses em que o STF já se tenha pronunciado sobre a inexistência de repercussão geral em recursos idênticos).
O relator, presidente ou a Turma do STF, porém, poderão inadmitir o recurso que verse matéria idêntica àquele recurso em relação ao qual já tenha sido reconhecida a inexistência de repercussão geral. É dizer, havendo jurisprudência firme do Pleno no sentido de que dada questão se ressente de repercussão geral, recursos idênticos poderão ser rejeitados por uma das Turmas ou Relator. Esses são os dizeres do art. 327 do RISTF: "A Presidência do Tribunal recusará recursos que não apresentem preliminar formal e fundamentada de repercussão geral, bem como aqueles cuja matéria carecer de repercussão geral, segundo precedente do Tribunal, salvo se a tese tiver sido revista ou estiver em procedimento de revisão. § 1.º Igual competência exercerá o(a) Relator(a) sorteado(a), quando o recurso não tiver sido liminarmente recusado pela Presidência". Deve-se referir, em complemento, ao art. 13 do RISTF, em que se lê, dentro das atribuições do Presidente, até a distribuição do recurso ao relator, a possibilidade de despachar "os recursos que não apresentem preliminar formal e fundamentada de repercussão geral, ou cuja matéria seja destituída de repercussão geral, conforme jurisprudência do Tribunal".

[31] Tenha-se presente, ademais, que não será o caso de o relator remeter o recurso ao Plenário (cf. prescrição do já citado art. 323, *caput*, do RISTF) quando o recurso versar questão cuja repercussão já houver sido reconhecida pelo Tribunal, ou quando impugnar decisão contrária a súmula ou a jurisprudência dominante, casos em que se presume a existência de repercussão geral, agora de acordo com o disposto no § 2.º do citado art. 323 do RISTF.

[32] Salvo, naturalmente, por embargos declaratórios.

[33] Sempre entendemos que a solução objeto desses comentários é a que resolve, em larga escala, o problema dos Tribunais de Cúpula, enquanto afetados por excessiva carga de trabalho. Em 1988, inclusive, escrevemos trabalho, aqui já referido, em que procuramos estudar

Vale ter presente aqui os números do STF: em 1940, o número de recursos extraordinários que entraram no STF era de 804; em 1957, de 6.597; em 1970, 6.367; e três anos depois, em 1973, chegou a 7.093. De lá para cá, e pode-se dizer com tranquilidade que a crise numérica do STF tornou-se ainda mais aguda após a Constituição Federal de 1988,[34] os números aumentaram expressivamente. O STF recebeu até setembro de 2000 (considerando apenas o ano de 2000) 30.827 agravos de instrumento e 17.043 recursos extraordinários. Em 2007, os números aumentaram ainda mais, e passaram a 137.289 recursos.[35]

É igualmente importante que se tenha presente que a absoluta maioria dos processos recebidos pelo Supremo Tribunal Federal origina-se de esfera recursal, tomado substancialmente por recursos extraordinários e agravos, que corresponderam a quase 92% dos casos de 1988 a 2008.[36]

Nesse sentido, a instituição da repercussão geral parece ter contribuído, significativamente, para a diminuição dos números e racionalização dos julgamentos do STF. Dados fornecidos pelo próprio Supremo Tribunal dão conta de que no 2.º semestre de 2007 havia 19.912 recursos extraordinários interpostos e 25.640 agravos de instrumento. Em uma escala em constante decréscimo, no 1.º semestre de 2010 registrou-se "apenas" 2.136 recursos extraordinários e 7.348 agravos interpostos.

Além do problema, deveras grave, do congestionamento numérico, nunca nos pareceu razoável que um Tribunal da magnitude e importância do Supremo Tribunal Federal se visse às voltas com questões de diminuto valor ou impacto. Há incontáveis registros de diversos casos que chegaram ao STF e lá receberam

---

detidamente a então vigente *arguição de relevância no âmbito do recurso extraordinário* (hoje denominada de repercussão geral). Em outro trabalho que publicamos no ano de 1991, esse signatário pensava também, e continua a pensar, favoravelmente a respeito da adoção da relevância (= repercussão geral), inclusive em relação ao recurso especial, tema que será tratado, neste trabalho, em tópico específico (cf. ARRUDA ALVIM NETTO, José Manoel de. O antigo recurso extraordinário e o recurso especial (na Constituição Federal de 1988). In: TEIXEIRA, Min. Sálvio de Figueiredo (Coord.). *Recursos no Superior Tribunal de Justiça*. São Paulo: Saraiva, 1991. p. 145-164, especialmente p. 154, nota 17).

[34] No I Relatório Supremo em Números – O múltiplo Supremo: Supremo em Números, afirma-se, pela análise estatística, que entre os anos de 1988 a 1992 o crescimento médio anual de recursos ao STF cresceu na ordem média de mais de 70% ao ano, com pico de 189% e crescimento acumulado de quase 290% (Cf. Joaquim Falcão e outros. FGV, p. 55, abr. 2011).

[35] Cf. dados do STF, disponíveis em: <www.stf.jus.br>. Acesso em: 1.º fev. 2013.

[36] Cf. I Relatório Supremo em Números – O múltiplo Supremo: Supremo em Números. Joaquim Falcão e outros. FGV, p. 21, abr. 2011.

o julgamento, conquanto veiculassem questões de diminuta ou reduzida importância nacional.[37]

A situação diminuta à qual foi posto o STF, de julgar questões menores e sem relevância, porém, sempre nos pareceu incompatível com a posição dos Tribunais de Cúpula a quem compete, aqui e universalmente, uma função modelar, eminentemente exemplar, sendo os casos que venham a julgar verdadeiramente *paradigmáticos*. Os órgãos máximos dos Poderes Judiciários dos países devem consubstanciar o autêntico significado político, jurídico e institucional de uma Suprema Corte. Aliás, particularmente em relação à Suprema Corte norte-americana, com precisão Alexis de Tocqueville afirmou há muito que "The Supreme Court is placed higher than any know tribunal.... The peace, the prosperity, and the very existence of the Union are vested in the hands of the seven Federal judges".[38]

É nessa segunda perspectiva que se inserem, por excelência, as decisões do STF, e também as decisões dos Tribunais Superiores. Em particular, quanto ao STF, sendo o mais elevado tribunal em que se aplica o direito federal constitucional, ao afirmar a correta inteligência do direito constitucional – e é sempre isso que sustenta o STF e não outra coisa –, o valor e o peso inerente a tais decisões são enormes por causa da posição pinacular desta Corte. Essa é a razão em virtude da qual tais pronunciamentos extrapolam, de per si, o interesse das partes, projetando-se para a sociedade como um todo a verdade do seu entendimento e nesta influindo.[39]

---

[37] Cf. dados trazidos por Mônica Bonetti Couto, em trabalho escrito sob minha orientação, e intitulado *A repercussão geral da questão constitucional e seus reflexos no recurso extraordinário no direito processual civil brasileiro*, 2009, Tese (Doutoramento) – PUC/SP, Capítulo 3. Ver ainda, da mesma autora, o artigo O Supremo Tribunal Federal e a repercussão geral no direito processual brasileiro: notas de relevo. *Revista do Instituto do Direito Brasileiro da Faculdade de Direito de Lisboa*, Lisboa, ano 1, n. 5, p. 2.583. Disponível em: <http://www.idb-fdul.com/uploaded/files/2012_05_2557_2604.pdf>.

[38] Cf. *Democracy in America*, New York, v. 1, 1956, p. 151, obra citada em nosso precedente estudo, intitulado *A arguição de relevância no recurso extraordinário*, São Paulo: RT, 1988, p. 58-59 (item 14 – A indicação vaga de tais valores fundamentais e a magnitude dos Supremos Tribunais). Para uma reflexão mais extensa e profunda, recomenda-se a leitura do texto de Eduardo Oteiza, A função das Cortes Supremas na América Latina. História, paradigmas, modelos, contradições e perspectivas. *Revista de Processo*, São Paulo: RT, n. 187, p. 181 e ss., set. 2010.

[39] Considere-se, ademais, aspecto importante destacado por Eduardo Oteiza, no sentido de que serem as Cortes Supremas "peças-chave na construção do Estado de Direito. Toca-lhes dar a leitura final da legislação. [...] A tarefa das Cortes, peças-chave dos sistemas jurídicos, que têm a seu cargo dar a última palavra sobre o conteúdo dos direitos, reveste-se, em consequência, de uma evidente dimensão pública, que vai além dos interesses das partes ligadas ao caso concreto" (A função das Cortes Supremas na América Latina. História,

A esse respeito, tem idêntica opinião Teresa Arruda Alvim Wambier: "Uma das razões em decorrência das quais se veio a implantar o sistema da repercussão geral no Brasil, provavelmente foi a sobrecarga excessiva de trabalho do STF. Entretanto, pensamos que o instituto se justifica por ser realmente capaz de gerar jurisdição de melhor qualidade. As decisões do STF tenderão a ser paradigmáticas e, por conseguinte, a jurisprudência deste Tribunal terá mais visibilidade, podendo, então, exercer de modo mais firme sua função paradigmática".[40]

Ademais, e isso nos parece digno de nota, com a inclusão desse novo requisito de admissibilidade aos recursos extraordinários, há a vinculação aos *precedentes* firmados pelo STF. De acordo com os dizeres do art. 543-A, em seu § 5.º: "Negada a existência da repercussão geral, a decisão valerá para todos os recursos sobre matéria idêntica, que serão indeferidos liminarmente, salvo revisão da tese, tudo nos termos do Regimento Interno do Supremo Tribunal Federal".

Pode-se dizer, nesse sentido, que as decisões decorrentes dos recursos extraordinários terão maior visibilidade e, por isso, maior eficácia, na exata medida em que, julgando menos processos, é natural que esses julgados tenham maior repercussão. Assim, a manifestação do Supremo Tribunal Federal sobre um dado tema constitucional ocorrerá uma única vez, salvo em situações de revisão de tese, o que significa franca racionalização do trabalho do Supremo, dispensando-o de decidir múltiplos casos idênticos sobre a mesma questão constitucional.

Nessa senda aponta-se como novidade das mais relevantes, instituída pela Lei n.º 11.418, inspirando-se no conhecido *Musterverfahen* do direito alemão, ou simplesmente "processo-modelo". Pelo sistema do art. 543-B, uma vez constatada a existência de repercussão geral, o STF analisa o mérito da questão e a decisão proveniente dessa análise será aplicada posteriormente pelas instâncias inferiores, em casos idênticos, com evidente racionalização do serviço do STF.[41]

---

paradigmas, modelos, contradições e perspectivas. *Revista de Processo*, São Paulo: RT, n. 187, p. 226-227, set. 2010).

[40] WAMBIER, Teresa Arruda Alvim. *Recurso especial, recurso extraordinário e ação rescisória*. 2. ed. São Paulo: RT, 2008. p. 291.

[41] Rendendo críticas justamente a esse problema, que se apresentava de maneira acentuada, mas que, ao que tudo indica e se apresenta, pelo regime do art. 543-B – e, de forma análoga, pela sistemática dos recursos especiais repetitivos, para o STJ – se corrige, Teresa Arruda Alvim Wambier anotou: "Quando um dos tribunais superiores profere uma decisão, espera-se que, justamente em virtude da missão que lhes foi atribuída pela Constituição Federal, *daquela decisão se extraia verdadeiro modelo de atuação*, para os próprios tribunais e para todos os demais órgãos do Judiciário, de modo que, mesmo que ainda não sumulado um determinado entendimento, sirva, aquela decisão judicial, como parâmetro para julgamentos futuros" (Cf. WAMBIER, Teresa Arruda Alvim. Estabilidade e adaptabilidade como objetivos do direito: *civil law e common law*. *Revista de Processo*, São Paulo: RT, v. 172, p. 134, jun. 2009 – os itálicos são do original). Nesse

Consta, assim, dos §§ 3.º e 4.º do citado art. 543-B que: "§ 3.º Julgado o mérito do recurso extraordinário, os recursos sobrestados serão apreciados pelos Tribunais, Turmas de Uniformização ou Turmas Recursais, que poderão declará-los prejudicados ou retratar-se". E, em seguimento: "§ 4.º Mantida a decisão e admitido o recurso, poderá o Supremo Tribunal Federal, nos termos do Regimento Interno, cassar ou reformar, liminarmente, o acórdão contrário à orientação firmada".

Portanto, se o STF decidir pela existência de repercussão, aguardar-se-á a decisão do Plenário sobre o assunto, sobrestando-se recursos extraordinários anteriores ou posteriores ao marco temporal estabelecido, e, com isso: *a)* Se o acórdão de origem estiver em conformidade com a decisão que vier a ser proferida, consideram-se prejudicados os recursos extraordinários; *b)* mas, se o acórdão de origem vier a contrariar a decisão do STF, encaminhar-se-á o recurso extraordinário para retratação; acaso, porém, o tribunal mantenha a decisão, uma vez admitido o recurso, poderá o Supremo Tribunal Federal, nos termos do Regimento Interno, cassar ou reformar liminarmente o acórdão contrário à orientação firmada.

3. A PROPOSTA ANÁLOGA, PARA O STJ, DA ADOÇÃO DA *RELEVÂNCIA* PARA O RECURSO ESPECIAL

Tramita na Câmara dos Deputados a Proposta de Emenda Constitucional (PEC) n.º 209/2012, com proposta de alteração do art. 105 da Constituição Federal, especificamente para a inclusão da *relevância da questão da federal infraconstitucional* como requisito para a admissibilidade dos recursos especiais dirigidos para o Superior Tribunal de Justiça (STJ). Pelo texto proposto, insere-se um § 1.º ao art. 105 da Constituição Federal com os seguintes dizeres: "No recurso especial, o recorrente deverá demonstrar a relevância das questões de direito federal

---

mesmo trabalho, a autora refere importantíssima afirmação feita em julgado relatado pelo Min. Humberto Gomes de Barros: "O STJ foi concebido para um escopo especial: orientar a aplicação da lei federal e unificar-lhe a interpretação, em todo o Brasil. Se assim ocorre, é necessário que sua jurisprudência seja observada, para se manter firme e coerente. Assim sempre ocorreu em relação ao STF, de quem o STJ é sucessor nesse mister. Em verdade, o Poder Judiciário mantém sagrado compromisso com a justiça e a segurança. *Se deixarmos que nossa jurisprudência varie ao sabor das convicções pessoais, estaremos prestando um desserviço a nossas instituições. Se nós – os integrantes da Corte – não observamos as decisões que ajudamos a formar, estaremos dando sinal para que os demais órgãos judiciários façam o mesmo. Estou certo de que, em acontecendo isso, perde sentido a existência de nossa Corte. Melhor será extingui-la*" (STJ, AgRg nos EDIv no REsp 228.432/RS, Corte Especial. Julgado citado mesma obra, mesma página – os itálicos são do original).

infraconstitucional discutidas no caso, nos termos da lei, a fim de que o Tribunal examine a admissão do recurso, somente podendo recusá-lo pela manifestação de dois terços dos membros do órgão competente para o julgamento".

Assim, de acordo com a proposta, o recurso especial em relação ao qual esteja ausente o requisito da relevância da questão federal manejada – *cujos critérios para a aferição de sua presença haverão de ser os mesmos da repercussão geral* – só poderá ser recusado segundo esse critério por decisão de dois terços dos membros do órgão competente para julgamento no STJ.

Em consonância com o que vimos estudando e afirmando há bem mais de duas décadas, parece-nos altamente salutar essa medida, proposta agora para o recurso especial e para o Superior Tribunal de Justiça.[42] E afirmamos isso assentados, fundamentalmente, em duas relevantes razões.

A primeira dela diz respeito, de perto, à natureza político-constitucional dos Tribunais Superiores, sobre a qual falamos linhas acima e, no particular, a do Superior Tribunal de Justiça.

A função primordial do STJ – que até o advento da Constituição Federal de 1988 vinha sendo desempenhada pelo STF – *é a manutenção do prevalecimento da lei federal e da uniformização do entendimento a respeito da lei federal*.[43] É dizer, a função do recurso especial, guardião que é da inteireza do sistema jurídico federal infraconstitucional, é uma exigência síntese do Estado federal em que vivemos.

---

[42] No ano de 1991 já defendia a adoção da relevância (= repercussão geral) para o recurso especial. Nesse estudo, escreveu que às Cortes Superiores compete fixar *princípios,* por meio de *ensinamentos,* "quer enquanto confirmem decisões de Tribunais inferiores, quer quando as não confirmem, censurando-as". E ainda referindo a experiência estrangeira análoga, para o direito federal, sustentamos que: "Ainda que entre nós dependa de reforma constitucional, parece-nos que o caminho mais adequado seria o restabelecimento da arguição de relevância" (Cf. ARRUDA ALVIM NETTO, José Manoel de. O antigo recurso extraordinário e o recurso especial (na Constituição Federal de 1988). In: TEIXEIRA, Min. Sálvio de Figueiredo (Coord.). *Recursos no Superior Tribunal de Justiça.* São Paulo: Saraiva, 1991. p. 154, e também nota 17, desta mesma citada página). Esse mesmo estudo, anos mais tarde, foi em parte modificado, revisto e ampliado, tendo sido publicado sob o título O recurso especial na Constituição Federal de 1988 e suas origens. In: WAMBIER, Teresa Arruda Alvim (Coord.). *Aspectos polêmicos e atuais do recurso especial e do recurso extraordinário.* São Paulo: RT, 1997. p. 13-47. Ver, ainda, de nossa autoria, A alta função jurisdicional do Superior Tribunal de Justiça no âmbito do recurso especial e a relevância das questões. *Revista de Processo,* São Paulo: RT, n. 96, p. 40, 1999.

[43] Conforme também bem ressalta Eduardo Arruda Alvim, *Recurso especial e recurso extraordinário,* p. 136, no sentido de que o recurso extraordinário tem por escopo o prevalecimento da ordem constitucional, ao passo que o recurso especial visa "a unidade e integridade do direito federal e infraconstitucional, em todo o território nacional".

É o STJ o Tribunal a quem compete fixar, com atributos de alta qualificação, o entendimento último da *lei federal* e que profere, no âmbito de sua competência, decisões paradigmáticas, que orientam a jurisprudência do País, sobretudo fixando a compreensão do direito federal. Disso decorre grande influência na formação da jurisprudência, ou seja, na formulação do Direito que deva ser aplicado a casos futuros.

O papel de prestígio que defendemos para o Supremo Tribunal Federal e para seus julgados é, a todos os títulos, plenamente equiparável àquele que se deve tributar ao julgamento e entendimento firmados pelo Superior Tribunal de Justiça. De igual forma, a mesma crítica, quanto ao volume excessivo de recursos a ele dirigidos, há de ser feita igualmente aqui: não tem sentido algum um Tribunal, com a função judicante do STJ, se ver compelido a examinar e a julgar em torno de 300 mil processos/recursos ao ano.

Relembre-se que o recurso especial é espécie de recurso excepcional e desmembramento do recurso extraordinário e da matéria que antes se confiava ao julgamento do Supremo Tribunal Federal pela via daquele recurso.[44]

O próprio cabimento do recurso especial – e em paralelo isso é verificável com o recurso extraordinário – está condicionado a uma série de requisitos próprios, precisamente em vista de sua natureza de constituir-se em recurso de estrito direito e da feição político-constitucional do STJ. Seus requisitos, tais como os do recurso extraordinário *stricto sensu*, estão inscritos no texto constitucional. Além disso, submetem-se à exigência de prequestionamento a necessidade de esgotamento dos recursos nas instâncias ordinárias, além da circunstância de não admitirem a revisão (mera) de fatos e da alegada injustiça da decisão recorrida. Em ambos os casos – recurso especial e recurso extraordinário – o mero sucumbimento é insuficiente para justificar seu manejo, diversamente do que se passa com a apelação, por exemplo.

É natural, portanto, por todos os motivos enunciados anteriormente, neste e em precedente estudo, que ao STJ deva ficar reservada a função de julgar apenas as causas de direito federal infraconstitucional efetivamente relevantes, pronunciando, então, decisões verdadeiramente paradigmáticas. Com a adoção da relevância, permitir-se-á afastar do âmbito dos trabalhos do Tribunal as causas que não têm efetivamente maior importância e cujo pronunciamento do Tribu-

---

[44] Ver, sobre o tema, passando pela análise da evolução do recurso extraordinário nos textos constitucionais do Brasil, até o recurso especial e sua previsão na Constituição de 1988, o excelente texto de Carlos Mário da Silva Velloso, O Superior Tribunal de Justiça – Competências originária e recursal. In: TEIXEIRA, Min. Sálvio de Figueiredo (Coord.). *Recursos no Superior Tribunal de Justiça*. São Paulo: Saraiva, 1991. p. 3-47, especialmente p. 28 e ss.

nal é injustificável. Entretanto, como se sublinhou, se, dentre essas, algumas se marcarem pela sua relevância, destas haverá de tomar conhecimento o Tribunal.

Temos de reconhecer, por isso, e na esteira do que já defendemos sobre o instituto da repercussão geral, que a tendência da adoção desses filtros de acesso aos Tribunais Superiores é irreversível e vem se consolidando em nosso sistema de justiça e em nosso ordenamento jurídico, e também universalmente. Parece-nos, por todas as razões da natureza federalista e política firmadas, impossível posicionar-se na contramão dessas alterações propostas (e, agora, a proposta de adoção de filtro análogo para o STJ), como se todo o aparato estatal estivesse disponível ao interesse subjetivo de cada caso concreto e de cada parte, independentemente de sua relevância social e do seu alto custo de manutenção.

Nessa perspectiva, não haveria razão de ser aos Tribunais Superiores se lhes coubesse, tão somente, apesar da nobreza, a função de revisar o interesse das partes do caso concreto. Refiro-me, aqui, ao sustentado por Calmon de Passos quanto ao enorme investimento público que se faz nesses tribunais para que sejam a *via crucis* dos litigantes para, ao final, nada colher a sociedade sobre isso; seria manifesta contradição não reconhecer a força vinculante das decisões de tribunais superiores.[45]

A impressão que temos, enfim, é a de que andou muito bem o legislador, ao propor o filtro de admissão para o STJ, análogo ao já instituído – e bem-sucedido – requisito da repercussão geral. O requisito da relevância confere distinção e dignidade ao STJ, possibilitando-lhe retomar a sua nobre função, há algum tempo mitigada.

4. ANOTAÇÕES FINAIS

De todo o sucintamente exposto verifica-se um notável decréscimo nos processos recursais do STF. De 2007 a 2012, nota-se sensível queda: foram distribuídos em 2007 quase 160 mil recursos; já em 2011, foram 38 mil. Além disso, de uma imensa redução na distribuição dos recursos (no importe de 72%), os dados publicados impressionam sob a perspectiva da redução no estoque de processos recursais, na faixa de 56%.

E essa, parece-nos, tem sido a faceta mais notada e amplamente mencionada do filtro da repercussão: o impacto na redução do volume de recursos. Desde a regulamentação da repercussão geral e sua entrada em vigor, em 2007, os números do STF apontam a tendência crescente de redução de processos entrados

---

[45] Cf. CALMON DE PASSOS, J.J. Súmula vinculante. *Gênesis – Revista de Direito Processual Civil*, n. 6, p. 632, set.-dez. 1997.

e distribuídos. Em 2006 foram 127.535 processos protocolados no STF, sendo notável a redução ocorrida em 2012, com 66.930 processos protocolados, o que corresponde a mais de 50% de processos a menos.

No entanto, sobretudo, temos que o maior benefício da adoção, entre nós, do instituto da repercussão social não é unicamente numérico, de redução do volume de processos do Supremo. Mais que isso, parece-nos que a repercussão geral potencializará no cenário judiciário a importância do papel do STF, e, paralelamente, o "dispensará" de pronunciar-se sobre assuntos rotineiros – cujo pronunciamento já não se justifica, e por inumeráveis argumentos. E, entre outras razões, também não se justifica pelo imenso trabalho carreado aos julgadores, como, ainda, certamente prejudica o julgamento de "casos importantes", estes, sim, merecedores de maior estudo, reflexão e debate.

Aliás, como assentamos precedentemente, "Ninguém honesto e de bom senso pode afirmar que possa haver expectativa social de que um Ministro – por dotado que seja e reunindo todos os qualificativos para integrar um tribunal culminante – profira milhares de votos no espaço de um ano. Pode-se dizer que é uma situação inusitada e, em realidade, anômala".[46]

Quando o Supremo Tribunal julga as causas que tenham repercussão geral, com esse qualificativo definitivamente agregado ao exercício das suas funções, em relação ao recurso extraordinário, conferir-se-lhe-á o perfil correto de que é merecedora essa Corte – e a Nação, enquanto credora de decisões-modelo – pela sua posição nos quadros do Poder Judiciário. Desnaturado e desperdiçado mesmo estaria – como esteve, ao longo desses últimos anos – o funcionamento do tribunal, se houvesse de continuar julgando todo e qualquer recurso, apenas e tão somente porque a parte está inconformada ou, ainda, quer adiar os efeitos da decisão proferida contra si.[47]

Julgando apenas determinadas causas, as portadoras de repercussão geral, isso conduzirá a que a projeção nos meios jurídicos e sociais, de decisões proferidas sobre tais recursos pelo STF, será muito maior do que vinha ocorrendo com as milhares de decisões já proferidas por aquela Corte. E, de fato, isso já é plenamente verificável, à medida que todo o Poder Judiciário – *e também*

---

[46] Cf. A EC n.º 45 e o instituto da repercussão geral. In: WAMBIER, Teresa Arruda Alvim; WAMBIER, Luiz Rodrigues; GOMES JÚNIOR, Luiz Manoel; FISCHER, Otávio Campos; FERREIRA, William Santos (Coord.). *Reforma do Judiciário*: primeiras reflexões sobre a Emenda Constitucional 45/2004. São Paulo: RT, 2005. p. 83.

[47] Cf. A EC n.º 45 e o instituto da repercussão geral. In: WAMBIER, Teresa Arruda Alvim; WAMBIER, Luiz Rodrigues; GOMES JÚNIOR, Luiz Manoel; FISCHER, Otávio Campos; FERREIRA, William Santos (Coord.). *Reforma do Judiciário*: primeiras reflexões sobre a Emenda Constitucional 45/2004. São Paulo: RT, 2005. p. 84.

os advogados, estudiosos, e a sociedade – passou a acompanhar, muito mais de perto, os pronunciamentos do Supremo Tribunal.

REFERÊNCIAS BIBLIOGRÁFICAS

AMORIM, Aderbal Torres de. *O novo recurso extraordinário*. Porto Alegre: Livraria do Advogado, 2010.

ARRUDA ALVIM NETTO, José Manoel de. *A arguição de relevância no recurso extraordinário*. São Paulo: RT, 1988.

_____. A EC n.º 45 e o instituto da repercussão geral. In: WAMBIER, Teresa Arruda Alvim; WAMBIER, Luiz Rodrigues; GOMES JÚNIOR, Luiz Manoel; FISCHER, Otávio Campos; FERREIRA, William Santos (Coord.). *Reforma do Judiciário*: primeiras reflexões sobre a Emenda Constitucional 45/2004. São Paulo: RT, 2005. p. 63-99.

_____. O antigo recurso extraordinário e o recurso especial (na Constituição Federal de 1988). In: TEIXEIRA, Min. Sálvio de Figueiredo (Coord.). *Recursos no Superior Tribunal de Justiça*. São Paulo: Saraiva, 1991.

_____. O recurso especial na Constituição Federal de 1988 e suas origens. In: WAMBIER, Teresa Arruda Alvim (Coord.). *Aspectos polêmicos e atuais do recurso especial e do recurso extraordinário*. São Paulo: RT, 1997. p. 13-47.

_____; ARRUDA ALVIM, Eduardo; ASSIS, Araken de. *Comentários ao Código de Processo Civil*. 2. ed. São Paulo: RT, 2012.

ASSIS, Araken de. *Manual dos recursos*. 4. ed. rev., atual. e ampl. São Paulo: RT, 2012.

BAUMBACH, Adolf; LAUTERBACH, Wolfgang; ALBERS, Jan; HARTMANN, Peter. *Zivilprozessordnung [Código de Processo Civil]*. 63. ed. München: C.H.Beck, 2005.

CALMON DE PASSOS, J.J. Súmula vinculante. *Gênesis – Revista de Direito Processual Civil*, n. 6, p. 632, set.-dez. 1997.

CASTILHO, Manoel Lauro Volkmer de. O recurso extraordinário, a repercussão geral e a súmula vinculante. *Revista de Processo*, São Paulo: RT, n. 151, set. 2007.

COUTO, Mônica Bonetti. *A repercussão geral da questão constitucional e seus reflexos no recurso extraordinário no direito processual civil brasileiro*. 2009. Tese (Doutoramento) – PUC/SP.

_____. O Supremo Tribunal Federal e a repercussão geral no direito processual brasileiro: notas de relevo. *Revista do Instituto do Direito Brasileiro da Faculdade de Direito de Lisboa*, Lisboa, ano 1, n. 5, p. 2.557-2.604. Disponível em: <http://www.idb-fdul.com/uploaded/files/2012_05_2557_2604.pdf>.

CRUZ E TUCCI, José Rogério. A "repercussão geral" como pressuposto de admissibilidade do recurso extraordinário. *Revista dos Tribunais*, São Paulo: RT, n. 848, jun. 2006.

DANTAS, Bruno. *Repercussão geral*: perspectivas histórica, dogmática e de direito comparado – questões processuais. São Paulo: RT, 2008.

FALCÃO, Joaquim. I Relatório Supremo em Números. O múltiplo Supremo: Supremo em Números, FGV, abr. 2011.

GOLDSTEIN, Thomas. Court Watch Supreme Court Review: analyzing the cert process, bringing order to chaos in the law: lawyers need to bring better cases for review – and the court need to resolve more lower-court conflicts. *Legal Times*, ano 24, n. 27, July 2, 2001. Disponível em: <https://lawschool.westlaw.com>.

HARTNETT, Edward A. Questioning certiorari: some reflections seventy-five years after the Judges' bill. *Columbia Law Review*, nov. 2000. Disponível em: <https://lawschool.westlaw.com>.

LUKE, Wolfgang. *Zivilproßessrecht [Direito processual civil]*. 9. ed. München: C.H.Beck, 2005.

MARINONI, Luiz Guilherme; MITIDIERO, Daniel. *Repercussão geral no recurso extraordinário*. São Paulo: RT, 2007.

OTEIZA, Eduardo. A função das Cortes Supremas na América Latina. História, paradigmas, modelos, contradições e perspectivas. *Revista de Processo*, São Paulo: RT, n. 187, p. 181 e ss., set. 2010.

PUTZO, Hans. *Zivilproßessrecht – Kommentar [Direito processual civil – Comentários]*. 27. ed. München: C.H.Beck, 2005.

ROSENBERG, Leo; SCHWAB, Karls Heinz; GOTTWALD, Peter. *Zivilproßrecht [Direito processual civil]*. 15. ed. München: Vergal; C.H. Beck, 1993.

_____; _____; _____. _____. 16. ed. München: C.H.Beck, 2004.

VELLOSO, Carlos Mário da Silva. O Superior Tribunal de Justiça – Competências originária e recursal. In: TEIXEIRA, Min. Sálvio de Figueiredo (Coord.). *Recursos no Superior Tribunal de Justiça*. São Paulo: Saraiva, 1991. p. 3-47.

TANIGUCHI, Yasuhei. O Código de Processo Civil japonês de 1996 – um processo para o próximo século? Tradução de José Carlos Barbosa Moreira. *Revista de Processo*, São Paulo: RT, n. 99, p. 50-73, jul.-set. 2000.

Theodoro Jr., Humberto. O poder de controle do cabimento do recurso extraordinário referente ao requisito da repercussão geral. In: MEDINA, José Miguel Garcia et al. (Coord.). *Os poderes do juiz e o controle das decisões judiciais – estudos em homenagem à Professora Teresa Arruda Alvim Wambier*. 2.ª tiragem. São Paulo: RT, 2008. p. 929-941.

WAMBIER, Luiz Rodrigues; WAMBIER, Teresa Arruda Alvim; MEDINA, Miguel Garcia. Repercussão geral e súmula vinculante – Relevantes novidades trazidas pela EC n.º 45/2004. In: WAMBIER, Teresa Arruda Alvim et al. (Coord.). *Reforma do Judiciário – primeiras reflexões sobre a Emenda Constitucional n.º 45/2004*. São Paulo: RT, 2005. p. 373-390

WAMBIER, Teresa Arruda Alvim. Estabilidade e adaptabilidade como objetivos do direito: *civil law e common law*. *Revista de Processo*, São Paulo: RT, v. 172, jun. 2009.

_____. Limites à chamada "discricionariedade" judicial. *Revista de Direito Público*, ano 24, n. 96, out.-dez. 1990.

_____. *Recurso especial, recurso extraordinário e ação rescisória*. 2. ed. (resultado de uma atualização e reformulação da obra *Controle das decisões judiciais por meio de recursos de estrito direito e de ação rescisória*). São Paulo: RT, 2008.

_____. Repercussão geral. *Revista do IASP – Instituto dos Advogados de São Paulo*, São Paulo, ano 9, n. 19, jan.-jun. 2007.

7

RELEVÂNCIA DA QUESTÃO FEDERAL E A FUNÇÃO CONSTITUCIONAL DO RECURSO ESPECIAL

BRUNO DANTAS
Advogado.
Doutor e Mestre em Direito (PUC/SP).
Ex-Conselheiro do Conselho Nacional de Justiça. Ex-Consultor-Geral do Senado Federal.

ISABEL GALLOTTI
Ministra do Superior Tribunal de Justiça.

SUMÁRIO: 1. Breve notícia histórica sobre o modelo brasileiro de proteção da unidade do direito objetivo federal – 2. As funções dos recursos para tribunais de cúpula; 2.1 Função nomofilática; 2.2 Função uniformizadora; 2.3 Função *dikelógica*; 2.4 Função paradigmática – 3. O modelo que consideramos adequado para o recurso especial, dadas as características do Brasil; 3.1 Relevância da questão federal preconizada desde a primeira república; 3.2 Exemplos internacionais; 3.3 Delineamento do modelo proposto – 4. Conclusão – Referências Bibliográficas.

1. BREVE NOTÍCIA HISTÓRICA SOBRE O MODELO BRASILEIRO DE PROTEÇÃO DA UNIDADE DO DIREITO OBJETIVO FEDERAL[1]

Até a promulgação da nossa Constituição, o Supremo Tribunal Federal (STF) era responsável pela manutenção da inteireza, autoridade e unidade de *todo* o

---

[1] Para um maior aprofundamento sobre esse tema, *ver* DANTAS, Bruno. *Repercussão geral*: perspectivas histórica, dogmática e de direito comparado – questões processuais. 3. ed. São Paulo: RT, 2012.

direito federal brasileiro, fosse o tema constitucional ou infraconstitucional. Com o advento da vigente Constituição, e a criação do Superior Tribunal de Justiça (STJ), essa competência foi fracionada, transferindo-se, ao então recém-criado tribunal, a função de zelar pelo direito federal ordinário, remanescendo para o STF o papel de ser o guardião da Constituição.

Antes de 1988, portanto, o STF concentrava as competências para zelar pela legislação federal tanto *infraconstitucional* quanto *constitucional*. Nesse período, ficou claro para a Corte o problema que decorria do nosso federalismo: uniformizar sozinho um imenso leque de ramos do direito federal aplicado por tribunais diversos, estaduais e federais.

É bem verdade que até mesmo nos Estados Unidos, cujo federalismo reserva aos Estados extensa gama extensa de competências legislativas, se verificou um movimento de alargamento dos poderes da União. No caso brasileiro, a Carta de 1891 pretendeu promover uma descentralização jurídica, que se revelou incompleta, pois a União monopolizava a competência legislativa sobre direito civil, penal e comercial. A Constituição de 1934, contudo, agravou muito o quadro, transferindo à União, também, a competência exclusiva para legislar sobre direito processual.[2]

Explica-se a concentração de competências nas mãos do poder central, em grande medida, pela formação do nosso federalismo. Enquanto nos Estados Unidos o federalismo se formou a partir das províncias, que gozavam de independência, para o poder central – o que, por essa razão histórica, revela até os dias de hoje a grande força que têm os seus Estados-membros –, no Brasil o processo foi diametralmente oposto: aqui a primeira Constituição Republicana, em 1891, tentou construir o federalismo partindo do poder central para os Estados.[3]

---

[2] Por isso José Afonso da Silva (*Do recurso extraordinário no direito processual brasileiro*. São Paulo: RT, 1963. p. 9), sob a égide da Constituição de 1946, afirma que, "[e]m realidade, pelo menos substancialmente, não se pode dizer, em face do sistema constitucional brasileiro, que exista justiça federal e justiça estadual. A unidade do sistema jurídico brasileiro impossibilita dois sistemas jurisdicionais, um federal e outro estadual. Uma jurisdição estadual em sentido próprio, local, não há, tampouco existe uma jurisdição federal; justiça federal e justiças estaduais inexistem, separadamente, no nosso sistema federativo. Por agora, convém fixar que temos uma Federação simplesmente no plano administrativo e no legislativo, assim mesmo com caráter moderado. Não no plano judiciário".

[3] José Afonso da Silva também identifica esse aspecto do nosso federalismo: "Partimos do unitarismo para a forma federativa, num processo inverso ao das federações americana e suíça; estas formaram-se da união de Estados soberanos, os quais conferiram, à União, parte de sua competência. No caso do Brasil, o contrário se deu, isto é, o Poder central, único, foi que transferiu, às comunidades regionais, a parcela de poder que, depois, vieram a possuir, constituindo-se em Estados autônomos" (op. cit., p. 5).

Tornou-se evidente que a concentração de poderes na União acabava se refletindo no tribunal incumbido de zelar pela integridade do direito federal constitucional e infraconstitucional, o STF. Como a competência para legislar tanto sobre direito material (civil, penal, comercial, agrário, eleitoral etc.) quanto sobre direito formal (processual civil e penal) era da União, conforme se extrai dos incisos XIX do art. 5.º da Constituição de 1934; XV do art. 5.º da Constituição de 1946; e XVII do art. 8.º da Constituição de 1967, é possível concluir que o modelo federativo era incompleto nesse tocante, havendo unidade do direito nacional.[4]

Certamente, essa unidade do direito nacional repercutia intensamente na uniformização da jurisprudência, pois o que se via era todos os tribunais dos Estados federados, além dos tribunais federais, interpretando os mesmos diplomas legais, e, em não raros casos, completamente alheios à jurisprudência firmada pelo STF.

A tarefa de manter a integridade do direito federal em um sistema com tais feições era por demais complicada, e já nos primeiros anos da nossa República despertou o interesse de estudiosos, que se apressaram em denominar o fenômeno da acumulação de processos ora de *crise do recurso extraordinário*, ora de *crise do Supremo Tribunal Federal*.

Após diversas tentativas de superação da *crise*,[5] experimentadas nas três primeiras décadas da segunda metade do século passado, a Constituição de 1988 adotou a solução proposta por José Afonso da Silva em 1963 na sua obra seminal para os atuais contornos do recurso extraordinário. Sustentava, desde então, esse eminente jurista que a solução para a crise do recurso extraordinário passava "por uma reforma constitucional, no capítulo do Poder Judiciário Federal, com o fim de redistribuir competências e atribuições dos órgãos judiciários da União".[6]

A partir dessa premissa, José Afonso da Silva monta sua proposta, dividida em três planos: "a) o plano dos direitos e interesses subjetivos, que, sob esse aspecto, e no processo ficará restrito ao sistema judiciário que conheceu da

---

[4] Cf. José Afonso da Silva, op. cit., p. 9.

[5] O advogado José Guilherme Villela, em trabalho publicado na *Revista de Informação Legislativa* em 1986, historia que, desde a Constituição de 1891 até 1986, foram autuados no STF 106.041 recursos extraordinários, além de milhares de agravos de instrumento (104.308) e arguições de relevância (30.266), o que fez atingir, em pouco menos de um século, 240.575 provocações de litigantes vencidos, com o propósito de buscar no Supremo a revisão de decisões locais. Assinalava que já se falava em crise do Supremo desde o remoto ano de 1915, mas que essa crise se acentuara a partir do final da década de 40, pois, até 1946, durante 56 anos de existência, foram ao STF pouco mais de 10.000 recursos extraordinários, enquanto nos últimos 39 anos (anteriores a 1986) lhe vieram mais de 96.000 recursos extraordinários, além dos numerosos agravos e arguições de relevância.

[6] Cf. José Afonso da Silva, op. cit. p. 454.

lide; b) o plano da inteireza, autoridade e unidade do Direito objetivo federal, para cuja sustentação se dará um instituto, que levará o processo judicial para além do sistema judiciário, ou seja, até o órgão de cúpula da estrutura judiciária correspondente, mas daí não passará; c) o plano da supremacia e das garantias constitucionais, para cuja efetivação haverá um instituto recursal, que carregará o processo para além da estrutura judiciária nacional, vale dizer, até o Supremo Tribunal Federal".[7]

Decerto, a ideia que se tinha era que, com a criação de uma nova Corte, o alívio para o STF seria tal que o mecanismo da arguição de relevância, vigente à época, seria de todo desnecessário. Com a criação do STJ, o âmbito de atuação do STF em recurso extraordinário foi reduzido, em face do fracionamento das matérias que anteriormente o integravam.

Após 1988, com a redação dos arts. 102, inciso III, e 105, inciso III, inaugurou-se no Brasil uma nova etapa no controle da integridade do direito federal. O fracionamento proposto por José Afonso da Silva e implementado pela Constituição dava indícios de que a crise que afligia o STF seria definitivamente afastada, apesar da incredulidade de parte da doutrina.

Por se reconhecer que a missão de uniformizar a jurisprudência respeitante ao direito federal infraconstitucional seria quantitativamente mais trabalhosa, dotou-se o STJ de *no mínimo* 33 membros, mantendo-se o STF com os mesmos 11 de que dispunha desde o Ato Institucional 6, de 1969.

O recurso que derivou do fracionamento do extraordinário foi batizado como *especial*, e a Constituição estabeleceu, nas alíneas do inciso III do art. 105, suas hipóteses de cabimento. Em suma, recortaram-se, do recurso extraordinário, as funções não relacionadas a questões constitucionais.[8]

No papel, a solução parecia perfeita, contudo, como observou Barbosa Moreira, a bipartição do antigo recurso extraordinário causou problemas de ordem prática, uma vez que passamos a ter "dois recursos em vez de um só, interponíveis ambos, em larga medida, contra as mesmas decisões". Com base nisso, conclui o processualista fluminense, "o sistema teria de ficar, como na verdade ficou, bastante complicado em mais de um ponto", acarretando "aumento considerável na duração do processo".[9]

---

[7] Cf. José Afonso da Silva, op. cit. p. 455.
[8] Barbosa Moreira caracteriza o recurso especial como "instrumento essencialmente destinado a proteger a integridade e a uniformidade de interpretação do direito federal infraconstitucional" (*Comentários ao Código de Processo Civil*. 12. ed. Rio de Janeiro: Forense, 2005. v. 5, p. 583).
[9] Ibidem.

A triste realidade, porém, é que a criação do STJ não resolveu a crise do recurso extraordinário, embora a Corte tenha contribuído enormemente para a consolidação da cidadania no Brasil, decidindo definitivamente temas fulcrais no campo infraconstitucional, com destaque para a interpretação de leis e decretos regulamentares de novos direitos econômicos, sociais e garantias estabelecidos pela Constituição de 1988.

Em vez de resolver a crise do recurso extraordinário, instalou-se um novo ponto de estrangulamento do sistema. As estatísticas revelam que, se antes tínhamos *apenas um* tribunal estorvado pelo volume de processos, agora temos *dois* sofrendo do mesmo mal![10]

Isso porque a criação do STJ, em 1988, não foi acompanhada de instrumentos eficazes de controle do número de recursos a ele dirigidos, tornando-o, na prática, uma corte de terceira instância, à qual qualquer pessoa pode submeter seu caso. A votação da EC 45/2004, como bem observa Arruda Alvim, desperdiçou a chance de estender ao recurso especial o pressuposto da repercussão geral.[11]

Parece-nos, porém, que o legislador não está insensível a essa demanda social, pois a *segunda etapa da Reforma do Judiciário*, que tramita em fase final na Câmara dos Deputados como Proposta de Emenda Constitucional (PEC) 358,

---

[10] O STJ passou a funcionar em 7.4.1989. Em seu primeiro ano, foram distribuídos 6.103 processos; no segundo, 14.087; no ano de 2007 registrou-se o ápice da distribuição: 313.364. O crescimento exponencial aponta para a insustentabilidade do atual modelo, a despeito das recentes tentativas legislativas de amenização do problema, em especial a Lei 11.276/2006, que atribui a qualidade de impeditivos do recurso de apelação aos enunciados da súmula dominante do STF e do STJ (art. 518, § 1.º, do CPC). Como efeito da Lei 11.672/2008, que permitiu a retenção, na origem, de processos sobre teses repetitivas, operou-se redução dos processos enviados ao STJ. Ainda assim, em 2012 foram distribuídos 289.524 processos, os quais tendem a ser aqueles cujas teses não são facilmente padronizáveis, especialmente na área do direito privado, de forma que a diminuição numérica, além de não ser expressiva, não reflete em igual proporção a redução da carga de trabalho. De abril de 1989 até dezembro de 2012, o STJ julgou o assombroso número de 4.164.668 processos. No que concerne ao STF, a curva somente se inverteu com a aplicação do sistema da repercussão geral.

[11] A EC n. 45 e o instituto da repercussão geral. *Reforma do Judiciário*: primeiras reflexões sobre a emenda constitucional n. 45/2004, p. 68. O eminente professor se utiliza de ironia para criticar a não adoção da repercussão geral para o recurso especial: "O que pode causar espécie é que – numa comparação – no plano do direito constitucional brasileiro haja *questões constitucionais que não provoquem repercussão geral*, ao passo que, no patamar relativo às *questões legais de direito federal*, todas elas provocam ou provocariam essa repercussão, dado não resultou instituído – ou, ainda, não resultou instituído – esse sistema, ou análogo, para o STJ. Ao menos pela diversidade de tratamento pelo legislador constitucional, pode-se concluir desta forma".

de 2005, prevê o acréscimo de outros três parágrafos ao art. 105 da Constituição, sendo o quarto o que nos interessa: "A lei estabelecerá os casos de inadmissibilidade do recurso especial".

Nessa proposta, segundo pensamos, o constituinte derivado pretende conceder ao legislador ordinário ampla margem de liberdade para reduzir a via de acesso ao STJ, inclusive pela exigência de repercussão geral, ou outra técnica qualquer, removendo óbice de difícil transposição consistente na necessidade de emenda à Constituição.

Essa proposta equipararia, de certo modo, o STJ aos demais tribunais superiores, que não têm suas competências descritas rígida e detalhadamente no texto constitucional. Com isso, remanesceriam rígidas exclusivamente as competências do STF.

Por sugestão do STJ, tramita também na Câmara dos Deputados outra proposta – a PEC 209/2012 –, que acresce parágrafo primeiro ao art. 105 da Constituição, com o seguinte conteúdo: "No recurso especial, o recorrente deverá demonstrar a relevância das questões de direito federal infraconstitucional discutidas no caso, nos termos da lei, a fim de que o Tribunal examine a admissão do recurso, somente podendo recusá-lo pela manifestação de dois terços dos membros do órgão competente para o julgamento".

Neste estudo, examinaremos as funções dos recursos para os tribunais de cúpula e explicitaremos por que entendemos que a instituição do filtro de relevância da questão federal é importante para que se realize com mais qualidade e efetividade o controle da inteireza, unidade e autoridade do direito objetivo federal, com reflexos positivos para a segurança jurídica.

2. AS FUNÇÕES DOS RECURSOS PARA TRIBUNAIS DE CÚPULA

Historicamente, apontam-se duas funções fundamentais que eram e, de certo modo, são exercidas pelos recursos dirigidos aos tribunais de cúpula: *(i)* função nomofilática e *(ii)* função uniformizadora.

Merece referência o fato de alguns doutrinadores entenderem que, de tão indissociáveis, essas duas funções representariam, na verdade, uma só. Filiamo-nos, porém, nesse particular, à corrente capitaneada por Calamandrei, para quem, embora a função uniformizadora aclare e integre a nomofilática, elas não estão necessariamente implicadas. O mestre italiano justifica seu ponto de vista com o argumento de que as hipóteses de cassação abrangem mais que a pluralidade simultânea de interpretações discordantes.[12]

---

[12] *La cassazione civile*. Milano: Fratelli Bocca, 1920. p. 104. v. 1.

Contemporaneamente, a doutrina – principalmente estrangeira – fala de diversas funções que, em última análise, a nosso ver, convergem para duas: a *dikelógica* e a paradigmática. Teremos a oportunidade, neste tópico, de esclarecer em que consiste cada uma delas, de modo a possibilitar, adiante, o enquadramento das funções clássicas, modernas e contemporâneas do RE.

2.1 Função nomofilática

A função nomofilática do recurso de cassação foi largamente explorada por Calamandrei em sua obra clássica.[13] A aplicação correta da lei na solução de uma lide assumiria dois vetores: o primeiro vinculado ao interesse público e o segundo associado ao interesse das partes processuais. Para as partes, portanto, a correta aplicação da lei consistiria em *interesse secundário*, pois a qualidade de *primário* era atribuída ao acolhimento da pretensão deduzida. Esclarecia Calamandrei que o interesse primário das partes, de ver suas pretensões acolhidas, se converteria no veículo do interesse do Estado em controlar a aplicação do direito objetivo.

Dois problemas centrais, todavia, surgem com o desenvolvimento do pensamento jurídico.

O primeiro, decorrente da crise do positivismo jurídico, consiste em questionar o objeto da tutela nomofilática. Se a concepção de *lei* e de sua *interpretação* sofreu profundas alterações, deixando de lado a noção clássica de que ao juiz caberia tão somente ser *la bouche de la loi* e assumindo uma ideia de realização da ordem jurídica tomada holisticamente, perdeu o sentido a tutela cega da *letra da lei*.

Isso, pensamos, é o pressuposto teórico das modernas correntes que falam em *nomofilaquia dialética* ou *tendencial*, de modo a significar essas expressões a persecução da unidade do *direito*, e não mais da *lei*, mediante a utilização de processos hermenêuticos que auxiliem na investigação da solução mais racional e afinada com preceitos constitucionais. Em outras palavras: utiliza-se um processo dialético para possibilitar ao juiz aferir, dentre as múltiplas interpretações possíveis, aquela que melhor equacione a lide.[14]

O segundo problema decorre diretamente do primeiro. Consiste em averiguar a viabilidade de, separando-se completamente as chamadas *questões de fato* das *questões de direito*, estabelecer um tribunal e um recurso cuja função seja tutelar exclusivamente a ordem jurídica (*ius constitutionis*), sem se preocupar com os interesses das partes postos em juízo (*ius litigatoris*).

---

[13] Idem, *passim*.
[14] Cf. Ferdinando Mazzarella. *Analisi del giudizio civile di cassazione*. 2. ed. Padova: Cedam, 2000. p. 28.

O fato é que a evolução do pensamento jurídico acarretou o desenvolvimento do conceito de função nomofilática, de modo que hoje é inegável que o recurso especial brasileiro possui essa função em relação ao direito objetivo federal infraconstitucional. Essa função, a nosso ver, ficou mais evidenciada no recurso extraordinário dirigido ao STF a partir do advento da repercussão geral.

2.2 Função uniformizadora

Essa função se dirige à conformação de uma unidade jurídica e à garantia do respeito aos *princípios da igualdade perante a lei e da legalidade*. Busca-se que haja uniformidade na aplicação e interpretação das regras e princípios jurídicos em todo o território submetido à sua vigência.

Os recursos dirigidos aos tribunais de cúpula dos diversos países, em atenção a essa função, se prestam a uniformizar a jurisprudência nacional, verificando, nos casos particulares que lhes são levados a exame, se as regras de direito material e processual foram bem aplicadas.

Mesmo nos países que tradicionalmente são dotados de cortes e recursos de cassação, embora originariamente a função desse recurso fosse estritamente nomofilática, a evolução do pensamento jurídico e a superação do positivismo tradicional revelaram a necessidade de se exercer, mediante o recurso de cassação, o controle sobre o ativismo judicial.[15]

É que, como modernamente o juiz assume o papel de realizar a ordem jurídica, mediante a investigação da solução mais justa e adequada para cada caso, dando concretude a regras e princípios que compõem o ordenamento jurídico, dessa criatividade judicial é natural que decorram interpretações conflitantes. O que não é natural, todavia, é que essas decisões conflitantes se cristalizem, ensejando a quebra do princípio da *uniformidade* da aplicação da lei federal em todo o território nacional e, portanto, da *igualdade perante a lei*.

E é a correção dessas distorções que compõe a essência da função uniformizadora dos recursos dirigidos aos tribunais de cúpula. Vale dizer, o que se persegue é a consagração de mecanismo hábil a ensejar que, no curso do processo interpretativo que precede a solução de um conflito levado ao Judiciário, haja a "prorrogação" da segurança e da estabilidade geradas no momento da edição da lei.

O fim último da função uniformizadora dos recursos para os tribunais de cúpula, segundo pensamos, é a *igualdade perante a lei*. Dessa compreensão, contudo, não deriva a conclusão de que tais recursos se prestam à defesa primária

---

[15] Cf. Javier López Sánchez, *El interés casacional*, p. 33 e ss.

do interesse das partes (*ius litigatoris*), conduzindo à transformação dessas cortes em terceira instância.

Concordamos, pois, com o espanhol Javier López Sánchez, e entendemos que, quando o centro de gravidade desse tipo de recurso está situado na defesa dos princípios da igualdade perante a lei e da segurança jurídica, entendida como previsibilidade, o interesse primário que é prestigiado, ainda que indiretamente, é o do Estado à pacificação social e à sua própria legitimação democrática.

O citado autor espanhol aborda a questão com acuidade, fazendo jus à transcrição: "As novas posturas interpretativas da cassação exigem dos tribunais que ocupam o grau supremo da organização jurisdicional que possam garantir a uniformidade da resposta jurisdicional ao tempo de sua adequada evolução ao ritmo das novas exigências dos negócios e, em seu caso, das mudanças ideológicas e da vida social. Mas estas exigências, que nascem dos reclamos por uma tutela adequada dos jurisdicionados, entendemos que não respondem ao *ius litigatoris*, pois a abertura da cassação não é exigida, em todo caso, diante do simples interesse que poderia impregnar a eventualidade de revisão de um pronunciamento jurisdicional desfavorável, mas tão somente quando resultar vulnerada a igualdade de tratamento entre os jurisdicionados e, em consequência, ameaçada a segurança jurídica, ao se tornar incerto o sentido que, no futuro, poderão adotar novos pronunciamentos jurisdicionais sobre questões iguais. Portanto, ainda que o interesse na atuação dos tribunais de cassação encontre seu sujeito imediato nos mesmos jurisdicionados, indiretamente é o Estado quem se encontra interessado em uma resposta judicial uniforme e certa diante das mesmas bases. A possibilidade de garantir uma resposta uniforme da organização jurisdicional estatal se apresenta como uma condição mais de legitimidade do poder estatal – em sua concepção mais geral –, como poder chamado a fazer possível a convivência social, mediante a erradicação da arbitrariedade, poder que ainda que não seja discutido por nenhuma outra instância, é consciente da necessidade de oferecer tal resposta, pois sua subsistência repousa de forma direta na mesma cidadania, segundo a teoria da legitimação democrática. Na manutenção da uniformidade da jurisprudência está implicado, em definitivo, o mesmo *ius constitutionis*".[16]

Transpondo esse raciocínio para o Brasil, é possível afirmar que o foco principal da função uniformizadora é a tutela dos princípios da igualdade perante a lei e da segurança jurídica.

Nesse sentido, a disposição contida no art. 847 do Anteprojeto de novo Código de Processo Civil elaborado pela Comissão de Juristas nomeada pelo Senado

---

[16] Op. cit., p. 38-39 (tradução livre).

da República reforça referido papel ao estabelecer que "[o]s tribunais velarão pela uniformização e pela estabilidade da jurisprudência [...]".

Na mesma esteira, o § 3.º do art. 944 do Anteprojeto: "Quando, por ocasião de incidente de resolução de demandas repetitivas, o presidente do Supremo Tribunal Federal ou do Superior Tribunal de Justiça receber requerimento de suspensão de processos em que se discuta questão federal constitucional ou infraconstitucional, poderá, considerando razões de segurança jurídica ou de excepcional interesse social, estender a eficácia da medida a todo o território nacional, até ulterior decisão do recurso extraordinário ou do recurso especial eventualmente interposto".

2.3 Função *dikelógica*

A palavra *dikelógica*, de origem grega, é composta pela partícula *dike*, que significa "justiça", e pelo pospositivo *lógiko*, cujo significado é "relativo à razão". Assim, a *função dikelógica* está associada à busca de justiça no caso levado ao tribunal, mediante a correta aplicação do direito. Trata-se, pois, da tutela do chamado *ius litigatoris*.

Nos recursos para os tribunais de cúpula, a opinião clássica é a de que a *função dikelógica* assumiria um papel secundário, de modo que as partes litigantes apenas eventualmente poderiam ser beneficiadas reflexamente pelo acolhimento de seu recurso, pois a função primordial seria a preservação do direito objetivo.

Entendemos que, tanto nos modelos francês e italiano quanto nos espanhol e alemão, a função *dikelógica* encontra-se presente, variando apenas a intensidade do seu exercício.

No Brasil, se nos fosse dado fazer uma comparação rudimentar, diríamos que a verificação da existência da função *dikelógica* é mais difícil do que na Espanha e mais fácil do que na França.

Na Espanha, que adota o modelo de *revisão*, no qual ao tribunal é dado julgar a lide, o recurso de cassação é admissível fundamentalmente em três casos: *(i)* quando estiver presente o assim chamado *interés casacional*; *(ii)* quando, sendo causa de natureza patrimonial, for excedida a *summa gravaminis* de 25 milhões de pesetas;[17] *(iii)* quando a sentença recorrida houver sido proferida para tutela de direitos fundamentais, com exceção dos arrolados no art. 24 da Constituição espanhola.[18]

---

[17] Esse valor foi convertido em € 150.000 pelo Decreto Real 1417/2001, que converteu para o padrão monetário da União Europeia as quantias previstas na *Ley de Enjuiciamiento Civil*.

[18] Com efeito, dispõe o art. 24 da Constituição da Espanha: "1. Todas las personas tienen derecho a obtener tutela efectiva de los jueces y tribunales en el ejercicio de sus derechos e intereses legítimos, sin que, en ningún caso, pueda producirse indefensión. 2.

O próprio legislador espanhol, no entanto, cuidou de descrever o que há de ser entendido como *interesse cassacional*: "Considerar-se-á que um recurso apresenta interesse cassacional quando a sentença recorrida se oponha a doutrina jurisprudencial do Tribunal Supremo ou resolva pontos e questões sobre os quais exista jurisprudência contraditória dos Tribunais Regionais ou aplique normas que não estejam em vigor há mais de cinco anos, sempre que, neste último caso, não exista doutrina jurisprudencial do Tribunal Supremo relativa a normas anteriores de conteúdo igual ou semelhante" (tradução livre do original).

Desse dispositivo é possível extrair que estará preenchido o requisito específico do *interesse cassacional*, viabilizando-se, se presentes os demais requisitos genéricos e específicos previstos pela legislação, o conhecimento do recurso de cassação, basicamente em dois casos: *(i)* quando houver dissenso pretoriano entre a decisão recorrida e o Tribunal Supremo, ou entre aquela e as cortes regionais; ou *(ii)* quando se tratar de *leading case*, a respeito de norma que esteja em vigor há menos de cinco anos.

Note-se, pois, que, tanto na hipótese da *summa gravaminis* quanto na da lesão a direitos fundamentais não processuais, a prioridade eleita pelo legislador espanhol foi a tutela do *ius litigatoris*. Apenas nos casos do *interés casacional* é que se busca precipuamente a função uniformizadora.

O caso da França é de mais simples análise, porém a menor intensidade da *função dikelógica* é patente. Dado o sistema de *reenvio*, que ainda hoje prevalece como regra naquele país, pensamos que esse aspecto é suficiente para reduzir a níveis baixíssimos a tutela do *ius litigatoris*. Com efeito, aqui o recorrente é beneficiado remotamente, pois o acolhimento de sua pretensão ou defesa dependerá da análise do órgão responsável pelo julgamento após o reenvio.

No Brasil, porém, a situação é intermediária. Os flancos que o STF e o STJ abriram para a interposição dos recursos extraordinário e especial, respectivamente, fizeram com que Barbosa Moreira contradissesse o que a imensa maioria

---

Asimismo, todos tienen derecho al Juez ordinario predeterminado por la ley, a la defensa y a la asistencia al letrado, a ser informados de la acusación formulada contra ellos, a un proceso público sin dilaciones indebidas y con todas las garantías, a utilizar los medios de prueba pertinentes para su defensa, a no declarar contra sí mismos, a no confesarse culpables y a la presunción de inocencia". A restrição à tutela de direitos fundamentais de índole processual em sede de recurso de cassação se relaciona com uma opção do legislador da LEC/2000 de submeter as infrações processuais a outro tipo de recurso, a saber, o extraordinário por infração processual. Com isso, a uniformização da jurisprudência sobre matéria processual seria exercida pela Corte Suprema mediante o novel *recurso com interesse na lei*. Sobre o tema, vale conferir a lição de Javier López Sánchez (op. cit., p. 57).

da doutrina nacional sustenta. A toda evidência, o professor fluminense defende a existência da *função dikelógica* no RE a tutelar o *ius litigatoris*, conforme se observa da seguinte passagem: "No seu âmbito, contudo, parece excessivo negar que sirva de instrumento à tutela de direitos subjetivos das partes ou de terceiros prejudicados. Quando é interposto pelo Ministério Público na qualidade de *custos legis*, então, sim, visará de modo precípuo ao resguardo da ordem jurídica positiva, do direito objetivo; mas essa não é uma peculiaridade do recurso extraordinário, pois o Ministério Público, no exercício daquela função, se legitima à interposição de qualquer recurso".[19]

Pensamos que assiste razão ao mestre. Ao menos assistia em maior escala até a entrada em vigor da Lei 11.418, de 2006. Nossa opinião é de que o instituto da repercussão geral representa, no sistema brasileiro, um passo determinante no sentido do prestígio às funções nomofilática e uniformizadora, como resgate das funções clássicas que acabaram ofuscadas pelas contemporâneas. Nesse sentido, não se nos afigura incorreto afirmar que tanto a repercussão geral da questão constitucional quanto a relevância da questão federal representam uma volta ao passado.

Aliás, esse passo foi dado recentemente pela Alemanha, no ano de 2002, quando, mediante alteração na ZPO, suprimiu a *Wertrevision* e generalizou a *Rechtssache grundsätzliche Bedeutung* no recurso de revisão, e pelos Estados Unidos, em 1988, ao praticamente extinguir todas as vias de acesso recursal à Suprema Corte que não por *petition for certiorari*, mediante o *Supreme Court Case Selection Act*. O fenômeno tem se verificado em diversos outros países, como Argentina (Lei 23.774, de 1990) e Japão (CPC de 1996).

2.4 Função paradigmática

A função paradigmática ou persuasiva é exercida de forma bastante distinta em países de tradição romano-germânica e do *common law*.[20] Embora nos primeiros possa haver situações em que as decisões proferidas por órgãos de cúpula vinculam os órgãos jurisdicionais inferiores, essa não é a regra do sistema, que tem no direito objetivo a sua fonte primária. Ao contrário, no *common law*, não obstante as divergências entre os sistemas inglês e norte-americano, o respeito à eficácia vinculante dos precedentes é a força motriz que dá sustentação ao sistema, em razão da ausência de normas jurídicas escritas.

---

[19] *Comentários...*, cit., p. 582.
[20] Rodolfo de Camargo Mancuso disserta sobre a natureza jurídica da jurisprudência, debruçando-se especialmente sobre o sistema do *civil law* (*Divergência jurisprudencial e súmula vinculante*, p. 37-54).

Em regra, no direito brasileiro vigente, os precedentes têm autoridade persuasiva. Rodolfo de Camargo Mancuso, tratando do sistema adotado pelo Brasil, observa com acuidade que nosso modelo político-jurídico tem, como matriz, a lei, que foi eleita como parâmetro para o contraste e a exigibilidade das condutas, por força do princípio constitucional da legalidade.[21] Disso se conclui que "a jurisprudência, mesmo sumulada, não se reveste – *de lege lata* – de força coercitiva, ficando sua eficácia por conta da natural proeminência e respeitabilidade que o Tribunal emissor exerça junto às demais instâncias a ele reportadas".[22]

No Brasil, a regra é que cada decisão judicial só tenha eficácia entre as partes e os precedentes tenham caráter persuasivo, servindo tão somente de orientação para a livre convicção do juiz (CPC, art. 131), que pode ou não se filiar ao entendimento manifestado pelo tribunal.[23]

Apenas nas situações excepcionais previstas pelo próprio texto constitucional é que os precedentes desbordam da eficácia *inter partes* que lhes é peculiar, para alcançar efeito vinculante e eficácia *erga omnes*. Afora as hipóteses de processo objetivo (ADIn, ADC e ADPF), a Constituição apenas atribui tal efeito à súmula vinculante (art. 103-A).

Leis processuais recentes, todavia, têm aumentado a força dos precedentes emanados do Supremo e do STJ. A Lei 11.276/2006 introduziu no art. 518 do CPC o § 1.º, segundo o qual "o juiz não receberá o recurso de apelação quando a sentença estiver em conformidade com súmula do Superior Tribunal de Justiça ou do Supremo Tribunal Federal". A Lei 11.672/2008 criou o rito dos recursos representativos da controvérsia, a ser adotado quando houver multiplicidade de recursos com fundamento em idêntica questão de direito. Decidida a questão de direito federal pelo STJ após o processamento segundo o rito estabelecido no art. 543-C do CPC, com a redação dada pela Lei 11.672/2008, os recursos especiais pendentes de exame de admissibilidade no tribunal de origem, assim como os já remetidos ao STJ, terão o seguimento negado na hipótese de o acórdão recorrido coincidir com a orientação do STJ ou serão novamente

---

[21] *Divergência jurisprudencial...*, cit., p. 375.
[22] Ibidem.
[23] Rodolfo de Camargo Mancuso (*Divergência jurisprudencial...*, cit., p. 331) pondera que, "tirante a hipótese de súmula vinculante, a jurisprudência, *tout court*, ainda que sumulada, se torna impositiva apenas sob dois enfoques: para o próprio Tribunal (que, logicamente, prestigiará sua própria súmula) e em face do caso concreto em que fora suscitado o incidente de uniformização (CPC, art. 479). Isso porque, em relação aos demais casos análogos, pendentes ou futuros, a súmula, a rigor, opera uma *força persuasiva*, influindo (ainda que poderosamente) na convicção do julgador, mas sem *obrigá-lo*, propriamente, a perfilhar a tese assentada".

examinados pelo tribunal de origem se o acórdão divergir da orientação do STJ. Somente se mantida a decisão divergente, será feito o exame de admissibilidade do recurso especial. A consequência é séria: eventual iniciativa divergente da instância de apelação seria, em princípio, reformada pela própria Presidência do tribunal de origem, sequer chegando ao conhecimento do STJ a tentativa de alteração da jurisprudência.

A função paradigmática das decisões do STF e dos tribunais superiores, materializada no sistema brasileiro, entre outras maneiras, pelo elevado valor recentemente atribuído os precedentes, atinge o seu ápice no Anteprojeto do novo CPC, notadamente no já mencionado art. 847, que estatui que "Os tribunais velarão pela uniformização e pela estabilidade da jurisprudência, observando-se o seguinte: [...] IV – a jurisprudência do Supremo Tribunal Federal e dos tribunais superiores deve nortear as decisões de todos os tribunais e juízos singulares do país, de modo a concretizar plenamente os princípios da legalidade e da isonomia; [...]".

Robert Alexy também observou tal fenômeno, ponderando que atualmente, mesmo na Europa continental, atribui-se importância aos precedentes. Salienta que o objeto de discussão atualmente é a posição teórica dos precedentes, de modo que a disputa se concentra, sobretudo, na questão sobre se o precedente é ou não fonte de direitos.[24]

Ciente das dificuldades impostas pelo *civil law*, mas especialmente convencido da posição que os tribunais superiores ocupam na estrutura judiciária brasileira e das funções que são chamados a exercer, Arruda Alvim sustenta, com veemência, o caráter paradigmático das decisões dos tribunais de cúpula.

Escrevendo especificamente sobre o STJ, afirma, corretamente: "Conquanto a validade e a eficácia das decisões seja, normalmente, circunscrita às partes, as proferidas pelos Tribunais de cúpula transcendem o ambiente das partes, e com isto, projetam-se o prestígio e a autoridade da decisão nos segmentos, menor da atividade jurídica, de todos quantos lidam com o direito, e, mesmo em espectro maior, para a sociedade toda".[25]

E conclui: "As decisões do Superior Tribunal de Justiça configuram o referencial máximo em relação ao entendimento havido como o correto em relação ao direito federal infraconstitucional".[26]

---

[24] Robert Alexy, *Teoria da argumentação jurídica*, p. 258.
[25] A alta função jurisdicional do Superior Tribunal de Justiça no âmbito do recurso especial e a relevância das questões, p. 38.
[26] Ibidem.

O adequado desempenho, todavia, da função paradigmática por um tribunal de cúpula, a nosso ver, pressupõe um requisito essencial: suas decisões devem gozar do respeito da sociedade, dos membros do próprio Poder Judiciário e dos demais órgãos da Administração Pública. Para tanto, concorrem alguns fatores como a honorabilidade dos seus membros, a legitimidade do procedimento perante a Corte, a fundamentação, uniformidade e estabilidade das suas decisões, entre outros. Em suma, devem causar sensação geral de que a justiça foi feita.

Por reputar importantes essas nuances, o Anteprojeto do novo CPC reservou normatização emblemática para o caso de haver mudança de orientação dos tribunais superiores e do STF, exigindo fundamentação adequada e específica e permitindo a modulação de efeitos. Confira-se, a propósito, a redação do inciso V e do § 1.º do multicitado art. 847:

"Art. 847. [...]

V – na hipótese de alteração da jurisprudência dominante do Supremo Tribunal Federal e dos tribunais superiores ou daquela oriunda de julgamento de casos repetitivos, pode haver modulação dos efeitos da alteração no interesse social e no da segurança jurídica.

§ 1.º A mudança de entendimento sedimentado observará a necessidade de fundamentação adequada e específica, considerando o imperativo de estabilidade das relações jurídicas

[...]".

O Anteprojeto inova mais: atribui efeito vinculante às decisões tomadas em incidente de resolução de demandas repetitivas, autorizando o cabimento de ação de reclamação para fazer valer o precedente da corte de onde haja emanado o acórdão.[27]

3. O MODELO QUE CONSIDERAMOS ADEQUADO PARA O RECURSO ESPECIAL, DADAS AS CARACTERÍSTICAS DO BRASIL

3.1 Relevância da questão federal preconizada desde a primeira república

Em entrevista concedida ao periódico *O Jornal*, em 13.02.1931[28], o Ministro Pires e Albuquerque comentou a reforma empreendida no Supremo Tribunal

---

[27] "Art. 906. Não observada a tese adotada pela decisão proferida no incidente, caberá reclamação para o tribunal competente."
[28] Pires e Albuquerque foi nomeado Ministro do STF em 1917. Em 1919, escolhido pelo Presidente da República, dentre os Ministros do Tribunal, como determinava a Consti-

Federal pelo Decreto 19.656/1931, o qual, a par de reduzir de 16 para 11 o número de membros do Tribunal, previu o julgamento por turmas, com o afirmado propósito de ensejar o despacho em curto prazo dos processos que a cada ano se acumulavam em número sempre crescente.

Opunha-se Pires e Albuquerque à divisão do Supremo Tribunal em turmas, entendendo que "o julgamento por turmas enfraquece a autoridade, o prestígio moral das decisões, quebra a uniformidade dos julgados e não resolverá o problema".

Traçou paralelo com a crise da Suprema Corte americana, que, no ano de 1890, desenvolvendo uma atividade sem precedentes, conseguira julgar 610 causas, bastante superior à média anual de 450 processos, deixando sem julgamento 1.190 feitos. Lembrou que a comunidade jurídica americana não cogitou de fracionar o Tribunal em Turmas, alterar o número de seus membros, reduzir-lhe as férias de quatro meses anuais, considerando ainda de toda a conveniência manter o dispositivo regimental que lhe proíbe julgar mais de cinco causas por sessão. "Não queremos a celeridade com o sacrifício do acerto das decisões, clamaram os juristas americanos."

Resolveu-se, então, a crise da Suprema Corte, aliviando-lhe a carga de processos. Referia-se Pires e Albuquerque ao *Judiciary Act* de 1891 e ao *Judiciary Act* de 1925, por meio dos quais foram, em um primeiro momento, criadas as Cortes Intermediárias e, posteriormente, estabelecida a *discretionary review*.

Descrevendo o que se passava no Supremo, relatou que, naquele momento (1931), o acervo de processos pendentes de julgamento era de 3.521 e o Tribunal recebia, em média, mais de 1.000 processos por ano, já tendo em certos anos recebido para cima de 5.000. Narrou o magistrado que, à falta de providências legislativas, o Supremo reformou o seu regimento para elevar a três o número das sessões semanais e adotar, nos estreitos limites de sua competência, medidas que acelerassem os julgamentos. "Graças a estas providências e ao conjugado, ingente esforço de seus juízes, numa luta inglória e desigual com o impossível, vem realizando o milagre de julgar anualmente em média (não 450) mais de 2.200 processos."[29]

---

tuição de 1891, para exercer a função de Procurador-Geral da República, o que perdurou até o final da Revolução de 1930. Aposentado compulsoriamente pelo Decreto 19.711, de 18.02.1931. A entrevista consta do livro *Culpa e castigo de um magistrado*, 3. ed., Curitiba: Hunos Editorial, 1972, p. 141-147.

[29] Nessa época, além de julgar recursos extraordinários, o Supremo era a segunda instância da Justiça Federal, o que somente deixou de ocorrer com a instalação do Tribunal Federal de Recursos em 1947.

Era chegado o momento de operar-se, no Brasil, a reforma judiciária promovida nos Estados Unidos, clamou, Pires e Albuquerque, dando o seu diagnóstico: o remédio aplicado pelo Decreto 19.656/1931 não atalhava o mal nas suas fontes: "o mal procede, não de se julgar pouco, mas de virem ao Tribunal mais processos do que um Tribunal pode razoavelmente despachar. A celeridade das decisões é, não há dúvida, uma das condições da boa justiça; mas não a única. O que antes de tudo se quer é o acerto e este não dispensa o estudo demorado das questões e exige que sejam resolvidas com ponderação, sem impaciências e sem atropelos".

Passadas décadas, enormemente agravada a crise do recurso extraordinário, Victor Nunes Leal em artigo intitulado "Aspectos da Reforma Judiciária", publicado em 1965,[30] comentou, com a argúcia e a objetividade que lhe eram peculiares, as várias soluções então aventadas para a chamada crise do Supremo Tribunal, dentre as quais o aumento do número de ministros; a criação de outra Turma; o uso prévio da ação rescisória; a supressão do cabimento de recursos por contrariedade à lei federal, remanescendo apenas o recurso por divergência; a criação de Tribunal Superior de Justiça e de Corte Constitucional e a arguição de relevância, cada uma delas defendida e combatida por expressivas opiniões de teóricos e práticos do direito.

Após apontar os inconvenientes de todas as demais alternativas, consistentes em critérios rígidos de redução da competência do Tribunal ou de divisão interna da sua competência entre as Turmas,[31] defendeu a adoção de um "sistema flexível de redução de seus encargos", mas "sem mutilação de sua competência", tomando como paradigma a experiência americana.

Preconizou Victor Nunes Leal fosse exigida, para a admissibilidade dos recursos extraordinários e dos recursos em mandado de segurança, além dos requisitos constitucionais então existentes, a relevância da questão federal, o que deveria ser aferido pelo Supremo Tribunal. "Esta válvula não somente

---

[30] *Revista de Informação Legislativa* 7, p. 19-33, set. 1965. Segundo narra Victor Nunes, neste artigo, em 1964 o STF julgara 7.849 processos, dos quais 6.500 pertenciam às classes de recurso extraordinário (e agravos) e recursos de mandado de segurança.

[31] Victor Nunes defende como solução ideal "não a multiplicação das Turmas, porém a sua abolição, para evitar os numerosos casos em que há dois julgamentos do mesmo processo no Supremo Tribunal Federal em vez de um só". Sustenta que a existência de Turmas torna imprescindível a existência de recurso para o Tribunal Pleno, pois do contrário cada turma teria a sua própria jurisprudência, frustrando uma das principais funções do Supremo. Lembra que a Suprema Corte americana nunca funcionou em turmas, tendo sido objetada a ideia pelo Chief Justice Hughes sob o fundamento de inconstitucionalidade. Op. cit. p. 23-25.

reduziria o serviço do Supremo Tribunal a proporções exequíveis, como daria melhor teor doutrinário às suas decisões, em correspondência com sua posição de Tribunal de cúpula."

Não se furtou o eminente magistrado a expor e refutar todas as objeções que se faziam ao critério da relevância, notadamente, a sua imprecisão e subjetividade.

Definiu como balizamento primordial o interesse público. A decisão a ser tomada deve possuir "reflexo além do exclusivo interesse das partes litigantes". Exemplificou com questões acerca das atribuições de autoridades públicas de nível elevado, porque delas resulta a regularidade dos atos que praticarem; questões tributárias; questões pertinentes a norma legal que aplicada de uma forma, e não de outra, possa afetar todo um ramo de produção ou de comércio. Nos precedentes que o Tribunal fosse formando, seriam encontrados parâmetros acerca do pressuposto da relevância, de forma que a incerteza tenderia a se reduzir ao mínimo.

Acerca do subjetivismo, qualificou-o Victor Nunes como um "falso problema". Embora reconhecesse ser a objeção procedente em parte, ressaltou que "ela significa apenas que não há solução ótima para o problema das atribuições de um tribunal da natureza do Supremo Tribunal Federal ou da Corte Suprema. Teremos de nos contentar com as soluções mais razoáveis, que tenham menos defeitos, ou defeitos menos danosos [...]". "Não há critério algum, por mais rígido e objetivo que elimine totalmente o subjetivismo nas decisões judiciais. A ponderação é inerente à função de julgar, que consiste em pesar as razões de um lado e de outro lado." A propósito dos requisitos de admissibilidade do recurso especial, lembrou certo grau de subjetividade, diante de alguns casos concretos, do problema de saber se tal ou qual decisão de outro tribunal **interpretou** a lei, ou **violou** a lei; da sutil diferenciação entre **exame de prova** e **qualificação de prova**, entre outras questões, nas quais o conhecimento ou não do recurso extraordinário depende somente do "critério, discernimento, prudência e tirocínio dos juízes". A noção da alta relevância da questão de direito federal para resolver o problema do acúmulo de serviço do Supremo Tribunal seria, pois, "quanto à pecha de subjetivismo, apenas um outro aspecto de um problema inerente ao exercício da judicatura, concluiu".

Para atenuar essa inconveniência, que, na realidade, é antes peculiar à função de julgar, propugnou Victor Nunes fossem estabelecidos contrapesos que garantam a efetiva preponderância do interesse público. No caso da apreciação da relevância, valendo-se ainda do exemplo americano, propôs dois contrapesos: a adequada apresentação da questão federal relevante pelo recorrente, com possibilidade de resposta pelo recorrido e o número de votos necessários ao reconhecimento dessa relevância pelo Tribunal. Para tanto são necessários, nos EUA, apenas quatro votos, em certos casos três, ou seja, basta que a minoria dos membros do Tribunal concorde com a concessão do *certiorari* para que a Corte conheça do recurso. Assim, afirma, "admitindo-se, apenas para argumentar, o descritério da maioria do Tribunal, seria difícil imaginar que nem três juízes, no total de onze, tivessem o critério necessário para fazer chegar ao Tribunal uma causa que fosse realmente relevante".

Decorridos 82 anos da entrevista de Pires e Albuquerque e 48 anos do artigo de Victor Nunes Leal, o Superior Tribunal de Justiça, instituído pela Constituição de 1988 para desafogar o Supremo Tribunal Federal, exercendo a função de uniformizar a interpretação do direito infraconstitucional, passou das médias de 2.000 julgamentos anuais, na primeira república, e 7.000 na década de 60, verificadas no Supremo Tribunal, para inacreditáveis 287.293 processos julgados apenas no ano de 2012, ficando pendentes de julgamento 237.697 ao final do ano.

Não era imprevisível a crise do Superior Tribunal de Justiça. Segundo se colhe do artigo já citado de Victor Nunes Leal, manifestar-se contra a criação de um novo Tribunal para assumir o julgamento dos recursos de natureza extraordinária em matéria infralegal retiraria do Supremo Tribunal cerca de 94% dos processos que julgava em 1965.[32]

Atualmente, a crise vem assumindo dimensão exponencial. O aumento do número de membros não resolveria, sequer mitigaria o problema, salvo se alcançasse o Tribunal várias centenas de membros, divididos em dezenas de Turmas, o que inviabilizaria seu papel constitucional de uniformização do direito federal ordinário, institucionalizando-o como mera terceira instância, em cadeia sucessiva de recursos, a qual somente posterga o término dos litígios, sem contribuir para a melhoria e racionalidade do sistema.

O remédio não pode ser outro, portanto, a nosso sentir, que não o defendido há décadas por Pires e Albuquerque e Victor Nunes Leal: diminuir o número de processos que acorrem ao Superior Tribunal de Justiça, a fim de lhe ensejar condições adequadas para exercer plenamente a função paradigmática inerente a seu relevantíssimo papel de guarda da inteireza, unidade e uniformidade do direito federal infraconstitucional.

Como já enfatizado, o estabelecimento de mecanismos que reforçam a função paradigmática do recurso especial, sobretudo a súmula impeditiva e o rito dos recursos representativos da controvérsia (Lei 11.672/2008), torna ainda mais vital o aprimoramento da qualidade das decisões de mérito do Superior Tribunal de Justiça, na medida em que impedem o acesso dos recursos acerca de questões já decididas ao Tribunal, muito dificultando a possibilidade de alteração da jurisprudência uma vez consolidada.

---

[32] Op. cit., p. 34.

Tal evolução do sistema se, por um lado, tem o inconveniente de frear o debate e diminuir o tempo de amadurecimento das questões nas instâncias inferiores do sistema judiciário, por outro, propicia a imprescindível igualdade entre os jurisdicionados e a segurança jurídica indispensáveis ao progresso do País.

Urge, portanto, na mesma medida do necessário aumento da força de seus precedentes, propiciar ao Tribunal condições reais de tempo de reflexão, estudo, sob os mais diversos ângulos, das questões federais relevantes, a serem decididas em caráter, na prática, impositivo para as instâncias inferiores.

A adoção do sistema flexível de redução de seus encargos, sem mutilação de sua competência, proposto por Victor Nunes Leal, sob a forma da arguição de relevância, parece-nos, nos dias de hoje, ainda mais necessário à realidade do sistema judiciário brasileiro, especialmente tendo em vista o fortalecimento da função paradigmática do recurso especial.

Penso que a subjetividade e imprecisão alegadas como obstáculo ao sistema da relevância, inerentes à função de julgar, como enfatizado por Victor Nunes Leal, já são, no regime atual, marcantes na fase de admissibilidade do recurso especial.

Com efeito, para fazer frente ao volume sempre crescente de processos, as decisões tornaram-se cada vez mais individuais, em detrimento da técnica de julgamento em colegiado. A crítica feita por Pires e Albuquerque ao fracionamento do Supremo Tribunal em Turmas, enfraquecendo a autoridade de suas decisões, hoje existe em relação ao fracionamento do Superior Tribunal de Justiça em órgãos individuais. A expressiva maioria dos recursos, cerca de 94,04%, é julgada singularmente pelos Ministros, havendo a interposição de agravos regimentais e embargos de declaração, julgados pelas Turmas sem direito à sustentação oral, em média, em apenas cerca de 29,21% dos casos.[33]

---

[33] Segundo dados colhidos pela Coordenadoria de Gestão da Informação do STJ, nos processos que tramitam perante a 1.ª Seção, competente para o julgamento de processos em matéria de direito público, o índice de julgamentos singulares no ano de 2013 foi de 96,30%, sofrendo agravos regimentais ou embargos de declaração que permitem seu julgamento pela Turma cerca de 35,81 % dos casos. Na 2.ª Seção, 3.ª e 4.ª Turmas, competente para o julgamento de processos em matéria de direito privado, o índice de julgamentos singulares no ano de 2013 foi de 99,25%, com agravos regimentais ou embargos de declaração em cerca de 26,63% dos casos. Na 3.ª Seção, responsável pelas questões penais, o índice de julgamentos singulares no ano de 2013 foi de 80,98%, com agravos regimentais ou embargos de declaração em cerca de 25,04% dos casos. O impressionante índice de julgamentos singulares nas Turmas de direito privado reflete o enorme percentual de prosaicas questões do dia a dia, envolvendo matéria de reexame de fatos e provas, além de inovações de teses, objeto de recursos para o STJ, como que para alcançar um terceiro julgamento, em outra apelação superposta, na inconformidade natural com o insucesso obtido nas instâncias inferiores.

As hipóteses de cabimento do recurso especial e, portanto, os obstáculos ao seu conhecimento decorrem de regras constitucionais análogas às previstas para o recurso extraordinário em matéria legal na Constituição de 1967. No entanto, o rigor na aplicação desses óbices tem endurecido na mesma escalada do avassalador número de processos que chegam ao Tribunal, fenômeno já observado desde os tempos do antigo recurso extraordinário, mas, sem dúvida, cada vez mais agravado.

A subjetividade na interpretação e na aplicação, caso a caso, mais ou menos rígida, dos diversos óbices é inerente à função de julgar recursos especiais, sendo, todavia, mais facilmente perceptível no sistema de julgamentos individuais da expressiva maioria dos milhares de recursos decididos anualmente no Tribunal.

Além da subjetividade inerente à definição, diante dos casos concretos, do que seja interpretar ou violar a lei, da sutil diferenciação entre exame de prova e qualificação de prova, mencionados por Victor Nunes, adiciono outros exemplos cuja subjetividade atormenta os profissionais do direito, no dia a dia, da elaboração dos recursos especiais, e acende controvérsias nos julgamentos, refletidas em infindável cadeia de recursos internos no âmbito do STJ.

Exemplo emblemático, cujo rigor na jurisprudência vem sendo acentuado, é o prequestionamento. O cabimento do recurso especial pressupõe que as partes tenham prequestionado a questão federal perante a instância ordinária e esta a tenha decidido. Não há dúvida de que tal requisito foi preenchido quando o acórdão enfrenta expressamente a matéria, referindo-se à literalidade do preceito legal questionado. Há hipóteses, todavia, em que se verifica que os julgadores tiveram em mira o dispositivo legal dado por contrariado, embora sem mencionar expressamente o artigo violado. Trata-se do prequestionamento implícito, cuja aceitação guarda inevitável grau de subjetividade.

Admitia o Supremo Tribunal Federal como prequestionada a questão federal se a parte a houvesse alegado em razões ou contrarrazões de apelação e, diante da omissão do Tribunal de origem, oposto embargos de declaração, mesmo que persistisse o acórdão recorrido omisso a propósito do tema (Súmulas 282 e 356 do STF). O Superior Tribunal de Justiça, em tal circunstância, não dá por satisfeito o requisito do prequestionamento (Súmula 211 do STJ). Cabe ao recorrente alegar, nas razões do recurso especial, ofensa ao art. 535 do CPC, a fim de ensejar a anulação do acórdão e o rejulgamento, na origem, dos embargos de declaração, após o que poderá vir a caber novo recurso especial.

Estabeleceu, ainda, o STJ nova exigência relativa ao prequestionamento da qual não cogitava a jurisprudência do STF: o prequestionamento deve dar-se nos votos vencedores, não sendo suficiente a análise da questão federal no voto vencido (Súmula 320 do STJ).

Outro exemplo: a demonstração da divergência. Registrou José Guilherme Villela, em artigo publicado em 1986,[34] que, em seus primórdios, o Supremo Tribunal dispensava o recorrente de comprovar a divergência com o STF, a pretexto de que o Tribunal deve conhecer a própria jurisprudência. Tal benignidade já era impensável, longínqua, na década de 80 do século passado. Hoje o recorrente, por força de expressa disposição legal, deverá fazer prova da divergência "mediante certidão, cópia autenticada ou pela citação de repositório de jurisprudência, oficial ou credenciado, inclusive em mídia eletrônica, em que tiver sido publicada a decisão divergente, ou ainda pela reprodução de julgado disponível na Internet, com indicação da respectiva fonte, mencionando, em qualquer caso, as circunstâncias que identifiquem ou assemelhem os casos confrontados" (CPC, art. 541, parágrafo único). Salvo caso de dissídio notório, não basta a citação das ementas dos paradigmas. Cumpre ao recorrente fazer o cotejo analítico dos acórdãos recorridos e paradigmas, a fim de demonstrar que, diante de circunstâncias de fato semelhantes, os acórdãos em confronto deram solução divergente à mesma questão jurídica (Regimento Interno do STJ, art. 255, § 1.º, Súmula 291/STJ). Exige-se hoje, também, que o recorrente indique o dispositivo legal a propósito do qual há a divergência invocada e que tenha sido objeto de apreciação pelos acórdãos em confronto. Percebe-se, aqui, intersecção dos requisitos da divergência e do prequestionamento.

No compreensível afã de demonstrar a divergência de forma cabal, muitos advogados fazem gráficos e esquemas comparativos, tornando longas, pouco objetivas e de difícil leitura as peças de recurso especial.

A subjetividade é, obviamente, inerente ao julgamento do que seja divergente, dadas as infinitas particularidades dos casos concretos que podem, ou não, descaracterizar o dissídio. Igualmente a verificação da suficiência da demonstração da divergência nas razões de recurso especial para atender ao requisito constitucional, legal e regimental, ou a qualificação como "dissídio notório", são exercitados com ponderação e discernimento, mas com inevitável carga de subjetividade, pelos órgãos julgadores do Tribunal.

Não comporta o escopo deste trabalho a citação de outros vários exemplos. O fato é que os obstáculos, cada vez mais subjetivos e rigorosos, têm tornado a tarefa de interpor recursos especiais exercício de casuística de óbices, cujo domínio pleno somente tem o pequeno número dos que militam diariamente no STJ, impedindo o exame do mérito pelo Tribunal de centenas de milhares de recursos. O conhecimento de questões relevantes é frequentemente sacrificado por defeitos formais intransponíveis dos recursos.

---

[34] VILLELA, José Guilherme. *Revista de Informação Legislativa*, ano 23, n. 89, jan.-mar. 1986.

Centenas de milhares de recursos especiais chegam anualmente, sem filtro algum, ao STJ. Envolvendo a alegação de ofensa à lei federal – eventualmente determinado artigo do CPC a propósito da intimação de certa testemunha – há questões como acidentes de trânsito, brigas entre vizinhos, inquilinos e locadores, quantificação de pensão alimentícia, partilha de bens, divergências contratuais que não transcendem o interesse das partes; isso ao lado de outras – valiosíssimas ou de inexpressivo conteúdo econômico – de relevante influência na organização do sistema jurídico, na vida cultural, social, econômica, política do País. Significativa parte do tempo dos membros do STJ atualmente é empregada na identificação, interpretação e aplicação de dezenas de óbices ao conhecimento dos recursos, tempo este que poderia ser dedicado ao estudo e amadurecimento de teses de relevância para todo o sistema jurídico pátrio.

A gravidade da situação, a dificultar sobremaneira o exercício de suas funções constitucionais, não tem passado despercebida pelo Tribunal, como se verifica de alguns julgados em que flexibilizado o rigor de alguns óbices para que questão relevante pudesse ser apreciada pela Corte. Como exemplo, lembramos o AgRg no Ag. 1.322.327/RJ, sob a relatoria do Ministro João Otávio de Noronha, em que se decidiu que, "ostentando a questão federal ventilada no recurso especial relevância jurídica, econômica e social a desafiar o conhecimento do apelo, propicia-se ao STJ que se proceda à interpretação final da lei federal e, por conseguinte, se desincumba de sua missão constitucional de assegurar a inteireza do direito federal infraconstitucional". Tratava-se, no caso, de relevar pequeno defeito da formação de traslado de agravo de instrumento, não alegado em contrarrazões pela parte adversária, e que se considerou não prejudicar a compreensão da controvérsia.

Também no AgRg no REsp 1.347.719/PR, relator Ministro Luis Felipe Salomão, se entendeu que, "em atenção à missão do Superior Tribunal de Justiça, o rigor formal no exame de admissibilidade do agravo pode ser amenizado, diante da relevância econômica da questão federal trazida no recurso especial".

A multiplicação de óbices – cuja aplicação, como visto, é marcada por inerente grau de subjetividade – tem conduzido o Tribunal, em determinados casos concretos, a adotar também a subjetividade para a finalidade oposta, ou seja, para flexibilizá-los, em hipóteses em que o exame do recurso especial se impõe a bem do sistema. Caminha-se paulatinamente, já, portanto, para a prática da ideia arguição de relevância, como imperativo de sobrevivência do STJ na qualidade de tribunal de uniformização do direito federal.

Entendemos, portanto, que a regulamentação constitucional e legal do instituto da relevância da questão federal dará maior objetividade e transparência ao sistema, do que vem ocorrendo na conjuntura atual.

Terão os advogados condições de avaliar a relevância das questões federais em debate e aconselhar seus clientes a não interpor o recurso especial ou a fazê-lo, cientes das chances de sucesso ou insucesso. Não há dúvida de que todas as causas são importantes para as partes envolvidas. Entretanto, aquelas cuja solução não tenha repercussão que ultrapasse os interesses dos litigantes, já julgadas em duas instâncias, terão sua tramitação abreviada, com possibilidade de acordos mediados pelos respectivos advogados, cientes da inviabilidade de recursos perante o STJ. Será, certamente, mais fácil para o advogado convencer seu constituinte da improbabilidade de conhecimento de recurso especial em causa obviamente sem repercussão do que, posteriormente, explicar-lhe o insucesso do cabível recurso, sob o fundamento de que – a despeito de haver insistido em determinada questão federal desde a inicial, a reiterado em apelação e em embargos de declaração – o apelo não foi conhecido, por deficiência de prequestionamento (a questão fora apreciada apenas pelo voto vencido e, no recurso especial, não se alegou violação ao art. 535 do CPC, Súmulas 211 e 320); ou porque a demonstração analítica do dissídio nas razões do especial não foi julgada suficiente.

Com o filtro da relevância, prevemos que será retrilhado o caminho inverso, no sentido do retorno ao julgamento colegiado e do abrandamento do rigor dos óbices, em situações limítrofes, por exemplo, no tocante ao exame da explicitude do prequestionamento materialmente verificado no conteúdo do acórdão. O Tribunal terá condições reais de dedicar mais tempo ao imprescindível estudo e reflexão dos temas de direito federal relevantes. Será mais amplamente propiciado o debate das causas nos órgãos colegiados, senão no Tribunal Pleno, pelo menos nos órgãos fracionários colegiados competentes, com sustentação oral e amadurecimento das teses, fortalecendo "a autoridade, o prestígio moral das decisões" a que se referiu Pires e Albuquerque, no distante ano de 1931, com atualidade inegável no presente.

3.2 EXEMPLOS INTERNACIONAIS

Dentre os modelos de critério de relevância para apreciação de recursos por tribunais de cúpula existentes no cenário internacional, destacamos o americano e o alemão.

A Suprema Corte americana, desde o *Judiciary Act* de 1891 e, sobretudo, do *Judiciary Act* de 1925, dispõe de ampla discricionariedade para decidir que recursos vai julgar (*discretionary review*). Ives Gandra da Silva Martins Filho,[35] em artigo a propósito do critério da transcendência no recurso de revista, relata que, no ano de 1997, enquanto as Cortes Federais americanas recebe-

---

[35] O critério da transcendência no recurso de revista. *Revista do Tribunal Superior do Trabalho*, ano 66, n. 4, p. 41-62, out.-dez. 2000.

ram um total de 1,7 milhão de processos e as Cortes Estaduais alcançaram 87 milhões de causas ajuizadas, litigiosidade muito superior à brasileira no mesmo período, a Suprema Corte não recebeu mais de 8 mil processos, dos quais, em 1998, apenas 94 foram efetivamente julgados. Os demais não obtiveram o *writ of certiorari*, ou seja, foram rejeitados sem maiores considerações, sem exame do mérito. Em cerca de 7.700 novos processos, no ano judiciário de 2008/2009, foram admitidos para julgamento de mérito apenas 85 casos.

É aceito para julgamento o caso que obtiver a concordância de quatro juízes (*rule of four*). Os critérios para admissão envolvem fatores não somente jurídicos, mas também políticos. Não basta que o recorrente demonstre erro de direito; deve mostrar que é essencial para o sistema a solução de sua causa pela Suprema Corte. Dentre os fatores que costumam justificar a concessão *writ of certiorari*, menciona Ives Gandra divergência na interpretação da legislação federal, desrespeito notório aos procedimentos judiciais correntes e repercussão geral de determinada questão de legislação federal.

Na Alemanha, a Constituição assegura o acesso à Justiça, mas não o direito ao percurso das instâncias subsequentes. O processo civil alemão permite acesso individual ao *Bundesgerichtshof*, o Tribunal alemão equivalente ao STJ brasileiro, para causas cíveis e criminais, na forma de recurso especial, denominado *Revision*, contra decisões definitivas na instância de apelação. O recurso deve basear-se somente em violação, pelo acórdão recorrido, de direito federal ou de um preceito cujo âmbito de validade se estenda para além da jurisdição do Tribunal de Justiça do Estado. Desde a reforma processual de 2002, o recurso tem lugar somente se admitido pelo Tribunal de Apelação ou com o provimento de um agravo pelo próprio *Bundesgerichtshof*, nas causas de valor superior a 20.000 euros.[36] Excepcionalmente, com a concordância da parte adversária, admite-se a supressão da instância de apelação e o envio direto do recurso ao *Bundesgerichtshof*, o chamado "recurso especial saltado".

O recurso deve ser admitido, em princípio, quando a matéria for relevante e não repetitiva, vale dizer, quando houver repercussão geral da questão federal, transcendendo o interesse público na decisão da causa ao mero interesse das partes envolvidas; quando for exigido um pronunciamento do STJ para o desenvolvimento do Direito; ou para o asseguramento de uma jurisprudência

---

[36] Dado extraído de palestra proferida pelo Ministro Joachim Bornkamm, no Seminário Internacional Brasil Alemanha Pontes de Miranda, em 2010, sobre O recurso especial (*revision*) e as novas tendências na jurisprudência do Superior Tribunal de Justiça (*Bundesgerichtshof*) (*Cadernos do Centro de Estudos Judiciários do Conselho da Justiça Federal*, n. 26, 2010).

uniforme. Nesse caso, assinala o Professor Alexander Bruns[37] que "mesmo erros evidentes na aplicação do direito não fundamentam a admissibilidade do recurso especial, salvo se houver o perigo de repetição e reprodução do julgado". E prossegue: "admite-se o perigo de repetição no caso de afastamento contínuo da jurisprudência do tribunal superior, e neste caso o *Bundesgerichtshof* exige adicionalmente que o Tribunal de Apelação tenha adotado uma decisão divergente 'de maneira censurável', isto é, com conhecimento da jurisprudência do Tribunal Superior. Perigo de repetição e reprodução ocorre, por exemplo, quando o fundamento do acórdão recorrido se baseia numa compreensão equivocada de uma jurisprudência do *Bundesgerichtshof* ou quando se esperam uma generalização e uma grande quantidade de casos futuros, ou, ainda, quando o Tribunal da Apelação reconhecidamente partiu de uma premissa equivocada não presente no texto. O critério decisivo é, portanto, sempre, se e em que medida o erro na decisão prejudica duradouramente o interesse geral". Esclarece, ainda, o mencionado professor que, se o acórdão recorrido tiver dois fundamentos, cada um deles suficiente, deve a ambos os fundamentos ser atribuída relevância fundamental para que o recurso seja admitido.

O Professor Alexander Bruns aplaude a reforma processual alemã de 2002, por franquear o recurso especial naqueles casos que, para a Administração da Justiça como um todo, têm maior relevância. Ressalta, todavia, a tensão entre os pressupostos legais de admissibilidade do recurso e a tutela jurídica individual, afirmando que o "esforço por uma decisão de admissibilidade transparente e vinculada juridicamente na forma de filigranas legislativas naufraga num preciosismo detalhista, como a jurisprudência e doutrina demonstram na realidade e na práxis do recurso especial, que a decisão de admissibilidade orientada ao bem comum, sem deixar espaço para qualquer discricionariedade judicial – quando muito –, pode ser tomada em situações limítrofes apenas em parte e com enorme esforço". Uma restrição de admissibilidade de recursos especiais fundamentada apenas na relevância não tem, em seu entender, base no sistema jurídico alemão.

3.3 DELINEAMENTO DO MODELO PROPOSTO

Comparando os sistemas alemão e o americano, observamos o contraste entre a admissibilidade sujeita à livre discricionariedade na Suprema Corte americana e a admissibilidade legalmente condicionada no processo civil alemão, a respeito da qual afirmou o Professor Alexander Bruns, na palestra já citada,

---

[37] Palestra proferida no II Seminário Internacional Brasil Alemanha Thompson Flores, em 2011, sobre os Pressupostos de admissibilidade do recurso especial no STJ alemão (*Cadernos do Centro de Estudos Judiciários do Conselho da Justiça Federal*, n. 27, 2010).

haver sido implementada "solução intermediária com esforço na simetria e na transparência, cuja concretização e aplicação prática, no entanto, é bastante dispendiosa".

Os números brasileiros (289.524 processos distribuídos no STJ apenas em 2012) são astronômicos. Parecem irreais, quando cotejados com os julgamentos das Cortes alemãs (15.902 processos distribuídos, em 2012, nos quatro tribunais superiores que desempenham a função equivalente ao STJ no Brasil)[38] e da Suprema Corte americana (cerca de 7.700 chegaram ao Tribunal em 2008/2009, dos quais apenas 85 foram admitidos para julgamento de mérito).

Observando as experiências internacionais, passamos a examinar o modelo mais adequado, no nosso entender, às peculiaridades brasileiras.

As características fortemente centralizadoras do federalismo brasileiro, em que o direito processual e quase todo o material é federal, não se compadeceriam com o sistema de absolutamente livre discricionariedade característico da Suprema Corte americana. Fazem-se necessários critérios mais precisos que possibilitem a segurança de que haverá exame mais frequente de questões federais, abordadas de forma discrepante nos diversos Tribunais de segundo grau.

Por outro lado, cumpre evitar que o inatingível ideal de tornar objetivos os critérios de admissibilidade dos recursos especiais, por natureza subjetivos, conduza a sistema de "filigranas legislativas" que naufrague num "preciosismo detalhista", como a práxis do recurso especial alemão (*revision*) revela, segundo o depoimento já mencionado do Professor Alexander Bruns. Se esses "preciosismos" dificultam o exercício da jurisdição em instância especial, em país de menor território e número de jurisdicionados, onde a advocacia artesanal nos tribunais superiores é privativa de pequeno número de advogados credenciado pelo tribunal,[39] o que não dizer de país de dimensões continentais, marcado por significativas diferenças regionais, onde há absoluta liberdade de postulação perante as Cortes Superiores por todos os inscritos nos quadros da Ordem dos Advogados do Brasil. As maiores tecnicalidades dos recursos de natureza extraordinária conduzem, diuturnamente,

---

[38] Segundo dados extraídos dos respectivos *sites* oficiais, no *Bundesgerichtshof* (matéria civil e penal) foram recebidos, no ano de 2012, 7.717 processos, os quais, somados aos 1.502 processos distribuídos no *Bundesverwaltungsgericht* (Tribunal superior alemão especializado em matéria administrativa), 3.667 processos no *Bundessozialgericht* (Tribunal responsável pelas questões previdenciárias) e 3.016 processos no *Bundesfinanzhof* (Tribunal ao qual competem as questões tributárias), alcançaram, em 2012, o total de 15.902 processos.

[39] Perante os Senados Civis do *Bundesgerichtshof* funciona um corpo de advogados próprio, constituído por apenas 40 advogados. Informação extraída de palestra proferida pelo Ministro Joachim Bornkamm já citada (*Cadernos do Centro de Estudos Judiciários do Conselho da Justiça Federal*, n. 26, p. 22, 2010).

ao sacrifício do bom direito em face das deficiências de apresentação dos recursos por profissionais não cientes da jurisprudência do Tribunal.

O ideal, sobretudo com a volumosa demanda inerente às nossas características de federação continental marcantemente centralizadora, é que o tempo dos magistrados de tribunais superiores seja despendido antes com o exame do mérito das questões federais relevantes do que com a discussão e aplicação de óbices constitucionais, legais e regimentais ao cabimento dos recursos.

Preconiza-se, portanto, sistema flexível que, embora marcado pela subjetividade inerente à função de julgar, seja de fácil compreensão pelos profissionais do direito e pela coletividade dos jurisdicionados.

O modelo, já testado com êxito, deve ser, no nosso entendimento, o já adotado pela EC 45/2004 e legislação regulamentadora respectiva, ao estabelecer o critério da repercussão geral para a admissão dos recursos extraordinários em matéria constitucional, com as necessárias adaptações pertinentes ao mister do Superior Tribunal de Justiça de resolver, em última instância, as variadas e minudentes questões de natureza infraconstitucional.

Assim, como já ocorre com o recurso extraordinário, ao lado dos pressupostos constitucionais de cabimento do recurso especial, deverá ser demonstrada a relevância da questão federal debatida no recurso, ou seja, a existência de interesse público no julgamento da causa que transcenda ao interesse subjetivo das partes. Para o efeito de definição da questão federal relevante, há de ser considerada "a existência, ou não, de questões relevantes do ponto de vista econômico, político, social ou jurídico, que ultrapassem os interesses subjetivos da causa" (CPC, art. 543-A, § 1.º, com a redação dada pela Lei 11.418/2006).

Como um dos contrapesos, na mesma linha proposta por Victor Nunes, o recorrente deverá demonstrar, em preliminar no recurso, para a exclusiva apreciação do STJ, a existência da relevância, podendo o recorrido contra-arrazoar, sustentando a inexistência, sob sua ótica, de transcendência da questão além dos interesses dos litigantes. O principal contrapeso será a necessidade de recusa da relevância por pelo menos dois terços dos membros do órgão competente para o julgamento, a evidenciar que para a apreciação do recurso bastará a aceitação pela minoria.

A lei deverá estabelecer casos de relevância presumida, dentre os quais propomos as hipóteses em que o acórdão recorrido houver contrariado jurisprudência dominante do STJ, em reforço à função paradigmática do recurso especial (CPC, art. 543-A, § 3.º, com a redação dada pela Lei 11.418/2006 e Regimento Interno do STF, arts. 322 e 323). Por jurisprudência dominante, entendemos a consolidada na Seção competente do STJ.

Tendo em vista as peculiaridades do recurso especial, consideramos conveniente estabelecer presunção de relevância, sob o aspecto econômico, em causas de valor superior a alçada a ser estipulada em lei, com previsão de índice de atualização monetária.

A propósito, recordo que a EC 1/1969 inseriu parágrafo único no art. 119 da CF de 1967, base da arguição de relevância primitiva no STF, estabelecendo que as causas em que cabível o recurso extraordinário seriam indicadas no regimento interno do STF que atenderia "à sua natureza, espécie e valor pecuniário".

A Emenda Regimental 3/1975 do STF inseriu, no art. 308 do Regimento Interno, a regra de que, salvo ofensa à Constituição ou relevância da questão federal, não caberia recurso extraordinário nas causas de valor inferior a 100 salários mínimos, quando uniformes as decisões das instâncias ordinárias ou 50 salários mínimos, quando entre elas tenha havido divergência ou se trate de ação sujeita à instância única (inciso VIII).

O valor da causa funcionava, então, como **obstáculo** ao acesso ao STF de recursos extraordinários em causas de pequeno valor, salvo se versassem matéria constitucional ou fossem relevantes.

O objetivo do parâmetro ora proposto é inverso. Pretende-se que o conteúdo econômico da causa extremamente elevado, segundo critério legal, seja **fator objetivo franqueador** do cabimento do recurso especial, independentemente de outros motivos caracterizadores de relevância da questão federal. Causas sem nenhuma repercussão direta além do interesse subjetivo das partes poderão atender a este critério de relevância.

Explica-se: as causas, de diminuto ou considerável valor, somente devem chegar ao STJ se nelas for discutida questão federal que transcenda ao interesse subjetivo das partes. Há causas, todavia, cujo valor econômico é tão grande que sua solução pode vir a ensejar graves prejuízos à coletividade, como a falência de grupo econômico empregador de numerosas pessoas; desvio de vultosos recursos públicos; enriquecimento ilícito em prejuízo à própria credibilidade do Poder Judiciário. Exemplo grosseiro, mas que tem ocorrido não raramente, é o de condenações que alcançam, na fase de liquidação, valores bilionários, obtidos mediante a mescla ou superposição de índices de correção monetária. Outro exemplo: indenização por danos morais ou multa diária cominatória fixada em decisão definitiva, cujo valor é desproposital, podendo alcançar cifras de dezenas, centenas de milhões de reais. Nestes casos, o fundamento do recurso poderá ser a prosaica violação de dispositivo processual a propósito do vício de intimação do advogado do réu, ou do executado. A repercussão direta da causa alcança apenas os envolvidos. Entretanto, deficiências do gênero, culposas ou dolosas, falibilidades do sistema judiciário, humano como todos os demais serviços públicos, devem ter sua correção facilitada e não entravada, inclusive no âmbito da jurisdição especial, desde que atendidos os pressupostos legais e constitucionais de cabimento do recurso. Sobreleva aqui, também em prol da sociedade e não apenas dos litigantes, a função dikelógica do recurso especial.

O parâmetro econômico defendido não deve, pois, ser diminuto, como era no Regimento Interno do Supremo (100 salários mínimos) e ainda o é no Tribunal alemão (20 mil euros), com o escopo de impedir a subida de causas de pequeno valor. Sugerimos parâmetro legislativo para **franquear** o acesso ao STJ em causas cuja relevância seja presumida, por envolver a disputa de valores milionários ou bilionários. Naquelas de valor inferior ao estipulado em lei, o acesso ao STJ dependerá da existência de questão relevante que ultrapasse os interesses subjetivos da causa.

Novamente frisamos que o estabelecimento do elevado valor da causa como parâmetro legislativo institucionalizaria, com maior objetividade, aquilo que a prática já revela:[40] não pode o juiz, dentro dos limites legais, deixar de atender à realidade de que óbices excessivamente formais não devem impedir o exame de causas de notória relevância econômica, cujos reflexos transcendem, mesmo que indiretamente, os interesses subjetivos das partes, podendo abalar a força moral, a seriedade e autoridade das instituições.

4. CONCLUSÃO

Em síntese, o recurso especial não é, em tese, necessário à satisfação do direito individual à tutela jurisdicional do Estado, suficientemente assegurado com o duplo grau de jurisdição ordinária, mas é imprescindível, notadamente no Estado Federado, para preservar a autoridade e a uniformidade da interpretação do direito federal. Essas autoridade e uniformidade do direito federal infraconstitucional dependem da qualidade, da coesão sistemática e da força das decisões de mérito do Superior Tribunal de Justiça, as quais vêm sendo comprometidas, com os julgamentos quase sempre individuais e o pouco tempo que sobra para a meditação, com a profundidade desejável, a respeito de temas relevantes, tendo em vista o ingente esforço de analisar os pressupostos de admissibilidade de centenas de milhares de recursos, a maioria estatisticamente fadados ao insucesso. Consideramos, pois, preferível permitir constitucionalmente ao STJ filtrar as questões sobre as quais há necessidade de uniformização, a alimentar a ilusão constitucional de que é possível caber, realmente, recurso para Tribunal Superior Federal de todos os litígios individuais em que se possa arguir a violação de lei federal. Afirmamos ilusão, porque não se pode deixar de reconhecer que o des-

---

[40] A propósito, acórdão da 4.ª Turma do STJ no AgRg no REsp 1.347.719/PR, relator o Ministro Luís Felipe Salomão.

comunal volume de processos tem levado, gradativamente, a interpretações cada vez mais rigorosas dos obstáculos ao conhecimento dos recursos especiais, além de impor inevitável comprometimento da qualidade do trabalho.

Dada a realidade atual, a despeito da subjetividade inerente ao critério da relevância, concluímos que, se adotados os contrapesos necessários, após ampla discussão e regulamentação pelo Congresso Nacional, seu estabelecimento tornará mais objetivo o exame da admissibilidade dos recursos especiais, conferindo mais segurança aos profissionais do direito e condições ao Superior Tribunal de Justiça de exercer com a qualidade necessária sua função constitucional de intérprete máximo da legislação ordinária.

REFERÊNCIAS BIBLIOGRÁFICAS

ALEXY, Robert. *Teoria da argumentação jurídica*. Trad. Zilda Hutchinson Schild Silva. São Paulo: Landy, 2001.

ARRUDA ALVIM. A alta função jurisdicional do Superior Tribunal de Justiça no âmbito do recurso especial e a relevância das questões. *STJ 10 anos*: obra comemorativa 1989-1999. Brasília: Superior Tribunal de Justiça, 1999.

_____. A EC n. 45 e o instituto da repercussão geral. *Reforma do Judiciário*: primeiras reflexões sobre a emenda constitucional n. 45/2004.

BARBOSA MOREIRA, José Carlos. *Comentários ao Código de Processo Civil*. 12. ed. Rio de Janeiro: Forense, 2005. v. 5.

BORNKAMM, Joachim. O recurso especial (*revision*) e as novas tendências na jurisprudência do Superior Tribunal de Justiça (*Bundesgerichtshof*). *Cadernos do Centro de Estudos Judiciários do Conselho da Justiça Federal*, n. 26, 2010.

BRUNS, Alexander. Pressupostos de admissibilidade do recurso especial no STJ alemão. *Cadernos do Centro de Estudos Judiciários do Conselho da Justiça Federal*, n. 27, 2010.

CALAMANDREI, Piero. *La cassazione civile*. Milano: Fratelli Bocca, 1920. 2 v.

DANTAS, Bruno. *Repercussão geral*: perspectivas histórica, dogmática e de direito comparado – questões processuais. 3. ed. São Paulo: RT, 2012.

LEAL, Victor Nunes. Aspectos da Reforma Judiciária. *Revista de Informação Legislativa*, n. 7, p. 19-33, set. 1965.

MANCUSO, Rodolfo de Camargo. *Divergência jurisprudencial e súmula vinculante*. 2. ed. São Paulo: RT, 2001.

MARTINS FILHO, Ives Gandra da Silva. O critério da transcendência no recurso de revista. *Revista do Tribunal Superior do Trabalho*, ano 66, n. 4, p. 41-62, out.-dez. 2000.

MAZZARELLA, Ferdinando. *Analisi del giudizio civile di cassazione*. 2. ed. Padova: Cedam, 2000.

MEDINA, José Miguel Garcia. *O prequestionamento nos recursos extraordinário e especial*. 4. ed. São Paulo: RT, 2005.

PIRES E ALBUQUERQUE, Antônio Joaquim. *Culpa e castigo de um magistrado*. 3. ed. Curitiba: Hunos Editorial, 1972. p. 141-147.

SÁNCHEZ, Javier Lopez. *El interés casacional*. Madrid: Civitas, 2002.

SILVA, José Afonso da. *Do recurso extraordinário no direito processual brasileiro*. São Paulo: RT, 1963.

VILLELA, José Guilherme. *Revista de Informação Legislativa*, ano 23, n. 89, jan.--mar. 1986.

8

O CABIMENTO DO RECURSO EXTRAORDINÁRIO EM MATÉRIA TRABALHISTA

CAROLINA TUPINAMBÁ
Professora Adjunta de Direito Processual e Prática Trabalhista da Universidade do Estado do Rio de Janeiro (UERJ). Doutora em Direito Processual pela UERJ. Membro do Instituto Iberoamericano de Direito Processual e do Instituto dos Advogados Brasileiros. Advogada e Consultora Jurídica.

SUMÁRIO: I. A decisão de "única" ou "última instância" – II. A questão constitucional – III. A demonstração da repercussão geral – Referências.

No processo do trabalho, o recurso extraordinário será cabível em face das causas decididas em única ou última instância nos Tribunais Trabalhistas, conforme art. 102, inciso III[1], da Constituição. A Consolidação das Leis do

---

[1] Art. 102. Compete ao Supremo Tribunal Federal, precipuamente, a guarda da Constituição, cabendo-lhe:
[...]
III – julgar, mediante recurso extraordinário, as causas decididas em única ou última instância, quando a decisão recorrida:
a) contrariar dispositivo desta Constituição;
b) declarar a inconstitucionalidade de tratado ou lei federal;
c) julgar válida lei ou ato de governo local contestado em face desta Constituição;
d) julgar válida lei local contestada em face de lei federal.

Trabalho faz referência ao cabimento do recurso extraordinário apenas nos arts. 893, § 2.º[2], e 899, § 1.º[3], os quais não se atêm a disciplinar nem mesmo a tecer quaisquer considerações sobre a espécie recursal em seara trabalhista.

Desafiará o mencionado recurso a decisão que (i) contrariar dispositivo da Constituição, (ii) declarar a inconstitucionalidade de tratado ou lei federal, (iii) julgar válida lei ou ato de governo local contestado em face dessa Constituição, ou (iv) lei local contestada em face de lei federal. Nosso modelo fora inspirado no sistema norte-americano, precisamente no *judiciary act de 1789*, que instituiu a competência da Corte Suprema para apreciar recursos de decisões que violassem a ordem central[4]. Anteriormente, a Corte Suprema dos Estados Unidos apreciava apenas decisões proferidas nas causas de interesse da União. A necessidade de controle das decisões locais violadoras de interesses centrais fez exsurgir no direito americano o *writ of error* como versão do nosso recurso extraordinário[5].

Antes de 1988, o recurso extraordinário abarcava como causas de pedir tanto violações à ordem constitucional como à ordem infraconstitucional. Após o advento da Constituição, repartiram-se entre o Supremo Tribunal Federal e o Superior Tribunal de Justiça as funções da guarda da Constituição e a das Leis Federais.

O recurso extraordinário pretende tutelar, de forma imediata, a ordem jurídica e, mediatamente, o direito subjetivo da parte vencida. De fato, sem perder a característica de "recurso", uma vez certamente possibilitar o reexame da decisão

---

§ 3.º No recurso extraordinário o recorrente deverá demonstrar a repercussão geral das questões constitucionais discutidas no caso, nos termos da lei, a fim de que o Tribunal examine a admissão do recurso, somente podendo recusá-lo pela manifestação de dois terços de seus membros.

[2] Art. 893. Das decisões são admissíveis os seguintes recursos:
[...]
§ 2.º A interposição de recurso para o Supremo Tribunal Federal não prejudicará a execução do julgado.

[3] Art. 899. Os recursos serão interpostos por simples petição e terão efeito meramente devolutivo, salvo as exceções previstas neste Título, permitida a execução provisória até a penhora.
§ 1.º Sendo a condenação de valor até 10 (dez) vezes o salário mínimo regional, nos dissídios individuais, só será admitido o recurso inclusive o extraordinário, mediante prévio depósito da respectiva importância. Transitada em julgado a decisão recorrida, ordenar-se-á o levantamento imediato da importância de depósito, em favor da parte vencedora, por simples despacho do juiz.

[4] Ver BARBOSA MOREIRA, José Carlos. *Comentários ao Código de Processo Civil*. Rio de Janeiro: Forense, 2009; e SILVA, José Afonso da. *Do recurso extraordinário no direito brasileiro*. São Paulo: RT, 1963.

[5] FUX, Luiz. *Curso de processo civil*. Rio de Janeiro: Forense, 2009.

impugnada, tem como pressuposto básico a violação, pela decisão recorrida, da ordem jurídica constitucional. Daí não bastar a parte noticiar nas razões recursais a injustiça ou o erro técnico da decisão sob seu ponto de vista, mas demonstrar que o ato impugnado infringe a ordem constitucional. Nesse contexto, o recurso extraordinário tem a dupla função de afastar a decisão que contraria a Constituição e rejulgar a causa restaurando o direito objetivo violado.

Ante a sua especialidade, no recurso extraordinário não são devolvidas todas as questões suscitadas e discutidas na causa, mas tão somente o contencioso constitucional destacado.

Dada a natureza extraordinária apresentada, o recurso para o Supremo Tribunal Federal nem sempre será admitido. Os pressupostos de admissibilidade recursal foram eximiamente classificados por José Carlos Barbosa Moreira[6], que de forma simples os dividiu em pressupostos intrínsecos e extrínsecos. Os requisitos intrínsecos seriam, na acepção de Barbosa Moreira, aqueles "[...] concernentes à própria existência do poder de recorrer", enquanto os extrínsecos seriam os "relativos ao modo de exercê-lo". São requisitos intrínsecos: cabimento, legitimação para recorrer, interesse em recorrer e a ausência de fato impeditivo ou extintivo ao recurso. São requisitos extrínsecos: tempestividade, regularidade formal e o preparo.

Este estudo pretende trazer algumas considerações específicas tão somente sobre o cabimento do recurso extraordinário em lides trabalhistas. Nesse contexto, será cabível o recurso extraordinário que enfrentar decisão: (i) proferida em "única" ou "última instância" na Justiça do Trabalho; e (ii) sobre matéria constitucional que apresentar repercussão geral.

I. A DECISÃO DE "ÚNICA" OU "ÚLTIMA INSTÂNCIA"

Para comportar o apelo extremo, a decisão recorrida há de ter sido julgada em "única" ou "última instância", o que importa dizer que a interposição do recurso extraordinário pressupõe, nos limites da jurisdição trabalhista, o esgotamento do debate da causa.

a) As causas decididas em *única* instância na Justiça do Trabalho

Na Justiça do Trabalho, as hipóteses de decisão em única instância são restritas.

Exemplo clássico será, sempre, o dissídio de alçada, qual seja, cujo valor da causa não exceda dois salários mínimos. De acordo com a Lei n. 5.584/1970, as

---

[6] BARBOSA MOREIRA, José Carlos. *Comentários ao Código de Processo Civil*. Rio de Janeiro: Forense, 2009.

sentenças proferidas nessa espécie de procedimento não estarão sujeitas a recurso, salvo se versarem sobre matéria constitucional[7].

Assim, o próprio Supremo Tribunal Federal já decidiu:

> Recurso extraordinário. Causas de alçada. Decisão em instância única, de primeiro grau, versando matéria constitucional. Dela cabe recurso extraordinário ao Supremo Tribunal Federal e não recurso a órgão judiciário de segundo grau (STF, 2.ª T., Processo RE 140.169-9, rel. Min. Néri da Silveira).

Outra hipótese que consigna julgamento em única instância em matéria trabalhista tem correlação com a competência funcional da Seção de Dissídios Individuais do Tribunal Superior do Trabalho estabelecida na Lei n. 7.701/1988. Tais colegiados julgam em instância única (i) os agravos regimentais interpostos em dissídios individuais e (ii) os conflitos de competência entre Tribunais Regionais e aqueles que envolvem Juízes de Direito investidos da jurisdição trabalhista e entre varas do trabalho em processos de dissídio individual. Em quaisquer desses casos, portanto, a decisão proferida, se preenchidos os demais requisitos de admissibilidade, desafiará diretamente o recurso extraordinário para o Supremo Tribunal Federal.

b) As causas decididas em *última* instância na Justiça do Trabalho

As causas decididas em última instância na Justiça do Trabalho são aquelas cujo recurso final tenha sido dirigido ao Tribunal Superior do Trabalho.

Aqui a questão ganha contornos mais complexos. É que a competência funcional do Tribunal Superior do Trabalho permite que, a depender da hipótese, a última instância trabalhista corresponda a julgamento de turma, de seção ou de subseção do terceiro grau[8].

No que diz respeito à seção especializada em dissídios coletivos, lá serão julgados em última instância, com potencial para desafiar recurso extraordinário, basicamente: (i) os recursos ordinários dos dissídios coletivos e ações acessórias, como cautelares e mandados de segurança, iniciados nos TRTs; (ii) os embargos infringentes nos dissídios coletivos de sua própria competência originária; e (iii) as suspeições arguidas contra o Presidente e demais Ministros que integram a seção.

---

[7] Nesse sentido, § 4.º do art. 2.º da Lei n. 5.584/1970, *in verbis*:
Salvo se versarem sobre matéria constitucional, nenhum recurso caberá das sentenças proferidas nos dissídios da alçada a que se refere o parágrafo anterior, considerado, para esse fim, o valor do salário mínimo à data do ajuizamento da ação.

[8] O TST funciona em sua composição plena como o Tribunal Pleno que atualmente possui somente algumas competências administrativas. Os demais órgãos que o compõem: o Órgão Especial, as Seções Especializadas e as Turmas. As oito Turmas são as menores unidades judicantes do Tribunal, possuindo competência para a maior parte dos processos por ele recebidos.

A Seção de Dissídios Individuais do Tribunal é subdividida em duas subseções que julgam em última instância, basicamente: (i) os recursos ordinários e agravos de instrumento nas causas individuais de competência originária dos TRTs, (ii) os embargos e agravos regimentais das decisões das Turmas que divergirem entre si, ou das decisões proferidas pela Seção de Dissídios Individuais; e (iii) as suspeições arguidas contra o Presidente e demais Ministros que integram a seção.

Já as Turmas do Tribunal Superior do Trabalho julgarão, em última instância, apenas (i) os agravos regimentais e (ii) os agravos de instrumento dos despachos de presidente de Tribunal Regional que denegarem seguimento a recurso de revista. A competência mais comum das turmas será para julgar os recursos de revista interpostos de decisões dos Tribunais Regionais do Trabalho, conforme art. 896 da CLT.

A questão é que, a pensar nas causas trabalhistas ordinárias mais comuns, o recurso extraordinário será cabível da decisão da turma, em recurso de revista, ou da decisão da subseção, em embargos.

A Lei n. 11.496, ao dar nova redação ao art. 894 da CLT e à Lei n. 7.701, restringiu significativamente o cabimento do recurso de embargos no Tribunal Superior do Trabalho. A reforma legislativa veio alçar o recurso de embargos ao objetivo precípuo da Seção de Dissídios Individuais (SDI), qual seja, dirimir o conflito jurisprudencial entre as turmas do Tribunal.

Em geral, tais embargos serão interpostos em sede de recurso de revista. É que a Súmula 353 do TST, inclusive, impede que o agravo de instrumento seja objeto de nova análise pela SDI, daí o seu não cabimento, quando se verificar que a jurisdição fora plenamente entregue quanto ao exame do pressuposto intrínseco do recurso de revista[9].

Assim, a espécie recursal outrora admissível também para impugnar decisões das Turmas ofensivas a preceito de lei federal ou à Constituição da República teve

---

[9] Súmula 353, TST: "Não cabem embargos para a Seção de Dissídios Individuais de decisão de Turma proferida em agravo, salvo:
a) da decisão que não conhece de agravo de instrumento ou de agravo pela ausência de pressupostos extrínsecos;
b) da decisão que nega provimento a agravo contra decisão monocrática do Relator, em que se proclamou a ausência de pressupostos extrínsecos de agravo de instrumento;
c) para revisão dos pressupostos extrínsecos de admissibilidade do recurso de revista, cuja ausência haja sido declarada originariamente pela Turma no julgamento do agravo;
d) para impugnar o conhecimento de agravo de instrumento;
e) para impugnar a imposição de multas previstas no art. 538, parágrafo único, do CPC, ou no art. 557, § 2.º, do CPC;
f) contra decisão de Turma proferida em Agravo em recurso de revista, nos termos do inciso II do artigo 894 da CLT".

seu cabimento restrito aos casos de divergência com decisão de outra Turma ou da Seção de Dissídios Individuais[10]. A alteração modificou o fluxograma de cabimento do recurso extraordinário. Ou seja, o arranjo "turma-subseção-Supremo" desmembrou-se em um leque de possibilidades tais quais "turma-subseção--Supremo", "turma-Supremo" e até mesmo "turma-subseção e Supremo".

Trataremos, doravante, de cada uma das possibilidades de evolução recursal de dissídios individuais até o cabimento do recurso extraordinário.

b.1) Cabimento do recurso extraordinário em face de decisão de subseção em embargos

A hipótese de cabimento do recurso extraordinário em face de decisão de subseção em embargos de divergência, por galgar todas as etapas de cada grau de jurisdição, é a mais natural. Corresponderá às hipóteses em que a divergência jurisprudencial tratar propriamente de matéria constitucional.

Nesses casos, eventualmente, poderão sustentar ser cabível, contra decisão com questão controvertida na jurisprudência do TST e imbuída de matéria constitucional, a oposição simultânea de ambos os recursos previstos em lei para cada hipótese de recorribilidade, quais sejam, embargos de divergência e recurso extraordinário. Cada um dos apelos, dentro de suas possibilidades e dinâmicas, atacaria o(s) mesmo(s) capítulo(s) da decisão, sob pontos de observação diversos.

Todavia, ressalvando entendimentos em contrário, essa não parece ser a melhor solução para a acomodação dos princípios recursais em jogo, mesmo porque a decisão da subseção, de alguma maneira, enfrentará a questão da violação ou não da ordem constitucional, o que amadurecerá ainda mais o diálogo constitucional, antes do desembarque da causa no Supremo Tribunal Federal.

Para raciocinar circunstância semelhante, vale pensar nos embargos infringentes do art. 530 do CPC e na Súmula 207 do Superior Tribunal de Justiça, a qual reza ser "inadmissível o recurso especial quando cabíveis embargos infringentes contra o acórdão proferido no tribunal de origem".

---

[10] Súmula n. 296 do TST
RECURSO. DIVERGÊNCIA JURISPRUDENCIAL. ESPECIFICIDADE (incorporada a Orientação Jurisprudencial n.º 37 da SBDI-1) – Res. 129/2005, DJ 20, 22 e 25.04.2005
I – A divergência jurisprudencial ensejadora da admissibilidade, do prosseguimento e do conhecimento do recurso há de ser específica, revelando a existência de teses diversas na interpretação de um mesmo dispositivo legal, embora idênticos os fatos que as ensejaram. (Ex-Súmula n. 296 – Res. 6/1989, DJ 19.04.1989.)
II – Não ofende o art. 896 da CLT decisão de Turma que, examinando premissas concretas de especificidade da divergência colacionada no apelo revisional, conclui pelo conhecimento ou desconhecimento do recurso. (Ex-OJ n. 37 da SBDI-1 – inserida em 01.02.1995.)

Esse também é o sentir de Estêvão Mallet, para quem, "se há divergência jurisprudencial, suficiente ao oferecimento dos embargos, não cabe, para impugnar a decisão da Turma o recurso extraordinário"[11].

Ainda que o capítulo da decisão propriamente atacado tenha dois fundamentos, um a ilustrar divergência jurisprudencial e outro a reproduzir violação constitucional, não importará. Em suma, será preciso, antes e sempre, esgotar a instância no TST para a interposição do recurso extraordinário. Se a decisão da turma, por quaisquer de seus fundamentos, admitir o recurso de divergência, ainda não será o momento da interposição do recurso extraordinário.

Solução diversa, acerca da qual discorreremos mais adiante, haverá caso a decisão seja dividida em capítulos e apenas um ou outro admita os embargos, circunstância bastante comum nas lides trabalhistas, nas quais a cumulação objetiva de pedidos é praticamente uma regra[12].

b.2) Cabimento do recurso extraordinário em face de decisão de turma em recurso de revista ou respectivo agravo

A hipótese de cabimento do recurso extraordinário em face de decisão de turma em recurso de revista reveste-se de complexidade maior. É que, nesses casos, caberá ao recorrente demonstrar, além da questão constitucional existente, que a respeito da mesma inexiste controvérsia no Tribunal Superior do Trabalho. Ou

---

[11] MALLET, Estêvão. Recurso extraordinário e recurso de embargos após a Lei n. 11.496. *Revista do TST*, Brasília, v. 74, n. 2 abr.-jun. 2008.

[12] Interessante decisão sobre a questão da decisão dividida em capítulos: Recurso Especial n. 203.132/SP (1999/0009526-0), Rel. Min. Sálvio de Figueiredo Teixeira
Processo civil. Sentença. Divisão em capítulos. Possibilidade. Impugnação parcial. Princípio *tantum devolutum quantum apellatum*. Trânsito em julgado dos demais capítulos, não impugnados. Nulidade. Julgamento *extra petita*. Fundamentos autônomos e independentes. Anulação parcial. Doutrina. Recurso provido.
I – A sentença pode ser dividida em capítulos distintos e estanques, na medida em que, a cada parte do pedido inicial atribui-se um capítulo correspondente na decisão.
II – Limitado o recurso contra parte da sentença, não pode o tribunal adentrar no exame das questões que não foram objeto de impugnação, sob pena de violação do princípio *tantum devolutum quantum appellatum*.
III – No caso, a sentença foi dividida em capítulos, e para cada um foi adotada fundamentação específica, autônoma e independente. Assim, a nulidade da sentença, por julgamento *extra petita*, deve ser apenas parcial, limitada à parte contaminada, mormente porque tal vício não guarda, nem interfere, na rejeição das demais postulações, que não foram objeto de recurso pela parte interessada (a autora desistiu de seu recurso).
IV – Outra seria a situação, a meu ver, se a sentença tivesse adotado fundamento único, para todos os pedidos. Nesse caso, o vício teria o condão de contaminar o ato como um todo (j. 25.03.2003).

seja, que a violação constitucional é pacificada no TST e, portanto, não cabem embargos de divergência, o que autorizaria o salto da turma do Tribunal direto para o Supremo Tribunal Federal, sem estacionar na instância das seções.

Assim, na hipótese de recurso extraordinário interposto direto em face de decisão turma do TST, praticamente, assoma-se outro requisito de admissibilidade recursal, qual seja, a comprovação, para o Supremo Tribunal Federal, de que a causa teve a cognição exaurida no Tribunal Superior do Trabalho, não obstante a não sujeição à SDI.

No entanto, como demonstrar à Corte Suprema não ser cabível recurso de embargos de divergência da decisão proferida pela turma do TST? Tal questionamento ilustra a superação de um requisito de admissibilidade externo à cognição natural do Supremo Tribunal Federal. Obviamente, esperar que a Corte Maior seja conhecedora da jurisprudência pacífica do TST sobre todas e quaisquer matérias é deveras ilusório! Todavia, paradoxalmente, fato é que o Supremo, ao receber um recurso extraordinário interposto diretamente de decisão de revista ou de agravo em turma do Tribunal Superior do Trabalho, somente saberá que foi esgotada a instância anterior se se dispuser a consultar a integralidade da jurisprudência do Tribunal Trabalhista para verificar se, eventualmente, inexiste divergência sobre o tema recorrido. O pressuposto é massacrante: além de externo à decisão, é negativo, o que implica uma consulta no todo para verificar o que eventualmente não existe (!).

Em outras palavras, parece que o problema maior do recorrente nesses casos será demonstrar que não exista divergência jurisprudencial a respeito de determinado tema. Assim, o recorrente deverá evidenciar que a decisão contraria a Constituição, mas que todas as turmas e seções do Tribunal Superior do Trabalho julgam do mesmo modo, ou seja, em contrariedade ao texto constitucional.

Couto Maciel refuta a hipótese de interposição do recurso extraordinário contra decisão da turma, em salto à cognição das seções e subseções. Aparentemente, entende serem cabíveis os embargos de divergência quanto à questão constitucional, independentemente de inexistir divergência jurisprudencial. Para o autor, "quando a lei nova sobre embargos de divergência excluiu seu cabimento quanto às violações legais, assim não o fez expressamente no que concerne às violações constitucionais"[13].

A solução do autor é mais simples, realmente. Para ele, inclusive, em caso de real cabimento dos embargos, "juntamente com as divergências apontadas, deve

---

[13] MACIEL, José Alberto Couto. Embargos de divergência no TST e a matéria constitucional. *Revista do TST*, Brasília, v. 74, n. 2, abr.-jun. 2008.

a parte recorrer, nos embargos de divergência, sobre as violações Constituição, sob pena de preclusão". Assim, segundo Couto Maciel, "ao interpor embargos por divergência, deve a parte nele sustentar a matéria constitucional afeta, pois caso contrário, se o extraordinário for interposto do acórdão na revista, e cabíveis forem embargos para a seção, correrá a parte o risco de dizer o Supremo Tribunal Federal que o recurso interposto não decorreu da última decisão do Tribunal Superior do Trabalho"[14].

Como a teoria dos recursos é regida pelo princípio da especificidade, parece-nos que, não havendo divergência, não há como forçar que o processo receba julgamento da subseção. A solução, embora complexa, parece-nos única: interposição direta do recurso extraordinário a partir da decisão da Turma, demonstrando para o STF que a opção se embasa na inexistência de hipótese de cabimento do recurso dos embargos.

Um caso concreto poderá melhor delinear o drama. Tome-se, como exemplo, matéria iminente de cognição pelo STF, qual seja, umas das vicissitudes do alcance da substituição processual por sindicato da categoria. Em verdade, de forma geral, o tema já foi apreciado pelo STF nos Recursos Extraordinários n. 210.029 e n. 193.503[15]. Todavia, a questão dos efeitos da sentença coletiva em demandas trabalhistas individuais ainda não restou pacificada. O RE n. 573.232/SC, ainda em fase de julgamento, foi interposto pela União contra acórdão prolatado pelo Tribunal Regional Federal da 4.ª Região, por meio do qual, por unanimidade, restou reconhecido o direito de os associados que não autorizaram expressamente o ajuizamento da ação executarem o título executivo judicial. Já no RE n.º 612.043/PR argumentam os recorrentes a impossibilidade de o juízo restringir os efeitos da sentença àqueles associados filiados antes ou até a data da propositura da ação, estabelecendo um critério temporal. Quando da análise da repercussão geral da questão trazida por meio do RE n. 612.043/PR, o ministro relator a admitiu, em 10.08.2011, "tendo em vista estar em jogo, na espécie, a extensão dos efeitos de sentença proferida em ação coletiva ordinária proposta por entidade associativa de caráter civil"[16].

Pois bem. Suponha-se um caso em que pugne o recorrente pela mesma tutela jurisdicional concedida aos seus pares, para que possa executar título executivo judicial de forma individual, independentemente de circunstancial lista nominal eventualmente apresentada por seu sindicato. O pleito foi finalmente negado

---

[14] Idem.
[15] Publicação dos acórdãos em 17.08.2007 e 24.08.2007, respectivamente.
[16] Trecho extraído do sítio do STF: <http://www.stf.jus.br/portal/jurisprudencia Repercussao/pesquisarProcesso.asp>.

pelo Tribunal Superior do Trabalho em recurso de revista. Para interpor recurso extraordinário, caberá ao recorrente demonstrar para o Supremo Tribunal Federal que a matéria foi decidida pelo TST pela vez primeira, ou, então, que inexiste divergência jurisprudencial a respeito. Em suma, a restrição cognitiva de modo a vedar a análise de eventual acerto ou desacerto da decisão da Turma a tal respeito implicará a necessidade de indicação de inexistência de dissídio interpretativo de outra Turma ou da SDI[17].

b.3) Cabimento do recurso extraordinário em face de decisão de turma com simultaneidade de recurso de embargos

Uma única situação dará ensejo ao cabimento simultâneo dos recursos de embargos para o TST e extraordinário para o STF: a decisão com mais de um capítulo. Pelo menos um deverá conter contencioso constitucional sem admitir interposição de embargos. Necessariamente, algum outro capítulo deverá admitir hipótese de recurso de embargos.

Poder-se-ia até argumentar que o art. 498 do CPC[18] resolveria a questão imaginando não correr o prazo para o recurso extraordinário enquanto pendente a decisão dos embargos. No entanto, em caso de decisão fracionada em

---

[17] Para esse exemplo, conforme se depreende das inúmeras decisões proferidas pelos órgãos fracionários do TST, não há dissídio interpretativo em relação à matéria em análise. O posicionamento adotado em casos idênticos é no sentido de que não há sequer violação ao dispositivo constitucional questionado (art. 8.º, inciso III, CRFB). Nesse sentido: RR 181-03.2012.5.12.0040, EEDRR 740-10.1995.5.15.0092, RR 1348-40.2012.5.12.0045, RR 190-62.2012.5.12.0040, AgAIRR 1304-55.2011.5.09.0654, RR 1349-40.2012.5.12.0040, RR 196-69.2012.5.12.0040, RR 216-45.2012.5.12.0045, RR 1329-49.2012.5.12.0040, AIRR 1240-42.2012.5.09.0094,RR338-58.2012.5.12.0045,EEDRR574540-66.2006.5.09.0004,RR 1333-86.2012.5.12.0040,EEDRR9873640-51.2006.5.09.0004,RR1341-63.2012.5.12.0040, RR 213-90.2012.5.12.0045, AIRR 1520-97.2010.5.10.0015, RR 439-13.2012.5.12.0040, RR 537-80.2012.5.12.0045,RR215-60.2012.5.12.0045,AIRR259840-07.1990.5.17.0002,EEDERR 9846640-55.2006.5.09.0011, ERR - 9863340-09.2006.5.09.0011, E-ED-RR - 9863440-61.2006.5.09.0011, EEDRR 9869540-32.2006.5.09.0011, AIRR 255500-44.1990.5.03.0023, ERR 9864140-37.2006.5.09.0011, EEDRR 1179140-60.2006.5.09.0011, AIRR e RR 534540-03.2006.5.09.0011, AIRR e RR 565740-28.2006.5.09.0011, AIRR e RR - 569340-57.2006.5.09.0011,AIRReRR529440-67.2006.5.09.0011,AIRR9852440-64.2006.5.09.0011, AIRReRR550640-33.2006.5.09.0011,AIRReRR538940-60.2006.5.09.0011,ERR9869340-25.2006.5.09.0011,EEDRR9861940-57.2006.5.09.0011eERR9866640-76.2006.5.09.0011. Indubitável, portanto, se tratar de ofensa a norma constitucional em relação à qual não há divergência no tribunal de origem. Incabível o recurso de embargos. Para a interposição do recurso extraordinário o recorrente deverá demonstrar justamente essa pacificidade da jurisprudência do TST a respeito.

[18] Art. 498. Quando o dispositivo do acórdão contiver julgamento por maioria de votos e julgamento unânime, e forem interpostos embargos infringentes, o prazo para recurso

capítulos correspondentes a pedidos diversos, tal entendimento parece arriscar às garras da preclusão o contencioso constitucional.

A reflexão não é de todo inovadora. A Súmula n. 100 do TST, para estabelecer o prazo de ação rescisória, estabelece que, "havendo recurso parcial no processo principal, o trânsito em julgado dá-se em momentos e em tribunais diferentes, contando-se o prazo decadencial para a ação rescisória do trânsito em julgado de cada decisão [...]".

Ademais, o regimento interno do TST estabelece no art. 266 que a petição do recurso extraordinário será juntada aos autos apenas depois de transcorrido o prazo legal para a interposição de recurso de competência do Tribunal Superior do Trabalho. Assim, dá a entender que será sobrestado, ou reservado fora dos autos, o recurso extraordinário interposto em concomitância com embargos de divergência.

Em caso de interposição simultânea, algumas curiosidades e consequências logísticas podem ser apontadas. Inicialmente, como já colocamos, o recurso de embargos será julgado primeiramente, dado que a admissibilidade do extraordinário estará retida na forma do art. 266 do Regimento Interno do TST.

Em segundo lugar, serão possíveis dois recursos extraordinários no mesmo processo, acaso restar verificado contencioso constitucional na decisão derivada do julgamento dos embargos de divergência. Ou seja, o primeiro recurso extraordinário, ajuizado com os embargos de divergência e o segundo, após o julgamento dos referidos embargos na subseção.

Terceiro, ainda que não apenso aos autos por força da aplicação do regimento interno do TST, é correto afirmar ser possível ao recorrente pleitear o imediato processamento de seu recurso extraordinário, mesmo que pendentes os embargos de divergência em capítulo distinto. O pedido será justificado quando a matéria do apelo para a Corte Suprema consubstanciar risco de dano irreparável ou de difícil reparação. A distribuição imediata poderá ser intentada via ação cautelar, ou mesmo por outra via instrumental que pretenda o referido resultado.

Finalmente, poderá o recurso extraordinário perder seu objeto e caducar diante da concretização do julgamento dos embargos de divergência, máxime nos casos em que porventura a decisão advinda da subseção importar a cassação da decisão impugnada[19].

---

extraordinário ou recurso especial, relativamente ao julgamento unânime, ficará sobrestado até a intimação da decisão nos embargos.

[19] Art. 249. O juiz, ao pronunciar a nulidade, declarará que atos são atingidos, ordenando as providências necessárias, a fim de que sejam repetidos, ou retificados.

II. A QUESTÃO CONSTITUCIONAL

Carlos Henrique Bezerra Leite defende que o recurso extraordinário somente seria cabível contra decisões da Justiça do Trabalho proferidas em única ou última instância contrárias à Constituição Federal[20]. Para Bezerra, o elenco das hipóteses de cabimento contido no inciso III do art. 102 da CF não seria aplicável ao processo do trabalho, já que incabível o recurso de revista por matéria relativa à validade de lei ou ato de governo local.

Ressalvada a distinta interpretação, filiamo-nos à corrente segundo a qual o recurso extraordinário trabalhista é cabível em todas as hipóteses elencadas no art. 102 da Carta. O texto constitucional não limita a amplitude do recurso extraordinário no âmbito trabalhista à violação da Constituição Federal. Ora, a CLT (com todo o ordenamento pátrio) deve ser lida a partir da Constituição Federal, e não o inverso! Assim, impossível interpretar o cabimento do recurso extraordinário trabalhista em cotejo com o art. 896 da CLT.

De todo modo, certamente, na prática forense, a hipótese cabível por excelência do recurso extraordinário em matéria trabalhista será mesmo por violação à Constituição, e, nesse sentido, inclusive, é Súmula n. 505 do STF[21].

Todavia, do ponto de vista teórico, as decisões em última ou única instâncias na Justiça do Trabalho poderão, sim, abranger as hipóteses das alíneas *b*, *c* e, *d* do inciso III do art. 102 da Constituição Federal, não devendo a interpretação do referido enunciado de súmula se dar de modo restritivo.

De qualquer maneira, a aferição das referidas hipóteses de cabimento do recurso extraordinário trabalhista deverá ser sempre reservada à competência exclusiva do Supremo Tribunal Federal. Nesse contexto, sob pena de inversão das etapas da admissibilidade e mérito da impugnação, não competirá ao Tribunal Superior do Trabalho negar seguimento ao recurso sob a alegação de inexistência da violação constitucional apontada pelo recorrente.

---

§ 2.º Quando puder decidir do mérito a favor da parte a quem aproveite a declaração da nulidade, o juiz não a pronunciará nem mandará repetir o ato, ou suprir-lhe a falta.

Art. 543. Admitidos ambos os recursos, os autos serão remetidos ao Superior Tribunal de Justiça.

§ 1.º Concluído o julgamento do recurso especial, serão os autos remetidos ao Supremo Tribunal Federal, para apreciação do recurso extraordinário, se este não estiver prejudicado.

[20] LEITE, Carlos Henrique Bezerra. *Curso de direito processual do trabalho*. São Paulo: LTr, 2011.

[21] Decisões da Justiça do Trabalho – Recurso para o Supremo Tribunal Federal. Salvo quando contrariarem a Constituição, não cabe recurso para o Supremo Tribunal Federal, de quaisquer decisões da Justiça do Trabalho, inclusive dos presidentes de seus tribunais.

III. A DEMONSTRAÇÃO DA REPERCUSSÃO GERAL

A Repercussão Geral ilustra condição específica de admissibilidade do recurso extraordinário introduzida pela Emenda Constitucional n. 45/2004 e disciplinada pela Lei n. 11.418/2006, bem como pela Emenda Regimental do Supremo Tribunal Federal n. 21/2007. A citada lei acrescentou os arts. 543-A e 543-B ao Código de Processo Civil (CPC), os quais estabeleceram a nova sistemática de processamento dos recursos extraordinários, além do efeito multiplicador da decisão de reconhecimento da Repercussão Geral.

O novo requisito de admissibilidade surgiu no período das Reformas do Judiciário, cujo objetivo era conferir maior eficiência ao processo. Além da questão da instrumentalidade, ganha relevo, ainda, motivação de política judiciária. A função da Corte Suprema deve se restringir a de guardiã da supremacia da Constituição, de maneira que não funcione como órgão revisor, mas sim como Corte Constitucional, zelando pelo controle de constitucionalidade das leis[22].

Nesse contexto, o requisito da repercussão geral foi introduzido objetivando priorizar o papel do STF como Corte Constitucional, racionalizando o trabalho do órgão, via reflexo da decisão sobre a repercussão geral nos demais processos com questões idênticas. Além de garantir maior celeridade ao processo, sob esse aspecto, assegura-se o respeito ao princípio da isonomia.

Em linhas gerais, a finalidade da repercussão geral, portanto, corresponderá a "(i) firmar o papel do STF como Corte Constitucional e não como instância recursal; (ii) ensejar que o STF só analise questões relevantes para a ordem constitucional, cuja solução extrapole o interesse subjetivo das partes; e (iii) fazer com que o STF decida uma única vez cada questão constitucional, não se pronunciando em outros processos com idêntica matéria"[23].

Do ponto de vista prático, para o recurso extraordinário ser admitido, além dos requisitos desde sempre exigidos[24], desde a vigência da repercussão geral,

---

[22] José Guilherme Berman preocupa-se com a preservação do STF como tribunal com destacado papel na proteção dos direitos fundamentais, sendo o modelo difuso-concreto de controle de constitucionalidade insubstituível, em razão do amplo acesso que confere aos cidadãos. Em suma, para o autor o STF deve atentar para não se tornar um tribunal preocupado tão somente com a governabilidade do País em detrimento de direitos fundamentais violados e não respeitados pelos tribunais locais. Cf. BERMAN, José Guilherme. *Repercussão geral no recurso extraordinário*: origens e perspectivas. Curitiba: Juruá, 2009. p. 128.

[23] GAIO JÚNIOR, Antonio Pereira. Considerações sobre a ideia da repercussão geral e a multiplicidade dos recursos repetitivos no STF e STJ. *Revista de Processo*, ano 34, n. 170, p. 142 abr. 2009.

[24] Sobre o tema, interessante notar que os demais pressupostos de admissibilidade não se arrefecem. Confira-se: "Agravo regimental no agravo de instrumento. Direito adminis-

caberá ao recorrente demonstrar, formal e fundamentadamente, que o recurso interposto preenche os requisitos estabelecidos pelo art. 543-A, § 1.º, do Código de Processo Civil[25]. De acordo com o dispositivo citado, "para efeito da repercussão geral, será considerada a existência, ou não, de questões relevantes do ponto de vista econômico, político, social ou jurídico, que ultrapassem os interesses subjetivos da causa".

A repercussão geral das questões constitucionais deverá ser demonstrada, em preliminar, quando da interposição do recurso extraordinário, nos termos do § 2.º do citado artigo do diploma processual. O parágrafo único do art. 322 do RISTF dispõe que, "para efeito da repercussão geral, será considerada a existência, ou não, de questões que, relevantes do ponto de vista econômico, político, social ou jurídico, ultrapassem os interesses subjetivos das partes". Assim, a questão trabalhista deverá ultrapassar o interesse subjetivo das partes que integram a demanda[26]. Nesse contexto, o recurso extraordinário trabalhista deverá apresentar questão jurídica relevante.

A Resolução n. 160, de 19.10.2012, do Conselho Nacional de Justiça, prevê que em cada tribunal seja criado um Núcleo de Repercussão Geral e Recursos Repetitivos (NURER/TST). O Ato n. 158/GDGSET.GP, de 05.03.2013, instituiu a referida unidade no Tribunal Superior do Trabalho, subordinando-a, administrativamente, à Vice-Presidência. Dentre outras atribuições, o NURER/TST deve manter atualizada, no sítio eletrônico do TST, área destinada a divulgar ao público

---

trativo e previdenciário. Pensão por morte. Beneficiário maior de 21 anos de idade. Universitário. Concessão de benefício com base na Lei estadual n.º 7.551/1977. Alegação de afronta ao artigo 5.º, XXXVI. Ofensa reflexa. Reexame de legislação infraconstitucional local. Incidência da Súmula 280 do STF. Inovação recursal. Impossibilidade. 1. *A repercussão geral pressupõe recurso admissível sob o crivo dos demais requisitos constitucionais e processuais de admissibilidade* (art. 323 do RISTF). Consectariamente, se inexiste questão constitucional, não há como se pretender seja reconhecida a repercussão geral das questões constitucionais discutidas no caso (art. 102, III, § 3.º, da Constituição Federal). [...]" (STF, 1.ª Turma, Rel. Min. Luiz Fux, AI 795612 AgR/PE, j. 29.05.2012. Disponível em: <www.stf.gov.br>. Acesso em: 2 jul. 2013. Grifos nossos).

[25] Diversamente, Samir José Caetano Martins defende que a relevância pode ser constatada nas razões recursais, cabendo ao STF conhecer a repercussão geral de ofício. Cf. MARTINS, Samir José Caetano. A repercussão geral da questão constitucional. (Lei n.º 11.418/2006). *Revista Dialética de Direito Processual*, São Paulo, v. 50, p. 102, maio 2007.

[26] O CPC estabeleceu como requisito para a configuração da repercussão geral cláusulas demasiadamente abrangentes, exigindo certo empenho do intérprete para preencher os conceitos indeterminados de algum significado e consequentemente para fundamentar a decisão. A complexidade da compreensão da repercussão geral é tamanha que a doutrina também não se arriscou a estabelecer um sentido para a relevância política, econômica ou social.

a situação jurídica das questões constitucionais de interesse da Justiça do Trabalho que estejam submetidas à sistemática da repercussão geral.

Após organização macro de questões afetadas, no início de 2012, a Coordenadoria de Jurisprudência do Tribunal Superior do Trabalho publicou relação de 42 temas de índole trabalhista com repercussão geral reconhecida, então pendentes de análise do mérito pelo Supremo Tribunal Federal. Na ocasião, contabilizou 27.636 recursos extraordinários sobrestados na Vice-Presidência do TST, aguardando definição do Supremo sobre a matéria.

Analisando-se o breve e singelo histórico das questões em matéria trabalhista com repercussão geral reconhecida e julgada, dois precedentes se destacam, quais sejam, os julgamentos que pacificaram (i) a necessidade de motivação das dispensas em empresas públicas e sociedades de economia mistas e (ii) a obrigatoriedade de depósito do Fundo de Garantia do Tempo de Serviço na conta de trabalhador, cujo contrato com a Administração Pública seja declarado nulo. Na listagem de processos com repercussão julgada, o sítio eletrônico do Supremo Tribunal Federal destaca apenas esses dois julgados como *leading cases* afetos exclusivamente à disciplina do Direito do Trabalho[27]. Confiram-se as referidas decisões:

ACÓRDÃO ELETRÔNICO, REPERCUSSÃO GERAL – MÉRITO.
EMENTA: Empresa Brasileira de Correios e Telégrafos – ECT. Demissão imotivada de seus empregados. Impossibilidade. Necessidade de motivação da dispensa. Re parcialmente provido. I – Os empregados públicos não fazem jus à estabilidade prevista no art. 41 da CF, salvo aqueles admitidos em período anterior ao advento da EC n.º 19/1998. Precedentes. II – Em atenção, no entanto, aos princípios da impessoalidade e isonomia, que regem a admissão por concurso público, a dispensa do empregado de empresas públicas e sociedades de economia mista que prestam serviços públicos deve ser motivada, assegurando-se, assim, que tais princípios, observados no momento daquela admissão, sejam também respeitados por ocasião da dispensa. III – A motivação do ato de dispensa, assim, visa a resguardar o empregado de uma possível quebra do postulado da impessoalidade por parte do agente estatal investido do poder de demitir. IV – Recurso extraordinário parcialmente provido para afastar a aplicação, ao caso, do art. 41 da CF, exigindo-se, entretanto, a motivação para legitimar a rescisão unilateral do contrato de trabalho (STF, Tribunal Pleno, RE 589998/PI, Rel. Min. Ricardo Lewandowski, j. 20.03.2013, *DJe*-179, divulg. 11.09.2013, public. 12.09.2013).

REPERCUSSÃO GERAL – MÉRITO
EMENTA: Recurso extraordinário. Direito administrativo. Contrato nulo. Efeitos. Recolhimento do FGTS. Artigo 19-A da Lei n. 8.036/1990. Constitucionalidade.

---

[27] Disponível em: <www.stf.gov.br>. Acesso em: 2 mar. 2014.

1. É constitucional o art. 19-A da Lei n. 8.036/1990, o qual dispõe ser devido o depósito do Fundo de Garantia do Tempo de Serviço na conta de trabalhador cujo contrato com a Administração Pública seja declarado nulo por ausência de prévia aprovação em concurso público, desde que mantido o seu direito ao salário. 2. Mesmo quando reconhecida a nulidade da contratação do empregado público, nos termos do art. 37, § 2.º, da Constituição Federal, subsiste o direito do trabalhador ao depósito do FGTS quando reconhecido ser devido o salário pelos serviços prestados. 3. Recurso extraordinário ao qual se nega provimento (STF, Tribunal Pleno, RE 596478/RR, Rel. Min. Ellen Gracie, Rel. p/ Acórdão Min. Dias Toffoli, j. 13.06.2012, *DJe*-040, divulg. 28.02.2013, public. 01.03.2013).

Questões relevantes, com repercussão geral já reconhecida, aguardam definição da Suprema Corte, com intenso represamento de recursos em causas trabalhistas. Nessa situação, a título de exemplo, destacam-se: (i) a validade, ou não, de renúncia genérica a direitos contida em termo de adesão ao Programa de Desligamento Incentivado (PDI), com chancela sindical e previsão em norma de acordo coletivo, RE n. 590415; (ii) a extensão, ou não, aos trabalhadores portuários avulsos, do adicional de risco portuário, RE n. 597124; (iii) a constitucionalidade, ou não, do art. 71, § 1.º, da Lei n. 8.666/1993, que veda a responsabilidade subsidiária da Administração Pública por encargos trabalhistas gerados pelo inadimplemento de empresa prestadora de serviço, RE n. 603397; (iv) se a contratação pela Administração Pública de empregado não submetido à prévia aprovação em concurso público gera, ou não, outros efeitos trabalhistas, além do direito à contraprestação pelos dias trabalhados, AI n. 757244; (v) a possibilidade, ou não, de equiparação de direitos trabalhistas entre empregados terceirizados e aqueles pertencentes ao quadro funcional da empresa pública tomadora de serviços, RE n. 635546; (vi) a imposição, pelo Tribunal Superior do Trabalho, da obrigatoriedade de negociação coletiva para a dispensa em massa de trabalhadores, ARE n. 647651, entre outras demandas de grande relevância[28].

De forma geral, a sistemática da repercussão geral pressupõe a massificação dos conflitos trabalhistas sem variação de objeto. Assim, para os recursos futuros, sendo reconhecida a identidade da matéria com uma das já suscitadas por meio dos temas em epígrafe, deverá ser aplicada a sistemática do art. 543-B do CPC, *in verbis*: "Quando houver multiplicidade de recursos com fundamento em idêntica controvérsia, a análise da repercussão geral será processada nos termos do Regimento Interno do Supremo Tribunal Federal, observado o disposto neste artigo".

---

[28] Destacam-se no sítio eletrônico do STF, na lista de matérias ligadas ao direito do trabalho: RE n. 629053, ARE n. 665969, RE n. 716378, ARE n. 646000, RE n. 631053, ARE n. 709212 etc.

Em pueril tradução, se a causa for idêntica à que já teve repercussão reconhecida, aproveitar-se-á a decisão originária ou o modelo a ser julgado. Se a causa for inédita, será preciso que o recorrente batalhe para demonstrar que ela tem repercussão geral a merecer julgamento de mérito.

Nesse aspecto, se por um lado a repercussão geral dos recursos extraordinários deve ser um mecanismo aliado do STF para diminuir o volume de processo, por outro, não deve se afastar das garantias, sob pena de frustrar valores consagrados pela Lei Maior. Desse modo, é preciso que o STF deixe explícitos os critérios utilizados para fixar a competência e que fundamentam a escolha de determinada questão como relevante. Mesmo considerando que o julgamento do recurso extraordinário tenha características do processo objetivo, uma vez que se discute somente a tese jurídica, e não o caso concreto, se direitos constitucionalmente protegidos estiverem sendo desrespeitados por tribunais inferiores, caberá ao STF decidir por qual motivo não irá julgar determinada questão, motivando a irrelevância da matéria, sob pena de estar frustrando uma prestação jurisdicional negada por outro órgão do Judiciário.

Dierle José Coelho Nunes, ao escrever sobre o resgate da postura garantística do processo, criticou as reformas processuais que se sucederam a partir de 1990, uma vez valorizarem sobremaneira a rapidez procedimental. A grande maioria das reformas significou apenas a massificação dos julgamentos e a visão do processo como uma mera burocracia a ser eliminada[29]. Nos dizeres do citado autor, para que o processo atenda ao princípio democrático, é necessário que as reformas não sejam voltadas somente para a celeridade, mas também para a "estrutura normativa constitucionalizada que é dimensionada por todos os princípios constitucionais dinâmicos, como o contraditório, a ampla defesa, o devido processo constitucional, a celeridade, o direito ao recurso, a fundamentação racional das decisões, o juízo natural e a inafastabilidade do controle jurisdicional".

Humberto Theodoro Júnior, outrossim, se preocupa com os aspectos garantísticos do processo, alegando que a repercussão geral do recurso extraordinário visa somente o acesso à justiça quantitativo, distanciando-se do movimento de socialização processual do século XX[30].

---

[29] NUNES, Dierle José Coelho. *Processo jurisdicional democrático*. Curitiba: Juruá, 2012. p. 211.

[30] THEODORO JÚNIOR, Humberto; NUNES, Dierle; BAHIA, Alexandre. Litigiosidade em massa e repercussão geral no recurso extraordinário. *Revista de Processo*, ano 34, n. 177, p. 12, nov. 2009. Os autores lembram que, apesar do mecanismo de filtro ser utilizado nos países europeus, as Cortes de Cassação europeias não julgam a decisão anulada, reenviando o processo para outro órgão jurisdicional, que julgará o mérito da causa conforme as

Assim, é preciso cautela no operar da dinâmica desse pressuposto recursal específico do recurso extraordinário, qual seja, a verificação da repercussão geral. Não se pode jamais perder de vista a perspectiva garantística do processo civil contemporâneo a pretexto de simplesmente se debelar a crise do Judiciário resultante do excesso de processos e de recursos. Máxime nas questões trabalhistas, em que tão relevante o contexto social em que inserida a controvérsia, não será possível se contentar com decisões padronizadas, pouco refletidas, pouco debatidas e com reduzida probabilidade de serem acertadas, tanto do ponto de vista da justiça processual quanto do próprio mérito[31].

O cabimento do recurso extraordinário em matéria trabalhista de causas com repercussão geral e decididas em única ou última instância, em suma, deve ser verificado a partir dos princípios constitucionais da ampla defesa e do contraditório. A interpretação da Constituição considerada como um sistema aberto de regras e princípios, "que, através de processos judiciais, procedimentos legislativos e administrativos, iniciativas dos cidadãos, passa de uma *law in the books* para uma *living constitution*"[32], deverá prestigiar um processo justo e democrático.

REFERÊNCIAS

ALMEIDA, Jean Alves Pereira. Repercussão geral objetiva. *Revista Dialética de Direito Processual*, n. 95, p. 33-41, fev. 2011.

ARAÚJO, José Henrique Mouta. A repercussão geral e a competência recursal: riscos a serem ponderados. *Revista Dialética de Direito Processual*, n. 92, p. 33-39, nov. 2010.

ASSUMPÇÃO, Helcio Alves de. Recurso extraordinário: requisitos constitucionais de admissibilidade. In: FABRÍCIO, Adroaldo Furtado (Coord.). *Meios de impugnação ao julgado civil*. Rio de Janeiro: Forense, 2007.

BARBOSA MOREIRA, José Carlos. *Comentários ao Código de Processo Civil*. Rio de Janeiro: Forense, 2009.

_____. Restrições ilegítimas ao conhecimento dos recursos. *Revista Magister de Direito Civil e Processo Civil*, Santa Catarina, n. 9, p. 95-107. nov.-dez. 2005.

BARROSO, Luís Roberto. Constituição, democracia e supremacia judicial: direito e política no Brasil contemporâneo. *Revista Jurídica da Presidência*, Brasília, v. 12, n. 96, fev.-maio 2010.

---

peculiaridades do caso concreto. Desse modo, diminui-se o risco desse mecanismo, visto que não realizam o "pinçamento de recursos".

[31] GRECO, Leonardo. Publicismo e privatismo no processo civil. *Revista de Processo*, São Paulo: RT, ano 33, n. 164, p. 43, out. 2008.

[32] CANOTILHO, J.J. Gomes. *Direito constitucional e teoria da Constituição*. 7. ed. Coimbra: Almedina, 2003. p. 1.163.

BEBBER, Júlio César. *Recursos no processo do trabalho*. São Paulo: LTr, 2009.

BERMAN, José Guilherme. *Repercussão geral no recurso extraordinário*: origens e perspectivas. Curitiba: Juruá, 2009.

CANOTILHO, J. J. Gomes. *Direito constitucional e teoria da Constituição*. 7. ed. Coimbra: Almedina, 2003.

CONCEIÇÃO, Marcelo Moura. Julgamento por amostragem dos recursos excepcionais: denegação de justiça?. *Revista de Processo*, ano 35, n. 181, p. 232-257, mar. 2010.

FUX, Luiz. *Curso de processo civil*. Rio de Janeiro: Forense, 2009.

GAIO JÚNIOR, Antonio Pereira. Considerações sobre a ideia da repercussão geral e a multiplicidade dos recursos repetitivos no STF e STJ. *Revista de Processo*, ano 34, n. 170, p. 140-155, abr. 2009.

GRECO, Leonardo. Publicismo e privatismo no processo civil. *Revista de Processo*, São Paulo: RT, ano 33, n. 164, out. 2008.

LEITE, Carlos Henrique Bezerra. *Curso de direito processual do trabalho*. São Paulo: LTr, 2011.

MACIEL, José Alberto Couto Maciel. Embargos de divergência no TST e a matéria constitucional. *Revista do TST*, Brasília, v. 74, n. 2, abr.-jun. 2008.

MALLET, Estêvão. Recurso extraordinário e recurso de embargos após a Lei n. 11.496. *Revista do TST*, Brasília, v. 74, n. 2 abr.-jun. 2008.

MARTINS, Samir José Caetano. A repercussão geral da questão constitucional. (Lei n.º 11.418/2006). *Revista Dialética de Direito Processual*, São Paulo, v. 50, p. 95-111, maio 2007.

NUNES, Dierle José Coelho. *Direito constitucional ao recurso*: da teoria geral dos recursos, das reformas processuais e da compartipação nas decisões. Rio de Janeiro: Lumen Juris, 2006.

_____. *Processo jurisdicional democrático*. Curitiba: Juruá, 2012.

REICHELT, Luis Alberto. A repercussão geral do recurso extraordinário e a construção do processo civil na era da solidariedade social. *Revista de Processo*, ano 35, n. 189, nov. 2010.

SILVA, José Afonso da. *Do recurso extraordinário no direito brasileiro*. São Paulo: RT, 1963.

SILVA, Ticiano Alves e. Intervenção de sobrestado no julgamento por amostragem. *Revista de Processo*, ano 35, n. 182, p. 234-257, abr. 2010.

TEIXEIRA FILHO, Manoel. *Sistema dos recursos trabalhistas*. São Paulo: LTr, 2003.

THEODORO JÚNIOR, Humberto; NUNES, Dierle; BAHIA, Alexandre. Litigiosidade em massa e repercussão geral no recurso extraordinário. *Revista de Processo*, ano 34, n. 177, p. 9-46, nov. 2009.

9

ALGUMAS CONSIDERAÇÕES SOBRE O INSTITUTO DA REPERCUSSÃO GERAL

Cassio Scarpinella Bueno
Mestre, Doutor e Livre-docente em Direito Processual Civil pela Faculdade de Direito da PUC-SP. Professor de Direito Processual Civil nos cursos de Graduação, Especialização, Mestrado e Doutorado da Faculdade de Direito da PUC-SP. Membro e Diretor de Relações Institucionais do Instituto Brasileiro de Direito Processual. Membro do Instituto Iberoamericano de Direito Processual e da Associação Internacional de Direito Processual. Integrou a Comissão Técnica de Apoio à elaboração do relatório-geral na revisão do projeto do novo Código de Processo Civil no âmbito do Senado Federal e participou dos Encontros de Trabalho de Juristas sobre o mesmo Projeto no âmbito da Câmara dos Deputados. Advogado.

Sumário: 1. Considerações iniciais – 2. Identificação da repercussão geral – 3. Repercussão geral e "casos múltiplos" – 4. Considerações finais – Referências.

1. CONSIDERAÇÕES INICIAIS

A Emenda Constitucional 45/2004, entre tantas novidades que trouxe para o "modelo constitucional do direito processual civil", estabeleceu um novo pressuposto para o cabimento do recurso extraordinário. É o que o § 3.º do art. 102 chama de "repercussão geral", nos seguintes termos:

> No recurso extraordinário o recorrente deverá demonstrar a repercussão geral das questões constitucionais discutidas no caso, nos termos da lei, a fim de que o Tribunal examine a admissão do recurso, somente podendo recusá-lo pela manifestação de dois terços de seus membros.

Desde logo, importa colocar em relevo que, *formalmente*, não há nenhuma inconstitucionalidade no instituto anunciado. A circunstância de a "repercussão geral" ter sido introduzida no cenário processual civil brasileiro por Emenda Constitucional, votada e aprovada em consonância com o "devido processo legislativo", é o suficiente para afastar dela qualquer pecha de inconstitucionalidade no que diz respeito ao veículo normativo empregado. De resto, como as hipóteses de cabimento dos "recursos *extraordinários*" não podem ser compreendidas como "cláusulas pétreas" (art. 60, § 4.º, da Constituição Federal), não há qualquer impedimento à sua alteração, desde que sejam feitas por Emenda Constitucional, sendo indiferente, para este fim, que elas sejam ampliadas ou restringidas, como se dá com relação à exigência ora analisada.

O fato de o acesso ao Supremo Tribunal Federal ter se restringido por força da "repercussão geral", outrossim, não traz ao instituto nenhuma inconstitucionalidade no sentido *material*. Pela natureza e finalidade dos "recursos extraordinários", é possível (desejável, até mesmo) que o constituinte se encarregue de estabelecer verdadeiros *filtros* ao acesso ao Supremo Tribunal Federal (e também ao Superior Tribunal de Justiça) para viabilizar que ele melhor desempenhe a sua função, de estabelecer parâmetros seguros e objetivos de aplicação do direito *federal* em todo o território nacional.

A "repercussão geral", destarte, faz as vezes de um verdadeiro *filtro*, apto a selecionar quais recursos extraordinários serão, ou não, julgados pelo Supremo Tribunal Federal. Assim, o cabimento do recurso extraordinário depende não só de se tratar de causa decidida por única ou última instância que atenda ao menos uma das hipóteses das alíneas do inciso III do art. 102 da Constituição Federal[1], mas também que a decisão recorrida apresente "repercussão geral".

O recurso extraordinário busca preservar a autoridade e a uniformidade da interpretação da Constituição Federal em todo o território nacional, o que fica ainda mais evidente com a circunstância de só serem admitidos os recursos extraordinários que ofereçam repercussão geral que ultrapasse "os interesses subjetivos da causa" (art. 543-A, § 1.º, do CPC). Trata-se, nesse contexto, do que o Ministro Gilmar Mendes, do Supremo Tribunal Federal, vem sustentando sobre a necessária *objetivação* da atuação do Supremo Tribunal Federal, inclusive em sede de recurso extraordinário, deixando "esse instrumento (...) de ter caráter marcadamente subjetivo ou de defesa de interesse das partes, para assumir, de forma decisiva, a função de defesa da ordem constitucional objetiva"[2].

---

[1] Para essa discussão, v. o meu *Curso sistematizado de direito processual civil*. 3. ed. São Paulo: Saraiva, 2011. vol. 5, p. 271-291.

[2] Questão de Ordem no RE 556.664/RS, j. 21.09.2997, *DJ* 15.10.2007.

O instituto foi regulamentado pela Lei 11.418/2006, que acrescentou os arts. 543-A e 543-B ao Código de Processo Civil, e também é objeto de disciplina pelos arts. 321 a 329 do Regimento Interno do Supremo Tribunal Federal, alterados por sucessivas Emendas Regimentais.

O § 1.º do art. 543-A do CPC define a "repercussão geral" como a "existência, ou não, de questões relevantes do ponto de vista econômico, político, social ou jurídico, que ultrapassem os interesses subjetivos da causa" na decisão que se pretende ver reexaminada pelo Supremo Tribunal Federal em sede de recurso extraordinário. O parágrafo único do art. 322 do RISTF, similarmente, refere-se a ela da seguinte forma: "Para efeito da repercussão geral, será considerada a existência, ou não, de questões que, relevantes do ponto de vista econômico, político, social ou jurídico, ultrapassem os interesses subjetivos das partes".

A exigência deve ser compreendida, portanto, como o impacto significativo que a decisão recorrida assume ou tem aptidão de assumir no cenário econômico, político, social ou jurídico, indo além, consequentemente, dos interesses e direitos subjetivados em um dado e específico caso concreto. O § 3.º do art. 543-A, complementando a regra, dispõe que "haverá repercussão geral sempre que o recurso impugnar decisão contrária a súmula ou jurisprudência dominante do Tribunal", o que se justifica à luz da função exercida pelo Supremo Tribunal Federal no "modelo constitucional do direito processual civil". Como se lê do § 2.º do art. 323 do RISTF, em tais casos a ocorrência da repercussão geral é *presumida*, tanto quanto nos casos em que a decisão recorrida trata de questão cuja repercussão geral já tenha sido reconhecida pelo Supremo Tribunal Federal.

Compete ao Pleno do Supremo Tribunal Federal reafirmar, em cada caso, a *atualidade* da sua jurisprudência para o reconhecimento da repercussão geral nos termos dos precitados dispositivos normativos, aplicando-se, desde então, o regime respectivo, inclusive com a determinação de sobrestamento dos "casos repetitivos" nos moldes do art. 543-B do CPC[3].

É tão importante a observação que ocupa o parágrafo anterior que "o julgamento de mérito de questões com repercussão geral, nos casos de reafirmação de jurisprudência dominante da Corte, também poderá ser realizado por meio eletrônico", providência que, acolhida pelo art. 323-A do RISTF, quer imprimir maior celeridade àqueles julgamentos. A "repercussão geral" é questão relacionada

---

[3] É o que foi decidido, entre tantos, nos seguintes julgados: RE-QO 576.321/GO, Rel. Min. Ricardo Lewandowski, j.un. 04.12.2008, *DJe* 13.02.2009; RE-QO 591.085/MS, Rel. Min. Ricardo Lewandowski, j.un. 04.12.2008, *DJe* 20.02.2009; RE 582.650/BA, Rel. Min. Ellen Gracie, j.m.v. 16.04.2008, *DJe* 24.10.2008; e RE-QO 579.421/RS, Rel. Min. Marco Aurélio, j.m.v. 13.03.2008, *DJe* 24.10.2008.

à *admissibilidade* do recurso extraordinário, no que são claros o *caput* e o § 2.º do art. 543-A do CPC.

Didático, no particular, o *caput* do art. 323 do RISTF, segundo o qual: "Quando não for caso de inadmissibilidade do recurso por outra razão, o(a) Relator(a) ou o Presidente submeterá, por meio eletrônico, aos demais Ministros, cópia de sua manifestação sobre a existência, ou não, de repercussão geral".

A decisão do Supremo Tribunal Federal que não admite o recurso extraordinário à falta de uma questão que ofereça repercussão geral é, de acordo com o *caput* do art. 543-A do CPC, *irrecorrível*[4]. A irrecorribilidade, no caso, não agride o "modelo constitucional do direito processual civil", porque ela tem que ser, em consonância com a exigência do § 3.º do art. 102 da Constituição Federal, colegiada. A regra, ademais, não impede que o Supremo Tribunal Federal possa, inclusive porque provocado para tanto, rever anterior posição sua sobre a existência, ou não, de repercussão geral.

2. IDENTIFICAÇÃO DA REPERCUSSÃO GERAL

Os casos que oferecem e os que não oferecem "repercussão geral" precisam ser estabelecidos pelo Supremo Tribunal Federal, que deverá observar, para tanto, o quórum imposto pelo art. 102, § 3.º, da Constituição Federal.

De acordo com o texto constitucional, a rejeição do recurso extraordinário, à míngua da demonstração de que a decisão não oferece repercussão geral, deve dar-se por *dois terços* de seus membros, isto é, por oito Ministros. O § 4.º do art. 543-A do CPC, ao dispor que, "se a Turma decidir pela existência da repercussão geral por, no mínimo, 4 (quatro) votos, ficará dispensada a remessa do recurso ao Plenário", atende a exigência constitucional, porque garante, de antemão, a inviabilidade de haver votos suficientes para rejeitar o recurso extraordinário por este fundamento. O dispositivo está, destarte, em consonância com o regime constitucional do instituto.

A expressão "estabelecer casos que oferecem repercussão geral" deve ser entendida como a elaboração de uma verdadeira lista de questões que, de acordo com dois terços dos Ministros do Supremo Tribunal Federal, criam significativo impacto no ambiente econômico, político, social ou jurídico, a merecer, destarte,

---

[4] No mesmo sentido é o art. 326 do RISTF: "Toda decisão de inexistência de repercussão geral é irrecorrível e, valendo para todos os recursos sobre questão idêntica, deve ser comunicada, pelo(a) Relator(a), à Presidência do Tribunal, para os fins do artigo subsequente e do art. 329".

análise derradeira por aquele Tribunal, que, manifestando-se sobre elas, dará a solução a prevalecer sobre as manifestações dos demais órgãos jurisdicionais.

A identificação de tais casos depende da análise cuidadosa, pelos Ministros do Supremo Tribunal Federal, da *qualidade* e da *quantidade* de casos que lhe são enviados para julgamento em sede de recurso extraordinário à luz das exigências legais e regimentais. Importa, para tanto, que o recorrente apresente, minudentemente, as razões pelas quais entende que o caso oferece repercussão geral, sem prejuízo da manifestação em sentido contrário do recorrido. Essa discussão, que se supõe *ampla* e *prévia*, é fundamental para estabelecer um verdadeiro diálogo cooperativo entre os jurisdicionados e os integrantes do Supremo Tribunal Federal, tanto mais importante porque é *irrecorrível* a decisão que rejeita o recurso à falta de repercussão geral.

Os arts. 322 a 329 do RISTF disciplinam o *procedimento* a ser observado pelos Ministros do Supremo Tribunal Federal na constatação da existência, ou não, da repercussão geral, que é dispensado nos casos em que a repercussão geral já foi reconhecida ou em que ela é presumida (art. 323, § 2.º, do RISTF).

Vale destacar, a respeito deste *procedimento*, diferentemente do que a leitura dos diversos parágrafos do art. 543-A do CPC e, sobretudo, dos precitados dispositivos do Regimento Interno do Supremo Tribunal Federal insinua, que ele viabiliza ampla participação das *partes* e também de *terceiros*. Trata-se de um verdadeiro *incidente*, necessariamente realizado em *amplo* (e desejavelmente *prévio*) contraditório, que se verifica durante a tramitação do recurso extraordinário. A definição dos casos que oferecem repercussão geral não é e não deve ser entendida como mera reunião das opiniões ou impressões que os Ministros do Supremo Tribunal Federal têm acerca da causa submetida a julgamento, como se a deliberação sobre existir, ou não, repercussão geral fosse questão *interna corporis*, *imotivada* e, como já se admitiu no direito brasileiro, sob a égide da Constituição Federal de 1969[5], *secreta*[6].

Importa, portanto, interpretar o *procedimento* estabelecido pelo Regimento Interno do Supremo Tribunal Federal a partir do "modelo constitucional do direito processual civil", sob os auspícios da Constituição de 1988 e suas posteriores emendas.

O art. 327, *caput*, do RISTF exige que a questão aqui analisada seja apresentada pelo recorrente em "preliminar formal e fundamentada de repercussão geral", sob pena de indeferimento do recurso extraordinário pela Presidência do

---

[5] Cf. art. 119, §§ 1.º e 3.º, letra "c", com relação à então vigente "arguição de relevância".
[6] Cf. arts. 151 a 153 c/c o art. 327 do RISTF de 1980.

Supremo Tribunal Federal (art. 327 do RISTF) ou, sucessivamente, pelo relator (art. 327, § 1.º, do RISTF). Em um e em outro caso, da decisão que nega seguimento ao recurso, porque *monocrática*, cabe "agravo *interno*" (art. 327, § 2.º, do RISTF).

A exigência regimental é constitucional porque regulamenta o disposto no § 2.º do art. 543-A. Ela não pode ser compreendida, contudo, como se eventual equívoco na *forma* pudesse comprometer o recurso extraordinário em sua substância. A isto lhe obsta princípio integrante do "modelo infraconstitucional do processo civil", o "princípio da instrumentalidade das formas"[7]. No direito processual civil da atualidade, é inadmissível que aspectos de cunho *formal* possam se sobrepor a aspectos *substanciais*, ainda quando o que está em pauta é o acesso ao Supremo Tribunal Federal pela via do recurso extraordinário.

O entendimento exposto no parágrafo anterior não corresponde ao do Supremo Tribunal Federal. Em diversas oportunidades, o Plenário daquele Tribunal já teve oportunidade de entender que a falta de destaque formal da discussão da questão relativa à Repercussão Geral é causa de inadmissibilidade do recurso[8].

Vencida a questão de ordem formal, e desde que superado o juízo de admissibilidade do recurso extraordinário quanto às demais exigências constitucionais e legais, o relator submeterá, por meio eletrônico, cópia de sua manifestação sobre se o caso oferece, ou não, repercussão geral. É o que dispõe o *caput* do art. 323 do RISTF.

Com o recebimento da manifestação do relator, os demais Ministros terão o prazo comum de 20 dias para se pronunciar sobre o tema, enviando ao relator, também por meio eletrônico, sua própria manifestação (art. 324, *caput*, do RISTF). Se aquele prazo findar-se sem manifestações suficientes para rejeitar a existência da repercussão geral, isto é, sem a manifestação de, pelo menos, quatro Ministros, o § 1.º do art. 324 autoriza que se considere existente a repercussão geral.

De acordo com o § 2.º do dispositivo, "não incide o disposto no parágrafo anterior quando o Relator declare que a matéria é infraconstitucional, caso em que a ausência de pronunciamento no prazo será considerada como manifestação de inexistência de repercussão geral, autorizando a aplicação do art. 543-A, § 5.º, do Código de Processo Civil, *se alcançada a maioria de dois terços de seus membros*". A parte transcrita em itálico, introduzida pela Emenda Regimental 47/2012, merece o destaque, porque, sem ela, a disposição regimental agrediria o quórum imposto (sem nenhuma ressalva) pela Constituição e adequadamente disciplinado

---

[7] Para o assunto, v. meu *Curso sistematizado de direito processual civil*. 6. ed. São Paulo: Saraiva, 2012. vol. 1, p. 555-557.

[8] STF, Pleno, REAgR 569.476/SC, Rel. Min. Ellen Gracie, j.un. 02.04.2008, *DJE*-74, 24.04.2008 e STF, Pleno, ARE-AgR 667.043/SP, Rel. Min. Ayres Britto, j.un. 27.06.2012, *DJe* 09.08.2012.

pelo Código de Processo Civil. A recusa da repercussão geral – ainda que por entender que a questão não a apresenta porque infraconstitucional – depende da manifestação de dois terços dos Ministros do Supremo Tribunal Federal. Trata-se, em suma, de *fundamento* pelo qual se entende inexistir a repercussão geral. É o que basta para o quórum mínimo exigido pela Constituição Federal dever ser observado também nessa hipótese.

Após, juntadas as manifestações por escrito aos autos, quando for o caso, o relator julgará monocraticamente o recurso extraordinário (art. 557)[9] ou pedirá dia para seu julgamento perante o órgão colegiado competente (art. 325, *caput*, do RISTF). Se o caso for de não admissão do recurso por não se tratar de decisão que ofereça repercussão geral, a recusa será formalizada em decisão fundamentada, aplicando-se o mesmo dispositivo regimental.

Havendo divergência sobre a existência de repercussão geral, o recurso extraordinário será *redistribuído* com exclusão do Relator e dos Ministros que negaram sua existência de forma fundamentada (art. 324, § 3.º, do RISTF). Já se decidiu, corretamente, que é necessária a apresentação dos fundamentos da divergência pelo primeiro Ministro que se manifestar contrariamente ao Relator[10]. Identificada a repercussão geral pelo Presidente do STF, o processo será redistribuído para outro Ministro "para o julgamento do mérito" (art. 323, § 1.º, do RISTF).

> "Reconhecida a repercussão geral, serão distribuídos ou redistribuídos ao Relator do recurso paradigma, por prevenção, os processos relacionados ao mesmo tema". É o que expressamente dispõe o art. 325-A do RISTF. A regra, introduzida pela Emenda Regimental 42/2010, é interessante porque impõe a *prevenção* mesmo nos casos em que há repercussão geral em casos múltiplos, regidos pelo art. 543-B do CPC. Assim, desde que os processos já estejam no Supremo Tribunal Federal, não há razão para que eles sejam enviados aos Tribunais de segunda instância para aguardar o julgamento pelo STF. Bem diferentemente, para dar aplicação à novel regra regimental, eles devem ser *redistribuídos por prevenção* ao Ministro relator do "paradigma". A iniciativa, assim, viabiliza, a um só tempo, maior discussão sobre a questão relativa à repercussão geral e, mais que do isso, sobre a própria questão de fundo, razão primeira de ser dos recursos extraordinários.

O § 6.º do art. 543-A do CPC admite que, na análise da repercussão geral, isto é, para a elaboração da "lista" dos casos que a apresentam e dos que não a apresentam, *terceiros*, desde que representados por procuradores habilitados,

---

[9] Sobre as diversas facetas do art. 557 do CPC, v., meu *Curso sistematizado de direito processual civil*, vol. 5, cit., p. 125-128.
[10] STF, Pleno, RE-QO 559.994/RS, Rel. Min. Marco Aurélio, j.m.v. 26.03.2009, *DJe* 12.06.2009.

possam se manifestar para sustentar suas razões relativas ao caso oferecer (ou não) repercussão geral. A hipótese, a despeito do silêncio do dispositivo legal, é de *amicus curiae*, modalidade de intervenção de terceiros que se justifica quando a decisão a ser tomada em um dado caso tem o condão de influenciar, com maior ou menor intensidade, outros, o que é irrecusável em se tratando do reconhecimento (ou não) da repercussão geral[11]. O § 3.º do art. 323 do RISTF refere-se também à hipótese, evidenciando que o relator pode admitir tais manifestações de ofício ou a requerimento, dando margem à classificação que propus em outra sede, que distingue a "intervenção *provocada*" da "intervenção *espontânea*", respectivamente[12].

A iniciativa deve ser incentivada, ademais, para viabilizar o mais *amplo* e *prévio* debate sobre a ocorrência, ou não, de repercussão geral, permitindo a participação de setores organizados da sociedade civil e do próprio Estado perante o Supremo Tribunal Federal.

Questão interessante diz respeito a saber se as partes de "outros processos" similares àquele em que foi reconhecida a repercussão geral podem intervir no "processo paradigma" na qualidade de *amicus curiae*. A melhor resposta é a negativa. Os próprios interessados no reconhecimento da repercussão geral, isto é, aqueles que têm os seus próprios recursos não são – e não podem ser – admitidos como *amicus curiae*. Sua eventual intervenção no processo em que se discute a existência da repercussão geral dar-se-á em consonância com as modalidades tradicionais do Código de Processo Civil[13].

A intervenção do *amicus curiae* é modalidade interventiva que também tem o condão de reduzir o que vem sendo chamado de "déficit democrático" do Supremo Tribunal Federal, justificada pela maneira como são escolhidos os seus membros, sem qualquer participação *direta* dos demais segmentos governamentais, do próprio Judiciário, das demais funções essenciais à Justiça, ou de qualquer extrato da sociedade civil. Déficit este ainda mais sentido diante da *vitaliciedade* de seus membros[14].

É para criar a maior amplitude possível com relação ao tema, inclusive no que diz respeito a quem pode e a quem não pode atuar na qualidade de *amicus curiae*

---

[11] Tive a oportunidade de me debruçar mais demoradamente sobre o tema em meu Amicus curiae *no processo civil brasileiro*: um terceiro enigmático. 3. ed. São Paulo: Saraiva, 2012. p. 560-570.
[12] Amicus curiae *no processo civil brasileiro*: um terceiro enigmático, cit., p. 476-479.
[13] Para a discussão mais ampla da questão, Bruno Dantas. *Repercussão geral*. 2. ed. São Paulo: RT, 2009. p. 302-308. De minha parte, v. meu Amicus curiae *no processo civil brasileiro*: um terceiro enigmático, cit., p. 575-583.
[14] Cf. art. 95, I, da Constituição Federal.

no *procedimento* voltado ao estabelecimento dos casos que oferecem repercussão geral, que a admissão ou não da intervenção do terceiro deve ser compreendida como decisão *recorrível*, indiferente, para tanto, a cláusula de irrecorribilidade consagrada pelo § 3.º do art. 323 do RISTF. A restrição é ilegal e inconstitucional em seu sentido *formal* e *material*, cabendo sublinhar que nenhum Regimento Interno, mesmo o do Supremo Tribunal Federal, pode alterar o *sistema* processual civil no direito brasileiro[15]. Não há, na Constituição Federal de 1988, dispositivo como se lia da letra "c" do § 3.º do art. 119 da Constituição anterior, de 1969, incluído pela Emenda Constitucional 7/1977.

Assim, sem prejuízo das razões trazidas pelas partes quanto à ocorrência, ou não, de repercussão geral nos casos em que interpõem o recurso extraordinário, *terceiros* poderão manifestar-se acerca da questão atuando em prol da construção de precedentes que sejam favoráveis aos seus próprios interesses ou, mais amplamente, em prol dos interesses que representam o que, a meu ver, deve ser chamado de "interesses *institucionais*"[16].

Uma vez estabelecido que um dado caso oferece "repercussão geral", a "súmula" da decisão constará de ata que será publicada no *Diário Oficial*, valendo como acórdão (art. 543-A, § 7.º, do CPC). O art. 329 do RISTF, por seu turno, impõe à Presidência do Supremo Tribunal Federal "ampla e específica divulgação do teor das decisões sobre repercussão geral, bem como formação e atualização de banco eletrônico de dados a respeito".

O precitado § 7.º do art. 543-A não pode dar margem ao entendimento de que as decisões do Supremo Tribunal Federal, mesmo as que afirmem que o caso oferece repercussão geral, podem ser proferidas sem fundamento, isto é, sem *motivação*. Trata-se de iniciativa que agride o "modelo constitucional do direito processual civil"[17]. Não só porque o parágrafo único do art. 325 do RISTF, ao impor que "o teor da decisão preliminar sobre a existência da repercussão geral, que deve integrar a decisão monocrática ou o acórdão, constará sempre das publicações dos julgamentos no *Diário Oficial*, com menção clara à matéria do recurso", interdita o entendimento, mas, superiormente, porque a circunstância de a decisão reconhecer a repercussão geral e, nesse sentido, abrir a via recursal extraordinária, não é suficiente para a dispensa da motivação constitucionalmente imposta a *quaisquer* decisões. Ademais, as razões pelas quais o Supremo Tribunal

---

[15] Para essa demonstração, v. meu *Curso sistematizado de direito processual civil*, vol. 5, cit., p. 211-216 e 221-228.
[16] Amicus curiae *no processo civil brasileiro:* um terceiro enigmático, cit., p. 459-467.
[17] Para a discussão do "princípio da motivação" como componente do "modelo constitucional do direito processual civil brasileiro", v. meu *Curso sistematizado de direito processual civil*, vol. 1, cit., p. 171-175.

Federal entendeu que uma dada questão atende à exigência do § 3.º do art. 102 da Constituição Federal servirão como paradigma de reflexão e de debate para outras que não o tenham sido, a justificar, em quaisquer casos, a fundamentação da decisão e a sua divulgação. Trata-se de iniciativa que, em última análise, assegura uma mais ampla (e inafastável) *participação* dos jurisdicionados no âmbito do *procedimento* relativo ao estabelecimento do que oferece e do que não oferece repercussão geral para fins de recurso extraordinário.

Quando o Supremo Tribunal Federal negar a repercussão geral de uma dada questão constitucional, seu entendimento valerá para todos os recursos extraordinários que versem sobre a mesma questão, que serão indeferidos liminarmente (art. 543-A, § 5.º, do CPC). A ressalva feita pelo dispositivo legal – "salvo a revisão da tese" – deve ser prestigiada porque se afina à necessária *participação* da sociedade civil e do próprio Estado na identificação e formação dos casos que oferecem repercussão geral. A circunstância de o caso não estar na "lista" dos que oferecem repercussão geral, consequentemente, não é, por si só, óbice intransponível à admissibilidade do recurso extraordinário. Pode acontecer de o relator do recurso convencer-se de que o caso, analisado à luz das razões então oferecidas, mereça ingressar na "lista", a qual, assim, deve ser alterada para passar a albergar aquela hipótese.

O art. 326 do RISTF atesta que a decisão "de inexistência de repercussão geral é irrecorrível", disposição que, para não atritar com o sistema processual civil, precisa ser entendida no contexto adequado. A decisão irrecorrível aí referida só pode ser a decisão *colegiada* do Supremo Tribunal Federal, e não as decisões monocráticas, estas sempre recorríveis para o órgão colegiado[18], como indica, aliás – e corretamente –, o § 2.º do art. 327 do RISTF. Mesmo as decisões colegiadas proferidas pelo Supremo Tribunal Federal, contudo, podem desafiar a interposição, pelo menos, de embargos de declaração quando presentes os seus pressupostos específicos (art. 535 do CPC).

3. REPERCUSSÃO GERAL E "CASOS MÚLTIPLOS"

O art. 543-B e seus respectivos parágrafos do CPC ocupam-se de identificar o que foi chamado expressivamente por Fredie Didier Jr. e Leonardo José Carneiro da Cunha de "repercussão geral *por amostragem*"[19]. São as situações, bastante frequentes na prática, de multiplicidade de recursos com fundamento em controvérsia idêntica; representam, em última análise, a mesma situação que a Lei

---

[18] V. nota de rodapé 15, *supra*.
[19] *Curso de direito processual civil*. 3. ed. Salvador: Juspodivm, 2007. vol. 3, p. 272.

11.672/2008 tratou, para o Superior Tribunal de Justiça, como casos de "recursos repetitivos"[20]. Para eles, a Lei 11.418/2007 estabeleceu procedimento diferenciado e que, tanto quanto na *identificação* da repercussão geral, deve ensejar uma *ampla* e *prévia* participação da sociedade civil e do próprio Estado no estabelecimento dos casos que, afinal, serão julgados pelo Supremo Tribunal Federal por oferecerem repercussão geral.

De acordo com o § 1.º do art. 543-B do CPC, os órgãos jurisdicionais de origem[21] devem selecionar um ou mais recursos que representem suficientemente a controvérsia e encaminhá-los ao Supremo Tribunal Federal, a quem compete exclusivamente o reconhecimento, ou não, da repercussão geral. Os demais casos ficarão sobrestados até ulterior decisão.

Se o Supremo Tribunal Federal negar que a controvérsia selecionada oferece "repercussão geral", os demais casos, que estavam sobrestados, serão automaticamente inadmitidos (art. 543-B, § 2.º, do CPC). Do contrário, superado, pelo Supremo Tribunal Federal, o reconhecimento relativo à repercussão geral e julgado o recurso extraordinário, os recursos sobrestados "serão apreciados pelos Tribunais, Turmas de Uniformização ou Turmas Recursais, que poderão declará-los prejudicados ou retratar-se", como se lê do § 3.º do art. 543-B do CPC. Nesta hipótese, de "retratação", se a decisão for mantida e admitido o recurso extraordinário, o Supremo Tribunal Federal poderá cassar ou reformar, liminarmente, o acórdão contrário à orientação firmada (art. 543-B, § 4.º, do CPC).

Os §§ 3.º e 4.º do art. 543-B do CPC precisam ser compreendidos em conformidade com o "modelo constitucional do direito processual civil". Não pode a lei – como parecem pretender os dispositivos destacados – autorizar que os demais Tribunais *julguem* os recursos extraordinários mesmo que este julgamento se limite a aplicar a orientação já fixada pelo Supremo Tribunal Federal ao caso concreto. Essa tarefa é privativa daquele Tribunal e sua *delegação* só poderia ser admitida por alteração da própria Constituição Federal, o que não foi feito pela Emenda Constitucional 45/2004. Ademais, não há efeitos *vinculantes* nas decisões proferidas pelo Supremo Tribunal Federal em sede de recurso extraordinário, inclusive quando se fixa a existência (ou a inexistência) da repercussão geral ainda que a partir do exame de casos repetitivos. Por isso, os §§ 3.º e 4.º do art. 543-B do CPC devem ser entendidos como a necessária

---

[20] Para a análise daquela disciplina legal, v. meu *Curso sistematizado de direito processual civil*, vol. 5, cit., p. 309-313.

[21] O dispositivo refere-se, apenas, a "Tribunal de origem", o que não é correto, porque o recurso extraordinário pode ser interposto de decisões de primeira instância, quando não houver duplo grau de jurisdição e, mais comumente, de decisões das Turmas recursais.

remessa dos autos dos recursos extraordinários ao Supremo Tribunal Federal para que ele – e não os órgãos de *interposição* daqueles recursos – realize os julgamentos em conformidade com o decidido. O que é passível de retratação perante os órgãos de interposição são as decisões relativas à admissão, ou não, dos recursos extraordinários quando elas forem objeto de contraste pelo agravo disciplinado pelo art. 544 do CPC, hipótese expressamente prevista pelos §§ 1.º e 2.º do art. 328-A do RISTF. Não é, contudo, o entendimento que vem sendo adotado na prática do foro.

O art. 328 do RISTF, acertadamente, admite que, também no âmbito do próprio Supremo Tribunal Federal, sejam identificados casos múltiplos (repetitivos) para os fins do art. 543-B do CPC, seja de ofício pela Presidência, ou pelo relator, ou, ainda, por manifestação do interessado, que, a despeito da letra do dispositivo, pode ser não só a *parte*, mas também *terceiro* que se mostre legitimado para atuar na qualidade de *amicus curiae*. Em tais casos, cabe ao Supremo Tribunal Federal comunicar o ocorrido aos demais órgãos jurisdicionais para que seja aplicada a regra do precitado dispositivo do Código de Processo Civil (art. 328-A, *caput*, do RISTF). Pode, ainda, pedir-lhes informações pertinentes aos recursos extraordinários interpostos e sobrestados, a serem prestadas em cinco dias, o que é providência inarredável para ampliar o debate (prévio) tendente à fixação das teses jurídicas relativas aos casos que oferecem, ou não, repercussão geral (art. 328, *caput*, do RISTF).

O parágrafo único do art. 328 do RISTF, complementando a regra do *caput*, autoriza, na hipótese por ele regulada, a Presidência e o relator a selecionar os casos mais representativos da controvérsia, determinando a devolução dos demais aos órgãos jurisdicionais de origem para os fins do art. 543-B do CPC[22].

O precitado art. 328-A, *caput*, do RISTF impõe que os Tribunais de origem não profiram juízo de admissibilidade sobre os recursos extraordinários já sobrestados, nem sobre os que venham a ser interpostos, até que o Supremo Tribunal Federal decida os que tenham sido selecionados nos termos do § 1.º daquele artigo. A mesma regra é estabelecida para os agravos interpostos das decisões negativas de trânsito dos recursos extraordinários (§ 1.º). De acordo com o § 2.º do mesmo dispositivo regimental, "julgado o mérito do recurso extraordinário em sentido contrário ao dos acórdãos recorridos, o Tribunal de origem remeterá ao Supremo Tribunal Federal os agravos em que não se retra-

---

[22] O sobrestamento das causas que versem a mesma tese em trâmite perante os Tribunais pode ser determinado monocraticamente pelo relator, como decidiu o Pleno do Supremo Tribunal Federal no RE-QO 576.155/DF, Rel. Min. Ricardo Lewandowski, j.m.v. 11.06.2008, *DJe* 12.09.2008.

tar". A retratação aqui prevista só pode ser interpretada como sendo o efeito *regressivo*, ínsito aos agravos em geral[23].

São diversas as indagações sobre a dinâmica do art. 543-B do CPC.

Uma delas refere-se ao *momento* em que o sobrestamento deve ser efetivado, é dizer: devem ser sobrestados apenas os recursos que preenchem todos os demais pressupostos de admissibilidade ou esta prévia análise é indevida, devendo ser sobrestados todos os recursos extraordinários, independentemente do estágio de seu andamento, desde que a tese nele veiculada esteja sujeita ao regime dos "recursos múltiplos"? A resposta mais correta parece ser a de ser indiferente o estágio do recurso, sendo bastante tratar-se de questão sujeita à multiplicidade para a qual se volta o dispositivo em destaque.

Outra diz respeito à possibilidade de controle do ato que determina o sobrestamento do processo para os fins daquele dispositivo codificado. O Supremo Tribunal Federal[24] e o Superior Tribunal de Justiça[25] já tiveram oportunidade de entender que se trata de mero *despacho*, irrecorrível por força do art. 504; que recorrível é a *decisão* que, cessada a causa do sobrestamento, vier a aplicar (ou deixar de aplicar) o que for decidido no âmbito do Supremo Tribunal Federal, observando, a propósito, o reconhecimento, ou não, da existência de repercussão geral.

O Supremo Tribunal Federal, por sua vez, já teve oportunidade de entender que também é *despacho* e, por isso, irrecorrível, o pronunciamento que determina a baixa dos autos aos Tribunais de Justiça ou Regionais Federais para os fins do art. 543-B, § 3.º, isto é, para que lá aguardem o julgamento do STF após o que poderão "retratar-se" ou manter o acórdão recorrido extraordinariamente[26].

Não há como, com o devido respeito, concordar com o entendimento. É que o sobrestamento indevido do processo, ainda que com a intenção de aplicar o art.

---

[23] Efeito regressivo, de acordo com a lição de Alcides de Mendonça Lima (*Introdução aos recursos cíveis*. São Paulo: RT, 1976. p. 288), é "... o efeito pelo qual a causa ou incidente voltam ao conhecimento do juiz prolator". Sobre a importância do estudo deste efeito dentro da teoria geral dos recursos, v. meu *Curso sistematizado de direito processual civil*, vol. 5, cit., p. 104-105 e 110-111.

[24] STF, Pleno, QO no AI 760.358/SE, Rel. Min. Gilmar Mendes, j.un. 19.11.2009, *DJe* 19.02.2010.

[25] CE, QO no Ag 1.154.599/SP, Rel. Min. Cesar Asfor Rocha, j.m.v. 16.02.2011, *DJe* 12.05.2011; 1.ª Turma, RMS 37.013/RJ, Rel. Min. Benedito Gonçalves, j.un. 20.03.2012, *DJe* 23.03.2012 e 4.ª Turma, AgRg no Ag 1.268.518/SP, Rel. Min. Luís Felipe Salomão, j.un. 18.08.2011, *DJe* 24.08.2011.

[26] Bastante para ilustrar a afirmação o seguinte julgado: STF, Pleno, AI-AgR 775.139/RS, Rel. Min. Cezar Peluso, j.un. 30.11.2011, *DJe* 19.12.2011.

543-B do CPC, é providência que, por si só, tem o condão de causar prejuízo imediato aos litigantes. Assim, não há como recusar apriorística e generalizadamente a pertinência do recurso cabível em consonância com o sistema processual civil, inclusive o "agravo *interno*" das decisões monocráticas proferidas no âmbito dos Tribunais. Mesmo que se pugnasse pelo descabimento de algum recurso – entendimento que se admite apenas para argumentar –, a hipótese seria contrastável por mandado de segurança, por força da melhor *interpretação* do art. 5.º, II, da Lei 12.016/2009[27].

Não deixa de ser curioso, a este respeito, encontrar julgados do Superior Tribunal de Justiça que reformam decisões que haviam determinado o sobrestamento de "ações rescisórias" por força do mesmo art. 543-B do CPC[28].

A razão de decidir em tais casos e admitir o *cabimento* do recurso justamente porque a ordem de sobrestamento transborda do sentido do art. 543-B do CPC – o que está, indubitavelmente, correto – não é substancialmente diversa do entendimento exposto nos parágrafos anteriores: em ambas as hipóteses, trata-se de contrastar o acerto ou o desacerto do sobrestamento, e não do futuro julgamento que, levando ou deixando de levar em conta o que vier a ser decidido pelo Supremo Tribunal Federal, será proferido.

Na Rcl 11.427/MG e na Rcl 11.408/RS, o entendimento do Supremo Tribunal Federal foi reafirmado pelos votos proferidos pelo Ministro Ricardo Lewandowski e pela Ministra Ellen Gracie, que negaram o cabimento da reclamação, sustentando inexistir usurpação de competência do Supremo Tribunal Federal pelo ato praticado pelo Tribunal *a quo* que classifica inadequadamente o recurso para os fins do art. 543-B do CPC, porque a competência daquele Tribunal só surgiria na hipótese de o Tribunal *a quo* manter a decisão contrária ao entendimento do STF. Ambos, contudo, ressalvaram o entendimento de que o controle sobre o sobrestamento dos recursos extraordinários deve se dar por agravo interno perante a instância de interposição. O desfecho dos casos aguarda o voto-vista do Ministro Gilmar Mendes.

---

[27] Sobre as hipóteses de cabimento do mandado de segurança contra ato judicial à luz do precitado dispositivo de lei, v. meu *A nova lei do mandado de segurança:* comentários sistemáticos à Lei n. 12.016, de 7-8-2009. 2. ed., 2010, p. 36-41 e, mais resumidamente, meu *Curso sistematizado de direito processual civil,* vol. 5, cit., p. 485-486.
[28] Dentre tantas: 1.ª Turma, AgRg no REsp 1.258.151/SC, Rel. Min. Francisco Falcão, j.un. 06.03.2012, *DJe* 16.03.2012; 2.ª Turma, REsp 1.231.859/RN, Rel. Min. Mauro Campbell Marques, j.un. 22.02.2011, *DJe* 04.03.2011; CE, AgRg nos EREsp 1.142.490/RS, Rel. Min. Castro Meira, j.un. 06.10.2010, *DJe* 08.11.2010 e 1.ª Turma, AgRg no RMS 26.219/GO, Rel. Min. Luiz Fux, j. un. 02.12.2010, *DJe* 17.12.2010.

A 1.ª Turma do Supremo Tribunal Federal, de sua parte[29], já teve oportunidade de determinar o sobrestamento do julgamento de embargos de declaração e de segundo agravo interno apresentados contra acórdão proferido em recurso extraordinário, levando em conta que, no interregno, a questão julgada acabara tendo sua repercussão geral reconhecida.

No âmbito do Tribunal de Justiça do Estado de São Paulo, foi editado o Assento Regimental 397/2011, que "cria a Câmara Especial de Presidentes, órgão jurisdicional formado pelo Presidente do Tribunal, que a presidirá, pelo Vice-Presidente e pelos Presidentes das Seções". Àquele órgão compete "1 – julgar os agravos regimentais, assim determinados pelo STF, interpostos contra decisões da Presidência do Tribunal, da Vice-Presidência e das Presidências das Seções, que não admitem ou declaram prejudicado o recurso extraordinário, na forma dos §§ 2.º e 3.º do art. 543-B do CPC". A iniciativa deve ser aplaudida e tomada como paradigmática pelos demais Tribunais.

Também é digna de aplausos, dada a atual sistemática da repercussão geral e a dinâmica que vem sendo empregada aos casos em que ela se mostra repetitiva, a iniciativa do Conselho Nacional de Justiça de criar o que foi chamado de Núcleo de Repercussão Geral e Recursos Repetitivos (NURER), órgão que atuará ao lado dos órgãos competentes, nos diversos Tribunais, para o processamento e admissibilidade de recursos extraordinários e especiais, para racionalizar e otimizar o gerenciamento dos processos diante dos casos sobrestados, porque repetitivos, pelo Supremo Tribunal Federal e pelo Superior Tribunal de Justiça. O assunto é objeto da Resolução 160, de 19 de outubro de 2012, daquele órgão.

4. CONSIDERAÇÕES FINAIS

Os números que vêm sendo divulgados pelo Supremo Tribunal Federal sobre a repercussão geral impressionam no que diz respeito à sensível *redução* dos recursos extraordinários em trâmite perante aquele Tribunal.

A pesquisa mais recente disponibilizada por aquele Tribunal, que analisa o período compreendido entre o 2.º semestre de 2007 e o 1.º semestre de 2012, com dados atualizados até o dia 31 de agosto de 2012, indica redução de 64% (sessenta e quatro por cento) na distribuição dos "processos recursais" e redução de 58% (cinquenta e oito por cento) no estoque de "processos recursais".

Contudo, o que se põe para refletir é se o fantástico número de recursos extraordinários não é uma consequência inarredável do nosso federalismo e da

---

[29] RE 556.149/DF, Rel. Min. Rosa Weber, j.un. 05.06.2012, *DJe* 14.06.2012.

nossa própria Constituição Federal que tem características muito diversas dos países que, por vezes, são invocados como paradigmas para embasar alterações no processamento dos recursos extraordinários (e especiais)[30], tais como a introdução da repercussão geral pela Emenda Constitucional 45/2004.

Não seria o caso de *outras* medidas serem tomadas antes de criar o filtro aqui comentado? Não seria o caso de viabilizar alguma forma de consenso entre os maiores litigantes do país e suas causas repetitivas – boa parte deles, aliás, são pessoas de direito público – para que, sem prejuízo de todas as demais causas, resolvam-se setorialmente *aquelas* questões, sem prejudicar a possibilidade de todas as outras serem alijadas do Supremo Tribunal Federal aprioristicamente?

Até porque a "crise atual" do Supremo Tribunal Federal justifica-se por diversos outros motivos que não guardam nenhuma relação com o número de recursos extraordinários[31]. É verificar as milhares de ações diretas de inconstitucionalidade pendentes de julgamento. É verificar o *tempo* levado para julgamento da Ação Penal 470/DF, mais conhecida como mensalão e o "foro por prerrogativa" – em verdade, um foro privilegiadíssimo, de discutível compatibilidade com os preceitos republicanos – que justifica seu julgamento naquela sede.

Não me animo a responder essas questões detalhadamente. Com sua formulação, contudo, quero indicar que há, com certeza há, outros caminhos a serem trilhados para a *racionalização* dos trabalhos perante o Supremo Tribunal Federal – e a afirmação quer ser válida também para o Superior Tribunal de Justiça – que não se limitam e não se confundem com a criação de novos requisitos no exercício do controle incidental de constitucionalidade que, em última análise, anima e justifica a razão de ser do recurso extraordinário. Melhor que atacar as *consequências*, é o caso de identificar as verdadeiras *causas* e combatê-las, estas sim, com o rigor necessário. E sempre, sem perder de foco que determinadas alterações, dadas as peculiaridades do "modelo constitucional do direito processual civil brasileiro", impõem prévia alteração constitucional,

---

[30] A ressalva não poderia ser mais pertinente diante da existência da PEC 209/2012, em trâmite na Câmara dos Deputados. De acordo com ela, pretende-se introduzir um § 1.º no art. 105 da Constituição Federal criando uma "repercussão geral" também para o Recurso Especial nos seguintes termos: "No recurso especial, o recorrente deverá demonstrar a relevância das questões de direito federal infraconstitucional discutidas no caso, nos termos da lei, a fim de que o Tribunal examine a admissão do recurso, somente podendo recusá-lo pela manifestação de dois terços dos membros do órgão competente para o julgamento".

[31] Para uma discussão da *atual* crise do Supremo Tribunal Federal e de diversas tentativas de sua superação, v. Rodolfo de Camargo Mancuso, *Recurso extraordinário e recurso especial*. 10. ed. São Paulo: RT, 2007. p. 73-106.

hipótese em que todo o cuidado é pouco na hora de os atos infraconstitucionais quererem disciplinar os novéis institutos[32].

Para concluir com o que todos sabem, mas que bem calha para o tema aqui versado: os fins – a redução do número de recursos extraordinários no Supremo Tribunal Federal – não podem querer justificar os meios adotados ou adotáveis para sua consecução.

REFERÊNCIAS

DANTAS, Bruno. *Repercussão geral*. 2. ed. São Paulo: RT, 2009.

DIDIER JUNIOR, Fredie; CUNHA, Leonardo José Carneiro da. *Curso de direito processual civil*. 3. ed. Salvador: Juspodivm, 2007. vol. 3.

LIMA, Alcides de Mendonça. *Introdução aos recursos cíveis*. São Paulo: RT, 1976.

MANCUSO, Rodolfo de Camargo. *Recurso extraordinário e recurso especial*. 10. ed. São Paulo: RT, 2007.

SCARPINELLA BUENO, Cassio. *A nova lei do mandado de segurança*: comentários sistemáticos à Lei n. 12.016, de 7-8-2009. 2. ed. 2010.

_____. *Amicus curiae no processo civil brasileiro*: um terceiro enigmático. 3. ed. São Paulo: Saraiva, 2012.

_____. *Curso sistematizado de direito processual civil*. Recursos. Processos e incidentes nos Tribunais: técnicas de controle das decisões jurisdicionais. 3. ed. São Paulo: Saraiva, 2011. vol. 5.

_____. *Curso sistematizado de direito processual civil*. Teoria geral do direito processual civil. 6. ed. São Paulo: Saraiva, 2012. vol. 1.

---

[32] É o que o texto quis demonstrar com a interpretação, amplamente vencedora, de que o julgamento do recurso extraordinário após a fixação da tese pelo Supremo Tribunal Federal dá-se pelos Tribunais de interposição. Ou, ainda, a rejeição da discussão quanto à existência da repercussão geral por vícios meramente formais e não substanciais.

10

O INSTITUTO DA REPERCUSSÃO GERAL NO DIREITO BRASILEIRO ATUAL: UMA ANÁLISE DEMOCRÁTICA

DANIELLA PINHEIRO LAMEIRA

Mestre em Direito e Relações Internacionais pelas Faculdades Integradas do Brasil (Unibrasil). Especialista em Direito pela Escola da Magistratura do Paraná (Emap). Especialista em Direito Civil *Lato Sensu* pela Universidade Candido Mendes/RJ. Professora de Processo Civil das Faculdades da Indústria (Famec). Ex-Professora de Direito e Sociedade no Centro Universitário Curitiba (Unicuritiba). Pesquisadora do Núcleo de Pesquisa em Direito Constitucional da Unibrasil. Membro do Instituto de Processo Comparado (Coord. Luiz Guilherme Marinoni). Membro do Conselho Nacional de Pesquisa e Pós-Graduação em Direito – Conpedi. Advogada integrante na área de contencioso cível do Escritório Siqueira Castro Advogados – São Paulo.

SUMÁRIO: Introdução – 1. A adoção de filtros recursais como um fenômeno mundial decorrente da modernidade; 1.1 O direito estrangeiro; 1.2 O direito pátrio – 2. A repercussão geral frente à dificuldade majoritária da jurisdição constitucional – 3. A repercussão geral e seu manejo democrático; 3.1 A necessidade de fundamentação *x* discricionariedade. Desafios da Corte; 3.2 A transparência dos *amici curiae*; 3.3 A decisão de reconhecimento e de não reconhecimento da repercussão geral. Atenção ao *leading case* e aos limites de sua controvérsia; 3.4 O Plenário Virtual. Os desafios da democracia na era digital; 3.5 A paralisação dos recursos nas Cortes locais. Uma necessária reflexão – Conclusão.

INTRODUÇÃO

O presente trabalho retrata um importante tema por revelar uma tendência dos Tribunais Superiores que compõem as estruturas de sistemas jurídicos contemporâneos em nível mundial[1] como reação à crescente atuação e assoberbamento das atividades do Judiciário. Nesse sentido, a adoção do sistema de seleção e filtragem pelo direito pátrio vem merecendo elevada atenção da comunidade acadêmica, principalmente nos últimos cinco anos, com a importação do instituto do *writ of certiorari* pela Emenda 45/2004, sendo regulamentado pela Lei 11.418/2006 e pelo Regimento Interno do STF, trazendo uma reflexão sobre o atual papel a ser desempenhado pela Corte Constitucional Brasileira frente à necessidade de efetivação de direitos fundamentais consagrados pela Constituição Cidadã, e se o instituto da repercussão geral vem contribuindo para o aprimoramento da missão do STF, após 25 anos de promulgação da Carta de 1988.

1. A ADOÇÃO DE FILTROS RECURSAIS COMO UM FENÔMENO MUNDIAL DECORRENTE DA MODERNIDADE

1.1 O direito estrangeiro

A consolidação de um capitalismo globalizado na "contramão" da efetivação de direitos fundamentais intensificou a insatisfação do jurisdicionado, culminando com o processo de multiplicação de demandas idênticas e um enorme aumento de litigantes, resultando, sobremaneira, na sobrecarga da máquina. Nesse sentido, o acesso à justiça passa a ser não apenas um direito social fundamental, mas o ponto central da moderna processualística, assumindo o Judiciário um papel crucial para a efetivação de direitos fundamentais, de modo a pôr em "xeque" a credibilidade dessa instituição e a solidez dos Estados Democráticos.

É nesse contexto de fragilidade e enorme sobrecarga de suas atividades que o Judiciário do século XXI se coloca diante da sociedade, desvirtuando-se de sua missão constitucional ao ter de reexaminar direitos já reconhecidos, assim omitindo-se quanto ao verdadeiro papel de Corte Suprema numa perspectiva de reconhecimento de novos direitos. Tal retrato não resume apenas a realidade dos países latino-americanos, mas também dos países da Europa continental em razão do atual momento político-social-econômico e institucional que eles atravessam por diversas razões históricas.

---

[1] MARINONI, Luiz Guilherme. *Precedentes obrigatórios*. 2. ed. São Paulo: RT, 2011. p. 42. E, ainda, BARROSO, Luís Roberto. *O controle de constitucionalidade no direito brasileiro*. 5. ed. São Paulo: Saraiva, 2011. p. 99.

A reconstitucionalização dos países da Europa, a queda dos regimes ditatoriais na América Latina, o surgimento dos Estados Sociais, a massificação da sociedade e, ainda, a polêmica judicialização da política[2] são alguns dos notáveis fatos históricos que evidenciaram a notória perda e consequente necessidade de dar-se efetividade aos direitos fundamentais inseridos nas cartas políticas democráticas do século XX, vivendo-se, atualmente, o que se denomina pela tensão entre constituição e realidade constitucional, ou, ainda, atual democracia.

Ademais, com o avanço *on-line* das relações jurídicas, um sistema baseado na estrita aplicação da lei passa, então, a adotar outras técnicas interpretativas no intuito de adequar o direito à realidade e realcançar a estabilidade jurídica. E, com o inevitável fenômeno axiológico e de "abertura" das constituições[3], o que se verifica é uma incoerência jurídica marcada pela descaracterização do juiz *civil law*, sendo certo que a previsibilidade e segurança do direito construído no *commow law*, por meio da técnica dos precedentes, vem demonstrando, aparentemente, estar em maior compasso com a modernidade.

A base desse constitucionalismo estadunidense surgiu na idade média, o que a doutrina denominou de um período de "eclipse da constituição"[4]. A atuação dos *Englishmen*[5] vigorou por séculos, sendo que o *stare decisis* e o *rules of precedent*[6] surgiram apenas no final do século XIX, especialmente os precedentes vinculantes ou *biding precedents*[7], promovendo-se, então, uma significativa evolução do *commow law* a conferir maior segurança jurídica[8-9].

---

[2] CLÈVE, Clèmerson Merlin. *Temas de Direito Constitucional*. Belo Horizonte: Fórum, 2014. p. 190.
[3] CASTRO, Carlos Roberto Siqueira. *A constituição aberta e os direitos fundamentais*. São Paulo: Forense, 2003. p. 35.
[4] FIORAVANTI, Maurizio. *Constitucion, de la antiguidad a nuestros dias*. Tradução de Manuel Martinez Neira. São Paulo: Max Limonad, 2001. p. 33.
[5] MARINONI, Luiz Guilherme. Aproximação crítica entre as jurisdições de *civil law* e *commow law* e a necessidade de respeito aos precedentes no Brasil. *Revista de Faculdade de Direito da UFPR*, Curitiba/PR, n. 49, 2009, p. 18.
[6] *Idem*, p. 17.
[7] MARINONI, Luiz Guilherme. *Aproximação crítica entre as jurisdições...*, p. 11-58.
[8] *Idem*, p. 54.
[9] CANOTILHO, José Joaquim Gomes. *Direito Constitucional e teoria da Constituição*. 7. ed. Coimbra: Almedina, 2000. p. 256. Afirma Canotilho que "o homem necessita de segurança para conduzir, planificar e conformar autônoma e responsavelmente, a sua vida. Por isso, desde cedo se consideravam os princípios da segurança jurídica e da proteção à confiança como elementos constitutivos do Estado de Direito. Esses dois princípios – segurança jurídica e proteção da confiança – andam estreitamente associados, a ponto de alguns autores considerarem o princípio da confiança como um subprincípio ou como uma dimensão específica da segurança jurídica. Em geral, considera-se que a segurança

Em que pese tenha como herança o sistema da *commow law*, o direito norte-americano não aderiu à característica basilar do direito britânico relativa à supremacia do Parlamento Inglês[10], pois, ainda que havendo um Legislativo de atuação notável[11], reservou ao Judiciário o papel de "intérprete qualificado e final" da Constituição[12].

Já o sistema da *civil law*, de origem do antigo direito francês e do *ius comune*, após os movimentos iluministas do século XVIII, é redefinido com uma intensa adstrição do juiz ao texto da lei e uma notável subordinação ao Parlamento, o que jamais ocorreu na *commow law*[13], provocando uma dissonância com a realidade do neoconstitucionalismo[14], ou da nova ordem constitucional, do pós-Segunda Guerra Mundial.

Nos EUA, a competência constitucional da *Supreme Court* foi extremamente fortalecida após 1988, por meio da introdução do critério de seleção do *writ of certiorari*[15]. Afirma Eduard Harnet[16] que o marco do fortalecimento do *certiorari* é a *Judge's Bill*, em razão da necessidade de seleção dos casos mais importantes, haja vista que a Corte não podia ser responsável pela uniformização de todas as questões no território estadunidense. E, ainda, segundo o autor, com o apoio da

---

jurídica está conexionada com elementos objetivos da ordem jurídica – garantia de estabilidade jurídica, segurança de orientação e realização do direito – enquanto a proteção da confiança se prende mais com os componentes subjetivos da segurança, designadamente a calculabilidade e previsibilidade dos indivíduos em relação aos efeitos dos actos".

[10] MIRANDA, Jorge. *Direito Constitucional*. Inconstitucionalidade e garantia da Constituição. 4. ed. Coimbra: Coimbra Editora, 2008. t. IV, p. 123. Segundo Jorge Miranda, "essa supremacia do Parlamento consubstancia-se no seguinte: "(i) poder do legislador de modificar livremente qualquer lei, de forma fundamental ou não; (ii) de distinção jurídica entre leis constitucionais e ordinárias; (iii) inexistência de autoridade judiciária ou qualquer outra com o poder de anular um ato do Parlamento ou considerá-lo nulo ou inconstitucional".

[11] MARINONI, Luiz Guilherme. *Aproximação crítica entre as jurisdições*..., p. 19.

[12] BARROSO, Luís Roberto. *O controle de constitucionalidade*..., p. 66.

[13] MARINONI, Luiz Guilherme. *Aproximação crítica entre as jurisdições*..., p. 17.

[14] BARROSO, Luís Roberto. Neoconstitucionalismo e constitucionalização do Direito. Disponível em: <http://www.jus2.uol.com.br/doutrina/texto.asp?=7547>. Acesso em: 1.º jun. 2010.

[15] HARTNET, Edward A. Questioning Certiorari: some reflections seventy-five years after the judges' Bill. *Columbia Law Review*, vol. 100, n. 7, nov. 2000. Disponível em: <http://web.ics.purdue.edu/~mclauchl/F03/POL461/COL%20L%20REV.pdf>. Acesso em: 6 nov. 2013.
No mesmo sentido: BRENNER, Saul. Granting Certiorari by the United States Supreme Court: An Overview of the Social Science Studies. *Law Library Jornal*, vol. 92:2. Disponível em: <http://www.aallnet.org/main-menu/Publications/llj/LLJ-Archives/Vol-92/pub_llj_v92n02/2000-17.pdf>. Acesso em: 6 nov. 2013.

[16] *Idem, ibidem*.

Suprema Corte Americana após a aprovação legislativa, surpreendentemente, o *certiorari* passa a ser aplicado de modo a tornar-se um mecanismo amplamente discricionário na agenda da Corte, passando a decidir sob a ótica de "questões particulares", e não de "casos particulares"[17].

No sistema estadunidense de *stare decisis*[18], as decisões da *Supreme Court* em matéria constitucional vinculam todos os juízes e membros, com exceção da hipótese de o precedente ser revogado por se encontrar ultrapassado total (*overruling*) ou parcialmente (*overturning*) e, ainda, na hipótese de se estar em caso diverso daquele já examinado (*distinguishing*), a fim de que haja respeito aos precedentes, mesmo havendo alteração dos membros daquela Corte.

Como contraponto do sistema estadunidense oriundo da *common law* há o sistema de filtragem composto pelos países da *civil law*[19].

Na Alemanha[20], deverá estar presente quando da análise da *significação fundamental* (*grundsätzliche Bedeutung*) por meio do recurso (*revision*) o requisito *Verfassungseschwerde*, impondo-se um tom discricionário em razão de a importância da questão constitucional estar correlacionada à violação de direitos fundamentais. Na Áustria[21], com caráter semelhante, o critério para seleção a conceder autorização pelo Tribunal (*Revisionsgericht*) também é adotado em razão da uniformização da interpretação da lei e do desenvolvimento do direito.

Já o recurso de *Amparo* será recebido pelo Tribunal Constitucional Espanhol[22] no caso de violação a direitos fundamentais e liberdades públicas previstas naquela Constituição. Aqui, de forma mais conservadora, o legislador buscou exaurir todas as hipóteses de ocorrência da repercussão geral por meio de um rol taxativo, a fim de que a Corte Espanhola esteja absolutamente vinculada à lei.

No Japão, também se adotou uma espécie de filtro vinculado à Suprema Corte, o qual deverá estar relacionado à matéria constitucional ou hipótese de erro relativo aos procedimentos elencados no código, caminhando para os moldes do *certiorari*[23].

---

[17] *Idem, ibidem.*
[18] MARINONI, Luiz Guilherme. *Precedentes obrigatórios...*, p. 403. E, ainda, MITIDIERO, Daniel, p. 106.
[19] FAVOREU, Louis. *As cortes constitucionais.* Tradução de Dunia Marinho Lima. São Paulo: Landy, 2004. p. 53.
[20] SILVESTRI, Elisabetta. *Corti Supreme Europee*: acesso filtri e selezione – Le Corte Supreme – Atti Del Convegno. Milano: Giufré Editore, 2001. p. 107.
[21] *Idem, ibidem.*
[22] TARUFFO, Michele. *Le Corti Supreme...*, p. 102-104. E, ainda, LA RÚA, Fernando. *Teoria general del proceso.* Buenos Aires: Depalma, 1991. p. 179.
[23] DANTAS, Bruno. *Repercussão geral.* 2. ed. São Paulo: RT, 2008. p. 97.

Já na Argentina[24], também foi adotado o mecanismo de filtragem denominado *iuris de gravedad institucional* baseado nas hipóteses de transcendência do interesse individual[25], em que a Suprema Corte da Nação também possui uma análise discricionária das causas.

Assim, tomando-se por base um direito constitucional menos doméstico e mais transconstitucional[26], e independentemente das tradições de *civil law* ou *commom law* (haja vista a aproximação desses sistemas sob o âmbito da materialidade constitucional)[27], a adoção dos filtros qualitativos revela-se como sendo um fenômeno mundial e que vem sendo aderido como uma espécie de reação à intensa atividade incumbida ao Judiciário do século XXI, reordenando a atuação das Cortes Supremas como medida necessária a dar concretude a direitos fundamentais[28].

1.2 O direito pátrio

No Brasil de 1988, o fortalecimento das instituições foi crucial para o restabelecimento da democracia, sobretudo em razão de um longo período sob o regime militar. É sob o fenômeno de abertura constitucional[29] que esses direitos se proliferam, surgindo inúmeros questionamentos sobre os limites da atuação de um adormecido Judiciário em prol da realização da Constituição – e que corroboram para um aumento da tensão entre constituição e realidade –, sendo que a interpretação do texto constitucional será influenciada por critérios valorativos assim eleitos pela sociedade. E, nas palavras de Clèmerson Clève, é nesse contexto que, de alguma forma, o constitucionalismo brasileiro tem procurado buscar sua identidade[30].

---

[24] GOMES JR., Luiz Manoel. A repercussão geral da questão constitucional no recurso extraordinário. *Revista Juris Síntese*, n. 51, jan./fev. 2005, p. 5. Ver, também, DANTAS, Bruno. Op. cit., p. 6.
[25] LA RÚA, Fernando. Op. cit., p. 179.
[26] CLÈVE, Clèmerson Merlin. *Temas de Direito*..., p. 355.
[27] FREIRE, Alexandre; FREIRE, Alonso; MEDINA, José Miguel. Vivemos, hoje, sob um sistema de *stare* (in) *decisis*. Disponível em: <http://www.conjur.com.br/2012-out-17/vivemos-sistema-stare-indecisis-analise-acoes-repetitivas>. Acesso em: 11 dez. 2013.
[28] MARINONI, Luiz Guilherme. *Precedentes obrigatórios*. 2. ed. São Paulo: RT, 2011. p. 42.
[29] BONAVIDES, Paulo. *Teoria constitucional da democracia participativa*. São Paulo: Malheiros, 2008. p. 18. Afirma, ainda, o autor que: "representado, todavia, a excelsitude normativa das disposições constitucionais, são os princípios a mola-mestra dessa teoria, a manivela do poder legítimo, a ideia-força que ampara todo o sistema organizacional; violá-los, de último, configura uma inconstitucionalidade material quer a violação afronte direta ou indiretamente, externa ou internamente, corpo normativo do Estatuto Supremo (p. 124)".
[30] Em explanação proferida no Seminário Internacional Trabalho e Constituição, realizado em 24.06.2010, no Tribunal Regional do Trabalho da 9.ª Região, em Curitiba/PR.

A função desempenhada pelo Supremo Tribunal Federal ainda diverge, em muito, das missões a ele incumbidas. E tendo como exemplo o sistema alemão de repartição de competências[31], com a criação da Superior Tribunal de Justiça no pós-1988, imaginava-se que esse cenário sofreria mudanças, mas o que se percebeu, ao longo desses 25 anos de constituição em vigor, foi um enorme aumento da sobrecarga na estrutura judiciária de ambas as Cortes.

Nesse cenário, a Corte Constitucional possui a prerrogativa constitucional de "Guardiã da Constituição", sendo que as lides que alcançam esse órgão possuem enorme especificidade, diferentemente da Corte de Justiça, que possui a missão constitucional de dar unidade ao direito federal e pacificar questões federais relevantes e ainda divergentes no âmbito dos Tribunais locais.

Em tese, a estrutura hierárquica e principiológica do judiciário brasileiro[32] garante não apenas uma ampla possibilidade de recursos, mas, sobretudo, o amparo de duas Cortes Supremas que operam de modo a unificar entendimentos e solidificar formas de solução de litígios, uma em nível constitucional, e outra em nível federal, de modo a propiciar mais confiança e segurança jurídica. Ocorre que, por razões históricas já expostas no item anterior, tal estrutura é agora confrontada com o atual impasse do Judiciário em ter de encontrar um ponto de equilíbrio em meio a uma avalanche de processos, deixando-as como órgãos revisores, ou de terceira instância.

Tais fatos evidenciam as dificuldades de funcionamento do sistema judiciário brasileiro atual, pondo em xeque sua credibilidade no momento em que essas Cortes passam a ter de atuar rotineiramente de maneira reativa, e não proativa[33], ou seja, sob a ótica de proteger direitos já reconhecidos e consolidados, deixando de ser uma Corte de vértice[34] que avoca para si a busca pelo reconhecimento de novos direitos tendo por base a força normativa e axiológica das constituições democráticas.

Nesse contexto, a exemplo do direito comparado, tornou-se imperiosa a criação de alguns institutos no sentido de reordenar o Judiciário brasileiro, tal como a adoção de mecanismos advindos do sistema estadunidense de modo a reordenar a atuação desse órgão excelso, como, por exemplo, o modo de atuação criativa do

---

[31] MITIDIERO, Daniel. *Cortes Superiores e Cortes Supremas*. São Paulo: RT, p. 125.
[32] BARBOZA, Estefania Maria de Queiroz. *Stare decisis*, integridade e segurança jurídica: reflexões críticas a partir da aproximação dos sistemas de *common law* e *civil law* na sociedade contemporânea. Tese de Doutorado em Direito pelo Centro de Ciências Jurídicas da Pontifícia Universidade Católica do Paraná. Curitiba, 2011. p. 59.
[33] MARINONI, Luiz Guilherme. STJ precisa cumprir seu papel constitucional. Disponível em: <http://www.conjur.com.br/2012-abr-10/primeiro-grau-efetividade-stj-cumpra--papel>. Acesso em: 11 dez. 2013.
[34] MITIDIERO, Daniel. *Cortes Superiores e Cortes Supremas*..., p. 125.

judge-made-law[35], e, ainda, o instituto do *writ of certiorari* introduzido por meio da Emenda Constitucional 45/2004.

Inicialmente questionada a constitucionalidade desse dispositivo por alguns[36], grande parte da doutrina no direito pátrio optou por não se pronunciar sobre o tema, aguardando a regulamentação desse mecanismo no âmbito da Corte Constitucional, o que veio a ocorrer por meio do advento da Lei 11.418/2006 e das emendas constantes no Regimento Interno do STF.

Um profundo estudo é publicado por Bruno Dantas, abrangendo o tema da adoção dos filtros de seleção no direito comparado, e concluindo pela necessidade de adoção desse mecanismo no direito brasileiro. Outra importante obra é lançada por Luiz Guilherme Marinoni e Daniel Mitidiero[37], sustentando a necessária aplicação do referido mecanismo no direito brasileiro, a exemplo do direito estadunidense, assim entendendo que, uma vez presente o binômio "relevância e transcendência", além dos outros requisitos, é direito da parte ter o recurso extraordinário admitido.

Passados aproximadamente cinco anos da regulamentação desse instituto no direito pátrio, as estatísticas realizadas anualmente começam a apontar uma saída eficaz para o desafogamento do Supremo Tribunal Federal[38], de maneira a tornar o requisito da repercussão geral um instituto necessário à sistemática recursal brasileira[39-40].

No entanto, além da análise de estatísticas, é necessário que seja realizado um enfrentamento desse instituto de modo a se verificar se este vem cumprindo a finalidade de devolver ao STF a missão de Corte de vértice[41], sem que haja o

---

[35] MARINONI, Luiz Guilherme. Op. cit., p. 50. E, ainda: BARBOZA, Estefania Maria de Queiroz. Op. cit., p. 15.

[36] DE LIMA, José Edvaldo Albuquerque. *Recurso ordinário, extraordinário e...*, p. 200.

[37] BARROSO, Luís Roberto. *O controle de constitucionalidade...*, p. 136. Nesse mesmo sentido: MARINONI, Guilherme; MITIDIERO, Daniel. *A repercussão geral...*, p. 34.

[38] Em discurso de abertura do Anuário de 2011, o Presidente do STF Ministro Celso Peluso destacou que "esses e outros consideráveis resultados obtidos em 2010, testemunhos de desempenho singular, nem sempre reconhecido, em favor do cidadão, constituem produto direto da introdução de medidas concebidas, formuladas e negociadas pelo Judiciário, como, por exemplo, a sistemática da Repercussão Geral, que possibilitou, em pouco mais de três anos de vigência, alteração significativa do perfil dos julgamentos da Corte" (Discurso do presidente do STF, Min. Cezar Peluso, no judiciário de 2011. Disponível em: <http://www.stf.jus.br/repositorio/cms/portalStfInternacional/portalStfDestaque_pt_br/anexo/Discurso_abertura_ano_judiciario.pdf>. Acesso em: 12 out. 2013.

[39] DANTAS, Bruno. *Repercussão geral*. 2. ed. São Paulo: RT, 2008. p. 97.

[40] Disponível em: <http://www.stj.gov.br/portal_stj/publicacao/engine.wsp?tmp.area=398&tmp.texto=104922>. Acesso em: 2 dez. 2012.

[41] MITIDIERO, Daniel. *Cortes Superiores e Cortes Supremas...*, p. 94.

comprometimento de quaisquer garantias relativas ao acesso à justiça. Pois, aqui, nas palavras de Clève, "não basta haver Judiciário, é necessário haver Judiciário que decida. Não basta haver decisão judicial, é necessário haver decisão judicial justa. Não basta haver decisão judicial justa, é necessário que o povo tenha acesso à decisão judicial justa".

Nessa linha, seria legítimo priorizar-se uma Corte a determinados julgamentos num país tradicionalmente da *civil law* cujos processos políticos ainda estão em constante formação e transformação? A adaptação do *writ of certiorari* de origem da *common law* ao direito pátrio estaria envolvida de certo elitismo, corroborando-se para um desvio de finalidade e abuso de poder ainda recorrente num país recém-democrático?

2. A REPERCUSSÃO GERAL FRENTE À DIFICULDADE MAJORITÁRIA DA JURISDIÇÃO CONSTITUCIONAL

É preciso uma forte justificação para que não se acuse a repercussão geral de estar sendo (ser) elitista ao realizar a escolha dos casos que irá examinar e se pronunciar, sobretudo, em razão da forma que essa análise foi definida pela lei, especialmente pelos critérios da pertinência temática e da relevância social, o que, numa primeira análise, poderia se interpretar em favor de uma democracia majoritária, ou seja, em favor da elite.

Nessa linha, a acusação de elitismo seria sob dois aspectos: um em que se aponta para um elitismo clássico, com invólucro socioeconômico, e outro elitismo jurídico, mais sutil, em que se elegem determinadas matérias objeto de litígios. Ora, uma "Constituição Cidadã" não poderia pactuar com nenhuma forma de elitismo, sob pena de ferir os ditames maiores da Constituição, como igualdade, liberdade, dignidade da condição humana, etc.

Por outro lado, como bem ressalta Elisabetta Silvestri, qualquer discurso envolvendo o fenômeno da restrição jurisdicional provocada pelos mecanismos de filtragem pressupõe que se reflita sobre qual a missão de uma Corte no sistema judiciário de um país[42]. Pois falar dessa seleção de casos somente tem sentido se se admite que a Corte seja chamada a realizar no ordenamento uma função bem específica e que esteja relacionada com o modelo de Corte Suprema que o ordenamento assim adotou.

---

[42] SILVESTRI, Elisabetta. *Corti Supreme Europee*: acesso filtri e selezione – Le Corte Supreme – Atti Del Convegno. Milano: Giufré Editore, 2001. p. 99.

Segundo Silvestri, ao adotar-se essa perspectiva, prestigia-se uma espécie de duas concessões pelas Cortes[43]. A primeira, como sendo uma *funzione privata*[44], que permite o reexame de todos os litígios envolvendo casos concretos, e a segunda, uma *funzione pubblica*[45], que, a partir do caso concreto, impõe adequada interpretação da norma e necessária uniformização do texto constitucional para os casos idênticos[46], abrindo-se oportunidades para inéditas discussões, e sem que haja obstáculos ao acesso à justiça.

Para Michele Taruffo, essa função privada de uma Corte Suprema baseada na solução de singulares e específicas controvérsias, orientada principalmente pela tutela do *jus litigatoris*[47], está deixando de ser considerada para tender-se a uma preeminente função pública baseada na tutela do *jus constitutionis*[48], ou, ainda, uma espécie de *nomofilachia*[49] por meio do precedente, em razão da necessidade de promover-se uma eficácia dos precedentes de maneira a dar coerência e continuidade às orientações jurisprudenciais.

É inegável que tal instituto fortalece a tese estadunidense da força obrigatória dos precedentes vinculantes em que tais julgamentos assumem uma dimensão horizontal e vertical, vinculando, sobretudo, além dos órgãos inferiores, os membros da própria Corte, o que requer um maior grau de amadurecimento do Judiciário brasileiro.

A máxima do *stare decisis et non quieta movere*[50] tem por finalidade garantir a estabilidade e a confiabilidade das decisões, o que, particularmente, no direito pátrio, ainda é visto com grau de receio em razão de uma recorrente ausência de confiança nos precedentes, principalmente num país cuja democracia foi recentemente consolidada, e que os juízes ainda, usualmente, passam a dar um tom pessoal à Constituição.

No entanto, como lembra Marcelo Neves, à beira da discussão se os institutos de direito comparado podem ou não serem adaptados – o que estará condicionado a vários fatores –, o que verdadeiramente importa, e será mais válido, é refletir sobre as deficiências que impedem o direito pátrio de desenvolver uma teoria

---

[43] *Idem*, p. 108-109.
[44] *Idem, ibidem*.
[45] *Idem, ibidem*.
[46] TARUFFO, Michele. Le funzioni delle Corti Supreme. Cenni generali. *Annuario de Diritto Comparato e di Studi legislativi*. Naplo: Edizioni Scientitiche Italiane, 2011. p. 14.
[47] TARUFFO, Michele. Op. cit., p. 13-16.
[48] *Idem, ibidem*.
[49] *Idem, ibidem*.
[50] MITIDIERO, Daniel. *Cortes Superiores e Cortes Supremas...*, p. 105.

constitucional que caminhe em decisões juridicamente consistentes e socialmente adequadas, a fim de que haja uma clara posição consubstanciada de razões aliadas à transparência[51].

Nesse sentido, é preciso que sejam analisadas e pontuadas algumas questões de ordem procedimental em relação à aplicabilidade do instituto da repercussão geral no direito brasileiro, a fim de que seja afastada qualquer alegação de uma possível restrição ao acesso à justiça e, por consequência, de um mecanismo que favoreça uma democracia majoritária, o que violaria o maior direito de todos os direitos humanos[52], ou, ainda, na expressão de Hanna Arendt, "o direito a ter direitos", qual seja, o direito de ação. É o que se analisará a seguir.

3. A REPERCUSSÃO GERAL E SEU MANEJO DEMOCRÁTICO

Numa "constituição aberta", a ampliação do discurso na arena judicial revela-se crucial à participação dos cidadãos sob um nível satisfatório de condições *a priori*, quando do processo de tomada de decisões, bem como ao fomento das discussões através dos meios de comunicação e das instituições públicas e privadas e diversos segmentos, em que o verdadeiro protagonista das discussões não é o Judiciário, e sim a sociedade. Tal aspecto revela-se extremamente relevante, inclusive dada a flagrante desigualdade que permeia as várias regiões do país.

Ademais, como afirma Nicole Gonçalves, "a repercussão geral só trará benefícios verdadeiros se sua apreciação estiver absolutamente comprometida com a tutela dos direitos fundamentais"[53], os quais são 'naturalmente transcendentes'[54], uma vez que o reconhecimento desses direitos não interessa apenas ao indivíduo

---

[51] NEVES, Marcelo da Costa Pinto. *Entre a Hidra e Hércules*: princípios e regras constitucionais como diferença paradoxal do sistema jurídico. Brasília: UNB, 2010. p. 201.
[52] LAFER, Celso. *A reconstrução dos Direitos Humanos*. São Paulo: Cia das Letras, 1988. p. 166.
[53] DIDIER Jr., Fredie; CUNHA, Leonardo José Carneiro da. *Curso de...*, p. 333. Afirmam os autores acerca do conceito de repercussão geral: "i) questões constitucionais que sirvam de fundamento a demandas múltiplas, como aquelas relacionadas a questões previdenciárias ou tributárias, em que diversos demandantes fazem pedidos semelhantes, baseados na mesma tese jurídica. Por conta disso, é possível pressupor que, em causas coletivas que versem sobre temas constitucionais, haverá a tal 'repercussão geral' que se exige para o cabimento do recurso extraordinário. ii) questões que, em razão da sua magnitude constitucional, devem ser examinadas pelo STF em controle difuso de constitucionalidade, como aquelas que dizem respeito à correta interpretação/aplicação dos direitos fundamentais, que traduzem um conjunto de valores básicos que servem de esteio a toda ordem jurídica dimensão objetiva dos direitos fundamentais" (p. 334).
[54] GONÇALVES, Nicole P. S. Mäder. *A jurisdição constitucional...*, p. 550.

lesado, mas a toda sociedade", o que parece demonstrar o verdadeiro papel de uma Corte de vértice.

Nessa perspectiva, a estabilização do entendimento da Carta e o fortalecimento de uma democracia se perfazem por meio de um discurso deliberativo[55] de uma sociedade engajada nesses processos de "escolhas provisórias"[56], mediante consensos mais concretos, valorizando-se os dissensos sempre "em favor da realização constitucional"[57], e, ainda, conferindo maior legitimidade às decisões do Judiciário enquanto órgão não eleito pelos cidadãos, sendo estes os intérpretes dinâmicos[58] da Constituição.

E, nesse processo de escolhas, o Judiciário, como coadjuvante, passa a ver suas decisões à luz da teoria do "Direito como integridade[59]", de Ronald Dworkin, em que os Ministros do Supremo Tribunal devem fundamentar suas decisões numa espécie de "romance em cadeia", em que a ordem principiológica regerá o fundamento dessas decisões, utilizando-se dos argumentos dos julgamentos anteriores como uma espécie de alinhamento para novas decisões, e, assim, evoluir, gradualmente, eventual precedente (*overruling*), ou, ainda, criar novo precedente (*distinguishing*), pois, se o Direito nasce e evolui a partir das transformações humanas (fato/valor/norma)[60], é crível que essa linha argumentativa possa também avaliar decisões qualificadas como *leading case* ou "paradigma".

E, com um Direito mais dúctil de Gustavo Zagrebelky[61], simultaneamente ao processo de abertura, há que se ter um tribunal responsável pela última pa-

---

[55] HABERMAS, J. *Direito e democracia*: entre facticidade e validade. Rio de Janeiro: Tempo Brasileiro, 2003. p. 142.
[56] Clémerson Merlin Clève, em excelente explanação proferida no Seminário Internacional Trabalho e Constituição, realizado no Tribunal Regional do Trabalho da 9.ª Região, em Curitiba/PR, no dia 24 de junho de 2010, ressaltou isso muito bem ao afirmar que "hoje, todos os movimentos sociais reivindicam em nome da CR, não a sua aplicação. Na verdade, o que falta são consensos mais concretos. O campo da discussão é o da política e o dissenso opera em favor da realização constitucional. Não há como prescindir do paternalismo sem uma igualdade material. A Constituição de 88 aponta para um paternalismo não radical, e não sendo liberal para que haja uma sociedade mais justa e solidária (...). Assim, devemos lutar para que haja um consenso constitucional, levando-se em conta que os direitos fundamentais deverão ser protegidos na área da democracia e dos direitos políticos".
[57] Idem.
[58] HÄBERLE, Peter. *Hermenêutica constitucional*. A sociedade aberta e os intérpretes da Constituição: contribuição para a interpretação pluralista e procedimental da constituição. Porto Alegre: Fabris, 1997. p. 24.
[59] BARBOZA, Estefania Maria de Queiroz. Op. cit., p. 271.
[60] REALE, Miguel. *Filosofia do Direito*. 10. ed. São Paulo: Saraiva, 1983. p. 586.
[61] ZAGREBELSKY, Gustavo. *Il derecho dúctil*. Madrid: Trotta, 1998.

lavra acerca da Constituição, o que leva à verticalização[62] do processo brasileiro como reflexo de um fenômeno mundial decorrente das constituições axiológicas. E nessa nova ordem, segurança jurídica não se alcança apenas por meio de estruturas jurídicas, mas principalmente por intermédio de uma necessidade de fechamento do sistema agora para o órgão de cúpula, o Supremo Tribunal Federal.

Uma vez conquistados o respeito e a confiança da sociedade, a repercussão geral não apenas promove facetas relativas à instrumentalização e racionalização das atividades no âmbito do controle difuso de constitucionalidade, mas também à própria aplicação dos princípios democráticos que, numa hipótese, poderiam afrontar o acesso à justiça, mas que, nessa perspectiva, não prosperam.

Nas palavras de Clève, "temos um novo Judiciário, do ponto de vista institucional. Um judiciário comprometido com a Constituição"[63]. Ora, se é assim – e assim deve ser –, uma Corte Suprema jamais pode se furtar de seu papel constitucional fruto do poder constituinte originário que o representa, não podendo ser o argumento de um possível desvio de finalidade ou abuso de poder que possa obstacularizar o desenvolvimento da atuação do Supremo Tribunal Federal, o que, inclusive, deverá ficar a encargo dos órgãos e instituições com atribuição e competência para tal, ressaltando-se aqui a expressiva atuação do Conselho Nacional de Justiça (sendo esse também concebido por meio da mesma Emenda Constitucional 45/2004), o que tem sido notável pela sociedade.

Desse modo, não há como deixar de concluir que o instituto da repercussão geral vislumbra-se como um instituto necessário à sistemática recursal brasileira, sendo absolutamente necessário e legítimo quando utilizado por meio de uma perspectiva enquadrada na visão clássica de "abertura" e "fechamento"[64] entre democracia e constitucionalismo, e, ainda, quando essa atividade de reconstrução da interpretação da constituição tiver por base o "processo, a publicidade e fundamentação"[65], ainda que nessa com certo tom de subjetividade do julgador, mas que é inerente à missão/função de uma Corte Suprema, bem como às características do referido instituto implementado na legislação brasileira.

Entretanto, ainda que manifestamente favorável pela sua adoção quando do seu enfrentamento, algumas observações se fazem necessárias e devem ser pontuadas visando o manejo legítimo desse instituto.

---

[62] CLÈVE, Clèmerson Merlin. *Temas e Direito Constitucional...*, p. 364.
[63] *Idem*, p. 468.
[64] *Idem*, p. 550.
[65] GONÇALVES, Nicole P. S. Mäder. Op. cit., p. 550.

3.1 A necessidade de fundamentação x discricionariedade. Desafios da Corte

Utilizando-se as expressões utilizadas por Marinoni e Mitidiero como o binômio da "relevância e transcendência"[66], além da importância jurídica, ou política, ou social, ou econômica, a questão deverá ser capaz de refletir, nas relações em sociedade ou de certo grupo ou segmento desta, sendo o aspecto "geral" imprescindível para o reconhecimento da repercussão geral.

Nesse sentido, o que poderia ser entendido como sendo relevante? E o que não seria relevante? Por óbvio que, para a parte recorrente, a questão será relevante do seu ponto de vista, pois, do contrário, não o levaria a ingressar no Judiciário, quiçá ao último grau de jurisdição. Nesse passo, a dita "relevância" então não carregaria uma análise subjetiva a envolver suas concepções valorativas? Pois bem. A lei determina serem os Ministros do STF exclusivamente competentes para detectar as causas de maior relevância que necessitam ser pacificadas, admitindo-se certo grau de subjetividade desses julgadores em prol da qualidade da prestação jurisdicional.

Assim, na prática, não há como negar certa discricionariedade na análise do referido instituto, o que deverá ser sopesado com cautela pelos Ministros do STF, principalmente em razão de a decisão pelo reconhecimento da repercussão geral acarretar um efeito "dominó", ou, ainda, um efeito "pan-processual"[67] para todas as demais causas cujas controvérsias (e não matérias) sejam idênticas (art. 543-B, § 2.º, do CPC), pois, se o legislador entendeu por bem impor requisitos para o reconhecimento da repercussão geral, isso significa que qualquer decisão deverá ser fundamentada, ainda que com certo tom de discricionariedade, o que é inerente à carga valorativa da decisão a ser proferida.

Por outro lado, em que pese seja o entendimento majoritário pela obrigatoriedade de motivação da decisão acerca do juízo de admissibilidade da repercussão geral, há orientação de peso, como a de Ovídio Baptista da Silva, sustentando que o melhor caminho a ser seguido pelo Supremo Tribunal é a seleção discricionária dos recursos a revelar uma providência de caráter "pedagógico" e, nas palavras do Autor, deve ser utilizada para coibir o "perverso sistema recursal brasileiro"[68].

---

[66] MARINONI, Luiz Guilherme; MITIDIERO, Daniel. *A repercussão geral no recurso...*, p. 20.
[67] *Idem*, p. 54.
[68] SILVA, Ovídio A. Baptista da. *A função dos tribunais superiores*. São Leopoldo: Fabris, 1999. p. 481.

Nesse mesmo sentido, Luís Roberto Barroso[69] se pronunciou recentemente, após cinco anos do advento do filtro dessa seleção, sustentando haver um excessivo reconhecimento da repercussão geral que corrobora a inflacionar a agenda do Supremo Tribunal pelos próximos dez anos, sendo necessário que se reavalie a relação "qualitativa/quantitativa" dos casos que venham a ser eleitos no intuito de que não haja um desvirtuamento do instituto[70].

Nesse sentido, revela-se absolutamente crucial que o *leading case* seja o melhor caso concreto a retratar a questão, não apenas sob o aspecto material, mas também sob o aspecto processual, de modo que haja um esgotamento do debate e um refinamento da matéria objeto do recurso, o que, invariavelmente, não ocorre na prática forense, pois em diversas oportunidades o caso paradigma não se enquadra nesse conceito.

Ademais, no que diz respeito a essa seleção de casos concretos, deve também haver uma "sinalização" do Supremo Tribunal acerca do *leading case* em relação à comunidade jurídica, à imprensa, às entidades representativas de classes, aos *amici curiae*, inclusive da Ordem dos Advogados do Brasil, e Ministério Público, no intuito de promover-se um debate em homenagem à garantia do devido processo legal[71], pois, repita-se, um *leading case* deve compreender todas as formas de argumentação possíveis e pertinentes, já que, certamente, a solução desse precedente estará influenciando milhares de outras demandas cuja controvérsia seja idêntica.

3.2 A transparência dos *amici curiae*

Revela-se o *amicus curiae* como sendo aquele que auxilia o juiz nas causas que envolvam determinados valores inseridos na sociedade brasileira, por meio da Constituição da República, sendo, na prática, notável sua participação no amadurecimento de questões postas em exame, principalmente aquelas em que se exige um técnico com a *expertise* necessária sobre determinada questão.

Em relação à natureza jurídica do instituto, há grande controvérsia na doutrina em razão das múltiplas faces que o *amicus curiae* vem ganhando atualmente.

---

[69] Na XXI Conferência Nacional dos Advogados. Conferência Magna de Encerramento. "Democracia, Desenvolvimento e Dignidade Humana: Uma agenda para os próximos dez Anos", realizada em 24 de novembro de 2011, em Curitiba/PR.
[70] Idem.
[71] THEODORO JR., Humberto. Repercussão geral no recurso extraordinário (Lei n. 11.418) e Súmula Vinculante do Supremo Tribunal Federal (Lei n. 11.417). *Revista Magister de Direito Empresarial, Concorrencial e do Consumidor*, n. 14, abr./maio 2007, p. 5. Disponível em: <www.ulbra.br/direito/artmainab>. Acesso em: 29 out. 2010.

Para alguns[72], não se trata de ser parte, sendo "órgão ou entidade" de auxílio. Para outros[73], trata-se de um terceiro que assume a figura de poder da parte sem o ser. Há quem entenda[74] que o *amicus curiae* nada mais é do que um perito em matéria de direito e, ainda, há, por fim, quem sustente[75] que a intervenção de terceiros corresponde ao ingresso de um terceiro na qualidade de assistência.

De todas, parece ser a melhor a posição de Didier Jr. no sentido de que os *amici curiae* não se equiparam ao terceiro, devendo ser analisados como um auxiliar do juízo em matéria de direito[76]. Nessa mesma linha é o posicionamento de Marinoni e Mitidiero, ao sustentar que a figura se assemelha a um auxiliar da justiça[77].

Assim, em prol da pluralização do debate, o que vem sendo permitido perante o Plenário do Supremo Tribunal é a apresentação de memoriais e a possibilidade de sustentação oral, o que, nas palavras do Ministro Gilmar Mendes, "confere um processo colorido diferenciado, emprestando-lhe um caráter pluralista e aberto, fundamental para o reconhecimento de direitos"[78].

Segundo Thais Catib de Laurentiis[79], um ponto bastante ressalvado pelo Ministro Marco Aurélio Mello é no sentido de que a atuação do *amicus curiae* reflete a complexidade da causa, o que justifica a presença do *expert*, daí a necessária fundamen-

---

[72] DINAMARCO, Candido Rangel. *Instituições de Direito Processual Civil*. 5. ed. São Paulo: Malheiros, 2005. p. 394.

[73] BUENO, Cassio Scarpinella. *O amicus curiae no processo civil brasileiro*: um terceiro enigmático. 2. ed. São Paulo: Saraiva, 2008. p. 131.

[74] DIDIER Jr., Fredie. *Recurso de terceiro*: Juízo de admissibilidade. 2. ed. São Paulo: RT, 2005. p. 185.

[75] CABRAL, Antônio Passo. Pelas asas de Hermes: a intervenção do *amicus curiae*, um terceiro especial: uma análise dos institutos interventivos similares – o *amicus* e o *vertreter dês offentlichen interesses*. *Revista de Processo*, São Paulo: RT, n. 117, set./out. 2004.

[76] DIDIER Jr., Fredie. *Recurso de terceiro*: juízo de admissibilidade. 2. ed. São Paulo: RT, 2005. p. 185.

[77] MARINONI, Luiz Guilherme. *Repercussão geral...*, p. 42.

[78] MENDES, Gilmar Ferreira. *Direitos fundamentais e controle de constitucionalidade*: estudos de direito constitucional. 3. ed. rev. e ampl. São Paulo: Saraiva, 2004. p. 346-347. Nesse sentido: FERRAZ, Anna Cândida da Cunha. O *amicus curiae* e a democratização e a legitimação da jurisdição constitucional concentrada. *Revista Mestrado em Direito*, Osasco, ano 8, n. 1, 2008, p. 72.

[79] LAURENTIIS, Thais Catib de. A caracterização do *amicus curiae* à luz do Supremo Tribunal Federal. Disponível em: <http://webcache.googleusercontent.com/search?q=cache:pMEUHQQe6_IJ:www.sbdp.org.br/ver_monografia.php%3FidMono%3D106+thais+catib+amicus+curiae&cd=2&hl=pt-BR&ct=clnk&gl=br>. Acesso em: 2 set. 2011.

tação quando do seu ingresso. Trata-se de um ponto bastante relevante e que merece bastante atenção dos Ministros, seja no âmbito do controle difuso ou concentrado.

Afirma Damares Medina que o *"amicus curiae* é ferramenta adicional de defesa das partes"[80], pois este, quando ingressa nos autos, possui efetivamente um caráter partidário em favor de uma delas, sendo um grande fator de influência, desequilíbrio ou reequilíbrio das relações quando do julgamento final, e aumentando sobremaneira as chances de êxito da parte.

Para Medina, isso reproduz o ocorrido na década de 1960 no direito estadunidense caracterizado por "legítimo lobby judicial"[81], o que não lhe retira a sua legitimidade, mas também não propicia necessariamente um processo democrático, sugerindo, em contrapartida, a realização de audiências públicas, o que já vem sendo realizado no âmbito do STF.

No entanto, para José Adércio Leite Sampaio[82], as audiências públicas são, de certo modo, medidas "insuficientes" e "elitistas", não tornando o processo legitimamente democrático, o que há de se levar em conta em razão da magnitude das instituições a promover o "patrocínio" do *amicus curiae*, ainda que tal debate fosse amplamente divulgado.

Portanto, mesmo com advertências da doutrina, a atuação dos *amici curiae* vem se revelando uma figura importante na construção e pluralização do debate por diversos setores da sociedade, especialmente numa visão procedimentalista[83] em que cada cidadão é parte legítima para reivindicar direitos no processo democrático. No entanto, é salutar que haja uma maior transparência quando da atuação dessa figura, especialmente quanto aos eventuais patrocínios e interesses no deslinde da causa, o que certamente dosaria desequilíbrio porventura existente entre as partes e fortaleceria o debate público.

3.3 A decisão de reconhecimento e de não reconhecimento da repercussão geral. Atenção ao *leading case* e aos limites de sua controvérsia

A prática forense revela que, na maioria das vezes, a decisão acerca da existência ou não da repercussão geral se impõe exclusivamente ao relator recurso,

---

[80] MEDINA, Damares. *Amicus curiae*: amigo da Corte ou amigo da parte? Disponível em: <http://www.jusbrasil.com.br/noticias/340675/amicus-curiae-influi-em-decisoes-do-stf--mostra-pesquisa>. Acesso em: 31 out. 2011.
[81] Idem.
[82] SAMPAIO, José Adércio Leite. Habermas entre amigos e críticos. Prolegômenos para uma esfera pública. In: FRANKENBERG, Günter; MOREIRA, Luiz (org.). *Jürgen Habermas, 80 anos*. Direito e democracia. Rio de Janeiro: Lumen Juris, 2009. p. 537.
[83] HABERMAS, Jürgen. Op. cit., p. 142.

e não ao colegiado, o que, por óbvio, é falso. A uma, porque o fato de haver a possibilidade de rejeição monocrática pelo relator do recurso (art. 543-A, § 5.º, do CPC) faz com que essa decisão tenha maior peso em relação aos demais componentes quando da sua admissibilidade. A duas, porque os votos dos demais componentes, por via de regra, resumem a manifestação do relator, ou, ainda, reproduzem um monossilábico "sim" ou "não"[84], o que, inclusive, pode ser alvo de falha humana, e que torna a decisão de duvidosa credibilidade.

Em relação à decisão de reconhecimento da repercussão geral, outro ponto relevante reside na possibilidade do silêncio dos Ministros quando da votação no âmbito do plenário virtual que compõe o colegiado (previsto no art. 324 do RISTF), corroborando para o reconhecimento de matérias que talvez, na essência, não comportassem o *status* de repercussão geral[85], o que vem contribuindo para inflacionar a agenda do STF, e o que se desvirtua da finalidade do próprio instituto.

Já a decisão que rejeita o recurso extraordinário por ausência de repercussão geral não pode ser atacada por expressa vedação legal (art. 543-A do CPC), uma vez que "não agride o modelo constitucional do direito processual civil porque ela é colegiada"[86].

E, ainda, questão relevante acerca da admissibilidade ou rejeição da repercussão geral refere-se ao "retrato" do *leading case*, devendo este retratar de maneira absolutamente clara e precisa os contornos da controvérsia do caso paradigma, assim tutelando-se as garantias do devido processo legal, do contraditório e da ampla defesa.

---

[84] FREITAS, Marina Cardoso de. Análise do julgamento da repercussão geral nos recursos extraordinários. Disponível em:<http://www.sbdp.org.br/arquivos/monografia/150_Monografia%20Marina%20Cardoso.pdf>. Acesso em: 16 jan. 2011.

[85] Segundo as estatísticas do STF apuradas em 04.12.2013, acerca do panorama geral da Repercussão Geral, verifica-se que, dos 100% dos casos analisados apreciados pelo STF, 71% tiveram a repercussão geral reconhecida, ao passo que 28,2% tiveram a repercussão geral negada, e apenas 2% encontram-se com tema sob análise, ou seja, aproximadamente três vezes o número de casos em que a repercussão geral é negada, o que demonstra, de maneira clara, que o número de casos com a repercussão geral reconhecida excede em muito o almejado. Disponível em:
<http://www.stf.jus.br/portal/cms/verTexto.asp?servico=jurisprudenciaRepercussaoGeral&pagina=numeroRepercussao>. Acesso em: 10 dez. 2013.

[86] BUENO, Cassio Scarpinella. *Curso sistematizado de Direito Processual Civil*. São Paulo: Saraiva, 2008. v. V, p. 260. Em sentido contrário, MARINONI, Luiz Guilherme; MITIDIERO, Daniel. *Repercussão geral...*, p. 60. Marinoni e Mitidiero ainda sustentam a possibilidade de impetração de mandado de segurança (art. 5.º, II, da Lei 1.533/1951), na hipótese de rejeição equivocada do recurso extraordinário pela Suprema Corte fundada em ausência de repercussão geral, em que pese existam precedentes da Egrégia Corte pela inadmissibilidade.

3.4 O Plenário Virtual. Os desafios da democracia na era digital

Também nessa linha, outra questão de notória importância refere-se ao processamento do Plenário Virtual[87] e à segurança de suas informações, sendo necessário um maior controle das informações geradas, uma dupla checagem das informações contidas por meio digital, inclusive com capacidade para receber e processar os respectivos votos dos Ministros de forma sigilosa e segura, o que talvez pudesse ser reforçado por meio do acréscimo de votos obrigatórios para os membros do Colegiado.

Os avanços tecnológicos da modernidade devem ter o propósito de aproximar jurisdicionado e judiciário, e não afastá-los, embora cotidianamente seja detectada essa falha não apenas no âmbito das Cortes Superiores, mas na máquina como um todo. Isso remonta, inclusive, a atual discussão, em nível nacional, acerca da inviabilidade de implementação de programas eletrônicos destituídos de aparelhamento e recursos necessários. Pois, para que se tenha uma justiça efetiva, há que se ter uma justiça modernizada, sendo necessário, nessa perspectiva, que se tenha um alto investimento a propiciar maior segurança jurídica ao jurisdicionado, de modo que possa alinhar a tecnologia com a Democracia do século XXI[88].

3.5 A paralisação dos recursos nas Cortes locais. Uma necessária reflexão

Por fim, outra questão bastante relevante e alvo de muitas discussões é o nível de sobrestamento dos recursos nos tribunais locais[89] em razão do não julgamento do mérito do recurso extraordinário qualificado *leading case* no âmbito do STF[90], e que vem acarretando o assoberbamento das atividades também em

---

[87] DIDIER JR., Fredie; CUNHA, Leonardo José Carneiro da. *Curso de Processo Civil*. 11. ed. Salvador: Juspodivm, 2009. v. I, p. 344. Para Didier Jr., "não é ocioso afirmar que o julgamento por meio eletrônico só é possível, especificamente, para a repercussão geral, não se estendendo para outras situações, sob pena de ofender a garantia constitucional de fundamentação explícita das decisões".

[88] GOMES, Wilson. A democracia digital e o problema da participação civil na decisão civil na decisão política. *Revista Fronteiras*, Unisinos – Estudos Midiáticos, exemp. setembro/dezembro 2005, 31.06.2006. Disponível em: <http://revcom2.portcom.intercom.org.br/index.php/fronteiras/article/view/3120/2930/31209303-1.pdf>. Acesso em: 2 jan. 2011.

[89] Segundo a última estatística apurada pelo STF datada de 23.10.2013, o número total geral de recursos sobrestados é da ordem de 570.139, sendo que apenas no Tribunal de Justiça de São Paulo o número de recursos sobrestados encontra-se na ordem de 298.917. Disponível em: <http://www.stf.jus.br/portal/cms/verTexto.asp?servico=estatistica&pagina=sobrestadosrg>. Acesso em: 10 dez. 2013.

[90] Segundo dados atualizados pelo STF em 13.12.2013, atualmente encontram-se 337 casos com repercussão geral reconhecida e com mérito pendente de julgamento. O primeiro da

sede de segundo grau. Isso porque, ao longo desses cinco anos, como dito, a repercussão geral vem sendo reconhecida involuntaria demasiadamente, não tendo o STF condições de apreciar e julgar todos os casos a que se submete, acarretando um enorme acúmulo da máquina, e demandando, inclusive, a criação de setores especializados para essas causas nos tribunais estaduais.

Isso leva, inclusive, a uma nova discussão acerca da possibilidade de concessão de antecipação de tutela, uma vez presentes os requisitos caracterizadores para tal medida, e que certamente o STF irá se deparar muito proximamente na hipótese de ausência de julgamento do caso paradigma.

Portanto, os efeitos práticos acerca da adoção do referido instituto demonstram a necessidade de uma profunda reflexão desse órgão excelso acerca de sua missão enquanto Corte Constitucional, Corte de Vértice, Corte Suprema, ou *Supreme Court*. Seja como for, é necessário que o Supremo Tribunal Federal utilize o mecanismo da repercussão geral como um instrumento apto e necessário a redefinir a atuação do Supremo Tribunal Federal, sobretudo como órgão de cúpula com a missão/função de acolher novos direitos fundamentais à luz dos anseios da sociedade brasileira.

CONCLUSÃO

Por toda a evolução histórica em nível mundial, e, ainda, diante da atual realidade brasileira que se encontra o Judiciário brasileiro, é de se concluir que o instituto da repercussão geral vem se revelando, ao longo dos cinco anos de sua vigência, um mecanismo favorável ao fortalecimento da democracia brasileira.

Com a perda da efetividade da tutela em nível mundial[91], torna-se ainda mais necessário sejam utilizadas novas "técnicas processuais adequadas"[92] no sentido de promover uma profunda alteração e criação de mecanismos processuais no

---

lista, RE 566.471, foi distribuído no STF em 08.10.2007, portanto, logo após o advento e vigência do instituto da repercussão, sendo que até o presente momento não se encontra julgado o mérito. Disponível em: <http://www.stf.jus.br/portal/cms/verTexto.asp?servico=jurisprudenciaRepercussaoGeral&pagina=listas_rg>. Acesso em: 10 dez 2013.

[91] MARINONI, Luiz Guilherme. In: CORREA, Estevão, Lourenço (Coord.). A segurança jurídica como fundamento do respeito aos precedentes. *Revista do Instituto dos Advogados do Paraná*, Curitiba, n. 37, 2009, p. 60. Afirma o autor: "O sistema jurídico, em tal dimensão, afigura-se completamente privado de efetividade, pois indubitavelmente, não é capaz de permitir previsões e qualificações jurídicas unívocas. Há uma mínima preocupação, na ordem jurídica brasileira com a previsibilidade".

[92] MARINONI, Luiz Guilherme. *Curso de Processo Civil*. Teoria Geral..., p. 191.

sistema jurídico, tal como ocorreu no direito brasileiro, principalmente após a Constituição de 1988.

Assim, caracteriza-se a repercussão geral como sendo um novo pressuposto recursal inserido pelo constituinte derivado na via extraordinária, que se perfaz, segundo Marinoni e Mitidiero, por meio de uma análise "qualitativa/quantitativa"[93], tendo por finalidade dar uma nova roupagem ao delimitar o âmbito da competência em sede de controle difuso, promover um julgamento equânime em controvérsias idênticas, reduzir as atividades da máquina e, ainda, redirecionar a atuação do Supremo Tribunal Federal quando da análise dos casos de notável relevância e consideráveis reflexos à sociedade.

Ainda que de maneira insatisfatória, para alguns, no sentido de que tal instituto pode imprimir um tom mais discricionário[94], a inserção desse preceito processual vem demonstrando um aprimoramento na atuação técnica da Corte Constitucional brasileira, de modo a contribuir significativamente para o fortalecimento das invariantes axiológicas[95] que se encontram presentes no sistema jurídico, tais como os princípios da isonomia, celeridade, efetividade, segurança jurídica, etc., consolidados no Estado Democrático Brasileiro.

Daí por que se afirmar que esse mecanismo revela-se um instrumento de combate a uma democracia majoritária que privilegia seus interesses, pois, na medida em que essa Corte Constitucional passa a assumir uma função pública em casos concretos amplamente debatidos e assentados, seja pela rejeição ou pelo conhecimento, milhares de controvérsias idênticas são pacificadas, e a Corte Constitucional passa a dedicar-se ao amadurecimento de novas questões relevantes e de igual importância para a sociedade[96].

Ademais, a repercussão geral somente será adequada ao sistema jurídico brasileiro se estiver absolutamente comprometida com a tutela dos direitos fundamentais, e aqui, leia-se, uma tutela proativa[97], no sentido de abarcar novas

---

[93] MARINONI, Luiz Guilherme; MITIDIERO, Daniel. *A Repercussão Geral...*, p. 37.
[94] BARROSO, Luís Roberto. Democracia, desenvolvimento e dignidade humana: uma agenda para os próximos dez anos. *XXI Conferência Nacional dos Advogados*, Conferência Magna de Encerramento, realizada em 24 de novembro de 2011, Curitiba/PR.
[95] REALE, Miguel. Op. cit., p. 586.
[96] Como exemplo cita-se RE 407.688/SP, *DJ* 06.10.2006, em que o Min. Eros Grau – ainda que em voto vencido – trava uma discussão jurídica com o Min. Relator Cesar Peluso, sustentando a tese da impenhorabilidade do bem de família, em razão de o direito constitucional à moradia revelar-se um direito fundamental de eficácia plena, de maneira a tratar do Direito Privado como a moderna doutrina do Direito Público.
[97] MARINONI, Luiz Guilherme. STJ precisa cumprir...site.

situações jurídicas ainda não reconhecidas ou pacificadas pelo STF, o que não interessa apenas ao indivíduo lesado, mas a toda a sociedade, e que reforçará o verdadeiro papel de uma Corte de paradigma.

Nessa perspectiva, a estabilização do entendimento da Carta e o fortalecimento de uma democracia se perfazem por meio de um discurso deliberativo[98] de uma sociedade engajada nesses processos de "escolhas provisórias"[99], mediante consensos mais concretos, coerentes, valorizando-se os dissensos sempre "em favor da realização constitucional"[100], e, ainda, conferindo maior legitimidade às decisões do Judiciário enquanto órgão não eleito pelos cidadãos, sendo estes verdadeiros intérpretes da Constituição[101].

A verdade é que, quando se fala em *hard cases*, ou casos difíceis e que comprometem escolhas relativas aos direitos fundamentais no âmbito da jurisdição constitucional, as teorias de justiça precisam ser mais modestas, já que a superação de paradigmas[102] se tornará algo não tão extraordinário, e o que sempre fará parte

---

[98] HABERMAS, Jürgen. Op. cit., p. 142.
[99] Clémerson Merlin Clève, em excelente explanação proferida no Seminário Internacional Trabalho e Constituição, realizado no Tribunal Regional do Trabalho da 9.ª Região, em Curitiba/PR, no dia 24 de junho de 2010, ressaltou isso muito bem ao afirmar que "hoje, todos os movimentos sociais reivindicam em nome da CR, não a sua aplicação. Na verdade, o que falta são consensos mais concretos. O campo da discussão é o da política e o dissenso opera em favor da realização constitucional. Não há como prescindir do paternalismo sem uma igualdade material. A Constituição de 88 aponta para um paternalismo não radical, não sendo liberal para que haja uma sociedade mais justa e solidária (...). Assim, devemos lutar para que haja um consenso constitucional, levando-se em conta que os direitos fundamentais deverão ser protegidos na área da democracia e dos direitos políticos".
[100] Idem.
[101] HÄBERLE, Peter. Op. cit., p. 24.
[102] CRUZ, Álvaro Ricardo de Souza. *Um discurso científico da modernidade*. O conceito de paradigma é aplicável ao Direito? Rio de Janeiro: Lumen Juris, 2009. Prefácio, fls. Xv, p. 5. Afirma o autor: "A novidade acaba surgindo em função do refinamento desse conhecimento que se acumulou, colocando, posteriormente em xeque as bases desse próprio paradigma. O paradigma cria instrumentos cada vez mais eficazes para a solução dos problemas que lhes são inerentes. Contudo, será esse mesmo refinamento que 'avará a sepultura do paradigma', pois o paradigma cria condições para o surgimento de uma Ciência Extraordinária na qual os dogmas postulados e princípios do paradigma em questão são questionados. A partir de então, os fundamentos do conhecimento científico passaram a ser paulatinamente erodidos, o que permite o surgimento de novos padrões científicos e, em seguida, a consolidação de um novo paradigma. (...) A oportunidade de uma revolução científica está sempre em aberto. Isso se dá primeiramente porque a comunidade de cientistas se esforça sempre para aplicar ainda com mais força os instrumentos do paradigma em xeque. Contudo, a crise se aprofundará com a construção das bases de um novo paradigma que, de imediato, passará a concorrer com o outro" (p. 5).

da realidade constitucional em razão da evolução dinâmica da humanidade em todos os segmentos.

Assim, não há como negar que o advento da repercussão geral conduz à abstrativização do controle difuso concreto de constitucionalidade como um fenômeno inexorável, em prol da "eficiência e da economicidade"[103]. No entanto, deverá, sobretudo, estar comprometido com uma visão de reconstrução interpretativa[104] da Constituição comprometida com os direitos fundamentais, e o que levará o referido instituto à clara demonstração de fortalecimento do princípio da igualdade na sua maior acepção, e como corolário da dignidade da condição humana, este sendo o centro normativo das constituições democráticas[105].

Assim, por todas as razões expostas, é de se concluir que a repercussão geral é um instituto necessário e adequado à sistemática recursal brasileira quando utilizado por meio de uma perspectiva enquadrada na visão clássica de "abertura" e "fechamento", promovendo um necessário redirecionamento do Supremo Tribunal Federal, preservando-se direitos e garantias fundamentais, como igualdade, celeridade, efetividade, segurança jurídica, devido processo legal, contraditório, ampla defesa, etc., e, ainda, contribuindo significativamente para o fortalecimento do Estado Democrático brasileiro, o que não impede que eventuais adaptações a serem realizadas tenham por objetivo reforçar o seu caráter legítimo.

---

[103] GONÇALVES, Nicole P. S. Mäder. Op. cit., p. 519.
[104] *Idem*, p. 520.
[105] HESSE, Konrad. *A força normativa da Constituição*. Porto Alegre: Sergio Antonio Fabris Editor, 1991. p. 15.

11

REPERCUSSÃO GERAL E SEPARAÇÃO DE PODERES: UMA PERSPECTIVA PROCEDIMENTALMENTE ADEQUADA DO INSTITUTO ANTE A RELAÇÃO ENTRE LEGISLATIVO E JUDICIÁRIO NO ESTADO DEMOCRÁTICO DE DIREITO

EMILIO PELUSO NEDER MEYER
Professor Adjunto de Direito Constitucional, Teoria do Estado
e Teoria da Constituição da Faculdade de Direito da UFMG – Graduação e
Pós-Graduação (Mestrado e Doutorado). Mestre e Doutor
em Direito pelo Programa de Pós-Graduação em Direito da UFMG.
Membro do Grupo de Estudos sobre Internacionalização do Direito
e Justiça de Transição – IDEJUST.

Sumário: 1. Introdução – 2. Breve recuperação histórica: a *arguição de relevância* e a repercussão geral – 3. Repercussão geral e separação de poderes – 4. Uma perspectiva procedimentalmente adequada da atividade jurisdicional no estado democrático de direito: o modelo da "correia de transmissão" de Klaus Günther – 5. A necessária diferença entre *discursos de justificação* e *discursos de aplicação* – 6. Contributos para a discussão a partir dos problemas enfrentados na colisão de normas: detalhando o modelo da "correia de transmissão" – 7. À guisa de conclusão: revisitando o instituto da repercussão geral – Referências bibliográficas.

1. INTRODUÇÃO

Um dos principais problemas que são colocados para a Filosofia Política, a Teoria da Constituição e o Direito Constitucional diz respeito a uma adequada interpretação da separação de poderes. A questão se agudiza na medida em que, ao mesmo tempo em que se critica um crescimento pouco reflexivo das políticas públicas estatais – e, por isso, gerador de maior dependência do cidadão[1] –, ganha relevo também a necessidade de saber como interpretar a inserção do Poder Judiciário nos vazios deixados pelo Legislativo e pelo Executivo. O que parece certo, antes de mais nada, é que não se pode conceber a separação de poderes como um "standard" ou conceito universal independente de interpretações próprias de cada ordem jurídica; não se trata de pensar o "código do direito" desacoplado de gramáticas sociais.

Bruce Ackerman[2] já demonstrara que as diferentes formas pelas quais o presidencialismo e o parlamentarismo se conformaram ao redor do mundo puderam dar ares diversos à tradicional sistemática de separação de poderes; para além desse fator, o posicionamento do controle de constitucionalidade e de agências administrativas desempenha um papel central em tal diagramação. A questão central, para ele, passa a ser outra. "Mais concretamente, eu retorno repetidamente a três ideais legitimadores ao responder à pergunta 'Um poder separado em benefício de quê?' O primeiro ideal é a democracia. De um modo ou de outro a separação deve servir (ou impedir) o projeto de autogoverno popular. O segundo ideal é o da aptidão profissional. Leis democráticas permanecem puramente simbólicas a menos que cortes e burocracias possam implementá-las de um modo relativamente imparcial. O terceiro ideal é a proteção e aprimoramento de direitos fundamentais. Sem eles, normas democráticas e administração profissional podem com facilidade se tornar mecanismos de tirania"[3].

Isso demonstra que são muitos os modelos de disposição concreta das funções desempenhadas por cada um dos poderes que revelam qual a dinâmica que está

---

[1] Essa visão crítica, especialmente focada em políticas de equiparação de gênero, pode ser encontrada em HABERMAS, Jürgen. *A inclusão do outro*: estudos de teoria política. Trad. George Sperber e Paulo Astor Soethe. São Paulo: Loyola, 2002. p. 296: "Pois essas classificações 'errôneas' levam a intervenções 'normalizadoras' na maneira de conduzir a vida, as quais permitem que a almejada compensação de danos acabe se convertendo em nova discriminação, ou seja, garantia de liberdade converte-se em privação da liberdade. Nos campos jurídicos concernentes ao feminismo o paternalismo socioestatal assume um sentido literal: o legislativo e a jurisdição orientam-se segundo modelos de interpretação tradicionais e contribuem com o fortalecimento dos estereótipos de identidade de gênero já vigentes".

[2] ACKERMAN, Bruce. The new separations of powers. *Harvard Law Review*, vol. 113, n. 3, jan. 2000.

[3] Tradução livre de "More concretely, I return repeatedly to three legitimating ideals in answering the question, 'Separating power on behalf of what?' The first ideal is democracy. In one way or another, separation may serve (or hinder) the project of popular self-government. The second ideal is professional competence. Democratic laws remain purely symbolic unless courts and bureaucracies can implement them in relatively impartial way. The third ideal is protection and enhancement of fundamental rights. Without these, democratic rule and professional administration can readily become engines of tyranny" (ACKERMAN. *The new separation of powers*, p. 640).

estabelecida em uma determinada ordem. Diante disso, não serão propriamente os órgãos delimitados constitucionalmente ou o sistema de repartição de competências instituído, mas a própria forma de cumprimento das funções de legislar, administrar e julgar que apresentarão os desafios à separação de poderes. É claro que muito da definição clássica se coloca de um modo diverso ante as demandas das complexas sociedades atuais. Como destacam Nobre e Rodriguez[4], a partir da própria proposta de Ackerman, a questão passa diretamente por formulações que impeçam um exercício arbitrário do poder.

De nossa parte, entendemos que dificilmente poderíamos abrir mão deste "cânon" constitucional se quisermos ter como instituído um *código do direito* de verdadeira matriz constitucional, mesmo que avanços pareçam conflitar com tais conceitos[5]. Deve-se, contudo, ser sensível ao fato de que menos absolutismos são necessários ao se enfrentar essa matéria. É preciso, antes disso, focar naquela que seria a questão central: "Não é de espantar, portanto, que esse movimento chegue agora ao Judiciário e que esse poder esteja agora sob a pressão da sociedade civil organizada para se abrir à participação e à deliberação da cidadania, que quer discutir, entre outras coisas, o próprio conceito jurídico de legitimidade das partes. Queremos chamar aqui a atenção para o que nos parece ser o grave erro político de não perceber o momento de pressionar o Judiciário para que, de maneira regrada, democrática, se abra à participação cidadã"[6].

É dizer: a dinâmica exigida da separação de poderes em relação à função jurisdicional vai se concentrar na forma como a participação dos destinatários dessa "prestação" se efetivará. Mas não se pode descurar do fato de que esse mesmo poder, ao trabalhar com "prestações", cumpre um serviço público, e que esse serviço tem sido demandado em um nível maciço. O site do Supremo Tribunal Federal informa que o acervo de processos referentes a recursos extraordinários, agravos de instrumento e agravos em recurso extraordinário corresponde, em 2013, a 79,54% do todas as classes de processos recebidos[7]. Esse número era de 94% em 2007, o que demonstra que houve uma redução numérica. A questão a se saber é se há uma prática institucional de fixação de critérios adequados

---

[4] NOBRE, Marcos; RODRIGUEZ, José Rodrigo. Judicialização da política: déficits explicativos e bloqueios normativistas. *Novos Estudos CEBRAP*, São Paulo, n. 9, nov. 2011, p. 10.

[5] Para uma visão da importância seminal da separação de poderes para a definição do Constitucionalismo a partir da crítica de Woodrow Wilson e de uma renovação da leitura de John Locke, ver ZUCKERT, Michael. On the separation of powers: liberal and progressive constitutionalism. *Social Philosophy and Policy*, vol. 29, n. 02, 2012, p. 335-364.

[6] NOBRE. RODRIGUEZ. *Judicialização da política*, p. 7-8.

[7] Disponível em: <http://www.stf.jus.br/portal/cms/verTexto.asp?servico=estatistica&pagina=REAIProcessoDistribuidoAnosAnteriores>. Acesso em: 4 dez. 2013.

que não coloquem o problema numérico à frente da questão de uma prestação jurisdicional adequada. Em pesquisa realizada em 2010, sob coordenação dos Professores Carlos Ari Sundfeld e Rodrigo Pagani de Souza, as conclusões indicaram a questão numérica como o núcleo da repercussão geral: os critérios utilizados pelos Ministros do Supremo Tribunal Federal para afirmar a presença de repercussão geral eram relacionados, principalmente, ao número de pessoas ou processos judiciais afetados[8].

Nesse ponto, ao mesmo tempo em que é necessário assumir criticamente o arranjo institucional vigente e pensar modos de reformulá-lo, não há também, por outro lado, como abrir mão dele completamente. Como asseveram Nobre e Rodriguez[9], assumir de vez a questão de reconstruir o próprio sentido do "jurídico" é algo importante; por outro lado, não se pode ignorar que certas demandas continuarão batendo às portas de um Judiciário cuja formação se deu sob todo um *mundo da vida* ainda vigente. Não é porque devemos atentar para institutos como a mediação pensada fora do âmbito judicial que devamos esquecer, por exemplo, que o Supremo Tribunal Federal continuará a trabalhar instrumentos como a repercussão geral aqui discutida.

Desse modo, o presente artigo tem em mira lançar algumas reflexões sobre o instituto da repercussão geral, assumindo-o sob uma compreensão da separação de poderes procedimentalmente adequada ao Estado Democrático de Direito. Isto será feito com a ajuda de uma forma de pensar esse pilar do código do direito apresentada na teoria do senso de adequabilidade de Klaus Günther[10]. Para pavimentar esse caminho, começaremos com uma recuperação histórica do instituto em termos de uma comparação com a antiga *arguição de relevância*, definindo as questões que chamam a atenção na relação da repercussão geral com a separação de poderes. Como se verá, isso só poderá ser feito de forma parcial, em um primeiro momento. Para completarmos esse passo, necessitaremos repensar a atividade jurisdicional no seio da separação de poderes e diante de um

---

[8] SOCIEDADE BRASILEIRA DE DIREITO PÚBLICO. *Repercussão geral e o sistema brasileiro de precedentes*. São Paulo: Ministério da Justiça, Secretaria de Assuntos Legislativos, 2010.
[9] NOBRE. RODRIGUEZ. *Judicialização da política*, p. 14.
[10] Para tanto, recorreremos aos seguintes textos centrais: GÜNTHER, Klaus. *Teoria da argumentação no direito e na moral*: justificação e aplicação. Trad. Cláudio Molz. Rev. Luís Moreira. São Paulo: Landy, 2004; GÜNTHER, Klaus. Uma concepção normativa de coerência para uma teoria discursiva da argumentação jurídica. *Cadernos de filosofia alemã*, São Paulo, n.º 6, 2000, p. 85-102; GÜNTHER, Klaus. Un concepto normativo de coherencia para una teoria de la argumentación jurídica. Trad. Juan Carlos Velasco Arroyo. *DOXA*, n.º 17-18, 1995, p. 271-302; e, GÜNTHER, Klaus. Legal adjudication and democracy: some remarks on Dworkin and Habermas. *European Journal of Philosophy*, vol. 3, n.º 1, abr. 1995, p. 36-54.

desafio posto recentemente: deslocar-se do critério de adequabilidade pensado para casos concretos singulares para propor uma nova fórmula ante as exigências da repercussão geral. Nesse ponto, a metáfora de uma "correia de transmissão" poderá ser útil. Ao cabo, e conclusivamente, tentaremos reler a repercussão geral sob esses novos critérios de legitimidade.

2. BREVE RECUPERAÇÃO HISTÓRICA: A *ARGUIÇÃO DE RELEVÂNCIA* E A REPERCUSSÃO GERAL

A previsão de permitir que o Supremo Tribunal Federal pudesse estabelecer um filtro das causas que julgaria em sede de recurso extraordinário veio instituída com a própria Constituição de 1969, no parágrafo único do art. 119[11]. A regulamentação desse dispositivo, contudo, apenas viria a ocorrer com o famigerado "Pacote de Abril" de 1977[12], uma forma encontrada pelo Governo Geisel de reforçar os poderes do governo autoritário, com base no AI-5/1968. Como assinalam Theodoro Júnior, Nunes e Bahia[13], há muitas semelhanças, pelo menos em termos de objetivos, entre a atual repercussão geral e a antiga arguição de relevância. Cruz verá no referido instituto do regime anterior uma séria restrição ao direito fundamental de acesso à justiça[14]. A arguição de relevância da questão federal foi de fato regulamentada com a delegação de competência ao STF instituída pela Emenda Constitucional 7/1977;

---

[11] "Art. 119.
[...]
Parágrafo único. As causas a que se refere o item III, alíneas *a* e *d*, dêste artigo, serão indicadas pelo Supremo Tribunal Federal no regimento interno, que atenderá à sua natureza, espécie ou valor pecuniário".
Uma valorosa análise da arguição de relevância encontra-se em PASSOS, José Joaquim Calmon de. Da arguição de relevância no recurso extraordinário. *Revista Forense – edição comemorativa dos 100 anos*, Rio de Janeiro: Forense, 2005, tomo 1.

[12] "Em 1977, o General Geisel, com base no AI-5, baixa o 'pacote de abril': governadores e um terço dos senadores eleitos indiretamente por colégios eleitorais formados por vereadores em sua maioria da ARENA, imunidade das Polícias Militares ao controle jurisdicional civil, criação de mais um instrumento de controle concentrado de constitucionalidade no STF – sob provocação unipessoal do Procurador-Geral da República (nomeado pelo Presidente da República, frise-se) – e aprovação de uma nova Lei de Segurança Nacional em 1979" (MEYER, Emilio Peluso Neder. *Ditadura e responsabilização*: elementos para uma justiça de transição no Brasil. Belo Horizonte: Arraes Editores, 2012. p. 108-109).

[13] THEODORO JÚNIOR, Humberto; NUNES, Dierle José Coelho; BAHIA, Alexandre de Mello Franco. Litigiosidade em massa e repercussão geral no recurso extraordinário. *Revista de Processo – REPRO*, ano 34, n. 177, nov. 2009, p. 24.

[14] CRUZ, Álvaro Ricardo de Souza. *Jurisdição constitucional democrática*. Belo Horizonte: Del Rey, 2004. p. 300.

mas, mesmo antes disso, a Emenda Regimental 1/1975 ao art. 308 do Regimento Interno do Supremo Tribunal Federal já antecipara um tipo de controle quantitativo e qualitativo dos recursos extraordinários que seriam julgados. O dispositivo estabelecia que não caberia o recurso extraordinário a não ser que o recorrente demonstrasse violação da Constituição ou *relevância da questão federal* em outros casos e nos diversos casos expostos nas alíneas, que envolviam crimes de contravenção, ações de *habeas corpus*, litígios decorrentes de acidentes de trabalho, da previdência social, execuções por título judicial, entre vários outros casos[15].

Note-se, que, desde aquela época, anterior ao "Pacote de Abril", a principal preocupação já era o assoberbamento de recursos extraordinários perante o Supremo Tribunal Federal: "Hoje, no entanto, com a Emenda Regimental n.º 3, as restrições impostas ao recebimento do recurso extraordinário não só atendem ao escopo de afastar – na linguagem incisiva do Ministro Aliomar Baleeiro – os 'recursos frívolos, temerários e impertinentes', como também desencorajam as partes que agem 'por mero espírito de emulação, de inconformismo ou de álea, pois já se pode profetizar qual será a resposta do Supremo Tribunal Federal em determinados casos outrora controversos'"[16]. A própria definição da "relevância da questão federal" quase sempre tocava em aspectos quantitativos de generalidade. Com a redação dada pela Emenda Regimental 2/1985, a tônica continuou a ser esta: "Entende-se relevante a questão federal que, pelos seus reflexos na ordem jurídica, e considerando os aspectos morais, econômicos, políticos ou sociais da causa, exigir a apreciação do recurso extraordinário pelo Tribunal" (art. 327, § 1.º).

É importante assinalar, em uma perspectiva reconstrutiva e transicional do Direito Constitucional e Processual Civil brasileiro, que os contornos de uma doutrina autoritária foram delineados à base do instituto ora examinado. Já se defendeu que, sob a égide de um suposto poder constituinte exercido por meio dos Atos Institucionais 1/1964, 2/1965, 5/1968 e 6/1969 e das Cartas autoritárias de 1967 e 1969[17], o Supremo Tribunal Federal exerceria uma função política de

---

[15] "A relevância que provoca a subida do recurso somente pode ser suscitada – insista-se – quando o fundamento do recurso estiver na alínea *a* ou na alínea *d*. Melhor, nessas alíneas e nas causas sob o elenco do artigo 308" (BAPTISTA, N. Doreste. *Da argüição de relevância no recurso extraordinário*: comentários à Emenda Regimental n.º 3, de 12-6-1975, do Supremo Tribunal Federal. Rio de Janeiro: Forense, 1976. p. 33).

[16] BAPTISTA. *Da argüição de relevância no recurso extraordinário*, p. 47.

[17] "O poder constituinte que deu origem ao documento constitucional em vigor é o mesmo que, em 9 de abril de 1964, editou o primeiro Ato Institucional, proclamando, claramente, no preâmbulo deste, sua natureza revolucionária, até mesmo com detalhes de teorização. O exercício desse poder é invocado, igualmente, no Ato Institucional n.º 2, de 27 de outubro de 1965, com a preocupação, agora demonstrada, de dar continuidade ao processo revolucionário, o mesmo podendo ser observado nos Atos Institucionais n.º 5

"aparar" excessos produzidos pelos demais poderes, Legislativo e Executivo, por meio do controle de constitucionalidade difuso e concentrado e da arguição de relevância da questão federal. Em verdade, a atuação em sede de controle de constitucionalidade não tem uma natureza meramente política, mas, muito mais, de garantia de direitos e procedimentos instituídos juridicamente. Refutável, pois, uma atuação em relação ao instituto em análise que possa se assemelhar a uma definição como esta: "Efetivamente, no exame da relevância de determinada questão federal versando sobre matéria financeira, tributária, penal, administrativa, civil, etc., não pode deixar a nossa Corte Suprema de levar em conta a política que o Governo, globalmente considerado, vem colocando em prática no setor, à vista, inclusive, dos reflexos que sua decisão poderá produzir sobre os segmentos da população direta ou indiretamente envolvidos na lide". A decisão precisa ser, ao contrário, jurídica. É necessário evitar que o controle de constitucionalidade se torne um controle meramente político: isso passa, necessariamente, pela revisitação de concepções arbitrárias que estejam por detrás do Constitucionalismo brasileiro.

Processualmente, a arguição de relevância era considerada um requisito de admissibilidade do recurso extraordinário examinado em procedimento apartado[18]. Importante assinalar o procedimento antidemocrático de julgamento da presença ou não da relevância da questão federal: aquele era feito em sessão reservada do Conselho, dispensada a motivação. Essa "seletividade impassível de questionamento" foi tão criticada quanto louvada[19]; fato é que não se encontrou à época (e talvez isso não fosse o que se buscava mesmo) um instrumento *democrático* de solução dos problemas relativos ao alto número de processos no Supremo Tribunal Federal.

---

e 6, de 13 de dezembro de 1968, e 1.º de fevereiro de 1969, respectivamente" (ABREU, Iduna Weinert. Arguição de relevância: aspecto político de sua apreciação pelo Supremo Tribunal Federal. *Revista de Informação Legislativa*, Brasília, ano 14, n. 56, out./dez. 1977, p. 207). Relembre-se que os AI's (meras formas jurídicas de imposição de um poder de fato despido de qualquer legitimidade) 2 e 5 foram responsáveis por suspender as garantias de inamovibilidade e vitaliciedade da magistratura e o *habeas corpus* para crimes políticos.

[18] BAPTISTA. Da argüição de relevância no recurso extraordinário, p. 38; CORRÊA, Ana Maria Gualber. O recurso extraordinário e a argüição de relevância da questão federal. *Revista de Informação Legislativa*, Brasília, ano 19, n. 75, jul./set. 1982, p. 200.

[19] "Em que pesem as críticas que a instituição da arguição de relevância sofreu em seus quase 13 anos de existência (*v.g.*, que seu procedimento era complexo e oneroso; que a aferição do que fosse 'relevante' ficava ao absoluto critério, incontestável, do STF; que a 'relevância' de uma questão é um dado axiológico a ser levado em conta pelo legislador quando *faz* a norma e não pelo julgador quando a *aplica*; que não se justifica a aferição da 'relevância' em julgamento secreto e não expressamente motivado), o fato é que vozes respeitáveis defenderam esse sistema" (MANCUSO, Rodolfo de Camargo. *Recurso extraordinário e recurso especial*. 11. ed. São Paulo: RT, 2010. p. 75-76).

Sob a vigência da Constituição democrática de 1988, será apenas com a Emenda Constitucional 45/2004 que o instituto ganhará uma nova roupagem sob as vestes da repercussão geral. Acrescentando o § 3.º ao art. 102 do Texto Constitucional, o poder constituinte derivado procurou, uma vez mais, definir um instrumento de "filtragem" do número excessivo de recursos que chegavam ao Supremo Tribunal Federal. A questão não foi posta diante de um hiato completo perante a arguição de relevância, visto que o requisito da *transcendência* no recurso de revista já fora estabelecido no art. 896-A da CLT pela Medida Provisória 2.226/2001[20]. Nesse passo, Mancuso destaca que teria se formado o ambiente propício para a instituição de um elemento de contenção do afluxo de processos no Supremo Tribunal Federal[21].

A regulamentação do dispositivo constitucional veio com a Lei 11.418/2006, que criou os dispositivos dos arts. 543-A e 543-B do vigente Código de Processo Civil. Diversas determinações foram estabelecidas aos moldes da transcendência do processo trabalhista, como a definição por decisão irrecorrível sobre a repercussão geral, a fixação de alguns parâmetros para o que venha a ser a repercussão geral, a necessidade de o recorrente suscitar o requisito como questão preliminar, a presunção de existência da repercussão se a decisão recorrida contraria súmula ou jurisprudência dominante do STF, a possibilidade de intervenção de terceiros no procedimento que decide sobre a repercussão e o julgamento por seleção de demandas relevantes pelo tribunal de origem (julgamento por amostragem). As Emendas Regimentais 21 e 22, de 2007, bem como a de n.º 23, de 2008, foram responsáveis por alterar o procedimento no Regimento Interno do Supremo Tribunal Federal, segundo a nova legislação.

Importante e impactante inovação veio com a instituição do procedimento eletrônico do chamado "plenário virtual", com a alteração do art. 323 do Regimento Interno do STF e o acréscimo do art. 323-A ao mesmo diploma normativo, mudanças perpetradas pela Emenda Regimental 42/2010. Com tal procedimento, o Ministro Relator submeterá, por meio eletrônico, aos demais Ministros sua decisão sobre a presença ou ausência da repercussão geral; os demais membros do STF terão o prazo de 20 dias para se manifestar, sendo que seu transcurso *in albis* caracterizará a prevalência da posição do Ministro Relator, se esta for pela admissibilidade; para que prevaleça a rejeição por ausência, é necessária a manifestação de mais sete Ministros. Apesar de o § 1.º do art. 323 do Regimento

---

[20] A respeito da transcendência no recurso de revista, cf. PEDRON, Flávio Quinaud. A EC n. 45/2004 e a inconstitucionalidade dos filtros recursais da transcendência e da repercussão geral. *Revista CEJ*, Brasília, v. 53, 2011, p. 31-44.

[21] MANCUSO. *Recurso extraordinário e recurso especial*, p. 178.

Interno permitir a manifestação de *amicus curiae*, é duvidoso que o procedimento possa permitir a ampla discussão da matéria em questão[22].

O Projeto do Novo Código de Processo Civil (Projeto de Lei 8.046/2010), na forma como aprovado em votação simbólica na Câmara dos Deputados em 26 de novembro de 2013, trata da matéria no art. 1.048 e ss. Há significativas inovações no campo procedimental da repercussão geral. Destaque-se, por exemplo: a) presunção de existência de repercussão geral se o recurso contraria tese fixada em julgamento de recursos repetitivos (art. 1.048, § 3.º, II); b) presunção de existência de repercussão geral se o recurso se contrapõe à decisão que declara a inconstitucionalidade de tratado ou lei federal, nos termos do art. 97 da Constituição (art. 1.048, § 3.º, III); c) com o reconhecimento da repercussão geral, ficarão sobrestados todos os processos que versem sobre a matéria no território nacional, devendo o recurso extraordinário ser julgado no prazo de um ano, sob pena de extinção do sobrestamento (art. 1.048, §§ 5.º e 9.º); d) redimensionamento e uniformização do tratamento de recursos extraordinário e especial repetitivos, com novidades importantes, como a necessidade de escolha de recurso que contenham abrangente argumentação e discussão da temática (art. 1.049, § 6.º).

Não faremos uma análise rigorosa e pormenorizada do que se propõe para a repercussão geral pelo Novo CPC. Nos ateremos à disciplina em vigor no período temporal de fechamento desse texto (dezembro de 2013). Acreditamos, contudo, que grande parte dos conceitos ora adotados servirão para regulamentações normativas eventualmente vigentes no futuro. Destaque-se, contudo, que a ênfase em aspectos de policentrismo e coparticipação empreendidos pelo projeto deve ser deslocada para a concepção que se possa vir a ter desse instituto processual. De mais a mais, propostas com as constantes dos arts. 10, 499 e 521, § 9.º, do Novo CPC, passam a exigir um tratamento constitucionalizado e eminentemente democrático da repercussão geral, ao estabelecer a necessidade de plena, ampla e concreta fundamentação por parte dos tribunais superiores, como já advertiu Streck[23].

---

[22] O Ministro Marco Aurélio manifestou desconfiança semelhante: "O maior problema, na opinião de Marco Aurélio, é que sem o plenário reunido os ministros não discutem seus posicionamentos, limitando-se a apresentar votos de forma individual. Para ele, uma discussão poderia levar a mudanças de entendimento. 'O direito evolui a cada dia. Assim como se pode confirmar a jurisprudência, se pode também rediscutir a matéria. É possível que se chegue à conclusão de que o entendimento anterior não era o mais consentâneo', afirma" (MAGRO, Maíra. STF julga mérito por meio virtual. *Valor Econômico*. 25 de julho de 2011. Disponível em: <http://www.osconstitucionalistas.com.br/supremo-virtual>. Acesso em: 25 dez. 2013).

[23] "Um ponto importantíssimo foi a aceitação por parte do relator da introdução de um novo parágrafo no artigo 521 do Projeto (talvez sejam inclusos outros). Por esse novo preceito,

3. REPERCUSSÃO GERAL E SEPARAÇÃO DE PODERES

Caso passemos a expor o instituto da repercussão geral à diagramação tradicional da separação de poderes, alguns questionamentos surgem quase que

---

'O órgão jurisdicional observará o disposto no artigo 10 e no artigo 499, parágrafo 1.º, na formação e aplicação do precedente judicial'. Bingo. Trata-se da adoção do contraditório como garantia de influência e não surpresa. Vejamos o que diz o artigo 10 de que fala o aludido parágrafo 11: 'Art. 10. Em qualquer grau de jurisdição, o órgão jurisdicional não pode decidir com base em fundamento a respeito do qual não se tenha oportunizado manifestação das partes, ainda que se trate de matéria apreciável de ofício.' E o que diz o artigo 499? São elementos essenciais da sentença:

I – o relatório, que conterá os nomes das partes, a identificação do caso, com a suma do pedido e da contestação, bem como o registro das principais ocorrências havidas no andamento do processo;

II – os fundamentos, em que o juiz analisará as questões de fato e de direito;

III – o dispositivo, em que o juiz resolverá as questões principais que as partes lhe submeterem.

Parágrafo 1.º Não se considera fundamentada qualquer decisão judicial, seja ela interlocutória, sentença ou acórdão, que:

I – se limitar à indicação, à reprodução ou à paráfrase de ato normativo, sem explicar sua relação com a causa ou a questão decidida;

II – empregar conceitos jurídicos indeterminados, sem explicar o motivo concreto de sua incidência no caso;

III – invocar motivos que se prestariam a justificar qualquer outra decisão;

IV – não enfrentar todos os argumentos deduzidos no processo capazes de, em tese, infirmar a conclusão adotada pelo julgador;

V – se limitar a invocar precedente ou enunciado de súmula, sem identificar seus fundamentos determinantes nem demonstrar que o caso sob julgamento se ajusta àqueles fundamentos;

VI – deixar de seguir enunciado de súmula, jurisprudência ou precedente invocado pela parte, sem demonstrar a existência de distinção no caso em julgamento ou a superação do entendimento.

Parágrafo 2.º No caso de colisão entre normas, o órgão jurisdicional deve justificar o objeto e os critérios gerais da ponderação efetuada.

Parágrafo 3.º A decisão judicial deve ser interpretada a partir da conjugação de todos os seus elementos e em conformidade com o princípio da boa-fé.

Veja-se: a crítica que eu fazia de que apenas o 'andar de baixo' estava obrigado a cumprir a criteriologia e apenas estes (juízes e tribunais não superiores) estavam obrigados a seguir a jurisprudência, agora está sanada, porque o 'andar de cima' está jungido a sua própria jurisprudência. E não poderá mudá-la a seu talante. Vitória da hermenêutica e da democracia" (STRECK, Lênio Luiz. Por que agora dá para aposta no Projeto do Novo CPC! *Revista Consultor Jurídico*, 21 de outubro de 2013, São Paulo. Disponível em: <http://www.conjur.com.br/2013-out-21/lenio-streck-agora-apostar-projeto-cpc>. Acesso em: 25 dez. 2013).

intuitivamente: a forma pela qual age o Supremo Tribunal Federal ao avaliar a presença da repercussão geral já diverge do modo de decidir caso a caso próprio do controle difuso de constitucionalidade das leis. Se uma perspectiva geral, ou de efeitos *erga omnes* (ou mesmo vinculantes), aparece desde sempre no controle concentrado de constitucionalidade, não é essa a questão posta quando se decide um recurso extraordinário. É claro que o sistema processual brasileiro tem empurrado o Supremo Tribunal Federal a agir de modo diverso: isso tem ocorrido, no mínimo, desde que os tribunais brasileiros passaram a adotar súmulas. Tal movimento se radicalizou com a arguição de relevância e com o surgimento da súmula vinculante, também obra da Emenda Constitucional 45/2004. O reforço foi ainda maior com as alterações promovidas no julgamento do incidente de inconstitucionalidade e no processamento de recursos como o de apelação promovidos por leis com a Lei 9.756/1998 e a Lei 11.276/2006, apenas para ficar em alguns exemplos. Isso tudo sem mencionar os diversos requisitos "jurisprudenciais" criados ao longo do tempo pelo STF para diminuir a onda de recursos extraordinários. A necessidade de lidar com o problema do assoberbamento de processos, que inclusive fez pender nosso sistema para um sistema "transformado" de precedentes, não é um problema a ser desconsiderado. Mencione-se, ao cabo, que o próprio "processo coletivo" pode colocar um problema deste jaez, caso não se considere devidamente o papel do Judiciário.

Fato é que ainda é necessário contribuir com a advertência de Theodoro Júnior, Nunes e Bahia[24]: "Quanto ao mecanismo de sobrestamento de alguns recursos 'idênticos' enquanto alguns deles são apreciados pelo tribunal (já que depois a decisão destes predetermina a sorte dos demais), apenas podemos manifestar nossa desconfiança quanto à crença do legislador de que as questões em direito podem ser tratadas de forma tão 'certa', que se possa realmente dizer que as causas são idênticas. O que a lei faz é desconsiderar as características do caso e as pretensões que são levantadas em cada um; então um dos recursos servirá para que se tente *sensibilizar* o tribunal para a importância de sua apreciação. Caso não consiga, todos os demais recursos perecerão, sem que tenha havido apreciação individual; se conseguir, todos os demais serão apreciados da mesma forma, também sem apreciação individual".

Coloquemos em discussão a questão principal deste artigo: como redimensionar a separação de poderes de modo que a análise de questões gerais pelo Judiciário não seja ela mesma a assunção de uma função legislativa? Tentemos encontrar algumas respostas a partir das propostas de Klaus Günther.

---

[24] THEODORO JÚNIOR, NUNES e BAHIA. *Litigiosidade em massa e repercussão geral no recurso extraordinário*, p. 36.

4. UMA PERSPECTIVA PROCEDIMENTALMENTE ADEQUADA DA ATIVIDADE JURISDICIONAL NO ESTADO DEMOCRÁTICO DE DIREITO: O MODELO DA "CORREIA DE TRANSMISSÃO" DE KLAUS GÜNTHER

Klaus Günther[25] opõe dois modelos que discutem até que ponto a democracia está vinculada à aplicação pelo Poder Judiciário do direito estabelecido. Um modelo defende que a democracia realmente finda às portas das salas de julgamento: é o *modelo das bolas de bilhar*, um modelo que preconiza que juízes e legisladores estabelecem direitos que funcionam como bolas de bilhar, chocando-se sem que haja qualquer comunicação entre elas, no máximo *irritações*. Em alguns casos, essas bolas rolarão nas mesmas direções; em outros não, já que os interesses envolvidos em processos são diferentes e, no mais das vezes, ao concretizar o direito, o juiz o recria. Esse seria o modelo de uma teoria sistêmica como a de Niklas Luhmann, que não nos interessa aqui. O segundo modelo é mais promissor: ele prega uma ligação entre os discursos de justificação das normas jurídicas e os discursos de aplicação. O juiz aplica o direito estabelecido pelo legislador democrático. Esse é o *modelo da correia de transmissão*, que transfere a legitimidade do direito democrático para o momento da aplicação da norma jurídica ao caso concreto.

O modelo da correia de transmissão possui algumas versões. A primeira é a de Jean-Jacques Rousseau: é a mais pura, por defender que a lei consagra a *vontade geral* e os juízes simplesmente reduzem tal vontade às determinações dos casos concretos. A legitimidade das leis está justamente em não se referir a casos específicos: suas qualidades são a *generalidade* e a *universalidade*. Elas são impostas em casos concretos que contenham as características definidas abstratamente nas leis. Ocorre que, se a vontade geral é deslocada da lei em si para o procedimento de formação desta, a generalidade perde o sentido. Rousseau não teria atentado para o fato de que a legislação e a jurisdição devem estar interligadas; ele teria defendido uma "teoria do espaço vazio" entre essas atividades a fim de manter incólume a vontade geral representada na lei geral. É por isso que seu modelo precisa ser modificado no sentido de atribuir uma "procedimentalização" tanto na formação da lei[26] quanto na aplicação do direito, a fim de unir os dois processos e

---

[25] GÜNTHER, Klaus. Legal adjudication and democracy: some remarks on Dworkin and Habermas. *European Journal of Philosophy*, vol. 3, n.º 1, abr. 1995, p. 36 e ss.

[26] "O geral e o particular não são 'estrangeiros' um para o outro, eles não representam duas diferentes culturas cujos membros falam duas diferentes línguas – ao contrário, os participantes que defendem opiniões particulares diferentes ou mesmo conflitantes comunicam-se, e a concepção da lei geral opera no diálogo entre indivíduos. Transformada em um procedimento, a lei geral não é mais separada das pessoas e casos particulares como duas entidades separadas por um vácuo entre elas. Além disso, a concepção procedimental

restabelecer o modelo da correia de transmissão. O procedimento da aplicação do direito a um caso concreto requer a consideração de todas as suas características. O direito deve ser visto de forma coerente, reconhecendo-se as normas aplicáveis ao caso concreto e aplicando-se a que sobreviver ao teste de adequabilidade. "Enquanto o procedimento de justificação pressupõe uma descrição genérica de uma ação em casos semelhantes, o procedimento de aplicação busca a ação singular apropriada num caso concreto"[27]. Recusa-se a lei como *medium* de transmissão da legitimidade do legislador democrático para os órgãos judiciários para aceitar o *procedimento* em seu lugar.

Dworkin e seu ideal de integridade apresentam-se como um primeiro candidato para tal substituição[28]. Como princípio de interpretação construtiva do direito, ele pede que este seja reconstruído em sua melhor luz, respeitando-se o passado, mas interpretando-o criticamente. Com isso, Dworkin rejeitaria a versão rousseauniana simplificada do modelo da correia de transmissão, o qual poderia ser relacionado com o *convencionalismo*. Já o *pragmatismo* seria como o modelo da bola de bilhar: os juízes podem revisar o que o legislador estabeleceu fundamentando-se apenas em argumentos de política. Ora, se, por um lado, a integridade fornece um modelo "atraente" para a correia de transmissão, a sobrecarga depositada no próprio juiz como dispositivo representacional da legitimidade da aplicação jurisdicional do direito será questionada por Günther, não obstante as várias advertências de Dworkin acerca da "comunidade de princípios" que aceita aquele ideal e da necessidade de os destinatários sentirem-se como autores das normas. Há dúvidas a respeito dessa conclusão precipitada: de qualquer forma, aliando-se os ganhos hermenêuticos da teoria de Dworkin com o procedimentalismo aqui proposto, pode-se alcançar um modelo que permita obter legitimidade

---

da relação entre o geral e o particular inclui o direito a liberdade e igualdade de todo participante". Tradução livre de: "The general and the particular are not 'alien' to each other, they do not represent two different cultures whose members speak two different languages – quite de opposite, the participants who hold different or even conflicting particular opinions talk to each other, and the conception of the general law operates in the dialogue between single persons. Transformed into a procedure, the general law is no longer separated from particular persons and cases like two separated entities with a gap in between. Furthermore, the procedural conception of the relationship between the general and the particular includes every participant's right to freedom and equality" (GÜNTHER. *Legal adjudication and democracy*, p. 43).

[27] Tradução livre de: "Whereas the procedure of justification presupposes a generic description of an action in similar cases, the procedure of application seeks the appropriate singular action in a particular case" (GÜNTHER. *Legal adjudication and democracy*, p. 43).

[28] Para tanto, cf. DWORKIN, Ronald. *O império do direito*. Trad. Jefferson Luiz Camargo. São Paulo: Martins Fontes, 1999, especialmente os capítulos 5 e 6; MEYER, Emilio Peluso Neder. *A decisão no controle de constitucionalidade*. São Paulo: Método, 2008. p. 277 e ss.

da atuação jurisdicional – o que se liga diretamente ao nosso tema específico do modo de proceder em relação à repercussão geral.

Isso porque são justamente os *discursos de justificação* e *aplicação* das normas jurídicas, discursos juridicamente instituídos, que interpretam o sistema de direitos e lhe dão forma[29]. Um procedimento de formação do direito, para ser legítimo, detém a forma do direito e assegura a coesão interna entre autonomia pública e autonomia privada. Em um primeiro nível, são os filósofos e teóricos que desempenham o papel de aliar o discurso racional à forma do direito, um provendo elementos ao outro de forma concomitante e gradativa até a formação de um sistema abstrato de direitos. Em um segundo nível, os participantes tornam-se autores do sistema de direitos interpretando-o, tanto nas formas democráticas de formação da opinião e da vontade na esfera pública dos parlamentos, quanto nos discursos de aplicação judiciais. Trata-se de um fluxo procedimental[30].

O sistema de direitos é aberto a razões de ordem moral, ética e pragmática que o preenchem por intermédio da participação dos destinatários. Tal sistema não é um código preestabelecido, um suposto direito natural, uma mensagem de Deus ou algo que está para além de nossos conhecimentos: é tão somente um ponto de referência interno que é idealizado pelos participantes que querem conceder-se mutuamente direitos de liberdade e igualdade. É claro que o feixe de argumentos à disposição do legislador é muito maior: podem ser razões pragmáticas, éticas ou morais. Depois de atravessar o código do direito, elas se tornam razões jurídicas e é a elas que os juízes recorrem nos casos concretos[31]. O Poder

---

[29] Podemos adotar para a perspectiva de Günther a mesma noção habermasiana do termo "discurso": "O sentido da palavra Discurso na teoria de Habermas é justamente o de uso reflexivo da razão comunicativa que permite a problematização" (REPOLÊS, Maria Fernanda Salcedo. *Habermas e a desobediência civil*. Belo Horizonte: Mandamentos, 2003. p. 50).

[30] "É um processo em curso, movendo-se de um estágio a outro, de se interpretar e dar forma ao sistema abstrato de direitos por meio de diferentes formas de discursos racionais institucionalizados juridicamente: do poder constituinte para a legislação democrática e para a decisão judicial". Tradução livre de: "It is an ongoing process, moving from stage to stage, of interpreting and shaping the abstract system of rights through different forms of legally institutionalized rational discourse: from constitution making to democratic legislation to legal adjudication" (GÜNTHER. *Legal adjudication and democracy*, p. 47).

[31] "Parafraseando una conocida fórmula de Herbert Hart, podría decirse que quienes adhieren a las normas básicas del sistema jurídico (i.e. la Constitución) adoptan frente a ellas un 'punto de vista interno' que, a diferencia del 'punto de vista externo', no se apoya en razones prudenciales de coste-beneficio. Si se acepta la usual distinción entre razones prudenciales y razones morales, cabe concluir que la adopción de un 'punto de vista interno' tiene una connotación moral y puede ser interpretada como expresión de la autonomía personal a nivel normativo. En este sentido, autonomía del poder judicial significa adhesión no condicionada por factores prudenciales, que suelen incluir la negociación y el compromiso.

Judiciário não dispõe, a seu bel-prazer, das razões que informaram a formação democrática das leis[32]. Mas isso não pode levar à confusão de que Günther estaria defendendo um "modelo simples da correia de transmissão", ou mesmo a uma acusação de positivismo jurídico: o procedimento no qual as razões são aplicadas, o procedimento judicial, é um discurso racional de aplicação devidamente institucionalizado pelo direito. Um discurso que atende ao ideal de coerência normativa requerida por seus próprios requisitos procedimentais. Isso nos remete à diferenciação entre discursos jurídicos de justificação e discursos jurídicos de aplicação de Klaus Günther.

5. A NECESSÁRIA DIFERENÇA ENTRE *DISCURSOS DE JUSTIFICAÇÃO* E *DISCURSOS DE APLICAÇÃO*

Klaus Günther[33] tem em vista a reconstrução, a partir da perspectiva interna, de uma teoria sobre a aplicação das normas, tanto no campo da moral quanto no campo do direito. Ele atenta para o fato de que nenhuma norma consegue regular previamente todas as suas condições de aplicação; é preciso, pois, reconhecer que há uma divisão entre a *dimensão da validade* e a *dimensão da adequabilidade*. Devem-se trazer à tona, no momento da aplicação, os sinais característicos da situação em espécie. Essa questão é essencial, pois, como já ressaltado com Theodoro Júnior, Nunes e Bahia[34], no procedimento de sobrestamento da repercussão geral há problemas em se presumir a plena igualdade de características de todos os casos que serão julgados a partir de uma hipótese apenas. O exemplo muitas vezes repetido da situação em que Kant, um defensor de um rigorismo moral[35], deixa

---

El ámbito de la política es el de un comportamiento caracterizado por la negociación y el compromiso. Si ello es así, puede también concluirse que el ámbito de las decisiones judiciales no debería, por definición, estar afectado por o depender del de la política" (GARZÓN VALDÉS, Ernesto. El papel del poder judicial en la transición a la democracia. *Isonomía*, n.º 18, abr. 2003, p. 27-28).

[32] HABERMAS, Jürgen. *Facticidad y validez*: sobre el derecho y el Estado democrático de derecho en términos de teoria del discurso. Trad. Manuel Jimenez Redondo. Madri: Trotta, 1998. p. 261.

[33] GÜNTHER. *Teoria da argumentação no direito e na moral*, p. 21.

[34] THEODORO JÚNIOR, NUNES e BAHIA. *Litigiosidade em massa e repercussão geral no recurso extraordinário*, p. 36.

[35] Sobre este forte rigorismo moral na filosofia moral kantiana, Höffe (HÖFFE, Otfried. *Immanuel Kant*. Trad. Christian Viktor Hamm e Valério Rohden. São Paulo: Martins Fontes, 2005. p. 214-215) afirma: "[...] fora de dúvida, segundo o imperativo categórico não é permitida uma vida mentirosa e é ordenada uma vida honesta. Mas à máxima da honestidade não pertence necessariamente que se diga a cada um todo o tempo 'toda a verdade'; talvez a doentes terminais ou crianças pequenas seja permitido calar alguma

que um aluno se esconda debaixo de sua mesa, mas, quando é confrontado pela polícia política do *Kaiser*, entrega o rapaz por não "poder mentir" bem evidencia os problemas de se ignorar a situação de aplicação.

Em condições de tempo e conhecimento limitados, não é possível vislumbrar de uma vez por todas as situações nas quais uma norma seria aplicável e deixar fixadas as consequências de seu cumprimento. Günther[36] assevera que um discurso de aplicação seria dispensável caso o "ideal de uma norma perfeita" pudesse ser cumprido, ou seja, os participantes de um discurso estariam dispondo de condições de tempo e conhecimento ilimitados. Essa norma perfeita regularia a sua própria aplicação. A validade de uma norma ainda seria aferida pela ilimitada participação de todos os afetados por ela no discurso que a constitui. Como ele quer dizer coisas diferentes quando menciona a validade e a adequabilidade de uma norma, é possível aceitarmos condições limitadas de tempo e conhecimento para a validade de uma norma e deixar para um momento posterior a verificação de sua adequabilidade[37].

Günther[38] parte de um princípio da universalização "U" formulado em termos de uma ética do discurso habermasiana[39], comparando-o com um princípio semântico moral, quer dizer, referido aos termos da norma, tal como sugerido por Hare. Por esse princípio, as normas dependem, sim, de uma situação de aplicação. Mas a primeira formulação pode ainda ser suavizada se desdobrada em uma versão forte de "U", que combina justificação e aplicação, além de pretender uma imparcialidade completa, e uma versão fraca de "U", que deixa a imparcialidade para o momento da justificação e requer um momento posterior de aplicação. Essa versão fraca possui a seguinte formulação: "Uma norma é válida se as consequên-

---

coisa, sem que se permita por isso mentir. Apesar disso, não se exclui – o que Kant todavia não admite – que uma situação seja equívoca, que diversos deveres sejam reclamados ao mesmo tempo e que suas exigências apontem em variadas direções".

[36] GÜNTHER. *Uma concepção normativa de coerência para uma teoria discursiva da argumentação jurídica*, p. 87.

[37] Sobre a repercussão geral e seu próprio conceito, não é outra a conclusão a que chegam Didier Jr. e Cunha, com base em Marinoni e Arenhart: "Como bem afirmam MARINONI e ARENHART, não é possível estabelecer uma noção *a priori*, abstrata, do que seja questão de repercussão geral, pois essa cláusula depende, sempre, das circunstâncias do caso concreto" (DIDIER JR., Fredie; CUNHA, Leonardo José Carneiro. *Curso de Direito Processual Civil*: meios de impugnação das decisões judiciais e processo nos tribunais. 7. ed. Salvador: Juspodivm, 2009. vol. 3, p. 334).

[38] GÜNTHER. *Teoria da argumentação no direito e na moral*, p. 35-36.

[39] Uma norma é válida "[...] de modo que as respectivas consequências e os respectivos efeitos colaterais, que resultem do seu cumprimento geral para a satisfação dos interesses de cada indivíduo, possam ser aceitos por todos os envolvidos (e preferidos aos efeitos das conhecidas opções alternativas de regulamentação)" (HABERMAS *in* GÜNTHER. *Teoria da argumentação no direito e na moral*, p. 36).

cias e os efeitos colaterais de sua observância puderem ser aceitos por todos, sob as mesmas circunstâncias, conforme os interesses de cada um, individualmente"[40].

O que se busca, nesse primeiro momento da justificação, não é saber como uma norma vai ser aplicada, mas conhecer as consequências que poderiam resultar para os interesses de todos, de forma previsível, caso a norma fosse aplicada. Nos discursos de justificação de uma norma, cabe a pergunta acerca de se ela representa o interesse comum e não questionamentos sobre sua aplicação. Diverso é o caso nos discursos de aplicação; nele prevalecem as características da situação que irão remeter a uma adequabilidade da norma: "A decisão a respeito da validade de uma norma não implica qualquer decisão a respeito de sua adequação em uma situação, e vice-versa. Contudo, ambas representam respectivamente um determinado aspecto da ideia de imparcialidade: a exigência das consequências e dos efeitos colaterais, previsivelmente resultantes da observância geral de uma norma, para que os interesses de cada um individualmente possam ser aceitos por todos em conjunto, operacionaliza o sentido universal-recíproco da imparcialidade, enquanto que, complementarmente a isto, a necessidade de que, em cada uma das situações de aplicação, considerarem-se todas as características, operacionaliza o sentido aplicativo. Ao combinar ambos os aspectos entre si, aproximamo-nos do sentido completo de imparcialidade, como se fosse por caminhos bifurcados"[41].

Essa diferenciação precisa ser considerada devidamente à luz da própria noção de repercussão geral e seus consectários: a possibilidade de que a negativa de existência da repercussão geral valha para todos os casos de "matéria idêntica", em que se negará admissibilidade por decisão do Presidente do tribunal *a quo*, decisão monocrática do relator ou por acórdão de Turma do STF (art. 543-A, § 5.º, do CPC); assim como o julgamento *por amostragem*, em que o Tribunal de origem selecionará um ou mais recursos representativos da controvérsia e sobrestará os demais (art. 543-B, § 1.º, do CPC). Nesse caso, dificilmente um juízo de adequabilidade poderá dispensar considerações imparciais em um sentido universal-recíproco que seria próximo dos discursos de justificação.

Não se diga que, com a diferenciação entre a lógica de cada discurso, perde-se de vista a normatividade antes almejada nos discursos de justificação. É que os discursos de aplicação não substituem os discursos de justificação. Principalmente no caso de um direito que visa regular sociedades complexas, a legitimidade dos provimentos jurisdicionais que aplicam normas jurídicas descansa no resgate interpretativo de princípios que possam atender ao pluralismo de situações diversas. Na definição de quais sejam os sinais característicos de uma situação que levarão à aplicação de uma norma, contam também os caracteres definidos de

---

[40] GÜNTHER. *Teoria da argumentação no direito e na moral*, p. 67.
[41] GÜNTHER. *Teoria da argumentação no direito e na moral*, p. 70-71.

forma perene nesta, não apenas uma interpretação no caso. O *ônus argumentativo* não se desenvolve "no vácuo"; daí o caráter *prima facie* das normas a regular uma situação de aplicação.

Desse modo, uma vez que não há mais um consenso geral em uma sociedade sobre qual vida boa levar adiante, sobre uma única *concepção* entre outras de *conceitos*, a distinção entre discursos de justificação e discursos de aplicação não pode ser colocada de lado. Essa intuição é desenvolvida de uma forma bastante interessante por Klaus Günther[42] ao recorrer aos ensinamentos de Piaget e Kohlberg. Como os conflitos morais tendem a se tornar cada vez mais complexos e presentes, tais teorias, em seus estágios finais, oferecem uma boa explicação sobre como lidar com eles.

Para os limites desse trabalho, basta termos em mente que Piaget foi o precursor de uma teoria sobre o desenvolvimento moral da criança, classificando-o na tripartição de heteronomia (nível meramente motor e assimilativo), semiautonomia (passa a haver uma cooperação inicial, mas ainda há uma verdade intrínseca às normas) e autonomia moral (nível no qual as regras se tornam modificáveis, desde que no interesse recíproco e geral). Kohlberg irá estratificar ainda mais os níveis de Piaget, dividindo-o em seis estágios. O nível pré-convencional[43] é formado por dois estágios: o estágio 1, da moralidade heterônoma, e o estágio 2, do individualismo, da intenção instrumental e da troca. O nível convencional constitui-se pelo estágio 3, de expectativas interpessoais, relações e conformidade interpessoal, e pelo estágio 4, de sistema e consciência social. Já o nível pós-convencional abarca o estágio 5, do contrato social e dos direitos individuais[44], e o estágio 6, dos princípios universais[45].

É justamente no estágio 6 do nível pós-convencional que não é reconhecido um escalonamento de normas mesmo que tais princípios possam ser exigidos universalmente: em certas situações de aplicação, alguns princípios devem ceder ante outros em prol da reciprocidade e sem que haja um compromisso daqueles.

---

[42] GÜNTHER. *Teoria da argumentação no direito e na moral*, p. 175 e ss.
[43] O termo convencional significa a conformidade a regras, expectativas e acordos da sociedade ou autoridade pelo mero fato de serem regras, acordos ou expectativas (GALUPPO, Marcelo Campos. *Igualdade e diferença*: Estado democrático de direito a partir do pensamento de Habermas. Belo Horizonte: Mandamentos, 2002. p. 192).
[44] "Na passagem do estágio 4 para o 5 fica também evidente a função específica desses direitos absolutos. Eles protegem cada um individualmente daquelas normas e daqueles procedimentos que intervêm nos seus direitos absolutos. Foi nesse sentido que Dworkin designou os direitos absolutos de 'trunfos', que podem 'desbancar' leis simples ou ponderações políticas utilitaristas" (GÜNTHER. *Teoria da argumentação no direito e na moral*, p. 196).
[45] HABERMAS, Jürgen. *Consciência moral e agir comunicativo*. Trad. Guido A. de Almeida. Rio de Janeiro: Tempo Brasileiro, 1989. p. 153-155.

Cada norma deve ser avaliada ante os sinais característicos relevantes do caso concreto e tornar-se *a norma adequada* para aquele caso. Isto é o que permite que cada um, em termos de ética de discurso, possa levar adiante sua concepção de vida boa sem lesar os demais[46].

Sob essa premissa, eis que surge o problema da colisão de normas, já que, mesmo na definição de quais são as características relevantes de uma situação, é preciso considerar as diversas perspectivas normativas. A colisão de normas é também um problema para a repercussão geral, uma vez que, tendencialmente, tal colisão se resolverá na dependência das características de um caso concreto que não serão consideradas na lógica desse requisito do recurso extraordinário. Günther[47] discutirá a problemática da colisão a partir da distinção entre "normas *prima facie*" e "normas definitivas", ou seja, normas que mandam fazer algo apenas a partir de uma suposição genérica e normas que mandam fazer algo de modo absoluto ou definitivo. A diferença é feita com base em Baier, no esquema de razões *prima facie* e razões comparativas: há razões fundamentando a suposição de que uma ação deve ou não ser executada; e há razões que impõem uma ação ou omissão apenas em vista da consideração de todas as circunstâncias. A diferença traçada por Baier é reformulada por Searle: passa-se a entender a diferença entre uma norma *prima facie* e uma norma absoluta não de uma maneira convencional, mas segundo os modos de indicar razões para a ação, segundo a quantidade de informações apreendidas e combinadas.

Não é na própria estrutura das normas, como pensa Alexy, que a distinção entre *princípios* e *regras* pode aparecer, mas no caso concreto a dirimir, ou seja, em condições da conversação presentes em situações nas quais nos posicionamos acerca de compromissos previamente firmados[48]. Em se tratando de regras, reflexões sobre a adequabilidade são menores, ao passo que nos princípios elas merecem destaque. Ora, mas na proposta de Günther, uma exclusão de um senso

---

[46] "Na etapa pós-convencional, os indivíduos, mesmo detentores de uma herança cultural, conseguem identificar os valores que formam sua identidade e passam a ter juízos de valor críticos sobre os mesmos, por meio do reconhecimento dos direitos individuais e de princípios universais. Numa metáfora, poder-se-ia dizer que na moralidade pré--convencional o indivíduo está aprendendo as regras do jogo. Na etapa convencional, ele está apto a jogá-lo. Finalmente, na fase pós-convencional ele se torna capaz de criticar tais regras" (CRUZ, Álvaro Ricardo de Souza. *Habermas e o direito brasileiro*. Rio de Janeiro: Lumen Juris, 2006. p. 135-136).

[47] GÜNTHER. *Teoria da argumentação no direito e na moral*, p. 305 e ss.

[48] "Saber se um princípio é ou não um princípio da comunidade nesse sentido é matéria para argumentação e não para relatórios, embora o que está habitualmente em discussão é o peso do princípio e não o seu *status*" (DWORKIN, Ronald. *Levando os direitos a sério*. Trad. Nelson Boeira. São Paulo: Martins Fontes, 2002. p. 125, destaque do original).

de adequabilidade levaria à desconsideração dos sinais característicos de um caso concreto: isto só seria possível, pois, se apresentadas razões e justificada a dispensabilidade – o que, enfim, exige um senso de adequabilidade – em fundamentos como um tipo de justiça convencional que pede um maior respeito pela obra do legislador político (mormente nos casos em que estão em jogo questões pragmáticas, éticas e morais, i.e., argumentos de política que estão à disposição do juiz)[49].

Essa é a chamada cláusula *ceteris paribus* que pede que se mantenham iguais as demais coisas, excluindo a consideração das mais diversas situações de aplicação nos discursos de justificação e pleiteando *integridade* nos discursos de aplicação. O problema da colisão está nos discursos de aplicação e ele só é resolvido considerando-se os sinais característicos da situação: por isso a distinção entre princípios (normas *prima facie*) e regras (normas definitivas) não é morfológica, mas operacional. Essa consideração deverá ser imparcial e é a teoria de Ronald Dworkin que oferece, para Günther[50], uma explicação da consideração imparcial de todos os sinais característicos de uma situação nos discursos jurídicos de aplicação: ela está no conceito de *integridade*. Acredita-se que tal conceito, somado ao critério da participação e à cláusula *ceteris paribus*, poderá permitir não só uma adequada aplicação do instituto da repercussão geral como de seus consectários, a negativa de repercussão para "casos idênticos" e o processamento por *amostragem*. A seguir, exploremos a crítica de Alexy a Günther e tentemos demonstrar a importância de sua proposta de um modo mais aprofundado. A análise de situações de colisão de normas é também importante, porque ela poderá se apresentar na verificação da repercussão geral.

6. CONTRIBUTOS PARA A DISCUSSÃO A PARTIR DOS PROBLEMAS ENFRENTADOS NA COLISÃO DE NORMAS: DETALHANDO O MODELO DA "CORREIA DE TRANSMISSÃO"

Robert Alexy[51] reconstrói a teoria de Günther opondo a elas algumas críticas[52]. Ele afirma que a justificação de uma norma diz respeito apenas à sua va-

---

[49] "O legislador já teria decidido a respeito da adequação de uma norma, no sentido da 'moralidade do sistema social' (social system's morality), de modo que as violações somente seriam admissíveis em casos excepcionais. Contudo, a estrutura da própria norma não seria afetada por essa distinção institucional" (GÜNTHER. *Teoria da argumentação no direito e na moral*, p. 316).

[50] GÜNTHER. *Teoria da argumentação no direito e na moral*, p. 404 e ss.

[51] ALEXY, Robert. Justification and application of norms. *Ratio Juris*, vol. 6, n.º 2, jul. 1993, p. 157 e ss.

[52] Críticas à postura de Günther também podem ser encontradas na obra de Bustamante: "Quando divido os problemas mais importantes do argumento por precedentes em pro-

lidade, e tão somente isto, e a aplicação de uma norma toca sua adequabilidade. A adequabilidade é composta de dois elementos, quais sejam, a sua relação com uma certa situação e a relação com todas as normas que possam ou poderiam ser aplicadas. O princípio da *coerência* auxiliaria na descrição completa do caso concreto, principalmente no que respeita às normas que seriam *prima facie* aplicáveis. Alexy questiona o fato de Günther impor limitações apenas às condições de tempo e conhecimento, mas não à participação. Para ele, o discurso de justificação das normas permaneceria "ideal" no que respeita ao elemento da participação, sendo apenas "real" em se tratando do conhecimento e do tempo. A participação ilimitada, também, só seria passível de uma realização "aproximada".

Cuida-se, em verdade, de uma ótica em pleno desacordo com os próprios projetos de Günther ao elaborar sua tese. Alexy ainda enxerga a oposição "real" e "ideal" como dois polos que se excluem mutuamente, uma visão que ignora o giro linguístico empreendido por pensadores como Wittgenstein[53]. A linguagem

blemas de *justificação* e *aplicação*, obviamente refiro-me à teoria de Klaus Günther. Mas divirjo desse autor, no entanto, quando ele caracteriza o Direito como *apenas* um discurso de aplicação, já que a argumentação jurídica abarca também problemas de justificação normativa que muito se assemelham aos discursos morais, embora haja um componente institucional que singulariza o discurso jurídico. Tive, portanto, para me manter coerente, que defender a tese abraçada por Alexy de que o caráter institucionalizado do discurso jurídico não o desnaturaliza como discurso prático, senão apenas o torna um caso especial desse tipo de discurso" (BUSTAMANTE, Thomas da Rosa. *Teoria do precedente judicial*: a justificação e a aplicação de regras jurisprudenciais. São Paulo: Noeses, 2012. p. 542). Sobre essa questão, havíamos já defendido a posição sustentada por Habermas: "O modo como se dá um processo judicial não pode ser comparado com a maneira como as pessoas discutem e procuram ordenar suas ações por normas morais: não há, em processos que tais, uma 'busca cooperativa pela verdade', muito pelo contrário, as partes agem estrategicamente a fim de alcançar um provimento jurisdicional a seu favor. Além disso, se os discursos jurídicos possuem alguma semelhança com os discursos práticos gerais, isto está no fato de que eles se ordenam de maneira binária e, nesse ponto, eles não são qualitativamente distintos; o que aponta para o fato de que podem haver, sim, respostas corretas em questões de direito – basta ter em mente que elas se dão num nível de coerência (*integridade* – Dworkin). Por fim, como já assinalado, a legitimidade das normas jurídicas descansa no próprio procedimento democrático que organiza a atividade política da legiferação. Cuida-se de um procedimento mais complexo do que argumentação moral, justamente em razão da amplitude do feixe de argumentos" (MEYER. *A decisão no controle de constitucionalidade*, p. 365, destaque do original).

[53] "No contraste entre a forma particular de viver, que nos é originalmente familiar, e a comunidade ideal de comunicação universal, à qual 'permanentemente' nos dirige, está certamente inserido um aguilhão normativo que não lança um questionamento à nossa forma pessoal de viver, como um todo, mas o faz ininterruptamente a cada um dos atos reiterados pela prática. Será que este ato satisfaz as condições ideais, que, na sua facticidade, ele simultaneamente a elas recorre considerando-as cumpridas? Essa diferença

deixa há muito de ser um instrumento entre sujeito e objeto para constituir a ambos simultaneamente. Quando Günther estabelece os limites de conhecimento e tempo para o princípio da universalização, ele está demonstrando a precariedade e a impossibilidade de tentarmos alcançar o ideal de uma norma perfeita; o que não significa que deixamos de almejar qualquer imparcialidade, mas que reconhecemos, de imediato, que questões de aplicação, em sociedades complexas como as nossas, não são menos importantes que as de validade ou justificação. Além disso, qualquer limitação imposta à participação significaria a supressão das condições para um consenso sem coação e racionalmente motivado. Como lembra Günther[54], Habermas liga a justificação de uma norma à consideração recíproca do interesses de cada um; para tanto, algumas condições discursivas deverão ser cumpridas: regras de consistência semântica necessárias para cada tipo de argumentação, regras para a organização de uma conversação e a *participação livre e igual de todos os envolvidos*[55].

Alexy, então, na sua manutenção da oposição entre *real* e *ideal*, salientará que a distinção entre discursos de aplicação e discursos de justificação não fica comprometida pela não limitação da participação levada a cabo por Günther, porém, talvez seria melhor substituí-la pela distinção entre discursos reais e ideais. Ou seja, o problema para Alexy se resolve apenas no plano da justificação das normas, o que leva à conclusão de que apenas prevendo todas as situações em que será aplicada é que uma norma será válida[56]. Günther[57], em verdade, pretende mostrar que há certos aspectos a serem considerados quando se diz que uma norma é válida.

---

normativa, porém, não deve ser entendida como se abstratamente um lindo ideal fosse contraposto a uma horrenda realidade. Ela não nos exige a submissão ao ressentimento de um ideal moral. As condições ideais nada significam além do que a possibilidade de cada um, individualmente, anuir com razões à validade pleiteada" (GÜNTHER. *Teoria da argumentação no direito e na moral*, p. 108).

[54] GÜNTHER. *Uma concepção normativa de coerência*, p. 86.

[55] "Já que a aplicação do princípio de universalização está orientada justamente para apurar se a norma proposta se encontra no interesse comum de todos, seria equivocado restringir o círculo de pessoas hipoteticamente autorizadas a observar a norma" (GÜNTHER. *Teoria da argumentação no direito e na moral*, p. 59).

[56] "[...] também a aplicação de normas pode ser considerada uma justificação de normas. Em sua forma lógica, a aplicação somente se difere da denominada 'justificação de normas' na medida em que seu objeto de justificação é uma norma individual e não universal". Tradução livre de: "[...] the application of norms, too, can be considered a justification of norms. In its logical form it only differs from what is generally called 'justification of norms' insofar, as its object of is not an universal but an individual norm" (ALEXY. *Justification and application of norms*, p. 162).

[57] GÜNTHER. *Uma concepção normativa de coerência*, p. 88.

É possível a consideração da validade de uma norma não obstante sabermos de antemão que ela irá colidir com outra norma; ou seja, mesmo que saibamos que ela irá opor-se, pelo menos em certos casos, a *interesses universalizáveis*. Ele cita o exemplo de duas normas como "não quebre uma promessa" e "devemos ajudar o próximo em um caso de emergência". Ambas as normas possuem uma pretensão universal que dificilmente se pode contestar; entretanto, poderá haver situações em que será necessário quebrar uma promessa para ajudar o próximo, assim como deixar de ajudar o próximo em virtude da necessidade do cumprimento de uma promessa. Importa, sobretudo, considerar os sinais característicos de cada situação que se volta para as normas mais adequadas. Algo totalmente diferente é querer afirmar a validade de uma norma como "sempre que você puder levar vantagem, quebre uma promessa", já que uma observância geral disto lesa certos interesses e não pode tal norma pretender universalidade.

Com isso, para Günther, a teoria do discurso explicaria tal questão dizendo que a referência a uma colisão previsível de interesses desempenha um papel pragmático em cada caso. De um lado, os participantes de um discurso assumem a perspectiva do outro por meio da consideração das características do caso; é a situação que importa. De outro lado, os participantes se referem aos interesses passíveis de violação em *toda* situação. "Se esta explicação do conceito de validade normativa é correta, então é possível aceitar tanto a obrigação de manter uma promessa como a obrigação de ajudar o próximo como normas válidas, apesar de sabermos que existem alguns casos nos quais elas irão colidir. Este aspecto *não é relevante* para a validade"[58].

O discurso sobre a validade das normas não requer que sejam levadas em consideração circunstâncias que sejam diferentes em todos os casos de aplicação. Apenas as circunstâncias ditas imutáveis, *iguais* em todos os casos de aplicação, serão levadas em conta na formulação da situação hipotética que tenta abranger o maior número de situações. Se "X" promete a Smith que irá à sua festa, mas, momentos antes de esta ocorrer, ele fica sabendo que Jones está em doente e precisa de sua ajuda, é justamente a consideração de todas as circunstâncias da *situação* que o levará à aplicação da norma "ajude o próximo" em vez de "cumpra suas promessas". "*O interesse legítimo de Jones somente se tornaria relevante se existisse uma obrigação de levar em consideração todas as características da situação*"[59]. No que respeita ao nosso tema, é preciso lembrar que há situações de violação de normas na jurisdição de massa que se repetem, excluindo sinais característicos que exigiriam um tratamento diferenciado. A

---

[58] GÜNTHER. *Uma concepção normativa de coerência*, p. 89, destaques do original.
[59] GÜNTHER. *Uma concepção normativa de coerência*, p. 90, destaques do original.

questão é que o procedimento como participação é que permitirá indicar quais casos fogem do caso paradigma.

Diante do exemplo citado por Günther, Alexy[60] fornece três modelos de solução possíveis. No primeiro modelo, a colisão de normas permaneceria não resolvida. "X" pode fazer o quer que seja que sempre violará uma norma e, assim, não agirá de forma correta. Esse seria o "modelo trágico". Um segundo modelo levaria à conclusão de que em casos de colisão não há a "sobrevivência" de norma alguma e, portanto, não existe qualquer obrigação. Esse modelo não serve a ninguém. Apenas um terceiro modelo, e parece ser este que adota Günther, segundo Alexy, seria procedente, porque nele apenas uma obrigação "permanece válida". A própria expressão adotada por Alexy já evidencia o modo como ele não reconhece a distinção estabelecida entre justificação e aplicação por Günther, ou seja, validade e adequabilidade. Ao adotar o terceiro modelo, Günther teria diante de si duas construções possíveis de resultados para a colisão acima descrita. Para a primeira construção, haveria normas *prima facie* aplicáveis como N1 ("promessas devem ser cumpridas") e N2 ("deve-se ajudar aos amigos em necessidade"), isoladamente, sem que uma se refira à outra[61].

Como Günther se refere a expressões como "novas situações de interpretação que conduzem a uma mudança, alteração ou revisão", "conteúdo semântico", Alexy conclui que ele adota a segunda construção para a resolução do conflito de normas, aquela que é caracterizada pelo fato de que representa as decisões tomadas nas situações concretas no nível das normas. Desta feita, regras de semântica resolveriam o problema da adequação da situação que atravessa "X" e que o leva a enquadrar ou não seu caso em N2 (ajudar aos amigos em necessidade), por uma simples questão de subsunção. Para Alexy, o problema não se resolve pela adoção de um discurso de aplicação que leve na devida conta as características da situação, mas pela inserção em N1 de uma *cláusula de exceção*. N1 passaria a ter a seguinte redação, por um ato de mágica do aplicador (no caso do direito, seria questionável o papel do juiz que insere tal cláusula; para Alexy, isto não ocorre, já que por meio de sua *lei de colisão* – que permite que uma solução dada para uma colisão valha para casos futuros – ele abre tal campo para o juiz): "Alguém

---

[60] ALEXY. *Justification and application of norms*, p. 161 e ss.

[61] "[...] há apenas normas individuais definidas que não se separam completamente das situações individuais e simples e normas *prima facie* como N1 e N2 que têm que ser reavaliadas em cada nova situação. A coerência normativa não pode ser alcançada em um tal sistema". Tradução livre de: "There are only definite individual norms wich are completely cut out for individual situations, and simple prima facie norms like N1 and N2 which have to be evaluated anew in any new situation. Normative coherence cannot be reached in such system" (ALEXY. *Justification and application of norms*, p. 163).

que prometeu algo a alguém tem a obrigação de cumprir o que prometeu, exceto se souber que um amigo em apuros precisa da sua ajuda"[62] (N1k).

Assim, tornar-se-ia problemático distinguir entre aplicação e justificação de normas. Contra tal concepção, ele mesmo levanta uma possível objeção, a que prega que não se deve referir isoladamente a uma norma recém-construída. Não seria necessário um novo discurso de justificação, já que a interpretação se move dentro dos limites de significado de normas e princípios universalmente adotados. Nesse interior é que Günther defende que busquemos o *ideal de coerência do sistema* dentre as normas colidentes. Alexy entende que essa tese não procede, que é uma tese errada, já que a norma aplicável à situação de "X" é uma norma de conteúdo normativo adicional em relação a N1 e N2 – o que é algo claro quando se trata da inserção de uma cláusula de exceção, mas não quando se diz estar interpretando a norma à luz do caso concreto. Para Alexy[63], "A ideia de coerência é ou o chapéu do mágico do qual tudo se pode tirar com um 'abracadabra', ou se refere ao procedimento de justificação em um sistema. A tentativa de Günther de operacionalizar o conceito de coerência é uma pista de seu objetivo na segunda concepção".

Alexy quer tornar plausível, por meio de afirmativas isoladas de Günther, a ideia de que uma justificação é sempre necessária e que por isso o discurso de aplicação não é autônomo. N1" tem que ser comprovada, confirmada em um discurso de justificação, porque é uma norma autônoma em relação a N1 e N2, não derivada de nenhuma delas. Ou seja, ou os participantes limitados do discurso de justificação preveem todas as situações possíveis ou deve-se reelaborar a norma sempre que um *caso difícil*, na acepção de Dworkin, apareça. Ele ainda critica Günther pelo fato de que, em sua teoria, o caso concreto retrocede para o pano de fundo. Um discurso de aplicação torna-se um discurso de coerência, ao mesmo tempo em que há um "amesquinhamento" do discurso de aplicação. "Com a elevação do discurso de aplicação a um discurso de coerência, o discurso de justificação se deterioraria em um mero discurso de *topoi*"[64].

---

[62] Tradução livre de: "Someone who has promise to do something has no obligation to do it except if he hears that a friend is in need and needs help" (ALEXY. *Justification and application of norms*, p. 164).

[63] Tradução livre de: "The idea of coherence is either a magician's hat one can draw anything out of – one likes to talk about 'Gesamtschau' – or it refers to the procedure of justification in a system. Günther's attempt at operationalizing the concept of coherence hint at his aiming at the second conception" (ALEXY. *Justification and application of norms*, p. 165).

[64] Tradução livre de: "With the rise of the discourse of application to a discourse of coherence, the discourse of justification would deteriorate to a mere discourse of *topoi*" (ALEXY. *Justification and application of norms*, p. 166, destaque do original).

Para Günther, os discursos de aplicação pressupõem que as razões que são usadas são normas válidas. Para que uma norma seja identificada como adequada a uma situação, é preciso que os participantes esgotem todas as normas *prima facie* aplicáveis, fazendo uma descrição completa da situação. Não importa se os participantes partem da descrição completa da situação para então avaliar o sistema de normas *prima facie* aplicáveis, ou se fazem o contrário: "Não existe problema com o círculo hermenêutico"[65].

A decisão tem início com a definição da identidade ou não de significado entre as expressões incluídas na norma e as que constituem a descrição do caso. Esta seria a *justificação interna*. Caso surjam dúvidas, pode-se apelar para a chamada *justificação externa*, que recorre a precedentes, decisões judiciais ou outras "fontes de direito". Mas isto não é o bastante. É preciso determinar quais características do caso são relevantes e quais não são. Todas as características de uma situação devem ser levadas em consideração já quando estamos interpretando uma norma. A interpretação adequada envolve também a consideração de outras normas *prima facie* aplicáveis. Não se procede à interpretação apenas quando nos defrontamos com o sentido obscuro de um texto.

Aliás, o próprio direito pode ser considerado uma prática interpretativa, como Dworkin o fez. Então, N1" é o resultado de uma interpretação coerente de todas aquelas normas que podem ser aplicadas *prima facie* a uma descrição completa do caso, ou seja, é a norma *adequada*. "Os conceitos de validade e adequação significariam o mesmo se e somente se pudéssemos justificar antecipadamente as consequências da observância geral da norma para cada um dos possíveis casos de aplicação. Deste modo, teríamos que aplicar uma norma válida como se tivéssemos previsto esta situação em um discurso sob as condições de conhecimento ilimitado e tempo infinito. Então, esta norma válida seria também a única adequada. Mas, por outro lado, não podemos verificar esta pretensão por meio de um discurso sobre a validade, porque somente podemos considerar as circunstâncias que são iguais em toda situação. A verificação desta pretensão seria deslocada no tempo para os discursos de aplicação"[66].

Um sistema ideal coerente pode dar a cada caso a resposta correta/adequada que ele pede. O direito pode ser um emaranhado de decisões, leis, enfim, normas, que se contradizem, mas os participantes deste empreendimento têm o direito de pedir ao juiz que o trate como um sistema coerente. Certo de que nunca alcançaremos completamente esse ideal, Günther trabalha com sua realização aproximada, uma tarefa que pode ser auxiliada com o conceito de *paradigma*.

---

[65] GÜNTHER. *Uma concepção normativa de coerência*, p. 92.
[66] GÜNTHER. *Uma concepção normativa de coerência*, p. 95-96.

Com a redução de complexidade operada pelo mesmo, podemos vislumbrar um sistema de normas válidas e que são transitivamente ordenadas.

Segundo a leitura de Günther feita por Alexy, as situações hipotéticas sustentadas por aquele para a construção de normas nos discursos de justificação levariam à mera construção de *topoi*, como já mencionado. Para ele, uma interpretação de tais normas impediria uma nova justificação caso a caso; ora, mas é isso justamente o que Günther quer evitar. Quando ele distingue discursos de aplicação de discursos de justificação, está a demonstrar que a questão nos discursos de aplicação é de adequabilidade, e não validade. Para Alexy, contrariamente, "A norma que em um caso concreto foi tornada mais precisa, alterada ou recriada deve ser justificada em um discurso de justificação e quanto à norma rejeitada deve-se permitir que se a prove não justificável"[67]. Robert Alexy reconhece a indeterminação do direito, reconhece os problemas de aplicação com o qual ele é defrontado nas modernas sociedades complexas, mas não assume devidamente uma postura modesta com relação às pretensões científicas do direito. Para ele, o ideal de coerência deve ser substituído por um método adequado de se alcançar a solução dos conflitos entre normas. Ao mesmo tempo, ele não distingue devidamente as funções do juiz e do legislador, autorizando àquele a inserção de cláusulas de exceção; por isso a justificação precisa ser refeita a todo o momento.

Entre as propostas de Günther e as críticas de Alexy, precisamos verificar se é possível que também um juízo de adequabilidade permite inferir que haverá situações de sinais característicos semelhantes. A reprodução de tais sinais em outras situações é que permitiria um tratamento adequado a um caso ser utilizado em outros casos. Essa é uma questão que não é colocada por Günther. Alexy, de seu turno, deixaria uma pista para isso com a chamada *lei de colisão*; mas ele não nos socorre devidamente, pois não podemos abrir mão da diferença entre justificação e aplicação, caso tentemos manter viva a separação de poderes. A saída parece ser apontada por Dworkin: *integridade* na jurisdição pode exigir um tratamento igual para situações equivalentes, consideradas todas as coisas – consideração que só pode ser feita com participação no procedimento.

Com isso, passadas as críticas de Alexy, temos um *modelo da correia de transmissão*[68] que pode prover legitimidade para o exercício da jurisdição nos termos de uma compreensão procedimental do paradigma do Estado Democrático de

---

[67] Tradução livre de: "The norm which in a concrete case has been made more precise, changed or newly created must be justifiable in a discourse of justification and the rejected norm must be allowed to be proved non-justifiable" (ALEXY. *Justification and application of norms*, p. 169).

[68] GÜNTHER. *Legal adjudication and democracy*, p. 48.

Direito: ele possui uma polia maior, que é o próprio sistema de direitos (que não é fruto de um poder divino ou de um direito natural, mas da construção histórica de uma razão comunicativa), polia esta que pode ser entendida também como representativa dos princípios que uma comunidade assume sob a forma de conceitos (a Constituição); e uma polia de menor tamanho apresenta os discursos racionais de justificação jurídicos, que, por meio de uma interpretação e densificação do sistema de direitos, permite que os cidadãos, com os procedimentos democráticos de formação da opinião e da vontade, definam a forma como igualdade e liberdade serão relacionadas em prol de todos e de cada um – nesse momento, os discursos estão abertos a razões morais, éticas e pragmáticas, é dizer, a argumentos de princípio e a argumentos de política.

A correia que liga essas duas polias representa os procedimentos de participação na formação de leis garantidos institucionalmente (a esfera pública pressionando o Parlamento, o voto popular, os mecanismos do referendo e do plebiscito, as leis de iniciativa popular e daí por diante). Ligada a essa polia menor está outra polia menor ainda, ligação esta que é feita por intermédio de outra correia: a última polia quer representar os discursos jurídicos de aplicação das normas e a correia que o liga à polia do Legislativo (que, lembre-se, já está ligada ao sistema de direitos) remete aos procedimentos de participação na formação dos provimentos jurisdicionais. Com isso, é possível manter a coesão interna entre direitos e democracia em todas as manifestações do poder político: basta que haja respeito ao princípio do discurso institucionalizado na forma de princípio da democracia.

Por isso é que as exigências ideais de formação de uma teoria do direito por um juiz Hércules hão de ser transferidas para um procedimento cooperativo. Uma compreensão procedimental da separação de poderes faz depender a aceitabilidade racional das sentenças judiciais não apenas da qualidade dos argumentos de fundamentação, mas também da própria estrutura do processo de argumentação. "La rectitud (correción) de los juicios normativos no puede por lo demás explicarse en el sentido de una teoría de la verdad como correspondencia. Pues los derechos son una construcción social, a la que no se puede hipostatizar y convertir en hechos. <<Rectitud>> significa aceptabilidad racional, aceptabilidad apoyada por buenos argumentos. La validez de un juicio viene sin duda definida porque se cumplen sus condiciones de validez. Pero la cuestión de si cumplen o no, no puede decidirse recurriendo directamente a evidencias empíricas o a hechos que viniesen dados en una intuición ideal, sino que sólo puede esclarecerse discursivamente, justo por vía de una fundamentación o justificación efectuadas argumentativamente"[69].

---

[69] HABERMAS. *Facticidad y validez*, p. 298.

Desse modo, a participação das partes no processo judicial, fornecendo interpretações da situação, fecha o modelo da correia de transmissão. Isto se dá em direta conexão com os discursos de justificação, porque aqui a coerência (leia-se *integridade*) é o requisito de fechamento do sistema. Daí serem descabidas as críticas de um dualismo entre os discursos de justificação e aplicação. A visão particular das partes permite a seleção das normas aplicáveis ao caso por intermédio da definição por relevância dos sinais característicos da situação. Para que a imparcialidade seja preservada, e os que são destinatários do provimento não pareçam ser os julgadores de suas próprias causas, é preciso diferenciar o papel adicional daqueles que também compartilham as normas, porém não estão diretamente envolvidos pela solução do litígio[70].

Se os papéis argumentativos dos diretamente envolvidos no caso concreto e dos que não estão podem ser trocados livremente, o mesmo não se pode dizer de seus papéis procedimentais – daí serem os que não estão diretamente envolvidos uma parte terceira ou um expectador neutro (os juízes). Os diretamente envolvidos lutam pela consideração relevante dos sinais característicos da situação; os indiretamente envolvidos que compartilham as normas aprovadas nos discursos de justificação interpretam, ao lado dos envolvidos, tais normas a partir de suas perspectivas. Por isso, não se inventa o direito: a validade das normas não pode ser posta em jogo por terceiros que não estejam diretamente envolvidos, porque, desse modo, eles estariam usurpando o papel dos participantes do discurso do caso concreto, ou seja, eles estariam trazendo a reciprocidade dos discursos de justificação para um lugar no qual ela não é bem-vinda.

Daí não se poder falar em "processos objetivos": processos *sempre* se referem à partes; daí não poder o Judiciário agir de ofício. Por isso, também, é necessário lidar com inovações que visam à redução da carga de processos perante o Judiciário sempre atendendo ao requisito da participação; é com essa advertência que a repercussão geral deve ser pensada. "Na decisão judicial, o papel da terceira parte ou expectador neutro é comumente delegado ao juiz. Embora essa delegação não seja necessária por razões discursivas, ela tem sido feita por razões de ordem prática no curso de um longo processo histórico em todas as sociedades modernas. A explicação dos requisitos procedimentais de

---

[70] "Essa diferenciação entre os dois papéis distingue significativamente discursos de aplicação de discursos de justificação, nos quais todos participantes pleiteiam como se eles fossem os destinatários virtuais da norma cuja validade é contestada". Tradução livre de: "This differentiation between two roles distinguishes application discourses significantly from discourses of justification, where all participants argue as if they were the virtual addressee of the norm whose validity is contested" (GÜNTHER. *Legal adjudication and democracy*, p. 49).

uma aplicação discursiva mostra, contudo, porque a instituição do juiz teve de ser concebida como uma *delegação* do papel que originalmente deveria ser desempenhado por *todos* os participantes que compartilham normas válidas, mas que não estão envolvidos no caso"[71].

Há mais alguma parte que não esteja envolvida diretamente, mas que uma compreensão discursiva do processo requereria? Sim, há uma quarta parte, o público. Este tem interesse direto na forma como o Judiciário (no caso específico, o Supremo Tribunal Federal) determinará a solução do problema do assoberbamento de processos. Nesse caso, as decisões judiciais devem ser públicas e fundamentadas (Constituição Federal, art. 93, inc. IX), estando sujeitas a seu controle.

A reconstrução do *modelo da correia de transmissão* termina com a compreensão procedimentalista do próprio paradigma do Estado Democrático de Direito. Um litígio surge, então, como um conflito de destinatários do direito acerca da melhor interpretação das razões jurídicas a que eles haviam dado seu assentimento nos discursos de justificação. "Os cidadãos, como autores do direito, discutem sobre a questão de como deveriam agir (ou deveriam ter agido) como destinatários no caso concreto"[72]. Mas eles não podem assumir, nesse momento, a perspectiva de autores, porque isso comprometeria a universalidade do direito; por isso é necessária a figura do juiz, como representante do sistema de direitos já interpretado – e ele também não pode se apresentar como autor, já que isso feriria a separação de poderes. Seu papel é o de poder restabelecer a ligação entre os papéis de autor e destinatário, tomando uma decisão que seja legítima aos olhos das partes (mesmo do "perdedor", ao qual resta contentar-se com a aceitabilidade racional).

Cattoni de Oliveira[73] salienta o papel da jurisdição constitucional ante esse anseio democrático: ela deve garantir as condições processuais para o exercício

---

[71] Tradução livre de: "In legal adjudication, the role of the third party or neutral spectator is usually delegated to the judge. Although this delegation is not necessary for discursive reasons, it has been realized for practical reasons in the course of a long historical process in all modern societies. The explanation of the procedural requirements of an application discourse shows, however, why the institution of the judge has to be conceived of as a *delegation* of the role which originally had to be played by *all* the participants who share the valid norms but are not involved in the case" (GÜNTHER. *Legal adjudication and democracy*, p. 50, destaque do original).

[72] Tradução livre de: "The citizens as authors of the law quarrel about the question of how they should act (or should have acted) as addressees in the particular case" (GÜNTHER. *Legal adjudication and democracy*, p. 52).

[73] CATTONI DE OLIVEIRA, Marcelo Andrade. *Direito processual constitucional*. Belo Horizonte: Mandamentos, 2001. p. 258.

da autonomia pública e privada dos cidadãos. É essa a exigência de uma concepção procedimental do controle de constitucionalidade das leis que deve preceder qualquer exame da legitimidade da repercussão geral. O positivismo jurídico pôde ser substituído em sua discricionariedade pela interpretação construtiva de Ronald Dworkin, diferenciando-se argumentos de princípio de argumentos de política e sem abrir mão de uma resposta correta para cada caso concreto; mas essa resposta só existe a partir de uma compreensão coerente (*integridade*) de todo o sistema de direitos; foi preciso ir adiante, para que a distinção entre discursos de justificação e discursos de aplicação pudesse oferecer um retroligamento direto entre a democracia dos Parlamentos e a democracia nos Tribunais. A seguir, testaremos uma concepção que nos soa como adequada da repercussão geral ante as propostas apresentadas.

7. À GUISA DE CONCLUSÃO: REVISITANDO O INSTITUTO DA REPERCUSSÃO GERAL

É preciso, desse modo, que a repercussão geral seja lida por meio de uma concepção da separação de poderes que, ao mesmo tempo, não ignora a necessidade de lidar com a chamada "litigiosidade de massa" e enfrente esse problema na ótica de modos de garantia da participação das partes na definição do que seja matéria de repercussão geral e na decisão sobre tal matéria. Com a advertência de Günther, podemos definir o papel do Supremo Tribunal Federal na repercussão geral não como aquele preocupado apenas quantitativamente com os resultados da atuação do Poder Judiciário – ele não vai e nem pode conseguir vislumbrar todas as consequências políticas, sociais ou econômicas de suas decisões –, mas como um órgão capaz de captar juridicamente quais os efeitos *jurídicos* de uma decisão que precisa resolver coletivamente e de forma íntegra problemas relativos a demandas semelhantes. Ao se falar em "demandas semelhantes", o que se coloca em voga é que o desenho de uma causa relativa a uma multiplicidade de processos não é uma tarefa solipsista – pelo contrário; cuida-se de elevar ainda mais o papel dos possíveis destinatários da decisão a um grau de importância maior que permita um provimento jurisdicional capaz dessa empreitada à luz da cláusula *ceteris paribus*. Com isto, preservar-se-ia a distinção entre a função legislativa e a função judicial.

Assim, aquilo que pareceria antagônico à própria noção de repercussão geral acaba sendo a sua fonte de legitimidade. A necessária consideração de todos os sinais característicos de uma situação é que permite dizer que há também uma cláusula de estabilização válida para o campo da decisão judicial, dos chamados discursos de aplicação. Nessa definição, é a participação a tônica da estruturação do procedimento de atuação da repercussão geral, da negativa de repercussão geral e dos julgamentos por amostragem. Só desse modo podemos conceber democraticamente tais institutos. "Compreende-se a necessidade de dar resposta ao grande número de processos (e de recursos) que abarrotam os tribunais – fenômeno, em muito, provocado pela chamada 'litigância do interesse público' – e os impede de fornecer uma resposta célere; entretanto, a atividade judicial não é movida apenas pela rapidez (e por uma lógica numérica e exata de 'custo-benefício') mas reclama também correção (*justesse*) da decisão aos princípios do modelo constitucional do processo próprio ao Estado Democrático de Direito"[74].

Daí a importância de institutos como o *amicus curiae* no processamento da repercussão geral. É curioso, assim, que, ao mesmo tempo em que defendem a participação deste terceiro no procedimento, Didier Jr. e Cunha categorizem o incidente por amostragem como mera tradução de um "processo objetivo", noção esta que, a nosso ver, é antagônica à concepção de participação no processo que defendemos aqui[75]. Com isso, seria possível delimitar passos iniciais para evitar os problemas diagnosticados por Streck e Abboud: "Esse é o grande risco da utilização irrefletida dos arts. 543-B e 543-C do CPC, ou seja, com o intuito de assegurar uma aplicação isonômica e uniforme da legislação, ignora-se a individualidade e as particularidades de cada caso concreto, solucionando-se diversas demandas de forma automática, impedindo que os juízes e os tribunais locais examinem pormenorizadamente as particularidades do caso concreto"[76]. Uma releitura da repercussão geral e do julgamento por amostragem visa manter a possibilidade de lidar com a avalanche de processos ao mesmo tempo em que se atenta para singularidades de cada caso.

Apenas uma compreensão que leve na devida conta tais exigências democráticas pode permitir uma aplicação devida dos dispositivos constitucional e legais que cuidam da repercussão geral no Brasil. Há indícios de que essa interpretação será reforçada com as disposições contidas no projeto do Novo CPC.

---

[74] THEODORO JÚNIOR, NUNES e BAHIA. *Litigiosidade em massa e repercussão geral no recurso extraordinário*, p. 46.

[75] "Em razão disso, é indispensável o aprimoramento da intervenção do *amicus curiae* no procedimento de análise da repercussão geral, de modo a que todos os interessados na solução dessa *questão* possam manifestar-se. [...]

É possível concluir, sem receio, que o incidente para a apuração da repercussão geral *por amostragem* é um procedimento de caráter objetivo, semelhante ao procedimento da ADIN, ADC e ADPF, e de profundo *interesse público*, pois se trata de exame de uma questão que diz respeito a um sem-número de pessoas, resultando na criação de uma norma jurídica de caráter geral pelo STF" (DIDIER JÚNIOR e CUNHA. *Curso de Direito Processual Civil*, vol. 3, p. 340).

[76] STRECK, Lênio Luiz; ABBOUD, Georges. *O que é isto – o precedente judicial e as súmulas vinculantes?* 2. ed. Porto Alegre: Livraria do Advogado, 2014. p. 107.

REFERÊNCIAS BIBLIOGRÁFICAS

ABREU, Iduna Weinert. Arguição de relevância: aspecto político de sua apreciação pelo Supremo Tribunal Federal. *Revista de Informação Legislativa*, Brasília, ano 14, n. 56, out./dez. 1977.

ACKERMAN, Bruce. The new separations of powers. *Harvard Law Review*, vol. 113, n. 3, jan. 2000.

ALEXY, Robert. Justification and application of norms. *Ratio Juris*, vol. 6, n. 2, jul. 1993.

BAPTISTA, N. Doreste. *Da argüição de relevância no recurso extraordinário*: comentários à Emenda Regimental n.º 3, de 12-6-1975, do Supremo Tribunal Federal. Rio de Janeiro: Forense, 1976.

BUSTAMANTE, Thomas da Rosa. *Teoria do precedente judicial*: a justificação e a aplicação de regras jurisprudenciais. São Paulo: Noeses, 2012.

CATTONI DE OLIVEIRA, Marcelo Andrade. *Direito processual constitucional*. Belo Horizonte: Mandamentos, 2001.

CORRÊA, Ana Maria Gualber. O recurso extraordinário e a argüição de relevância da questão federal. *Revista de Informação Legislativa*, Brasília, ano 19, n. 75, jul./set. 1982.

CRUZ, Álvaro Ricardo de Souza. *Habermas e o direito brasileiro*. Rio de Janeiro: Lumen Juris, 2006.

_____. *Jurisdição constitucional democrática*. Belo Horizonte: Del Rey, 2004.

DIDIER JR., Fredie; CUNHA, Leonardo José Carneiro. *Curso de direito processual civil*: meios de impugnação das decisões judiciais e processo nos tribunais. 7. ed. Salvador: Juspodivm, 2009. vol. 3.

DWORKIN, Ronald. *Levando os direitos a sério*. Trad. Nelson Boeira. São Paulo: Martins Fontes, 2002.

_____. *O império do direito*. Trad. Jefferson Luiz Camargo. São Paulo: Martins Fontes, 1999.

GALUPPO, Marcelo Campos. *Igualdade e diferença*: Estado democrático de direito a partir do pensamento de Habermas. Belo Horizonte: Mandamentos, 2002.

GARZÓN VALDÉS, Ernesto. El papel del poder judicial en la transición a la democracia. *Isonomía*, n. 18, abr. 2003, p. 27-46.

GÜNTHER, Klaus. Legal adjudication and democracy: some remarks on Dworkin and Habermas. *European Journal of Philosophy*, vol. 3, n. 1, abr. 1995, p. 36-54.

_____. *Teoria da argumentação no direito e na moral*: justificação e aplicação. Trad. Cláudio Molz. Rev. Luís Moreira. São Paulo: Landy, 2004.

_____. Uma concepção normativa de coerência para uma teoria discursiva da argumentação jurídica. *Cadernos de filosofia alemã*, São Paulo, n. 6, 2000, p. 85-102.

_____. Un concepto normativo de coherencia para una teoría de la argumentación jurídica. Trad. Juan Carlos Velasco Arroyo. *DOXA*, n. 17-18, 1995, p. 271-302.

HABERMAS, Jürgen. *Consciência moral e agir comunicativo*. Trad. Guido A. de Almeida. Rio de Janeiro: Tempo Brasileiro, 1989.

_____. *Facticidad y validez*: sobre el derecho y el Estado democrático de derecho en términos de teoría del discurso. Trad. Manuel Jimenez Redondo. Madri: Trotta, 1998.

HÖFFE, Otfried. *Immanuel Kant*. Trad. Christian Viktor Hamm e Valério Rohden. São Paulo: Martins Fontes, 2005.

MAGRO, Maíra. STF julga mérito por meio virtual. *Valor Econômico*. 25 de julho de 2011. Disponível em: <http://www.osconstitucionalistas.com.br/supremo-virtual>. Acesso em: 25 dez. 2013.

MANCUSO, Rodolfo de Camargo. *Recurso extraordinário e recurso especial*. 11. ed. São Paulo: RT, 2010.

MEYER, Emilio Peluso Neder. *A decisão no controle de constitucionalidade*. São Paulo: Método, 2008.

_____. *Ditadura e responsabilização*: elementos para uma justiça de transição no Brasil. Belo Horizonte: Arraes Editores, 2012.

NOBRE, Marcos; RODRIGUEZ, José Rodrigo. Judicialização da política: déficits explicativos e bloqueios normativistas. *Novos Estudos CEBRAP*, São Paulo, n. 9, nov. 2011.

PASSOS, José Joaquim Calmon de. Da arguição de relevância no recurso extraordinário. *Revista Forense – edição comemorativa dos 100 anos*, Rio de Janeiro: Forense, 2005, tomo 1.

PEDRON, Flávio Quinaud. A EC n. 45/2004 e a inconstitucionalidade dos filtros recursais da transcendência e da repercussão geral. *Revista CEJ*, Brasília, v. 53, 2011, p. 31-44.

REPOLÊS, Maria Fernanda Salcedo. *Habermas e a desobediência civil*. Belo Horizonte: Mandamentos, 2003,

SOCIEDADE BRASILEIRA DE DIREITO PÚBLICO. *Repercussão geral e o sistema brasileiro de precedentes*. São Paulo: Ministério da Justiça, Secretaria de Assuntos Legislativos, 2010.

STRECK, Lênio Luiz. Por que agora dá para aposta no Projeto do Novo CPC! *Revista Consultor Jurídico*, 21 de outubro de 2013, São Paulo. Disponível em: <http://www.conjur.com.br/2013-out-21/lenio-streck-agora-apostar-projeto-cpc>. Acesso em: 25 dez. 2013.

THEODORO JÚNIOR, Humberto; NUNES, Dierle José Coelho; BAHIA, Alexandre de Mello Franco. Litigiosidade em massa e repercussão geral no recurso extraordinário. *Revista de Processo – REPRO*, ano 34, n. 177, nov. 2009.

ZUCKERT, Michael. On the separation of powers: liberal and progressive constitutionalism. *Social Philosophy and Policy*, vol. 29, n. 02, 2012.

12

REPERCUSSÃO GERAL E RECURSOS REPETITIVOS: A ATUAÇÃO DOS TRIBUNAIS DE ORIGEM

Flávio Cheim Jorge
Mestre e doutor em direito processual civil pela PUC-SP. Membro do Instituto Brasileiro de Direito Processual – IBPD. Professor de Direito Processual Civil nos cursos de graduação e mestrado da UFES. Advogado. Ex-Juiz do TRE/ES – Classe dos Juristas – Biênios 2004/2008.

Thiago Ferreira Siqueira
Mestrando em Direito Processual Civil pela Universidade Federal do Espírito Santo. Email: thiago_siqueira@hotmail.com

Sumário: 1. Repercussão geral e julgamento por amostragem de recursos repetitivos: técnicas distintas – 2. Identificação de multiplicidade de recursos extraordinários fundados em idêntica controvérsia, seleção dos paradigmas e sobrestamento dos demais – 3. Aplicação pelas instâncias de origem do entendimento firmado no recurso paradigma – 4. Impugnação às decisões proferidas pela instância de origem na sistemática dos recursos extraordinários repetitivos – 5. Sobrestamento de processos que não se encontram em fase de recurso extraordinário – 6. Conclusão – Referências bibliográficas.

1. REPERCUSSÃO GERAL E JULGAMENTO POR AMOSTRAGEM DE RECURSOS REPETITIVOS: TÉCNICAS DISTINTAS

Considerando a clareza do texto constitucional quanto a se ter confiado exclusivamente ao Supremo Tribunal Federal a competência para analisar se determinada matéria oferece ou não repercussão geral[1], seria de se esperar que o regramento do instituto[2] não outorgasse maiores atribuições aos tribunais de origem.

Isto é, diferente do que ocorre com os demais requisitos de admissibilidade do recurso extraordinário, cuja análise é bipartida[3], a definição da repercussão geral da questão nele veiculada foi conferida apenas à Corte Suprema. E, sendo assim, não haveria razão para que as normas voltadas à regulamentação do instituto disciplinassem a atuação dos tribunais *a quo*.

Não é, porém, o que ocorre: basta uma rápida leitura das alterações realizadas no Código de Processo Civil pela Lei 11.418/2006 – especialmente o art. 543-B – para se perceber que houve significativa alteração da maneira como os tribunais de origem devem se comportar frente aos recursos extraordinários, com a outorga de competências e possibilidades decisórias antes inexistentes.

A explicação para tanto está, segundo nos parece, no fato de que referida lei cuidou não apenas da disciplina do que prevê o § 3.º do art. 102 da Constituição, mas introduziu *técnica diversa*: a possibilidade de *julgamento por amostragem* dos recursos extraordinários "fundados em idêntica controvérsia", ditos *repetitivos*.

Houvesse o legislador se limitado à disciplina do novo requisito, a repercussão geral não teria maior impacto nos tribunais locais, que continuariam a atuar relativamente aos recursos extraordinários como se nada houvesse sido modificado[4].

---

[1] Diga-se, aliás, que o § 3.º do art. 102 da CF/1988 estabelece o quórum qualificado de 2/3 dos membros do STF para que se possa recusar a repercussão geral: "Art. 102 [...] § 3.º No recurso extraordinário o recorrente deverá demonstrar a repercussão geral das questões constitucionais discutidas no caso, nos termos da lei, a fim de que o Tribunal examine a admissão do recurso, somente podendo recusá-lo pela manifestação de dois terços de seus membros".

[2] Como é cediço, a repercussão geral foi regulamentada pela Lei 11.418/2006, que acrescentou os arts. 543-A e 543-B no CPC, e por diversas emendas ao Regimento Interno do STF, com destaque para a Emenda n.º 21/2007.

[3] É o que se extrai do § 1.º do art. 542 (que possibilita ao presidente ou vice-presidente do tribunal de origem exercer a admissibilidade do recurso extraordinário) e do art. 544 (que prevê o cabimento de agravo contra a decisão de inadmissão), todos do CPC. Ressalte-se, ainda, que o juízo de admissibilidade em duas etapas é característica geral do sistema processual brasileiro, verificando-se na maior parte das espécies recursais. A respeito, ver, com ampla indicação bibliográfica: JORGE, Flávio Cheim. *Teoria geral dos recursos cíveis*. 5. ed. São Paulo: RT, 2012. n. 6.1.2, p. 73-77.

[4] A assertiva não é totalmente verdadeira, visto que, como reconhece a maior parte da doutrina, a corte de origem tem competência para analisar se o recurso extraordinário ostenta "preliminar formal e fundamentada de repercussão geral", como exigem o art. 327, *caput*, do RISTF e o § 2.º do art. 543-A do CPC. Não se trata, por óbvio, de analisar se a matéria possui ou não repercussão geral, mas apenas se o recurso preenche mais esse requisito ligado à *regularidade formal*. Nesse sentido: CUNHA, Leonardo José Carneiro

Insistamos, contudo, quanto à circunstância de que, embora aqui voltadas a uma mesma finalidade última, a *repercussão geral* e o *julgamento por amostragem* são técnicas diferentes.

A repercussão geral nada mais é do que um novo *requisito de admissibilidade* que deve atender aos recursos extraordinários, possibilitando ao Supremo Tribunal Federal *escolher* quais dentre eles merecem ou não, pela transcendência e relevância da matéria discutida, ser ali julgados.

A seu turno, o julgamento por amostragem é mecanismo que possibilita a apreciação conjunta de questão que se repete em um grande número de feitos. Seleciona-se, então, algum ou alguns processos paradigmas, que terão aquela questão apreciada, valendo tal orientação para todos os demais[5]. Costuma-se, ainda, conferir *efeito vinculante* ao entendimento, que deve ser aplicado aos processos futuros.

No caso do art. 543-B, o expediente é aplicado a recursos extraordinários, nos quais geralmente se encontre pendente a análise de repercussão geral.

Importante ressaltar, entretanto, que a utilização de técnicas desse tipo pode ser pensada para a decisão sobre qualquer questão, em qualquer fase procedimental, desde que, é claro, seja esta reiterada – ou tenha a possibilidade de vir a sê-lo – em uma multiplicidade de processos. É o que ocorre, por exemplo, na sistemática do art. 543-C do CPC, voltada aos recursos especiais[6].

---

da; DIDIER JR., Fredie. *Curso de direito processual civil.* 8. ed. Salvador: Juspodivm, 2010. vol. 3, p. 330; DINAMARCO, Cândido Rangel. *Vocabulário do processo civil.* São Paulo: Malheiros, 2009. n. 141, p. 245; MENDES, Gilmar Ferreira; *et alii. Curso de direito constitucional.* 2. ed. São Paulo: Saraiva, 2008. p. 961; SOUZA, Bernardo Pimentel. *Introdução aos recursos cíveis e à ação rescisória.* 8. ed. São Paulo: Saraiva, 2011. p. 715.

É, ainda, a posição adotada no Supremo Tribunal Federal, como se vê do seguinte trecho de ementa de julgamento: "[...] II. Recurso extraordinário: repercussão geral: juízo de admissibilidade: competência. 1. Inclui-se no âmbito do juízo de admissibilidade – seja na origem, seja no Supremo Tribunal – verificar se o recorrente, em preliminar do recurso extraordinário, desenvolveu fundamentação especificamente voltada para a demonstração, no caso concreto, da existência de repercussão geral (C.Pr.Civil, art. 543-A, § 2.º; RISTF, art. 327). 2. Cuida-se de requisito formal, ônus do recorrente, que, se dele não se desincumbir, impede a análise da efetiva existência da repercussão geral, esta sim sujeita 'à apreciação exclusiva do Supremo Tribunal Federal' (Art. 543-A, § 2.º).[...]" (STF, Pleno, AI 664.567 QO/RS, Rel. Min. Sepúlveda Pertence, *DJ* 05.09.2007).

[5] Vejamos a precisa definição de Dinamarco: "Consiste esse mecanismo em técnicas mediante as quais, em caso de *multiplicidade de recursos* versando a mesma tese jurídica (recursos repetitivos), o Tribunal julga um desses recursos *por amostragem*, propagando-se o resultado desse julgamento aos demais" (*Vocabulário...*, n. 92, p. 178).

[6] Para os fatores que levam atualmente ao surgimento de demandas repetitivas, bem como um resumo dos instrumentos previstos em nossa legislação processual para com elas lidar,

Aliás, o projeto de novo Código de Processo Civil prevê um *incidente de resolução de demandas repetitivas* (arts. 997 a 1.009[7]). Este apenas pode ser suscitado na pendência de causa perante os tribunais de 2.º grau[8] e ocasiona a suspensão de todos os demais processos do respectivo estado ou região[9] em que é discutida a mesma questão "de direito material ou processual". O entendimento, aliás, "será aplicado" a todos os processos, presentes e futuros, que tramitem no âmbito de competência do tribunal[10].

No regramento da repercussão geral, porém, houve verdadeira combinação entre as técnicas, de modo que o julgamento por amostragem de alguns recursos extraordinários é utilizado para averiguar a presença de repercussão geral em uma matéria que é também versada nos demais, que ficam sobrestados.

Não fosse isso, talvez a intenção do constituinte derivado ao incluir a previsão da repercussão geral na EC 45/2004 pouco adiantaria para o fim de diminuição do número de processos a serem julgados pelo Supremo. De nada serviria instituir aquele requisito aos recursos extraordinários se o Tribunal precisasse se manifestar

---

conferir o excelente artigo de Leonardo José Carneiro da Cunha: O regime processual das causas repetitivas. *RePro*, São Paulo: RT, n.º 179, 2010.

[7] Inicialmente PLS 166/2010, o Novo CPC, após as modificações empreendidas no Senado Federal (relator geral Sen. Valter Pereira), foi entregue para análise da Câmara dos Deputados como PL 8.046/2010. Naquela casa, após apresentação de cinco relatórios parciais, foi divulgado um relatório geral pelo Dep. Sérgio Barradas Carneiro. Utilizaremos aqui esta última versão.
Disponível em: <http://www2.camara.gov.br/atividade-legislativa/comissoes/comissoes--temporarias/especiais/54a-legislatura/8046-10-codigo-de-processo-civil/arquivos/ParecerRelatorGeralautenticadoem18091222h47.pdf>. Acesso em: 28 out. 2012.

[8] "Art. 997. É admissível o incidente de resolução de demandas repetitivas, quando, estando presente o risco de ofensa à isonomia e à segurança jurídica, houver efetiva ou potencial repetição de processos que contenham controvérsia sobre a mesma questão de direito material ou processual.
§ 1.º O incidente pode ser suscitado perante Tribunal de Justiça ou Tribunal Regional Federal.
§ 2.º O incidente somente pode ser suscitado na pendência de qualquer causa de competência do tribunal. [...]"

[9] "Art. 999. [...] § 1.º Admitido o incidente, o relator: I – suspenderá os processos pendentes que tramitam no Estado ou na Região, conforme o caso [...]".

[10] "Art. 1.004. Julgado o incidente, a tese jurídica será aplicada a todos os processos que versem idêntica questão de direito e que tramitem na área de jurisdição do respectivo tribunal.
§ 1.º A tese jurídica será aplicada, também, aos casos futuros que versem idêntica questão de direito e que venham a tramitar no território de competência do respectivo tribunal, até que esse mesmo tribunal a revise".

sobre sua presença em cada um dos que ali chegam[11]. Por meio do previsto no art. 543-B, assim, decide-se uma única vez se dada matéria tem ou não repercussão geral, valendo tal decisão para os demais recursos.

Como veremos, porém, a regra prevista no § 3.º art. 543-B possibilita o julgamento por amostragem da própria questão de fundo – que tenha, é claro, repercussão geral – versada nos recursos extraordinários, com aplicação direta aos processos sobrestados e mesmo a outros futuros.

Prova maior da diferença entre as técnicas é, ainda, o entendimento que se firmou no Supremo Tribunal Federal no sentido de que, conquanto não possa ser o novo requisito exigido nos recursos extraordinários interpostos contra decisões publicadas antes de 3 de maio de 2007 (data da publicação da Emenda Regimental 21/2007)[12], as regras do art. 543-B do CPC referentes ao julgamento das questões repetitivas poderiam lhes ser aplicadas, exceto, é claro, a do § 2.º, relativa ao não conhecimento por falta de repercussão geral[13].

---

[11] É o que observa Humberto Theodoro Júnior: "Como se vê, a repercussão geral, disciplinada pela Lei n.º 11.418/2006, editada com o fito de reduzir o excessivo e intolerável volume de recursos a cargo do STF, não teve como objeto principal e imediato os extraordinários manejados de maneira isolada por um ou outro litigante. O que se ataca, de maneira frontal, são as causas seriadas ou a constante repetição das mesmas questões em sucessivos processos, que levam à Suprema Corte milhares de recursos substancialmente iguais, o que é muito frequente, *v.g.*, em temas de direito público, como os pertinentes aos sistemas tributário e previdenciário, e ao funcionalismo público. A exigência de repercussão geral em processos isolados, e não repetidos em causas similares, na verdade não reduz o número de processos no STF, porque, de uma forma ou de outra, teria aquela Corte de enfrentar todos os recursos para decidir sobre a ausência do novo requisito de conhecimento do extraordinário. O grande efeito redutor dar-se-á pelos mecanismos de represamento dos recursos iguais nas instâncias de origem [...]" (*Curso de direito processual civil*. 53. ed. Rio de Janeiro: Forense, 2012. vol. I, n. 572-d, p. 683).

[12] É o que também restou decidido na já citada Questão de Ordem no AI 664.567 QO/RS: "[...] 4. Assim sendo, a exigência da demonstração formal e fundamentada, no recurso extraordinário, da repercussão geral das questões constitucionais discutidas só incide quando a intimação do acórdão recorrido tenha ocorrido a partir de 03 de maio de 2007, data da publicação da Emenda Regimental n. 21, de 30 de abril de 2007" (STF, Pleno, AI 664.567 QO/RS, Rel. Min. Sepúlveda Pertence, *DJ* 05.09.2007).

[13] Foi o que decidiu-se no AI 715.423 QO/RS: "[...] 4. Reconhecida, pelo Supremo Tribunal Federal, a relevância de determinada controvérsia constitucional, aplicam-se igualmente aos recursos extraordinários anteriores à adoção da sistemática da repercussão geral os mecanismos previstos nos parágrafos 1.º e 3.º do art. 543-B, do CPC. Expressa ressalva, nessa hipótese, quanto à inaplicabilidade do teor do parágrafo 2.º desse mesmo artigo (previsão legal da automática inadmissão de recursos), por não ser possível exigir a presença de requisitos de admissibilidade implantados em momento posterior à interposição do recurso. 5. Segunda questão de ordem resolvida no sentido de autorizar os tribunais, tur-

Como foi dito, porém, o escopo que se pretendeu atingir por meio da Lei 11.418/2006 parece ser um só: racionalizar o trabalho do STF por meio da diminuição do número de recursos a serem ali julgados, permitindo que a Corte se ocupe de sua principal função: proteger a integridade da Constituição, uniformizando sua interpretação em todo o país. Insere-se, assim, na tendência de *objetivação* do recurso extraordinário, que passa a ter importância muito mais como instrumento de controle de constitucionalidade do que como um remédio voltado aos interesses das partes[14].

Buscaremos, neste breve estudo, analisar as diversas consequências que o regramento da repercussão geral nos moldes em que foi feito causa na atuação dos tribunais de origem relativamente aos recursos extraordinários, especialmente no que diz respeito àqueles chamados de repetitivos.

2. IDENTIFICAÇÃO DE MULTIPLICIDADE DE RECURSOS EXTRAORDINÁRIOS FUNDADOS EM IDÊNTICA CONTROVÉRSIA, SELEÇÃO DOS PARADIGMAS E SOBRESTAMENTO DOS DEMAIS

Determina, então, o art. 543-B do CPC[15] que, uma vez tendo identificado "a multiplicidade de recursos com fundamento em idêntica controvérsia", deve o

---

mas recursais e turmas de uniformização a adotarem, quanto aos recursos extraordinários interpostos contra acórdãos publicados anteriormente a 03.05.2007 (e aos seus respectivos agravos de instrumento), os mecanismos de sobrestamento, retratação e declaração de prejudicialidade previstos no art. 543-B, do Código de Processo Civil" (STF, Pleno, AI 715.423 QO/RS, Rel. Min. Ellen Gracie, *DJ* 05.09.2008). No mesmo sentido: STF, Pleno, RE 540.410 QO/RS, Rel. Min. Cezar Peluso, *DJ* 16.10.2008.

[14] Nas palavras de Gilmar Mendes, a "adoção desse novo instituto deverá maximizar a feição objetiva do recurso extraordinário" (*Curso...*, p. 960). Sobre a tendência de objetivação, conferir a ótima resenha feita por Fredie Didier Jr. e Leonardo Carneiro da Cunha: *Curso...*, vol. 3, p. 341-348.

[15] "Art. 543-B. Quando houver multiplicidade de recursos com fundamento em idêntica controvérsia, a análise da repercussão geral será processada nos termos do Regimento Interno do Supremo Tribunal Federal, observado o disposto neste artigo.

§ 1.º Caberá ao Tribunal de origem selecionar um ou mais recursos representativos da controvérsia e encaminhá-los ao Supremo Tribunal Federal, sobrestando os demais até o pronunciamento definitivo da Corte.

§ 2.º Negada a existência de repercussão geral, os recursos sobrestados considerar-se-ão automaticamente não admitidos.

§ 3.º Julgado o mérito do recurso extraordinário, os recursos sobrestados serão apreciados pelos Tribunais, Turmas de Uniformização ou Turmas Recursais, que poderão declará-los prejudicados ou retratar-se.

tribunal de origem selecionar um ou mais dentre eles para serem encaminhados ao Supremo Tribunal Federal, e suspender o processamento dos demais (§ 1.º).

É claro que a escolha do paradigma deve recair sobre recurso capaz de retratar a controvérsia a ser dirimida, abordando os mais diversos argumentos e ângulos pelos quais pode ser a questão abordada. Analisa-se, assim, sua representatividade frente aos demais[16].

Atente-se, ainda, para o fato de que o sobrestamento pode ser determinado às instâncias de origem pelo próprio Supremo Tribunal Federal, desde o momento em que seu Presidente ou Relator sorteado, mesmo de ofício, verifica que foi "protocolado ou distribuído recurso cuja questão for suscetível de reproduzir-se em múltiplos feitos". Ou, da mesma forma, quando verifica que a multiplicidade de recursos já chegou àquela excelsa Corte[17].

---

§ 4.º Mantida a decisão e admitido o recurso, poderá o Supremo Tribunal Federal, nos termos do Regimento Interno, cassar ou reformar, liminarmente, o acórdão contrário à orientação firmada.

§ 5.º O Regimento Interno do Supremo Tribunal Federal disporá sobre as atribuições dos Ministros, das Turmas e de outros órgãos, na análise da repercussão geral".

[16] É, em síntese, o que expõem Luiz Guilherme Marinoni e Daniel Mitidiero: "A representatividade do recurso extraordinário está na ótima exposição da cinca, abordando-a eventualmente em tantas perspectivas argumentativas quantas forem possíveis. Acaso um único recurso não contemple toda argumentação possível concernente à controvérsia, é de rigor que se encaminhem ao Supremo dois ou mais recursos, a fim de que, conjugadas as razões, possa-se alcançar um panorama que represente de maneira adequada a questão constitucional debatida" (*Repercussão geral no recurso extraordinário*. 2. ed. São Paulo: RT, 2008. p. 62). Interessantes, ainda, são as colocações de Teresa Alvim e José Miguel Garcia de Medina, que, embora se refiram ao art. 543-C do CPC, nos parecem pertinentes ao assunto aqui abordado: "Os recursos devem ser relacionados a um determinado problema jurídico, não se exigindo que tenham sido todos interpostos para que se acolha uma mesma tese. É importante, no entanto, que, havendo recursos em sentido favorável e contrário a uma dada orientação, sejam selecionados recursos que exponham, por inteiro, ambos os pontos de vista" (Sobre o novo art. 543-C do CPC: sobrestamento de recursos especiais "com fundamento em idêntica questão de direito". *RePro*, São Paulo: RT, n. 159, 2008).

[17] São as regras previstas, respectivamente, no *caput* e no parágrafo único do art. 328 do RISTF:
"Art. 328. Protocolado ou distribuído recurso cuja questão for suscetível de reproduzir-se em múltiplos feitos, a Presidência do Tribunal ou o(a) Relator(a), de ofício ou a requerimento da parte interessada, comunicará o fato aos tribunais ou turmas de juizado especial, a fim de que observem o disposto no art. 543-B do Código de Processo Civil, podendo pedir-lhes informações, que deverão ser prestadas em 5 (cinco) dias, e sobrestar todas as demais causas com questão idêntica.
Parágrafo único. Quando se verificar subida ou distribuição de múltiplos recursos com fundamento em idêntica controvérsia, a Presidência do Tribunal ou o(a) Relator(a) se-

A partir de então, ficará suspenso por completo o processamento dos recursos extraordinários sobrestados, que aguardarão o STF emitir posicionamento quanto à presença de repercussão – e, como veremos, mesmo quanto ao mérito – naqueles escolhidos como paradigma.

Interessante, nesse sentido, a disposição contida no art. 328-A do RISTF[18] no sentido de que não devem os tribunais de origem exercer o juízo de admissibilidade dos recursos extraordinários sobrestados e dos que venham a ser interpostos enquanto não definida a questão pelo Supremo.

É de se lembrar, aqui, da controvérsia surgida logo quando publicada a EC 45/2004 a respeito da posição que a análise da repercussão geral deveria ocupar na ordem lógica de enfrentamento dos requisitos de admissibilidade do recurso extraordinário. Tratava-se de saber se sua presença deveria ser perquirida antes ou depois dos demais pressupostos.

Considerando, então, ter sido aparentemente adotada a posição no sentido de que, por uma questão de economia processual, a aferição da presença dos demais requisitos deveria preceder à da repercussão geral[19-20], pode causar perplexidade à primeira vista tal disposição. Ou seja: se no intuito de evitar que seja discutida a presença de repercussão geral – cuja recusa demanda, inclusive, manifestação

---

lecionará um ou mais representativos da questão e determinará a devolução dos demais aos tribunais ou turmas de juizado especial de origem, para aplicação dos parágrafos do art. 543-B do Código de Processo Civil".

[18] "Art. 328-A. Nos casos previstos no art. 543-B, *caput*, do Código de Processo Civil, o Tribunal de origem não emitirá juízo de admissibilidade sobre os recursos extraordinários já sobrestados, nem sobre os que venham a ser interpostos, até que o Supremo Tribunal Federal decida os que tenham sido selecionados nos termos do § 1.º daquele artigo".

[19] É o que se extrai da atual redação do art. 323 do RISTF, no sentido de que, apenas "quando não for caso de inadmissibilidade do recurso por outra razão", o Presidente ou Relator dará início aos procedimentos para averiguação da repercussão geral.

[20] Foi a posição defendida por um dos autores do presente artigo em outro estudo, escrito em coautoria: "Num primeiro momento, será preciso averiguar, monocraticamente, se o recurso é admissível ou não, para, na hipótese positiva, posteriormente submeter à turma o debate acerca da repercussão geral. Em verdade, seria demasiadamente desgastante ao STF se fizesse de forma diversa; haveria o risco de reconhecer a existência da repercussão geral e, posteriormente, não conhecer o recurso no mérito, por ausência de outro requisito de admissibilidade" (JORGE, Flávio Cheim; SARTÓRIO, Élvio Ferreira. O recurso extraordinário e a demonstração da repercussão geral. *Reforma do Judiciário* (obra coletiva). São Paulo: RT, 2005. p. 186). No mesmo sentido, com expressa menção a este posicionamento, bem como à opinião contrária de Arruda Alvim: TUCCI, José Rogério. A "repercussão geral" como pressuposto de admissibilidade do recurso extraordinário. In: FABRÍCIO, Adroaldo Furtado (Coord.). *Meios de impugnação ao julgado cível*: estudos em homenagem a José Carlos Barbosa Moreira. Rio de Janeiro: Forense, 2008. p. 434-435.

do Pleno do STF – em recurso que por outro motivo não será admitido, por qual razão impedir que os próprios tribunais *a quo* realizem desde logo essa filtragem?

A resposta parece estar no intuito de evitar a interposição de agravos contra a decisão de inadmissão (CPC, art. 544) e, mais do que isso, dar aproveitamento à decisão a ser tomada no recurso paradigma mesmo aos extraordinários não admitidos e aos respectivos agravos.

Não por outra razão, os §§ 1.º e 2.º do mesmo art. 328-A[21] determinam o sobrestamento dos agravos já interpostos contra decisões de inadmissão para que aguardem o julgamento do recurso paradigma, cujo entendimento lhes será aplicável. A ideia, como veremos, é tentar que tudo seja resolvido nas instâncias de origem.

Quanto ao ponto, manifestam-se Fredie Didier Jr. e Leonardo Carneiro da Cunha pelo não sobrestamento dos recursos de agravo manejados contra a inadmissão do extraordinário. Entendem eles que o regime jurídico previsto no art. 543-B se presta tão somente a averiguar se dada matéria possui ou não repercussão geral. Questão esta que certamente não é tratada em tais agravos, utilizados apenas para sustentar a admissibilidade do recurso excepcional que fora negada pelo Presidente ou Vice-Presidente do tribunal *a quo*[22].

---

[21] "Art. 328-A. [...]
§ 1.º Nos casos anteriores, o Tribunal de origem sobrestará os agravos de instrumento contra decisões que não tenham admitido os recursos extraordinários, julgando-os prejudicados nas hipóteses do art. 543-B, § 2.º, e, quando coincidente o teor dos julgamentos, § 3.º.
§ 2.º Julgado o mérito do recurso extraordinário em sentido contrário ao dos acórdãos recorridos, o Tribunal de origem remeterá ao Supremo Tribunal Federal os agravos em que não se retratar".

[22] "O art. 543-B do CPC relaciona-se com a verificação da existência, pelo STF, da *repercussão geral*, significando dizer que a regra contida em tal dispositivo pressupõe tenha o recurso extraordinário sido, antes, *admitido* (ou que tenha condições de ser admitido). Se o recurso extraordinário é inadmissível, *não* se aplica o art. 543-B do CPC, devendo já ter seu seguimento negado pelo Presidente ou Vice-Presidente do tribunal local. Consequentemente, o art. 543-B *não* se aplica ao agravo de instrumento previsto no art. 544 do CPC. Não deve o Presidente ou Vice-Presidente sobrestar ou negar seguimento ao agravo de instrumento, sob pena de usurpar competência do STF, que poderá ser assegurada em reclamação constitucional. A inadmissibilidade de vários recursos extraordinários que versem sobre a mesma matéria *não* se opera, certamente, por falta de repercussão geral, até porque não cabe ao Presidente ou Vice-Presidente do tribunal local decidir sobre isso. Quando se aplica o art. 543-B do CPC, está-se a aguardar a definição do STF quanto à existência ou não de *repercussão geral*, vindo a decisão a ser tomara a atingir todos os recursos extraordinários que ficaram sobrestados. Isso não deve ser aplicado aos agravos de instrumentos contra decisões que inadmitiram recursos extraordinários, ainda que todos tratem do mesmo assunto, pois tais agravos certamente não guardarão pertinência com (in) existência de repercussão geral" (*Curso...*, vol. 3, p. 336).

Com a devida vênia, o equívoco do raciocínio está em considerar que o julgamento por amostragem previsto no art. 543-B do CPC volta-se apenas à análise da repercussão geral, quando, na verdade, destina-se a firmar entendimento também quanto à questão que compõe o mérito do recurso extraordinário.

3. APLICAÇÃO PELAS INSTÂNCIAS DE ORIGEM DO ENTENDIMENTO FIRMADO NO RECURSO PARADIGMA

Como visto, então, tanto os recursos extraordinários quanto os agravos de instrumento (CPC, art. 543-B, § 1.º; RISTF, arts. 328 e 328-A) ficarão sobrestados aguardando o pronunciamento do Supremo Tribunal Federal nos recursos encaminhados como representativos da controvérsia.

Vislumbram-se, assim, algumas possibilidades no julgamento dos recursos representativos: (i) a matéria veiculada não possui repercussão geral e o recurso paradigma não é admitido; (ii) é reconhecida a repercussão geral, e o recurso paradigma é conhecido, podendo ser improvido ou provido.

A ocorrência de cada uma dessas possibilidades terá, ainda, reflexo distinto sobre os demais recursos, até então sobrestados.

Negada a repercussão geral da matéria (i), os demais recursos "considerar-se-ão automaticamente não admitidos", nos termos do art. 543-B, § 2.º. Por óbvio, como observa Dinamarco, "o emprego do advérbio automaticamente não quer dizer que a não admissão se faça sem qualquer decisão do Presidente do tribunal *a quo*. A este toca proferir uma decisão em cada um dos recursos sobrestados, negando-lhes seguimento"[23].

Conhecido o recurso paradigma (ii), os demais, que se encontram suspensos, aguardarão o seu julgamento de mérito, justamente para que a tese firmada pelo Supremo quanto à questão de fundo possa lhes ser aplicada.

Assim é que, julgado o recurso representativo, poderão os tribunais de origem, nos termos do § 3.º do art. 543-B, (ii.1) *declarar prejudicados* os recursos sobrestados, quando o entendimento aplicado na decisão atacada coincidir com o definido pelo Supremo Tribunal Federal; ou (ii.2) *retratar-se*, quando o acórdão recorrido divergir do posicionamento então firmado.

Muito embora o § 3.º do art. 543-B trate de forma idêntica cada uma dessas possibilidades, outorgando competência aos "Tribunais, Turmas de Uniformização ou Turmas Recursais" para apreciá-las, a verdade é que, se bem analisadas, são

---

[23] *Vocabulário...*, n. 92, p. 178-179.

decisões de natureza distinta, que merecem, portanto, tratamentos diferenciados. Vejamos.

Quanto à declaração de que o recurso ficou *prejudicado*, parece claro tratar-se de decisão que dele *não conhece* ante a falta de interesse em seu julgamento: pelo fato de a jurisprudência do STF ter se firmado no sentido da decisão impugnada, presume a lei que o julgamento do recurso não terá o condão de beneficiar quem dele fez uso. É análise, assim, que se situa unicamente no campo da *admissibilidade* do recurso extraordinário, razão pela qual poderia ser tomada isoladamente pela Presidência (ou Vice-Presidência) do tribunal *a quo*, apesar de a redação do § 3.º do art. 543-B sugerir o contrário[24].

Situação distinta é aquela que ocorre caso o acórdão recorrido esteja em sentido contrário àquele expressado pelo Supremo Tribunal Federal: abrir-se-á, então, a possibilidade de ser proferido *juízo de retratação* pela instância local. Tratando-se indubitavelmente de análise que toca ao mérito do quanto decido na decisão impugnada, parece claro que apenas possa ser feita pelo *mesmo órgão colegiado* prolator[25], numa espécie do que costumeiramente se chama de *efeito regressivo*.

Não se trata, importa dizer, de julgamento do mérito do recurso extraordinário (para o qual, inclusive, carece de competência o tribunal *a quo*), mas sim da possibilidade de que novamente se decida a questão veiculada em sede de apelação, embargos infringentes, etc.

Dessa forma, uma vez ocorrida a retratação (e modificado, portanto, o acórdão impugnado), deixa de haver interesse no julgamento do recurso extraordinário, que, como se costuma afirmar, "perde o objeto"[26].

---

[24] Como será visto, a jurisprudência do STF é hoje unânime no sentido de que cabe a *agravo regimental* da decisão da Presidência ou Vice-Presidência do tribunal *a quo* que declara prejudicado o recurso extraordinário, deixando clara, assim, a possibilidade de a decisão ser tomada monocraticamente. No mesmo sentido, ainda, é a Súmula 4 da jurisprudência do Tribunal de Justiça do Espírito Santo, que faz alusão expressa à possibilidade de a Vice--Presidência julgar prejudicado o RE unipessoalmente: "Cabe Agravo Regimental contra decisão do Vice-Presidente que nega seguimento a recurso extraordinário por ausência de repercussão geral, nos termos de precedente do Supremo Tribunal Federal (543-B, § 2.º, CPC) ou que o declara prejudicado em razão de conformidade da decisão recorrida com precedente do Supremo Tribunal Federal (543-B, § 3.º, CPC), sendo incabível o agravo de que trata o art. 544 do CPC". Logo mais voltaremos ao tema.

[25] Nesse sentido: DINAMARCO, Cândido Rangel. *Vocabulário...*, n. 92, p. 179; NERY JR., Nelson; NERY, Rosa Maria de Andrade. *Código de processo civil comentado*. 10. ed. São Paulo: RT, 2008. p. 943.

[26] NERY JR., Nelson; NERY, Rosa Maria de Andrade. *Código...*, p. 943.

Por outro lado, não ocorrida a retratação, serão os autos finalmente remetidos ao Supremo Tribunal Federal, que, caso conheça do recurso, poderá "cassar ou reformar, liminarmente, o acórdão contrário à orientação firmada" (CPC, art. 543-B, § 4.º). Por *liminarmente*, aqui, deve-se entender a possibilidade de que o Ministro relator dê provimento monocraticamente ao recurso extraordinário, reformando ou anulando o acórdão de origem[27].

As mesmas considerações são válidas, *mutatis mutandis*, aos agravos (art. 544) que houverem sido sobrestados nos termos do art. 328-A, § 1.º, do RISTF. Vejamos.

Não admitido o recurso paradigma (i), os agravos de instrumento ficarão prejudicados (RISTF, art. 328-A, § 1.º) pelo fato de que, mesmo que hipoteticamente fosse o caso de lhes dar provimento no STF (que reconheceria, assim, a existência do requisito de admissibilidade então faltante), o recurso extraordinário não poderia ser conhecido pela ausência do pressuposto da repercussão geral. Careceria, portanto, de interesse o agravo, pela impossibilidade da outorga de qualquer situação vantajosa do ponto de vista prático ao recorrente[28].

Admitido o recurso paradigma (ii) e julgado seu mérito, (ii.1) ficarão prejudicados os agravos quando a orientação do STF coincidir com a da corte de origem; ou, caso contrário, (ii.2) poderá ser proferido juízo de retratação quando os entendimentos forem dissonantes (RISTF, art. 328-A, §§ 1.º e 2.º, respectivamente).

Note-se que, aqui, o cotejo do que for decidido pelo STF há de ser feito não com a decisão impugnada pelo agravo (que se referirá, certamente, à falta de algum requisito de admissibilidade do RE), mas sim com o acórdão inicialmente recorrido pela via extraordinária.

A intenção é, certamente, dar máximo aproveitamento ao julgamento por amostragem, evitando o envio dos agravos ao Supremo Tribunal Federal quando na própria instância de origem já se verifica que o recurso extraordinário (i) não possui repercussão geral, (ii.1) ataca decisão que certamente será confirmada, ou, ainda, (ii.2) pode ser desnecessário pelo juízo de retratação.

É de se questionar, entretanto, se tais opções efetivamente são abertas ao tribunal *a quo* na medida em que o recurso de agravo é manejado contra decisão

---

[27] É a previsão do atual § 1.º do art. 21 do RISTF: "Art. 21 [...] § 1.º Poderá o(a) Relator(a) [...] cassar ou reformar, liminarmente, acórdão contrário à orientação firmada nos termos do art. 543-B do Código de Processo Civil".

[28] Lembrando que, conforme a conhecida lição de Barbosa Moreira, é a possibilidade de que o julgamento do recurso outorgue a quem dele faz uso uma situação mais vantajosa do ponto de vista prático o que caracteriza o interesse em recorrer, sob o prisma da utilidade (*Comentários ao Código de Processo Civil*. 13. ed. Rio de Janeiro: Forense, 2006. vol. V, n. 166-167, p. 298-303).

que *não conheceu* do recurso extraordinário. Seria possível, mesmo assim, aplicar tal sistemática?

Quanto à possibilidade de julgar prejudicado o agravo, seja porque (i) a matéria veiculada no recurso extraordinário não possui repercussão geral, ou, ainda, (ii.1) em virtude de ter o STF confirmado o posicionamento da corte de origem, não parece haver maiores problemas, na medida em que, como dito, tratam-se de decisões que se restringem ao próprio juízo de admissibilidade.

Maior dificuldade, porém, parece haver para a terceira das opções aventadas (ii.2): poderia o tribunal local proferir o juízo de retratação em virtude de um recurso extraordinário que *não foi conhecido*?

Questão semelhante pode se colocar, ainda, em relação aos recursos extraordinários sobrestados: seria necessário que eles fossem conhecidos para que seja proferido o juízo de retratação do § 3.º do art. 543-B do CPC? É de se lembrar que, nos termos do art. 328-A do RISTF, os recursos sobrestados não devem ter sua admissibilidade apreciada antes que o Supremo se manifeste nos que lhe foram enviados como paradigma.

Do ponto de vista estritamente técnico, não nos parece ser possível ao tribunal *a quo* se retratar se o extraordinário não ostenta condições de ser conhecido: recurso inadmitido é recurso que não produz qualquer efeito, nem mesmo o de reabrir a análise daquilo que já foi decidido[29].

Acrescente-se, ainda, que o juízo de admissibilidade ostenta natureza *declaratória*[30], de forma que, não sendo conhecido o recurso, terá havido o trânsito em julgado do acórdão impugnado.

Não parece, entretanto, ter sido esta a opção feita na regulamentação da repercussão geral: está muito claro no § 2.º do art. 328-A do RISTF que apenas quando não se retratar o tribunal *a quo* é que os agravos serão remetidos ao Supremo Tribunal Federal. Admite-se, portanto, que, mesmo diante de um recurso extraordinário não conhecido na origem, seja proferido o juízo de retratação[31].

---

[29] Parece ser esta a posição de Nelson & Rosa Nery: "Julgado o mérito do RE representativo pelo STF, compete à Presidência do tribunal *a quo* reexaminar os pressupostos de admissibilidade dos RE que estavam sobrestados. Caso presentes e subsistentes esses pressupostos, a Presidência do tribunal poderá processar os RE; caso haja carência superveniente de algum pressuposto de admissibilidade, a Presidência do tribunal poderá indeferir seu processamento, julgando-o prejudicado" (*Código...*, p. 943).

[30] Sobre o assunto, ver: JORGE, Flávio Cheim. *Teoria geral...*, n. 6.1.3, p. 77 e ss.

[31] O projeto de novo CPC é expresso nesse sentido, ressalvando apenas a *tempestividade*, que precisaria estar presente para que fosse proferido juízo de retratação:
"Art. 1.062. Publicado o acórdão paradigma:

4. IMPUGNAÇÃO ÀS DECISÕES PROFERIDAS PELA INSTÂNCIA DE ORIGEM NA SISTEMÁTICA DOS RECURSOS EXTRAORDINÁRIOS REPETITIVOS

Questão importantíssima que se coloca ainda quanto à atuação dos tribunais *a quo* diz respeito aos instrumentos processuais que poderiam ser utilizados para impugnar as decisões por eles proferidas na sistemática dos recursos extraordinários repetitivos.

Aqui, a grande preocupação é com a possibilidade de que as cortes de origem se equivoquem quanto à *classificação* da matéria versada nos extraordinários, aplicando o regime do art. 543-B do CPC a recursos que não veiculam a mesma controvérsia discutida naquele julgado como paradigma.

Citemos, como exemplo, situação enfrentada pelo Supremo Tribunal Federal na apreciação de Questão de Ordem no AI 760.358/SE: na ocasião, havia sido interposto agravo de instrumento contra decisão do tribunal *a quo*, que, aplicando entendimento do STF a respeito da extensão de uma dada gratificação aos inativos, julgara prejudicado recurso extraordinário em que se discutia outra gratificação.

Antes de prosseguir, relembremos as decisões que podem ser proferidas pelo tribunal *a quo* no processamento dos recursos extraordinários repetitivos: (a) escolha dos recursos representativos de controvérsia para envio ao STF; (b) sobrestamento dos demais recursos; (c) inadmissão do recurso ante o não reconhecimento da repercussão geral pelo STF; (d) declaração de que o recurso ficou prejudicado em virtude de o STF ter confirmado a orientação do acórdão impugnado; (e) juízo de retratação positivo; e (f) juízo de retratação negativo.

Em relação, primeiramente, à escolha de quais recursos servirão como paradigmas (a), parece-nos, na linha do que entendem Marinoni e Mitidiero, que "inexiste direito da parte à escolha de seu recurso para remessa ao Supremo Tribunal Federal"[32], razão pela qual não seria cabível qualquer forma de impugnação. Ademais, o controle da representatividade dos recursos eleitos pode ser perfeitamente efetuado de ofício no âmbito da Suprema Corte.

Diferente é o que ocorre com a decisão que determina o (b) sobrestamento dos recursos extraordinários, que, se tomada de forma equivocada – ou seja, em

---

I – os recursos sobrestados na origem não terão seguimento se o acórdão recorrido coincidir com a orientação da instância superior; ou

II – o tribunal de origem reapreciará o recurso julgado, observando-se a tese firmada, *independentemente de juízo positivo de admissibilidade do recurso especial ou extraordinário, desde que tempestivo*, na hipótese de o acórdão recorrido divergir da orientação da instância superior".

[32] *Repercussão geral...*, p. 62.

relação àqueles que não veiculam a mesma questão discutida nos paradigmas –, viola o direito da parte de ter seu recurso extraordinário processado regulamente.

Não seria, porém, o caso de interpor agravo com fulcro no art. 544 do CPC[33], tendo em vista que uma decisão desse tipo não se traduz em inadmissibilidade do recurso extraordinário, mas, antes disso, simplesmente obsta seu processamento. Assim sendo, a razão parece estar com aqueles que entendem ser cabível o manejo de reclamação constitucional[34], uma vez que tal decisão, ao impedir o acesso do jurisdicionado ao Supremo Tribunal Federal, acaba por usurpar sua competência.

Distinto é o caso no qual a instância de origem (c) não conhece dos recursos sobrestados ante a negativa de repercussão geral pelo STF, ou, ainda, (d) quando os declara prejudicados por ter sido confirmado o entendimento sustentado nos acórdãos recorridos.

Tais decisões, como expusemos anteriormente, traduzem-se em *inadmissibilidade* do recurso extraordinário, motivo pelo qual seria cabível, a princípio, o agravo previsto no art. 544 do CPC[35].

Quanto à decisão por meio da qual (e) se retrata o tribunal *a quo*, havíamos dito, anteriormente, que levaria à perda de objeto do extraordinário. Nesses casos, dificilmente teria interesse a parte que havia recorrido em impugnar tal decisão que, muito provavelmente, lhe seria benéfica. Diante, porém, do novo acórdão, é perfeitamente possível pensar na interposição de outro recurso extraordinário, agora pela parte adversa[36].

Por fim, contra a decisão (f) que se nega a realizar a retratação, nenhuma medida é cabível pelo simples fato de que acarretará a remessa dos autos ao Supremo Tribunal Federal para que se proceda ao julgamento do recurso extraordinário, com a possibilidade de anulação ou reforma liminar do acórdão de piso.

---

[33] Quanto ao ponto, entendem Marinoni e Mitidiero que a questão poderia ser resolvida mediante "simples requerimento", e, "mantido o sobrestamento, cabe agravo de instrumento". Admitem, porém, em nome da instrumentalidade das formas, o manejo de reclamação (*Repercussão geral...*, p. 62-63). Teresa Alvim e José Miguel Garcia de Medina, escrevendo sobre o regime do art. 543-C, também entendem ser cabível o agravo de instrumento (*Sobre o novo art. 543-C do CPC...*).

[34] Neste sentido: CUNHA, Leonardo José Carneiro da; DIDIER JR., Fredie. *Curso...*, vol. 3, p. 337.

[35] Exatamente com a mesma opinião: SOUZA, Bernardo Pimentel. *Introdução...*, p. 718. Cândido Dinamarco, a seu turno, menciona apenas a possibilidade de interposição de agravo contra a decisão que não conhece dos recursos sobrestados ante a ausência de repercussão geral (*Vocabulário...*, n. 92, p. 179).

[36] É o que expõem Nelson & Rosa Nery (*Código...*, p. 943).

Se, do ponto de vista técnico, parece-nos não haver muita dúvida quanto ao acerto de tais soluções, não é essa a orientação que tem prevalecido. Segundo entende o Supremo Tribunal Federal, não seria cabível o manejo de qualquer instrumento com o intuito de fazer com que a controvérsia ali chegue, tendo sido recusadas as reclamações[37] e os agravos[38].

Ao que parece, tal entendimento foi firmado justamente no julgamento da Questão de Ordem acima mencionada, sob o fundamento principal de que, ao dar aplicação às possibilidades previstas no art. 543-B do CPC, as cortes de origem não estariam exercendo competência do Supremo Tribunal Federal, mas sim atribuição própria.

Entende, então, o STF que sua competência, de caráter *residual*, apenas se inicia quando o tribunal *a quo* deixa de emitir juízo de retratação e, nos termos do § 4.º do art. 543-B, lhe é aberta a possibilidade de "cassar ou reformar, liminarmente, o acórdão contrário à orientação firmada"[39].

Em tais situações, então, seria cabível tão somente recurso de *agravo regimental*, a ser interposto na própria instância de origem, visando levar a discussão para algum de seus órgãos colegiados[40].

O fato, porém, é que o argumento, se analisado sob a ótica da técnica processual, não convence de forma alguma: todas as possibilidades previstas no art.

---

[37] Nesse sentido: STF, Pleno, Rcl 7.569/SP, Rel. Min. Ellen Gracie, *DJ* 11.12.2009.

[38] É o que restou decidido na Questão de Ordem acima mencionada: "Questão de Ordem. Repercussão Geral. Inadmissibilidade de agravo de instrumento ou reclamação da decisão que aplica entendimento desta Corte aos processos múltiplos. Competência do Tribunal de origem. Conversão do agravo de instrumento em agravo regimental. 1. Não é cabível agravo de instrumento da decisão do tribunal de origem que, em cumprimento do disposto no § 3.º do art. 543-B, do CPC, aplica decisão de mérito do STF em questão de repercussão geral. 2. Ao decretar o prejuízo de recurso ou exercer o juízo de retratação no processo em que interposto o recurso extraordinário, o tribunal de origem não está exercendo competência do STF, mas atribuição própria, de forma que a remessa dos autos individualmente ao STF apenas se justificará, nos termos da lei, na hipótese em que houver expressa negativa de retratação. 3. A maior ou menor aplicabilidade aos processos múltiplos do quanto assentado pela Suprema Corte ao julgar o mérito das matérias com repercussão geral dependerá da abrangência da questão constitucional decidida. 4. Agravo de instrumento que se converte em agravo regimental, a ser decidido pelo tribunal de origem" (STF, Pleno, AI 760.358 QO/SE, Rel. Min. Gilmar Mendes, *DJ* 11.02.2010).

[39] O mesmo argumento já havia sido antes utilizado para justificar que as medidas cautelares voltadas a conferir efeito suspensivo aos recursos extraordinários sobrestados devem tramitar nas instâncias de origem: STF, Pleno, AC 2.177 MC-QO/PE, Rel. Min. Ellen Gracie, *DJ* 20.02.2009.

[40] Trata-se de entendimento que já ecoa nos tribunais de origem, como dá provas a Súmula do TJES transcrita na nota n. 24, *supra*.

543-B do CPC e nos respectivos dispositivos do RISTF se relacionam ao julgamento do *recurso extraordinário*, em relação ao qual parece insofismável a competência do Supremo Tribunal Federal. Atribuição esta – ocioso dizer – outorgada pela própria Constituição da República, em seu art. 102, III[41].

Se bem analisadas, porém, as discussões que levaram à adoção desse entendimento, o que fica claro é que seu verdadeiro fundamento é outro, muito mais plausível: a finalidade pretendida com a disciplina da repercussão geral – racionalizar o julgamento dos recursos extraordinários, evitando que o Supremo precise se manifestar reiteradas vezes sobre uma mesma questão – jamais seria alcançada se fosse permitido que as questões individuais ali chegassem por via de agravo ou de reclamação[42].

A intenção, assim, é fazer com que tudo seja resolvido nos tribunais de origem, a partir, é claro, da orientação firmada no Supremo Tribunal Federal no julgamento dos recursos paradigma.

Se por um lado é louvável o entendimento de que deva ser cabível o agravo regimental perante os tribunais de origem, na tentativa de que os equívocos porventura existentes sejam corrigidos sem a necessidade de manifestação do STF, a verdade é que não se pode impedir, pura e simplesmente, que os jurisdicionados tenham acesso à Corte Suprema por meio de recurso extraordinário, sob pena de clara violação à ordem constitucional.

---

[41] "Art. 102. *Compete ao Supremo Tribunal Federal*, precipuamente, a guarda da Constituição, *cabendo-lhe*: [...] III – julgar, mediante recurso extraordinário, as causas decididas em única ou última instância, quando a decisão recorrida: [...]"

[42] É o que não deixa qualquer dúvida, por exemplo, o seguinte trecho do voto do Min. Gilmar Mendes no AI 760.358 QO/SE já mencionado: "Cabe indagar da compatibilidade da forma de impugnação utilizada *[no caso, tratava-se de agravo de instrumento]* ao novo regime de controle difuso de constitucionalidade. Nesse caminho, desde logo chamo a atenção para a necessidade de se interpretar a questão jurídica que aqui trago à apreciação à luz da Constituição e do novo sistema que pretende racionalizar o uso do recurso extraordinário. Foi com o foco na Constituição que, já no início da utilização deste novo instrumento, o STF decidiu, na sessão plenária de 19.12.2007, serem necessárias regras específica para os agravos de instrumento. Se os recursos extraordinários estavam submetidos a filtros de admissibilidade, os agravos, que se qualificam como recursos acessórios, teriam que seguir a sistemática compatível com o novo regime. [...] Agora, uma vez submetida a questão constitucional à análise da repercussão geral, cabe aos tribunais dar cumprimento ao que foi estabelecido, sem a necessidade da remessa dos recursos individuais. Caso contrário, se o STF continuar a ter que decidir caso a caso, em sede de agravo de instrumento, mesmo que os Ministros da Corte apliquem monocraticamente o entendimento firmado no julgamento do caso-paradigma, a racionalização objetivada pelo instituto da repercussão geral, de maneira alguma, será alcançada".

5. SOBRESTAMENTO DE PROCESSOS QUE NÃO SE ENCONTRAM EM FASE DE RECURSO EXTRAORDINÁRIO

Como etapa final do presente estudo, trazemos à discussão questão que, conquanto de extrema importância, não tem merecido maior atenção da doutrina nacional[43]: a possibilidade de que, por meio da sistemática prevista no art. 543-B do CPC e correspondentes dispositivos do RISTF, seja determinado o sobrestamento de processos que não se encontrem em fase de recurso extraordinário.

Longe de constituir mera especulação teórica, trata-se de possibilidade que já se verifica concretamente na jurisprudência do Supremo Tribunal Federal. Como exemplo, citemos a determinação de que fossem suspensos todos os processos – excetuados os que se encontrassem em fase instrutória ou de execução definitiva – relativos aos "expurgos inflacionários" nos períodos dos Planos Bresser, Verão, Collor I e II[44].

Tudo aquilo que tratamos até aqui diz respeito ao sobrestamento de feitos nos quais já teriam sido interpostos recursos extraordinários, ou mesmo agravos de instrumento contra decisões que deles não conheceram. Trata-se, destarte, de processos que já tramitaram por completo perante o juiz de piso, tendo sido prolatada sentença, e mesmo julgado recurso em segundo grau.

Diga-se, antes de tudo, que tal possibilidade não se encontra prevista no art. 543-B do Código de Processo Civil, que trata única e exclusivamente dos recursos extraordinários e respectivos agravos de instrumento[45]. É possível, porém,

---

[43] Ressalvem-se dois estudos que tratam da questão no que tange à sistemática dos recursos especiais repetitivos, prevista no art. 543-C do CPC: ANDRIGHI, Fátima Nancy. Recursos repetitivos. *RePro*, São Paulo: RT, n.º 185, 2010. MEDE6IROS, Maria Lúcia Lins Conceição de; WAMBIER, Teresa Arruda Alvim. Recursos repetitivos: realização integral da finalidade do novo sistema impõe mais do que a paralisação dos recursos especiais que estão no 2.º grau. *RePro*, São Paulo: RT, n.º 191, 2011.

[44] Quanto aos planos Bresser e Verão, a suspensão foi determinada pelo Min. Dias Toffoli no julgamento do RE 626.307/SP. Também de sua excelência partiu a ordem relativamente ao plano Collor I (RE 591.797/SP). Para o plano Collor II, ver decisão monocrática de lavra do Min. Gilmar Mendes no AI 754.745/SP.

[45] Diferentemente, o projeto de novo CPC é explícito quanto à possibilidade de suspensão dos processos que se encontrem em primeiro ou segundo grau de jurisdição:
"Art. 1.059. [...]
§ 4.º Os processos em que se discute idêntica controvérsia de direito e que estiverem em primeiro grau de jurisdição ficam suspensos por período não superior a um ano, salvo decisão fundamentada do relator. [...]
§ 7.º Ficam também suspensos, no tribunal superior e nos de segundo grau de jurisdição, os recursos que versem sobre idêntica controvérsia, até a decisão dos recursos representativos da controvérsia".

extraí-la da regra contida no art. 328 do RISTF, que, ao cuidar das atribuições do Presidente ou Relator quando se vê diante de "recurso cuja questão for suscetível de reproduzir-se em múltiplos feitos", permite-lhe "sobrestar todas as demais causas com questão idêntica".

O fato, porém, é que, como norma infralegal que é, o Regimento Interno do STF deveria se limitar a regulamentar aquilo que as leis processuais já preveem, não podendo ir além para inovar em matéria que deveria ser disciplinada no âmbito de competência legislativa privativa da União[46].

É bem verdade que tanto o art. 3.º da Lei 11.418/2006[47] quanto o art. 543-B, § 5.º, do CPC[48] outorgam ao Supremo Tribunal Federal a atribuição de definir, em seu regimento interno, as normas pertinentes àquela sistemática.

Tal competência, todavia, deveria se limitar a "estabelecer as normas necessárias à execução" da lei, ou, ainda, definir "as atribuições dos Ministros, das Turmas e de outros órgãos, na análise da repercussão geral", como determinam os dispositivos. Não poderia, assim, ser utilizada para atribuir poderes para os membros do Supremo e sujeições para os jurisdicionados não previstos pelo legislador.

Deve-se avaliar, ainda, se a suspensão em tais moldes não violaria a garantia da *razoável duração do processo*.

Cuidando da disciplina prevista no art. 543-C, Teresa Alvim Wambier e Maria Lúcia de Medeiros escrevem que a regra de que os recursos especiais repetitivos devem ser julgados "com preferência sobre os demais feitos"[49] garante o "equilíbrio do sistema", não havendo que se falar em violação à razoável duração do processo[50].

---

[46] É o que determina o art. 22, I, da CF/1988: "Art. 22. Compete privativamente à União legislar sobre: I – direito civil, comercial, penal, processual, eleitoral, agrário, marítimo, aeronáutico, espacial e do trabalho; [...]".

[47] "Art. 3.º Caberá ao Supremo Tribunal Federal, em seu Regimento Interno, estabelecer as normas necessárias à execução desta Lei".

[48] "Art. 543-B. [...] § 5.º O Regimento Interno do Supremo Tribunal Federal disporá sobre as atribuições dos Ministros, das Turmas e de outros órgãos, na análise da repercussão geral".

[49] É o que fora previsto no § 6.º do art. 543-C do CPC, regra repetida no art. 4.º da Resolução 8/2008 do STJ:
"Art. 543-C [...] § 6.º Transcorrido o prazo para o Ministério Público e remetida cópia do relatório aos demais Ministros, o processo será incluído em pauta na seção ou na Corte Especial, *devendo ser julgado com preferência sobre os demais feitos*, ressalvados os que envolvam réu preso e os pedidos de *habeas corpus*".

[50] "A regra de que o julgamento do recurso especial sob regime repetitivo deve ter preferência, estabelecida no art. 4.º da Res. STJ 8/2008, rebate a eventual crítica de que, com a suspensão da eficácia da decisão impugnada, estar-se-ia contrariando o princípio da razoável duração do processo. Se, de um lado, o processamento do recurso especial será sobrestado e obstada estará a eficácia da decisão a que se refere, de outro tem-se a garantia

É de se ponderar, porém, que, além de não haver semelhante previsão no âmbito do Supremo Tribunal Federal, nem sempre o litigante derrotado em segundo grau de jurisdição interpõe recurso para os tribunais de cúpula. Se assim o fosse, haveríamos de concordar que o represamento dos processos que ainda não foram julgados por sentença ou em grau de apelação contribuiria para uma mais rápida solução do litígio, na medida em que tornaria possível "adiantar" uma solução que certamente viria mais tarde.

Considerando, contudo, que nem todo sucumbente leva a discussão até o Supremo Tribunal Federal, a razão parece estar com Fátima Nancy Andrighi, para quem a suspensão do processo viria sempre em prejuízo de uma das partes[51], que nutre a legítima expectativa de que a contenda tenha fim em segundo ou mesmo em primeiro grau de jurisdição.

6. CONCLUSÃO

Como fica claro, a disciplina da repercussão geral, longe de impactar apenas a atuação do Supremo Tribunal Federal, traz grande mudança na maneira como as instâncias de origem se portam frente aos recursos extraordinários. A influência, aliás, pode ser sentida mesmo em processos nos quais não houve julgamento de apelação ou sequer prolação de sentença.

Diante de institutos novos como os que se apresentam, é importante que o intérprete adote postura capaz de dar atuação aos propósitos que por meio deles se quer implementar, sem, contudo, sacrificar, para além do razoável, as garantias das partes.

Por isso mesmo é que, se é importante buscar a valorização dos precedentes da Suprema Corte e a racionalização de seu trabalho, não se pode obstar pura e simplesmente que os jurisdicionados a ela tenham acesso por meio de recurso extraordinário, instrumento previsto para garantir a observância da ordem constitucional.

---

de que o julgamento do recurso afetado terá prioridade, o que acaba por gerar o equilíbrio do sistema" (Recursos repetitivos: realização integral... cit.).

[51] "[...] seria indiferente o julgamento da apelação antes da definição da tese vencedora pelo STJ, no que se refere especificamente ao tempo do processo, apenas se fosse possível supor que todos os sucumbentes em segundo grau de jurisdição recorreriam. Como a parcela mais significativa dos litigantes se conforma com o julgamento, o adiamento do julgamento da apelação viria, necessariamente, em prejuízo de uma das partes. Nessa situação, não há como alegar a ocorrência de uma 'compensação' entre os tempos do processo a justificar a postergação do julgamento em segundo grau de jurisdição em troca de uma promessa de ganho futuro, pois, diante dos números apresentados, há que se presumir que ocorrerá o término do litígio e não o inverso" (Recursos repetitivos... cit.).

REFERÊNCIAS BIBLIOGRÁFICAS

ANDRIGHI, Fátima Nancy. Recursos repetitivos. *RePro*, São Paulo: RT, n.º 185, 2010.

BARBOSA MOREIRA, José Carlos. *Comentários ao Código de Processo Civil.* 13. ed. Rio de Janeiro: Forense, 2006. vol. V.

CUNHA, Leonardo José Carneiro da. O regime processual das causas repetitivas. *RePro*, São Paulo: RT, n.º 179, 2010.

_____; DIDIER JR., Fredie. *Curso de direito processual civil.* 8. ed. Salvador: Juspodivm, 2010. vol. 3.

DINAMARCO, Cândido Rangel. *Vocabulário do processo civil.* São Paulo: Malheiros, 2009.

JORGE, Flávio Cheim. *Teoria geral dos recursos cíveis.* 5. ed. São Paulo: RT, 2012.

_____; SARTÓRIO, Élvio Ferreira. O recurso extraordinário e a demonstração da repercussão geral. *Reforma do Judiciário* (obra coletiva). São Paulo: RT, 2005.

MARINONI, Luiz Guilherme; MITIDIERO, Daniel. *Repercussão geral no recurso extraordinário.* 2. ed. São Paulo: RT, 2008.

MENDES, Gilmar Ferreira *et alii. Curso de direito constitucional.* 2. ed. São Paulo: Saraiva, 2008.

MEDEIROS, Maria Lúcia Lins Conceição de; WAMBIER, Teresa Arruda Alvim. Recursos repetitivos: realização integral da finalidade do novo sistema impõe mais do que a paralisação dos recursos especiais que estão no 2.º grau. *RePro*, São Paulo: RT, n.º 191, 2011.

MEDINA, José Miguel Garcia de; WAMBIER, Teresa Arruda Alvim. Sobre o novo art. 543-C do CPC: sobrestamento de recursos especiais "com fundamento em idêntica questão de direito". *RePro*, São Paulo: RT, n. 159, 2008.

NERY JR., Nelson; NERY, Rosa Maria de Andrade. *Código de Processo Civil comentado.* 10. ed. São Paulo: RT, 2008.

SOUZA, Bernardo Pimentel. *Introdução aos recursos cíveis e à ação rescisória.* 8. ed. São Paulo: Saraiva, 2011.

THEODORO JR., Humberto. *Curso de direito processual civil.* 53. ed. Rio de Janeiro: Forense, 2012. vol. I.

TUCCI, José Rogério. A "repercussão geral" como pressuposto de admissibilidade do recurso extraordinário. In: FABRÍCIO, Adroaldo Furtado (Coord.). *Meios de impugnação ao julgado cível*: estudos em homenagem a José Carlos Barbosa Moreira. Rio de Janeiro: Forense, 2008.

13

REPERCUSSÃO GERAL: A REFORMA APLICADA E A POSSIBILIDADE DE SUA AMPLIAÇÃO PARA O RECURSO ESPECIAL

FLÁVIO CROCCE CAETANO
Advogado. Professor da Pontifícia Universidade Católica de São Paulo.
Secretário de Reforma do Judiciário do Ministério da Justiça.

SUMÁRIO: 1. Introdução – 2. Raízes históricas e a gênese da repercussão geral no direito brasileiro – 3. Divergência sobre o termo repercussão geral – 4. A repercussão geral em números: a morosidade do seu julgamento no âmbito do Supremo Tribunal Federal e a necessidade de incidência do princípio da priorização do julgamento – 5. Da possibilidade de ampliação da repercussão geral para o recurso especial – a PEC n° 209/2012; 5.1 Considerações iniciais sobre o recurso especial; 5.2 A relevância da questão de direito federal infraconstitucional; 5.3 A reforma aplicada no âmbito infraconstitucional da relevância da questão de direito federal – 6. Conclusões – Referências.

1. INTRODUÇÃO

O presente artigo faz a análise do instituto da repercussão geral no contexto da sua aplicação à luz da reforma constitucional operacionalizada pela Emenda Constitucional n° 45/2004. A abordagem leva em consideração, no aporte reflexivo, o acesso à justiça como direito fundamental, o que inclui o direito a uma justiça rápida e efetiva, assim como o direito a decisões que mantenham, na medida do possível, uniformidade mínima quanto aos padrões jurídicos de interpretação constitucional.

É público e notório, atualmente, que o Judiciário brasileiro está sufocado com mais de 90.000.000 milhões de processos. A morosidade é flagrante, o que aumenta a descrença do cidadão em relação à Justiça. Muitas medidas para agilizar a prestação jurisdicional e reduzir o congestionamento da Justiça foram adotadas nas últimas décadas, inclusive com alterações no texto constitucional.

Convém destacar, entre outras, a criação da súmula vinculante e a possibilidade de que o Supremo Tribunal Federal, no processo de julgamento de recurso extraordinário, reconheça que determinada demanda não tem repercussão geral, o que se constitui em fator constitucional que impede o conhecimento do recurso. Essas medidas, entre outras, foram implantadas pela já referida Emenda Constitucional nº 45, de 8 de dezembro de 2004, consubstanciada na Reforma do Judiciário.

No caso da exigência de repercussão geral em sede de recurso extraordinário, observa-se que o escopo foi o de reduzir o número de processos de competência do Supremo Tribunal Federal com a exigibilidade de demonstração de repercussão geral da questão constitucional para a admissibilidade do recurso extraordinário.

Para isso, a Emenda Constitucional nº 45/2004 acrescentou o § 3º ao art. 102 da Constituição Federal. Em seguida, no plano infraconstitucional, o Código de Processo Civil foi alterado pela Lei nº 11.418, de 19 de dezembro de 2006, para disciplinar a repercussão geral em sede de recurso extraordinário. Depois, seguiram as alterações no Regimento Interno do Supremo Tribunal Federal, que cominaram na Emenda Regimental nº 21, de 3 de maio de 2007, do mencionado Tribunal.

Essas alterações, não há dúvida, tiveram o condão de: a) reduzir a quantidade de processos que chegam ao Supremo Tribunal Federal; b) melhorar a uniformização da jurisprudência nacional; c) aliviar a morosidade nas tramitações processuais referentes ao sistema recursal; d) fortalecer o papel constitucional do Supremo Tribunal como intérprete maior das normas constitucionais.

Os limites e os meandros da questão constitucional na repercussão geral carecem de discussão e arranjos estruturais e pontuais. Ademais, estão abertos os debates e os encaminhamentos para a implantação do sistema da repercussão geral no direito nacional infraconstitucional, conforme já formalizado na PEC nº 209/2012.

Com o objetivo de apresentar algumas reflexões sobre esses temas, o presente artigo analisa, primeiramente, as raízes históricas da repercussão geral. Em seguida, discorre sobre a gênese da repercussão geral no direito brasileiro e a divergência sobre o termo repercussão geral. Analisa-se, ainda, a repercussão geral em números, o recurso especial e a relevância da questão de direito federal infraconstitucional. Em tópico reflexivo, aborda-se a reforma aplicada no âmbito infraconstitucional da relevância da questão dedireito federal, ocasião em que é analisada a PEC nº 209/2012. No final, são apresentadas conclusões pontuais e indicadas às referências que amparam a pesquisa.

2. RAÍZES HISTÓRICAS E A GÊNESE DA REPERCUSSÃO GERAL NO DIREITO BRASILEIRO

No direto comparado, a adoção de "mecanismo de filtragem" ou *screening* para conhecimento de recursos não é recente. Vários países se utilizam dessa fórmula para conter a massa de processos que se avolumam nas Cortes Supremas.

Como escreve Bruno Dantas,[1] "(...) desde o início do século passado se notam nos tribunais de cúpula dos diversos países as consequências da massificação das relações jurídicas, gerada, fundamentalmente, pela revolução industrial. Como é natural, o incremento do número de demandas levadas ao Poder Judiciário, o que, combinado com o movimento mundial pelo acesso à justiça, deflagrado na segunda metade do século XX, vem contribuindo sobremaneira para o assoberbamento dos tribunais em todos os quadrantes do globo".

Estados Unidos, Japão, Argentina e muitos outros países são exemplos que adotam espécies de filtragem para a admissibilidade de recursos pelas Cortes Superiores.

No direito interno, surge a arguição de relevância, tendo o recorrente que demonstrar ao Supremo Tribunal Federal que a matéria tratada no recurso extraordinário era relevante. Assim, o tribunal julgava discricionariamente o que se entendia como relevante e descartava o que entendia como não sendo relevante. Desta feita, percebe-se que a arguição de relevância era utilizada apenas em casos de controle de legalidade – até então incluída na competência desse tribunal.[2]

Essa arguição foi inserida ainda na égide da Constituição de 1969, a qual foi deveras importante, posto que, alargou os poderes do Supremo, pois autorizou que, por meio de alteração no Regimento Interno da Corte, fosse possível negar seguimento a recurso extraordinário para um certo e determinado número de causas, salvo nos casos de ofensa à constituição ou discrepância manifesta da jurisprudência dominante no tribunal.

A Emenda Constitucional nº 7, de 13 de abril de 1977, deu ao Supremo a competência para ampliar as restrições à admissibilidade do recurso extraordiná-

---

[1] DANTAS, Bruno. *Repercussão geral*: perspectivas histórica, dogmática e de direito comparado: questões processuais. 3. ed. São Paulo: RT, 2012, p. 97/98.

[2] CUNHA, Sergio Servulo da. *Recurso extraordinário e recurso especial*. São Paulo: Saraiva, 2010, p. 50.

rio.[3] "Com efeito, o art. 119, § 3º, autorizou que o Regimento Interno do Supremo regulasse o processo e julgamento das demandas de sua competência originária ou recursal e da arguição de relevância da questão federal. Assim, estabelecido o procedimento para julgamento do recurso extraordinário" inseriu-se esse requisito especialíssimo de admissibilidade.

Logo, a arguição de relevância teve sua previsão nos anteriores arts. 325 a 329 do Regimento Interno do Supremo Tribunal Federal de 1980, os quais podem ser apontados como a fonte remota do instituto no direito brasileiro.[4]

Arruda Alvim[5] afirma que: "(...) a relevância é um sistema de filtro que permite afastar do âmbito dos trabalhos do Tribunal as causas que não têm efetivamente maior importância e cujo pronunciamento do Tribunal é injustificável. Mas, como se sublinhou, se, dentre essas, algumas se marcarem pela sua relevância, dessas haverá de tomar conhecimento o Tribunal".

No magistério de Didier,[6] é possível inferir que não se pode confundir a arguição de relevância com a atual repercussão geral para a cognição do recurso extraordinário, posto que, na arguição, a sessão de julgamento era tomada em sigilo, independia de sorteio de relator e não havia a necessidade de motivação da decisão que reconhecesse ou negasse a referida arguição de relevância.

De igual modo, passo importante para alavancar a discussão sobre a necessidade de filtros para contenção de recursos foi dado pelo Direito do Trabalho. Nesse sentido, o Presidente da República editou a Medida Provisória nº 2.226, de 4 de setembro de 2001, que inseriu o art. 896-A na CLT.[7] Esse artigo trata da transcendência da questão trabalhista discutida nas demandas dessa justiça especializada.

Assim, atribuiu-se ao Tribunal Superior do Trabalho a competência para regulamentar, por intermédio do seu Regimento Interno, o procedimento para

---

[3] SANTOS, Moacyr Amaral. *Primeiras linhas de direito processual civil*. 24. ed. São Paulo: Saraiva, 2010. v. 3. p. 166/167.

[4] SOUZA, Bernardo Pimentel. *Dos recursos constitucionais*. Brasília: Brasília Jurídica, 2007, p. 108.

[5] A Alta Função Jurisdicional do Superior Tribunal de Justiça no Âmbito do Recurso Especial e a Relevância das Questões. *RePro* n. 96, p. 40. São Paulo: RT, 1999.

[6] DIDIER JR., Fredie; CUNHA, Leonardo José Carneiro. *Curso de direito processual civil*: meios de impugnação às decisões judiciais e processo nos tribunais. 8. ed. Salvador: JusPodivm, 2010. v. 3. p. 333.

[7] LEITE, Carlos Henrique Bezerra. *Curso de direito processual do trabalho*. 6. ed. São Paulo: LTr, 2008, p. 777; e GOMES JUNIOR, Luiz Manoel. O pressuposto da transcendência no recurso de revista – considerações iniciais. *Revista de Direito do Trabalho*, v. 104. p. 102-120. São Paulo: RT. 2001.

admissão da questão de transcendência no recurso de revista. A aferição da transcendência deve ser realizada em sessão pública, garantido o direito de sustentação oral e fundamentação do arresto. Tal normativo restou sufragado dessa forma, *in litteris*:

> Art. 896-A. O Tribunal Superior do Trabalho, no recurso de revista, examinará previamente se a causa oferece transcendência com relação aos reflexos gerais de natureza econômica, política, social ou jurídica.

Já escrevia Valentin Carrion que "o recurso de revista não se destina a corrigir injustiças ou reapreciar a prova, mas basicamente a: a) uniformizar a jurisprudência; b) restabelecer a norma nacional violada".[8]

Oportunas, ainda, as palavras de Sergio Martins[9] que diz ser "a transcendência uma questão que pela determinação legal represente algo que excede ou ultrapassa os limites ordinários ou comuns". Já Bezerra Leite[10] diz que "a *mens legislatoris* aponta no sentido de algo muito relevante, de extrema importância, a ponto de merecer um julgamento completo por parte do Tribunal Superior do Trabalho. De toda sorte, evidencia-se a marca da subjetividade conceitual".

Pela análise do dispositivo, depreende-se que o próprio Tribunal Superior do Trabalho é quem verificará a transcendência da questão trabalhista e não o Presidente do TRT quando da análise do juízo de prelibação do recurso de revista, a esse somente cabe observar se na peça recursal há a preliminar formal de transcendência da questão trabalhista.

Ainda quanto à admissibilidade do recurso de revista, no que se refere à presença da questão transcendente, pode o Tribunal Superior do Trabalho entender que se trata de mais um requisito para conhecimento do recurso, além dos já previstos nas alíneas "a" a "c" do art. 896 da CLT. Ou, conforme leciona Sérgio Martins,[11] "o entendimento poderá ser no sentido de dar preferência a recurso de revista que compreendam reflexões gerais de natureza econômica, política, social ou jurídica, que teriam mais importância do que outros aspectos, daí se falar em transcendência".

---

[8] CARRON, Valentin. *Comentários à Consolidação das Leis do Trabalho*: legislação complementar/jurisprudência. 33. ed. São Paulo: Saraiva, 2008, p. 791.
[9] MARTINS, Sergio Pinto. *Comentários à CLT*. 15. ed. São Paulo: Atlas, 2011, p. 988.
[10] LEITE, Carlos Henrique Bezerra. *Curso de direito processual do trabalho*. 6. ed. São Paulo: LTr, 2008, p. 778.
[11] MARTINS, Sergio Pinto. *Direito processual do trabalho: doutrina e prática forense, modelo de petições, recursos, sentenças e outras*. 31. ed. São Paulo: Atlas, 2010, p. 428/429.

Para todos dos efeitos, segundo Carlos Henrique,[12] a questão da transcendência "trata-se, evidentemente, de um novo pressuposto específico de admissibilidade prévia do recurso de revista".

No entanto, ocorre que a constitucionalidade do dispositivo é objeto de Ação Direta de Inconstitucionalidade n° 2.527/DF, a qual foi proposta pela Ordem dos Advogados do Brasil. Convêm frisar que o mérito da ação ainda aguarda julgamento pelo Supremo Tribunal Federal. De toda sorte, o requisito da transcendência não vem sendo aplicado no recurso de revista, uma vez que a norma impugnada não teria eficácia imediata, já que o processamento da questão transcendente depende de regulamentação que deve ser aposta no Regimento do Tribunal Superior do Trabalho.

No entanto, cabe registrar que no julgamento da Medida Cautelar na Ação Direta de Inconstitucionalidade n° 2.527/DF, realizado em 16 de agosto de 2007, relatada pela Ministra Ellen Gracie, a Corte entendeu, em decisão provisória, que não há inconstitucionalidade, podendo o requisito da questão transcendente ser regulado por dispositivo inserido em lei, consoante excerto do julgado.

> 3. Diversamente do que sucede com outros Tribunais, o órgão de cúpula da Justiça do Trabalho não tem sua competência detalhadamente fixada pela norma constitucional. A definição dos respectivos contornos e dimensão é remetida à lei, na forma do art. 111, § 3°, da Constituição Federal. As normas em questão, portanto, não alteram a competência constitucionalmente fixada para o Tribunal Superior do Trabalho.

Diante disso, embora ainda incipiente a discussão de filtros no plano interno, as medidas citadas serviram de norte para implantação e aprimoramento de uma ferramenta eficaz contra a escalada de demandas nas instâncias judiciárias brasileiras.

3. DIVERGÊNCIA SOBRE O TERMO REPERCUSSÃO GERAL

Para o manejo do recurso extraordinário, a repercussão geral tornou-se indispensável. Desse modo, a um só tempo, a demanda deve sobrelevar de relevância e transcendência. Portanto, "deixou a alta corte de ser refém de nossa prodigalidade recursal, a questão constitucional deve estar adstrita a limites temáticos e tal projeção há de se derramar para fora dos interesses das partes em liça".[13]

---

[12] LEITE, Carlos Henrique Bezerra. *Curso de direito processual do trabalho*. 6. ed. São Paulo: LTr, 2008, p. 778.

[13] AMORIM, Aderbal Torres de. *O novo recurso extraordinário*: hipóteses de interposição, repercussão geral, *amicus curiae*, processamento, jurisprudência, súmulas aplicadas. Porto Alegre: Livraria do Advogado Editora, 2010, p. 48.

Com isso, o instituto jurídico da repercussão geral teve o condão de conferir um caráter objetivo para admissão do recurso extraordinário, haja vista que somente aportarão no Supremo Tribunal Federal as demandas que demonstrem a transcendência da questão de interesse subjetivo das partes e que indiquem que a causa repercuta, possua relevância política, econômica, jurídica ou social.

Aliás, consoante expõe Pimentel,[14] não só os recursos extraordinários cíveis, mas também os criminais, trabalhistas e eleitorais devem produzir ampla repercussão para que sejam conhecidos pelo Supremo Tribunal Federal.

De seu turno, a doutrina especializada diverge sobre o conteúdo normativo da locução "repercussão geral". Parte dos autores entende que tal conceito jurídico é indeterminado. Em outro norte, vigora o entendimento de que a técnica adotada pelo legiferante é admirável e consentânea com o crescimento das relações sociais e sua maior complexidade, haja vista que aquele que fez a norma não é possível prever todos os tipos de relações que possam redundar em um conflito que gere uma repercussão geral. Assim, afigura-se correta a definição da forma aberta do conceito ora posto.

Nesse passo, pode se colher o entendimento esposado por André Tavares,[15] que leciona ser "patente, contudo a dificuldade em estabelecer critérios claros, precisos e pertinentes para determinar o que realmente é relevante ou, nos termos propostos, o que teria repercussão geral". No entanto, o autor cita Celso Bastos e Rafael Bielsa, que complementam ser essa abertura própria dos comandos constitucionais, impondo o seu preenchimento por meio de processo hermenêutico de interpretação e realização do Direito Constitucional.

Para Didier,[16] a repercussão geral deve ser aplicada nas questões constitucionais que sirvam de fundamento a demandas múltiplas e nas questões que, em razão da magnitude constitucional, devem ser examinadas pelo Supremo Tribunal Federal em controle difuso de constitucionalidade.

Segundo Luiz Manoel Gomes Junior,[17] "haverá repercussão em determinada causa/questão quando os reflexos da decisão a ser prolatada não se limitarem

---

[14] SOUZA, Bernardo Pimentel. *Dos recursos constitucionais*. Brasília: Brasília Jurídica, 2007, p. 111.
[15] TAVARES, André Ramos. *Curso de direito constitucional*. 7. ed. São Paulo: Saraiva, 2010, p. 343. Cita, BASTOS, Celso Ribeiro. *Hermenêutica e Interpretação Constitucional*, p. 59. Cita: BIELSA, Rafael. *La Proteción constitucional y el recurso extraordinario*, p. 349.
[16] DIDIER JR., Fredie; CUNHA, Leonardo José Carneiro. *Curso de direito processual civil*: meios de impugnação às decisões judiciais e processo nos tribunais. 8. ed. Salvador: JusPodivm, 2010. v. 3. p. 333/334.
[17] GOMES JUNIOR, Luiz Manoel. A repercussão geral da questão constitucional no recurso extraordinário. *Aspectos polêmicos e atuais dos recursos cíveis*. São Paulo: RT, 2006. v. 10. p.

apenas aos litigantes, mas também à coletividade. Não necessariamente a toda coletividade (país), mas de uma forma não individual".

Já no entendimento de Eduardo Alvim, "a possibilidade de essa atingir um grande espectro de pessoas ou um largo segmento social, uma decisão sobre assunto constitucional impactante, sobre tema constitucional muito controvertido, em relação à decisão que contrarie orientação do STF, que diga respeito à vida, à liberdade, à federação, à invocação do princípio da proporcionalidade, em relação a texto ou textos constitucionais, e, ainda, a outros valores conectados a texto constitucional que se alberguem debaixo da expressão repercussão geral".[18]

Marinoni e Arenhart[19] asseveram que a definição do termo repercussão geral será desenvolvida e paulatinamente construída pela exegese do Supremo. No entanto, atentam os referidos doutrinadores que é impossível ao Supremo Tribunal Federal delinear, em abstrato e para todos os casos, "o que é a questão constitucional de repercussão geral, pois essa interpretação está adstrita a circunstâncias fáticas posta nos autos, a saber: situações políticas e sociais, em que a questão constitucional, discutida no caso concreto".

De qualquer modo, os mais abalizados articulistas do processo civil, entre eles Alexandre Freitas Câmara, entendem que a repercussão geral tem a natureza jurídica de requisito específico de admissibilidade.[20] Nesse sentido: "O instituto da *repercussão* é um pressuposto recursal específico, ou seja, determinado recurso extraordinário somente poderá ser analisado em seu mérito se a matéria nele contida apresentar o que se deva entender como **dotada de repercussão geral**. Ausente a *repercussão geral*, não há como haver qualquer incursão no mérito do recurso".[21]

Embora persistam as discussões sobre a expressão *repercussão geral*, o importante é que o instituto vem sendo aplicado pelo Supremo Tribunal Federal, e suas matizes têm sido, devidamente, delineadas pela Corte. Para tanto, seguem os números obtidos com a implantação do instituto constitucional.

---

287 e seguintes; e *Arguição de Relevância* – A repercussão geral das questões constitucional e federal. Rio de Janeiro: Forense, 2001, p. 25 e seguintes.

[18] ALVIM, Eduardo Arruda. *Direito processual civil*. 3. ed. São Paulo: RT, 2010, p. 951.

[19] MARINONI, Luiz Guilherme; ARENHART, Sérgio Cruz. *Curso de processo civil*. 9. ed. São Paulo: RT, 2011. v. 2: processo de conhecimento. p. 566.

[20] CÂMARA, Alexandre Freitas. *Lições de direito processual civil*. 18. ed. Rio de Janeiro: Lumen Juris, 2010. v. III. p. 129.

[21] GOMES JUNIOR, Luiz Manoel. A repercussão geral da questão constitucional no recurso extraordinário. *Aspectos polêmicos e atuais dos recursos cíveis*. São Paulo: RT, 2006. v. 10, p. 287 e seguintes; e *Arguição de relevância* – A repercussão geral das questões constitucional e federal. Rio de Janeiro: Forense, 2001, p. 25 e seguintes.

4. A REPERCUSSÃO GERAL EM NÚMEROS: A MOROSIDADE DO SEU JULGAMENTO NO ÂMBITO DO SUPREMO TRIBUNAL FEDERAL E A NECESSIDADE DE INCIDÊNCIA DO PRINCÍPIO DA PRIORIZAÇÃO DO JULGAMENTO

A Emenda Regimental do Supremo Tribunal Federal nº 21, de 3 de maio de 2007, contribuiu para a sistematização do processamento dos recursos extraordinários no âmbito daquele Tribunal.

Assim, foi possível aferir, quantitativamente, por meio da compilação de dados estatísticos, os benefícios alcançados pela repercussão geral para redução da litigiosidade naquele tribunal. Contudo, por outro lado, surgiram novas questões, como das demandas que já tiveram a repercussão geral reconhecida, mas aguardam o julgamento do mérito processual.

Nesse contexto, no ano de 2007,[22] quando o instituto da repercussão geral passou a ser analisado pelo Supremo Tribunal Federal, mormente a partir do segundo semestre daquele ano, foram distribuídos 19.911 recursos extraordinários.

Ainda, no ano de 2008, o número de recursos extraordinários distribuídos foi de 21.532. Em 2009, foram interpostos 8.346 recursos extraordinários. Já em 2010, chegaram aos ministros do Supremo Tribunal Federal 6.734 recursos extraordinários. No ano de 2011, foram distribuídos 6.388 recursos extraordinários.

Com base em dados preliminares obtidos do sítio do Supremo Tribunal Federal, o número de recursos distribuídos aos Ministros do STF, no ano de 2012, soma o montante de 5.640[23] recursos extraordinários.

Como se observa dos dados estatísticos, é de clareza solar a evidente redução dos números de recursos extraordinários distribuídos aos ministros do Supremo Tribunal Federal, o que corrobora para uma justiça mais célere e torna humanamente possível o julgamento dos recursos extremos com o escopo de alcançar uma prestação jurisdicional eficaz.

Ademais, os dados estatísticos revelam uma nova preocupação, haja vista que, ao se reconhecer que determinada demanda tem repercussão geral, esses autos ficam aguardado o julgamento do mérito processual. Assim, com fulcro

---

[22] Dados extraídos do sítio do Supremo Tribunal Federal na *internet*, em consulta realizada em 21.12.2012. Disponível em: <http://www.stf.jus.br/portal/cms/verTexto.asp?pagina=pesquisaClasse&servico=estatistica>.

[23] Dados preliminares extraídos do sítio do Supremo Tribunal Federal na *internet*, última atualização: 10.12.2012. A consulta foi realizada em 21.12.2012. Disponível em: <http://www.stf.jus.br/portal/cms/verTexto.asp?pagina=pesquisaClasse&servico=estatistica>.

em dados[24] entabulados pelo sítio do Supremo Tribunal Federal, colhe-se que 72,97%, isto é, 324 demandas, com repercussão geral reconhecida, ainda não tiveram o mérito da ação julgada, enquanto que 27,03%, ou seja, 120 casos, já tiveram o mérito julgado.

Ocorre que várias das demandas que ainda não tiveram o mérito apreciado são originárias de recursos repetitivos e, por conseguinte, vários processos vão se acumulando nos tribunais e demais órgãos jurisdicionais, uma vez que se encontram sobrestados e aguardando o julgamento pela Corte maior.

Diante disso, criou-se um novo *gargalo processual*, mas agora não resultante da interposição de novos recursos, mas do não julgamento dentro da Corte dos recursos que já tiveram a repercussão geral reconhecida e ainda não tiveram o mérito julgado.

Atualmente, existem impressionantes **425.182** processos sobrestados em razão da repercussão geral.[25]

Essa é uma questão que deverá ser enfrentada pela Corte com o fim de buscar uma solução para otimização e dar celeridade aos julgamentos de demandas que se encontrem nessa situação processual. Não se pode resolver um problema criando outro de igual natureza.

Esse é um sério problema que precisa ser solucionado. O mais razoável seria atribuir a repercussão geral ao recurso extraordinário e já providenciar o mais rápido possível o seu julgamento. Teria incidência no caso o princípio da priorização do julgamento, que se fundamenta no princípio da duração razoável do processo (art. 5º, LXXIV, da CF). O mais adequado seria a realização de um estudo técnico de prognose para se estipular um prazo razoável para o julgamento da repercussão geral e, depois disso, estabelecer norma fixando o prazo limite de julgamento. É inadmissível conferir ao recurso extraordinário repercussão geral, e a causa ficar indefinidamente aguardando julgamento de mérito.

O certo é que com o instituto da repercussão geral ocorreu uma verdadeira diminuição na interposição de recursos extraordinários perante o Supremo Tribunal Federal. De posse dessa compilação de dados estatísticos, já é possível

---

[24] Dados extraídos do sítio do Supremo Tribunal Federal na *internet* do Núcleo de Estatística – Assessoria de Gestão Estratégica – 2011, última atualização: 06.12.2012, em consulta realizada em 21.12.2012.
Disponível em: <http://www.stf.jus.br/portal/cms/verTexto.asp?servico=jurisprudenciaRepercussaoGeral&pagina=numeroRepercussao>.

[25] Dados extraídos do sítio do Supremo Tribunal Federal na *Internet*, última atualização: 19.12.2012. A consulta foi realizada em 16.01.2013. Disponível em: <http://www.stf.jus.br/portal/cms/verTexto.asp?servico=estatistica&pagina=sobrestadosrg>.

conjecturar a implantação de um instituto, nesses moldes, em sede de recursos especial no âmbito do Superior Tribunal de Justiça. Aliás, esta era a ideia inicial quando da discussão da Reforma do Poder Judiciário.

5. DA POSSIBILIDADE DE AMPLIAÇÃO DA REPERCUSSÃO GERAL PARA O RECURSO ESPECIAL – A PEC N° 209/2012

5.1 Considerações iniciais sobre o recurso especial

O recurso especial foi criado pela Constituição de 1988 para aliviar a pauta do Supremo Tribunal Federal, subtraiu-se então à competência dessa Corte o controle da legalidade, que foi atribuído ao STJ.[26] Instalada em 7 de abril de 1989, pela sessão do Supremo Tribunal Federal, a nova Corte passou a exercer as competências que lhe conferem o art. 105 da Constituição Federal.[27]

Os recursos extraordinário e especial são considerados de direito estrito, uma vez que se abrange a defesa da ordem constitucional, no extraordinário, e a unidade e a integridade do direito federal infraconstitucional, no especial.

A competência constitucional atribuída aos dois Tribunais escora-se no cuidado de dar guarida ao direito objetivo, ou seja, as normas constitucionais e infraconstitucionais, evitando que a interpretação equivocada da lei possa alterar o seu sentido e a *ratio* da sua existência. A tarefa atribuída a essas cortes é propalar e pacificar, dentro da federação, a interpretação das normas constitucionais e infraconstitucionais, evitando a multiplicação de sentenças e acórdãos divergentes sobre um mesmo assunto, o que redundaria em uma manifesta instabilidade judicial.[28]

Por isso, lembra-nos Eduardo Alvim que "se existe unidade de entendimento no plano lógico-normativo, esta se desfaz no plano da atividade judicante ou aplicação múltipla da lei, por diversos órgãos, porque vários são os julgadores". Dessa forma, "o confronto dos julgadores, e a opção pelo tido como correto, expressada no julgamento concreto de recursos especiais, procura refazer a unidade de inteligência sobre os comandos normativos, e, com isso, reconduzir o direito à unidade para qual nasceu".[29]

---

[26] CUNHA, Sergio Servulo da. *Recurso extraordinário e recurso especial*. São Paulo: Saraiva, 2010, p. 141/142.
[27] SANTOS, Moacyr Amaral. *Primeiras linhas de direito processual civil*. 24. ed. São Paulo: Saraiva, 2010. v. 3. p. 185.
[28] MONTENEGRO FILHO, Misael. *Curso de direito processual civil*. 6. ed. São Paulo, 2010. v. 2: teoria geral dos recursos, recursos em espécie e processo de execução. p. 170.
[29] ALVIM, Eduardo Arruda. *Direito processual civil*. 3. ed. São Paulo: RT, 2010, p. 887.

Em efeito, para interposição do recurso especial exige-se que a causa tenha sido decidida em única ou última instância pelos Tribunais de Justiça ou pelos Tribunais Regionais Federais, como regra geral. Assim, exige-se a obrigatoriedade do esgotamento de todas as vias ordinárias e, por derradeiro, o pré-questionamento da matéria federal ventilada na decisão do recurso interposto na Corte *a quo*. De mais a mais, em um futuro próximo, exigir-se-á, igualmente, a demonstração da relevância da questão federal de natureza infraconstitucional para cognição do recurso especial.

O recurso especial possui características semelhantes ao extraordinário, o que também ocorre em relação às competências do Supremo Tribunal Federal e do Superior Tribunal de Justiça na condição de Tribunais de Superposição nacional quanto à interpretação final a ser conferida ao direito nacional constitucional, quanto ao primeiro; e ao direito nacional infraconstitucional comum, quanto ao segundo. Assim, o Superior Tribunal de Justiça possui, em termos de sobrecarga processual, problemas semelhantes aos do Supremo Tribunal Federal. A PEC 209/2012, que pretende atribuir a possibilidade de exigência de repercussão geral em sede de recurso especial, poderá ser também um caminho útil para diminuir a sobrecarga do Superior Tribunal de Justiça e fortalecer a uniformização das orientações do referido Tribunal. Contudo, é preciso cautela para que sejam evitados problemas semelhantes aos que estão ocorrendo no Supremo Tribunal Federal no que se refere à demora no julgamento dos recursos extraordinários em relação aos quais foi conferida repercussão geral.

5.2 A relevância da questão de direito federal infraconstitucional

A questão federal é corolário jurídico do federalismo, adotado pelo sistema constitucional brasileiro.[30] Dada essa importância, discute-se a necessidade de criação de filtro recursal mais eficaz na seara do direito infraconstitucional.

A Constituição Federal assegura a todos, como um direito fundamental, a razoável duração do processo, conforme preleciona o art. 5º, inciso LXXVIII, da Carta da República. Tal inciso tem como preocupação garantir maior presteza na tramitação de processos judiciais e administrativos, buscando, dessa forma, combater a morosidade do Poder Judiciário.

Segundo José Afonso da Silva, "processo com razoável duração já não significa, necessariamente, um processo veloz, mas um processo que deve andar

---

[30] SANTOS, Moacyr Amaral. *Primeiras linhas de direito processual civil*. 24. ed. São Paulo: Saraiva, 2010. v. 3. p. 186.

com certa rapidez, de modo a que as partes tenham uma prestação jurisdicional em tempo hábil".[31]

Atualmente, a morosidade configura-se como um dos maiores problemas enfrentados pelo Poder Judiciário, fator relegado aos inúmeros recursos disponíveis na nossa legislação infraconstitucional e, consequentemente, ao acúmulo despropositado de recursos e processos. Nesse cenário, tem-se vislumbrado a necessidade de implementar alternativas que melhorem e, por conseguinte, acelerem a prestação jurisdicional. Dessa forma, faz-se mister o desenvolvimento de ferramentas que otimizem os julgamentos dos processos.

Diante disso, tem se buscado a instalação de filtros que impeçam que os Tribunais Superiores atuem como terceira instância, apreciando decisões de segundo grau em que já aplicaram entendimento adotado nas Cortes Superiores.

Nesse flanco de análise, em fevereiro de 2006, foi publicada a Lei nº 11.276, alterando-se o art. 518 do CPC e instituindo a súmula impeditiva de recurso. Nesse momento, o foco do legislador era de fortalecer a sistemática vinculativa dos precedentes dos Tribunais Superiores.

Na linha do vetor normativo supradelineado, observa-se que vem sendo implementada nova fórmula no julgamento das questões reiteradas no âmbito do Superior Tribunal de Justiça. Para tanto, colhe-se que, em setembro de 2008, o Superior Tribunal de Justiça começou a julgar recursos especiais sob o rito dos recursos repetitivos, criado pelo art. 543-C do Código de Processo Civil. Nessa sistemática, quando houver multiplicidade de recursos com fundamento em idêntica questão de direito, caberá ao presidente do tribunal de origem admitir um ou mais recursos representativos da controvérsia e encaminhá-los ao Superior Tribunal de Justiça, ficando, os demais, com o julgamento sobrestado até o pronunciamento definitivo da Corte Superior.

Dessa forma, os acórdãos de recursos paradigmas possuem efeito orientador para casos semelhantes, tanto em curso no Superior Tribunal de Justiça como para os reiterados processos em segunda instância, impedindo, assim, a subida de recursos que sejam contrários ao já decidido pelo tribunal.

Essas foram importantes medidas legislativas propostas que tiveram o escopo de amenizar o fenômeno da sobrecarga de processos carreados ao Superior Tribunal de Justiça, e, consequentemente, tentaram permitir uma maior celeridade na tramitação das demandas. Todavia, apesar dos consideráveis efeitos positivos dessas medidas, persiste a elevada carga de distribuição de recursos, o que demonstra a importância de que seja dada continuidade aos debates sobre a

---

[31] SILVA, José Afonso da. *Comentário contextual à Constituição*. 6. ed. São Paulo: Malheiros, 2009, p. 177.

criação de novos mecanismos que possam fazer frente a este grave problema de congestão processual.

Com a finalidade de agregar celeridade e eficiência, faz-se necessário criar técnicas de gerenciamento de processos para evitar insegurança jurídica, decisões repetitivas sobre uma mesma matéria e de procedimentos preparatórios. Nesse mister, o Conselho Nacional de Justiça trouxe importante contribuição com a Resolução nº 160, de 19 de outubro de 2012, a qual incumbe aos Tribunais Superiores, Tribunais de Justiça e Tribunais Regionais Federais organizar Núcleo de Repercussão Geral e Recursos Repetitivos (NURER) no âmbito de suas estruturas administrativas.

A aludida resolução pretende uniformizar os procedimentos de gerenciamento dos processos que se encontram sobrestados nos Tribunais devido à aplicação das regras particulares de julgamento da repercussão geral e dos recursos repetitivos.

Ademais, outras propostas têm sido discutidas para dar celeridade à conclusão de uma disputa judicial. Para tanto, cita-se a súmula impeditiva de recurso que, como se pretende, será alçada ao plano constitucional. O texto da Proposta de Emenda à Constituição – PEC nº 358, de 2005, apresenta a introdução ao art. 105-A como o fim de estabelecer que o STJ poderá aprovar súmula impeditiva de recurso. Assim, segue a proposta apresentada:

> Art. 105-A. O Superior Tribunal de Justiça poderá, de ofício ou por provocação, mediante decisão de dois terços dos seus membros, após reiteradas decisões sobre a matéria, aprovar súmula que, a partir de sua publicação, constituir-se-á em impedimento à interposição de quaisquer recursos contra a decisão que a houver aplicado, bem como proceder à sua revisão ou cancelamento, na forma estabelecida em lei.
> § 1º A súmula terá por objetivo a validade, a interpretação e a eficácia de normas determinadas, acerca das quais haja controvérsia atual entre órgãos judiciários ou entre esses e a administração pública que acarrete grave insegurança jurídica e relevante multiplicação de processos sobre questão idêntica.
> § 2º Sem prejuízo do que vier a ser estabelecido em lei, a aprovação, revisão ou cancelamento de súmula poderá ser provocada originariamente perante o Superior Tribunal de Justiça por aqueles que podem propor a ação direta de inconstitucionalidade.
> § 3º São insuscetíveis de recurso e de quaisquer meios de impugnação e incidentes as decisões judiciais, em qualquer instância, que deem a tratado ou lei federal a interpretação determinada pela súmula impeditiva de recurso.

Conforme preleciona em seus artigos, a proposta possui um mecanismo semelhante ao das súmulas vinculantes do Supremo Tribunal Federal e pode acelerar a tramitação de processos e o trânsito em julgado das decisões judiciais.

Alinhavado nessa toada, foi apresentada a Proposta de Emenda à Constituição – PEC nº 209, de 2012, que pretende atribuir ao recurso especial o requisito de admissibilidade da repercussão da questão federal. Em rigor, a proposta segue transcrita dessa forma:

> Art. 1º Insere o § 1º ao art. 105, da Constituição Federal, renumerando o parágrafo único, da mesma norma constitucional, que passa a vigorar com a seguinte redação: 'Art. 105. (...)
> § 1º No recurso especial, o recorrente deverá demonstrar a relevância das questões de direito federal infraconstitucional discutidas no caso, nos termos da lei, a fim de que o Tribunal examine a admissão do recurso, somente podendo recusá-lo pela manifestação de dois terços dos membros do órgão competente para o julgamento. § 2º Funcionarão junto ao Superior Tribunal de Justiça: (...)

Ciente disso, a implementação dessa sistemática no âmbito do Superior Tribunal de Justiça, para o processamento dos recursos especiais, mostra-se razoável e necessária, haja vista que este tribunal encontra-se abarrotado de questões de menor relevância e que acabam por reproduzir, ainda que com outra roupagem, discussões já enfrentadas e decididas pela Corte, prejudicando, assim, o julgamento de questões de maior significado econômico, jurídico ou social, do ponto de vista institucional.

Insta ressaltar, no entanto, que para uma efetiva prestação jurisdicional, além do princípio da razoável duração do processo, deve ser resguardado o princípio da eficiência, pois, ainda que interdependente, este guarda relação direta no combate à morosidade da prestação jurisdicional. Um processo efetivo deve ter, além de uma razoável duração de seu tramite, uma prestação jurisdicional eficiente.

5.3 A reforma aplicada no âmbito infraconstitucional da relevância da questão de direito federal

Para a implantação da reforma na seara do recurso especial, primeiramente, faz-se imperioso distinguir o que é uma questão relevante de direito federal. Aqui, certamente, haverá divergência doutrinária na conceituação dessa expressão, assim como se observou sobre o termo repercussão geral.

De todo modo, a proposta de emenda constitucional relega à lei a incumbência de regulamentar e dar conteúdo normativo à cláusula geral do que se entenderá por questão relevante de direito federal. Desta feita, indubitavelmente, será essencial produzir reformas no Código de Processo Civil para se adequar ao futuro texto constitucional. Igualmente, deverá haver modificação no Regimento Interno do Superior Tribunal de Justiça com o escopo de regulamentar o processamento e julgamento das matérias consideradas de questão relevante.

Nesse ponto, em que pese tratar da repercussão geral, importa parafrasear e adaptar as palavras de Marinoni, sobre a questão relevante de direito federal, pois a definição desse termo será desenvolvida e paulatinamente construída pela exegese do Superior Tribunal de Justiça. Sobremais, jamais será possível a essa Corte delinear, em abstrato e para todos os casos, o que é a uma questão relevante de direito federal, dado que essa interpretação está adstrita a circunstâncias fáticas posta nos autos. Com efeito, caberá a jurisprudência da Corte delinear a aplicação desse novel instituto.

Questão importante será fixar qual o órgão competente para reconhecer que uma determinada demanda não tenha em seu bojo uma questão federal relevante. Isso se afigura, uma vez que, com fulcro no art. 2º do Regimento Interno do Superior Tribunal de Justiça, o organograma estrutural do tribunal é composto pelo Plenário e pelo seu Órgão Especial, denominado Corte Especial, e por três seções especializadas e seis turmas especializadas.

Nesse passo, registra-se que o Plenário é composto pela totalidade dos ministros, no mínimo 33 ministros, conforme art. 104 da Carta da República; e a Corte Especial constitui-se de 16 ministros, a saber: a Corte Especial será integrada pelos 15 ministros mais antigos e presidida pelo Presidente do Tribunal. As seções são formadas por dez ministros e as turmas por cinco membros.

Nesse particular, diante desse panorama estrutural do Superior Tribunal de Justiça, surge o ponto nevrálgico da questão: saber qual será o órgão dentro do tribunal que declarará que determinada lide não tenha relevância no que atina ao direito federal infraconstitucional.

Ao que tudo indica, parece que atribuir essa análise à Corte Especial do Tribunal deveria ser a tônica adotada pelo legislador infraconstitucional na feitura da norma que irá delimitar os meandros da aplicabilidade da questão da relevância. Dessa forma, consoante pretende a proposta constitucional, exigir-se-á que 2/3 do órgão, competente para julgamento, decida pela inexistência da questão relevante infraconstitucional. Isto é, se a Corte Especial do Tribunal for o órgão competente, será necessário o voto de 11 ministros dentre os 16 para recusa da relevância de direito federal infraconstitucional, na discussão de um caso concreto aposto no recurso especial.

Com efeito, se são 16 ministros, a composição da Corte Especial do Tribunal, somente o voto de 11 ministros, ou seja, dois terços, são necessários para negar a existência da questão relevante de direito federal infraconstitucional. Se a corte especial do Superior Tribunal de Justiça entender que está ausente a relevância da questão federal infraconstitucional, a consequência será o não conhecimento do recurso especial.

6. CONCLUSÕES

A repercussão geral é um forte instrumento para resguardar o papel do Supremo Tribunal Federal como Tribunal de superposição quanto ao direito federal constitucional. Contudo, é urgente a adoção de medidas que garantam a priorização do julgamento dos recursos extraordinários em relação aos quais foi atribuída a repercussão geral. Tem-se como importante a realização de estudo técnico para que seja estipulado prazo limite de julgamento para essas causas, com posterior edição normativa disciplinando a matéria.

Por outro lado, é indiscutível que a relevância da questão de direito federal infraconstitucional constitui-se importante filtro para a admissibilidade dos recursos interpostos no Superior Tribunal de Justiça. Esse filtro recursal poderá racionalizar e padronizar os procedimentos para o julgamento de demandas repetidas que aportam nessa referida Corte Superior. Tais controvérsias múltiplas trazem debates de questões que muitas vezes dizem respeito somente a interesses subjetivos das partes.

A questão federal infraconstitucional será um verdadeiro filtro para admissibilidade do recurso especial interposto perante o Superior Tribunal de Justiça e permitirá que esse órgão jurisdicional desempenhe melhor a sua função de fixar marcos e parâmetros seguros e objetivos para aplicação do direito federal infraconstitucional em todo o território nacional. Por isso, a orientação prevista na PEC nº 209/2012 será um novo e importante pressuposto específico de admissibilidade para cognição do recurso especial.

No que atina à aplicabilidade do procedimento, a reforma deverá estabelecer qual o órgão da estrutura do Superior Tribunal de Justiça terá a atribuição para deixar de reconhecer o recurso especial por falta de relevância da questão de direito nacional infraconstitucional. Ao que tudo indica, o órgão da estrutura orgânica do tribunal responsável para o julgamento dessas questões será a Corte Especial do STJ. Assim, o *quorum* será o de 2/3 dos membros que compõem a Corte Especial, ou seja, será necessário o voto de 11 ministros da Corte Especial do Superior Tribunal de Justiça para negar seguimento a recurso especial, por falta de relevância da questão de direito federal infraconstitucional.

Com fulcro nesse mister, resta clara a necessidade e a urgência de melhorias que vislumbrem a maior eficiência na apreciação dos recursos pelo Superior Tribunal de Justiça, o que notadamente foi abarcado pela proposta de implementação de novo requisito de admissibilidade ao recurso especial trazida pela proposta em tela.

Convém destacar, todavia, a importância de que a adoção do novo instrumento esteja amoldada às especificidades das funções e competências desse Tribunal, bem como ao princípio constitucional do acesso à prestação jurisdicional, especialmente no que se refere ao direito fundamental de duração razoável do processo, o que certamente será uma preocupação encampada quando da elaboração da norma regulamentadora.

Em face deste cenário, releva de importância que os magistrados aperfeiçoem sua competência gerencial para melhor desempenhar suas atividades, o que, inclusive, põe em evidência a necessidade da figura do juiz-gestor, que é fundamental para a efetiva implementação das mudanças e para a busca por uma Justiça de melhor qualidade.

A resposta célere e eficiente do Poder Judiciário à sociedade não é resultado apenas das funções jurídicas e judiciais desempenhadas pelos agentes do sistema de justiça, mas, também e com mais frequência e intensidade a cada dia, de uma boa administração processual, estrutural e material. Faz-se, assim, necessário que se discutam alterações não apenas normativas, como também mudanças no aspecto cultural tanto em relação aos operadores do direito geral quanto aos responsáveis pela boa gestão da máquina judiciária.

REFERÊNCIAS

ALVIM, Eduardo Arruda. *Direito processual civil*. 3. ed. São Paulo: RT, 2010.

AMORIM, Aderbal Torres de. *O novo recurso extraordinário: hipóteses de interposição, repercussão geral, amicus curiae, processamento, jurisprudência, súmulas aplicadas*. Porto Alegre: Livraria do Advogado, 2010.

ARRUDA ALVIM NETTO, José Manoel de. *A arguição de relevância*. São Paulo: RT, 1988.

-----. A alta função jurisdicional do Superior Tribunal de Justiça no âmbito do recurso especial e a relevância das questões. *Revista de Processo* n. 96. São Paulo: RT, 1999.

AZEM, Guilherme Beux Nassif. *Repercussão geral da questão constitucional no recurso extraordinário*. Porto Alegre: Livraria do Advogado Editora, 2009.

BUENO, Cássio Scarpinella. *Curso sistematizado de direito processual civil*. 2. ed. São Paulo. Saraiva, 2010. v. 5: recursos, processos e incidentes nos tribunais, sucedâneos recursais: técnica de controle das decisões jurisdicionais.

BULOS, Uadi Lammêgo. *Curso de direito constitucional*. 2. ed. São Paulo: Saraiva, 2008. CÂMARA, Alexandre Freitas. *Lições de direito processual civil*. 18. ed. Rio de Janeiro: Lumen Juris, 2010. v. III.

CARRION, Valentin. *Comentários à Consolidação das Leis do Trabalho*: legislação complementar/jurisprudência. 33. ed. São Paulo: Saraiva, 2008.

CARVALHO, Kildare Gonçalves. *Direito constitucional, Teoria do Estado e da Constituição, direito constitucional positivo.* 17. ed. Belo Horizonte: Del Rey, 2011.

CRISPIN, Miriam Cristina Generoso Ribeiro. *Recurso especial e recurso extraordinário:* questões pontuais sobre a admissibilidade e a procedibilidade no direito processual. São Paulo: Pillares, 2006.

CUNHA, Sergio Servulo da. *Recurso extraordinário e recurso especial.* São Paulo: Saraiva, 2010.

DANTAS, Bruno. *Repercussão geral*: perspectivas histórica, dogmática e de direito comparado: questões processuais. 3. ed. São Paulo: RT, 2012.

DIDIER JR., Fredie; CUNHA, Leonardo José Carneiro. *Curso de direito processual civil*: meios de impugnação às decisões judiciais e processo nos tribunais. 8. ed. Salvador: JusPodivm, 2010. v. 3.

FUX, Luiz. *Curso de direito processual civil*: processo de conhecimento. 4. ed. Rio de Janeiro: Forense, 2008. v. I.

GELLI, María Angélica. *Constitución de la Nación Argentina – Comentada e Concordada.* Buenos Aires: La Ley, 2004.

GOMES JUNIOR, Luiz Manoel. A repercussão geral da questão constitucional no recurso extraordinário. *Aspectos polêmicos e atuais dos recursos cíveis.* São Paulo: RT, 2006. v. 10.

-----. *Arguição de relevância – A repercussão geral das questões constitucional e federal.* Rio de Janeiro: Forense, 2001.

-----. *O pressuposto da transcendência no recurso de revista* – considerações iniciais. Revista de Direito do Trabalho, v. 104, p. 102-120. São Paulo: RT, 2001.

LEITE, Carlos Henrique Bezerra. *Curso de direito processual do trabalho.* 6. ed. São Paulo: LTr, 2008.

MARINONI, Luiz Guilherme; ARENHART, Sérgio Cruz. *Curso de processo civil.* 9. ed. São Paulo: RT, 2011. v. 2: processo de conhecimento.

MARTINS, Sergio Pinto. *Comentários à CLT.* 15. ed. São Paulo: Atlas, 2011.

-----. *Direito processual do trabalho*: doutrina e prática forense, modelo de petições, recursos, sentenças e outras. 31. ed. São Paulo: Atlas, 2010.

MENDES, Gilmar Ferreira; COELHO, Inocêncio Mártires; BRANCO, Paulo Gustavo Gonet. *Curso de direito constitucional.* 7. ed. São Paulo: Saraiva, 2012.

MONTENEGRO FILHO, Misael. *Curso de direito processual civil.* 6. ed. São Paulo, 2010. v. 2: teoria geral dos recursos, recursos em espécie e processo de execução.

MORAIS, Alexandre. *Direito constitucional.* 23. ed. São Paulo: Atlas, 2008.

SANTIAGO, Legarre. *El requisito de la trascendencia en el recurso extraordinario.* Buenos Aires: Abeledo-Perrot, 1994.

SANTOS, Moacyr Amaral. *Primeiras linhas de direito processual civil.* 24. ed. São Paulo: Saraiva, 2010. v. 3.

SILVA, José Afonso da. *Curso de direito constitucional positivo*. 34. ed. São Paulo: Malheiros, 2011.

SOUZA, Bernardo Pimentel. *Dos recursos constitucionais*. Brasília: Brasília Jurídica, 2007.

TANIGUCHI, Yasuhei. O Código de Processo Civil Japonês de 1996 – um processo para o próximo século. *RePro* 99/62. São Paulo: RT, 2000.

TAVARES, André Ramos. *Curso de direito constitucional*. 7. ed. São Paulo: Saraiva, 2010.

THEODORO JÚNIOR, Humberto. *Curso de direito processual civil*: teoria geral do direito processual civil e processo de conhecimento. 47. ed. Rio de Janeiro: Forense, 2007. v. 1.

VIANA, Ulisses Schwarz. *Repercussão geral sob a ótica da teoria dos sistemas de Niklas Luhmann*. São Paulo: Saraiva, 2010.

14

O *WRIT OF CERTIORARI* E SUA INFLUÊNCIA SOBRE O INSTITUTO DA REPERCUSSÃO GERAL DO RECURSO EXTRAORDINÁRIO

ANA CAROLINA SQUADRI SANTANNA
Mestranda em Direito Processual na UERJ.
Procuradora Federal.

HUMBERTO DALLA BERNARDINA DE PINHO
Professor na UERJ e na UNESA.
Promotor de Justiça no RJ.

SUMÁRIO: 1. Introdução – 2. *Writ of certiorari*: conceito, origem e disciplina atual; 2.1 Disciplina atual – 3. A prática na Suprema Corte – 4. A repercussão geral do recurso extraordinário – 5. Exame comparativo entre os institutos – 6. Considerações finais – Referências.

> "The U.S. Supreme Court has a position of authority unlike that of any other judicial tribunal in the world".[1]

1. INTRODUÇÃO

Inspirada no direito estadunidense, a Emenda Constitucional 45/2004 introduziu uma nova condição de admissibilidade para o recurso extraordinário, o

---

[1] HAZARD JR., Geoffrey C.; TARUFFO, Michele. *American Civil Procedure, an introduction.* New Haven: Yale Press, 1993. p. 68.

qual atua como mecanismo de filtro recursal com o objetivo de conferir celeridade ao processo ao racionalizar a atuação do STF. Além disso, possibilita uma maior garantia à isonomia entre os jurisdicionados, tendo em vista a eficácia da decisão expandida para outros processos com questões idênticas.

A Emenda Constitucional 45/2004 marca a atual fase do STF, que se caracteriza pelo encerramento da função meramente revisora dos tribunais inferiores, para se tornar um órgão de cúpula do Judiciário debruçado sobre questões de relevância política, econômica, social e jurídica.[2]

O recurso extraordinário passa a ter como principal objetivo garantir a superioridade da Constituição, conforme o modelo de constitucionalismo praticado no momento atual, calcado na "supremacia da Constituição, no controle de constitucionalidade, na supremacia judicial e na ativa proteção dos direitos fundamentais".[3]

Apesar de a repercussão geral ter sido introduzida no ordenamento jurídico brasileiro em 2004, sendo regulamentada somente em 2006 pela Lei 11.418 e em 2007, pelo Regimento Interno do STF 21/2007, pode-se afirmar que se trata de um instituto recente em comparação com o instrumento similar norte-americano, denominado *writ of certiorari*, que vigora naquele país desde 1891.

O objetivo do presente trabalho é estudar um pouco o *writ of certiorari* e, consequentemente, o modo de atuação da Suprema Corte dos Estados Unidos como forma de contribuição para a evolução da repercussão geral, principalmente no que se refere à sua consolidação.

2. *WRIT OF CERTIORARI*: CONCEITO, ORIGEM E DISCIPLINA ATUAL

O controle de constitucionalidade exercido pela Suprema Corte dos Estados Unidos é uma criação jurisprudencial, sendo seu início marcado pelo julgamento Marbury v. Madison, realizado em 1803. A partir daí consolidou-se a competência da Suprema Corte como intérprete da Constituição e garantidora dos direitos ali previstos.[4]

---

[2] COUTO, Mônica Bonetti. Objetivação do Recurso Extraordinário: Notável Tendência? *Revista Dialética de Direito Processual*, n. 83, fev. 2010, p. 87-94.

[3] BARROSO, Luís Roberto. A americanização do direito constitucional e seus paradoxos: teoria e jurisprudência constitucional no mundo contemporâneo. Disponível em: <www.luisrobertobarroso.com.br>. Acesso em: 12 nov. 2012.

[4] "These enormous legal powers are not explicitly stated in the Constitution. They were asserted in primal form in the seminal decision of Marbury v. Madison in 1803 and have

Em 1891, foi introduzido no ordenamento norte-americano o instituto do *writ of certiorari*,[5] o qual confere discricionariedade para a Suprema Corte no conhecimento das apelações, o que significa um juízo político na apreciação de um caso.[6]

Primordialmente, a atuação da Suprema Corte norte-americana era bastante restrita no que tange ao alcance da jurisdição em determinadas matérias. Embora a Constituição não tivesse previsto qualquer regra de restrição de competência, os membros da Corte elaboravam doutrinas a partir dos julgamentos, limitando o controle de constitucionalidade exercido pelo Tribunal. Isso porque a Suprema

---

been repeatedly reasserted and expanded in the nearly two centuries since. From time to time the Supreme Court's authority has been challenged. In 1832, for example, President Andrew Jackson reportedly said of Marshall: 'John Marshall has made his decision: now let him enforce it!' The American Civil War was in part a reaction against the Supreme Court's proslavery decision in Dred Scott v. Sandford in 1856. Southern states defied the Supreme Court following its decision in Brown v. Board of Education. President Nixon left it doubtful for a time whether he would acquiesce in the Supreme Court's decision subjecting him to the order of a federal court. The product of these controversies, however, has been a strong public commitment to the legitimacy of the Supreme Court's authority and a corresponding acceptance of the authority in the lower federal and state courts" (HAZARD JR., Geoffrey C.; TARUFFO, Michele. *American Civil Procedure, an introduction*. New Haven: Yale Press, 1993. p. 70). No mesmo sentido, identificando a posição singular ocupada pela U.S. Supreme Court num contexto comparativo: LEGEAIS, Raymond. *Grands systèmes de droit contemporains*. Paris: Litec, 2004. p. 111-112.

[5] "Parties who are not satisfied with the decision of a lower court must petition the U.S. Supreme Court to hear their case. The primary means to petition the court for review is to ask it to grant a *writ of certiorari*. This is a request that the Supreme Court order a lower court to send up the record of the case for review. The Court usually is not under any obligation to hear these cases, and it usually only does so if the case could have national significance, might harmonize conflicting decisions in the federal Circuit courts, and/or could have precedential value. In fact, the Court accepts between 100-150 of the more than 7,000 cases that it is asked to review each year. Typically, the Court hears cases that have been decided in either an appropriate U.S. Court of Appeals or the highest Court in a given state (if the state court decided a Constitutional issue). The Supreme Court has its own set of rules. According to these rules, four of the nine Justices must vote to accept a case. Five of the nine Justices must vote in order to grant a stay, e.g., a stay of execution in a death penalty case. Under certain instances, one Justice may grant a stay pending review by the entire Court" (Disponível em: <http://www.uscourts.gov/EducationalResources/ConstitutionResources//Separ/ationOfPowers/USSupremeCourtProcedures.aspx>. Acesso em: 15 jun. 2012).

[6] ALVIM, Arruda. A EC n. 45 e o instituto da repercussão geral. In: WAMBIER, Teresa Arruda Alvim *et. al.* (coord.). *Reforma do Judiciário*: primeiros ensaios críticos sobre a EC n. 45/2004. São Paulo: RT, 2005. p. 71 apud AZEM, Guilherme Beux Nassif. *Repercussão geral da questão constitucional no recurso extraordinário*. Porto Alegre: Editora Livraria do Advogado, 2009. p. 42.

Corte buscava um equilíbrio entre os poderes por meio da moderação do desempenho de suas atividades.

A primeira restrição estabelecida pela Suprema Corte foi denominada de "regra do caso duvidoso", a qual consistia no julgamento pelo Tribunal somente de inconstitucionalidades evidentes.[7]

Além da preocupação com a divisão de funções entre os poderes, a Suprema Corte preferia se abster de julgar questões políticas, uma vez que entendiam que somente os poderes políticos eleitos poderiam adentrar para esse tipo de debate, devendo o Judiciário adotar uma postura de autocontenção (*self restraint*). Trata-se da doutrina das questões políticas desenvolvida pela Suprema Corte. Em 1962, o juiz William Brennan apontou no caso Baker v. Carr as matérias que não deveriam ser julgadas pelo Tribunal em razão de a lide possuir um aspecto político relevante a ser enfrentado por algum outro poder.

Na mesma linha da doutrina da questão política, Larry Kramer entende que outra característica da atuação da Corte referia-se ao "constitucionalismo popular", que é a interpretação final do que é constitucional pelo povo, não pelo Judiciário.[8]

Ademais, a Suprema Corte exercia um controle de constitucionalidade maior nas leis estaduais, enquanto, no que se refere ao Direito Federal, o Tribunal limitava sua competência por razões de respeito ao Poder Legislativo de âmbito nacional.

Enfim, o perfil da Cúpula do Judiciário norte-americano era de um órgão acuado, que restringia sua própria atuação.

No entanto, a partir do século XX, a Suprema Corte assumiu o papel central de garantidora da democracia e, por isso, deixou de conferir uma atuação restrita às suas atividades.

Primeiramente, foram abandonadas as doutrinas supramencionadas, as quais limitavam a competência da Corte. O controle de constitucionalidade das normas deixou de ser considerado uma questão política e a interpretação da Constituição pelo Judiciário passou a ser considerada superior em relação àquela realizada

---

[7] "Por razões de peso, tem sido assumido como um princípio na construção constitucional pela Suprema Corte dos Estados Unidos, por esta corte, e por todas outras cortes com boa reputação nos Estados Unidos, que um ato da legislatura não deve ser declarado nulo a menos que a violação da constituição seja tão manifesta a ponto de não deixar espaço para dúvida razoável" (THAYER, James Bradley. The Origin and Scope of the American Doctrine of Constitutional Law. *Harvard Law Review* 129 (1893) apud BERMAN, José Guilherme. *Repercussão Geral no Recurso Extraordinário*: origens e perspectivas. Curitiba: Juruá, 2009. p. 34).

[8] KRAMER, Larry. Foreword: We the Court. *Harvard Law Review*, v. 115, n. 1, 2001, p. 16-73.

por outros Poderes, razão pela qual a decisão da Suprema Corte deve vincular o Executivo e o Legislativo.

Desse modo, a supremacia judicial supera a doutrina do constitucionalismo popular, sendo a Corte marcada por sua atuação mais ambiciosa.

Com a expansão dos casos submetidos ao *writ of certiorari*, a Suprema Corte destaca-se dos demais tribunais, tendo em vista que possui a prerrogativa de escolher os casos que irá julgar conforme a relevância da matéria e cujo efeito irá repercutir em indivíduos que estão fora da relação processual.

Portanto, a atuação restrita da Suprema Corte cedeu para a supremacia judicial, que tem como característica o exercício mais ambicioso do controle de constitucionalidade pelo Tribunal. Por sua vez, o *writ of certiorari* possibilita que a Corte selecione, de acordo com seus próprios critérios, quais questões deverão ser apreciadas, deixando de exercer um papel secundário de revisor de tribunais para determinar a interpretação de matérias consideradas relevantes e transcendentes.

2.1 Disciplina atual

Conforme o exposto, o *certiorari* é o instrumento usado pela Suprema Corte para decidir acerca da admissibilidade da maior parte dos casos que chegam à Corte.[9]

De acordo com o Regulamento da Suprema Corte dos Estados Unidos, o controle de constitucionalidade no *writ of certiorari* não é um direito da parte, mas sim uma discricionariedade jurisdicional.[10]

Além disso, dispõe que o recurso somente será admitido caso a parte apresente razões convincentes para isso, sendo dificilmente admitida quando a principal questão referir-se à matéria de fato ou acerca da aplicação inapropriada de uma norma.[11]

---

[9] "An extraordinary writ issued by an appellate court, at its discretion, directing a lower court to deliver the record in the case for review. The US Supreme Court uses certiorari to review most of the cases that it decides to hear" (GARNER, Bryan A. [Editor in Chief]. *Black's Law Dictionary*. 7th edition. St. Paul: West, 2000. p. 179).

[10] Regra 10. Regulamento disponível em: <http://www.supremecourt.gov/ctrules/2010RulesoftheCourt.pdf>. Acesso em: 12 nov. 2012.

[11] "A petition for a writ of certiorari will be granted only for compelling reasons. (...) A petition for a writ of certiorari is rarely granted when the asserted error consists of erroneous factual findings or the misapplication of a properly stated rule of law" (Regra 10 do Regulamento).

Embora o Regulamento apresente hipóteses de admissibilidade,[12] destaca que é somente um rol exemplificativo de casos, como o recurso cujo objeto trata de uma decisão importante de direito federal proferida por um Tribunal Estadual ou pela Corte Federal de Apelação, que contrarie uma decisão relevante da Suprema Corte.

Mesmo nessas hipóteses dadas como exemplo pelo Regulamento, Lawrence Baum afirma que, com o aumento de volume de processos referentes a esses tipos de conflito (divergência entre tribunais), a Suprema Corte deixou de julgar muitos deles.[13] Portanto, não é o tipo de conflito que determina sua apreciação pelo Tribunal, depende também da presença de outros fatores.

Na lição de Bruno Dantas,

> há fluidez nos critérios que orientarão a Suprema Corte no exercício da jurisdição em *certiorari*. O único critério objetivo que se permitiu transparecer foi o da divergência jurisprudencial, que nos países de *common law* tem um significado diferenciado em relação aos de *civil law*. Quando a divergência ocorre entre tribunais de mesma hierarquia, ou entre tribunais entre os quais não existe vinculação hierárquica, a intervenção da suprema Corte pode se justificar meramente para o exercício da função uniformizadora. Quando o caso for de divergência entre a jurisprudência da Suprema Corte e o entendimento do Tribunal *a quo*, além da uniformização, existe a necessidade de se restaurar o *stare decisis* violado pelo julgado que desrespeitou o precedente da Suprema Corte.[14]

---

[12] "(a) a United States court of appeals has entered a decision in conflict with the decision of another United States court of appeals on the same important matter; has decided an important federal question in a way that conflicts with a decision by a state court of last resort; or has so far departed from the accepted and usual course of judicial proceedings, or sanctioned such a departure by a lower court, as to call for an exercise of this Court's supervisory power;

(b) a state court of last resort has decided an important federal question in a way that conflicts with the decision of another state court of last resort or of a United States court of appeals;

(c) a state court or a United States court of appeals has decided an important question of federal law that has not been, but should be, settled by this Court, or has decided an important federal question in a way that conflicts with relevant decisions of this Court" (Regra 10 do Regulamento).

[13] "Um estudo dos períodos de sessões de 1971 e 1972 estimou que entre os casos rejeitados durante tais períodos estiveram 93 com conflitos diretos entre cortes de apelação e outros 65 com conflitos 'parciais fortes'" (BAUM, Lawrence. *A Suprema Corte Americana*. Tradução Élcio Cerqueira. Rio de Janeiro: Forense Universitária, 1987. p. 151).

[14] DANTAS, Bruno. *Repercussão geral*. 2. ed. São Paulo: RT, 2009. p. 105.

Embora a Suprema Corte possua assento constitucional, sua competência pode ser limitada pelo Congresso Nacional, porém não deve dispor de maneira que controle o mérito das decisões ou que viole o devido processo legal.[15]

Além do Poder Legislativo, a própria Corte estabelece restrições à sua competência. Em razão da elevação de número de processos da Suprema Corte, criaram-se as denominadas "doutrinas de acesso" para o controle de constitucionalidade de uma maneira em geral, que são verdadeiros óbices processuais ou de mérito para o julgamento naquela instância.

Os óbices estabelecidos pela Corte determinam quais recursos serão analisados em última instância, bem como quais questões políticas serão apreciadas. Ao decidir a respeito dos critérios de admissibilidade, o fundamento é breve e pouco esclarecedor. De acordo com Lawrence Baum, na prática, raramente se explica o indeferimento do recurso.[16]

A primeira restrição refere-se à impossibilidade da função consultiva do órgão, devendo sua decisão solucionar a lide apresentada pelo recurso. Essa doutrina de acesso é conhecida como *justiciability* ou justiciabilidade.

A doutrina *standing* elaborada pela Corte assemelha-se ao interesse de agir do ordenamento brasileiro, podendo ser sintetizado em três aspectos: "1) o caso deve envolver uma disputa real, e não meramente abstrata; 2) a parte deve possuir interesse em agir, no sentido de a não interferência do Judiciário causar-lhe algum dano; e 3) o dano sofrido pela parte litigante deve ser direto e pessoal, de maneira que seu interesse no litígio seja direto e imediato".[17]

Ademais, a Corte não julga aqueles casos que não estão maduros para serem decididos pela cúpula do Judiciário, evitando, assim, que a matéria se torne um precedente para os demais processos (doutrina *ripeness*). Por outro lado, a Suprema Corte também não julga as lides cujo objeto tenha sido levado ao Tribunal tardiamente, de modo que não será conferida uma utilidade prática ao conflito (doutrina *mootness*).

---

[15] PINTO, José Guilherme Berman Corrêa; VIEIRA, José Ribas. PONTIFÍCIA UNIVERSIDADE CATÓLICA DO RIO DE JANEIRO Departamento de Direito. *Repercussão geral de writ of certiorari*. 2006. Dissertação (Mestrado em Direito) – Pontifícia Universidade Católica do Rio de Janeiro, Rio de Janeiro, 2006. Disponível em: <http://www2.dbd.puc-rio.br/pergamum/biblioteca/php/mostrateses.php?open=1&arqtese=0410804_06_Indice.html>. Acesso em: 12 nov. 2012.

[16] BAUM, Lawrence. *A Suprema Corte Americana*. Tradução Élcio Cerqueira. Rio de Janeiro: Forense Universitária, 1987. p. 148.

[17] BAUM, Lawrence. Op. cit.

Conforme já mencionado, ainda vigora a doutrina das questões políticas, porém somente para determinados casos, como assuntos de ordem internacional e de segurança pública.

Lawrence Baum afirma que o critério para julgamento do recurso pela Suprema Corte está relacionado à existência de questão jurídica relevante que ainda não tenha sido julgada pelo Tribunal, bem como conflito entre Cortes de Apelação acerca de questão jurídica ainda não apreciada, contrariedade às decisões da Corte, entre outros.[18] No que se refere à relevância da questão como condição para o caso ser julgado pela Suprema Corte, há previsão na Regra 11 do Regulamento.[19]

Desde 1980, o recorrente deve apresentar na primeira página do recurso as questões referentes à lide, sendo que, para serem admitidas, é necessário que não sejam demasiadamente restritas às partes, isto é, devem satisfazer o requisito da transcendência. Nessa época, a Suprema Corte excepcionalmente admitia o recurso quando era a hipótese de grave injustiça cometida pelo Tribunal inferior.

Ainda segundo Lawrence Baum, a relevância do caso somente indica uma chance elevada de o recurso ser aceito pela Corte, mas não há uma certeza, conforme várias recusas desse tipo.[20] Os motivos para a inadmissibilidade do recurso são variados, desde a concordância com a decisão do Tribunal *a quo* até a inércia proposital para não julgar uma questão difícil.[21]

O autor sustenta que os processos que têm como recorrente o Governo Federal têm grande probabilidade de serem conhecidos pela Corte, tendo em vista que os advogados selecionam os casos mais relevantes, os que provavelmente serão aceitos.

Como a Regra 10 refere-se apenas a um rol exemplificativo e as decisões de conhecimento do *writ* não são fundamentadas e raramente são publicados os votos, há uma significativa dificuldade em estabelecer doutrinariamente condições de admissibilidade do *writ of certiorari*.

---

[18] BAUM, Lawrence. Op. cit., p. 148.
[19] "A petition for a writ of certiorari to review a case pending in a United States court of appeals, before judgment is entered in that court, will be granted only upon a showing that the case is of such imperative public importance as to justify deviation from normal appellate practice and to require immediate determination in this Court. See 28 U. S. C. § 2101(e)".
[20] BAUM, Lawrence. Op. cit., p. 153.
[21] Caso raro que a Corte foi compelida a julgar, trata da decisão que obrigou o Presidente Nixon a entregar fitas com gravações de suas conversas a um tribunal federal. Idem.

Um estudo realizado por Lee Epstein, Jefrey A. Segal e Jennifer Nicoll Victor sugere que a dinâmica da interpretação da legislação pela Suprema Corte norte-americana é um reflexo da alternância da política adotada pelo Congresso e pela Presidência, uma vez que os juízes julgam com um olho no Legislativo e outro no Executivo, visando, com isso, que suas decisões não sejam desautorizadas.[22] De certa forma, essa dinâmica também influencia a agenda da Corte, no sentido de serem admitidas as petições que tratam de matérias politicamente interessantes de serem julgadas.

No que concerne às exigências de ordem formal, as partes não podem deixar de atender às normas do Regulamento da Corte que estabelecem requisitos para apreciação dos recursos. Cumpre destacar que o Regulamento prevê requisitos de uma maneira geral e outros para petições dos pobres, chamadas de *proceeding in forma pauperis*, os quais exigem um custo menos elevado para as partes. Um dos requisitos refere-se a uma quantidade de cópias dos documentos constantes dos autos, que, se não for observado, a petição será negada pela Corte.[23]

No entanto, esses requisitos nem sempre são fáceis de interpretar, havendo opiniões divergentes dos juízes a respeito de alguns deles, como a legitimidade do recorrente, por exemplo. Lawrence Baum sustenta que por trás da disputa do conhecimento ou não de um recurso está a pré-compreensão do juiz com relação ao objeto e, por isso, deve ser levado em consideração no estudo do tema.

Considerando a falta de clareza com relação às normas de legitimidade, elas também podem servir de mecanismo de filtro de acesso para a Suprema Corte.[24]

Com relação às decisões que poderão ser tomadas pela Corte, a Regra 16 prevê que, se for admitido o *writ*, as partes serão convocadas para prestar seus argumentos por escrito e oralmente. Também é possível que a Corte profira uma decisão sumária de mérito, que depende da votação de seis juízes.[25]

---

[22] EPSTEIN, Lee; SEGAL, Jefrey A.; VICTOR, Jennifer Nicoll. Dynamic Agenda-Settig on The United States Supreme Court: an empirical assessment. *Harvard Journal on Legislation*, vol. 39, p. 398.

[23] "1. Except as provided in paragraph 2 of this Rule, the petitioner shall file 40 copies of a petition for a writ of certiorari, prepared as required by Rule 33.1, and shall pay the Rule 38(a) docket fee. 2. A petitioner proceeding *in forma pauperis* under Rule 39 shall file an original and 10 copies of a petition for a writ of certiorari prepared as required by Rule 33.2, together with an original and 10 copies of the motion for leave to proceed *in forma pauperis*. A copy of the motion shall precede and be attached to each copy of the petition. An in mate confined in an institution, if proceeding *in forma pauperis* and not represented by counsel, need file only an original petition and motion" (Regra 12 do Regulamento).

[24] BAUM, Lawrence. Op. cit., p. 151.

[25] "After considering the documents distributed under Rule 15, the Court will enter an appropriate order. The order may be a summary disposition on the merits" (Regra 16 do Regulamento).

O quórum para admitir o *writ* não provém de uma regra escrita, mas de um costume denominado "regra dos quatro", o qual significa que, se dos nove juízes, quatro votarem para o conhecimento do *writ*, o mérito será analisado.

Enfim, a aceitação do recurso pela Corte baseia-se num "complexo conjunto de considerações",[26] sendo dois os critérios mais significativos: a relevância da matéria e as questões políticas pertinentes à lide.

3. A PRÁTICA NA SUPREMA CORTE

Nos anos 1980, a Suprema Corte americana sofreu um impacto na sua carga de trabalho em razão do aumento significativo de volume de litígios. De 1963 até 1983 o acúmulo de processos foi quase o dobro.

Todavia, se antes a maior parte dos processos eram cíveis, na década de 1980 passaram a ser criminais, principalmente, envolvendo questões de violação ao devido processo legal. Segundo Lawrence Baum, o caso típico julgado pela Suprema Corte passa a ser "da reclamação de um réu criminal de que um direito de devido processo previsto na Décima Quarta Emenda foi violado durante o julgamento".[27]

São vários os fatores para o acúmulo de processos, sendo um deles o crescimento da população americana. Essa mudança na sociedade foi sentida não somente pelo Judiciário, mas também por outros órgãos públicos. Em decorrência da elevação populacional, ocorreu o aumento da criminalidade nos Estados Unidos, que inevitavelmente acarretou na sobrecarga de processos criminais da Suprema Corte.

Outro fator que contribuiu para o crescimento de processos foi a conscientização dos seus direitos pela sociedade norte-americana, dando um vigor ao ajuizamento de ações para reivindicar a atuação do Estado. Lawrence Baum exemplifica o aumento da consciência dos direitos com o "movimento em defesa dos direitos civis dos negros, que tem sido diretamente responsável por impressionante número de casos na Suprema Corte".[28]

O autor mencionado também cita como fonte do aumento de volume de processo a elaboração de legislação concernente a direitos civis, a previdência social, bem como a expansão de leis criminais.

Todavia, o fator mais relevante foi o agigantamento do papel desempenhado pela Suprema Corte, refletido na flexibilidade das condições de admissibilidade

---

[26] BERMAN, José Guilherme. *Repercussão geral no Recurso Extraordinário*: origens e perspectivas. Curitiba: Juruá, 2009. p. 47.
[27] BERMAN. Op. cit., p. 161.
[28] BERMAN. Op. cit., p. 162.

de um recurso, ou seja, as portas da Corte estavam abertas para os litígios que chegavam até ela, principalmente no que diz respeito àqueles que não possuíam condições de arcar com o custo do processo.

Além disso, o jurisdicionado é estimulado a recorrer na Suprema Corte dependendo do litígio judicial. Como exemplo, a partir dos anos 1940, a Corte demonstra disposição em julgar casos que envolvam questões de direitos fundamentais, como o apoio à igualdade para a minoria racial.

Embora a carga de trabalho nos tribunais seja um tema atual, o descontentamento dos juízes da Suprema Corte remonta ao final do século XIX, que desde então procuram resolver essa questão controlando o acesso à Corte.

Com espírito colaborativo, o congresso editou em 1891 a Lei das Cortes de Apelação, a qual criou tribunais de Apelação anteriores à Suprema Corte, além de conferir discricionariedade à mais alta Corte para decidir pelo recebimento ou não dos recursos. Também em 1925 foi editada a Lei Judicia, que estabeleceu que a maior parte dos casos seria tratada por meio de carta requisitória, para a qual poderia ser negado o pedido de apreciação.[29]

Desse modo, a Corte passou a ter liberdade de optar pelas causas que iria julgar, moldando, assim, um perfil mais definido acerca do seu papel. De acordo com Lawrence Baum, os juízes preferiam julgar questões mais relevantes suscitadas pela parte. Com o tempo, a Corte passou de "uma corretora de erros para o árbitro efetivo da forma federal de governo".[30]

Apesar de a Suprema Corte restringir o acesso de recursos, não deixaram de chegar mais e mais casos, causando problemas na sobrecarga de processos pendentes e na efetividade da prestação jurisdicional. Isso porque a Corte permanece com a função de triagem dos processos relevantes e esses tipos de caso aparecem em maior quantidade.

Uma primeira reação foi o aumento da responsabilidade do trabalho dos assessores jurídicos, o que levou a uma redução do controle da entrada de processos na Corte.

O Presidente da Corte Warren Burger, atento a esses problemas, criou em 1971 um "Grupo de Estudo sobre o Acúmulo de Processos na Corte Suprema", visando com isso encontrar formas de diminuir o volume de processos. Essa iniciativa foi criticada por juízes liberais que temiam maiores restrições de acesso à

---

[29] "O resultado foi uma expansão considerável da capacidade da Corte de escolher os casos que apreciaria" (BERMAN, José Guilherme. *Repercussão Geral no Recurso Extraordinário*: origens e perspectivas. Curitiba: Juruá, 2009. p. 164).

[30] BERMAN, José Guilherme. Op. cit., p. 164.

Corte, cuja consequência era o enfraquecimento de sua função como protetora dos direitos fundamentais.

No entanto, nos anos 1980 já havia um consenso com relação aos problemas de sobrecarga de trabalho.

Como proposta para o desafogamento, foram sugeridas mudanças nos procedimentos internos da Corte, de maneira que conferisse maior agilidade na sua atuação, como a triagem de processos a ser realizada por Turmas em vez do Plenário, além do aumento das custas.

Outra espécie de proposta sugerida diz respeito à competência da Suprema Corte. Os juízes aspiravam ao fim da apreciação obrigatória de recursos, o que dependia da atuação do Congresso. Em razão disso, em 1978 e em 1982 foi elaborada uma carta coletiva sugerindo essa mudança.

Além disso, foram feitas outras propostas pelo Presidente Burger, como a criação de um Tribunal temporário para exercer uma função especializada no julgamento de casos que envolvessem conflitos entre Cortes de Apelação, bem como alguma espécie de caso de interpretação de leis.

Todavia, tanto a criação de um Tribunal de triagem quanto a de um Tribunal especializado temporário foram alvos de crítica, sendo o principal argumento a delegação de uma função atribuída à Corte Suprema. Dizia-se que deve a Corte estabelecer sua própria pauta e cabe somente a ela julgar os processos de sua competência.

Em contrapartida, sugerem que a Corte deve reduzir a carga de trabalho com a simples autocontenção. A organização da pauta pelos juízes reflete na sua competência, bem como no seu papel como "elaboradora de políticas".[31]

De acordo com Arruda Alvim, a autocontenção pela Suprema Corte vigora ainda hoje, em decorrência da alteração do §1.252 do U.S.C.A. Com isso, a legislação fortaleceu o controle de acesso pela própria Corte, estendendo ao *appeal*, o que acentuou maior dificuldade em ter um caso julgado pela Corte.[32]

4. A REPERCUSSÃO GERAL DO RECURSO EXTRAORDINÁRIO

A Lei 11.418/2006, regulamentando a disposição constitucional genérica do art. 102, § 3.º, trazida pela EC 45/2004, inseriu dois novos artigos no CPC, a saber, arts. 543-A e 543-B, que tratam da repercussão geral no recurso extraordinário.

---

[31] BERMAN, José Guilherme. Op. cit., p. 169.
[32] ALVIM, Arruda. A EC n. 45 e o instituto da repercussão geral. In: WAMBIER, Teresa Arruda Alvim *et. al.* (coord.). *Reforma do Judiciário*: primeiros ensaios críticos sobre a EC n. 45/2004. São Paulo: RT, 2005. p. 72.

A lei entrou em vigor no dia 18 de fevereiro de 2007 e foi regulamentada pela Emenda Regimental 21, de 30 de abril de 2007, que alterou o Regimento Interno do STF.

A partir de então, passa a existir mais um requisito de admissibilidade na interposição do recurso extraordinário. O recorrente, além de demonstrar a presença dos requisitos objetivos e subjetivos comuns a qualquer recurso e, ainda, o prequestionamento, deverá demonstrar, por meio da abertura de um capítulo preliminar em seu recurso, a existência de uma questão relevante do ponto de vista econômico, político, social ou jurídico que ultrapasse os interesses subjetivos da causa.

Como bem salienta Bruno Dantas[33], com a aplicação da nova sistemática trazida pela Lei 11.418/2006, regulamentada pela Emenda Regimental 21/2007, possibilitou-se a aferição de repercussão geral em questões constitucionais idênticas.[34] Nesse caso, o Presidente ou o relator podem comunicar ao Tribunal ou Turma Recursal de Origem tal circunstância.

Ademais, em junho de 2008, ao examinar o procedimento da repercussão geral na hipótese do art. 543-A, § 3.º (haverá repercussão geral sempre que o recurso impugnar decisão contrária a súmula ou jurisprudência dominante do Tribunal), o Supremo Tribunal Federal – STF,[35] resolvendo questão de ordem,

---

[33] DANTAS, Bruno. *Repercussão geral*. 2. ed. São Paulo: RT, 2009. p. 283.
[34] O que leva à dessubjetivação, nas precisas palavras do Min. Gilmar Mendes (STF, Pleno, RE 579.431-8 QO/RS, j. 13.03.2008, Rel. Min. Ellen Gracie. O voto do Min. Gilmar Mendes pode ser localizado no *DJU* de 24.10.2008).
[35] "[...] O Tribunal, por maioria, acompanhou a proposta apresentada pela Min. Ellen Gracie de definição de procedimento próprio para análise da repercussão geral e implantação dos correspondentes efeitos, relativamente às matérias com jurisprudência dominante na Corte. A Min. Ellen aduziu que o art. 543-A, § 3.º, do Código de Processo Civil tornaria presumida a existência da repercussão geral quando o recurso extraordinário impugnasse decisão contrária à jurisprudência dominante no Plenário do Supremo. Reconheceu, todavia, que a lei não estabeleceu o procedimento a ser adotado tanto pelo Supremo quanto pelos Tribunais e Turmas Recursais de origem nesses casos, nem quando a decisão impugnada estivesse em consonância com a jurisprudência da Corte. [...] Entendeu que a lei não afastou o regime da repercussão geral para tais situações, tendo presumido a presença do pressuposto de admissibilidade quando existente jurisprudência dominante. Salientou que, assim como se dá nos casos que são levados ao Plenário Virtual, é importante declinar, de forma expressa, os assuntos com jurisprudência dominante, a sua eventual repercussão geral e submissão aos efeitos do novo regime de tramitação e julgamento dos recursos extraordinários e agravos de instrumento. [...] Por isso, os recursos extraordinários contrários à jurisprudência da Corte não mereceriam seguimento, não por ausência de repercussão geral, mas por contrariarem a jurisprudência, caracterizando-se como manifestamente improcedentes (CPC, art. 557). Em suma, entendeu adequado que para as questões constitucionais já decididas pelo Plenário fossem atribuídos os efeitos da

após intensos debates, esclareceu importantes pontos omissos no texto legal e na referida Emenda Regimental, reforçando os poderes do Presidente da Corte.

Contudo, parece que há uma sutileza na questão de ordem, como anota Bruno Dantas.[36]

Nessa mesma oportunidade, foi conjugado[37] o mecanismo da repercussão geral com a súmula vinculante, tendo o resultado final do acórdão sido instrumentalizado por meio da Súmula Vinculante 7, que repete o enunciado da Súmula "convincente" 648.[38]

Esse requisito tem natureza jurídica de questão preliminar, mas só pode ser examinado pelo Supremo, não estando sujeito ao crivo do Tribunal *a quo*. Deverá

---

repercussão geral reconhecida, devendo os recursos extraordinários, com tema correspondente que, doravante, vierem ao STF, ser devolvidos à origem, para os procedimentos aqui autorizados, como já acontece com aqueles cujos temas são levados ao Plenário Virtual. Propôs, também, que matérias já enfrentadas pelo Pleno fossem trazidas pela Presidência, antes da distribuição, em questão de ordem, para que se afirme de forma objetiva, e para cada uma, a aplicabilidade da repercussão geral, sempre que presente a relevância sob os aspectos legais, e para que se examine se permanece dominante a jurisprudência sobre o tema. [...] Em conclusão, o Tribunal acolheu questão de ordem, suscitada pela Min. Ellen Gracie, para assentar procedimento próprio para análise da repercussão geral e implantação dos correspondentes efeitos, relativamente às matérias com jurisprudência dominante na Corte" (STF, Pleno, RE 579.431-8 QO/RS, j. 13.03.2008, Rel. Min. Ellen Gracie).

[36] "Entendemos, porém, que há uma sutileza na solução da Questão de Ordem em análise: o STF se autoconcedeu o direito de refletir sobre seu posicionamento antes mesmo de examinar a repercussão geral no caso em que ela presumidamente estaria presente, a fim de evitar a incidência da presunção legal de existência de repercussão geral com base em jurisprudência vetusta, que já não encontra eco no tempo presente" (DANTAS, Bruno. Op. cit., p. 290).

[37] "O requisito da repercussão geral reforça, portanto, a ideia de que o principal no recurso extraordinário não é o caso concreto, mas a questão constitucional nele veiculada. O exame do caso concreto é uma consequência da sedimentação da tese, ou seja, da correta interpretação das questões jurídicas debatidas naquele processo. A esse fenômeno convencionou-se denominar objetivação do recurso extraordinário. A objetivação, pois, vem se traduzindo numa tendência, sobretudo nas causas que têm repercussão geral, ou seja, que têm relevância econômica, política, social ou jurídica, envolvendo matérias de natureza previdenciária, tributária, administrativa etc., uma vez que versam sobre relações jurídicas de trato sucessivo idênticas. É justamente por versarem sobre situações idênticas que essas causas permitem uma solução homogênea para todos os casos" (OLIVEIRA, Pedro Miranda. O Binômio Repercussão Geral e Súmula Vinculante. In: WAMBIER, Teresa Arruda Alvim (coord.). *Direito Jurisprudencial*. São Paulo: RT, 2012. p. 725).

[38] Súmula 648, STF: "A norma do § 3.º do art. 192 da Constituição, revogada pela Emenda Constitucional 40/2003, que limitava a taxa de juros reais a 12% ao ano, tinha sua aplicabilidade condicionada à edição de lei complementar".

ser o último a ser examinado, não podendo haver inversão nesta ordem; vale dizer, primeiro se examinam os requisitos genéricos, depois o prequestionamento, e só então a repercussão geral, sendo certo que os dois primeiros se submetem ao exame da Corte inferior.

Logo, o Tribunal *a quo* não poderá inadmitir o recurso extraordinário com base no aspecto material da repercussão geral, mas somente em seu aspecto formal, isto é, na hipótese de o recorrente deixar de demonstrar formal e fundamentadamente a existência da repercussão geral. Além disso, o Tribunal *a quo* poderá negar a subida do recurso extraordinário quando existirem questões constitucionais idênticas já consideradas irrelevantes pelo STF.

Destacamos que precedeu à repercussão geral a "arguição de relevância", que era um instrumento previsto na Constituição de 1967, mas que fora extinto pela Carta de 1988. Ambas têm como meta reduzir a quantidade de recursos a serem julgados pelo Supremo tomando por base o modelo norte-americano.

Lembremos que foi com a Emenda Constitucional 1, de 1969, que o STF passou a impor a limitação da abrangência dos recursos extraordinários. No ano de 1975, foi criada a Emenda Regimental 3, pela qual o STF introduziu no direito pátrio a figura da arguição de relevância.[39]

No ano de 1977, exigiu-se a "relevância da questão federal" por meio da EC 7. A partir de então, caberia ao Regimento Interno do STF estabelecer as diretrizes para identificar o que seriam as ditas questões relevantes. E foi assim que o § 1.º do art. 327 daquele Regimento previa que: "Entende-se relevante a questão federal que, pelos reflexos na ordem jurídica, e considerados os aspectos morais, econômicos, políticos ou sociais da causa, exigir a apreciação do recurso extraordinário pelo Tribunal".

Em momento posterior, o STF tratou da questão por meio da Emenda Regimental 2/1985, alterando a redação do art. 325 do "RISTF",[40] e, em razão disso,

---

[39] Cf. NERY JUNIOR, Nelson. *Teoria geral dos recursos*. 6. ed. São Paulo: RT, 2004. p. 98.

[40] "Art. 325. Nas hipóteses das alíneas *a* e *d* do inciso III do art. 119 da Constituição Federal, cabe recurso extraordinário: I – nos casos de ofensa à Constituição Federal; II – nos casos de divergência com a súmula do Supremo Tribunal Federal; III – nos processos por crime a que seja cominada a pena de reclusão; IV – nas revisões criminais dos processos de que trata o inciso anterior; V – nas ações relativas à nacionalidade e aos direitos políticos; VI – nos mandados de segurança julgados originariamente por Tribunal Federal ou Estadual, em matéria de mérito; VII – nas ações populares; VIII – nas ações relativas ao exercício do mandato eletivo federal, estadual ou municipal, bem como às garantias da magistratura; IX – nas ações relativas ao estado das pessoas, em matéria de mérito; X – nas ações rescisórias, quando julgadas procedentes em questão de direito material; XI – nos demais feitos, quando reconhecida relevância da questão federal".

contemplada no inciso XI, deixou de ser tratada como ressalva ou exceção ao não cabimento do recurso, para ser tida como fundamento autônomo e suficiente para o apelo extremo, ganhando importância e identidade.

A arguição de relevância não foi contemplada na Carta de 1988, pelo que o quadro das instâncias superiores do Poder Judiciário mudou radicalmente.

Embora tenham como enfoque existencial a filtragem dos recursos, diferem-se os institutos da "arguição de relevância" e da "repercussão geral", notadamente, no que diz respeito ao fato de o primeiro ter sido estabelecido em período de fiel comprometimento com os ideais do governo militar, que exerceu influência sob aspectos morais e políticos; por outro lado, o segundo foi concebido após a Constituição de 1988 e estabeleceu explicitamente um novo paradigma de direito e de Estado.[41]

Outra relevante distinção assegura que os institutos desempenham papéis distintos e que não podem se confundir. A arguição de relevância associou-se a mecanismos de atribuição de admissibilidade apenas dos recursos que não se encontrassem expressamente previstos na enumeração regimental, ao passo que a repercussão geral abarca qualquer apelo extraordinário, por interpretação literal do dispositivo constitucional.[42]

Para a repercussão geral é conceituada a matéria que contenha requisito que justifique a relevância do ponto de vista econômico, político, social ou jurídico, desde que ultrapassados os interesses subjetivos da causa.

Repercussão geral deve ser composta pelo somatório dos elementos relevância e transcendência. A relevância está coligada aos pontos políticos, econômicos, social e jurídico; a transcendência está ligada ao poder de transcender além dos interesses subjetivos das partes na causa. Deve contribuir para a ordem constitucional de modo a compatibilizá-la à solução dos problemas de ordem constitucional. É o binômio que caracteriza a repercussão geral da controvérsia.[43]

Embora o art. 543-A determine que a decisão do Supremo que negue a existência de repercussão geral seja irrecorrível, é importante salientar que incide a

---

[41] STRECK, Lênio Luiz. A "repercussão geral das questões constitucionais" e a admissibilidade do recurso extraordinário: a preocupação do constituinte com as "causas irrelevantes". In: AGRA, Walter de Moura (Coord.). *Comentário à reforma do Poder Judiciário*. Rio de Janeiro: Forense, 2005. p. 132-142.

[42] FÉRES, Marcelo Andrade. Impactos da Emenda Constitucional n. 45/2004 sobre o recurso extraordinário: a repercussão geral (ou transcendência) e a nova alínea *d* do inciso III do art. 102 da Constituição. *Revista Dialética de Direito Processual*, São Paulo, n. 39, jun. 2006.

[43] MARINONI, Luiz Guilherme; MITIDIERO, Daniel. *Repercussão geral no recurso extraordinário*. São Paulo: RT, 2007. p. 33.

norma do inciso IX do art. 93 da Constituição Federal, no sentido da obrigatória fundamentação dessa decisão, podendo ser opostos embargos de declaração.

O § 5.º do art. 543-A cria uma espécie de efeito vinculante na hipótese de ser negada a existência da repercussão geral e existirem outros recursos sobre matéria idêntica. Nesses casos, haverá o indeferimento liminar dos recursos pelo próprio relator.

Como referido no item acima, a imposição da repercussão geral como um requisito extra para a admissibilidade dos recursos extraordinários tem o seu efeito potencializado na hipótese de multiplicidade de recursos.

Para evitar o congestionamento ou a sobrecarga do Tribunal com inúmeros processos idênticos, o § 1.º do art. 543-B cria um mecanismo inteligente, segundo o qual o Tribunal de origem seleciona alguns recursos sobre uma mesma controvérsia e os encaminha ao STF. Havendo decisão negativa, automaticamente todos os recursos que se encontravam sobrestados no Tribunal *a quo* são inadmitidos.

Concluindo esse tópico, podemos dizer que a Lei 11.418/2006 reforça o conceito do chamado *leading case*, ou precedente, que será complementado com a figura da súmula vinculante, regulamentada pela Lei 11.417/2006.

É inegável que esses instrumentos conferem ao STF uma feição muito mais política do que a atual. Afinal de contas, determinar, em decisão irrecorrível, o que é ou não relevante do ponto de vista econômico, político, social ou jurídico é muito mais do que a mera apreciação de questões de fato ou de direito.

É de se observar que a relevância jurídica da questão é a última referida pelo legislador, sendo a econômica a primeira. É preciso aguardar e torcer para que o STF se utilize de parâmetros claros e objetivos na definição desses conceitos tão abertos e indeterminados, para que o interesse público seja sempre preservado.

O STF já fixou algumas matérias que são consideradas "com" e "sem" repercussão geral,[44] o que foi decidido por pelo menos 8 dos seus 11 ministros. Dentro da primeira hipótese, destacamos que a maioria disciplina matérias atinentes ao direito tributário. Selecionamos para este estudo a que se refere ao direito do consumidor. Trata-se da hipótese de questionamento da falta da discriminação na fatura dos pulsos que excederem o valor cobrado a título de franquia. Trata-se de hipótese cuja matéria foi considerada pelo STF "com" repercussão geral.

---

[44] Conferir matérias "com" e "sem" repercussão geral no sítio do STF: <http://www.stf.gov.br/portal/cms/verTexto.asp?servico=jurisprudenciaRepercussaoGeral&pagina=principal>. Acesso em: 19 abr. 2008.

É importante ressaltar que a alegação da repercussão geral obedece a algumas formalidades. Em manifestação do STF sobre a temática, os Ministros decidiram no sentido de que se faz necessária uma preliminar expressa mencionando a repercussão geral do recurso extraordinário. Alertaram os Ministros que todo recurso interposto de decisão cuja intimação ocorreu após a Emenda Regimental 21 é requisito formal que contenha preliminar fundamentada da repercussão geral das questões nele discutidas. Não há, pois, que se falar em demonstração implícita de repercussão geral.[45]

Com a Lei 11.419/2006, que trata do processo eletrônico, a repercussão geral é analisada por meio do plenário virtual.

A relatoria quanto à análise da repercussão, de acordo com o art. 323 do Regimento Interno do STF, alterado em 1.º de dezembro de 2010, será sempre do Ministro Presidente do STF. Após, cada ministro deverá se manifestar, fundamentadamente, se a questão possui ou não repercussão geral.

Caso não se manifeste, computa-se como a opção de que a questão possui repercussão geral e a decisão se está presente ou não a repercussão ocorrerá a partir do cômputo das decisões, sendo considerada a matéria com repercussão se pelo menos 8 dos seus 11 ministros estiverem de acordo.

Reconhecida a repercussão geral, a matéria será distribuída a um dos ministros do STF para que atue como relator no julgamento do mérito recursal, que pode ocorrer também por meio do Plenário Eletrônico se já houver jurisprudência pacífica na Corte.[46]

---

[45] "Repercussão Geral e Preliminar Expressa O Tribunal negou provimento a agravo regimental interposto contra decisão da Presidência da Corte que, ante a inobservância do que disposto no art. 543-A, § 2.º, do CPC, que exige a apresentação de preliminar sobre a repercussão geral da matéria constitucional suscitada, não conhecera de recurso extraordinário (RISTF, artigos 13, V, c, e 327). Considerou-se que, na linha da orientação firmada no julgamento do AI 664567 QO/RS (DJU de 6.9.2007), todo recurso extraordinário, interposto de decisão cuja intimação ocorreu após a publicação da Emenda Regimental 21 (DJU de 3.5.2007), deve apresentar preliminar formal e fundamentada da repercussão geral das questões constitucionais nele discutidas. Asseverou-se, ademais, que nem o fato de o tema discutido no recurso extraordinário ser objeto de ação direta de inconstitucionalidade pendente de julgamento no Plenário, nem o de terem sido sobrestados outros recursos extraordinários até o julgamento desse processo de controle concentrado, afastariam essa exigência legal, não havendo se falar em demonstração implícita de repercussão geral" (RE 569.476 AgR-SC, Rel. Min. Ellen Gracie, 02.04.2008) (Informativo STF n. 500).

[46] Essa possibilidade veio com a alteração no Regimento Interno do STF ocorrida em 1.º.12.2010. Votaram contra tal possibilidade os ministros Marco Aurélio, Gilmar Mendes e Dias Toffoli. Nesse sentido: <http://www.stf.jus.br/portal/cms/verNoticiaDetalhe. asp?idConteudo= 167315&tip=UN>. Acesso em: 3 jan. 2010.

É bem verdade, como adverte Bruno Dantas,[47] que esta solução, apesar de gerar ganhos incontestáveis em termos de celeridade e economia processual, gera grave afronta ao Princípio da Publicidade. Ainda que se queira adotar uma solução simplista e aplicar o surrado Princípio da Proporcionalidade, é preciso pensar em uma solução alternativa que ao menos atenue a falta de publicidade.

Finalmente, em sessão administrativa em novembro de 2008, os Ministros decidiram liberar o acesso do público às manifestações em tempo real.

5. EXAME COMPARATIVO ENTRE OS INSTITUTOS

No que diz respeito à disciplina do *writ of certiorari*, embora o regulamento da Suprema Corte estabeleça algumas regras de competência, é a jurisprudência que determina quais questões constitucionais serão passíveis de julgamento.

O instituto norte-americano não tem previsão na Constituição, tendo sido introduzido por uma Lei de 3 de março de 1891. Segundo José Guilherme Berman, até a promulgação dessa lei, a Suprema Corte não poderia julgar diversas matérias decididas pelas Cortes Distritais e de Circuito.[48] Com o *writ of certiorari* ampliou-se a competência da Corte, tendo em vista que passou a conferir poder discricionário para decidir quais casos serão julgados. No entanto, foi com a "Lei dos Juízes", aprovada em 1925, que se fortaleceu o *writ of certiorari*.

O autor mencionado afirma que o instituto foi aplicado de maneira bem mais ampla que a prevista, para tornar-se um mecanismo de elaboração de pauta da Suprema Corte. Em vez de o *writ* impedir o julgamento de determinadas decisões evidentemente corretas, ele passou a ser utilizado como uma agenda política da Corte.

Apesar de o *writ of certiorari* servir de mecanismo de filtro recursal para a Suprema Corte, tal prática não é considerada pela doutrina um confronto ao *judicial review* desenvolvido a partir do caso Marbury v. Madison. Isso porque a

---

[47] "(...) em nosso modo de ver, para que seja observada a publicidade não basta meramente a publicação final da decisão judicial pronta e acabada. As partes, o Ministério Público, eventuais terceiros interessados, e, de resto, toda a sociedade, têm o direito de acompanhar o processo de construção da decisão judicial, o que inclui, evidentemente, o direito de ter acesso aos debates travados entre os julgadores no justo momento em que ocorrem. É por isso que a Constituição veda a realização, ressalvados casos excepcionais, de sessões de julgamento secretas. No caso da repercussão geral, esse ponto ganha contornos ainda mais relevantes pois, ao exigir transcendência da questão constitucional posta no recurso, a Carta Magna dessubjetiviza o RE, ou seja, torna interessado na causa todo grupo social relevante. Não foi por outra razão que o § 6.º do art. 543-A autorizou o relator do RE a admitir a intervenção do *amicus curiae*" (DANTAS, Bruno. Op. cit., p. 285).

[48] BERMAN, José Guilherme. Op. cit., p. 41.

Constituição exige que o Judiciário aprecie todas as questões jurídicas de uma lide, mas não necessariamente que deva ser realizada por todos os órgãos do Poder.

O caso Marbury v. Madison trata do dever de controle de constitucionalidade das Cortes em geral, e não especificamente da Cúpula do Judiciário.[49] Além disso, a função da Suprema Corte não seria de revisora dos Tribunais inferiores, mas sim de instância com competência para decidir questões de direito controvertidas e relevantes.

Todavia, esse papel da Suprema Corte ultrapassa a função meramente jurídica para ganhar relevo também político-econômico, isto é, o Tribunal ganhou um poder de tamanha monta que é capaz de influenciar na conduta dos Poderes Executivo e Legislativo. Para isso, o *writ of certiorari* confere poder discricionário ao Tribunal para delinear sua competência, o que certamente reflete na possibilidade de mudança do papel de uma Suprema Corte e na interferência de questões que dizem respeito aos demais Poderes, conforme os casos que serão escolhidos para serem julgados.

Com relação à repercussão geral do recurso extraordinário, sua previsão tem assento constitucional, embora sua regulamentação esteja disposta no Código de Processo Civil, bem como no Regimento Interno do STF.

Embora a repercussão geral tenha sido introduzida para conferir celeridade aos julgamentos no STF, bem como para garantir isonomia entre os jurisdicionados de processo que possuem questões idênticas, o instituto também é responsável pela definição da pauta de julgamento do Tribunal. Quando a Constituição prevê que o STF irá admitir os recursos extraordinários na hipótese de presença de repercussão geral e o Código de Processo Civil dispõe que, "para efeito da repercussão geral, será considerada a existência, ou não, de questões relevantes do ponto de vista econômico, político, social ou jurídico, que ultrapassem os interesses subjetivos da causa", admite-se um poder discricionário aos membros do STF, do mesmo modo do *writ of certiorari*.

A diferença existente entre os dois sistemas é que no *writ* a relevância da matéria e a transcendência não estão previstas numa regra, na verdade, foram critérios levantados pela doutrina que analisou diversos julgamentos da Suprema Corte norte-americana. Todavia, a legislação brasileira não definiu o que seria relevância política, econômica, social ou jurídica, deixando a critério do Judiciário o preenchimento dessas cláusulas abertas.

Ademais, a repercussão geral também revela uma mudança na postura do STF, assim como ocorreu na Suprema Corte, que se viu acuada de processos e

---

[49] BERMAN, José Guilherme. Op. cit., p. 44.

exercendo um papel secundário dentre os Poderes de Estado, que era de mera revisora dos Tribunais inferiores, principalmente nos processos criminais.

Portanto, a repercussão geral colabora no fortalecimento do STF diante dos outros Poderes, de maneira que possa concentrar esforços nas decisões com questões constitucionais de grande proporção. Além disso, permite o Poder Judiciário decidir acerca de questões de ordem política e econômica, marcando a era da supremacia judicial, assim como ocorreu nos Estados Unidos.

Tomando emprestado o histórico do instituto do *writ of certiorari*, pode-se afirmar que ao mesmo tempo em que a repercussão geral é um instrumento de filtro de acesso ao STF, impedindo a subida de diversos recursos à Cúpula, esse mecanismo serve de base para a ampliação das matérias que o STF poderá julgar, não sendo mais cabível alegar, por exemplo, que não é possível analisar os requisitos de relevância e urgência da Medida Provisória.

6. CONSIDERAÇÕES FINAIS

Em síntese, podemos dizer que a introdução da repercussão geral representa um avanço na ideia do acesso à justiça. Se, originalmente, se acreditava num acesso ilimitado ao Poder Judiciário como forma de fortalecimento do regime democrático, com o tempo, a experiência demonstrou de forma inequívoca que era necessário racionalizar esse acesso para que o próprio direito fundamental não acabasse atingido pelo volume excessivo e desnecessário de demandas distribuídas ao Pretório Excelso.

Ademais, a potencialização do instituto pelo seu uso conjugado com a ferramenta do art. 543-B do CPC permitiu desobstruir diversas artérias da Corte que se encontravam obstruídas por um número imenso de processos repetitivos e carentes de qualquer relevância para a sociedade.

Essa nova concepção, que sofreu grande resistência por parte de setores mais conservadores da doutrina pátria, encontra hoje larga acolhida no meio acadêmico, tendo comprovado sua eficácia de forma inquestionável.

Espera-se que, com o passar do tempo e a consolidação dessa nova mentalidade, os operadores do direito passem a fazer uso mais equilibrado dos instrumentos recursais, sobretudo aqueles dirigidos à Corte Suprema.

Não se pode perder de vista que, ainda que o autor ou recorrente não pague custas, por estar amparado pela gratuidade de justiça, ou mesmo que recorra pela simples ideia de procrastinar o feito, atrasando ao máximo a formação da coisa julgada e, com isso, a execução definitiva do julgado, cada processo desnecessário que chega ao Judiciário custa o tempo e a energia de dezenas de servidores públicos, além de onerar o erário.

Nessa perspectiva, parece claro que, se no Estado Social pregava-se a ideia de que o direito de acessar o Poder Judiciário era absoluto, no Estado Democrático esse conceito é claramente reformulado para se acrescentar os componentes da razoabilidade e da proporcionalidade.

Com isso, abre-se espaço para novas posturas, como a realização de audiências públicas e sessões de conciliação, no âmbito do Supremo Tribunal Federal. Ademais, a Corte tem condições de se dedicar plenamente às questões mais sensíveis e relevantes, envolvendo a definição e o alcance de políticas públicas e a limitação de eventuais excessos ou omissões do Estado-administrador e do Estado-legislador.

REFERÊNCIAS

ALVIM, Arruda. *Manual de direito processual civil*. 9. ed. São Paulo: RT, 2005. v. 2.

AZEM, Guilherme Beux Nassif. *Repercussão geral da questão constitucional no recurso extraordinário*. Porto Alegre: Livraria do Advogado, 2009.

BARBOSA MOREIRA, José Carlos. *Comentários ao Código de Processo Civil*. 14. ed. Rio de Janeiro: Forense, 2008. v. 5.

_____. *O novo processo civil brasileiro*: exposição sistemática do procedimento. Rio de Janeiro: Forense, 2009.

BARROSO, Luís Roberto. A americanização do direito constitucional e seus paradoxos: teoria e jurisprudência constitucional no mundo contemporâneo. Disponível em: <www.luisrobertobarroso.com.br>.

BAUM, Lawrence. *A Suprema Corte Americana*. Tradução Élcio Cerqueira. Rio de Janeiro: Forense Universitária, 1987.

BERMAN, José Guilherme. *Repercussão geral no Recurso Extraordinário*: origens e perspectivas. Curitiba: Juruá, 2009.

_____. PONTIFÍCIA UNIVERSIDADE CATÓLICA DO RIO DE JANEIRO Departamento de Direito. *Repercussão geral de writ of certiorari*. 2006. Dissertação (Mestrado em Direito) – Pontifícia Universidade Católica do Rio de Janeiro, Rio de Janeiro, 2006. Disponível em: <http://www2.dbd.puc-rio.br/pergamum/biblioteca/php/mostrateses.php?open=1&arqtese=0410804_06_Indice.html>.

CÂMARA, Alexandre Freitas. *Lições de direito processual civil*. 18. ed. Rio de Janeiro: Lumen Juris, 2010. v. 2.

COUND, John J.; FRIEDENTHAL, Jack H.; MILLER, Arthur R.; SEXTON, John E. *Civil Procedure, cases and materials*. 6th edition. St. Paul: West, 1993.

COUTO, Mônica Bonetti. Objetivação do Recurso Extraordinário: Notável Tendência? *Revista Dialética de Direito Processual*, n. 83, fev. 2010.

DANTAS, Bruno. Repercussão geral. 2. ed. São Paulo: RT, 2009.

DIDIER JR., Fredie; CUNHA, José Leonardo Carneiro da. *Curso de direito processual civil*. Meios de impugnação às decisões judiciais e processos nos tribunais. Salvador: Juspodivm, 2006. v. 3.

DINAMARCO, Cândido Rangel. *Instituições de direito processual civil*. 4. ed. São Paulo: Malheiros, 2004. v. 2.

EPSTEIN, Lee; SEGAL, Jefrey A.;VICTOR, Jennifer Nicoll. Dynamic Agenda-Settig on The United States Supreme Court: an empirical assessment. *Harvard Journal on Legislation*, vol. 39.

FÉRES, Marcelo Andrade. Impactos da Emenda Constitucional n. 45/2004 sobre o recurso extraordinário: a repercussão geral (ou transcendência) e a nova alínea *d* do inciso III do art. 102 da Constituição. *Revista Dialética de Direito Processual*, São Paulo, n. 39, jun. 2006.

FUX, Luiz. *Curso de direito processual civil*. Rio de Janeiro: Forense, 2008. v. 1.

FUX, Luiz (Coord.). *O Novo Processo Civil Brasileiro* – direito em perspectiva. Rio de Janeiro: Forense, 2011.

GARNER, Bryan A. [Editor in Chief]. Black's Law Dictionary. 7th edition. St. Paul: West, 2000.

GRECO FILHO, Vicente. *Direito processual civil brasileiro*. 18. ed. São Paulo: Saraiva, 2009. v. 2.

GRECO, Leonardo. *Instituições de processo civil*. Rio de Janeiro: Forense, 2009. v. 1.

HAZARD JR., Geoffrey C.; TARUFFO, Michele. *American Civil Procedure, an introduction*. New Haven: Yale Press, 1993.

LEGEAIS, Raymond. *Grands systèmes de droit contemporains*. Paris: Litec, 2004.

MARINONI, Luiz Guilherme; ARENHART, Sérgio Cruz. *Manual do processo de conhecimento* – a tutela jurisdicional através do processo de conhecimento. 2. ed. São Paulo: RT, 2003.

_____; MITIDIERO, Daniel. *Repercussão geral no recurso extraordinário*. São Paulo: RT, 2007a.

NERY JUNIOR, Nelson. *Teoria geral dos recursos*. 6. ed. São Paulo: RT, 2004.

OLIVEIRA, Pedro Miranda. O Binômio Repercussão Geral e Súmula Vinculante. In: WAMBIER, Teresa Arruda Alvim (coord.). *Direito Jurisprudencial*. São Paulo: RT, 2012.

PINHO, Humberto Dalla Bernardina de. Comentários ao novo CPC postados no blog <http://humbertodalla.blogspot.com>. Acesso em: abr. 2012.

_____. *Curso de Direito Processual Civil Contemporâneo*. São Paulo: Saraiva, 2012. v. 2.

_____; ALMEIDA, Marcelo Pereira de. O novo ciclo de reformas do CPC. *Quaestio Iuris*, Rio de Janeiro, n. 4, set. 2006, p. 53-76.

SILVA, Edward Carlyle. *Direito processual civil*. Niterói: Impetus, 2007.

STRECK, Lênio Luiz. A "repercussão geral das questões constitucionais" e a admissibilidade do recurso extraordinário: a preocupação do constituinte com as "causas irrelevantes". In: AGRA, Walter de Moura (Coord.). *Comentário à reforma do Poder Judiciário*. Rio de Janeiro: Forense, 2005.

_____. *Verdade e consenso*: constituição hermenêutica e teorias discursivas das possibilidades à necessidade de respostas corretas em direito. Rio de Janeiro: Lumen Juris, 2007.

TARUFFO, Michele. Observações sobre os modelos processuais de *civil law* e de *common law*. Tradução de José Carlos Barbosa Moreira. *REPRO*, São Paulo, ano 28, v. 110, abr./jun. 2003, p. 141-158.

TAVARES, André Ramos; LENZA, Pedro; ALARCÓN, Pietro de Jesus Lora. *Reforma do judiciário analisada e comentada*. São Paulo: Método, 2005.

THEODORO JÚNIOR, Humberto. *Comentários do Código de Processo Civil*. 2. ed. Rio de Janeiro: Forense, 2003. v. 4.

TUCCI, José Rogério Cruz e. Anotações sobre a repercussão geral como pressuposto de admissibilidade do recurso extraordinário: Lei n. 11.418/2006. *Revista Magister de Direito Civil e Processual*, ano 3, n. 16, jan./fev. 2007.

_____. *Precedente judicial como fonte de direito*. São Paulo: RT, 2004.

_____. *Tempo e processo*: uma análise empírica das repercussões do tempo na fenomenologia processual (civil e penal). São Paulo: RT, 1997.

WAMBIER, Luiz Rodrigues; ALMEIDA, Flávio Correia de; TALAMINI, Eduardo. *Curso avançado de processo civil*. 8. ed. 2009. v. 1.

_____; WAMBIER, Teresa Arruda Alvim; MEDINA, José Miguel Garcia. *Breves comentários à nova sistemática processual civil*. São Paulo: RT, 2006. v. 2.

WAMBIER, Teresa Arruda Alvim. Distinção entre questão de fato e questão de direito para fins de cabimento de recurso especial. *Revista de Processo*, São Paulo, v. 23, n. 92, out. 1998.

YEAZELL, Stephen C. *Civil Procedure*. 7th edition. New York: Aspen, 2008.

15

O RECURSO EXTRAORDINÁRIO E A TEORIA DO PRECEDENTE: REFLEXOS NA "REPERCUSSÃO GERAL" E NOS "RECURSOS REPETITIVOS"

HUMBERTO THEODORO JÚNIOR
Professor Titular Aposentado da Faculdade de Direito da UFMG.
Desembargador Aposentado do TJMG. Membro da Academia Mineira de Letras Jurídicas, do Instituto dos Advogados de Minas Gerais, do Instituto de Direito Comparado Luso-Brasileiro, do Instituto Brasileiro de Direito Processual, do Instituto Ibero-Americano de Direito Processual e da International Association of Procedural Law. Doutor em Direito. Advogado.

SUMÁRIO: 1. Introdução – 2. A jurisprudência e as fontes do direito – 3. Modulação dos efeitos das declarações de constitucionalidade – 4. Jurisprudência normativa e coisa julgada – 5. A jurisprudência do STF em torno da defesa da coisa julgada – 6. Os limites dos efeitos da declaração de inconstitucionalidade no direito norte-americano – 7. A figura do precedente no sistema do *common law* e no sistema pátrio – 8. Os efeitos da jurisprudência do STF após a instituição da "repercussão geral" e da "súmula vinculante" – 9. A "repercussão geral" e a sistemática dos "recursos repetitivos" – 10. Conclusões – Referências bibliográficas.

1. INTRODUÇÃO

Nosso direito constitucional, rompendo com o purismo da teoria da separação dos poderes, tem progressivamente ampliado o papel do Poder Judiciário na formação e no aperfeiçoamento do ordenamento jurídico.

A exemplo do que se construiu na história do direito anglo-saxônico, a interpretação e a garantia das regras e princípios constitucionais, e de sua supremacia dentro de todo o direito positivo, têm sido, entre nós, confiadas aos tribunais[1]. Ao Supremo Tribunal Federal, nessa estruturação institucional, é atribuída a última palavra em torno da interpretação da Constituição da República e do controle da validade das leis e normas jurídicas em geral, levando em conta a supremacia fundamental da ordem constitucional sobre todo o sistema normativo do moderno Estado Democrático de Direito.

Exigiu uma revisão do papel da função constitucional confiada à Suprema Corte, que não mais se deveria restringir à simples aplicação *in concreto* da vontade do legislador. Como responsável pela supremacia e fiel observância da Constituição, tornou-se necessário reconhecer o poder de validar ou invalidar a obra de legislador ordinário, assim como a de aprimorá-la e complementá-la por meio de interpretação capaz de atribuir-lhe sentido que seja conforme o ordenamento constitucional.

Para que essa concepção se tornasse útil e efetiva, impuseram-se medidas de três ordens: (i) o objeto do controle constitucional pelo STF haveria de se dar primordialmente no plano das *questões de direito*, ou seja, deveria se concentrar na avaliação da *lei em tese*; (ii) haveria de se desenvolver no plano, não dos interesses individuais dos litigantes, mas sempre naquele em que as questões debatidas entre as partes gerassem "repercussão geral" (CF, art. 102, § 3.º); (iii) e, por fim, a jurisprudência da Suprema Corte haveria de assumir força vinculante, de modo a se impor *erga omnes*, fato configurável não só no controle concentrado da constitucionalidade (CF, art. 102, § 2.º), mas também no controle difuso, realizado incidentalmente nas causas individuais complementado pelo mecanismo das "súmulas vinculantes" (CF, art. 103-A).

O Código de Processo Civil, regulamentando o preceito constitucional, explicitou que, para efeito da repercussão geral autorizadora do recurso extraordinário ao Supremo Tribunal Federal, se deveria considerar a presença, na fundamentação do apelo extremo, de questões relevantes que "ultrapassem os interesses subjetivos da causa" (CPC, art. 543-A, § 1.º, acrescido pela Lei 11.418, de 19.12.2006). A repercussão, portanto, teria de alcançar, segundo o dispositivo legal, o *interesse público*, "do ponto de vista econômico, político, social ou jurídico".

Essa nova dimensão do controle da constitucionalidade das normas jurídicas pelo STF despertou entre doutrinadores e juízes o interesse pelo estudo do

---

[1] "Atualmente há uma tendência de convergência entre as duas grandes tradições jurídicas, bem como (...) em ambas há espaço para a criação judicial do Direito, isto é, a criação de normas adscritas por meio da atividade de aplicação do Direito pelos tribunais. Tanto o juiz do *common law* como o juiz da tradição continental criam normas adscritas e têm o dever de justificar esses atos de criação judicial do Direito" (BUSTAMANTE, Thomas da Rosa de. *Teoria do precedente judicial:* A justificação e a aplicação de regras jurisprudenciais. São Paulo: Ed. Noeses, 2012. p. 312-313).

sistema de precedentes tradicionalmente observado nos países do *common law*. A transposição da figura jurídica alienígena, no entanto, nem sempre tem sido feita com fidelidade às origens e adequação ao nosso sistema jurídico, cujas bases são as do *civil law*.

É sobre esse novo aspecto do direito processual constitucional vigente entre nós que pretendemos tecer as considerações que se seguem.

2. A JURISPRUDÊNCIA E AS FONTES DO DIREITO

No regime constitucional de separação dos poderes, como o vigente entre nós, nítida é a diferença das funções atribuídas ao Legislativo e ao Judiciário. Essa diversidade se apresenta mais acentuada ainda quando o Estado, como se passa com o Brasil, se acha organizado segundo o sistema do *civil law*. Nesse ramo histórico do direito comparado, ao legislativo incumbe estabelecer as leis e ao judiciário cabe tão somente aplicá-las na solução dos conflitos que são submetidos à sua apreciação[2].

Entretanto, a pureza do sistema de separação de poderes é necessariamente abrandada quando, no moderno Estado Democrático de Direito, se estabelece o princípio da supremacia normativa da Constituição e se reconhece ao juiz o poder de interpretar e aplicar as leis, buscando amoldá-las às regras e aos princípios constitucionais. Essa necessária compatibilização prática da norma legal com a tutela fundamental dos direitos provoca a atenuação da diferença do papel do juiz nos sistemas de *civil* e de *common law*[3].

Com o prestígio, inicialmente histórico e finalmente legal, que a interpretação jurisdicional granjeou, mesmo nos países do *civil law*, forçoso é reconhecer sua elevação à categoria de "fonte formal" do direito. Na Itália, por exemplo, o novo art. 360 *bis* do CPC atribui à Corte de Cassação poderes que vão além da adequação da lei ao caso concreto, podendo atribuir força de *regra* à sua interpretação. No Brasil, as decisões do Supremo Tribunal Federal, nas ações de controle direto da constitucionalidade ou inconstitucionalidade das leis, produzem "eficácia contra todos e efeito vinculante, relativamente aos demais órgãos do Poder Judiciário e à

---

[2] Pelo princípio constitucional da legalidade, somente a lei pode obrigar alguém a fazer ou deixar de fazer alguma coisa (CF, art. 5.º, II). Em consonância com dita garantia fundamental, o CPC dispõe que o juiz, para julgar a lide, aplicará "as normais legais", e apenas quando não as houver é que recorrerá "à analogia, aos costumes e aos princípios gerais de direito" (art. 126).

[3] VERDE, Giovanni. Mutamento di giurisprudenza e affidamento incolpevole (considerazioni sull difficile rapporto fra giudice e legge). *Rivista di Diritto Processuale*, Padova: CEDAM, Ano LXVII, n. 1, p. 8, nota 4 – gennaio-febbraio 2012.

Administração Pública", em todos os seus níveis (CF, art. 102, § 2.º). E mesmo no controle difuso da constitucionalidade, realizado incidentalmente, em ações individuais, o STF tem poderes para, depois de reiteradas decisões sobre a mesma matéria, editar *súmulas vinculantes*, com os mesmos efeitos reconhecidos aos julgamentos das ações de controle concentrado de constitucionalidade das leis (CF, art. 103-A).

Antes mesmo da edição de súmula vinculante, no STF, por meio do instituto da "repercussão geral" e do tratamento dispensado aos "recursos repetitivos", a decisão de um caso paradigma repercute sobre os demais casos iguais pendentes, podendo o STF cassar ou reformar as decisões de outros tribunais que insistam em adotar tese contrária à orientação traçada por ele em caráter paradigmático (CPC, art. 543-B, acrescido pela Lei 11.418, de 19.12.2006).

Fora do âmbito do Supremo Tribunal Federal e de suas súmulas vinculantes, a lei prestigia a força normativa da jurisprudência em várias situações. O art. 557 do CPC, por exemplo, permite que, nos tribunais, o relator decida singularmente os recursos, quando a solução encontrada pela decisão recorrida estiver de acordo ou em contradição com súmula ou jurisprudência dominante dos Tribunais superiores.

No âmbito do Superior Tribunal de Justiça vigora, também, regime especial de tratamento dos "recursos repetitivos", com atribuição de repercussão dos efeitos do julgamento do caso padrão sobre todos os demais recursos especiais de objeto igual (CPC, art. 543-C, acrescido pela Lei 11.672, de 08.05.2008). É irrecusável, de tal sorte, a força normativa que o direito positivo tem atribuído à jurisprudência, entre nós.

É claro que não se reconhece aos tribunais o poder de ignorar a lei editada regularmente pelo Poder Legislativo. Mas em cima dos enunciados legislativos, ou na falta deles, a jurisprudência faz surgir normas que complementam a obra legislativa e se inserem na ordem jurídica como verdadeiras "fontes de direito". Estabelecem-se duas realidades normativas: a do direito estático, cristalizado na lei, e a do direito dinâmico, gerado pela jurisprudência, configurando o também chamado "direito vivo", sempre em evolução, sob o impacto do papel otimizante apoiado nas regras e princípios constitucionais.

Contudo, se a "norma" aperfeiçoada pela jurisprudência passa a figurar no plano das fontes de direito, torna-se indispensável submetê-la ao mesmo regime de eficácia temporal a que as leis se sujeitam, por força das garantias constitucionais. Daí ter a Corte de Cassação da Itália assentado que as mudanças ocorridas em relação à jurisprudência consolidada sobre matéria processual não podem prejudicar os litigantes que realizaram atos de forma legitimada pela interpretação pretoriana vigente ao tempo da respectiva prática[4].

---

[4] Cf. VERDE, *op. cit.*, p. 9-10. RUFFINI, Giuseppe. Mutamenti di giurisprudenza nell'interpretazione delle norme processuali e "giusto processo". *Rivista di Dirito*

De fato, não seria lógico nem justo que o estatuído em sede jurisprudencial pudesse ter uma eficácia retroativa que a lei – fonte primária e máxima do direito – não tem. Os princípios da segurança e da confiança se impõem no sentido de preservar a eficácia dos atos jurídicos realizados dentro do padrão de legitimidade preconizado pela jurisprudência do tempo de sua prática. Mesmo, entretanto, quando se admite a possibilidade de a jurisprudência adquirir força vinculante *erga omnes*, isso não pode ser aceito em caráter absoluto, e evidentemente terá de encontrar limite na intangibilidade das sentenças transitadas em julgado[5].

3. MODULAÇÃO DOS EFEITOS DAS DECLARAÇÕES DE CONSTITUCIONALIDADE

Embora no controle de inconstitucionalidade das leis prevaleça, de maneira geral, a força vinculante das decisões dos tribunais, na Constituição da Itália, por exemplo, está expressamente previsto que:

> "Quando a Corte declara a ilegitimidade constitucional de uma norma de lei ou de ato que tenha força de lei, a norma cessa de ter eficácia a partir do dia seguinte à publicação da decisão" (Constituição italiana, art. 136).

Portanto, sendo inegável a nulidade da lei inconstitucional, mesmo assim a ordem jurídica italiana não invalida seus efeitos práticos, a não ser para os atos praticados após a declaração de inconstitucionalidade. Sua eficácia é apenas *ex nunc*.

A razão de ser dessa eficácia limitada da declaração de inconstitucionalidade decorre da realidade de que o princípio da supremacia da Constituição não é o único presente na ordem jurídica constitucional. Outros princípios com ele convivem e devem ser preservados, ainda que restringindo ou limitando a supremacia constitucional, como o da segurança e o da confiança, entre vários outros. As leis

---

Processuale, Padova: CEDAM, Anno LXVI, n. 6, p. 1.390 e segs.; PUNZI, Carmine. Il ruolo della giurisprudenza e i mutamenti d'interpretazione di norme processuale. *Rivista cit.*, p. 1.337 e segs.

[5] "A invalidade da lei declarada genericamente opera de imediato, anulando os efeitos dos atos praticados no passado, salvo com relação à coisa julgada e ao ato jurídico perfeito. No campo tributário, especificamente, isso significa que a declaração de inconstitucionalidade não atingirá a coisa julgada, nem deve alcançar o lançamento definitivo, os créditos prescritos e outras situações que denotem vantagem econômica para o contribuinte" (GREGO, Leonardo. A declaração de constitucionalidade da lei pelo STF em controle concentrado e a coisa julgada anterior – Análise do Parecer 492 da Procuradoria-Geral da Fazenda Nacional. *Revista Dialética de Direito Processual*, v. 114, p. 56, set. 2012).

editadas pelo Poder competente trazem consigo a presunção de validade, gerando para a comunidade a convicção de legitimidade e estabelecendo a confiança de que nelas se faz presente o direito.

Entre nós, o sistema constitucional prevê, de forma expressa, que, sem embargo da teoria da nulidade dos atos contrários à Lei Maior, o STF poderá restringir os efeitos da declaração de inconstitucionalidade de lei ou ato normativo, determinando que tais efeitos se deem a partir da declaração ou de seu trânsito em julgado ou de outro momento que venha a ser fixado (Lei 9.868/1999, art. 27). Essa modulação de efeitos é justificada pelo legislador nacional, "tendo em vista razões de segurança jurídica ou de excepcional interesse social". Vale dizer que os princípios da segurança jurídica e do interesse social podem se sobrepor e prevalecer sobre o princípio geral da supremacia da Constituição, em determinadas circunstâncias.

No direito português, a declaração de *inconstitucionalidade* ou de *ilegalidade* com força obrigatória geral "produz efeitos desde a entrada em vigor da norma declarada inconstitucional ou ilegal e determina a repristinação das normas que ela, eventualmente, haja revogado" (Const. art. 282.º, n. 1). A eficácia, portanto, é retroativa (*ex tunc*). Mas, "quando a segurança jurídica, razões de equidade ou interesse público de excepcional relevo, que deverá ser fundamentado, o exigirem, poderá o Tribunal Constitucional fixar os efeitos da inconstitucionalidade ou da ilegalidade com alcance mais restrito" do que o previsto em caráter geral (art. 282.º, n. 4).

De uma forma ou de outra, como se vê, o Estado Democrático de Direito, aqui e alhures, cuida de compatibilizar a supremacia da Constituição com outros princípios também inafastáveis, como o da segurança jurídica e o da confiança, sem cujo respeito sequer se pode considerar um Estado como de Direito, e muito menos como um Estado Democrático de Direito.

4. JURISPRUDÊNCIA NORMATIVA E COISA JULGADA

O constitucionalismo democrático se assenta, pragmaticamente, no princípio da legalidade, de maneira que, como limite de poder e de liberdade, válido tanto para a autoridade pública como para os indivíduos, "ninguém será obrigado a fazer ou deixar de fazer alguma coisa senão em virtude de lei" (CF, art. 5.º, II).

Entretanto, a legalidade não é um princípio máximo e absoluto dentro da ordem constitucional, como, aliás, nenhum princípio fundamental o é. Quando se trata das normas principiológicas, como em geral são as constitucionais, o que primeiro se destaca é o seu caráter fluido, flexível, tornando impreciso seu objeto e não determinando seu alcance. Disso decorre que, ao contrário da regra, cujo preceito se caracteriza pela precisão de objeto e alcance, de modo a evitar conflitos entre os respectivos enunciados, os princípios são fadados, por sua fluidez e imprecisão, a se superporem uns aos outros, nos momentos de interpretação e aplicação prática. A seu respeito, prevalece não a técnica da mera *subsunção* do caso à regra legal, mas a da *ponderação*, por meio da qual ao intérprete e aplicador cumprirá definir qual o princípio que mais se impõe nas circunstâncias do caso concreto. Entretanto, pelos critérios da razoabilidade e da proporcionalidade, não se observará um princípio como se fosse o único aplicável, mas sempre procurando a maneira de fazê-lo incidir em harmonia com os outros princípios de igual relevância e que também se relacionem com o caso.

Assim, ao mesmo tempo em que estatui a garantia da legalidade, a Constituição se declara instituidora de um Estado Democrático comprometido com valores supremos, como a *liberdade*, a *justiça* e a *segurança*, dentre outros (*Preâmbulo*). E, ao cuidar dos "Direitos e Garantias Fundamentais", proclama, antes de mais nada, que, a par de assegurar a igualdade de todos perante a lei, garante-lhes a liberdade e a segurança (CF, art. 5.º, *caput*).

Quanto à segurança jurídica, embora não seja imposta em caráter absoluto – e nenhum princípio jurídico é absoluto –, "o princípio de segurança jurídica é provavelmente uma das regras mais fundamentais do direito numa sociedade e num Estado regido pelo direito"[6]. Ainda que a constituição de algum país democrático não faça expressa menção ao princípio da segurança jurídica, como, por exemplo, ocorre com a Itália e a Alemanha, apresenta-se ele como um "elemento essencial, como a justiça (Gerechtigkeit), do princípio do Estado de direito e tem, por conseguinte, como todos os elementos estruturadores da noção do Estado de direito, um valor constitucional"[7].

É, outrossim, em nome da garantia de *segurança jurídica*, que nossa Constituição tutela a *coisa julgada*, vedando ao legislador instituir normas retroativas que possam invalidá-la ou modificá-la (art. 5.º, XXXVI).

Já tivemos oportunidade de expor em obra doutrinária que a imutabilidade e a indiscutibilidade de que se reveste a sentença passada em julgado (CPC, art.

---

[6] KAPP, Blaise. Relatório na XV Mesa Redonda Internacional realizada em Aix-en-Provence, set./1999, sobre o tema Constituição e Segurança Jurídica. *Annuaire International de Justice Constitutionnelle*, XV, 1999. Paris: Economica, 2000, p. 261.

[7] ZIMMER, Willy. Relatório na XV Mesa Redonda, cit., sobre o tema Constitution et sécurité-juridique. *Annuaire cit.*, p. 91. Para a Corte Constitucional Italiana, com ou sem previsão no texto constitucional, a "segurança jurídica é de fundamental importância para o funcionamento do Estado democrático" e deve ser definida como "um princípio supremo" ao afirmar que "a confiança do cidadão na segurança jurídica constitui um elemento fundamental e indispensável do Estado de direito" (PIZZORUSSO, Alessandro; PASSAGLIA, Paolo. Relatório na XV Mesa Redonda, *cit.*, sobre o tema Constitution et sécurité-juridique. *Annuaire cit.*, p. 224-225).

467) "revelam a inegável necessidade social, reconhecida pelo Estado, de evitar a perpetuação dos litígios, em prol da *segurança* que os negócios jurídicos reclamam da ordem jurídica"[8].

A garantia dispensada constitucionalmente à coisa julgada, como todas as demais, não é absoluta, pois a própria Constituição, sem maiores detalhamentos, admite a competência dos tribunais para realizar a rescisão de sentenças e acórdãos passados em julgado. Cabe, portanto, ao legislador ordinário estatuir as condições e os requisitos da rescindibilidade, bem como o procedimento para obter a desconstituição do decisório que alcançou o *status* da coisa julgada. A previsão constitucional, de tal sorte, é no sentido de que cabe ao Poder Judiciário decidir sobre a rescisão de sentenças, sempre dentro dos limites da garantia do devido processo legal[9].

Aliás, a força vinculante *erga omnes* dos pronunciamentos do STF em matéria constitucional só se refere, em termos legais, ao controle concentrado (ações diretas de inconstitucionalidade e ações declaratórias positivas de constitucionalidade) (CF, art. 102, § 2.º). Quanto ao controle difuso, a Constituição somente cogita do efeito vinculante quando, "após reiteradas decisões sobre matéria constitucional", o STF vier a aprovar a dita "súmula vinculante", cujos efeitos normativos se iniciarão a partir da respectiva publicação na Imprensa Oficial (CF, art. 103-A). Parece claro que, em tais circunstâncias, a jurisprudência vinculante, nos casos de mudança de tese, não é dotada de efeito retroativo e tampouco tem o propósito de desconstituir, de plano, a coisa julgada formada anteriormente à súmula. Registre-se, ainda, que a Constituição confere ao Senado Federal, e não ao Supremo Tribunal Federal, a competência para suspender *erga omnes* a execução de lei declarada inconstitucional em controle difuso (CF, art. 52, X).

No tocante à dinâmica dos recursos repetitivos, a eficácia expansiva do julgamento do STF pronunciado no recurso paradigma não é, por si só, universal ou *erga omnes*. Repercute imediatamente apenas sobre o grupo de recursos cuja tramitação foi suspensa para aguardar o julgamento do STF. Nada há na disciplina do art. 543-B do CPC que imponha força vinculante *erga omnes* ao acórdão proferido no recurso extraordinário padrão. Somente após sua convolação em súmula

---

[8] THEODORO JÚNIOR, Humberto. *Curso de Direito Processual Civil*. 53. ed. Rio de Janeiro: Forense, 2012. v. I, n. 509, p. 561: "É, em última análise, a própria lei que quer que haja um fim à controvérsia da parte. A paz social o exige. Por isso também é a lei que confere à sentença a autoridade de coisa julgada, reconhecendo-lhe, igualmente, a força de lei para as partes do processo" (*Op. cit., loc. cit.*).

[9] "A lei não excluirá da apreciação do Poder Judiciário lesão ou ameaça a direito" (CF, art. 5.º, XXXV). "Ninguém será privado da liberdade ou de seus bens sem o devido processo legal" (CF, art. 5.º, LIV).

vinculante é que o decisório oriundo do controle difuso de constitucionalidade adquirirá, no regime da Constituição, o efeito *erga omnes* e a força vinculante perante os tribunais e os órgãos da administração pública (CF, art. 103-A, *caput*).

5. A JURISPRUDÊNCIA DO STF EM TORNO DA DEFESA DA COISA JULGADA

Em decisão monocrática recente o Min. Celso de Mello descreveu a relevância da coisa julgada material e da proteção que a Constituição lhe dispensa, como exigência de "certeza e de segurança jurídicas, *valores fundamentais inerentes* ao Estado Democrático de Direito". Para a jurisprudência do STF, permanece firme o entendimento de que:

> "A sentença de mérito transitada em julgado *só pode* ser desconstituída mediante ajuizamento de específica ação autônoma de impugnação (*ação rescisória*) que haja sido proposta na fluência do prazo decadencial previsto em lei, pois com o exaurimento de referido lapso temporal, estar-se-á diante da coisa soberanamente julgada, insuscetível de ulterior modificação, *ainda que o ato sentencial encontre fundamento em legislação que, em momento posterior, tenha sido declarada inconstitucional pelo Supremo Tribunal Federal*, quer em sede de controle abstrato, quer no âmbito de fiscalização incidental de constitucionalidade"[10].

Esclareceu, mais, o Min. Celso de Mello a posição firme da Suprema Corte em torno do tema:

> "A decisão do Supremo Tribunal Federal que haja declarado *inconstitucional* determinado diploma legislativo em que se apoie o título judicial, ainda que impregnada de eficácia 'ex tunc', como sucede com os julgamentos proferidos em sede de fiscalização concentrada (*RTJ* 87/758 – *RTJ* 164/506-509 – *RTJ* 201/765), *detém-se ante a autoridade da coisa julgada*, que traduz, nesse contexto, *limite insuperável à força retroativa resultante dos pronunciamentos que emanam, 'in abstracto', da Suprema Corte*"[11].

A decisão do Min. CELSO DE MELLO, a par de reportar-se a vários precedentes do STF, invoca diversas lições doutrinárias. Dentre estas, destaca a de JOSÉ FREDERICO MARQUES, para quem:

> "A *coisa julgada cria*, para segurança dos direitos subjetivos, *situação de imutabilidade que nem mesmo a lei pode destruir ou vulnerar* – é o que se infere do

---

[10] STF, RE 592.912, decisão do Rel. Min. Celso de Mello de 24.05.2010, *DJe* 07.06.2010.
[11] Decisão do RE 592.912, *cit.*

art. 5.º, XXXVI, da Lei Maior. *E sob esse aspecto* é que se pode qualificar a *'res iudicata'* como *garantia constitucional* de tutela a direito individual.

Por outro lado, essa garantia, *outorgada na Constituição*, dá mais ênfase e realce àquela da tutela jurisdicional, *constitucionalmente consagrada*, no art. 5.º, XXXV, *para a defesa* de direito *atingido* por ato lesivo, visto que *a torna intangível* até mesmo em face de *'lex posterior'*, depois que o Judiciário *exaure* o exercício da referida tutela, *decidindo e compondo a lide*"[12].

Dentre os precedentes da Suprema Corte, em que se apoia o Ministro CELSO DE MELLO, figura aquele em que se correlacionou intimamente a coisa julgada como a garantia da segurança jurídica, *in verbis*:

"O cumprimento das decisões judiciais irrecorríveis impõe-se ao Poder Público como obrigação constitucional inderrogável.

A exigência de respeito incondicional às decisões judiciais *transitadas* em julgado *traduz imposição constitucional justificada* pelo princípio da separação de poderes e *fundada* nos postulados *que informam*, em nosso sistema jurídico, *a própria concepção de Estado Democrático de Direito*.

O dever de cumprir as decisões emanadas do Poder Judiciário, *notadamente* nos casos em que a condenação judicial tem por destinatário *o próprio Poder Público*, muito mais do que simples incumbência de ordem processual, *representa uma incontornável obrigação institucional a que não se pode subtrair* o aparelho de Estado, *sob pena* de grave comprometimento dos princípios consagrados no texto da Constituição da República"[13].

Aduz o Min. CELSO DE MELLO que "*a necessária observância* da autoridade da coisa julgada *representa* expressivo consectário da ordem constitucional, *que consagra*, dentre os *vários* princípios que dela resultam, *aquele* concernente à *segurança jurídica*". Assim, para a jurisprudência do STF, o que se revela *incontroverso* é que:

"... a exigência de segurança jurídica, enquanto *expressão* do Estado Democrático de Direito, *mostra-se impregnada* de elevado conteúdo ético, social e jurídico, *projetando-se* sobre as relações jurídicas, mesmo as de direito público (*RTJ* 191/922, Rel. p/ o acórdão Min. Gilmar Mendes), *em ordem a viabilizar* a incidência desse mesmo princípio sobre comportamentos *de qualquer* dos Poderes

---

[12] THEODORO JÚNIOR, Humberto. *Curso de Direito Processual Civil*. 53. ed. Rio de Janeiro: Forense, 2012. v. I, n. 509, p. 561.

[13] STF, Pleno, IF 590/CE (Questão de Ordem), Rel. Min. Celso de Mello, ac. 17.09.1998, *RTJ* 167/6-7.

ou órgãos do Estado, *para que se preservem*, desse modo, *situações consolidadas e protegidas* pelo fenômeno da 'res judicata'"[14].

Por fim, a posição do STF, de máximo respeito à coisa julgada, é defendida com apoio na doutrina de CANOTILHO:

> "Estes dois princípios – *segurança jurídica e proteção da confiança* – andam estreitamente associados a ponto de alguns autores considerarem o princípio da proteção de confiança como um *subprincípio* ou como uma *dimensão específica* da segurança jurídica.
>
> Em geral, considera-se que a *segurança jurídica* está conexionada com elementos objectivos da ordem jurídica – garantia de *estabilidade* jurídica, *segurança* de orientação e *realização* do direito – enquanto *a protecção da confiança* se prende mais com as componentes subjectivas da segurança, *designadamente* a calculabilidade e previsibilidade dos indivíduos em *relação aos efeitos jurídicos* dos actos dos poderes públicos.
>
> A *segurança* e a *protecção da confiança* exigem, no fundo: (1) *fiabilidade*, clareza, racionalidade e transparência dos actos do poder; (2) de forma que em relação a eles o cidadão *veja garantida* a segurança nas suas disposições pessoais *e nos efeitos jurídicos dos seus próprios actos*.
>
> *Deduz-se* já que os postulados da segurança jurídica e da protecção da confiança *são exigíveis* perante *'qualquer acto'* de *'qualquer poder'* – legislativo, executivo e judicial" (grifos do Min. Celso de Mello)[15].

Registra, ainda, o julgado do Min. CELSO DE MELLO que a jurisprudência constitucional do Supremo Tribunal Federal vem proclamando há quatro décadas, a respeito da *invulnerabilidade* da coisa julgada, a advertência de que as sentenças que ostentem tal autoridade somente poderão ser invalidadas mediante utilização de meio instrumental adequado, que, no domínio do direito processual civil, é a *ação* rescisória[16].

O pensamento da Suprema Corte é o de que – na síntese do Min. Celso de Mello – "a decisão do Supremo Tribunal Federal que haja declarado inconstitucional determinado diploma legislativo em que se apoie o acto sentencial transitado em julgado, ainda que impregnada de eficácia 'ex tunc', como sucede com os julgamentos proferidos em sede de fiscalização concentrada (*RTJ* 87/758

---

[14] Decisão do RE 592.912 *cit.*
[15] CANOTILHO, J. J. Gomes. *Direito Constitucional e Teoria da Constituição*. Coimbra: Almedina, 1998. p. 250.
[16] STF, 3.ª T., RMS 17.976/SP, Rel. Min. Amaral Santos, ac. 13.09.1968, *RTJ* 55/744; STF, 1.ª T., RE 86.056/SP, Rel. Min. Rodrigues Alckmin, ac. 31.05.1977, *DJU* 01.07.1977.

– *RTJ* 164/506-509 – *RTJ* 201/765), detém-se ante a autoridade da coisa julgada, que traduz, nesse contexto, *limite insuperável* à força retroativa resultante dos pronunciamentos que emanam, 'in abstracto', da Suprema Corte"[17].

É bom registrar que as duas últimas decisões monocráticas do Min. Celso de Mello em que se defende a tese exposta como tradicional na jurisprudência da Suprema Corte foram confirmadas recentemente, em decisões unânimes da 2.ª Turma daquele Tribunal, em grau de agravo regimental[18]. Pouco antes, a mesma 2.ª Turma do STF havia renovado a jurisprudência do Supremo Tribunal Federal, no sentido de que, "sob pretexto de contrariar a jurisprudência [do STF], *não pode ser descumprida sentença recoberta por coisa julgada material*"[19].

Também na Corte Constitucional italiana, a regra constitucional que prevê a eficácia *ex nunc* da decisão declaratória da inconstitucionalidade de lei encontra limite nas "relações exauridas", ou seja, naqueles processos que já foram *definitivamente resolvidos* em nível judiciário e que, portanto, não são mais acionáveis em juízo[20].

6. OS LIMITES DOS EFEITOS DA DECLARAÇÃO DE INCONSTITUCIONALIDADE NO DIREITO NORTE-AMERICANO

Em importante julgamento do Pleno do Supremo Tribunal Federal, de que foi relator, o Min. Gilmar Mendes expôs longa e fundamentadamente o seu au-

---

[17] Decisão do Min. Celso de Mello no RE 592.912 *cit.* Também na decisão do RE 594.350, o Min. Celso de Mello reportou-se à jurisprudência tradicional do STF, para afirmar, categoricamente, que "a declaração de constitucionalidade ou de inconstitucionalidade em controle concentrado de normas pelo Supremo Tribunal Federal não deve ter nenhuma influência sobre anteriores sentenças transitadas em julgado que tenham fundamento em entendimento contrário ao do STF sobre a questão constitucional. A segurança jurídica, como direito fundamental, é limite que não permite a anulação do julgado com fundamento na decisão do STF. *O único instrumento processual cabível para essa anulação, quanto aos efeitos já produzidos pela sentença transitada em julgado, é a ação rescisória*, se subsistir o prazo para a sua propositura" (a decisão do Rel. Min. Celso de Mello foi mantida por decisão unânime da 2.ª T. do STJ, em Agravo Regimental, ac. 03.04.2012).

[18] STJ, 2.ª T., RE 592.912-AgRg, Rel. Min. Celso de Mello, ac. 03.04.2012, ainda pendente de publicação; STJ, 2.ª T., RE 594.350-AgRg, Rel. Min. Celso de Mello, ac. 03.04.2012, também pendente de publicação.

[19] STF, 2.ª T., RE 486.579-AgRg-AgRg, Rel. Min. Cezar Peluso, ac. 02.02.2010, *DJe* 26.02.2010, *Revista Lex-STF*, v. 32, n.º 375, p. 165-167.

[20] Após a declaração da Corte Constitucional, a norma havida como inconstitucional deixa de ser aplicável, de imediato, aos processos pendentes, mas a inconstitucionalidade declarada "trovi un limite nei rapporti ormai esauriti..." (C. Cost. Italiana, sentenza n. 3, de 1996, in BELLOTI, M.; GIOVANNETTI, T. Il quadro delle tipologie decisorie nelle pronunce della Corte costituzionale. In: *Quaderno Predisposto in occasione dell'incontro di studio com la corte costituzionale di ungheria*, Palazzo della Consulta, 11 giugno 2010.

torizado entendimento sobre a eficácia *erga omnes* das decisões daquela Corte Suprema em matéria constitucional, seja no controle concentrado, seja no difuso[21].

Sua análise tomou como ponto de partida a doutrina construída pela Suprema Corte norte-americana, que serviu de matriz para o sistema brasileiro de controle de constitucionalidade das leis. Observou-se, de início, que lá se acha atualmente consagrada "a necessidade de se estabelecerem limites à declaração de inconstitucionalidade". Se, em princípio, as condenações baseadas em lei posteriormente declaradas inconstitucionais podem ser imediatamente impugnadas, ressalva-se, por outro lado, que, "se a declaração de inconstitucionalidade afeta tão somente a demanda em que foi levada a efeito [controle incidental, portanto], não se há que cogitar de alteração de julgados anteriores".

Destaca o voto do Min. Gilmar Mendes que a jurisprudência americana sofreu, ao longo dos anos, notável evolução, de modo que "o sistema difuso ou incidental mais tradicional do mundo passou a admitir a mitigação dos efeitos da declaração de inconstitucionalidade e, em casos determinados, acolheu até mesmo *a pura declaração de inconstitucionalidade com efeito exclusivamente **pro futuro***".

Ao contrário do que se poderia imaginar – lembra o Min. Gilmar Mendes –, "não é rara a pronúncia de inconstitucionalidade sem atribuição de eficácia retroativa, *especialmente nas decisões judiciais que introduzem alteração de jurisprudência* (**prospective overruling**). Em alguns casos, a nova regra afirmada para decisão aplica-se aos processos pendentes (**limited prospectivity**); em outros, a eficácia *ex tunc* exclui-se de forma *absoluta* (**pure prospectivity**)".

Aduz mais:

> "Embora tenham surgido no contexto das alterações jurisprudenciais de precedentes, as *prospectivity* têm integral aplicação às hipóteses de mudança de orientação que leve à declaração de inconstitucionalidade de uma lei antes considerada constitucional"[22].

É possível, nessa sistemática, que uma declaração de inconstitucionalidade só valha para casos futuros, preservando-se, portanto, os efeitos dos processos findos, já sob a autoridade da coisa julgada. Essa orientação adotada pela Suprema Corte norte-americana é acatada também pelo direito português, em face do qual o Tribunal tem poder para "declarar a inconstitucionalidade com efeitos limitados",

---

[21] STF, Pleno, Pet. 2.859-7/SP-MC, Rel. Min. Gilmar Mendes, ac. 03.02.2005, *DJU* 20.05.2005, Ementário n.º 2.192-2.
[22] Cf. MEDEIROS, Rui. *A decisão de inconstitucionalidade*. Lisboa: Universidade Católica Editora, 1999. p. 743.

fazendo, por exemplo, a ressalva dos casos decididos. Frequentes são, em Portugal, decisões em que os efeitos da lei declarada inconstitucional produzidos até a data da publicação da respectiva declaração são preservados[23].

Essa orientação, segundo o Min. Gilmar Mendes, "afigura-se integralmente aplicável ao sistema brasileiro". É natural, pois, que a decisão declaratória de inconstitucionalidade restrita proferida pelo STF, sem qualquer ressalva, afete "os demais processos com pedidos idênticos *pendentes de decisão nas diversas instâncias*". Naturalmente, "os casos concretos ainda não *transitados em julgado hão de ter o mesmo tratamento (decisões com eficácia* ex nunc*) se e quando submetidos ao STF*".

Outra é a situação dos processos já findos, cuja *coisa julgada* se sujeita a uma outra garantia constitucional – a de sua intangibilidade por mutações legais ou jurisprudenciais supervenientes. É razoável – para o Min. Gilmar Mendes – que "o próprio STF declare, nesses casos, a inconstitucionalidade com eficácia *ex nunc* na ação direta, *ressalvando, porém, os casos concretos já julgados* ou, em determinadas situações, até mesmo os casos *sub iudice*, até a data de ajuizamento da ação direta de inconstitucionalidade".

Além do respeito à coisa julgada, "essa ressalva – na ótica do Min. Gilmar Mendes – assenta-se em razões de índole constitucional, especialmente no princípio da segurança jurídica". Por outro lado, entende o magistrado e constitucionalista que "não parece haver dúvida de que (...) a limitação de efeito é um apanágio do controle judicial de constitucionalidade, podendo ser aplicado tanto no controle direto quanto no controle incidental".

O modelo de controle constitucional amplo, como é o brasileiro, "exige, ao lado da tradicional decisão de perfil cassatório com eficácia retroativa, também decisões de conteúdo outro, que não importem, necessariamente, na eliminação direta e imediata da lei do ordenamento jurídico".

Para o Min. Gilmar Mendes, "no direito brasileiro, jamais se aceitou a ideia de que a nulidade da lei importaria na eventual nulidade de todos os atos que com base nela viessem a ser praticados", de sorte que "não se deve supor que a declaração de nulidade afete, entre nós, todos os atos praticados com fundamento na lei inconstitucional".

Compreende-se, nessa perspectiva, a razão de ser da velha e sólida jurisprudência do STF no sentido de que só pela ação rescisória se torna possível desconstituir a sentença passada em julgado, após a declaração de inconstitucionalidade da lei que lhe serviu de fundamento. Explica o Min. Gilmar Mendes:

> "É verdade que o nosso ordenamento não contém regra expressa sobre o assunto, aceitando-se, genericamente, a ideia de que o ato fundado em lei inconstitucional

---

[23] Cf. MEDEIROS, Rui. *Op. cit.*, p. 748.

está eivado, igualmente, de iliceidade (Cf., a propósito, RMS 17.976, Rel. Min. Amaral Santos, *RTJ* 55, p. 744). Concede-se, porém, proteção ao ato singular, em homenagem ao princípio da segurança jurídica, procedendo-se à diferenciação entre o efeito da decisão no plano normativo (*Normebene*) e no plano do ato singular (*Einzelaktebene*) mediante a utilização das chamadas fórmulas de preclusão (...)"[24].

"Assim – conclui o Ministro –, os atos praticados com base na lei inconstitucional que não mais se afigurem suscetíveis de revisão não são afetados pela declaração de inconstitucionalidade".

É nesse sentido que o STF exige o recurso à ação rescisória para se atacar a sentença fundada na lei inconstitucional, se esta já transitou em julgado. E, por conseguinte, esse ataque somente será viável se a ação rescisória for manejada nos dois anos posteriores ao trânsito em julgado (CPC, art. 495)[25].

É que, mesmo após a genérica declaração de inconstitucionalidade de uma lei, podem subsistir razões, também de natureza constitucional, que justifiquem a manutenção da sentença singular (ainda que apoiada na lei declarada, supervenientemente, inconstitucional), como é o caso das garantias da coisa julgada e da segurança jurídica. Daí por que assiste razão ao STF de preservar, *in casu*, a força da sentença passada em julgado, enquanto não desconstituída pela ação rescisória[26].

7. A FIGURA DO PRECEDENTE NO SISTEMA DO *COMMON LAW* E NO SISTEMA PÁTRIO

Diante do maior prestígio conferido pela atual ordem jurídica brasileira à jurisprudência do Supremo Tribunal Federal, tem-se manifestado a tendência de equipará-la aos precedentes do direito consuetudinário construído no sistema do *common law*. Urge, contudo, não confundir os dois institutos. Se é verdade que ambos buscam o objetivo de atribuir, em certas situações, força normativa aos julgados dos tribunais, não se há de esquecer que a formação e os objetivos dos referidos institutos são bem distintos em cada um dos sistemas. O *precedente* é visto, no sistema que o concebeu como fonte de direito, como a decisão de um

---

[24] MENDES, Gilmar. *Jurisdição Constitucional*. São Paulo, 1999. p. 271.
[25] RTJ 55/744; RE 86.056, *DJU* 01.01.1977; *RTJ* 109/463.
[26] "Ainda que o ato sentencial encontre fundamento em legislação que, em momento posterior, tenha sido declarada inconstitucional pelo Supremo Tribunal Federal..., a sentença de mérito transitada em julgado só pode ser desconstituída mediante ajuizamento de específica ação autônoma de impugnação (ação rescisória) que haja sido proposta na fluência do prazo decadencial previsto em lei..." (STF, 2.ª T., RE 592.912, decisão do Rel. Min. Celso de Mello, confirmada em AgRg, ac. 03.04.2012).

caso particular, cuja solução assume especial relevância, capaz de estender a aplicabilidade da tese nela afirmada a outros casos iguais posteriores. Já a jurisprudência se forma em nosso sistema por meio de múltiplas decisões em torno de um certo problema jurídico.

Assim, anota TARUFFO, "o precedente fornece uma regra (universalizável...) que pode ser aplicada como critério de decisão no caso sucessivo em função da identidade ou – como acontece em regra – da analogia entre os *fatos* do primeiro caso e os *fatos* do segundo caso". O emprego da jurisprudência, por sua vez, não se faz, em regra, por análise comparativa dos fatos. Extraem-se de vários julgados *enunciados* (formulações verbais), "concentrados em uma ou em poucas frases, que têm por objeto *regras jurídicas*"[27].

A partir da força normativa do precedente busca-se justificativa de igual força para a súmula vinculante e, com isso, pretende-se reduzir a discussão nos tribunais brasileiros nos processos que envolvam a mesma norma cogitada na jurisprudência sumulada.

Com tal expediente, todavia, não se logra o efeito desejado, pelo menos na plenitude do propósito. É que as súmulas, em nosso sistema, se despregam dos quadros fáticos em que o tema aflorou nos tribunais e assumem feitio de simples enunciados de *regra geral*, tão abstrata como a dos textos legislativos ordinários.

TARUFFO observa o mesmo fenômeno no direito italiano, a propósito dos enunciados a que se resume a jurisprudência da Corte de Cassação:

> "A característica mais importante dos enunciados é que se trata de formulações verbais... que têm por objeto *regras jurídicas*. Estas regras têm normalmente um conteúdo mais específico em comparação com o ditado textual da norma da qual constituem uma interpretação, mas são também sempre formulados como *regras*, ou seja, como enunciações gerais e de conteúdo normativo"[28].

Daí TARUFFO aponta a diferença assaz relevante entre o *precedente* do direito anglo-saxônico e a *jurisprudência* normativa do direito italiano consolidada por meio de síntese dos julgados da Corte de Cassação:

> "Em regra, os texto que constituem a nossa jurisprudência *não incluem os fatos* que foram objeto das decisões, por isso a aplicação da regra formulada em uma decisão precedente não se funda sobre analogia dos fatos, mas sobre subsunção da *fattispecie* sucessiva em uma *regra geral*"[29].

---

[27] TARUFFO, Michele. Precedente e jurisprudência. *Revista Forense*, v. 415, p. 279.
[28] TARUFFO, Michele. *Op. cit.*, p. 280.
[29] Idem, ibidem.

Não é assim que funciona o precedente no sistema do *common law*. Nele, a vinculação do juízo futuro ao decidido anteriormente pelo próprio prolator e pelas cortes hierarquicamente superiores se dá em virtude do "reconhecimento pelo juízo posterior da *identidade de casos*". O que importa "é a identidade de *suporte* fático e pretensão"[30].

> "Consequentemente – ressalta EDWARD RE –, os precedentes não se devem aplicar de forma automática. O precedente deve ser analisado cuidadosamente para determinar se existem *similaridades de fato* e *de direito* e para estabelecer a posição atual da Corte com relação ao caso anterior"[31].

Em suma, "o *stare decisis* é da essência da *common law* e sua ideia matriz é dar estabilidade ao direito, provendo que a jurisprudência nas mesmas questões legais será, em regra, seguida pela mesma corte e por qualquer outra de hierarquia inferior, em qualquer caso futuro que apresente *fatos e direito idênticos*"[32].

8. OS EFEITOS DA JURISPRUDÊNCIA DO STF APÓS A INSTITUIÇÃO DA "REPERCUSSÃO GERAL" E DA "SÚMULA VINCULANTE"

As estatísticas revelam que o filtro da "repercussão geral" reduziu, significativamente, o volume de recursos extraordinários apreciados e julgados pelo mérito.

As "súmulas vinculantes", por sua vez, já atingiram algum volume, mas têm intranquilizado a doutrina, pelo risco de seu emprego extremamente rígido, assumindo, pela generalização de seus enunciados, uma abstração exagerada a tal ponto de se confundir com os enunciados genéricos da própria lei. É que sua enunciação e sua aplicação, em regra, se fazem sem qualquer remissão ao quadro fático-jurídico sobre que se fundou a jurisprudência sumulada.

Assim, o que se produz, na prática, por meio das súmulas, são praticamente "leis" que reproduzem preceitos implícitos no direito positivo e cuja incidência sobre casos futuros tem de se sujeitar, tecnicamente, ao mesmo processo de subsunção observado na aplicação das normais legais.

Reconhecido ao Judiciário o poder de transformar suas decisões em normas vinculantes, impõe-se, em primeiro lugar, submeter sua aplicação ao mesmo

---

[30] PORTO, Sérgio Gilberto. Sobre *common law, civil law* e o precedente judicial. In: MARINONI, Luiz Guilherme (coord.). *Estudos de direito processual civil*: Homenagem ao Professor Eyas Dirceu Moniz de Aragão. São Paulo: Ed. RT, 2005. p. 766.
[31] RE, Edward D. *Stare decisis*. Trad. de Ellen Gracie Northfleet. *Revista Forense*, v. 327, p. 38-39.
[32] PORTO, Sérgio Gilberto. *Op. cit.*, p. 776.

regime da legislação ordinária, isto é, que sua interpretação e aplicação ocorram de modo a respeitar os princípios constitucionais da segurança jurídica, vedada a eficácia retroativa[33], e sob sujeição à sistemática dos valores e normas consagrados e traçados na Carta Magna.

Por outro lado, não sendo o Tribunal um legislador primário, os seus julgamentos (base das súmulas) nascem necessariamente da avaliação de situações fáticas concretas. Logo, não podem a interpretação e a aplicação de seus enunciados vinculantes prescindir de um cotejo entre o quadro fático-jurídico dentro do qual se formou a norma sumulada e aquele que há de ser cogitado nas causas supervenientes.

Se é no sistema de precedente do direito anglo-saxônico que o mecanismo de nossos sistema sumular vai buscar inspiração e apoio, é importante saber como ali se compreende a dinâmica da chamada "doutrina do *stare decisis*".

Na justiça norte-americana, com efeito, os julgados que atingem a qualidade de *precedente* (e não são todos os decisórios dos tribunais que alcançam esse nível) justificam sua força vinculante a partir da ideia de que *casos iguais* não devem ser tratados judicialmente de maneira diversa. Não se transforma o julgamento de uma demanda em *lei* a ser aplicada genericamente aos processos que sucedem àquele em que o precedente se formou. A existência do *precedente* é aferida pelo juízo do caso superveniente, e decorre do reconhecimento, por parte deste, de que a situação fático-jurídica se repete.

A respeito dos requisitos necessários para a formação do *precedente*, observa SÉRGIO GILBERTO PORTO, com apoio em LEONARDO D. MOREIRA LIMA, o seguinte:

> "a) os precedentes não se devem aplicar de forma automática; ao contrário, devem ser analisados cuidadosamente para determinar se existem similaridades

---

[33] Tomado o precedente como meramente interpretativo de direito preexistente (mesmo porque o judiciário não é um legislador originário ou primário), em princípio não se revela viciada por retroatividade sua aplicação a fatos jurídicos pretéritos, conforme posição adotada pela Corte Constitucional da Alemanha (LARENZ, Karl. *Metodologia da ciência do direito*. 3. ed. Tradução portuguesa José Lamego. Lisboa: Fundação Gulbenkian, 1997. p. 617-618). O que não se admite é que, fixada uma jurisprudência de maneira consolidada, sua mudança venha a surpreender aqueles que praticaram atos jurídicos perfeitos confiados na tese consagrada pelos tribunais. O que não deve ter efeito retroativo não é o precedente, mas a mudança brusca da exegese nele operada. José Rogério Cruz e Tucci aplaude decisão proferida, nesse sentido, em medida cautelar processada no STJ (MC 2.501/MG, Rel. Min. Cesar Asfor Rocha, 4.ª T., *DJU* 13.03.2000; TUCCI, José Rogério Cruz e. *Precedente judicial como fonte do direito*. São Paulo: Ed. RT, 2004. p. 310-311).

de *fato* e de *direito* e para estabelecer a posição atual da Corte com relação ao caso anterior;

b) além disso, a doutrina do *stare decisis* não exige uma obediência cega a decisões passadas, permitindo na verdade que os tribunais se beneficiem da sabedoria do passado, mas rejeitem o que seja desarrazoado ou errôneo"[34].

Aliás, se estamos importando uma técnica construída historicamente pelo direito anglo-saxônico, é importante conhecer e compreender como ela opera dentro do sistema que a concebeu e aprimorou.

O precedente ali é "apenas um *ponto de partida*", no dizer de EDWARD RE. O caso decidido se presta, na verdade, ao estabelecimento de "um princípio", ou seja, "um começo, na verdadeira acepção etimológica da palavra". E como tal, funciona como "uma suposição que não põe obstáculo a maiores indagações". Sua aplicação reclama uma atividade judicial de moldagem e adaptação do princípio contido no precedente, "de forma a alcançar a realidade da decisão ao caso concreto que [o juiz] tem diante de si"[35].

Na dinâmica do *precedente* – repita-se – não ocorre uma automática aplicação aos casos supervenientes. É preciso, em primeiro lugar, determinar "quando um precedente é aplicável para solução de uma questão e quando não o é". Quando se depara no novo processo com a "mesma questão" ou com uma questão "semelhante" à que foi objeto da causa anterior, "o precedente aplica-se ao caso", segundo um raciocínio eminentemente "analógico"[36].

Todavia – adverte DANIEL MITIDIERO –, "se a questão não for idêntica ou não for semelhante, isto é, se existirem *particularidades fático-jurídicas não presentes* – e por isso não consideradas – no precedente, então é o caso de *distinguir* o caso do precedente, recusando-lhe aplicação[37]. É caso de realizar uma distinção (*distinguishing*)"[38].

Além da recusa do precedente pelo não reconhecimento da identidade fático-jurídica (*distinguishing*), há técnicas de superação do precedente, ora parcial, ora total, em virtude do desgaste da dupla coerência que deve ser mantida em função

---

[34] PORTO, Sérgio Gilberto. *Op. cit.*, p. 768.
[35] RE, Edward. *Op. cit.*, p. 38.
[36] CROSS, Rupert; HARRIS, J. W. *Precedent in english law*. 4. ed. Oxford: Clarendon Press, 2004. p. 192; *apud* MITIDIERO, Daniel. Fundamentação e precedentes – dois discursos a partir da decisão judicial. *Revista de Processo*, v. 206, p. 72, abr. 2012.
[37] DUXBURY, Neil. *The nature and authority of precedent*. Cambridge: Cambridge University Press, 2008. p. 113; *apud* MITIDIERO, *op. cit.*, p. 113.
[38] MITIDIERO, Daniel. *Op. cit.*, p. 73. Cf., também, MARINONI, Luiz Guilherme. *Precedentes obrigatórios*. 2. ed. São Paulo: Ed. RT, 2011. p. 326-388.

da *congruência social* e da *consistência sistêmica*. Múltiplas são as possibilidades de afastar a aplicação dos precedentes ou de modificar seu sentido e seu alcance[39].

Voltando o enfoque para o direito pátrio, a correta utilização da súmula vinculante haverá de se dar nos mesmos moldes do que ocorre com o precedente no direito anglo-saxônico, a fim de se cumprir a garantia constitucional de acesso à justiça, mediante um processo equitativo ou justo (*due process of law*).

9. A "REPERCUSSÃO GERAL" E A SISTEMÁTICA DOS "RECURSOS REPETITIVOS"

Tal como se passa no sistema do precedente no *common law*, nosso regime de sujeição do recurso extraordinário ao requisito da "repercussão geral" se justifica, finalisticamente, com o propósito de promover a uniformização da jurisprudência[40].

Com efeito, a ideia de uma repercussão geral presente numa causa individual decorre da previsão de que a questão nela controvertida tem potencialidade evidente de se reproduzir em um grande número de outras causas. Daí a sua conexão imediata com o regime dos "recursos repetitivos" (CPC, art. 543-B) e da "súmula vinculante" (CF, art. 103-A). Esses dois regimes se justificam, à evidência, pela preocupação de se evitar a dispersão da jurisprudência, que fatalmente redunda em grave prejuízo à segurança jurídica[41].

Se o que se busca é a superação do problema do conflito entre os julgados dos tribunais, a técnica de seu enfrentamento tem de ser a que, antes de tudo, se ocupe da comprovação da divergência entre o precedente e o novo caso que adveio envolvendo a mesma tese-princípio. Essa técnica, aliás, já se acha prevista no direito processual, quando regula a admissibilidade do recurso especial por divergência jurisprudencial (CF, art. 105, III, *c*).

---

[39] EISENBERG, Melvin. *The nature of the common law*. Cambridge: Haward University Press, 1991. p. 104-105; MITIDIERO, Daniel. *Op. cit.*, p. 73; MARINONI, Luiz Guilherme. *Op. cit.*, p. 390-403.

[40] "Tanto na análise da *repercussão geral* quando da *tese relacionada a múltiplos recursos*, o que está em jogo é a aplicação de uma mesma regra a casos análogos" (SABINO, Marco Antônio da Costa. O precedente jurisdicional vinculante e sua força no Brasil. *Revista Dialética de Direito Processual*, v. 85. p. 70).

[41] A exigência da "repercussão geral" no recurso extraordinário, segundo o próprio STF, além de delimitar sua competência às questões constitucionais de alta relevância, transcendentes dos interesses subjetivos da causa, se destina a "uniformizar a interpretação constitucional sem exigir que o STF decida múltiplos casos idênticos sobre a mesma questão constitucional" (BORGES, Josenir Cassiano. Recurso extraordinário: repercussão geral como função social. *Juris Plenum*, v. 45, maio 2012, p. 63).

De fato, essa modalidade de recurso exige do recorrente a demonstração de que, nas circunstâncias concretas, a lei estaria sendo aplicada de forma diversa para casos idênticos, julgados por tribunais diferentes. O art. 541, parágrafo único, do CPC, exige que a parte demonstre a divergência mediante confronto analítico do suporte fático-jurídico presente no julgado recorrido e naquele apontado como divergente.

Não se pode proceder de maneira diversa na uniformização jurisprudencial pretendida por via dos precedentes vinculantes. Com igual razão, impõe-se avaliar a "perfeita identificação de demandas", tal como se procede no regime do *common law* norte-americano, sempre que se pretenda sujeitar um novo caso à força de precedente[42].

Seja vinculante ou apenas persuasivo, "todo *precedente judicial* – conforme destaca CRUZ E TUCCI – é composto por duas partes distintas: a) as circunstâncias de fato que embasam a controvérsia; e b) a tese ou o princípio jurídico assentado na motivação (*ratio decidendi*) do provimento decisório"[43]. Eis a razão pela qual a aplicação de qualquer precedente pressupõe identificação do suporte fático em relação a que o enunciado judicial se estabeleceu[44].

10. CONCLUSÕES

Afigura-se, entre nós, definitiva e irreversível a adoção do sistema de precedentes jurisprudenciais vinculantes pelo direito constitucional positivo.

Para que, entretanto, a súmula vinculante se harmonize com os princípios do Estado Democrático de Direito, é indispensável evitar um tratamento processual que a coloque num patamar superior ao da própria lei. Urge ver nela algo que pressuponha uma lei e que lhe confira apenas uma função complementar diante da norma oriunda do órgão que, primariamente, detém o poder constitucional de legislar.

---

[42] "... há uma intensa atividade de joeiramento desenvolvida pelo magistrado da *common law* americana aos efeitos de assegurar que efetivamente existe identidade de casos e, por decorrência, salvo erro na origem, o posterior é merecedor de tratamento idêntico ao anterior. Assim, pode-se afirmar que dentre os requisitos para reconhecimento do precedente aparece com intensidade superlativa a atividade de identificação de demandas, pela via da análise do suporte fático e do direito" (PORTO, Sérgio Gilberto. *Op. cit.*, p. 769).

[43] TUCCI, José Rogério Cruz e. *Op. cit.*, p. 12.

[44] "Ao preservar a estabilidade, aplicando o *precedente* nas situações sucessivas *análogas*, os tribunais contribuem, a um só tempo, para a certeza jurídica e para a proteção da confiança na escolha do caminho trilhado pela decisão" (TUCCI, José Rogério Cruz e. *Op. cit.*, p. 298).

Por isso, e porque o tribunal não é e nem pode ser um legislador primário, o limite da incidência da norma jurisdicional complementar há de ser buscado sempre no quadro fático-jurídico avaliado nos julgamentos dos quais deriva a tese posteriormente traduzida em súmula.

O precedente, quando tomado como fonte normativa, gera duas importantes consequências destacadas por MARINA GASCÓN ABELLÁN: "(i) existência de presunção favorável no sentido de que na solução de casos *objetivamente iguais* (grifamos) seja seguida a precedente linha interpretativa; e (ii) exigência de que sejam declinadas as razões da dissensão, na hipótese de ser considerado errôneo o anterior critério da jurisprudência, decidindo-se o caso de acordo com o critério que passa a ser considerado correto para solucionar questões futuras"[45].

De forma alguma se poderá vetar às partes e aos juízes a possibilidade de pesquisar e demonstrar que o quadro fático-jurídico do novo processo difere do que serviu de fundamento para os precedentes sumulados. Para que a peculiar estrutura de precedentes introduzida em nosso ordenamento jurídico seja compatibilizada com a ordem constitucional vigente, deverá ser aplicada de maneira a assegurar:

> "... não só que os sujeitos da relação jurídica possam evidenciar a distinção do seu caso concreto frente ao enunciado sumular vinculante, bem como possam demonstrar a superação parcial ou total daquele entendimento outrora sumulado, mas, sobretudo, que isso possa ser viabilizado por meio da estrutura organizada dos meios recursais (*onde se dá a necessária oxigenação na interpretação e aplicação do direito*), em verdadeiro controle concreto de constitucionalidade, sob pena de termos que conviver com o absurdo paradoxo de 'admitir que as súmulas vinculantes, por serem oriundas de uma atividade jurisprudencial do STF, tenham maior relevo que os demais textos normativos da ordem jurídica'[46], especialmente daqueles emanados pelo Poder Legislativo a quem, em última análise, cabe essa função típica em um Estado Constitucional e Democrático de Direito"[47].

Nessa mesma perspectiva, para GIOVANNI SARTOR, em lição acatada por CRUZ E TUCCI, "a moderna doutrina em defesa da eficácia vinculante do *precedente* apresenta-se mais convincente, sobretudo se estiver garantida a prática

---

[45] GASCÓN ABELLÁN, Marina. *La técnica del precedente y la argumetaciòn racional*. Madri: Tecnos, 1993. p. 98-99.

[46] ABBOUD, Georges. *Jurisdição constitucional e direitos fundamentais*. São Paulo: Ed. RT, 2011. p. 381.

[47] ROSSI, Júlio César. O precedente à brasileira: Súmula vinculante e o incidente de resolução de demandas repetitivas. *Revista de Processo*, v. 208, p. 224-225.

do *overruling*, vale dizer, seja superada, com maior flexibilidade, a orientação da jurisprudência entendida perplexa, ultrapassada ou mesmo equivocada". Na verdade, observa CRUZ E TUCCI, "SARTOR idealiza um modelo de *precedente* com força obrigatória apenas presumida"[48]. Aliás, não é outra a posição que prevalece na doutrina do *common law*, consoante já restou demonstrado neste mesmo trabalho.

Enfim, julgamos oportuno repetir o que registramos em anterior ensaio, elaborado em parceria com DIERLE NUNES e ALEXANDRE BAHIA:

> "Não é, outrossim – urge ressaltar –, que pretendamos evitar de forma radical a aproximação com o direito anglo-saxônico e rejeitar por completo o recurso à técnica da jurisprudência sumulada. Esse caminho hoje, numa justiça massificada como a nossa, é de fato irreversível, e tem virtudes inegáveis no plano da agilização e economia processuais. O que não se pode aceitar é a via da padronização da tutela jurisdicional pura e simples. Se os enunciados da lei não conseguem aplicação automática e indiscutível em todos os casos práticos submetidos à decisão judicial, por que isto aconteceria com os enunciados jurisprudenciais sumulados pelos tribunais superiores? Acaso os juízes teriam alcançado o milagre que os legisladores confessadamente se revelaram impotentes de conseguir? É óbvio que a simples literalidade de regras hipotéticas e generalizantes, sejam elas primárias como as do legislador ou derivadas como as do tribunais, jamais será suficiente para proporcionar aos litigantes a justa composição dos conflitos prometida pelo Estado Democrático de Direito"[49].

É de se repelir, portanto, qualquer tendência jurisprudencial que tenha o propósito de atribuir às súmulas vinculantes um caráter de indiscutibilidade absoluta e que erga barreiras ao direito fundamental do litigante de discutir a constitucionalidade ou inconstitucionalidade de qualquer norma (legal ou jurisdicional) que pretenda interferir em sua órbita jurídica.

São fatores de extrema relevância no Estado Democrático de Direito tanto a tarefa de sumular os julgados como o empenho de que todo e qualquer litígio encontre justa e adequada solução em juízo. E, para tanto, no caso de aplicação de enunciado sumular, ter-se-á de assegurar à parte, sempre, a possibilidade de sensibilizar o julgador para a individualidade da causa e para a possibilidade

---

[48] SARTOR, Giovanni. Precedente giudiziale. *Contratto e impresa* (obra coletiva dirigida por FRANCESCO GALGANO). Padova: CEDAM, 1995. p. 1.354; TUCCI, José Rogério Cruz e. *Op. cit.*, p. 299.

[49] THEODORO JÚNIOR, Humberto; NUNES, Dierle; BAHIA, Alexandre. Breves considerações sobre a politização do Judiciário e sobre o panorama de aplicação no direito brasileiro – Análise da convergência entre o *civil law* e o *common law* e dos problemas da padronização decisória. *Revista de Processo*, v. 189, p. 51-52.

de seus reflexos sobre os fundamentos trazidos para o processo. "Só assim o pronunciamento Jurisdicional responderá, com adequação e justiça, à demanda daqueles que esperam do Judiciário uma tutela, além de *efetiva, justa*. Não é pela padronização fria e estéril dos julgamentos que a tanto se chegará. Muito mais importante será, nesse rumo, a sentença bem e racionalmente fundamentada, à luz das peculiaridades do caso concreto, em contraditório, ainda quando se esteja a aplicar enunciados sumulares de precedentes judiciais"[50].

Belo Horizonte, outubro de 2012.

Humberto Theodoro Júnior

REFERÊNCIAS BIBLIOGRÁFICAS

ABBOUD, Georges. *Jurisdição constitucional e direitos fundamentais*. São Paulo: Ed. RT, 2011.

BORGES, Josenir Cassiano. Recurso extraordinário: repercussão geral como função social. *Juris Plenum*, v. 45, maio 2012.

BUSTAMANTE, Thomas da Rosa de. *Teoria do precedente judicial:* A justificação e a aplicação de regras jurisprudenciais. São Paulo: Ed. Noeses, 2012.

CANOTILHO, J. J. Gomes. *Direito Constitucional e Teoria da Constituição*. Coimbra: Almedina, 1998.

CROSS, Rupert; HARRIS, J. W. *Precedent in english law*. 4. ed. Oxford: Clarendon Press, 2004; *apud* MITIDIERO, Daniel. Fundamentação e precedentes – dois discursos a partir da decisão judicial. *Revista de Processo*, v. 206, abr. 2012.

DUXBURY, Neil. *The nature and authority of precedent*. Cambridge: Cambridge University Press, 2008; *apud* MITIDIERO, Daniel. Fundamentação e precedentes – dois discursos a partir da decisão judicial. *Revista de Processo*, v. 206, abr. 2012.

EISENBERG, Melvin. *The nature of the common law*. Cambridge: Haward University Press, 1991.

GASCÓN ABELLÁN, Marina. *La técnica del precedente y la argumetaciòn racional*. Madri: Tecnos, 1993.

GIOVANNETTI, T. Il quadro delle tipologie decisorie nelle pronunce della Corte costituzionale. In: *Quaderno Predisposto in occasione dell'incontro di studio com la corte costituzionale di ungheria*, Palazzo della Consulta, 11 giugno 2010.

GREGO, Leonardo. A declaração de constitucionalidade da lei pelo STF em controle concentrado e a coisa julgada anterior – Análise do Parecer 492 da Procuradoria-Geral da Fazenda Nacional. *Revista Dialética de Direito Processual*, v. 114, set. 2012.

---

[50] THEODORO JÚNIOR, Humberto; NUNES, Dierle; BAHIA, Alexandre. *Op. cit.*, p. 52.

KAPP, Blaise. Relatório na XV Mesa Redonda Internacional realizada em Aix-en-Provence, set./1999, sobre o tema Constituição e Segurança Jurídica. *Annuaire International de Justice Constitutionnelle*, XV, 1999. Paris: Economica, 2000.

LARENZ, Karl. *Metodologia da ciência do direito*. 3. ed. Tradução portuguesa José Lamego. Lisboa: Fundação Gulbenkian, 1997.

MARINONI, Luiz Guilherme. *Precedentes obrigatórios*. 2. ed. São Paulo: Ed. RT, 2011.

PIZZORUSSO, Alessandro; PASSAGLIA, Paolo. Relatório na XV Mesa Redonda Internacional realizada em Aix-en-Provence, set./1999, sobre o tema Constitution et sécurité-juridique. *Annuaire International de Justice Constitutionnelle*, XV, 1999. Paris: Economica, 2000.

PORTO, Sérgio Gilberto. Sobre *common law, civil law* e o precedente judicial. In: MARINONI, Luiz Guilherme (coord.). *Estudos de direito processual civil*: Homenagem ao Professor Eyas Dirceu Moniz de Aragão. São Paulo: Ed. RT, 2005.

MEDEIROS, Rui. *A decisão de inconstitucionalidade*. Lisboa: Universidade Católica Editora, 1999.

MENDES, Gilmar. *Jurisdição Constitucional*. São Paulo, 1999.

PUNZI, Carmine. Il ruolo della giurisprudenza e i mutamenti d'interpretazione di norme processuale. *Rivista di Dirito Processuale*, Padova: CEDAM, Anno LXVI, n. 6.

RE, Edward D. *Stare decisis*. Trad. de Ellen Gracie Northfleet. *Revista Forense*, v. 327.

ROSSI, Júlio César. O precedente à brasileira: Súmula vinculante e o incidente de resolução de demandas repetitivas. *Revista de Processo*, v. 208.

RUFFINI, Giuseppe. Mutamenti di giurisprudenza nell'interpretazione delle norme processuali e "giusto processo". *Rivista di Dirito Processuale*, Padova: CEDAM, Anno LXVI, n. 6.

SABINO, Marco Antônio da Costa. O precedente jurisdicional vinculante e sua força no Brasil. *Revista Dialética de Direito Processual*, v. 85.

SARTOR, Giovanni. Precedente giudiziale. *Contratto e impresa* (obra coletiva dirigida por FRANCESCO GALGANO). Padova: CEDAM, 1995.

TARUFFO, Michele. Precedente e jurisprudência. *Revista Forense*, v. 415.

THEODORO Júnior, Humberto. *Curso de Direito Processual Civil*. 53. ed. Rio de Janeiro: Forense, 2012. v. I.

_____; NUNES, Dierle; BAHIA, Alexandre. Breves considerações sobre a politização do Judiciário e sobre o panorama de aplicação no direito brasileiro – Análise da convergência entre o *civil law* e o *common law* e dos problemas da padronização decisória. *Revista de Processo*, v. 189.

TUCCI, José Rogério Cruz e. *Precedente judicial como fonte do direito*. São Paulo: Ed. RT, 2004.

VERDE, Giovanni. Mutamento di giurisprudenza e affidamento incolpevole (considerazioni sull difficile rapporto fra giudice e legge). *Rivista di Diritto Processuale*, Padova: CEDAM, Ano LXVII, n. 1, gennaio-febbraio 2012.

ZIMMER, Willy. Relatório na XV Mesa Redonda Internacional realizada em Aix-en-Provence, set./1999, sobre o tema Constitution et sécurité-juridique. *Annuaire International de Justice Constitutionnelle*, XV, 1999. Paris: Economica, 2000.

16

DA REPERCUSSÃO GERAL. EVOLUÇÃO E CRÍTICAS AO INSTITUTO

José Miguel Garcia Medina
Doutor e Mestre em Direito pela Pontifícia Universidade Católica de São Paulo – PUC/SP. Visiting Scholar na Columbia University (NYC-EUA). Professor Titular da Universidade Paranaense – UNIPAR. Professor Associado da Universidade Estadual de Maringá – UEM. Professor no curso de pós-graduação lato sensu da PUC/SP. Ex-presidente da Comissão Nacional de Acesso à Justiça da OAB. Membro da Comissão de Juristas nomeada pelo Senado Federal para a elaboração do anteprojeto de Código de Processo Civil. Professor e Advogado.

Rafael de Oliveira Guimarães
Mestre e Doutor em Direito Processual Civil pela PUC-SP. Membro do Instituto Brasileiro de Direito Processual Civil. Professor de Direito Processual Civil na Universidade Estadual de Maringá-PR. Professor na Pós-Graduação da PUC-PR e PUC-Rio. Advogado no Paraná.

Alexandre Freire
Doutorando em Direito pela PUC-SP. Mestre em Direito pela UFPR. Research Fellow pela Columbia University (EUA). Membro do IBDP e do Núcleo de Processo Civil da PUC-SP. Professor da pós-graduação em Direito Processual Civil da PUC-Rio. Professor visitante da pós-graduação em Direito Processual Civil da USP (FDRP). Professor assistente da Universidade Federal do Maranhão e da Universidade CEUMA.

Sumário: 1. Considerações iniciais – 2. Aspectos influenciadores da criação do "filtro" – 3. A repercussão geral no ordenamento jurídico brasileiro – 4. Críticas ao instituto – 5. Considerações finais – Referências bibliográficas.

1. CONSIDERAÇÕES INICIAIS

Primeiramente, é importante mencionar a grande honra que os autores tiveram ao serem convidados para participar deste relevante projeto, tratando de um tema tão caro para a sistemática dos recursos excepcionais como a repercussão geral.

O texto traz, inicialmente, alguns exemplos de como incidem eventuais "filtros" para a admissibilidade dos recursos extraordinários em outros países, justamente para fundamentar a existência da repercussão geral no Brasil.

Posteriormente, é imprescindível trazer a conceituação do instituto e como a legislação brasileira evoluiu sobre o tema, sempre com opiniões da jurisprudência e da doutrina a respeito, e, ato contínuo, como o Novo CPC vai tratar da mencionada sistemática.

Por fim, o breve estudo fará as críticas pertinentes à aplicabilidade da repercussão geral no Brasil e eventuais sugestões de mudanças.

2. ASPECTOS INFLUENCIADORES DA CRIAÇÃO DO "FILTRO"

O Supremo Tribunal Federal, indubitavelmente, não exerce somente a função de dizer a última palavra sobre a correta interpretação dos dispositivos constitucionais. A Corte Suprema também não exerce somente uma competência em razão da matéria, como se os outros Tribunais superiores exercessem a competência para preceituar qual a correta interpretação da legislação trabalhista no caso do Tribunal Superior do Trabalho, da legislação eleitoral no caso do Tribunal Superior Eleitoral, da legislação militar no caso do Superior Tribunal Militar e das demais leis federais no caso do Superior Tribunal de Justiça. A função do Supremo Tribunal vai além de decidir sobre a matéria constitucional como se tal ato fosse somente decidir sobre um ramo do Direito. Como órgão de cúpula que é, exerce uma tarefa de orientar como o Poder Judiciário brasileiro deve exercer a função jurisdicional.

Para exercer essa função de cúpula, constitucionalmente é prevista a sua formação por somente 11 ministros, que, em tese, examinam questões e proferem julgamentos que funcionam como norteadores para a aplicação do Direito em todo o território nacional. Por isso, as decisões do Supremo Tribunal Federal não solucionam somente um caso concreto, mais especificamente, um recurso extraordinário não tem efeitos mediatos somente perante as partes nele envolvidas.

Sem a intenção de adentrar na teoria da transcendência da eficácia das decisões proferidas nos recursos extraordinários[1], é inegável que uma decisão pro-

---

[1] Luiz Guilherme Marinoni defende que as decisões do STF exercem uma espécie de hierarquia sobre as dos outros Tribunais: "Na verdade, o equívoco se encontra no sig-

ferida pela Corte Suprema tem a função importantíssima de orientar a aplicação de todas as demais normas jurídicas, pois nenhuma delas é aplicada senão em consonância com a Constituição Federal, a qual é interpretada primordialmente pelo STF, e, por isso, toda interpretação do Direito leva em consideração, ainda que indiretamente, o que preconiza o Supremo Tribunal Federal sobre a Constituição Federal. Essa é a função legítima de um órgão de cúpula.

É corriqueira a discussão da chamada "crise da Suprema Corte" nos diversos ordenamentos jurídicos, justamente porque os órgãos de cúpula são formados por um pequeno número de magistrados e, fatalmente, a maioria das lides de uma nação pode, em tese, chegar à Corte Suprema, o que implica um número exacerbado de demandas por magistrados, inviabilizando o julgamento com qualidade daquelas lides tidas como as mais importantes de um país.

O crescimento exagerado do número de demandas advém de uma questão social: a massificação da própria sociedade e a jurisdicionalização das relações sociais, levando um número cada vez maior de demandas às portas do Judiciário. Com relação aos Tribunais de instância ordinária, a solução momentânea pode eventualmente ser o aparelhamento dos Tribunais, o aumento de magistrados, pois em tais locais realmente se examinam as lides caso a caso, com amplo exame de provas e argumentações, e os efeitos, em tese, são perante as partes envolvidas no litígio. Mas seria coerente massificar o Tribunal de cúpula? Seria salutar para o sistema jurídico um Tribunal de cúpula com um grande número de magistrados, em que se facilitasse a diversidade de opiniões dos magistrados? Obviamente que não. Os Tribunais de cúpula, como em todos os ordenamentos do mundo, são órgãos com poucos magistrados, mas de notável saber jurídico, justamente para que o Plenário reflita sobre as principais questões da nação e decida tais questões em conjunto, a fim de dar segurança jurídica aos jurisdicionados. Daí o acerto de Arruda Alvim[2] ao afirmar que a massificação não pode atingir os Tribunais de cúpula sob pena de insustentabilidade e insegurança que isso exteriorizará perante todos os outros órgãos jurisdicionais.

---

nificado que se retira da palavra hierarquia, misturando-se independência e autonomia com inexistência de respeito às decisões ou, nesta dimensão, com insubordinação. É evidente que, quando se fala, no sentido antes exposto, em hierarquia, não se pretende negar a independência e a autonomia dos juízes. Pretende-se apenas evidenciar que, por uma razão lógica derivada da função e do lugar de inserção conferidos aos tribunais pela Constituição Federal, a hierarquia justifica uma inquestionável necessidade de respeito às decisões judiciais" (MARINONI, Luiz Guilherme. *Precedentes obrigatórios*. São Paulo: RT, 2011. p. 169).

2 "A sociedade contemporânea é massificada. Todavia, há situações ou atividades insuscetíveis de serem englobadas pela massificação: a) atividade jurisdicional, particularmente nos tribunais de cúpula..." (Idem, p. 84).

A celeuma aumenta quando se pensa que, para exercer sua função, um Tribunal deve preservar a sua estrutura, porém, como preservar a qualidade de seus julgamentos com milhares de recursos extraordinários sendo distribuídos para cada ministro anualmente?

Como é cediço, anteriormente à Constituição de 1988, o recurso extraordinário abarcava tanto as questões constitucionais quanto as federais infraconstitucionais, como se as hipóteses dos arts. 102, III, e 105, III, da CF/1988 fossem imbricadas num recurso somente, ou seja, o Supremo Tribunal Federal apreciava todas as questões ventiladas nos recursos excepcionais.

Tendo em vista essa problemática, em 1965 surgiu um dos primeiros "filtros" na tentativa de diminuir o número de recursos extraordinários em trâmite perante o Supremo Tribunal Federal. Segundo narrado por Flávio Cheim Jorge e Elvio Ferreira Sartório[3],

> "Houve uma tentativa de descongestionamento do Pretório, por meio de uma emenda ao Regimento Interno do STF, que permitiu aos relatores convocar as partes litigantes em processo de recurso extraordinário – que estivesse há 10 anos ou mais no Tribunal e sem julgamento – a se manifestarem, no prazo de 90 dias, quanto a seu interesse pelo andamento do feito. Caso silenciassem, por iniciativa do relator e dispensando o julgamento pelo colegiado, o recurso seria tido como sem objeto e arquivado".

Por óbvio, por visar uma tentativa de extinção dos recursos por inércia da parte, assim tolhendo garantias processuais como o impulso oficial, o mencionado filtro teve pouca duração.

Posteriormente, a Emenda 1/1969 (modificada pela Emenda 7/1977) estabeleceu que o recurso extraordinário seria admitido desde que tivesse "relevante questão federal"[4]. Verifica-se que, visando restringir o número de recursos extraordinários que adentravam no Supremo Tribunal Federal, instituiu-se a chamada "arguição de relevância", com o objetivo de que as questões federais fossem apreciadas pela Corte Suprema desde que tivesse importância destacada.

---

[3] JORGE, Flávio Cheim; SARTÓRIO, Elvio Ferreira. O recurso extraordinário e a demonstração da repercussão geral. In: WAMBIER, Teresa Arruda Alvim; WAMBIER, Luiz Rodrigues; GOMES JUNIOR, Luiz Manoel; FISCHER, Octavio Campos; FERREIRA, William Santos (Coords.). *Reforma do Judiciário*. Primeiras reflexões sobre a Emenda Constitucional n. 45/2004. São Paulo: RT, 2005. p. 183.

[4] Art. 119, § 1.º: "as causas a que se fere o item III, alíneas *a* e *d*, deste artigo, serão indicadas pelo Supremo Tribunal Federal no regimento interno, que atenderá à sua natureza, espécie, valor pecuniário e relevância da questão federal".

Porém, o instituto não tinha uma definição[5], era um conceito indeterminado, que resumidamente obrigava o recorrente a demonstrar a importância da causa para o recurso extraordinário ser admitido.

Durante os quase 20 anos de vigência da arguição de relevância, esta teve bons resultados práticos. Das questões federais submetidas à apreciação pelo STF mediante recurso extraordinário, cerca de 27% somente foram apreciadas pelo Tribunal Supremo[6]. Assim, a arguição de relevância cumpria sua função.

Ocorre que a arguição de relevância enfrentava algumas críticas por ter sido instituída durante o regime militar e por ser decidida em sessão secreta, ferindo a publicidade dos atos judiciais. Por essas razões, e pela criação do Superior Tribunal de Justiça, o instituto foi abolido. Nos dizeres de Humberto Theodoro Júnior[7],

> "O problema é antigo. A Constituição anterior o enfrentou por meio do mecanismo então denominado 'arguição de relevância'. Por se tratar de remédio concebido durante a ditadura militar, a reconstitucionalização democrática do país, levada a efeito pela Carta de 1988, a repeliu por completo, em vez de aproximá-la ou substituí-la por outro meio de controle que desempenhasse a mesma função, mas de maneira mais adequada ao Estado Democrático de Direito".

O legislador, ao que parece, tinha a esperança de que, com a retirada do exame das questões federais do Supremo Tribunal Federal, o órgão de cúpula do Judiciário brasileiro poderia ter o número de recursos extraordinários diminuídos, e assim ter tranquilidade para examinar com qualidade questões de maior relevância no cenário nacional. No entanto, com a crescente massificação das demandas, os números chegaram a patamares exorbitantes.

---

[5] "No sistema da arguição de relevância não existia conceito certo do que era relevante e, destarte, o sistema apresentava, propositalmente, uma linguagem aberta (tipos abertos ou extremamente subjetivos) para que o STF, com uma maior elasticidade de interpretação, pudesse decidir o que seria ou não relevante" (ARRUDA ALVIM, José Manoel de. *A argüição de relevância no recurso extraordinário*. São Paulo: RT, 1988. p. 63).

[6] "O método estancava um número considerável de recursos e, no ano de 1985, de um total de 4.148 arguições de relevância distribuídas, foram rejeitadas 3.250 e acolhidas apenas 885" (JORGE, Flávio Cheim; SARTÓRIO, Elvio Ferreira. O recurso extraordinário..., p. 184).

[7] THEODORO JÚNIOR, Humberto. O poder de controle do cabimento do recurso extraordinário referente ao requisito da repercussão geral (CF, art. 102, § 3.º). In: MEDINA, José Miguel Garcia; CRUZ, Luana Pedrosa de Figueiredo; CERQUEIRA, Luiz Otávio Sequeira de; GOMES JUNIOR, Luiz Manoel (Coords.) *Os poderes do juiz e o controle das decisões judiciais*. Estudos em homenagem à Profa. Teresa Arruda Alvim Wambier. São Paulo: RT, 2008. p. 930.

"Em 1997 (quase 10 anos após o início da vigência da Carta de 1988) o STF recebeu 42.000 processos, ao passo que a Suprema Corte americana recebeu, no período de 1996, 336 processos, acolhendo apenas 126 para apreciar; já a corte alemã, ao receber 3.000 processos, pinçou apenas trezentos e poucos para decidir"[8].

Quando se compara com as Supremas Cortes do sistema anglo-saxão, verifica-se uma disparidade ainda maior. Segundo estudos de Toni Fine, avalizando o trazido por Arruda Alvim, a média de recursos que foram recebidos pela *Supreme Court* não chega a 100[9], enquanto que na Inglaterra, segundo Neil Andrews[10], o número gira em torno de 80 recursos admitidos por terem "importância especial".

Vislumbra-se que o STF, apreciando somente questões constitucionais, julgava mais recursos extraordinários do que quando examinava tanto as questões constitucionais quanto as federais, e, em comparação ao número de julgamentos proferidos por Supremas Cortes de outros países, esse número é exponencialmente maior.

A retomada da discussão sobre a criação de um novo "filtro", capaz de diminuir o número de recursos extraordinários que adentravam no STF, foi um ato inevitável, ainda que fosse necessária a mitigação de eventuais direitos dos recorrentes, pois seria preservado um bem maior, qual seja, a função da Corte Suprema como corte de cúpula.

Impende destacar que a utilização de um "filtro" para a admissão do recurso extraordinário não é uma ideia nova (como já visto nos parágrafos anteriores), tampouco uma exclusividade brasileira.

Países em situação econômica melhor do que a do Brasil, e com uma quantidade bem menor de recursos em seus órgãos de cúpula, se utilizam de "filtros"[11],

---

[8] JORGE, Flávio Cheim; SARTÓRIO, Elvio Ferreira. O recurso extraordinário..., p. 184.

[9] "Em um ano, a Suprema Corte pode receber oito mil pedidos de *writ of certionari* mas atende menos de cem" (FINE, Toni M. *Introdução ao sistema jurídico anglo-americano*. São Paulo: Martins Fontes, 2011. p. 129).

[10] "A *Supreme Court*, como sua antecessora, *House of Lords*, provavelmente não julgará mais de 80 recursos ao ano" (ANDREWS, Neil. *O moderno processo civil. Formas judiciais e alternativas de resolução de conflitos na Inglaterra*. 2. ed. Tradução: Teresa Arruda Alvim Wambier. São Paulo, 2012. p. 282).

[11] "Anote-se, ademais, que três países em condições econômicas e financeiras excelentes, em rigor, os países que, do ponto de vista de sua economia global encontram-se em situação privilegiada, e que, portanto, estão munidos de um aparelhamento estatal necessariamente mais eficiente – Estados Unidos, Alemanha e Japão –, adotam este sistema" (ARRUDA ALVIM, José Manoel. A EC 45 e o instituto da repercussão geral. In: WAMBIER, Teresa Arruda Alvim; WAMBIER, Luiz Rodrigues; GOMES JUNIOR, Luiz Manoel; FISCHER,

justamente para a preservação das Cortes Constitucionais, a fim de que estas apreciem somente as questões de relevância para o sistema jurídico.

A fonte genuína do ora discutido mecanismo de redução de recursos extraordinários é o *writ of certionary* do direito americano. O *writ of certionary* é utilizado apenas nos casos de *sufficient public importance*[12], ou seja, em questões que tenham uma importância a ponto de emitir reflexos a toda uma coletividade. A Rule 10 da *Supreme Court* norte-americana lança mão das expressões *important question* e *important matter* para representar os casos que podem ser apreciados no *writ of certionari*, demonstrando a necessidade de restringir o acesso à Corte Suprema aos casos que efetivamente são relevantes[13].

No *writ of certionary* não há um critério objetivo para que a *Supreme Court* analise as questões que examinará, é basicamente uma análise da repercussão que o julgamento de um *leading case* pode ter nos casos futuros.

A *Rule 19* da Suprema Corte estabelece alguns exemplos em que se detecta a repercussão de uma questão, fundamentando a necessidade de uma determinada questão vir a ser apreciada pela Corte Suprema norte-americana. Arruda Alvim[14] cita e analisa alguns exemplos, detectando a influência destes na atual repercussão geral do direito brasileiro, principalmente no que tange à instabilidade jurisprudencial para o cabimento dos recursos excepcionais. O processualista elenca o que no direito norte-americano são exemplos de causas relevantes.

"[...] quando, a Corte Estadual tiver decidido questão substancial, antes de determinação da Suprema Corte; 2. Quando a Corte Estadual tiver decidido provavelmente em desconformidade com o que consta das decisões da Suprema Corte (estas duas hipóteses são explícitas na Regra 19, letra a, das Regras da Suprema Corte); 3. Quando uma Corte tiver decidido em conflito com decisão de outra Corte, sobre o mesmo assunto; 4. Se houver decidido sobre importante questão federal, que haveria de ter sido decidida pela Suprema Corte mas não o foi (Regra 19, letra d); 5. Ou quando tenha decidido de tal forma a conflitar com decisões 'aplicáveis' da Suprema Corte; 6. Ou quando tenha sido sancionado erro procedimental (de tal porte), por uma Corte inferior, a ponto de demandar o exercício do poder de supervisão da Suprema Corte (Regra 19, letra b)".

Octavio Campos; FERREIRA, William Santos (Coords.). *Reforma do Judiciário*. Primeiras reflexões sobre a Emenda Constitucional n. 45/2004. São Paulo: RT, 2005. p. 89).

[12] MARINONI, Luiz Guilherme; MITIDIERO, Daniel. *Repercussão geral no recurso extraordinário*. São Paulo: RT, p. 20.

[13] BARIONI, Rodrigo. *Ação rescisória e recursos para os tribunais superiores*. São Paulo: RT, 2010. p. 219.

[14] ARRUDA ALVIM, José Manoel. A EC 45 e o instituto da repercussão geral..., p. 92.

Por influência do direito norte-americano, porém com a diferença de que nos Estados Unidos a análise da relevância da causa é feita pela Corte Suprema, o direito alemão também passou a prever legalmente o "filtro de importância da causa" para o cabimento dos recursos excepcionais[15]. Os exemplos de "importância fundamental" na Alemanha também se assemelham aos do direito norte-americano, principalmente no que tange à necessidade de evitar a instabilidade jurisprudencial, adicionando o que é peculiar no direito alemão, que é o respeito à doutrina, ou seja, será questão de importância fundamental quando a decisão do Tribunal *a quo* também divergir da doutrina alemã. Segundo Hans Prütting[16], outros exemplos são os de erro flagrante, a discussão de direitos fundamentais, quando a causa envolva o Estado ou quando há um grande número de partes envolvidas.

No direito japonês também existe uma limitação aos recursos excepcionais para a Corte Suprema, devendo estes fundamentar-se na instabilidade da jurisprudência (sempre haverá relevância da questão quando a decisão da instância *a quo* divergir de decisão da Corte Suprema) ou no fato de a decisão recorrida conter grave erro de procedimento[17]. No mais, no direito japonês, se "pede permissão" à Corte Suprema para que ela examine o recurso excepcional.

---

[15] Influenciada pelo *writ of certionary*, porém nos EUA quem verifica isso é o juízo *ad quem*, na Alemanha, é o juízo *a quo* (PRÜTTING, Hans. A admissibilidade do recurso aos tribunais alemães superiores. *Revista de Processo*, São Paulo: RT, n. 7, jan.-mar. 1978, p. 154).

[16] "Indicadores positivos de 'importância fundamental' da causa. Quanto à unidade do Direito. Divergir da Corte Constitucional; b) divergir de recente decisão de um tribunal; c) está em desacordo com uma decisão anterior; d) a decisão do tribunal for contra sentença suficientemente motivada; e) há controvérsia no tribunal competente; f) contraria posicionamento congruente da doutrina. Quanto à evolução do Direito, interpretações 'flagrantemente errôneas'. Quanto à situação especial das partes. O Estado participa como parte ou o número de litigantes é muito grande. Quando se trata de direitos fundamentais" (PRÜTTING, Hans. A admissibilidade do recurso aos tribunais alemães superiores. *Revista de Processo*, São Paulo: RT, n. 7, jan.-mar. 1978, p. 158-159).

[17] "O novo Código mantém o recurso para a Suprema Corte como direito em tudo quanto respeite as questões constitucionais ou a um dos graves erros de procedimento enumerados pelo próprio código. Fora daí, um recurso pra a Suprema Corte fica sujeito à discrição da Corte. A parte prejudicada por decisão de segunda instância pode requerer à Suprema Corte permissão para recorrer, a qual apenas será concedida se a decisão impugnada for contrária a uma anterior decisão da Suprema Corte ou envolver questão de direito relevante (art. 318)" (TANIGUSHI, Yusuhei. O Código de Processo Civil japonês de 1996 – Um processo para o próximo século. *Revista de Processo*, São Paulo: RT, n. 99, 2000, p. 62). No direito argentino também existe a *transcendência* da questão nos moldes do art. 280 do CPC argentino, semelhante à arguição de relevância, mas também *doctrina de la gravidad constitucional*, de criação jurisprudencial, que permite o conhecimento do recurso

Dessa forma, verifica-se que nos dias atuais o que se chama de *repercussão geral* é uma prática extremamente comum nos ordenamentos jurídicos mundiais, respeitando as peculiaridades de cada país. Poder-se-ia concluir que haverá repercussão geral no direito comparado quando a decisão for contrária ao posicionamento da Corte Suprema ou envolver grande número de jurisdicionados ainda que mediatamente, ou ainda quando na decisão recorrida houver grave erro de procedimento.

3. A REPERCUSSÃO GERAL NO ORDENAMENTO JURÍDICO BRASILEIRO

A menção, pelo menos com a denominação *repercussão geral*, se deu com a Emenda Constitucional 45, de 2004, que introduziu o § 3.º no art. 102 da CF/1988, preconizando que "no recurso extraordinário o recorrente deverá demonstrar a repercussão geral das questões constitucionais discutidas no caso, nos termos da lei, a fim de que o Tribunal examine a admissão do recurso, somente podendo recusá-lo pela manifestação de dois terços de seus membros". Assim, vê-se que a Constituição da República, após 2004, previu um "filtro de importância" para a admissibilidade de um recurso extraordinário, o qual só poderia ser utilizado por concordância de 2/3 dos Ministros do STF, porém sem regulamentação específica.

A mencionada regulamentação surgiu com a Lei 11.418/2006, que introduziu os arts. 543-A e 543-B no Código de Processo Civil, os quais trataram do processamento da repercussão geral em nosso ordenamento. Tal regramento estabeleceu algumas premissas básicas, como: a) a irrecorribilidade da decisão do colegiado do STF quando negar a repercussão geral[18]; b) o conceito de repercussão geral, que vem a ser quando presentes "questões relevantes do ponto de vista econômico, político, social ou jurídico, que ultrapassem os interesses subjetivos da causa"[19]; c) a necessidade, para a admissibilidade do recurso extraordinário, de o recorrente argumentar, em preliminar do recurso, a existência de repercussão geral; d) estabeleceu um exemplo objetivo de repercussão geral no plano jurídico, que vem a ser no caso de a decisão recorrida pela via de recurso extraordinário

---

extraordinário mesmo quando o recurso estiver defeituoso mas a questão for de extrema importância (cf. MEDINA, José Miguel Garcia. *Código de Processo Civil comentado*. São Paulo: RT, 2011. p. 625).

[18] "Art. 543-A. O Supremo Tribunal Federal, em decisão irrecorrível, não conhecerá do recurso extraordinário, quando a questão constitucional nele versada não oferecer repercussão geral, nos termos deste artigo".

[19] Art. 543-A, § 1.º, do CPC.

divergir do posicionamento do STF[20], prestigiando a função uniformizadora do STF e a autoridade de sua jurisprudência[21].

O § 5.º do art. 543-A traz uma mudança importantíssima, principalmente no plano pragmático, e que revela um importante benefício do instituto ora analisado. Preconiza o dispositivo legal que, uma vez negada a repercussão geral, tal decisão terá eficácia *erga omnes* para as lides que envolvam matéria idêntica no STF e eficácia vinculante perante os Tribunais locais[22], seja sobre os recursos já sobrestados com fundamento no § 2.º do art. 543-B do CPC, seja sobre os ainda desprovidos de manifestação a respeito[23]. Assim, "eliminam-se" diversas lides, desafogando o Judiciário, revelando um importante benefício na utilização da repercussão geral.

Salienta-se que não é um mero arbítrio do Supremo Tribunal Federal permitir, ou não, o julgamento da questão, tal como ocorre na Corte japonesa. A decisão

---

[20] Art. 543-A, § 3.º, do CPC.

[21] "Estará preenchido o requisito da repercussão geral sempre que o recurso impugnar decisão contrária à súmula ou à jurisprudência dominante do Supremo Tribunal Federal. A norma prestigia a função uniformizadora da Corte Suprema e a autoridade de sua jurisprudência" (BARIONI, Rodrigo. *Ação rescisória e recursos para os tribunais superiores*. São Paulo: RT, 2010. p. 221).

[22] "Partindo-se de um ponto de vista prático, a *stare decisis* em sentido horizontal corresponderia à nossa coisa julgada *erga omnes* em matéria constitucional, já que impede a rediscussão da matéria pelo Supremo Tribunal Federal. Já a *stare decisis* em sentido vertical, esta sim, sem dúvida, é idêntica ao efeito vinculante que emana das decisões do Plenário do Supremo Tribunal Federal em matéria constitucional" (MARINONI, Luiz Guilherme; MITIDIERO, Daniel. *Repercussão geral no recurso extraordinário*. São Paulo: RT, p. 23).

[23] "Uma vez rejeitada a repercussão geral pelo Plenário do Supremo Tribunal Federal, o § 5.º do art. 543-A, do CPC, estabelece que a decisão valerá para todos os recursos com matéria idêntica, que serão indeferidos liminarmente, salvo revisão da tese, tudo nos termos do Regimento Interno do Supremo Tribunal Federal" (BARIONI, Rodrigo. *Ação rescisória e recursos para os tribunais superiores*. São Paulo: RT, 2010. p. 226). Luiz Guilherme Marinoni e Daniel Mitidiero entendem que uma decisão de negativa de repercussão geral impede a remessa dos recursos ao e. STF: "A decisão atinente à existência ou inexistência de repercussão geral da controvérsia debatida no recurso extraordinário é de competência exclusiva do Supremo Tribunal Federal (art. 102, § 3.º, da CF c/c art. 543-A do CPC). Seu julgamento a respeito vincula o próprio Supremo Tribunal Federal, importando em vinculação horizontal (art. 543-A, § 5.º do CPC). A referente à inexistência no caso de repercussão geral em processos com idêntica controvérsia produz ainda, em certa perspectiva, vinculação vertical (art. 543-B, § 2.º, do CPC), na medida em que os Tribunais de origem, em casos que tais, encontram-se impedidos de remeter ao Supremo Tribunal Federal recursos cujas controvérsias já foram examinadas e tidas como despidas de repercussão geral" (MARINONI, Luiz Guilherme; MITIDIERO, Daniel. *Repercussão geral no recurso extraordinário*. São Paulo: RT, 2007. p. 21).

que identifica ou não a repercussão geral de uma causa deve ser motivada, pública e justificar fundamentadamente os critérios utilizados, principalmente para a rejeição, ante a sua presunção de existência[24].

O art. 543-B submete a regulamentação do procedimento da repercussão geral ao Regimento Interno do Supremo Tribunal Federal, que complementa o procedimento estabelecido no Diploma Processual.

O art. 323 do RISTF preconiza que tanto o Relator quanto o Presidente do STF poderão se manifestar sobre a existência de repercussão geral num recurso e submeterá, mediante meio eletrônico, aos demais Ministros o seu posicionamento, muito embora não haja proibição de que a decisão que acolha ou rejeite a repercussão geral seja tomada em plenário, hipótese que, segundo Luiz Manoel Gomes Junior, implicará também no direito à sustentação oral[25].

Se atingido o *quorum* qualificado para a negativa[26], os recursos sofrerão os efeitos dos arts. 543-A, § 5.º, e 543-B, § 2.º, do CPC. Se já houver sido reconhecida a repercussão (§ 2.º do art. 323 do RISTF), ou quatro dos Ministros entenderem pela existência de repercussão no prazo de 20 dias, o recurso terá o seu procedimento ordinário. Lembrando que, sempre que houver o sobrestamento de um recurso, o STF fará ampla divulgação nos Tribunais de origem[27] sobre a questão

---

[24] "Hoje, a presunção é de que todas as questões constitucionais são dotadas de repercussão geral" (COELHO, Gláucia Mara. Repercussão geral da questão constitucional no processo civil brasileiro. São Paulo, 2007, 287f. Dissertação. (Mestrado em Direito) – Pós-Graduação em Direito da Universidade de São Paulo, sob a orientação do Prof. José Rogério Cruz e Tucci, p. 161).

[25] GOMES JUNIOR, Luiz Manoel. A repercussão geral da questão constitucional no recurso extraordinário – EC 45. In: NERY JUNIOR, Nelson; WAMBIER, Teresa Arruda Alvim. *Aspectos polêmicos e atuais dos recursos cíveis e assuntos afins*. São Paulo: RT, 2006. v. 10, p. 294.

[26] Arruda Alvim entende que a existência de quórum qualificado para a negativa da repercussão geral é salutar e um sinal de presunção de repercussão geral das matérias constitucionais. "A recusa do recurso extraordinário, porque ausente a repercussão geral, pela elevada maioria de dois terços é saudável, porquanto procura que esteja subjacente a essa recusa em alto grau de *certeza* e de *segurança*, compensatórias – diga-se assim – da circunstância de a repercussão geral constituir-se num conceito vago, propiciando menor certeza e menos segurança. Esse *quorum* prudencial coincide substancialmente com o direito alemão (§ 554, b, 2, hoje revogado) e norte-americano" (ARRUDA ALVIM, José Manoel. A EC 45 e o instituto da repercussão geral. In: WAMBIER, Teresa Arruda Alvim; WAMBIER, Luiz Rodrigues; GOMES JUNIOR, Luiz Manoel; FISCHER, Octavio Campos; FERREIRA, William Santos (Coords.). *Reforma do Judiciário*. Primeiras reflexões sobre a Emenda Constitucional n. 45/2004. São Paulo: RT, 2005. p. 65).

[27] Art. 329 do RISTF: "A Presidência do Tribunal promoverá a ampla e específica divulgação do teor das decisões sobre repercussão geral, bem como a formação e atualização de banco eletrônico de dados a respeito".

jurídica discutida, justamente para que os recursos que discutam matéria idêntica fiquem sobrestados e se evitem julgamentos desnecessários.

Embora aqui se esteja a discorrer sobre como se reconhece ou rejeita a repercussão geral, não há uma hipótese restrita para o seu conhecimento. O direito japonês há pouco mencionado a decide com base na conveniência de julgar a matéria. No Brasil, embora tenha havido a tentativa de sistematizar ou dar parâmetros ao STF para o conhecimento geral, está-se claramente diante de um conceito vago ou indeterminado.

Alguns doutrinadores, como Humberto Theodoro Júnior, chegam a afirmar que a repercussão geral é o mesmo que a antiga arguição de relevância, devendo simplesmente o recorrente demonstrar que o resultado do julgamento daquele recurso influenciará em várias demandas pelo país[28].

Flávio Cheim Jorge e Elvio Ferreira Sartório entendem que a própria nomenclatura da repercussão geral não é a mais adequada. Entendem os mencionados processualistas que deveria haver uma mescla dos conceitos. Isso porque a antiga arguição de relevância levava em consideração somente a importância da questão, e, como a repercussão geral é compreendida como o dever de fundamentar não só a importância da questão, mas também o número de lides eventualmente atingidas, a nomenclatura mais adequada seria repercussão de relevância[29].

É certo que, como afirma um dos autores do presente estudo, a demonstração de repercussão geral é a fundamentação pelo recorrente de que o caso ali discutido

---

[28] "Em outras palavras, o novo requisito da repercussão geral é o mesmo da antiga relevância, cuja configuração se dá quando o reflexo da questão decidida não se restrinja ao âmbito do processo em que está sendo debatida. O interesse em jogo, por isso, será 'maior fora da causa do que, propriamente, dentro dela', ou seja, o conceito de relevância da questão constitucional está no dizer de Doroeste Baptista, relecionado com a importância para o público, em contraste com a importância para as partes interessadas" (THEODORO JÚNIOR, Humberto. O poder de controle do cabimento do recurso extraordinário referente ao requisito da repercussão geral (CF, art. 102, § 3.º). In: MEDINA, José Miguel Garcia; CRUZ, Luana Pedrosa de Figueiredo; CERQUEIRA, Luiz Otávio Sequeira de; GOMES JUNIOR, Luiz Manoel (Coords.) *Os poderes do juiz e o controle das decisões judiciais*. Estudos em homenagem à Profa. Teresa Arruda Alvim Wambier. São Paulo: RT, 2008. p. 933-934).

[29] "[...] preferimos optar pela repercussão de relevância, tema este que promete, na forma legislada, desafogar o STF da carga excessiva de recursos, que a ele diuturnamente são distribuídos" (JORGE, Flávio Cheim; SARTÓRIO, Elvio Ferreira. O recurso extraordinário e a demonstração da repercussão geral. In: WAMBIER, Teresa Arruda Alvim; WAMBIER, Luiz Rodrigues; GOMES JUNIOR, Luiz Manoel; FISCHER, Octavio Campos; FERREIRA, William Santos (Coords.). *Reforma do Judiciário*. Primeiras reflexões sobre a Emenda Constitucional n. 45/2004. São Paulo: RT, 2005. p. 182).

tem relevância e atinge muitas lides, sendo assim de interesse geral[30], mas poderá haver repercussão geral quando a questão for somente relevante, mas não atingir potencialmente um número grande de cidadãos ou lides?

Segundo Calmon de Passos, ainda comentando a arguição de relevância, o interesse geral desta não está numa equação matemática simples, consubstanciada em um grande número de pessoas atingidas pela decisão[31], ou mesmo se o Estado será atingido pela controvérsia, mas sim no grau de segurança jurídica que a decisão propiciará.

O interesse privado muitas vezes se revela como manifestação do próprio interesse público, pois o Direito é concebido para o cidadão. Entender o Direito em nome do Estado ou do coletivo é tratar o cidadão como mero súdito, *prostituindo* o Direito, nas palavras de Calmon de Passos. A verificação da relevância estaria mais próxima da estabilidade de interpretação da norma do que do número de pessoas atingidas pela decisão, pois se a questão repercute na estabilidade jurídica, é ela a melhor tradução do interesse geral.

---

[30] "Assim, precisará o recorrente demonstrar que o tema constitucional discutido no recurso extraordinário tem uma relevância que transcende aquele caso concreto, revestindo-se de interesse geral. Pode-se dizer, desse modo, que, para a admissibilidade do recurso extraordinário, a questão constitucional deverá ser qualificada pela característica indicada no art. 102, § 3.º, da Constituição Federal" (MEDINA, José Miguel Garcia. *Prequestionamento e repercussão geral*. E outras questões relativas aos recursos especial e extraordinário. São Paulo: RT, 2009. p. 54-55).

[31] "Vimos que, no estudo elaborado pelo STF, em 1965, apontava-se o interesse público como parâmetro para aferição dessa relevância. Esse adminículo, entretanto, não a priva de consequente risco de elasticidade ou compressibilidade, ao sabor das opiniões e das pressões pessoais ou sociais.

O interesse público, para configuração da relevância, não pode ser entendido como interesse do Estado, do poder politicamente instituído, por qualquer de seus órgãos, ou visto do prisma de qualquer de suas funções, colocando-se como desmerecedor de apreço e valoração o interesse privado objetivo da lide. É o interesse privado, em última análise, o que pesa, porque é o indivíduo que se procura tutelar quando se formaliza o Direito. Toda vez que se transfere do indivíduo (pessoa na plenitude de seu ineditismo e irrepetibilidade, e na exigência absoluta de sua realização humana) para o Estado, seus sinônimos e suas camuflagens, o centro, o centro da valoração jurídica, o que se está fazendo é prostituir o Direito, transformando-se o semelhante em servo e o cidadão em súdito.

Kelsen, com sua genial acuidade, demonstrou que, desde o momento em que uma norma de Direito protege um interesse particular, esta proteção já se constitui, por si mesma, um interesse geral, público, conseguintemente. [...]

Logo, volta-se ao ponto inicial. Quando se nega vigência à lei federal ou quando se lhe dá interpretação incompatível, atinge-se a lei federal (objetiva) de modo relevante, e é relevante a questão que configura" (CALMON DE PASSOS, Joaquim José. O recurso extraordinário e a Emenda n. 3 do Regimento Interno do Supremo Tribunal Federal. *Revista de Processo*, São Paulo: RT, n. 5, jan.-mar. 1977, p. 53-54).

A perspectiva da relevância está mais ligada ao nível de estabilidade e importância da norma jurídica discutida do que ao reflexo matemático que a questão jurídica poderá causar. Nesse passo, uma questão envolvendo o termo de incidência de juros nos danos morais, que eventualmente pode atingir um grande número de cidadãos diretamente, pode ter mais chances de obter repercussão geral do que uma questão envolvendo aborto. À primeira vista, parece que a segunda questão (aborto) é muito mais importante para o sistema jurídico do que a primeira, mas não é a transcendência que impõe necessariamente a repercussão geral, pode, sim, uma questão que diretamente atinja somente um indivíduo (ou poucos) ter a repercussão geral reconhecida.

A tentativa de definição do que seria "repercussão geral" somente evidencia o quão indeterminado ou vago é o conceito do instituto. Tendo em vista que a repercussão geral foi introduzida recentemente no ordenamento jurídico brasileiro, dentro de uma normalidade, o conceito e o desenvolvimento do instituto virão com a sua utilização. Segundo Caetano Azzaritti[32], pelo menos uma diminuição do seu grau de indeterminação é obtido com o trabalho e utilização do instituto jurídico caso a caso.

Assim, vê-se que, com a utilização e o desenvolvimento do estudo da repercussão geral, se obterá um melhor conceito, ou pelo menos mais exemplos claros do que seja repercussão geral.

Arruda Alvim, por exemplo, aponta a violação à coisa julgada[33] como merecedora de repercussão, justamente pela importância do instituto para o ordenamento,

---

[32] "Há de se fazer uma observação, nesta altura, consistente em que o uso de determinado conceito jurídico, durante um espaço de tempo razoavelmente longo, pode fazer com que ele deixe de ser vago, ou, pelo menos, que diminua o grau de sua indeterminação. Nesta linha de raciocínio, observa Azzaritti, os conceitos jurídicos 'amadurecem', se o desenvolvimento social reclama sua utilização" (AZZARITTI, Caetano. *Dalla discrezionalittá at potere*. Padova: Cedam, 1989. apud MEDINA, José Miguel Garcia; WAMBIER, Teresa Arruda Alvim; WAMBIER, Luiz Rodrigues. Repercussão geral e súmula vinculante. Relevantes novidades trazidas pela EC n. 45/2004. In: WAMBIER, Teresa Arruda Alvim; WAMBIER, Luiz Rodrigues; GOMES JUNIOR, Luiz Manoel; FISCHER, Octavio Campos; FERREIRA, William Santos (Coords.). *Reforma do Judiciário*. Primeiras reflexões sobre a Emenda Constitucional n. 45/2004. São Paulo: RT, 2005. p. 376).

[33] "Entre nós se formava diretrizes no STF, a maioria delas relacionadas com lei federal, diante então, da ampla competência do STF, no sistema passado, quando se modificou o sistema constitucional, com a supressão da possibilidade de relevância da questão federal. Parece-nos terem sido as seguintes as diretrizes principais: [...] B) violação à coisa julgada, tema esse que, pelo seu só enunciado, demonstra a sua relevância (=repercussão geral)" (ARRUDA ALVIM, José Manoel. A EC 45 e o instituto da repercussão geral. In: WAMBIER, Teresa Arruda Alvim; WAMBIER, Luiz Rodrigues; GOMES JUNIOR, Luiz Manoel; FISCHER, Octavio Campos; FERREIRA, William Santos (Coords.). *Reforma do*

e em outra passagem aponta questões como vida, liberdade matérias em que a jurisprudência seja instável, e as que atinjam um elevado número de pessoas[34]. Humberto Theodoro Júnior aponta sendo de repercussão geral a questão que envolva instituto básico de nosso direito[35].

O Código de Processo Civil previu objetivamente uma questão de repercussão geral no âmbito jurídico. O § 3.º do art. 543-A assinala que existe repercussão geral quando o acórdão recorrido divergir de orientação dominante ou sumulada do STF. Isso porque, "se o papel do STF é uniformizar a interpretação da Constituição, decisões contrárias ao seu entendimento não podem ser mantidas"[36].

O Projeto 166, aprovado pelo Senado em dezembro de 2010, e que momentaneamente é conhecido como o Novo CPC, traz poucas, mas importantes alterações na compreensão do instituto da repercussão geral, e justamente enfatiza sua caracterização nos casos de instabilidade da jurisprudência.

Judiciário. Primeiras reflexões sobre a Emenda Constitucional n. 45/2004. São Paulo: RT, 2005. p. 92).

[34] "O que se quer dizer é que essa frase não há de ter, exclusivamente, uma significação estritamente jurídica, mas compreender também a repercussão econômica, social, etc., ainda que sempre referenciadas ao texto constitucional. O que o texto prescreve é que passa a ser necessária, para que possa vir a ser admitido e julgado um recurso extraordinário que a repercussão da matéria discutida em geral, i.e., que diga respeito a um grande espectro de pessoas e um largo seguimento social, uma decisão sobre assunto constitucional impactante, sobre tema constitucional muito controvertido, em relação a decisão que contrarie orientação do STF; que diga respeito à vida, à liberdade, à federação, à invocação do princípio da proporcionalidade (em relação à aplicação de Texto Constitucional) etc., ou, ainda, outros valores conectados a Texto Constitucional que se alberguem debaixo da expressão *repercussão geral*" (ARRUDA ALVIM, José Manoel. Idem, p. 63).

[35] "A relevância jurídica por ser divisada quando esteja em jogo 'o conceito ou a noção de um instituto básico de nosso direito', havendo necessidade de evitar que uma decisão forme precedente perigoso ou inconveniente, como, *v.g.*, em relação ao direito adquirido e outros valores constitucionais muito importantes para a prevalência da interpretação legítima da Constituição que o STF pretende realizar" (THEODORO JÚNIOR, Humberto. O poder de controle do cabimento do recurso extraordinário referente ao requisito da repercussão geral (CF, art. 102, § 3.º). In: MEDINA, José Miguel Garcia; CRUZ, Luana Pedrosa de Figueiredo; CERQUEIRA, Luiz Otávio Sequeira de; GOMES JUNIOR, Luiz Manoel (Coords.) *Os poderes do juiz e o controle das decisões judiciais*. Estudos em homenagem à Profa. Teresa Arruda Alvim Wambier. São Paulo: RT, 2008. p. 934-935). Nesse sentido (para preservar institutos importantes como o direito adquirido): MEDINA, José Miguel Garcia; WAMBIER, Teresa Arruda Alvim. *Recursos e ações autônomas de impugnação*. Processo Civil Moderno. São Paulo: RT, 2008. v. 2, p. 228.

[36] GOMES JUNIOR, Luiz Manoel. A repercussão geral da questão constitucional no recurso extraordinário – EC 45. In: NERY JUNIOR, Nelson; WAMBIER, Teresa Arruda Alvim. *Aspectos polêmicos e atuais dos recursos cíveis e assuntos afins*. São Paulo: RT, 2006. v. 10, p. 286.

O art. 989, § 3.º, do Projeto traz que sempre haverá repercussão geral quando houver, além da hipótese do quando o acórdão recorrido divergir da orientação de súmula ou jurisprudência dominante do STF (hipótese já prevista no atual art. 543, § do atual CPC), também no acórdão recorrido contrariedade à tese fixada em julgamento de casos repetitivos. Vê-se que o Novo CPC irá ampliar as situações objetivas para a existência de repercussão no plano jurídico, não restringindo a existência de repercussão geral somente nos casos de o acórdão recorrido contrariar Súmula ou jurisprudência dominante. Amplia a caracterização de repercussão geral também para os casos de contrariedade à tese fixada em julgamento de recurso repetitivo, justamente para enfatizar a estabilidade da jurisprudência como valor a ser preservado.

Ainda, outra hipótese objetiva de repercussão geral no plano jurídico está contida no art. 989, § 3.º, III, do Novo CPC. Trata-se da hipótese de que haverá repercussão geral sempre quando se questionar a constitucionalidade de tratado ou lei nos moldes do art. 97 da CF/1988. Ou seja, quando houver a discussão pelo Órgão de Cúpula dos Tribunais, em respeito ao princípio da reserva de plenário, sobre a constitucionalidade de ato ou lei do Poder Público, a repercussão geral já é presumida quando um recurso extraordinário impugna tal decisão, justamente pela importância da questão, já que se trata de decisão do Tribunal local que entende pela inconstitucionalidade de uma norma, o que merece a tutela do STF. Verifica-se que se está diante de uma mitigação de um controle concentrado de constitucionalidade, hipótese em que o STF tem o dever de intervir.

Nota-se que as propostas do Novo CPC no que tange à repercussão geral são pontuais, mas extremamente salutares ao instituto.

Verifica-se que a repercussão geral pode ser reconhecida tendo em vista a relevância da questão, como, por exemplo, o instituto jurídico discutido, uma situação de divergência doutrinária ou jurisprudencial que seja importante, uma intervenção jurídica; ou, ainda, situações em que somente haja transcendência da causa, como as questões monetárias, por exemplo. E, por óbvio, quando haja a presença dos dois requisitos: relevância + transcendência. Pode-se dizer, desse modo, que, para admissibilidade do recurso extraordinário, a questão constitucional deve ser "qualificada"[37] por uma das características aqui descritas.

Deve-se ter em mente que a repercussão geral tem a função primária de reduzir o número de recursos julgados pela Corte Suprema, para somente depois

---

[37] Expressão adotada por José Miguel Garcia Medina. Cf. MEDINA, José Miguel Garcia. Variações recentes sobre os recursos extraordinário e especial. Breves considerações. In: FUX, Luiz; NERY JUNIOR, Nelson; WAMBIER, Teresa Arruda Alvim (Coords.). *Processo e Constituição*. Estudos em homenagem ao Professor José Carlos Barbosa Moreira. São Paulo: RT, 2006. p. 1.052.

pensar no segundo objetivo de uma Corte de cúpula, que vem a ser a melhoria da qualidade de seus julgamentos. Por isso, o requisito da repercussão geral é visto por muitos como um requisito "político" de um recurso extraordinário[38].

No entanto, embora possa a repercussão geral ter um cunho político, é certo que formalmente ela faz parte dos requisitos de admissibilidade[39] do recurso extraordinário, haja vista sua característica eminentemente jurisdicional, segundo afirma Bruno Dantas[40].

A repercussão geral faz parte dos requisitos de admissibilidade do recurso excepcional, porém deve ser analisada de forma secundária[41], isto é, após a aná-

---

[38] "A admissibilidade em função da presença da repercussão geral será informada por um critério principalmente político, ainda que com os parâmetros referenciais do § 3.º do art. 102 da CF/88" (ARRUDA ALVIM, José Manoel. A EC 45 e o instituto da repercussão geral. In: WAMBIER, Teresa Arruda Alvim; WAMBIER, Luiz Rodrigues; GOMES JUNIOR, Luiz Manoel; FISCHER, Octavio Campos; FERREIRA, William Santos (Coords.). *Reforma do Judiciário*. Primeiras reflexões sobre a Emenda Constitucional n. 45/2004. São Paulo: RT, 2005. p. 64).

[39] Nesse sentido: "O que fundamenta, iniludivelmente, é o interesse na concreção na unidade do Direito: é a possibilidade que se adjudica à Corte Suprema de '*clarifier ou orienter le droit*' em função ou a partir de determinada questão levada ao seu conhecimento. Daí a oportunidade e o inteiro acerto de instituir-se a repercussão geral da controvérsia constitucional afirmada no recurso extraordinário como requisito de admissibilidade desse" (MARINONI, Luiz Guilherme; MITIDIERO, Daniel. *Repercussão geral no recurso extraordinário*. São Paulo: RT, p. 17). "No que concerne ao interesse transindividual nos julgamentos do STF, que transcende, portanto, o interesse subjetivo das partes, as mudanças mais significativas dizem respeito à adoção da súmula de efeitos vinculantes e à inserção do instituto da repercussão geral do recurso extraordinário ora analisada, concernente à sua inadmissão, mesmo tratando-se de hipótese prevista no inc. III do art. 102 da CF, fundada em eventual não repercussão geral" (LAMY, Eduardo de Avelar. Repercussão geral no recurso extraordinário: a volta da argüição de relevância? In: WAMBIER, Teresa Arruda Alvim; WAMBIER, Luiz Rodrigues; GOMES JUNIOR, Luiz Manoel; FISCHER, Octavio Campos; FERREIRA, William Santos (Coords.). *Reforma do Judiciário*. Primeiras reflexões sobre a Emenda Constitucional n. 45/2004. São Paulo: RT, 2005. p. 174).

[40] "Parece-nos que, embora tenha uma faceta claramente processual, associada ao juízo de admissibilidade do recurso extraordinário, a repercussão geral concede ao STF algum poder político – na acepção nobre da palavra –, pois lhe permite definir uma linha de política judiciária a ser adotada, estabelecendo *in concreto* parâmetros hábeis a fixar o que tem e o que não tem impacto indireto no grupo social relevante.
Acreditamos, todavia, que esse gesto do legislador não é suficiente para, automaticamente, auferir natureza política (e não jurisdicional) ao processo cogniscitivo tendente a auferir a existência de repercussão geral das questões constitucionais discutidas num determinado RE" (DANTAS, Bruno. *Repercussão geral*. 2. ed. São Paulo: RT, 2009. p. 229).

[41] "Se a repercussão geral é requisito de recurso extraordinário, ao que tudo indica deve ser entendido por questões discutidas aquelas de estirpe constitucional que foram prequestio-

lise dos requisitos gerais dos recursos (intrínsecos e extrínsecos) e dos requisitos específicos, como cabimento e regularidade formal (existência e demonstração de prequestionamento e de a questão ser eminentemente de direito). Somente depois de preenchidos tais requisitos é que se analisará a repercussão geral da questão discutida.

Particularmente, a repercussão geral faz parte de dois pressupostos recursais. Primeiramente, deverá existir repercussão geral na questão discutida, mesmo que objetivamente, como na hipótese do § 3.º do art. 543-A do CPC. Assim, *a priori*, a repercussão geral faz parte do cabimento do recurso. Em um segundo plano, sob pena de não conhecimento do recurso[42], a demonstração da repercussão geral deve vir em preliminar deste, sendo, dessa forma, parte da regularidade formal do recurso extraordinário[43].

A título de esclarecimento, tem-se que a falta de preliminar de repercussão geral no recurso extraordinário pode ser declarada pelo próprio Tribunal *a quo*[44],

---

nadas e constam da decisão recorrida. Será, portanto, relevante, aquilo que foi objeto de prequestionamento, não havendo como escapar dessa exigência" (JORGE, Flávio Cheim; SARTÓRIO, Elvio Ferreira. O recurso extraordinário e a demonstração da repercussão geral. In: WAMBIER, Teresa Arruda Alvim; WAMBIER, Luiz Rodrigues; GOMES JUNIOR, Luiz Manoel; FISCHER, Octavio Campos; FERREIRA, William Santos (Coords.). *Reforma do Judiciário*. Primeiras reflexões sobre a Emenda Constitucional n. 45/2004. São Paulo: RT, 2005. p. 185).

[42] "A falta de alegação da repercussão geral da questão constitucional torna inadmissível o recurso extraordinário. Com isso, ainda que a *questio iuris* suscitada no recurso extraordinário tenha repercussão geral, não se permite ao Supremo Tribunal Federal desconsiderar a falta de alegação e passar diretamente ao julgamento do recurso extraordinário. A exigência constitui requisito de admissibilidade, cuja falta não pode ser suprida e conduz inevitavelmente ao não conhecimento do recurso" (BARIONI, Rodrigo. *Ação rescisória e recursos para os tribunais superiores*. São Paulo: RT, 2010. p. 223).

[43] "Veja-se que, embora o requisito da regularidade formal, a partir do advento da Lei 11.418/2006, exija que, em preliminar, o recorrente demonstre que as questões constitucionais discutidas em seu RE se revestem de repercussão geral, essa formalidade legal não desfigura a natureza do instituto" (DANTAS, Bruno. *Repercussão geral*. 2. ed. São Paulo: RT, 2009. p. 229-230).

[44] "Formalmente, no entanto, haverá de figurar no recurso, de maneira obrigatória, a demonstração de que a questão constitucional nele aventada oferece repercussão que ultrapassa os interesses subjetivos da causa. A ausência de tal capítulo torna inepta a petição recursal. O presidente (ou vice-presidente) do tribunal *a quo*, portanto, poderá inadmitir o extraordinário não pela proclamação de falta de repercussão geral, mas por ausência objetiva de um requisito indispensável da petição" (THEODORO JÚNIOR, Humberto. O poder de controle do cabimento do recurso extraordinário referente ao requisito da repercussão geral (CF, art. 102, § 3.º). In: MEDINA, José Miguel Garcia; CRUZ, Luana Pedrosa de Figueiredo; CERQUEIRA, Luiz Otávio Sequeira de; GOMES JUNIOR, Luiz

porém, se preenchida esta regularidade formal, a sua efetiva ocorrência só pode ser declarada pelo STF nos termos do art. 102, § 3.º, da CF/1988.

Ponto importante sobre o tema diz respeito à recorribilidade da decisão que aprecia a repercussão geral. Há cinco exemplos: (a) decisão que determina o sobrestamento do recurso extraordinário no Tribunal de origem, pois há reconhecimento de repercussão geral na mesma questão jurídica; (b) decisão que determina o sobrestamento do recurso extraordinário no STF, pois há reconhecimento de repercussão geral na mesma questão jurídica; (c) decisão que admite a repercussão geral no STF; (d) decisão do Presidente do STF que não reconhece a repercussão geral; (e) decisão do Pleno do STF que não reconhece a repercussão geral.

Quando a Presidência do Tribunal de origem determina o sobrestamento do recurso extraordinário ante o reconhecimento de repercussão em outro recurso que discuta a mesma questão jurídica, mas o recorrente verifica que a decisão utilizada como base para sobrestar o seu recurso não se refere a idêntica questão, se estará diante de decisão do Tribunal de origem referente à admissibilidade de recurso excepcional, sendo cabível, segundo Bruno Dantas[45], o agravo do art. 544 do CPC.

Se a decisão de sobrestamento do recurso extraordinário for proferida pelo Relator do recurso no STF, e o recorrente entender que não é caso de sobrestamento, o recurso adequado é o agravo do art. 39 da Lei 8.038/1990.

No tocante à decisão que admite a repercussão, em tese, não se admite recurso, por ausência do pressuposto intrínseco de interesse recursal, uma vez que não existe sucumbência recursal na apreciação da questão.

Em se tratando de rejeição da repercussão geral, se esta for denegada pelo Presidente do STF, caberá agravo (regimental) com base no art. 327, § 3.º, do RISTF[46]. A celeuma aumenta quando a negativa de repercussão geral

---

Manoel (Coords.) *Os poderes do juiz e o controle das decisões judiciais*. Estudos em homenagem à Profa. Teresa Arruda Alvim Wambier. São Paulo: RT, 2008. p. 940).

[45] "Nada obstante, a celeuma instalada em torno da questão, não vislumbramos questão substancial a justificar que o *distinguishment* seja tratado processualmente de modo diverso do § 3.º do art. 542 do CPC, razão porque entendemos que o remédio processual adequado é o agravo do art. 544 do CPC. Isso porque o agravo de instrumento é o veículo mais adequado a levar ao exame do STF uma decisão equivocada que, de certa maneira, negue seguimento ao RE" (DANTAS, Bruno. *Repercussão geral*. 2. ed. São Paulo: RT, 2009. p. 334).

[46] "Art. 327. A Presidência do Tribunal recusará recursos que não apresentem preliminar formal e fundamentada de repercussão geral, bem como aqueles cuja matéria carecer

é declarada pelo Plenário do Supremo Tribunal Federal. Tem-se como praxe que, quando o operador do Direito se depara com uma decisão expressamente irrecorrível, aparentemente a decisão será alvo de várias tentativas de recorribilidade até se sistematizar um recurso cabível ou mesmo um sucedâneo recursal adequado. No caso em tela se está diante de uma decisão colegiada do STF que não admite o recurso extraordinário, ou seja, tem a mesma natureza que um acórdão que declara inexistente o prequestionamento. Como não é uma decisão monocrática que implique invocar o princípio da colegialidade e, por consequência, o agravo do art. 39 da Lei 8.038/1990, e, apesar de ser decisão de última instância, é inconcebível um eventual recurso extraordinário de uma decisão do próprio STF sob pena de se perpetuar o cabimento do recurso extraordinário. Dessa forma, qual seria o meio de impugnação adequado?

Como defende Luís Eduardo Simardi Fernandes, muitas vezes a decisão é contraditória ou omissa. Nesses casos, apesar de estar estampada a irrecorribilidade da decisão que não admite a repercussão geral[47], poderiam ser utilizados os embargos de declaração no caso, de acordo com o art. 535 do CPC[48].

Quando há negativa de repercussão geral por entender o STF que já há repercussão geral negada em caso similar, mas na verdade não há, o meio de impugnação adequado, e nessa situação utilizado como sucedâneo recursal, é o

---

de repercussão geral, segundo precedente do Tribunal, salvo se a tese tiver sido revista ou estiver em procedimento de revisão. § 1.º Igual competência exercerá o(a) Relator(a) sorteado(a), quando o recurso não tiver sido liminarmente recusado pela Presidência. § 2.º Da decisão que recusar recurso, nos termos deste artigo, caberá agravo".

[47] Art. 543-A, *caput*, do CPC e art. 326 do RISTF: "Toda decisão de inexistência de repercussão geral é irrecorrível e, valendo para todos os recursos sobre questão idêntica, deve ser comunicada, pelo(a) Relator(a), à Presidência do Tribunal, para os fins do artigo subsequente e do art. 329".

[48] "Quando se diz que determinada decisão é irrecorrível, como faz o art. 543-A, não temos receio de afirmar que tal 'irrecorribilidade' não pode afetar o cabimento do recurso de embargos de declaração, como bem defende Barbosa Moreira, na lição acima transcrita, quer pela necessária incidência do princípio da motivação, quer pela aplicação do princípio da inafastabilidade da tutela jurisdicional, ou então porque, a bem da verdade, nem mesmo se tem ainda uma decisão pronta e acabada, que somente será obtida quando o vício que a macula for afastado" (FERNANDES, Luís Eduardo Simardi. A irrecorribilidade da decisão que não conhece do recurso extraordinário por ausência da repercussão geral. In: MEDINA, José Miguel Garcia; CRUZ, Luana Pedrosa de Figueiredo; CERQUEIRA, Luiz Otávio Sequeira de; GOMES JUNIOR, Luiz Manoel (Coords.) *Os poderes do juiz e o controle das decisões judiciais*. Estudos em homenagem à Profa. Teresa Arruda Alvim Wambier. São Paulo: RT, 2008. p. 948).

mandado de segurança, como afirmam Luiz Guilherme Marinoni, Daniel Mitidiero[49] e também Rodrigo Barioni[50].

4. CRÍTICAS AO INSTITUTO

Até o presente momento, estudou-se brevemente o instituto da repercussão geral. Nesse ínterim verificaram-se suas origens e benefícios, enfatizou-se sua importância para a preservação do órgão de cúpula, detectou-se a sua existência em causas que envolvam questões jurídicas relevantes ou que possam atingir um grande número de cidadãos, porém vê-se que, na prática, não se vem trabalhando a repercussão geral como questão que seja relevante ou transcendente, mas somente com a última característica. Isso porque, segundo Arruda Alvim[51],

> "O STF recebeu até setembro de 2000 30.827 agravos de instrumento e 17.043 recursos extraordinários. Desses 47.870 processos, a Caixa Econômica é res-

---

[49] "De outro lado, o não recebimento de recurso extraordinário pela ausência de repercussão geral de maneira equivocada pode desafiar, em tese, mandado de segurança (art. 5.º, II, da Lei 1.533 de 1951, *a contrario sensu*), aí utilizado como sucedâneo recursal. Embora existam precedentes do Supremo Tribunal Federal que não admitem mandado de segurança contra atos de seus Ministros, certo é que a Constituição autoriza a cogitação de seu cabimento (art. 102, I, *d*), grifando a jurisprudência dessa mesma Corte o regime de direito estrito dessa previsão, que não admite nem a sua ampliação, nem, tampouco, a sua restrição. A competência para a sua apreciação é do mesmo Plenário do Supremo Tribunal Federal. Teoricamente, a solução vai sustentada pela contingência dos conceitos de relevância e transcendência constituírem conceitos jurídicos indeterminados que reclamam preenchimento com valorações objetivas" (MARINONI, Luiz Guilherme; MITIDIERO, Daniel. *Repercussão geral no recurso extraordinário*. São Paulo: RT, p. 57).

[50] "Pode ocorrer de o relator, inadvertidamente, recusar a repercussão geral com base em precedente do plenário que não é aplicável ao caso específico. Ante a falta de mecanismo próprio de controle, poderá a parte prejudicada impetrar mandado de segurança, dirigido ao plenário, demonstrando a violação a seu direito líquido e certo, consubstanciado pelo fato de a rejeição da repercussão ter de ser realizada pelo plenário" (BARIONI, Rodrigo. *Ação rescisória e recursos para os tribunais superiores*. São Paulo: RT, 2010. p. 227). Em sentido contrário: "No entanto, é certo que a decisão sobre o cumprimento do requisito ora discutido, será irrecorrível (parte final do art. 543-A, *caput* do CPC), não havendo a possibilidade de controle pela parte interessada. Inexiste, inclusive, a possibilidade de impetração de mandado de segurança contra ato judicial, eis que já será decisão do Plenário do STF" (AURELLI, Arlete Inês. Repercussão geral como requisito de admissibilidade do recurso extraordinário. *Revista de Processo*, São Paulo: RT, n. 151, abr.-maio 2007, p. 147).

[51] ARRUDA ALVIM, José Manoel. A EC 45 e o instituto da repercussão geral. In: WAMBIER, Teresa Arruda Alvim; WAMBIER, Luiz Rodrigues; GOMES JUNIOR, Luiz Manoel; FISCHER, Octavio Campos; FERREIRA, William Santos (Coords.). *Reforma do Judiciário*. Primeiras reflexões sobre a Emenda Constitucional n. 45/2004. São Paulo: RT, 2005. p. 84.

ponsável por mais de metade (25.554 processos), ou seja, 53,78% referentes ao FGTS. O INSS integra esse quantitativo com 10,58% e a União afeta a carga do STF com 8,7%. Vale dizer, somados os percentuais, 72,96%".

Em complemento ao trazido, levando-se em consideração a pessoa jurídica de direito público "Estado de São Paulo", ente da federação que concentra a maioria dos litígios do país, esse percentual passa de 85%.

Ainda, analisando-se o *site* do STF, observa-se que a grande maioria das matérias com repercussão geral reconhecida envolve direito tributário, previdenciário, indenizações e execuções contra a União, ou seja, reconhece-se a repercussão geral quase sempre nesses temas, os quais ocupam cerca de 85% da pauta do STF. Questiona-se então, qual seria o benefício de utilizar somente a transcendência como critério para aferição de repercussão geral. Qual o benefício de se negar repercussão geral em questões importantíssimas como a coisa julgada[52] se a doutrina acima citada, nada menos do que Arruda Alvim e Humberto Theodoro Júnior, entende que a repercussão geral deve ser reconhecida quando se discute institutos fundamentais do Direito?

Da forma que está, como afirma Humberto Theodoro Júnior[53], não há redução significativa no número de questões discutidas no STF, mas somente um benefício de "represar" os recursos nos Tribunais de origem até que o recurso

---

[52] "Mandado de segurança. Redução de Ofício da multa fixada pelo Juiz. Art. 461, § 6.º do Código de Processo Civil. Ausência de repercussão geral" (STF, Pleno, RE 556.385-5, Rel. Carlos Menezes Direito, j. 09.11.2007, *DJe* 07.12.2007). "Trata-se de tema de grande relevância, no que envolvida a segurança jurídica, a certeza das decisões judiciais cobertas pela preclusão maior. Mediante mandado de segurança rescindiu-se o título executivo judicial. Concluo pela configuração da repercussão geral" (voto vencido do Min. Marco Aurélio).

[53] "É muito frequente, *v.g.*, em temas de direito público, como os pertinentes ao sistema tributário e previdenciário, e ao funcionalismo público. A exigência da repercussão geral em processos isolados, e não repetidos em causas similares, na verdade, não reduz o número de processos no STF, porque, de uma forma ou de outra, teria aquela corte de enfrentar todos os recursos para decidir sobre a ausência do novo requisito de conhecimento do extraordinário.
O grande efeito redutor dar-se-á pelos mecanismos de represamento dos recursos iguais nas instâncias de origem, os quais, à luz do julgado paradigma do STF, se extinguirão sem subir à sua apreciação" (THEODORO JÚNIOR, Humberto. O poder de controle do cabimento do recurso extraordinário referente ao requisito da repercussão geral (CF, art. 102, § 3.º). In: MEDINA, José Miguel Garcia; CRUZ, Luana Pedrosa de Figueiredo; CERQUEIRA, Luiz Otávio Sequeira de; GOMES JUNIOR, Luiz Manoel (Coords.) *Os poderes do juiz e o controle das decisões judiciais*. Estudos em homenagem à Profa. Teresa Arruda Alvim Wambier. São Paulo: RT, 2008. p. 939).

extraordinário paradigma e com repercussão geral reconhecida tenha o seu julgamento de mérito.

Como dito, a repercussão geral deve ser reconhecida também em questões importantes, ainda que não envolvam um grande número de litigantes indiretamente.

No cenário atual, o particular que pretende ver o seu direito constitucional apreciado é o único prejudicado com a instituição da repercussão geral[54]. Muito embora abalizada doutrina defenda o interesse social da repercussão geral[55] em detrimento do interesse particular, é fundamental que se reconheça a repercussão geral mesmo quando não haja transcendência da questão, bastando que esta seja relevante para o Direito. Da mesma forma, não se deve reconhecer a repercussão geral só porque um grande número de pessoas possa ser indiretamente atingido, pois muitas vezes a questão não apresenta resultado em nível de segurança jurídica. Somente com essa ponderação é que se poderá dar um tratamento isonômico entre o particular e o Estado no que tange à repercussão geral.

Caso não haja esse "aperfeiçoamento" no reconhecimento da repercussão geral, a Corte Suprema continuará abarrotada de recursos, sendo que o único prejudicado com o novo "filtro" é o particular que deseja ver seu direito constitucional apreciado.

5. CONSIDERAÇÕES FINAIS

Dessa forma, verificou-se que o instituto da repercussão geral introduzido no Brasil tem várias semelhanças com alguns institutos de outros países, que

---

[54] Ponto também levantado por Gláucia Mara Coelho: "Muitas críticas são direcionadas à introdução da repercussão geral em nosso ordenamento. As principais podem assim ser enumeradas. [...] (v) a adoção do instituto beneficiará apenas o Poder Público, considerando que dificilmente o recurso extraordinário não será cabível nas demandas de seu interesse, que, na maior parte dos casos, envolve demandas em massa". "Hoje, a presunção é de que todas as questões constitucionais são dotadas de repercussão geral" (COELHO, Gláucia Mara. Repercussão geral da questão constitucional no processo civil brasileiro. São Paulo, 2007, 287f. Dissertação. (Mestrado em Direito) – Pós-Graduação em Direito da Universidade de São Paulo, sob a orientação do Prof. José Rogério Cruz e Tucci, p. 173).

[55] "Apesar de ponderável à objeção *retro*, o certo é que este será o *preço a pagar* para que o STF volte, realmente, a atuar como órgão de cúpula. De outro lado, como já adiantado, nos recursos de estrito direito o que se busca é o interesse da sociedade, ainda que alguma *injustiça* seja cometida no caso concreto, apesar de indesejável" (GOMES JUNIOR, Luiz Manoel. A repercussão geral da questão constitucional no recurso extraordinário – EC 45. In: NERY JUNIOR, Nelson; WAMBIER, Teresa Arruda Alvim. *Aspectos polêmicos e atuais dos recursos cíveis e assuntos afins*. São Paulo: RT, 2006. v. 10, p. 289).

também utilizam determinados "filtros" para a admissibilidade para os recursos às Cortes Constitucionais. Tal fenômeno ocorre justamente porque é imprescindível a existência de determinados filtros para a preservação das Cortes Constitucionais como órgão de cúpula do Poder Judiciário.

No entanto, constatou-se que, para a constatação da repercussão geral, deve ser levada em consideração a relevância ou transcendência da questão, e não a presença obrigatória das duas qualidades. A prática e a estatística do Supremo Tribunal Federal revelam que o reconhecimento da repercussão geral se dá, na grande maioria dos casos, somente quando houver a transcendência da questão, e normalmente envolvendo o Poder Público, o que retira o direito do particular de discutir questões constitucionais de extrema importância e que trariam maior segurança jurídica ao Direito brasileiro como um todo.

O instituto da repercussão geral é imprescindível para o ordenamento jurídico, porém, como está sendo aplicado, vem distorcendo a qualidade da relevância da questão para sua caracterização, fazendo muitos pensarem a sua utilidade hodierna.

Conclui-se que há uma necessidade imediata de melhor compreensão do instituto, devendo ser evidenciada a relevância da questão para a caracterização da repercussão geral, e não somente a transcendência.

REFERÊNCIAS BIBLIOGRÁFICAS

ANDREWS, Neil. *O moderno processo civil.* Formas judiciais e alternativas de resolução de conflitos na Inglaterra. 2. ed. Tradução: Teresa Arruda Alvim Wambier. São Paulo, 2012.

ARRUDA ALVIM, José Manoel de. *A argüição de relevância no recurso extraordinário.* São Paulo: RT, 1988.

_____. A EC 45 e o instituto da repercussão geral. In: WAMBIER, Teresa Arruda Alvim; WAMBIER, Luiz Rodrigues; GOMES JUNIOR, Luiz Manoel; FISCHER, Octavio Campos; FERREIRA, William Santos (Coords.). *Reforma do Judiciário.* Primeiras reflexões sobre a Emenda Constitucional n. 45/2004. São Paulo: RT, 2005.

AURELLI, Arlete Inês. Repercussão geral como requisito de admissibilidade do recurso extraordinário. *Revista de Processo,* São Paulo: RT, n. 151, abr.-maio 2007.

AZZARITTI, Caetano. *Dalla discrezionalittá at potere.* Padova: Cedam, 1989.

BARIONI, Rodrigo. *Ação rescisória e recursos para os tribunais superiores.* São Paulo: RT, 2010.

CALMON DE PASSOS, Joaquim José. O recurso extraordinário e a Emenda n. 3 do Regimento Interno do Supremo Tribunal Federal. *Revista de Processo,* São Paulo: RT, n. 5, jan.-mar. 1977.

COELHO, Gláucia Mara. Repercussão geral da questão constitucional no processo civil brasileiro. São Paulo, 2007, 287f. Dissertação. (Mestrado em Direito) – Pós-Graduação em Direito da Universidade de São Paulo, sob a orientação do Prof. José Rogério Cruz e Tucci.

DANTAS, Bruno. *Repercussão geral*. 2. ed. São Paulo: RT, 2009.

FERNANDES, Luís Eduardo Simardi. A irrecorribilidade da decisão que não conhece do recurso extraordinário por ausência da repercussão geral. In: MEDINA, José Miguel Garcia; CRUZ, Luana Pedrosa de Figueiredo; CERQUEIRA, Luiz Otávio Sequeira de; GOMES JUNIOR, Luiz Manoel (Coords.) *Os poderes do juiz e o controle das decisões judiciais*. Estudos em homenagem à Profa. Teresa Arruda Alvim Wambier. São Paulo: RT, 2008.

FINE, Toni M. *Introdução ao sistema jurídico anglo-americano*. São Paulo: Martins Fontes, 2011.

GOMES JUNIOR, Luiz Manoel. A repercussão geral da questão constitucional no recurso extraordinário – EC 45. In: NERY JUNIOR, Nelson; WAMBIER, Teresa Arruda Alvim. *Aspectos polêmicos e atuais dos recursos cíveis e assuntos afins*. São Paulo: RT, 2006. v. 10.

JORGE, Flávio Cheim; SARTÓRIO, Elvio Ferreira. O recurso extraordinário e a demonstração da repercussão geral. In: WAMBIER, Teresa Arruda Alvim; WAMBIER, Luiz Rodrigues; GOMES JUNIOR, Luiz Manoel; FISCHER, Octavio Campos; FERREIRA, William Santos (Coords.). *Reforma do Judiciário*. Primeiras reflexões sobre a Emenda Constitucional n. 45/2004. São Paulo: RT, 2005.

LAMY, Eduardo de Avelar. Repercussão geral no recurso extraordinário: a volta da argüição de relevância? In: WAMBIER, Teresa Arruda Alvim; WAMBIER, Luiz Rodrigues; GOMES JUNIOR, Luiz Manoel; FISCHER, Octavio Campos; FERREIRA, William Santos (Coords.). *Reforma do Judiciário*. Primeiras reflexões sobre a Emenda Constitucional n. 45/2004. São Paulo: RT, 2005.

MARINONI, Luiz Guilherme. *Precedentes obrigatórios*. São Paulo: RT, 2011.

_____; MITIDIERO, Daniel. *Repercussão geral no recurso extraordinário*. São Paulo: RT, 2007.

MEDINA, José Miguel Garcia. *Código de Processo Civil comentado*. São Paulo: RT, 2011.

_____. *Prequestionamento e repercussão geral*. E outras questões relativas aos recursos especial e extraordinário. São Paulo: RT, 2009.

_____. Variações recentes sobre os recursos extraordinário e especial. Breves considerações. In: FUX, Luiz; NERY JUNIOR, Nelson; WAMBIER, Teresa Arruda Alvim (Coords.). *Processo e Constituição*. Estudos em homenagem ao Professor José Carlos Barbosa Moreira. São Paulo: RT, 2006.

_____; WAMBIER, Teresa Arruda Alvim. *Recursos e ações autônomas de impugnação*. Processo civil moderno. São Paulo: RT, 2008. v. 2.

_____; _____; WAMBIER, Luiz Rodrigues. Repercussão geral e súmula vinculante. Relevantes novidades trazidas pela EC n. 45/2004. In: WAMBIER, Teresa Arruda Alvim; WAMBIER, Luiz Rodrigues; GOMES JUNIOR, Luiz Manoel; FISCHER, Octavio Campos; FERREIRA, William Santos (Coords.). *Reforma do Judiciário*. Primeiras reflexões sobre a Emenda Constitucional n. 45/2004. São Paulo: RT, 2005.

PRÜTTING, Hans. A admissibilidade do recurso aos tribunais alemães superiores. *Revista de Processo*, São Paulo: RT, n. 7, jan.-mar. 1978.

TANIGUSHI, Yusuhei. O Código de Processo Civil japonês de 1996 – Um processo para o próximo século. *Revista de Processo*, São Paulo: RT, n. 99, abr.-maio 2000.

THEODORO JÚNIOR, Humberto. O poder de controle do cabimento do recurso extraordinário referente ao requisito da repercussão geral (CF, art. 102, § 3.º). In: MEDINA, José Miguel Garcia; CRUZ, Luana Pedrosa de Figueiredo; CERQUEIRA, Luiz Otávio Sequeira de; GOMES JUNIOR, Luiz Manoel (Coords.) *Os poderes do juiz e o controle das decisões judiciais*. Estudos em homenagem à Profa. Teresa Arruda Alvim Wambier. São Paulo: RT, 2008.

17

REPERCUSSÃO GERAL: DESENVOLVIMENTO E DESAFIOS

LUCIANO FELÍCIO FUCK
Mestre em Direito pela Universidade de Munique (*Ludwig-Maximilians--Universität* – LMU). Doutorando pela Universidade de São Paulo (USP). Professor do Instituto Brasiliense de Direito Público (IDP). Ex-Secretário--Geral da Presidência do Supremo Tribunal Federal (2008-2010).

SUMÁRIO: Introdução – 1. Plenário virtual – 2. Competência da presidência – 3. Questões de ordem – 4. Agravos de instrumento e pressupostos formais de admissibilidade – 5. Núcleos de repercussão geral – Conclusão – Referências bibliográficas.

INTRODUÇÃO

Aprovada pela Emenda Constitucional 45, de 30.12.2004, a repercussão geral foi concebida como instrumento de racionalização não só do Supremo Tribunal Federal (STF), mas de todo o Poder Judiciário[1].

Para essa racionalização, o instituto da repercussão geral outorgou ao STF duas vantagens importantes: a possibilidade de selecionar as controvérsias mais importantes e de conferir o efeito multiplicador às suas decisões[2]. Assim, o Supremo Tribunal Federal poderia se dedicar aos casos mais prementes e

---

[1] ALVIM, Arruda. A EC n.º 45 e o Instituto da Repercussão geral. In: WAMBIER, Teresa Arruda Alvim *et alli* (coord.) *Reforma do Poder Judiciário.* São Paulo: RT, 2005. p. 66.

[2] Cf. FUCK, Luciano Felício. O Supremo Tribunal Federal e a repercussão geral. *REPRO*, 181, ano 35, mar. 2010, p. 22.

relevantes, dispensando-se de apreciar repetidas questões ou controvérsias menos significativas.

Em síntese, a reforma constitucional claramente optou pelo modelo em que o STF, deixando de examinar individualmente cada processo em tramitação no Brasil, passa a se dedicar a controle de constitucionalidade cada vez mais objetivo.

Como bem apontado por TAÍS SCHILLING FERRAZ, a repercussão geral foi elaborada como reforma no controle difuso de constitucionalidade, de maneira a adicionar-lhe componente de natureza objetiva e impedir a remessa de todas as decisões individuais ao STF[3].

Com efeito, não é recente a crise de excesso de processos no STF. Há mais de 100 anos, em 1913, o Ministro Guimarães Natal já relatava, em conferência no Instituto dos Advogados, que "de anno para anno crésce assombrosamente o número de feitos, que sóbem em grau de recurso ao Supremo Tribunal"[4].

Até a EC 45/2004, a excessiva sobrecarga de feitos no STF provocou o desenvolvimento de jurisprudência cada vez mais defensiva no que tange ao conhecimento do recurso extraordinário. Essa jurisprudência defensiva tornava mais simples a solução dos casos no STF, mas não reduzia a demanda, além de ter causado grande frustração e perplexidade entre os jurisdicionados[5].

Na realidade, essa prodigiosa produção jurisprudencial defensiva deve-se à ausência do *stare decisis* no modelo de controle de constitucionalidade brasileiro, razão pela qual é comum buscar-se, por aqui, sucedâneo normativo a esse elemento de funcionalidade e coerência decisórias existente no *common law* americano[6].

Com efeito, o caráter extraordinário do apelo extremo denotava-se cada vez mais pela excepcionalidade do conhecimento do recurso e menos como remédio constitucional apto a harmonizar a interpretação de normas constitucionais. A própria violação de normas constitucionais perdia importância em face dos diver-

---

[3] FERRAZ, Taís Schilling. Repercussão geral – muito mais que um pressuposto de admissibilidade. In: PAULSEN, Leandro (coord.). *Repercussão Geral no Recurso Extraordinário: Estudos em Homenagem à Ministra Ellen Gracie*. Porto Alegre: Livraria do Advogado, 2011. p. 77-107.

[4] NATAL, Guimarães. A Reforma da Justiça Federal. *Revista do Supremo Tribunal Federal*, vol. 16, jul. 1918, p. 195-208.

[5] VIANA, Ulisses Schwarz. *Repercussão geral sob a ótica da teoria dos sistemas de Niklas Luhmann*. São Paulo: Saraiva, 2010. p. 3.

[6] AMARAL JÙNIOR, José Levi Mello do. Controle de Constitucionalidade: Evolução brasileira determinada pela falta do *stare decisis*. Revista dos Tribunais, n. 920, 2012, p. 133-149.

sos requisitos processuais que deveriam ser preenchidos para que o recurso fosse conhecido: o prequestionamento do tema mediante prévios embargos declaratórios, a invocação correta da alínea adequada do permissivo constitucional, a precisão do dispositivo constitucional violado, o afastamento de qualquer resquício de questões infraconstitucionais e de normas locais, entre outros.

Além disso, a ausência de efeito vinculante no controle difuso, principalmente o exercido por meio do RE, exigia que o STF reanalisasse cada um dos milhares de casos idênticos levados ao Poder Judiciário, em sistema claramente disfuncional e irracional[7].

O exemplo dos casos relativos ao FGTS, em que o STF decidiu a mesma questão aproximadamente 60.000 vezes, parece demonstrar a insensatez do modelo. Pior, frequentemente a jurisprudência fixada pelo STF em casos idênticos deixava de ser aplicada, em virtude da ausência de um dos requisitos de admissibilidade do recurso extraordinário, em claro prejuízo da isonomia e da autoridade das decisões do Tribunal.

De certa forma, inverteu-se a hierarquia de propósitos: a aplicação e a harmonização da interpretação das disposições constitucionais subordinavam-se às normas e aos institutos de processo civil, que deixaram de ser mero instrumento para absorverem quase por completo a atividade do STF. A eventual violação à Carta Magna perdia importância em razão dos estritos requisitos processuais exigidos para conhecimento do RE[8].

Para corrigir tais dificuldades, a EC 45/2004 incluiu o § 3.º no art. 102 da CF/1988, criando o pressuposto de admissibilidade da repercussão geral, nos seguintes termos:

> "§ 3.º No recurso extraordinário o recorrente deverá demonstrar a repercussão geral das questões constitucionais discutidas no caso, nos termos da lei, a fim de que o Tribunal examine a admissão do recurso, somente podendo recusá-lo pela manifestação de dois terços de seus membros".

Esse novo pressuposto de admissibilidade do recurso extraordinário surgiu para solver dois problemas: permitir que o STF concentre-se nos casos de grande relevância e promover efeito multiplicativo, desobrigando o Tribunal de examinar repetidas vezes a mesma matéria.

---

[7] MARINONI, Luiz Guilherme. *Precedentes obrigatórios.* 2. ed. São Paulo: RT, 2011. p. 464.
[8] CARVALHO FILHO, José dos Santos. A Repercussão Geral do Recurso Extraordinário e a Uniformização da Jurisprudência Nacional. *Observatório da Jurisdição Constitucional*, ano 4, 2010/2011, p. 3. Disponível em: <http://www.portaldeperiodicos.idp.edu.br/index.php/observatorio/article/view/430/278>. Acesso em: 9 ago. 2012.

Não se trata, portanto, de mera regra de direito processual, mas de instituto da jurisdição constitucional que viabiliza a aplicação mais eficaz e homogênea das normas constitucionais.

De fato, o instituto da repercussão geral objetiva a apreciação do recurso extraordinário e cria duas vantagens importantes: por um lado, possibilita ao STF concentrar-se nas questões constitucionais mais relevantes; por outro, garante efeito multiplicador das decisões de mérito, evitando que a Corte tenha de despender energia, tempo, recursos materiais e humanos para julgar idênticas controvérsias constitucionais repetidas vezes[9].

Destaque-se que, nos termos do art. 102, § 3.º, da CF/1988, a repercussão geral é da **questão constitucional discutida**, não da causa, das partes ou do recurso extraordinário propriamente dito[10]. Essa vinculação à controvérsia constitucional acarreta a admirável objetivação do julgamento do RE, permitindo ao STF conhecer de fundamentos além dos expostos na petição de recurso extraordinário e apreciar de forma completa e aprofundada a questão constitucional.

Certamente, o crescimento exponencial dos recursos extraordinários e respectivos agravos de instrumento dirigidos ao STF tornou a carga de trabalho de cada Ministro uma das maiores do mundo entre as supremas cortes. Em 2006 e 2007, respectivamente, foram protocolados 127.534 e 119.324 processos no Tribunal. Essa invencível carga de processos causava necessariamente o congestionamento de feitos na Suprema Corte, morosidade no julgamento e, consequentemente, estimulava os litigantes interessados na procrastinação de resultados. A título comparativo, vale registrar que, em 1995, no Japão, requisito semelhante à repercussão geral foi instituído porque a Suprema Corte daquele país, que é formada por 15 Juízes, recebeu demanda de 3.500 processos em um ano[11].

Não parece haver dúvida de que o modelo anterior à EC 45/2004 não prestigiava a Constituição e muito menos os jurisdicionados. A ninguém aproveitava exigir da Suprema Corte a prolação de mais de 100 mil decisões por ano.

A rigor, o sistema anterior possibilitava, pela vontade exclusiva da parte, que cada um dos processos que tramitaram no Poder Judiciário (quase 90 milhões só no ano de 2011)[12] fosse encaminhado ao STF, pendente de decisão cuidadosa e fundamentada. É evidente a inviabilidade desse sistema.

---

[9] A propósito dessas duas vantagens cf. FUCK, Luciano Felício. O Supremo Tribunal Federal e a repercussão geral. *REPRO*, 181, ano 35, mar. 2010, p. 23.

[10] DANTAS, Bruno. *Repercussão geral*. 3. ed. São Paulo: RT, 2012. p. 35.

[11] ALVIM, Arruda. A EC n.º 45 e o Instituto da Repercussão geral. In: WAMBIER, Teresa Arruda Alvim *et alli* (coord.). *Reforma do Poder Judiciário*. São Paulo: RT, 2005. p. 73.

[12] BRASIL. CONSELHO NACIONAL DE JUSTIÇA. *Justiça em Números 2012*, p. 448, disponível em: <http://www.cnj.jus.br/programas-de-a-a-z/eficiencia-modernizacao-e--transparencia/pj-justica-em-numeros/relatorios>. Acesso em: 10 fev. 2013.

A apreciação de cada qual desses casos pelos Ministros do STF – ainda que monocraticamente e para aplicar óbice sumular ou verificar a ausência de requisito processual – impedia o exame célere de questões de maior importância, isso sem falar do custo elevado não só para o Estado, como também para o jurisdicionado. Daí a imprescindibilidade de sistema que obstasse inclusive a subida do RE ou do respectivo agravo de instrumento, até como forma de combater as manobras protelatórias.

Passados mais de cinco anos da consolidação do instituto, é momento de refletir sobre os avanços e percalços da repercussão geral, a fim de analisar se o caminho percorrido até o momento está próximo do rumo traçado pelo constituinte derivado.

Nessa linha, o desenvolvimento da repercussão geral no período inicial destaca-se pelo estabelecimento de cinco avanços procedimentais: a criação do plenário virtual, a extensão das competências da Presidência, a formulação de questões de ordem, o tratamento de agravos de instrumento e de pressupostos formais de admissibilidade e a organização de núcleos de repercussão geral nos tribunais brasileiros, que serão examinados a seguir.

1. PLENÁRIO VIRTUAL

Definitivamente regulamentada pela Emenda Regimental 21/2007, publicada em 03.05.2007, a repercussão geral logo passou por fase de instalação inaugurada pelo funcionamento do Plenário Virtual e liderada pela Ministra Ellen Gracie, então Presidente da Corte.

Inicialmente, a repercussão geral trouxe dificuldade ao STF, pois desdobrou o julgamento em duas fases: primeiro, a análise da existência de repercussão geral e, posteriormente, a apreciação do mérito da controvérsia, caso reconhecido tal instituto. Cada processo exigia, portanto, duas manifestações do Plenário, de cuja pauta de julgamento, reconhecidamente congestionada há muitos anos, constam mais de 700 processos.

Com a finalidade de superar esse obstáculo inicial, a Corte desenvolveu um sistema eletrônico para julgar a existência da repercussão geral e desonerar a pauta do Plenário físico. Nessa sistemática, qualquer relator inclui o feito com pronunciamento pela existência ou inexistência de repercussão geral da controvérsia constitucional discutida. O julgamento sempre se inicia na sexta-feira e os demais Ministros podem votar dentro de 20 dias corridos, em qualquer hora do dia ou da noite e em qualquer dia da semana.

O julgamento pode ser acompanhado *on-line* pelas partes e pela comunidade jurídica no portal do STF, inclusive com acesso às principais peças dos autos (http://www.stf.jus.br/portal/jurisprudenciaRepercussaoGeral/listarProcessosJulgamento.asp)

O plenário virtual funcionou tão bem que gerou uma das grandes dificuldades do novo método: o excesso de temas que tiveram a repercussão geral reconhecida, mas cujo mérito ainda se encontra pendente por ser inviável apreciar-se a mesma quantidade de feitos no Plenário presencial. Na realidade, a própria fluidez dos julgamentos do plenário virtual poderia desacreditar e deslegitimar a repercussão geral, uma vez que diversos casos estão pendentes há mais de cinco anos.

Até o final de 2012[13], o STF concluiu o julgamento de 626 temas, havendo afastado a repercussão geral em 178 questões (28,43%), reconhecendo-a nas demais 448 matérias (71,57%). Destas, apenas 121 (27,01%) foram examinadas pelo STF. Isto é, no final de 2012, 327 (72,99%) questões constitucionais aguardavam decisão definitiva do Supremo Tribunal Federal.

Duas iniciativas concorreram para superar o problema: a possibilidade de julgamentos de mérito no Plenário virtual e a concentração nos temas sem repercussão geral.

Com efeito, partiu da Ministra Ellen Gracie a iniciativa de indicar, à apreciação do plenário virtual, casos de reafirmação de jurisprudência pacífica do STF, para simultânea definição da existência de repercussão geral e do mérito da controvérsia. No julgamento do RE 610.221/SC, por exemplo, a Ministra Ellen Gracie votou pelo reconhecimento da repercussão geral no tocante à constitucionalidade de leis municipais que fixam tempo máximo de espera em filas de instituições bancárias e, desde logo, reafirmou a jurisprudência do STF no sentido da constitucionalidade dessas leis municipais, por tratarem de assunto de interesse local (RE 610.221/SC, Rel. Min. Ellen Gracie, *DJ* 20.08.2010).

Tal inovação restou consagrada na Emenda Regimental 42/2010, que acrescentou o art. 323-A ao Regimento Interno do STF (RISTF) com o seguinte teor: "o julgamento de mérito de questões de repercussão geral, nos casos de reafirmação de jurisprudência dominante da Corte, também poderá ser realizado por meio eletrônico".

Logo após a mencionada emenda regimental, aprovada na Presidência do Ministro Cezar Peluso, o plenário virtual foi alterado, de forma que, além da possibilidade de anexar manifestação escrita, hoje os Ministros contam com quatro colunas para votarem em cada caso específico: a) se estão impedidos, ou não, para atuar no feito; b) se há questão constitucional, ou não; c) no caso de existir controvérsia constitucional, se há repercussão geral, ou não; e d) se reafirmam a jurisprudência quando sugerido pelo relator. Nessas quatro colunas, os votos são apurados automaticamente pelo sistema no final dos 20 dias,

---

[13] Os dados aqui citados foram informados pela Assessoria de Gestão Estratégica do Supremo Tribunal Federal e estão atualizados até 31.12.2012.

sendo o recurso rejeitado apenas quando somados oito votos nesse sentido. A alteração referida no sistema também impede que os ministros modifiquem seus votos após o devido registro. Ressalte-se que a proibição de mudança de voto não se justifica nem por motivo regimental, nem por motivo prático, uma vez que é comum no plenário presencial ministros alterarem seus votos após ouvirem manifestações dos colegas.

Além disso, visivelmente, os Ministros têm incluído no plenário virtual temas que, ao final, são considerados destituídos de repercussão geral. No ano de 2012, dos 105 temas submetidos ao Plenário, o STF afastou a repercussão geral em 35 deles, ou seja, 1/3 dos casos. Isso é bastante significativo, levando em conta que são exigidos oito votos para rejeitar a repercussão geral.

Reveladoras dessa tendência são os primeiros casos em que a maioria refutou a existência de repercussão geral contra a orientação dos relatores, a exemplo: RE 541.856, Rel. originário Min. Marco Aurélio, julgamento encerrado em 20.08.2011 e RE 688.984, Rel. originário Min. Luiz Fux, com julgamento encerrado em 02.02.2013.

É certo que o plenário virtual sofre críticas por não permitir a sustentação oral dos advogados e pela expressiva ausência, nos julgamentos, de manifestações dos Ministros, que em geral tendem a concordar ou discordar do relator, sem preparar manifestação por escrito, à exceção do Ministro Marco Aurélio, que sempre prezou por fundamentar formalmente as próprias decisões em todos os casos julgados.

Ademais, o instrumento garante a transparência a todo instante, inexistindo óbice técnico à juntada, nos processos eletrônicos, de arquivo digital com memoriais e, até mesmo, vídeos com sustentações orais.

No entanto, a utilização do plenário virtual é indiscutivelmente essencial ao funcionamento da repercussão geral, dado o estrangulamento do plenário presencial.

Certamente, o principal desafio da repercussão geral é propiciar o julgamento célere dos temas em que há repercussão geral reconhecida. Soluções adequadas podem surgir da pacificação de determinadas matérias por meio de outros instrumentos processuais. Por exemplo, as decisões plenárias prolatadas nas ações diretas de inconstitucionalidade, nas ações declaratórias de constitucionalidade, nas ações diretas de inconstitucionalidade por omissão e nas arguições por descumprimento de preceito fundamental possuem, como sabido, efeito vinculante e eficácia *erga omnes*, de maior alcance que as próprias decisões de repercussão geral. Ora, por que não tratar estas – e todas as decisões com eficácia vinculante – como verdadeiros paradigmas de repercussão geral? Parece evidente que determinados temas de repercussão geral podem ser solvidos por meio do julgamento de ADI ou de outro processo de controle abstrato de constitucionalidade.

Em outras palavras, se cabível o remédio da reclamação para garantir a autoridade das decisões de controle abstrato, é de se reconhecer também a possibilidade de retratação e prejuízo decorrentes dessas decisões.

2. COMPETÊNCIA DA PRESIDÊNCIA

A mencionada Emenda Regimental 21/2007 trouxe outra novidade importante: a possibilidade de a Presidência do STF decidir, como relator e antes da distribuição, "agravos de instrumento e petições ineptos ou doutro modo manifestamente inadmissíveis, bem como os recursos que não apresentem preliminar formal e fundamentada de repercussão geral, ou cuja matéria seja destituída de repercussão geral, conforme jurisprudência do Tribunal"[14].

Essa atribuição também revolucionou o processamento dos recursos extraordinários e agravos de instrumento. Pela primeira vez, a Secretaria passou a triar o conteúdo dos recursos que chegavam à Corte, destacando temas e eliminando as petições manifestamente ineptas para decisão do Ministro Presidente. No primeiro momento, tal exame limitava-se aos aspectos formais mais evidentes dos recursos extraordinários (tempestividade, existência de preliminar de repercussão geral, preparo, representação processual etc.), mas abriu o caminho para que a secretaria do Tribunal mapeasse os temas mais frequentes e atuasse com mais pró-atividade para auxiliar os Ministros.

Nesse sentido, a então Presidente Ministra Ellen Gracie editou a Portaria 177, de 26.11.2007, determinando à Secretaria Judiciária a devolução dos "processos múltiplos ainda não distribuídos relativos a matérias submetidas a análise de repercussão geral do STF". Tal Portaria permitiu que a Secretaria Judiciária devolvesse, independentemente de despacho, processos múltiplos semelhantes aos paradigmas examinados no plenário virtual. Na gestão do Ministro Gilmar Mendes, foi revogada pela Portaria 138, de 23.07.2009, para autorizar também a devolução dos processos múltiplos ainda não distribuídos "encaminhados em desacordo com o disposto no § 1.º do art. 543-B do Código de Processo Civil".

Nessa fase, o STF instituiu núcleo interno, depois organizado na forma de seção junto à Secretaria Judiciária do Tribunal para auxiliar no agrupamento de processos idênticos e realizar a identificação daqueles representativos da controvérsia.

A Portaria 177 também permitiu a devolução dos representativos da controvérsia. De fato, não faz sentido distribuir 3.000 processos idênticos versando

---

[14] RISTF, art. 13, V, "a", na redação da ER 21/2007.

sobre o mesmo tema constitucional. Se o tribunal de origem não fez a adequada seleção exigida pelo art. 543-B, § 1.º, do CPC, cabe ao STF dar o exemplo e realizar a identificação para viabilizar o sobrestamento e, inclusive, orientar o procedimento nos tribunais de origem.

Frise-se que a devolução pela secretaria não se confunde com decisão judicial: cuida-se de fazer retornar ao tribunal de origem recursos que foram indevidamente remetidos ao STF, seja para permanecerem sobrestados até a decisão de mérito, seja para a devida aplicação do art. 543-B do Código de Processo Civil.

Logo depois, a competência do Presidente foi novamente estendida pela Emenda Regimental 24, de 20.05.2008, que deu a seguinte redação ao art. 13, V, "c", do RISTF:

> "Art. 13. São atribuições do Presidente:
> (...)
> V – despachar:
> (...)
> c) como Relator, nos termos dos arts. 544, § 3.º, e 557 do Código de Processo Civil, até eventual distribuição, os agravos de instrumento, recursos extraordinários e petições ineptos ou de outro modo manifestamente inadmissíveis, inclusive por incompetência, intempestividade, deserção, prejuízo ou ausência de preliminar formal e fundamentada de repercussão geral, bem como aqueles cuja matéria seja destituída de repercussão geral, conforme jurisprudência do Tribunal".

A atuação antecipada do Presidente não só permitiu a verificação do quadro geral de forma ampla, inalcançável para cada relator, como a identificação rápida de temas recorrentes. Assim, caso o Presidente verificasse que determinado tema constitucional havia gerado milhares de recursos extraordinários, ele distribuiria apenas dez apelos e devolveria os demais para sobrestamento na origem. Tal medida reduziu em 75% a distribuição de recursos extraordinários e de agravos de instrumento no STF[15], o que possibilitou aos Ministros concentrarem-se nas diversas questões de mérito.

Essa atribuição da Presidência desonerou não só os relatores, mas também a própria estrutura do Tribunal, porquanto realizada antes da distribuição e da autuação dos feitos no STF. O acerto da medida, inclusive, acarretou a mudança do

---

[15] As estatísticas oficiais divulgadas no sítio do Supremo Tribunal Federal mostram que só em 2010 a Presidência evitou a distribuição de 50,6% dos processos remetidos para a Corte (devolvidos 34.705 e distribuídos 33.892 feitos em 2010), cf. <http://www.stf.jus.br/portal/cms/verNoticiaDetalhe.asp?idConteudo=168440&caixaBusca=N>. Acesso em: 1.º mar. 2013).

RISTF para que o Presidente também realizasse a triagem de *habeas corpus*, dada a grande quantidade de *writs*, impetrados no STF, inadmissíveis por manifesta incompetência (Emenda Regimental 39, de 05.08.2010, que acrescentou a alínea "d" ao art. 13, V, do RISTF).

A triagem realizada na Presidência permitiu identificar casos emblemáticos como o AI-QO 791.292/PE, Rel. Min. Gilmar Mendes, Pleno, *DJ* 13.08.2010, em que assentada a existência de repercussão geral e reafirmada a jurisprudência da Corte, no sentido de que os arts. 5.º, XXXV e LV, e 93, IX, impõem o dever de fundamentação, ainda que sucinta, dos acórdãos e decisões judiciais, mas não exigem o exame pormenorizado de cada uma das alegações das partes; e o RE-RG 598.365/MG, Rel. Min. Ayres Britto, Pleno, *DJ* 26.03.2010, cujo exame resultou no afastamento da repercussão geral no caso de discussão sobre os pressupostos de admissibilidade de recursos de competência de outros tribunais. Esses dois paradigmas impediram a subida de milhares de outros recursos – a maioria com mero propósito procrastinatório – que, de outra forma, levariam anos para serem apreciados individualmente no STF e transitarem em julgado.

Em termos procedimentais, a Secretaria prepara lista de pré-temas e de representativos da controvérsia, posteriormente submetidas aos Ministros para escolha de um recurso paradigma e análise da questão constitucional.

Em casos extremos, alguns até apontados por tribunais e turmas recursais de origem, o próprio Presidente tomou a iniciativa de suscitar questões de ordem para resolver controvérsias atinentes a grande quantidade de processos múltiplos, a exemplo da questão relativa à cobrança de pulsos de telefonia, além da franquia sem discriminação na fatura, apreciado no AI-QO-RG 777.749, Rel. Min. Presidente (Min. Gilmar Mendes), Pleno, *DJ* 26.04.2011.

Essa posição restou consagrada na já mencionada Emenda Regimental 42, de 02.12.2010, que alterou o art. 323 do RISTF, a fim de que o Presidente pudesse incluir de imediato no Plenário virtual determinados temas relevantes. Segundo o art. 323, § 1.º, se reconhecida a repercussão geral do caso submetido ao plenário virtual pelo Presidente e não fosse reafirmada a jurisprudência, o feito iria à livre distribuição para escolha do relator, que examinaria o mérito perante o Plenário.

3. QUESTÕES DE ORDEM

Seguramente, as diversas disposições regimentais foram instrumentos indispensáveis à construção de regras seguras de procedimentos para a repercussão geral. No entanto, também algumas decisões judiciais ajudaram a lapidar a trilha da repercussão geral, e o Tribunal logo passou a usar meio célere de submeter determinadas deliberações ao Plenário: as denominadas questões de ordem.

Basicamente, as questões de ordem foram utilizadas com dois propósitos: uniformizar procedimentos e fixar a jurisprudência pacífica como mérito de repercussão geral.

Com efeito, vários entendimentos fixados jurisprudencialmente ajudaram a delinear, desde o primeiro momento, a repercussão geral, como ocorreu no julgamento do AI-QO 664.567/RS, Rel. Min. Sepúlveda Pertence, *DJ* 06.09.2007, mediante o qual se assentou o início da vigência do instituto nos recursos cujo termo inicial tenha ocorrido do dia 03.05.2007 em diante. Isto é, se a certidão de publicação do acórdão recorrido tivesse sido publicada antes de 03.05.2007, não se poderia negar seguimento ao RE por ausência de sua alegação, nem recusar o RE por inexistência de repercussão geral.

Por outro lado, nos julgamentos do AI-QO 715.423/RS, Rel. Min. Ellen Gracie, Pleno, *DJ* 05.09.2008 e do RE-QO 540.410/RS, Rel. Min. Cezar Peluso, Pleno, *DJ* 17.10.2008, o STF fixou que também os recursos anteriores submetiam-se ao regime da repercussão geral **reconhecida**, ou seja, poderiam ser sobrestados, retratados ou declarados prejudicados.

Em outras palavras, o **reconhecimento** da repercussão geral em outro caso semelhante poderia afetar esses recursos anteriores a 03.05.2007, autorizando a devolução dos autos à origem para aguardar o julgamento definitivo da controvérsia constitucional (AI-QO 715.423/RS, Rel. Min. Gilmar Mendes, *DJ* 05.09.2008; RE-QO 540.410/RS, Rel. Min. Cezar Peluso, *DJ* 17.10.2008). Isto é, os recursos anteriores a 03.05.2007 não poderiam ser recusados pela negativa de repercussão geral, mas a afirmação permitiria o sobrestamento e posterior aplicação do regime da repercussão geral, seja para considerá-los prejudicados, seja para o exercício do juízo de retratação.

Exemplo marcante desse regime híbrido é a controvérsia constitucional relativa à correção monetária das demonstrações financeiras no ano-base de 1990, em que todos os recursos extraordinários foram interpostos antes de 03.05.2007, mas, devido à multiplicidade de feitos e à relevância da questão jurídica, o STF reconheceu a repercussão geral por meio dos RE 242.689, Rel. Min. Gilmar Mendes, *DJ* 23.02.2011, e 545.796, Rel. Min. Gilmar Mendes, *DJ* 13.12.2010.

O regime híbrido representa muito bem o caminho de racionalidade instituído pelo regime da repercussão geral. Por um lado, garante-se o direito de defesa ao não se exigir um requisito sem a edição de regras claras a seu respeito; por outro, assegura-se a aplicação da orientação do STF, sem onerar a Corte com mais um caso repetitivo.

No que se refere aos pedidos de efeito suspensivo, o Plenário do STF decidiu, também por meio de questão de ordem, que o tribunal de origem é o órgão competente para apreciar o pedido quanto aos recursos extraordinários sobrestados na origem (AC-QO 2.177/PE, Rel. Min. Ellen Gracie, *DJ* 20.02.2009).

Essa decisão seguiu o espírito das reformas constitucionais e foi sábia por evitar sobrecarregar o STF com o exame de inúmeros incidentes, atrapalhando a solução definitiva das questões constitucionais. Os cuidados com os casos concretos podem e devem ser resolvidos nas instâncias ordinárias, sob pena de retorno ao insustentável modelo anterior.

Outra decisão jurisprudencial relevantíssima para a repercussão geral cuida da irrecorribilidade, por meio de agravo de instrumento, da decisão do tribunal de origem que aplica a sistemática da repercussão geral, isto é, que se retrata ou que declara prejudicado o recurso, seja por ausência de repercussão geral, seja por conformidade com o mérito decidido pelo STF (AI-QO 760.358/SE, Rel. Min. Gilmar Mendes, Pleno, *DJ* 19.02.2010). Evidentemente, admitir o agravo de instrumento só permitiria a análise individualizada de cada processo pelo STF, o que justamente se busca alterar. Nessa oportunidade, o STF concluiu que caberia apenas agravo regimental na origem, que era a instância adequada para aplicar a decisão do STF a cada caso concreto. Nem sequer reclamação, por alegado desrespeito à decisão do STF, foi admitida como forma de o STF examinar a correta aplicação de seus precedentes (Rcl 7.569/SP, Rel. Min. Ellen Gracie, Pleno, *DJ* 11.12.2009; Rcl 7.547/SP, Rel. Min. Ellen Gracie, Pleno, *DJ* 11.12.2009).

Vale ressaltar que meras normas regimentais não conseguiriam solucionar adequadamente tais questões, sendo indispensável o pronunciamento judicial sobre os remédios cabíveis.

Além disso, a Corte preocupou-se com os casos de repercussão geral presumida (art. 543-A, § 3.º, do CPC). De fato, por meio do julgamento de questões de ordem no Plenário físico, o STF assentou que os casos de jurisprudência dominante deveriam ser destacados um a um pela Corte, com a finalidade de não impor às cortes de origem o ônus de identificar quais os casos de orientação consolidada.

Essa sistemática permitiu, inclusive, que o STF decidisse quais questões já apreciadas precisavam ser revistas. Foi o caso do RE-QO 579.431/RS, Rel. Min. Ellen Gracie, *DJ* 24.10.2008, em que o Tribunal reconheceu a existência de repercussão geral na questão constitucional da incidência de juros moratórios em precatórios, mas resolveu decidir novamente o mérito, distribuindo feito para um relator.

Em outras ocasiões, tanto a Presidência quanto os relatores suscitaram questões de ordem para reconhecer a existência de repercussão geral e, desde logo, reafirmar a jurisprudência do Tribunal, como nos casos da inconstitucionalidade da exigência de depósito prévio para interposição de recurso administrativo (AI-QO 698.626/SP, Rel. Min. Ellen Gracie, *DJ* 05.12.2008) e da garantia do salário mínimo, considerado o total da remuneração recebida pelo servidor e não apenas o salário-base (RE-QO 582.019/SP, Rel. Min. Ricardo Lewandowski, *DJ* 13.02.2009).

A solução dos casos de repercussão geral presumida por meio de questões de ordem permitiu que o STF revisitasse sua jurisprudência e desse segurança aos tribunais de origem sobre o que realmente estava pacificado pelo STF.

Ressalte-se que, apesar de as questões de ordem não dependerem de pauta, os processos de reafirmação de jurisprudência do Plenário são devidamente incluídos em pauta, para permitir o prévio conhecimento das partes e da comunidade jurídica.

De qualquer forma, em alguns casos, o STF reconheceu a repercussão geral, mas não reafirmou a jurisprudência na questão de ordem, como no exame do RE--QO 579.431, Rel. Min. Presidente (Min. Ellen Gracie), Pleno, *DJ* 24.10.2008, em que o STF tratou dos juros de mora no período compreendido entre a data da conta de liquidação e a da expedição do requisitório. Apesar de existir jurisprudência do Tribunal a propósito, a Corte houve por bem rediscutir o tema, limitando-se a reconhecer a repercussão geral e a determinar a livre distribuição do feito para que o relator sorteado, após a oitiva do Procurador-Geral da República, levasse o mérito novamente à discussão no Plenário.

Em certas ocasiões, a questão de ordem é utilizada para reconhecer a repercussão geral, no plenário presencial, antes de importante julgamento que demanda celeridade, pois é evidente que os Ministros não são obrigados a utilizar o Plenário Virtual. Exemplo de tal situação é o RE 637.485/RJ, Rel. Min. Gilmar Mendes, Pleno, julgado em 1.º.08.2012 (Informativo/STF 673) e ainda não publicado, em que o STF examinou a constitucionalidade do denominado prefeito itinerante e a segurança jurídica na súbita mudança jurisprudencial pelo TSE.

4. AGRAVOS DE INSTRUMENTO E PRESSUPOSTOS FORMAIS DE ADMISSIBILIDADE

O quarto avanço procedimental decisivo para o sucesso da repercussão geral consiste no tratamento, dado pelo Tribunal, aos agravos de instrumento e aos próprios pressupostos formais de admissibilidade do recurso extraordinário.

De fato, uma das primeiras perplexidades com que o STF se deparou foi organizar o procedimento de devolução, sobrestamento e retratação quanto ao recurso extraordinário, permanecendo o tratamento individualizado no tocante aos agravos de instrumento.

Obviamente, se o regime da repercussão geral deve atingir o recurso extraordinário, que é principal, com mais razão deve afetar também o agravo de instrumento, que é acessório. De outra forma, o tratamento objetivo do recurso extraordinário seria inútil ante a manutenção do modelo exclusivamente subjetivo para os agravos de instrumento. A repercussão geral seria um fardo, sem qualquer benefício quanto ao excesso de feitos levados ao Tribunal.

Daí a edição de duas emendas regimentais: a Emenda Regimental 23, de 11.03.2008, e a Emenda Regimental 27, de 28.11.2008. Em síntese, essas alterações regimentais determinaram a aplicação do regime da repercussão geral sobre o agravo de instrumento e postergaram o exame de admissibilidade do recurso extraordinário, em regra, para depois da análise da existência, ou não, da repercussão geral pelo STF. A segunda emenda regimental foi feita para deixar claro que os tribunais de origem podiam retratar o mérito divergente do fixado pelo STF em seu paradigma da repercussão geral, no julgamento de agravo de instrumento. Atualmente, o art. 328-A do RISTF tem a seguinte redação:

> "Art. 328-A. Nos casos previstos no art. 543-B, *caput*, do Código de Processo Civil, o Tribunal de origem não emitirá juízo de admissibilidade sobre os recursos extraordinários já sobrestados, nem sobre os que venham a ser interpostos, até que o *Supremo Tribunal Federal* decida os que tenham sido selecionados nos termos do § 1.º daquele artigo.
>
> § 1.º Nos casos anteriores, o Tribunal de origem sobrestará os agravos de instrumento contra decisões que não tenham admitido os recursos extraordinários, julgando-os prejudicados nas hipóteses do art. 543-B, § 2.º, e, quando coincidente o teor dos julgamentos, § 3.º.
>
> § 2.º Julgado o mérito do recurso extraordinário em sentido contrário ao dos acórdãos recorridos, o Tribunal de origem remeterá ao *Supremo Tribunal Federal* os agravos em que não se retratar".

Preferencialmente, o sobrestamento e o exame da repercussão geral devem preceder ao exame de admissibilidade, com o propósito de evitar o dispêndio de esforços desnecessários. De fato, se a existência de repercussão geral for negada, o recurso deve ser considerado inadmitido de qualquer forma. Por outro lado, se for reconhecida, o recurso extraordinário ou será considerado prejudicado ou será encaminhado para o juízo de retratação.

Nesses casos, o juízo de admissibilidade só será necessário se, e somente se, a decisão do tribunal de origem for contrária à fixada pelo STF e o órgão prolator mantiver a decisão no juízo de retratação (art. 543-B, § 4.º, do CPC). Em qualquer outra hipótese, o juízo de admissibilidade terá sido desnecessário e só complicará a aplicação da orientação fixada pelo STF, em detrimento da isonomia e da segurança jurídica.

Isto implica a prevalência da repercussão geral sobre os demais pressupostos formais de admissibilidade do recurso extraordinário.

De fato, o juízo de retratação cuida justamente de dar o efeito multiplicador pertinente à repercussão geral e não se confunde com o julgamento do recurso extraordinário. Repita-se que o juízo de retratação não significa delegação de competência para apreciar o recurso extraordinário[16], mas a autoridade para proceder ao cotejo entre o acórdão recorrido e o acórdão paradigma do STF, julgando prejudicado o recurso no caso de concordância e se retratando, no caso de divergência. Logo, os obstáculos formais para conhecimento do recurso extraordinário são irrelevantes para o juízo de retratação. Eventual falta de prequestionamento, ausência de indicação do art. 102, III, da Constituição Federal de 1988, erro na coleta do preparo ou aplicação da dita jurisprudência defensiva não são justificativas razoáveis nas quais os órgãos da justiça ordinária possam se amparar para negar o juízo de retratação.

Recentemente, no entanto, o Pleno do STF decidiu que a ausência de preliminar formal de repercussão geral torna inadmissível o recurso extraordinário, mesmo nos casos em que a matéria de fundo teve a repercussão geral reconhecida em outro processo – ARE-QO 663.637, Rel. Min. Ayres Britto, Pleno, julgado em 12.09.2012, Informativo/STF 684, ainda pendente de publicação. Essa orientação retorna ao modelo anterior de análise individualizada de cada recurso extraordinário interposto, de caráter marcadamente subjetivo, e desprestigia a decisão constitucional de mérito fixada pelo STF, além da defesa da ordem constitucional objetiva.

Com efeito, a finalidade da repercussão geral é justamente evitar a reiteração da jurisprudência defensiva, de menor importância, e a necessidade de múltiplas decisões idênticas, de modo a possibilitar ao STF concentrar-se nos termos realmente prementes e relevantes.

Grande passo nessa direção foi o tratamento dado pelo STF à matéria infraconstitucional, reiteradamente submetida pelas partes à Corte. No julgamento do RE 571.572, Rel. Min. Gilmar Mendes, *DJ* 12.02.2009, o Pleno reconheceu a repercussão geral e decidiu o mérito de uma das questões controvertidas nos autos, a saber, a competência da justiça federal na análise da legitimidade da cobrança dos pulsos acima da franquia, e afastou outras duas questões, entre elas a própria legitimidade da cobrança, por se tratar de matéria de natureza infraconstitucional, aplicando, ainda que tacitamente, o regime da ausência da repercussão geral nessa parte não conhecida.

Posteriormente, no julgamento do RE-RG 584.608, Rel. Min. Ellen Gracie, Pleno, *DJ* 13.03.2009, o STF pacificou que as violações indiretas à Constituição, ocasionadas pela suposta má interpretação ou má aplicação do direito infraconstitucional, são também destituídas de repercussão geral. Isto é, quando a controvérsia for eminentemente infraconstitucional e não há questão constitucional

---

[16] FUCK, Luciano Felício. O Supremo Tribunal Federal e a repercussão geral. *REPRO*, 181, ano 35, mar. 2010, p. 32-33.

propriamente dita, naturalmente também é destituída de repercussão geral. Na oportunidade, aduziu a eminente relatora:

> "Em face de um preocupante crescimento do já há muito desumano volume de recursos extraordinários interpostos, a Emenda Constitucional 45/2005 trouxe ao ordenamento jurídico brasileiro um novo requisito para a admissibilidade desses recursos.
>
> Para que esta Corte não fosse mais obrigada a se manifestar centenas de vezes sobre uma mesma matéria – expediente que, em última análise, causou, por anos a fio, prejuízos irreparáveis aos próprios jurisdicionados – a repercussão geral possibilitou, após a inclusão do feito no Plenário Virtual, tanto o sobrestamento dos demais processos que versem sobre aquele tema, como a aplicação, pelos tribunais *a quo*, da decisão do Supremo Tribunal Federal aos demais recursos.
>
> Entretanto, há uma questão nesse cenário de aplicação do regime da repercussão geral que ainda não foi resolvida e que diz respeito às situações em que esta Casa já tenha reconhecido, de forma cabal, o caráter infraconstitucional de determinada controvérsia.
>
> O objetivo do regime é a verificação, no universo de temas constitucionais existentes, quais deles poderão ser analisados no controle difuso, na forma do artigo 102, III, da Constituição Federal.
>
> Quanto às demais matérias, podemos, por exclusão, reconhecer a inexistência da 'repercussão geral das questões constitucionais discutidas' (CF, art. 102, § 3.º) com todos os efeitos daí decorrentes.
>
> Ora, se se chega à conclusão de que não há questão constitucional a ser discutida, por estar o assunto adstrito ao exame da legislação infraconstitucional, por óbvio falta ao caso elemento de configuração da própria repercussão geral. Não é demais lembrar que o requisito introduzido pela Emenda 45 não exige apenas uma repercussão geral num sentido amplo e atécnico da expressão, mas uma repercussão geral juridicamente qualificada pela existência de uma questão constitucional a ser dirimida.
>
> Dessa forma, penso ser possível aplicar os efeitos da ausência da repercussão geral tanto quando a questão constitucional debatida é de fato desprovida de relevância exigida como também em casos como o presente, no qual não há sequer matéria constitucional a ser discutida em recurso extraordinário".

A solução de dar tratamento geral aos casos de matéria infraconstitucional tornou-se marco na especificação das matérias sem repercussão geral. Para regulamentar a matéria, o STF editou a Emenda Regimental 31, de 29.05.2009, que inverteu a presunção para a ausência de manifestação no Plenário Virtual no prazo de 20 dias, apenas nos casos de matéria infraconstitucional. Isto é, enquanto na regra geral a ausência de manifestação do ministro importa voto pela **existência da repercussão geral**, nas hipóteses de discussão sobre se a controvérsia é eminentemente constitucional ou infraconstitucional, a ausência de manifestação implica, por presunção regimental, acompanhamento da posição do relator:

> "Art. 324. Recebida a manifestação do(a) Relator(a), os demais ministros encaminhar-lhe-ão, também por meio eletrônico, no prazo comum de vinte dias, manifestação sobre a questão da repercussão geral.
> § 1.º Decorrido o prazo sem manifestações suficientes para recusa do recurso, reputar-se-á existente a repercussão geral.
> § 2.º Não incide o disposto no parágrafo anterior quando o relator declare que a matéria é infraconstitucional, caso em que a ausência de pronunciamento no prazo será considerada como manifestação de inexistência de repercussão geral, autorizando a aplicação do art. 543-A, § 5.º, do Código de Processo Civil" (art. 324 do RISTF na redação da Emenda Regimental 31, de 29.05.2009).

Desde então, quase todos os processos selecionados pelos relatores para afastar a repercussão geral cuidam de casos a envolver matéria infraconstitucional.

No início, entretanto, colocou-se sério problema relativo ao quórum das votações. Com efeito, para determinar a inadmissibilidade de certo recurso extraordinário pela violação indireta ou reflexa, nas hipóteses de controvérsia infraconstitucional, bastam três votos na turma ou, quando muito, a maioria dos ministros que participam das votações no Plenário. Para afastar a repercussão geral, no entanto, a Constituição Federal exige dois terços dos membros do STF, o que equivale a oito votos.

Em razão da presunção regimental sobre matéria infraconstitucional, ademais, a situação gerou decisões bizarras, como ocorrido no AI 841.047/RS, Rel. Min. Cezar Peluso, *DJ* 1.º.09.2011. Na ocasião, apesar de apenas três Ministros terem acompanhado o relator (na época, Min. Celso de Mello, Min. Ricardo Lewandowski e Min. Luiz Fux), cinco ministros divergiram e ficaram vencidos (Min. Marco Aurélio, Min. Ellen Gracie, Min. Gilmar Mendes, Min. Dias Toffoli e Min. Ayres Britto), entendendo que a matéria era constitucional e possuía repercussão geral, em razão da ausência de manifestação dos Min. Joaquim Barbosa e Min. Cármen Lúcia. Ou seja, por seis votos a cinco, com apenas quatro votos expressos, o STF rejeitou a repercussão geral em razão da matéria infraconstitucional. A mesma situação se repetiu no RE 633.843/SP, Rel. Min. Cezar Peluso, *DJ* 15.09.2011.

O problema do quórum foi resolvido, no entanto, com a edição da Emenda Regimental 47, de 24.02.2012, mediante a qual ficou estabelecido que também a recusa com fundamento na matéria infraconstitucional demanda a maioria de dois terços dos membros do Tribunal.

5. NÚCLEOS DE REPERCUSSÃO GERAL

Outro desenvolvimento fundamental da Repercussão Geral diz respeito à interação entre o STF e os tribunais de origem, que têm papel fundamental no funcionamento do instituto, desde a seleção dos casos representativos de controvérsias constitucionais (art. 543-B, § 1.º, do CPC) até a aplicação dos precedentes do STF, via declaração de prejuízo ou reconsideração (art. 543-B, § 3.º, do CPC).

Principalmente a partir da presidência do Min. Gilmar Mendes, estabeleceu-se ponte de comunicação permanente no intuito de auxiliar os tribunais de origem na sua nova e importante função, além de facilitar a publicidade das decisões do STF, concernentes aos julgamentos tanto sobre a existência de repercussão geral, quanto acerca do mérito das questões discutidas. Mais importante que a remessa de centenas de ofícios para cada tribunal e turma recursal é a disposição clara e atualizada de informações no sítio do STF.

Nesse ponto, o STF tomou a iniciativa de contatar os tribunais de justiça, os tribunais regionais federais e os tribunais superiores para tratar dos mecanismos da repercussão geral – inclusive com visitas pessoais e abertura de fóruns e canais de comunicações – a fim de identificar e solucionar dificuldades operacionais. A interação entre o STF e os tribunais de origem é essencial para boa aplicação do efeito multiplicador e para avanço da jurisprudência.

Exemplo concreto foi a preferência dada ao julgamento do mérito do RE 571.572/BA, Rel. Min. Gilmar Mendes, Pleno, *DJ* 13.02.2009, em que diversas turmas recursais e tribunais de justiça solicitaram a solução de casos a envolver a competência dos juizados especiais para julgar demandas de consumidores sobre pulsos telefônicos. Na ocasião, a controvérsia constitucional teve repercussão geral reconhecida nos autos do RE 561.574, Rel. Min. Marco Aurélio, *DJ* 1.º.02.2008 e deixou centenas de milhares de processos sobrestados aguardando o julgamento do paradigma, segundo as informações encaminhadas pelos tribunais de origem. Em razão do pedido dos tribunais e juízes, o STF selecionou outro RE com condições de julgamento e pacificou a questão, impedindo que mais de 150.000 processos fossem encaminhados e distribuídos no STF.

Reitere-se que a seleção dos representativos da controvérsia é fundamental para o funcionamento da repercussão geral, tanto para identificar o impacto dos casos múltiplos nas instâncias ordinárias, quanto para reduzir o volume de processos distribuídos no STF, medida crucial para o julgamento célere dos méritos de controvérsias constitucionais com repercussão geral reconhecida.

Por sua vez, o sobrestamento constitui importante instrumento para o efeito multiplicador pretendido pela repercussão geral, pois implica a suspensão dos recursos extraordinários que versem sobre a mesma questão com repercussão geral, para solução conforme a orientação do STF. O tratamento dos processos sobrestados consiste principalmente no armazenamento dos feitos e na vinculação aos paradigmas em curso no STF, de modo a acompanhar o julgamento no STF. Dessa forma, o sobrestamento conduz à aplicação homogênea dos dispositivos constitucionais, poupando a onerosa e demorada remessa de autos ao STF. Isto é, em vez de se remeter milhares de causas idênticas, o processamento dos demais recursos extraordinários é suspenso até a decisão da controvérsia constitucional, tomada no âmbito de um ou de poucos casos.

Por essas razões, o sobrestamento deve ser registrado nos autos e nos andamentos, identificando-se o paradigma referente, até para a informação da parte, a qual pode acompanhar e eventualmente contribuir com a decisão do STF. Cabe destacar que a ocorrência do sobrestamento não impede que as partes, ou seus procuradores, intervenham diretamente no julgamento do paradigma no STF, seja atuando como *amicus curiae*, seja por meio de memoriais.

Apesar de as normas autorizarem o sobrestamento apenas do RE e dos agravos de instrumento, não há obstáculo para os tribunais de origem e magistrados suspenderem, se assim entenderem pertinente, também o julgamento de processos em outras fases. Principalmente nos casos de iminência de decisão definitiva do STF – a exemplo da inclusão do representativo da controvérsia em pauta –, pode-se justificar a prudência de aguardar a conclusão do julgamento pelo STF antes de apreciar apelações ou prolatar as sentenças. Trata-se, na realidade, de verdadeira opção de política judiciária, que deve ser tomada com foco na racionalização da tramitação dos feitos. Evidentemente, varas, tribunais ou gabinetes que estão em dia não devem se desorganizar para aguardar a decisão final do STF. No entanto, muitas vezes, é possível avançar em outras questões e aguardar a solução definitiva da controvérsia constitucional até para evitar o retrabalho ou o exercício do juízo de retratação.

Em pelo menos um caso o Plenário do STF determinou a suspensão do andamento de qualquer feito pertinente à controvérsia constitucional com repercussão geral reconhecida, qual seja, a legitimidade do Ministério Público para ajuizar ação civil pública em matéria tributária (RE-QO 576.155/DF, Rel. Min. Ricardo Lewandowski, *DJ* 1.º.08.2008). Na oportunidade, o Plenário determinou o sobrestamento de todos os feitos, independentemente do estado e da fase em que se encontravam.

É de registrar que o sobrestamento não é imposição que concerne apenas a decisão do STF. O próprio tribunal de origem também pode se organizar para efetuá-lo após a seleção de representativos de controvérsias, mantendo sobrestados os demais casos não selecionados para remessa ao STF. De fato, o sobrestamento é autorizado: (i) pela análise da existência de repercussão geral no âmbito do STF (art. 543-B do CPC e art. 328 do RISTF); e (ii) pela seleção de causas representativas da controvérsia pelo tribunal de origem (art. 543-B, § 1.º, do CPC e art. 328-A do RISTF).

Especificamente quanto ao sobrestamento determinado pelo tribunal de origem, cuida-se de procedimento para identificação de casos de massa ou repetitivos, antes mesmo de chegarem ao STF. Nesse caso, o tribunal de origem elege recursos representativos da controvérsia e os remete ao STF, comunicando a quantidade dos demais processos sobrestados. A partir desse procedimento, o STF consegue acelerar o processamento dos recursos representativos para iniciar, tão logo quanto possível, o exame da repercussão geral, de forma a autorizar o sobrestamento nas demais cortes do País.

Exemplo da funcionalidade desse método foi a apreciação da RE-QO 597.154/PB, Rel. Min. Gilmar Mendes, julgado em 19.02.2009, em que se discutia a aplicabilidade, aos inativos, das regras relativas à Gratificação de Desempenho de Atividade Técnico-Administrativa (GDATA), instituída pela Lei 10.404/2002. Um único tribunal regional federal sobrestou mais de 14.000 processos relativos à controvérsia e comunicou ao STF, encaminhando alguns representativos. Com fundamento em precedentes sobre a matéria, o STF julgou rapidamente a questão, concluindo de maneira homogênea e isonômica a análise de todos esses recursos, sem necessidade de remeter cada qual desses autos sobrestados.

No que se refere à multiplicação da decisão do STF, também os tribunais de origem desempenham função essencial. Nos termos do art. 543-B, § 3.º, do CPC, tribunais, turmas de uniformização e turmas recursais procederão ao exame dos recursos sobrestados para declará-los prejudicados no caso de o acórdão recorrido estar no mesmo sentido da orientação fixada pelo STF.

Por outro lado, se houver dissídio com a decisão do STF, será possibilitado o juízo de retratação – que, repita-se, não constitui delegação ao tribunal de origem para apreciar o recurso extraordinário, mas oportunidade de a corte local adaptar-se à jurisprudência do STF, como destacado no julgamento da Questão de Ordem no AI 760.358/SE, Rel. Min. Gilmar Mendes, Plenário, julgado em 19.11.2009 (Informativo 568/STF). Não cabe à corte de origem apreciar o cabimento do RE, se há prequestionamento, ou não, ou se a matéria é infraconstitucional. Possivelmente, a tempestividade constitui o único requisito de admissibilidade passível de verificação, em virtude da configuração da coisa julgada.

No juízo de retratação, somente caberá ao tribunal *a quo* adequar-se à orientação estabelecida pelo STF ou manter sua posição original mediante decisão fundamentada. A toda evidência, a retratação não é passível de recurso, salvo se o tribunal de origem enfrentar novas questões por consequência do juízo de retratação. Assim, por exemplo, se a questão constitucional pacificada pelo STF disser respeito à prescrição, o juízo de retratação poderá suscitar outras questões constitucionais no mérito.

Parece claro que o juízo de retratação pode ser fundamentado com mera referência ao precedente do Plenário do STF. No entanto, a recusa na retratação deve exigir o enfrentamento das teses constitucionais oferecidas pelo STF e a demonstração da necessidade de o STF rever o próprio entendimento. Certamente, a rejeição do posicionamento fixado pelo STF necessita de maior elaboração dos tribunais de origem, até para incentivar a isonomia e a aplicação harmoniosa dos dispositivos constitucionais, tal como pacificado pelo Pretório Excelso.

Nesse ponto, não é desprezível o efeito pedagógico do juízo de retratação, que não só demanda aos tribunais de origem que conheçam e se pronunciem quanto à orientação do STF, como permite eventual instauração de elevado debate capaz de fazer o STF revisitar sua própria jurisprudência. Daí por que o juízo de retratação é importante não só nos casos sobrestados antes do julgamento do mérito pelo STF, como também em todas as ocasiões em que prolatadas decisões contrárias ao precedente da Suprema Corte. Deve ser inerente ao sistema, até como critério de razoabilidade e racionalidade, o incentivo à adoção da orientação pacificada sem que seja necessária a onerosa e demorada remessa do feito ao STF.

Na hipótese de reconhecimento de prejuízo do RE, em virtude da coincidência de conclusões entre o acórdão recorrido e a decisão do STF, tampouco caberá recurso. Cogita-se, apenas, a possibilidade de agravo regimental ou impetração de mandado de segurança quando houver patente equívoco na aplicação de precedente do STF.

A possibilidade de ajuizamento de reclamação (art. 102, I, "l", da CF/1988) foi rejeitada pelo STF no AI 760.358-QO/SE, Rel. Min. Gilmar Mendes, Plenário, julgado em 19.11.2009 (Informativo 568/STF). Apesar de tal ajuizamento permitir exame célere pelo STF sem obstar o trânsito em julgado, ao contrário do agravo de instrumento, o STF não admitiu a possibilidade de rever a aplicação de seus precedentes sobre cada um dos casos semelhantes.

Em nenhum caso, no entanto, é possível a interposição do agravo de instrumento ou de outro recurso ao STF para discutir o mérito ou para realizar a distinção com o paradigma do STF. Permitir que cada parte leve essa discussão ao STF, exigindo o pronunciamento pontual da Corte, é mera reiteração do modelo anterior, com o agravante de adicionar diversos incidentes.

Essas importantes modificações na competência dos tribunais de origem, no entanto, não são de fácil implementação e dependem de próxima relação com o STF. É sempre mais fácil manter a inércia do antigo juízo de admissibilidade, custosa e inócua, do que organizar essas novas e importantes atribuições.

A rigor, o exame de admissibilidade no órgão *a quo* é totalmente despiciendo, apesar de exigir a movimentação não só de órgão do tribunal – em geral a presidência ou vice-presidência –, mas de vários servidores, além de estrutura, consumindo valiosos recursos humanos e materiais. O exemplo dos dados do Tribunal de Justiça do Distrito Federal e Territórios (TJDFT), apresentados em recente congresso, demonstra de forma cabal a irracionalidade do modelo anterior e da própria existência do juízo de admissibilidade na origem: de 1998 a 2011, o TJDFT examinou a admissibilidade de 51.104 recursos extraordinários e especiais, sendo apenas 235 admitidos (0,45%). No entanto, esse esforço brutal do TJDFT, que reconheceu a inadmissibilidade de mais de 99% dos recursos, em nada desonerou os tribunais superiores, pois dos 51.104 recursos inadmitidos na origem (99,54%), 50.912 (99,62%) foram encaminhados ao Superior Tribunal de Justiça (STJ) ou ao Supremo Tribunal Federal em razão da interposição de agravo de instrumento. Em outras palavras, dos 51.339 recursos apreciados, apenas 192 (0,37%) deixaram de ser encaminhados às instâncias superiores[17].

Frise-se que o exame do agravo de instrumento no STJ e no STF pouco difere do exame dos recursos extraordinários e especiais, devolvendo toda a matéria para exame das Cortes superiores.

Em outras palavras, o juízo de admissibilidade na origem, além de atrasar a prestação jurisdicional e impor custos às partes, desperdiça preciosos recursos humanos e materiais dos tribunais de origem sem desonerar, em nenhuma medida, os tribunais superiores. Por óbvio, decisões que possuem mais de 99% de taxa de recorribilidade necessitam ser repensadas. *De lege ferenda*, seria mais sensato acabar com o juízo de admissibilidade na origem e aproveitar todos esses recursos nas efetivas e importantes atribuições ligadas à repercussão geral.

Além disso, a constante troca de presidências – e respectivas vice-presidências – tem gerado muito retrabalho nos tribunais de origem, em razão dos curtos mandatos de dois anos previstos na LOMAN. Em bom momento, o CNJ aprovou a Resolução 160, de 19.10.2012, que determina a instalação, nos tribunais superiores, tribunais de justiça e tribunais regionais federais, de "núcleo de repercussão geral e recursos repetitivos (NURER) no âmbito de suas estruturas administrativas, como unidade permanente".

Essa estrutura permanente nos tribunais de origem ajudará sensivelmente a organizar novas funções, sem necessidade de partir do zero a cada mudança de gestão, coletando importantes informações a respeito de processos sobrestados, fazendo acompanhamentos dos casos de mérito no STF, gerenciando e selecionando temas a serem encaminhados ao Supremo Tribunal.

---

[17] Cf. os dados apresentados in GICO JUNIOR, Ivo. "Juízo de admissibilidade 'a quo' para quê? Uma abordagem juseconômica do processo" apresentado no V Congresso Anual da ABDE. Disponível em: <http://prezi.com/dy7qlanabopu/juizo-de-admissibilidade-a-quo-para-que-uma-abordagem-juseconomica-do-processo/>. Acesso em: 15 fev. 2013.

CONCLUSÃO

É certo que o STF reduziu substancialmente o número de processos distribuídos e, consequentemente, em tramitação, a partir da repercussão geral.

A tabela abaixo[18] mostra a radical mudança havida na Corte, no tocante à quantidade de processos em passado recente:

Ano	Protocolados	Distribuídos	Julgados	Estoque
1980	9.555	9.308	9.007	722
1990	18.564	16.226	16.449	11.445
2000	105.307	90.839	86.138	118.368
2006	127.535	116.216	110.284	150.001
2007	119.324	112.938	159.522	129.623
2008	100.781	66.873	130.747	112.080
2009	84.369	42.729	95.524	100.634
2010	71.670	41.014	103.869	90.295
2011	59.581	35.476	90.607	67.395
2012	66.930	43.190	80.730	66.831

Registre-se que a diferença entre o número de processos protocolados e o número efetivamente distribuído até 2007 devia-se exclusivamente ao estrangulamento da Secretaria do Supremo Tribunal Federal, que não conseguia autuar e distribuir todos os processos que chegavam a cada ano. A partir de 2008, a alteração da competência da presidência permitiu a devolução, independentemente de autuação, de vários processos encaminhados que deveriam ter sido sobrestados na origem ou, desde logo, reconsiderados ou considerados prejudicados, em razão da sistemática da repercussão geral.

Esse método permitiu a queda de cerca de 70% da distribuição em pouco mais de cinco anos e a redução de dois terços do estoque de processos no Supremo Tribunal Federal. Infelizmente, tais modificações ainda não foram sentidas em todo o Poder Judiciário. Ao contrário, a expressiva quantidade de processos sobrestados tem sobrecarregado os tribunais e juízos ordinários, em razão da demora no julgamento de mérito das controvérsias constitucionais de repercussão geral.

Os cinco pontos destacados neste breve estudo em muito contribuíram para esses resultados.

---

[18] Dados fornecidos pelo Portal de Informações Gerenciais do Supremo Tribunal Federal.

O Plenário Virtual facilitou o reconhecimento da repercussão geral, mas criou grande diferença entre os temas de repercussão geral reconhecida e os méritos efetivamente julgados pelo plenário presencial.

O incremento das competências da Presidência da Corte possibilitou o tratamento de temas e a devolução rápida de processos pelo art. 543-B do CPC, reduzindo drasticamente a distribuição no STF.

As questões de ordem contribuíram sensivelmente para a segurança nos procedimentos e para a devida aplicação da repercussão geral presumida nos casos jurisprudência pacífica do STF, acentuando o número de controvérsias constitucionais solucionadas.

Por sua vez, o tratamento dos agravos de instrumento e dos demais pressupostos formais de admissibilidade, principalmente quanto às matérias infraconstitucionais, contribuiu com a racionalidade do sistema e impediu, pelo menos por enquanto, que o Tribunal despendesse preciosos recursos humanos e materiais com questões adjetivas e formais, em detrimento das discussões substanciais e materiais da interpretação constitucional.

Por fim, os núcleos de repercussão geral abrem a perspectiva de melhor organização dos tribunais e juízos ordinários, incrementando a comunicação e a interlocução com o STF.

Os desafios continuam, no entanto. Apesar da redução drástica do estoque e da distribuição do STF, ainda não se alcançou patamar razoável para a Corte. Por outro lado, é necessário que os efeitos benéficos da repercussão geral também sejam compartilhados pelos órgãos ordinários do Poder Judiciário, que acumulam centenas de milhares de processos sobrestados.

Sem dúvida, o principal desafio hoje é o julgamento de mérito das questões de repercussão geral. O primeiro tema que teve a repercussão geral reconhecida, por meio de questão de ordem na sessão de 26.09.2007 (RE 559.607/SC, Rel. Min. Marco Aurélio, Pleno, *DJ* 22.02.2008), ainda não teve o mérito incluído em pauta do Plenário, apesar de decorridos quase seis anos! A própria demora na resolução das questões pode gerar descrédito nesse novo instrumento, dada a necessidade de aguardar longos anos com milhares de processos sobrestados.

Seja por meio de questões de ordem no plenário virtual, seja mediante a consideração da jurisprudência fixada pelo Plenário do STF em outros instrumentos processuais, principalmente nas ações constitucionais dotadas de decisões com efeito vinculante e eficácia geral, seja com auxílio de mutirões de julgamento, o STF precisa incrementar radicalmente o número de decisões de mérito de controvérsias constitucionais. Talvez o ideal seja um procedimento no qual, no máximo, em um ano o STF resolva tema de repercussão geral que reconhecera, em situação bem próxima do realizado pela Suprema Corte americana.

A repercussão geral pode representar solução adequada ao problema de acumulação exagerada de feitos no Judiciário e da disparidade de aplicação das normas constitucionais, desde que empregada como medida constitucional de racionalização e não como mero pressuposto processual de admissibilidade. Na realidade, os instrumentos processuais devem se subordinar à aplicação efetiva e isonômica das disposições constitucionais, não o contrário.

Portanto, a repercussão geral encaminha-se bem no seu início, mas necessita de urgentes esforços para pacificar as controvérsias constitucionais relevantes, já reconhecidas, em tempo adequado, sob pena de frustrar os jurisdicionados e as determinações constitucionais.

REFERÊNCIAS BIBLIOGRÁFICAS

ALVIM, Arruda. A EC n.º 45 e o Instituto da Repercussão geral. In: WAMBIER, Teresa Arruda Alvim et alli (coord.). *Reforma do Poder Judiciário.* São Paulo: RT, 2005.

CARVALHO FILHO, José dos Santos. A Repercussão Geral do Recurso Extraordinário e a Uniformização da Jurisprudência Nacional. *Observatório da Jurisdição Constitucional*, ano 4, 2010/2011, disponível em: <http://www.portaldeperiodicos.idp.edu.br/index.php/observatorio/article/view/430/278>. Acesso em: 15 fev. 2013.

DANTAS, Bruno. *Repercussão geral.* 3. ed. São Paulo: RT, 2012.

FERRAZ, Taís Schilling. Repercussão geral – muito mais que um pressuposto de admissibilidade. In: PAULSEN, Leandro (coord.). *Repercussão Geral no Recurso Extraordinário:* Estudos em Homenagem à Ministra Ellen Gracie. Porto Alegre: Livraria do Advogado, 2011.

FUCK, Luciano Felício. O Supremo Tribunal Federal e a repercussão geral. *REPRO*, 181, ano 35, mar. 2010.

GICO JUNIOR, Ivo. "Juízo de admissibilidade 'a quo' para que? Uma abordagem juseconômica do processo". V Congresso Anual da ABDE. Disponível em: <http://prezi.com/dy7qlanabopu/juizo-de-admissibilidade-a-quo-para-que--uma-abordagem-juseconomica-do-processo/>. Acesso em: 15 fev. 2013.

MARINONI, Luiz Guilherme. *Precedentes obrigatórios.* 2. ed. São Paulo: RT, 2011.

NATAL, Guimarães. A Reforma da Justiça Federal. *Revista do Supremo Tribunal Federal*, vol. 16, jul. 1918, p. 195-208.

SCHWARTZ, Bernard. *A History of the Supreme Court.* New York: Oxford University Press, 1993.

VIANA, Ulisses Schwarz. *Repercussão geral sob a ótica da teoria dos sistemas de Niklas Luhmann.* São Paulo: Saraiva, 2010.

18

DA REPERCUSSÃO GERAL E DE SEUS REFLEXOS EM RELAÇÃO AOS LITIGANTES: O EXEMPLO DA CAIXA ECONÔMICA FEDERAL

JAILTON ZANON DA SILVEIRA
Diretor Jurídico da Caixa Econômica Federal.

LUIZ DELLORE
Mestre e Doutor em Processo Civil pela USP. Mestre em Direito Constitucional pela PUC/SP. Advogado da Caixa Econômica Federal. Assessor de Ministro do STJ.

SUMÁRIO: 1. Introdução – 2. A repercussão geral como requisito de admissibilidade do recurso extraordinário – 3. A Caixa Econômica Federal e sua atuação em juízo; 3.1 Mudança de paradigma na atuação contenciosa; 3.2 Reflexos da repercussão geral e interposição de recurso extraordinário; 3.3 Perspectivas – 4. Conclusões – Bibliografia.

1. INTRODUÇÃO

Apesar do grande avanço das ADRs nas últimas décadas (conciliação, mediação e arbitragem são debatidas e, no âmbito acadêmico e jurisdicional, até mesmo estimuladas), no Brasil ainda prevalece a cultura do litígio.

Essa cultura vem acompanhada pela cultura da sentença, com a solução da lide preferencialmente pela via jurisdicional e, muitas vezes, com a utilização de todos os recursos possíveis, até o último grau de jurisdição.

Contudo, algumas alterações constitucionais e processuais (criação do Conselho Nacional de Justiça – CNJ, da súmula vinculante, da repercussão geral e do recurso especial repetitivo, entre outras) – aliadas à mudança de cultura de alguns grandes litigantes – começam a alterar esse quadro tão conhecido.

Este breve artigo analisa a criação da repercussão geral da questão constitucional como requisito de admissibilidade do recurso extraordinário e as alterações no modo de atuação de um dos maiores litigantes do país, a Caixa Econômica Federal.

Inicialmente, apontaremos os principais aspectos relacionados à (re)criação de um filtro para o recurso extraordinário fundado na relevância da questão debatida. A seguir, analisaremos como se modificou, na última década, a atuação recursal da Caixa Econômica Federal[1].

Finalmente, examinaremos como a repercussão geral impactou na atuação da empresa pública em relação à interposição de recursos extraordinários para o Supremo Tribunal Federal e, também, em relação à desistência de recursos antes interpostos.

Isso com o propósito de contribuir para a reflexão a respeito dos benefícios da repercussão geral e da estabilidade jurisprudencial, bem como da necessária mudança de cultura dos grandes litigantes brasileiros.

2. A REPERCUSSÃO GERAL COMO REQUISITO DE ADMISSIBILIDADE DO RECURSO EXTRAORDINÁRIO

A Emenda Constitucional 45, de dezembro de 2004, alterou mais de 20 artigos e incluiu outros quatro na Constituição de 1988.

Do ponto de vista processual, as inovações mais importantes foram a súmula vinculante e a repercussão geral da questão constitucional.

A previsão da repercussão geral foi inserida na CF pela referida EC nos seguintes termos:

> "Art. 102. (...)
> § 3.º No recurso extraordinário o recorrente deverá demonstrar a repercussão geral das questões constitucionais discutidas no caso, nos termos da lei, a fim de que o Tribunal examine a admissão do recurso, somente podendo recusá-lo pela manifestação de dois terços de seus membros".

Como se depreende do próprio dispositivo reproduzido, o constituinte derivado fez menção à regulamentação "nos termos da lei". Assim, o tema foi regulado

---

[1] Tratando-se a CAIXA de empresa pública, sua linha de atuação é a que se verifica, em regra, em relação a todos os órgãos da administração pública direta e indireta.

pela Lei 11.418/2006, que alterou o Código de Processo Civil, com a inclusão dos arts. 543-A e 543-B.

O constituinte não especificou o que seria a repercussão geral. O legislador ordinário o fez no § 1.º do art. 543-A do CPC:

> "§ 1.º Para efeito da repercussão geral, será considerada a existência, ou não, de questões relevantes do ponto de vista econômico, político, social ou jurídico, que ultrapassem os interesses subjetivos da causa".

Já o § 3.º do referido artigo do CPC dispõe que, se a decisão objeto do RE violar súmula ou jurisprudência dominante, sempre haverá a repercussão geral:

> "§ 3.º Haverá repercussão geral sempre que o recurso impugnar decisão contrária a súmula ou jurisprudência dominante do Tribunal".

Assim, tem-se uma hipótese de repercussão geral *ex vi legis*, independentemente de qualquer outro requisito previsto no § 1.º. E andou bem o legislador ao assim proceder, para evitar a permanência, no sistema, de decisões de tribunais intermediários divergentes daquelas sedimentadas no STF, para causas "sem repercussão"[2]. Prestigia-se, assim, a jurisprudência do STF e a estabilidade e segurança jurídicas.

Entendemos adequada a omissão, no referido § 3.º, à súmula vinculante. Se uma decisão judicial inferior contrariar súmula vinculante, apesar de em tese viável o RE[3], o mecanismo mais eficaz será a reclamação[4].

---

[2] Esse grave problema ocorreu diante da impossibilidade de uma decisão de Colégio Recursal de Juizado Especial Cível ser revista pelo Superior Tribunal de Justiça. Isso permitiu a prolação de decisões de JEC em sentido diametralmente oposto ao sedimentado em súmula do STJ. Diante do vácuo legislativo, a solução, pretoriana (criada a partir do julgamento do RE 571.572-BA, pelo STF), foi o uso de reclamação para o STJ, atualmente regulada pela Resolução 12/2009 do STJ.

[3] É a previsão do art. 7.º da Lei 11.417/2006: "Da decisão judicial ou do ato administrativo que contrariar enunciado de súmula vinculante, negar-lhe vigência ou aplicá-lo indevidamente caberá reclamação ao Supremo Tribunal Federal, sem prejuízo dos recursos ou outros meios admissíveis de impugnação".

[4] Nesse sentido, ARRUDA ALVIM, escrevendo antes da regulamentação infraconstitucional. Para tal autor, na hipótese de súmula vinculante, cabível a reclamação; na hipótese de decisão contrária à jurisprudência dominante ou súmula não vinculante, de se entender que presente a repercussão geral e, portanto, que o RE deve ser admitido (A Emenda Constitucional 45/2004 e a repercussão geral, p. 274-275).

O parágrafo seguinte trata do quórum para o requisito de admissibilidade positivo (existência da repercussão geral):

"§ 4.º Se a Turma decidir pela existência da repercussão geral por, no mínimo, 4 (quatro) votos, ficará dispensada a remessa do recurso ao Plenário".

Assim, a existência da repercussão pode ser apurada na turma, sem a necessidade de manifestação do pleno. Portanto, descabe ao relator proceder ao julgamento do recurso se não houver a repercussão geral[5].

Se a decisão for contrária à admissibilidade, então haverá necessidade de manifestação do pleno, em atenção ao dispositivo constitucional que determina a participação de dois terços dos Ministros (CF, art. 102, § 3.º).

Contudo, isso não significa que os julgamentos monocráticos tornaram-se raros no STF. Ao contrário, as decisões monocráticas continuam respondendo pela absoluta maioria da produção dos Ministros do Supremo[6].

Isso se justifica pela previsão do § 5.º do art. 543-A do CPC. Tal dispositivo prevê que uma decisão proferida *inter partes* produz uma espécie de efeito transcendente, com reflexos nos demais recursos que tratem da mesma matéria debatida:

"§ 5.º Negada a existência da repercussão geral, a decisão valerá para todos os recursos sobre matéria idêntica, que serão indeferidos liminarmente, salvo revisão da tese, tudo nos termos do Regimento Interno do Supremo Tribunal Federal"[7].

---

[5] ARRUDA ALVIM sustenta que, com as inovações em comento, decorre que: "(...) o Supremo Tribunal Federal, uma vez instalado o regime da EC 45/2004, só venha a julgar recursos extraordinários na medida em que tenham repercussão geral, deixando sempre de julgar os recursos que não sejam dotados dessa repercussão, ainda que formal e substancialmente pudessem ser aptos à admissão e ao julgamento, e, até mesmo julgamento favorável" (op. cit., p. 226).

[6] Estatísticas do STF demonstram como o número de decisões monocráticas segue elevado (disponível em: <http://www.stf.jus.br/portal/cms/verTexto.asp?servico=estatistica&pagina=decisoesinicio>, acesso em: 2 jan. 2013). Em 2012, de um total de cerca de 90 mil decisões proferidas, apenas pouco mais de 12 mil foram acórdãos (menos de 13,5%). Assim, em 2012, as decisões monocráticas respondem por aproximadamente 86,5% da produtividade do STF.

[7] Para dar tratamento análogo às causas massificadas, o art. 543-B prevê a possibilidade de escolha de alguns recursos, com o sobrestamento dos demais. E a decisão proferida nesse recurso piloto – seja em relação à admissibilidade ou ao mérito – terá consequências em relação aos demais recursos (cf. especialmente os §§ 2.º, 3.º e 4.º do art. 543-B).

É de se concluir que, mesmo após a repercussão geral e a prolação da decisão no recurso extraordinário em questão, muitos recursos de matérias repetitivas ainda chegam ao STF – e são julgados de forma monocrática[8].

Não obstante, percebe-se claramente a curva descendente na quantidade de REs que chegam ao STF, desde a adoção desse requisito de admissibilidade[9].

A lógica da repercussão geral é a criação de um filtro, para que apenas questões relevantes para a sociedade como um todo sejam apreciadas pelo STF, quando do julgamento de algum RE[10].

Contudo, a adoção da repercussão geral da questão constitucional foi precedida de polêmica, especialmente em virtude da lembrança da arguição de relevância existente no sistema constitucional anterior[11].

Porém, não nos parece ser um requisito antidemocrático ou que viole o acesso à justiça.

A repercussão encontra paralelo em diversos sistemas no mundo, sendo possível afirmar que se trata de uma sistemática necessária à racionalidade do trabalho dos tribunais superiores, especialmente diante da universalização do acesso à justiça e da massificação das relações sociais e, consequentemente, dos litígios.

---

[8] Esta não é a única justificativa para a existência de decisões monocráticas no STF. O fenômeno, do ponto de vista quantitativo, se verifica principalmente em decorrência da inadmissão de REs, na origem, por outros motivos formais, como a ausência de prequestionamento ou a discussão de matéria fática. Diante disso, os recorrentes se valem do agravo nos próprios autos (CPC, art. 544, denominado perante o Supremo como ARE – agravo em recurso extraordinário) que, perante o Supremo, pode ser monocraticamente apreciado pelo Ministro relator (CPC, art. 544, § 4.º).

[9] Ainda que exista alguma flutuação (como se depreende dos números divulgados pelo STF em <http://www.stf.jus.br/portal/cms/verTexto.asp?servico=estatistica&pagina =pesquisaClasse>, acesso em: 2 jan. 2013), a diminuição no número de recursos é expressiva, especialmente nos recursos extraordinários, mas também nos respectivos agravos contra decisão de inadmissão. Em 2012, foram distribuídos ao STF 5.640 extraordinários; em 2006 – ano da edição da Lei 11.418/2006, que regulamentou a repercussão geral, foram distribuídos 54.575.

[10] Pertinente o comentário de ANDRÉ RAMOS TAVARES, ao destacar que a repercussão geral pretende "resgatar a 'excepcionalidade' do recurso extraordinário" (*A repercussão geral no recurso extraordinário*, p. 210).

[11] O Regimento Interno do STF previa, em seu art. 325, I e XI, a figura da "arguição de relevância", afastada de nosso sistema jurídico com a redemocratização e à luz da nova ordem constitucional. A respeito da antiga arguição, conferir a obra de ARRUDA ALVIM (*A arguição de relevância no recurso extraordinário, passim*).

Assim, vemos a adoção de um mecanismo semelhante ao *writ of certioriari* existente no sistema norte-americano e também adotado em países como Alemanha, Argentina e Japão[12].

O quórum elevado previsto constitucionalmente para que se afaste a repercussão geral (dois terços, como já visto) também apresenta semelhança com o sistema do direito norte-americano.

Em virtude de tal quórum, conclui-se que, para afastar a repercussão geral, necessariamente haverá manifestação do pleno[13]. Assim, do ponto de vista pragmático, mais simples será o não conhecimento do recurso por outro requisito de admissibilidade[14] (em decisão monocrática) do que pela ausência de repercussão geral[15].

O fato é que a inovação, independentemente de seus méritos ou deméritos, era necessária para permitir a racionalização da carga de trabalho no Supremo[16]. E os resultados – especialmente a diminuição na quantidade de recursos e a maior

---

[12] Esclarece ARRUDA ALVIM que nos dois primeiros países o mecanismo já existe há anos, ao passo que, nos dois últimos, trata-se de instituto inserido há relativamente pouco tempo (A Emenda Constitucional 45/2004 e a repercussão geral, p. 223-282). Já o Brasil adotou o filtro após todos esses países. Apesar da similitude entre o instituto no Brasil e na Argentina, há uma importante distinção: "No Brasil, o teor da decisão preliminar sobre a existência da repercussão geral será fundamentada e constará sempre das publicações de julgamento no Diário Oficial. Já na Argentina, a conotação da decisão judicial é totalmente política e não carece de qualquer fundamentação" (FLÁVIA PEREIRA RIBEIRO, A repercussão geral no recurso extraordinário, p. 449).

[13] Assim, conforme LUIZ FUX, "evidente que a 'Turma' não pode rejeitar o recurso por ausência de repercussão geral, interdição que se estende ao relator e ao presidente do Tribunal *a quo*" (Repercussão Geral e o Recurso Extraordinário (Lei 11.418/2006 com entrada em vigor em 21.02.2007), p. 1.092). Em regra, essa apreciação pelo Pleno se dá via "plenário virtual", que é a manifestação dos Ministros por meio eletrônico. A respeito do tema, o RISTF, arts. 323, 323-A, 324 e 325 – nos quais não há, vale destacar, menção ao termo "plenário virtual", apesar de já se tratar de expressão consagrada pelo uso.

[14] Por isso, também, justificada a existência de grande número de decisões monocráticas no STF, conforme mencionado acima (vide nota 7).

[15] Nesse sentido, FLÁVIO LUIZ YARSHELL: "(...), mais trabalhoso será recusar a apreciação da questão do que barrá-la por um julgamento singular do relator, depois confirmado pelo julgamento colegiado" (A reforma do Judiciário e a promessa de "duração razoável do processo", p. 29).

[16] ARRUDA ALVIM afirma que esta é a "solução possível": "A solução de outorga de maiores poderes ao Supremo Tribunal Federal, através da possibilidade de escolha das causas constitucionais que tenham repercussão geral, é a solução possível, senão a única solução viável, e que parte da identificação verdadeira do problema e o equaciona realística e adequadamente" (A Emenda Constitucional 45/2004 e a repercussão geral, cit., p. 264).

estabilidade jurisprudencial[17] – já permitem mostrar, poucos anos após sua adoção, como o caminho trilhado foi o correto[18].

3. A CAIXA ECONÔMICA FEDERAL E SUA ATUAÇÃO EM JUÍZO

A instituição financeira Caixa Econômica Federal, empresa pública da União, usualmente figura nas listas de maiores litigantes do país[19].

Contudo, esse número não pode ser analisado isoladamente, mas deve levar em conta as inúmeras atribuições e atividades da empresa.

A CAIXA é, de um lado, um dos maiores bancos do país[20], líder no crédito habitacional[21] e na captação da caderneta de poupança, além de deter o monopólio nas operações de mútuo garantido por penhor[22]; do outro, é a instituição responsável por diversos atendimentos sociais, que atingem grande parte da população, como o pagamento do Fundo de Garantia do Tempo de Serviço (FGTS)[23], do Programa de Integração Social (PIS), do Seguro-Desemprego,

---

[17] Especialmente quando o julgamento do recurso com repercussão geral é acompanhado da edição de súmula vinculante.
[18] Após muitas críticas à época dos debates envolvendo a futura EC 45/2004, a doutrina acaba por reconhecer como necessária a repercussão – ainda que seja classificada, por alguns, como um "mal necessário": "Vale dizer, a limitação de acesso ao STF é um mal necessário e vem ao encontro dos anseios dos jurisdicionados, especialmente para que tenhamos um processo afinado com o princípio da duração razoável (art. 5.º, LXXVIII, da CF/1988)" (GILSON DELGADO MIRANDA e PATRÍCIA MIRANDA PIZZOL, *Recursos no processo civil*, p. 162). Contudo, a jurisprudência do STF vem caminhando para uma situação em que, se o Tribunal intermediário alegadamente aplica o precedente fixado em recurso julgado com repercussão geral, não deverá ser julgado pelo Supremo nem o agravo contra a decisão denegatória (QO no AI 760.358). Esse é um ponto que merece maior reflexão, não sendo este, contudo, o local para tanto (a respeito dessa preocupação, conferir o artigo A Repercussão Geral e a Competência Recursal: Riscos a serem Ponderados, de autoria de JOSÉ HENRIQUE MOUTA ARAÚJO).
[19] Na lista elaborada pelo CNJ em 2011, a empresa é a 2.ª; em 2012, caiu para o 9.º lugar (cf. <http://www.cnj.jus.br/images/pesquisas-judiciarias/pesquisa_100_maiores_litigantes.pdf>e<http://www.cnj.jus.br/images/pesquisas-judiciarias/Publicacoes/100_maiores_litigantes.pdf>, respectivamente, acesso em: 4 jan. 2013).
[20] São mais de 50 milhões de clientes.
[21] Tendo incorporado o BNH – Banco Nacional da Habitação – em 1986.
[22] Além de ter forte atuação como depositária judicial perante a Justiça Federal e do Trabalho.
[23] A partir da Lei 8.036/1990, passou a centralizar a gestão e o pagamento do FGTS, o que antes era realizado por mais de 70 instituições financeiras.

do Programa Minha Casa Minha Vida e do Bolsa-Família, dentre outros. Para atingir tal finalidade, a empresa é muito capilarizada, com atuação em todo o território nacional[24].

Tendo atuação comercial e sendo braço social do governo federal – e diante da massificação do acesso à justiça, principalmente após a CF/1988 –, é absolutamente natural que a empresa figure em diversos processos judiciais. Desde debatendo questões simples e de pouca expressão econômica, até temas complexos e de cifras elevadas. Estranho seria se assim não fosse[25].

Como exemplo, cabe destacar as inúmeras demandas decorrentes dos planos econômicos, frutos da política do Governo Federal na busca da estabilização econômica, desde a década de 1980.

Esses planos são responsáveis por considerável quantidade dos processos da Caixa, seja em relação ao FGTS, seja em relação às cadernetas de poupança. Para ilustrar a assertiva, cabe afirmar que, entre 1992 e 2010, a Caixa foi parte em 3.716.225 processos, sendo que, desse total, 1.652.381[26] (aproximadamente 45%) têm como causa de pedir os "expurgos inflacionários" dos planos econômicos[27].

Cabe salientar, ainda, a grande quantidade de novas demandas e recursos originados daqueles que figuram no polo oposto ao da empresa, mesmo quando a matéria já está pacificada a favor da CAIXA[28].

Além disso, como já antes apontado por um dos autores deste artigo, o uso desenfreado de processos coletivos[29] – e o ajuizamento de demandas individuais,

---

[24] A Rede da CAIXA está presente em todos os municípios do país, com 2.229 agências e 551 postos de atendimento bancário (PABs), além de 10.954 casas lotéricas e 24.756 correspondentes não lotéricos (dados de 2012, obtidos em <http://www1.caixa.gov.br/atendimento/index.asp>, acesso em: 3 jan. 2013).

[25] Essa é uma análise que muitas vezes passa despercebida: o fato de muito litigar não necessariamente significa que aquele litigante é contumaz e desrespeita decisões judiciais. Devem-se analisar outros fatores, como a taxa de êxito, o tipo de demanda existente e suas causas e, principalmente, a relação entre negócios firmados e negócios que se tornam litigiosos.

[26] Dados até 2010, obtidos pela Diretoria Jurídica da Caixa (DIJUR).

[27] Em relação ao FGTS, uma vez pacificada a questão no STF, foi proposto acordo aos fundistas, com pagamento da quantia em parcelas, conforme o valor do crédito (cf. LC 110/2001). No momento, a questão envolvendo a poupança pende de decisão final perante o STF.

[28] Como exemplo, diversas questões envolvendo o SFH ou a cobrança de juros nos mútuos.

[29] A manifestação foi a seguinte: "Para ilustrar o quadro, dentre diversos outros exemplos, tomamos por base as ações envolvendo os chamados 'expurgos inflacionários dos planos econômicos' (fins dos anos 80 e início dos 90), em relação aos investimentos em poupança. Em março de 2009, contabilizavam-se em todo o país mais de 130 processos coletivos em

mesmo quando já existente título executivo judicial coletivo passível de liquidação – engrossa as estatísticas.

Todos esses fatores contribuem para um grande número de demandas envolvendo a Caixa.

3.1 Mudança de paradigma na atuação contenciosa

Desde 2003, a Caixa vem quebrando o paradigma de sempre recorrer, de todas as decisões, até o último grau de jurisdição. É um trabalho de longo prazo, que envolve a mudança de cultura e que já frutifica. Trata-se, sem dúvida, de uma postura pioneira da empresa no cenário jurídico brasileiro, especialmente em relação aos litigantes vinculados à administração.

Aliada a uma política de fomentar acordos[30], a diretoria jurídica da empresa desenvolveu uma política de não interposição de recursos, bem como desistência dos anteriormente interpostos. Nesse sentido, merecem destaque (i) a edição de súmulas internas de dispensa do dever recursal, (ii) o pagamento espontâneo de condenações judiciais em questões jurisprudencialmente definidas[31] e (iii) a desistência de recursos perante os tribunais.

Em síntese, tem-se uma mudança de paradigma em relação à atuação contenciosa da empresa. E, importante destacar, sem que adviesse qualquer mudança legislativa. A questão é, portanto, primordialmente cultural. Passa pelo reconhecimento do esgotamento do modelo anterior de ampla recorribilidade, do prestígio à jurisprudência firmada nos tribunais e da própria postura colaborativa do litigante perante o Poder Judiciário.

---

face da instituição financeira Caixa Econômica Federal, ajuizados em praticamente todos os Estados da Federação. Há demandas em litisconsórcio ativo, litisconsórcio passivo com os demais bancos, pedidos distintos em relação a juros e correção, alguns pedidos com abrangência nacional, outros com abrangência estadual etc. O quadro impede qualquer solução adequada" (DELLORE, Luiz. A evolução da tutela coletiva e o CDC: novos desafios após duas décadas. In: CARACIOLA, Andrea Boari; ANDREUCCI, Ana Cláudia Pompeu Torezan; FREITAS, Aline da Silva (Org.). *Código de defesa do Consumidor*: 20 anos. São Paulo: LTr, 2010. p. 405-417).

[30] Demandas envolvendo crédito habitacional, recuperação de crédito, ações trabalhistas e ações diversas (como FGTS, e ações envolvendo questões contratuais), além de todas as demandas em tramitação perante os Juizados Especiais Federais – JEFs.

[31] Vale destacar posição implementada antes da edição da Lei 11.232/2005, que criou a fase de cumprimento de sentença e criou a multa de 10% do art. 475-J do CPC.

Em síntese, é a aplicação do princípio da cooperação não apenas em cada processo[32], mas na atuação global perante o Poder Judiciário[33].

Isso se insere em um momento histórico no qual a sociedade brasileira busca maior celeridade e segurança jurídica, exatamente o mote da EC 45/2004.

3.2 Reflexos da repercussão geral e interposição de recurso extraordinário

A política de não interposição e desistência de recursos mostra-se de forma mais aguda perante o STF, facilitada pela existência da repercussão geral.

Conforme exposto no item 2 deste trabalho, o próprio filtro criado pela EC 45/2004 sedimenta o debate perante a Corte Suprema somente em relação a processos que tenham relevância para a sociedade de uma forma geral.

Assim, não se justifica a (i) interposição de recursos que estejam fadados ao insucesso (seja por falta de repercussão geral ou porque a matéria já está pacificada) ou (ii) a permanência na tramitação de recursos, antes interpostos, que igualmente estejam destinados ao não conhecimento ou desprovimento.

Em relação à não interposição de recurso, considerando a prevalência do interesse público (no sentido de indevida utilização de recursos públicos, além de contribuir para a morosidade da prestação jurisdicional), a Caixa inverteu a lógica existente em relação aos entes da administração pública.

Em regra, entende-se que o advogado ou procurador tem o dever de recorrer, somente estando dispensado mediante autorização de seu superior hierárquico.

Em relação ao recurso extraordinário[34], a empresa estipulou que a *interposição* do recurso depende de autorização superior – salvo em relação aos temas em que já exista repercussão geral reconhecida pelo STF em relação a

---

[32] O projeto de NCPC traz expressamente o princípio da cooperação. Contudo, é possível afirmar que tal princípio decorre da base principiológica do nosso processo (devido processo legal, duração razoável do processo e lealdade das partes). Outrossim, a postura também se insere na visão de responsabilidade social-empresarial da Caixa.

[33] Consoante exposto por um dos autores deste artigo, JAILTON ZANON DA SILVEIRA: "A Caixa optou por se colocar como partícipe da solução do problema, e não apenas alguém que reclama um Judiciário célere" (vide <http://www.stj.jus.br/portal_stj/publicacao/engine.wsp?tmp.area=398&tmp.texto=107210>, acesso em: 28 dez. 2012).

[34] E, também, em relação aos recursos interpostos perante o Superior Tribunal de Justiça e o incidente de uniformização jurisprudencial admissível perante o Colégio Recursal do Juizado Especial Federal (L. 10.259/2001, art. 14). Ademais, no momento estuda-se a ampliação dessa regra para os recursos interpostos para os tribunais de segundo grau (TRF e TRT) e também para as turmas recursais dos juizados especiais federais.

outro recurso. Essa regra foi inscrita no regulamento interno, norma que deve ser seguida por todos os empregados da empresa[35].

Em relação aos recursos já interpostos, a CAIXA analisou cada um dos recursos extraordinários em tramitação perante o STF. E, diante desse estudo, procedeu a uma firme postura de desistência.

Isso pode ser vislumbrado pelo quadro abaixo, que traz o número de recursos interpostos pela Caixa[36] efetivamente em trâmite no STF, a cada ano:

Ano	n.º REs em tramitação[37]
2003	1918
2004	7828
2005	9594
2006	5515
2007	3421
2008	1250
2009	211
2010	204
2011	512
2012	72[38]

Atualmente só há interposição de recurso extraordinário (ou não há desistência do recurso antes interposto):

I – há violação a matéria constitucional;
II – o mérito administrativo é favorável à empresa;
III – a questão é economicamente relevante e o recurso se justifica sob a ótica custo x benefício;

---

[35] As normas internas da Caixa constam do chamado "Manual Normativo" (MN). No MN AE 018 (que regula a atividade contenciosa), vigente a partir de novembro de 2012, foi regulamentada a autorização para interposição de recurso extraordinário.

[36] Existem também os recursos em que a Caixa é recorrida. Nesses casos é certo que a ela não pode ser imputada a responsabilidade pelo trâmite de tais recursos. A alternativa que se tem é a tentativa de conciliação das causas que estão em fase recursal.

[37] Dados fornecidos pela Diretoria Jurídica da CAIXA.

[38] A respeito da última rodada de desistências, em que cerca de 95% dos extraordinários foram objeto de desistência, conferir a seguinte notícia: http://www.stf.jus.br/portal/cms/verNoticiaDetalhe.asp?idConteudo=190646, acesso em 03.01.2013

IV – existe possibilidade razoável de vitória;
V – é aceitável o risco de consolidação de entendimento desfavorável;
VI – o tema ainda não está pacificado e, assim, há espaço para debate[39] ou diante de situação na qual a tese está pacificada a favor da empresa e, apesar disso, a decisão é desfavorável perante o Tribunal intermediário;
VII – o advogado do processo, o colegiado da unidade jurídica regional e a gerência nacional de Tribunais entenderem que o recurso é necessário.

3.3 Perspectivas

A repercussão geral e a estabilização jurisprudencial recentemente verificada no STF acarretaram maior segurança jurídica e diminuição no número de recursos em tramitação no Supremo.

Essa tendência se verifica em relação a outras esferas do Judiciário, como com o recurso especial repetitivo no STJ.

A Caixa já realizou uma atuação no STJ nos mesmos moldes da verificada no STF. Tanto com a não interposição de novos recursos, como pela desistência dos já interpostos[40].

A visão principal da CAIXA é, portanto, dentro da legalidade e sem causar prejuízo à empresa, colaborar com a busca de um Judiciário mais célere e eficaz, em vez de apenas criticar a lentidão no julgamento dos processos. Lembrando, ainda, que um Judiciário célere é importante para o futuro da instituição e para o próprio desenvolvimento do País.

Por fim, parece-nos que a repercussão geral deve ser um requisito de admissibilidade também a ser criado em relação ao recurso especial. A propósito, já está em trâmite perante o Legislativo a PEC 209/2012, que propõe a criação da "relevância das questões de direito federal infraconstitucional" como um filtro para que o STJ escolha as causas que pretende julgar.

Essa alteração poderia levar também ao STJ todos os ganhos decorrentes do que aqui se verificou em relação ao STF.

---

[39] Incluído aqui, como já exposto, os casos em que já existe reconhecimento da repercussão geral daquele tema em outro recurso extraordinário – recursos esses que ficam sobrestados na origem, nos termos do art. 543-B do CPC.

[40] Trata-se de uma atuação igualmente forte, com percentual próximo a 80% de desistência. A respeito do tema, vale conferir a seguinte notícia, para a qual foi ouvido um dos autores desteartigo:<http://www.stj.jus.br/portal_stj/publicacao/engine.wsp?tmp.area=398&tmp.texto=107210>, acesso em: 4 jan. 2013.

4. CONCLUSÕES

Pelo que se expôs, é possível concluir o quanto segue:

1) A repercussão geral, inserida no sistema com a EC 45/2004 e regulada nos arts. 543-A e 543-B do CPC, é um requisito de admissibilidade do RE.

2) Trata-se de um filtro para que o STF escolha, com base na relevância, os recursos que irá julgar.

3) Para evitar a permanência de decisões que violem a jurisprudência do STF, se o acórdão recorrido violar súmula ou jurisprudência dominante, sempre haverá a repercussão geral.

4) Com a adoção da repercussão, percebe-se uma curva descendente na quantidade de REs que chegam ao STF.

5) A Caixa Econômica Federal é um dos maiores litigantes do país. Contudo, para analisar esse número deve-se levar em conta a multiplicidade de campos de atuação, os inúmeros serviços prestados e a grande quantidade de clientes da instituição.

6) Importante consignar que cerca de 45% da Caixa nos anos 1990 e 2000 se referem aos "expurgos" dos planos econômicos.

7) A Caixa, desde 2003, vem quebrando o paradigma dos grandes litigantes (públicos e privados) em relação à atuação contenciosa: a empresa adota uma política de desistência de recursos interpostos e não interposição de novos RE, como regra.

8) Para recorrer para o STF é que o advogado precisa de autorização superior – e não o inverso (para deixar de recorrer), que é a regra nos órgãos estatais.

9) Em relação aos recursos já interpostos, em 2012 houve a desistência de 95% dos que estavam tramitando no STF e 80%, no STJ.

10) Com a consolidação da estabilização jurisprudencial nos demais órgãos jurisdicionais, essa política se estenderá aos outros tribunais, inclusive de segundo grau.

11) A repercussão geral contribui para a estabilidade jurídica e, consequentemente, para com a diminuição no número de recursos. E esses benefícios também poderiam ser levados ao STJ, com a adoção da repercussão também naquela Corte ("relevância das questões de direito federal infraconstitucional", na terminologia da PEC sobre o tema).

BIBLIOGRAFIA

ALVIM, José Manuel Arruda. A Emenda Constitucional 45/2004 e a repercussão geral. *Revista Autônoma de Processo*, Curitiba, n. 1, out./dez. 2006, p. 223-282.

_____. *A arguição de relevância no recurso extraordinário*. São Paulo: RT, 1988.

ARAÚJO, José Henrique Mouta. A repercussão geral e a competência recursal: riscos a serem ponderados. *Revista Dialética de Direito Processual*, São Paulo, nov. 2010, p. 33-39.

DELLORE, Luiz. A evolução da tutela coletiva e o CDC: novos desafios após duas décadas. In: CARACIOLA, Andrea Boari; ANDREUCCI, Ana Cláudia Pompeu Torezan; FREITAS, Aline da Silva (Org.). *Código de Defesa do Consumidor*: 20 anos. São Paulo: LTr, 2010.

FUX, Luiz. Repercussão Geral e o Recurso Extraordinário (Lei 11.418/2006 com entrada em vigor em 21.02.2007). In: DIREITO, Carlos Alberto Menezes; TRINDADE, Antônio Augusto Cançado; PEREIRA, Antônio Celso Alves (Orgs.). *Novas perspectivas do direito internacional contemporâneo* – Estudos em homenagem ao Professor Celso D. de Albuquerque Mello. Rio de Janeiro: Renovar, 2008.

MIRANDA, Gilson Delgado; PIZZOL, Patrícia Miranda. *Recursos no processo civil*. 6. ed. São Paulo: Atlas, 2009.

RIBEIRO, Flávia Pereira, A repercussão geral no recurso extraordinário. *Revista de Processo*, São Paulo, n. 197, jul. 2011.

TAVARES, André Ramos. *A repercussão geral no recurso extraordinário*. In: LORA ALARCÓN, Pietro de Jesús; TAVARES, André Ramos; LENZA, Pedro (Org.). *Reforma do Judiciário analisada e comentada*. São Paulo: Método, 2005.

TUCCI, José Rogério Cruz. Anotações sobre a repercussão geral como pressuposto de admissibilidade do recurso extraordinário (Lei 11.418/2006). *Revista de Processo*, São Paulo, n. 145, mar. 2007, p. 151.

YARSHELL, Flávio Luiz. A reforma do Judiciário e a promessa de "duração razoável do processo". *Revista do Advogado*, São Paulo, n. 75, abr. 2004, p. 29.

19

O SUPERIOR TRIBUNAL DE JUSTIÇA ENQUANTO CORTE SUPREMA: DE CORTE DE REVISÃO PARA CORTE DE PRECEDENTES

LUIZ GUILHERME MARINONI
Professor Titular de Direito Processual Civil na UFPR. Pós-Doutor pela Universidade Estatal de Milão. Visiting Scholar na Columbia University School of Law.

SUMÁRIO: 1. A má compreensão dos requisitos constitucionais do recurso especial e o Superior Tribunal de Justiça como corte de revisão – 2. A verdadeira função do Superior Tribunal de Justiça – 3. O Superior Tribunal de Justiça como garante da igualdade perante o direito, da coerência da ordem jurídica e da previsibilidade – 4. A necessidade de um filtro recursal.

1. A MÁ COMPREENSÃO DOS REQUISITOS CONSTITUCIONAIS DO RECURSO ESPECIAL E O SUPERIOR TRIBUNAL DE JUSTIÇA COMO CORTE DE REVISÃO

O Superior Tribunal de Justiça tem as suas competências definidas no art. 105 da Constituição Federal, entre elas a de julgar o recurso especial nos casos em que decisão de Tribunal de Justiça ou Regional Federal houver: a) contrariado tratado ou lei federal, ou lhes negado vigência; b) julgado válido ato de governo local contestado em face de lei federal; e c) dado a lei federal interpretação divergente da que lhe haja atribuído outro tribunal.

Tais competências, exercidas em face da interposição do recurso especial, caracterizam a função essencial da Corte. O Superior Tribunal de Justiça deve entrar em cena para resguardar a "lei federal" nos dois primeiros casos e para definir a interpretação da lei federal no caso em que a decisão houver dado à lei federal interpretação divergente da que lhe haja atribuído outro tribunal.

É interessante notar que a norma constitucional pode ter passado a impressão de que o recurso especial é cabível em caso de contrariedade ao "texto da lei federal". Porém, particularmente no estado atual de evolução da hermenêutica jurídica, tal ideia é insustentável[1]. Demonstrada a distinção entre lei, compreendida como texto legal, e norma jurídica, compreendida como a interpretação ou o sentido extraído do texto pelo hermeneuta ou pelo Juiz, há de se ter, sempre e em qualquer caso, uma interpretação da lei federal, isto é, uma norma jurídica. Como diz Riccardo Guastini, o texto da lei admite uma pluralidade de interpretações, ou seja, exprime potencialmente não apenas uma norma (ditada pelo intérprete) de limites determinados, mas uma multiplicidade de normas alternativas, sempre de conteúdo indeterminado[2].

Portanto, todo recurso especial é interposto contra uma interpretação da lei federal ou contra uma norma jurídica, oriunda de um Tribunal de Justiça ou Regional Federal, de modo que o Superior Tribunal de Justiça, em qualquer caso de recurso especial, necessariamente tem que analisar a validade da norma jurídica fixada pelo tribunal ordinário, "cassando-a", por contrária a sua, ou definindo a interpretação da lei federal, ou melhor, instituindo a norma jurídica que deve prevalecer em todo o território nacional.

Se a lei federal foi compreendida, na época em que prevalecia o princípio da supremacia do Parlamento, como um "verbo" intocável, que deveria apenas ser aplicado pelos tribunais, hoje o poder de dizer o "verbo", ou ao menos de delineá-lo definitivamente, está nas mãos do Judiciário[3]. Cabe ao Judiciário, ou melhor,

---

[1] V. Elisabetta Silvestri. Le Corti Supreme Europee: accesso, filtri e selezione. *Le Corti Supreme*. Milano: Giuffrè, 2001. p. 109 e ss.

[2] "La prima tesi assume che i testi normativi siano dotati di un significato intrinseco oggettivo, e afferma che i giudici creano diritto quando disattendono tale significato, offrendo interpretazione 'false'. Sorprendente ingenuità. Disgraziatamente non esiste affatto una cosa come il significato oggettivo dei testi normativi. Ogni testo normativo è almeno potenzialmente e almeno diacronicamente equivoco: sicché risulta semplicemente impossibile distinguere tra interpretazioni 'vere' e interpretazioni 'false'. Quale mai dovrebbe essere il criterio di verità delle tesi interpretative?" (Riccardo Guastini. Se i giudici creino diritto. In: A Vignudelli (org.). *Istituzioni e dinamiche del diritto*: I confini mobili della separazione dei poteri. Milano: Giuffrè, 2009. p. 391).

[3] V. Maria Rosaria Ferrarese. Dal "verbo" legislativo a chi dice l'"ultima parola": le Corti Costituzionali e la rete giudiziaria. *Annuario di Diritto Comparato e di Studi Legislativi*. Nápoles: Edizioni Scientifiche Italiane, 2011. p. 63 e ss.

ao Superior Tribunal de Justiça, dar figura definitiva ao "verbo", que tem o texto legal apenas como sua base.

Contudo, o texto constitucional, lido em sua dimensão literal, fez prevalecer o costume de se interpor recurso especial alegando-se, simplesmente, que a decisão contrariou a lei federal. Nesse caso, é fácil perceber, não há parâmetro para a interposição do recurso, uma vez que a sua admissibilidade aí depende da mera afirmação de que a decisão violou lei federal. Essa é uma das razões que impediu à Corte exercer de forma adequada, até hoje, a sua missão constitucional.

O parâmetro fundamental para a interposição do recurso especial só pode estar nas próprias normas jurídicas fixadas pela Corte Suprema. O recurso especial tem a importante função de impedir a sobrevivência das normas proferidas por tribunais ordinários que são contrárias àquelas estabelecidas pelo Superior Tribunal de Justiça. Fixe-se o ponto: a indistinção entre texto legal e norma jurídica transformou o recurso especial num recurso cabível contra toda e qualquer decisão que interpretou a lei federal, em que basta ao recorrente argumentar de modo a evidenciar que a interpretação conferida pelo tribunal ordinário não é correta, ou melhor, não é aquela que atende aos interesses da parte.

O outro fundamento costumeiramente utilizado para se interpor o recurso especial, a divergência entre a interpretação dada pelo tribunal que proferiu a decisão em face da interpretação já outorgada à lei federal por outro tribunal, igualmente contribuiu para desqualificar o recurso "especial", que também com base nesse fundamento foi e continua sendo utilizado apenas para corrigir variadas decisões dos tribunais ordinários.

A livre convivência entre decisões díspares para casos iguais ou similares, inclusive no Superior Tribunal de Justiça[4], deu enorme e equivocada amplitude

---

[4] Referindo-se à diversidade de decisões para um mesmo caso na Corte de Cassação italiana, Fernando Santosuosso (Juiz da Corte Constitucional) assim argumentou em importante Congresso de Filosofia do Direito realizado em Florença: "Però bisogna fare um esame di coscienza, perché si è giunti a questa, non voglio dire generale, ma diffusa ribellione agli orientamenti della Cassazione? Non tanto forse per impreparazione delle nuove generazioni di avvocati e magistrati, quanto perché anche la Cassazione non ha dato il buon esempio. Ieri Mirabelli citava il numero dei contrasti fra sentenze della Cassazione, 120 contrasti pendenti innanzi alla Cassazione, il che significa che le sezioni semplici sono frequentemente in contrasto fra loro, o addirittura la stessa sezione. Perfino la mia sezione, la sezione lavoro, che lavora ogni giorno con due aule, potrebbe essere in contrasto con se stessa lo stesso giorno. E perfino l'organo chiamato a risolvere i contrasti, quello che Walter Vigiani chiamava il 'Supremissimo Collegissimo' e cioè le sezioni unite, talvolta, ha detto Mirabelli, per 18 volte è in contrasto con se stesso. Quindi questo sarà il mio primo auspicio, che la cassazione abbia maggiore rispetto di se stessa, e che si cambi giurisprudenza quasi mai in procedura, perché voi sapete che

ao recurso especial, sendo suficiente ao recorrente, nesse caso, encontrar acórdão de tribunal ordinário, ou até mesmo do Superior Tribunal de Justiça, que dissinta da tese firmada na decisão de que se quer recorrer.

A falta de compreensão de que a "divergência" é, muito mais do que requisito para facilitar a tutela da parte, critério apto a permitir à Corte firmar o sentido da lei, conferindo unidade ao direito, também é responsável pela profusão de decisões diferentes a respeito de casos iguais no território nacional. Falta perceber que a técnica da "divergência" se destina a permitir ao Superior Tribunal de Justiça desenvolver a sua missão constitucional mediante o assentamento da interpretação da lei e, portanto, do sentido do direito que deve imperar no país. Nega-se, desse modo, o pensamento de que os tribunais ordinários são livres para interpretar a lei, mas também se exige coerência dos órgãos internos do Superior Tribunal de Justiça em relação aos seus próprios precedentes, fazendo surgir não apenas uma vinculação vertical dos tribunais ordinários, mas igualmente uma vinculação horizontal dos membros da Corte Suprema.

Em tal dimensão os precedentes do Superior Tribunal de Justiça guardariam força diante de toda e qualquer decisão posterior, inclusive da Corte, tendo, sobretudo, o escopo de evitar decisões díspares dos tribunais ordinários. Isso teria o efeito salutar de quebrar a cadeia progressiva de decisões contraditórias dos vários tribunais ordinários, dando o devido lugar à técnica da divergência, que passaria a ser utilizada apenas quando, havendo interpretações diferentes acerca de uma mesma lei federal, ainda não existisse precedente firmado pela Corte Suprema.

Realmente, a "ideia" de que há decisões de todos os tipos para um mesmo caso ainda não foi contraditada pela prática forense, não só porque o Superior Tribunal de Justiça não vem exercendo a função de uma Corte de Precedentes, mas também porque se supõe que os tribunais ordinários podem livremente interpretar a lei federal, inclusive divergindo da Corte investida da função de dar unidade ao direito federal infraconstitucional.

Ao se ter como possível aos tribunais ordinários desatenderem aos precedentes do Superior Tribunal de Justiça, elimina-se a verdadeira razão de ser da técnica da divergência, que passa a servir como critério de admissão de um recurso que tem o único objetivo de tutelar a parte, viabilizando a correção da decisão. Nesse sentido, aliás, a técnica da divergência contradiz a sua própria

---

il rito, le aspettative degli avvocati e delle parti è che le regole del gioco restino il più possibile ferme, ma anche in diritto sostanziale si cambi giurisprudenza soltanto quando veramente ci siano nuovi argomenti, nuove situazioni sociali" (Fernando Santosuosso. L'incertezza del diritto nell'attività giurisprudenziale. *La Certezza del Diritto:* Un valore da ritrovare: Atti (Firenze, 2-3 ottobre 1992). Milano: Giuffrè, 1993. p. 96 e ss.).

função, já que o seu real e óbvio objetivo é conferir oportunidade a que se dê unidade ao direito federal. Ora, qual a razão para decidir, resolvendo a divergência e estabelecendo um sentido à lei federal, quando a decisão da Corte não tem qualquer efeito sobre os tribunais que divergem? A verdade é que, se a decisão não tem repercussão sobre os tribunais ordinários, a decisão não resolve divergência alguma, assim como também não confere unidade ao direito federal.

Não há como deixar de considerar, porém, a situação em que uma questão de direito federal ainda não chegou ao conhecimento do Superior Tribunal de Justiça e também não foi decidida de modo diverso perante tribunais distintos. Na hipótese em que, sobre uma questão de direito federal, ainda não se formou divergência, pode haver necessidade de atuação do Superior Tribunal de Justiça em prol da afirmação e do desenvolvimento do direito federal infraconstitucional.

Ocorre que o Superior Tribunal de Justiça, para poder se tornar uma Corte de Precedentes, precisa ter a possibilidade de analisar quando a sua atuação é necessária. Se a Corte não tem, por assim dizer, uma função "privada", de tutela da parte, mas uma função "pública", de outorga de unidade ao direito, e também é certo que essa última função não pode se satisfazer com a mera análise, e eventual correção, de todas as decisões que tenham dado interpretação à lei federal, na medida em que a Corte deve proferir decisões que orientem a sociedade e sirvam de parâmetro para as futuras decisões dos órgãos judiciais inferiores, naturalmente percebe-se que a Corte, para adequadamente poder exercer a sua atividade, deve ter a possibilidade de eleger os casos que, em face das suas particularidades concretas, realmente possam fornecer ao Tribunal a matéria-prima necessária para ele chegar numa decisão de caráter geral, capaz de constituir uma norma jurídica para a solução de casos futuros.

Para a definição do sentido de uma questão federal relativamente nova – que nunca chegou ao Superior Tribunal de Justiça –, basta admitir um único recurso especial que a verse. Há, assim, necessidade de filtro recursal que dê este poder à Corte Suprema, à semelhança da técnica da repercussão geral, instituída no Supremo Tribunal Federal[5].

---

[5] Além do *writ of certiorari* (Regra 10 da Suprema Corte dos Estados Unidos), conhecido, em suma, apenas nos casos de *"sufficient public importance"*, outros países praticam semelhante sistema de seleção de causas para exame pelas Cortes Supremas. No direito alemão, admite-se o acesso ao Supremo Tribunal, em recurso de revisão, quando a causa decidida ostentar uma "significação fundamental". No direito argentino, a Corte Suprema pode não conhecer de recurso extraordinário *"por falta de agravio federal suficiente o cuando las cuestiones planteadas resultaren insustanciales o carentes de trascendencia"* (art. 280, *Código Procesal Civil y Comercial de la Nación Argentina*). Em todos esses casos a mesma razão se encontra presente: velar pela unidade do direito por meio do exame de casos significativos para a ótima

De outro lado, a Corte sempre terá oportunidade para adequar os seus precedentes à alteração da realidade e dos valores sociais, assim como à modificação da concepção geral acerca do direito[6]. A tarefa da Corte obviamente não se resume à explicitação do sentido da lei, mas deve constituir uma contínua reformulação e adequação do texto legal às novas situações concretas[7].

Um precedente pode ser desgastado por decisões da própria Corte que o editou. Isso ocorre quando as proposições sociais e as teses de direito que servem de base para novos precedentes entram em choque com aquelas que o fundaram. Nestas situações, constatada a falta de coerência de um precedente diante de novos precedentes, há uma falta de coerência no sistema de produção do direito ou uma inconsistência sistêmica. Essa inconsistência, em alguns casos, admite até mesmo o que a doutrina estadunidense chama de "antecipatory overruling"[8], ou seja, a revogação do precedente pelo próprio tribunal ordinário, e serve para evidenciar a necessidade de a Corte Suprema revogá-lo[9].

---

realização dos fins do Estado Constitucional, sem sobrecarregar o Supremo Tribunal com o exame de casos sem relevância e transcendência (cf. Luiz Guilherme Marinoni e Daniel Mitidiero. *Repercussão geral no recurso extraordinário*. 3. ed. São Paulo: Ed. RT, 2012. item 1.1). Ver Rocco J. Tresolini. *American constitutional law*. 2. ed. New York: MacMillan, 1965. p. 33; Sidnei Agostinho Beneti. O processo na Suprema Corte dos Estados Unidos. In: Sálvio de Figueiredo Teixeira (org.). *O Judiciário e a Constituição*. São Paulo: Saraiva, 1994.

[6] Sobre o *overruling* no direito estadunidense, ver Melvin Einsenberg. *The nature of the common law*. Cambridge: Harvard University Press, 1998. p 105 e ss.; Howard Yale Lederman. Judicial overruling. *Michigan Bar Journal*, Lansing, vol. 83, set. 2004; Stephen Markman. Precedent: tension between continuity in the law and the perpetuation of wrong decisions. *Texas Review of Law & Politics*, vol. 8, Spring 2004; Caleb Nelson. Stare decisis and demonstrably erroneous precedents. *Virginia Law Review*, vol. 87, mar. 2001.

[7] V. Nicola Picardi. La vocazione del nostro tempo per la giurisdizione. *Rivista trimestrale di diritto e procedura civile*, Milano, 2004, p. 54; Sergio Chiarloni. Ruolo della giurisprudenza e attività creative di nuovo diritto. *Rivista trimestrale di diritto e procedura civile*, Milano, 2002/1, p. 1 e ss.

[8] John M. Rogers. Lower court application of the "overruling law" of higher courts. *Legal Theory*, 1995; Margaret N. Kniffin. Overruling Supreme Court precedents: anticipatory action by United States courts of appeals. *Fordham Law Review*, 1982; Maurice Kelman. Anticipatory stare decisis. *University of Kansas Law Review*, 1959; Maurice Kelman. The force of precedent in the lower courts. *Wayne Law Review*, 1967.

[9] Entenda-se por *anticipatory overruling* a atuação antecipada das Cortes de Apelação estadunidenses em relação ao *overruling* dos precedentes da Suprema Corte. Trata-se, em outros termos, de fenômeno identificado como antecipação a provável revogação de precedente por parte da Suprema Corte. Desde 1981, as Cortes de Apelação vêm, excepcionalmente, considerando circunstâncias que indicam que um precedente da Suprema Corte – em princípio aplicável ao caso sob julgamento – provavelmente será revogado. Isso para deixar de adotá-lo. A doutrina americana fala em revogação antecipada, mas, em verdade, o correto seria

Ademais, há casos em que um precedente, sem revelar contradições na Corte, pode deixar de ter validade diante das novas proposições sociais ou de uma nova concepção geral acerca do direito.

Nestas hipóteses, que longe estão de uma mera possibilidade de reanálise da questão federal já definida, há de se admitir o recurso especial. Não porque há desacordo sobre a interpretação conferida pela Corte, mas sim porque o precedente não mais tem consistência sistêmica, ancoragem nas proposições sociais ou no que se compreende como Direito. Observe-se que nestes casos o precedente deixou de ter consistência sistêmica, congruência social ou sustentáculo no Direito, e, portanto, não mais pode ser tido como uma interpretação correta ou como a norma que expressa o sentido do direito federal.

O recurso especial deve evidenciar que a decisão recorrida, pautando-se no precedente, reafirmou uma interpretação superada por outros precedentes do

---

aludir à não aplicação de precedente em vias de revogação pela Suprema Corte. As Cortes de Apelação utilizam como fundamentos para a antecipação: i) o desgaste do precedente pelas próprias decisões da Suprema Corte; ii) uma tendência da Suprema Corte que permita concluir que o precedente será revogado; iii) ter a Suprema Corte demonstrado que está à espera de um caso apropriado para realizar o *overruling*. Esses motivos algumas vezes são associados aos seguintes: i) alteração na composição da Suprema Corte ou mudança do ponto de vista pessoal dos *Justices*; ii) inconsistência do precedente em relação às decisões anteriores da Corte, a identificar provável equívoco; iii) percepção de que o precedente não surtiu, em termos práticos, o efeito que dele se esperava. Está em jogo, em face do *anticipatory overruling*, questão de grande importância. Trata-se de saber se o *stare decisis* ou o sistema de precedentes obrigatórios, sustentado na submissão da Corte inferior diante das decisões da Corte que lhe é superior, pode se conciliar com a revogação antecipada ou com a não aplicação dos precedentes que, apesar de não revogados, provavelmente deixarão de ser aplicados pela Suprema Corte. Indaga-se, assim, se "*the doctrine of stare decisis is flexible enough to permit anticipatory overruling by United States courts of appeals*" (a doutrina do *stare decisis* é flexível o bastante para permitir o *overruling* antecipatório pelas Cortes de Apelação dos Estados Unidos). Embora a questão seja altamente polêmica, admite-se, em sede doutrinária, que a revogação antecipada possa conviver com o *stare decisis* americano, ou melhor, que essa atenuação na autoridade de imposição dos precedentes é saudável à própria lógica do sistema de precedentes obrigatórios. Não obstante, a Suprema Corte americana, ao se deparar com casos em que as Cortes de Apelação realizaram o *anticipatory overruling*, não tratou da legitimidade do instrumento. Afirma-se que isso talvez decorra não só do fato de a questão nunca ter sido posta diretamente para decisão. Talvez a Corte tenha preferido não ter de optar entre proibir e liberar a antecipação. Assim, o instrumento permaneceria disponível às Cortes inferiores, mas sem uma chancela explícita, que, perigosamente, poderia inspirar a sua disseminação e utilização indiscriminada. Ou seja, parece que a Suprema Corte apostou no silêncio para limitar o *overruling* antecipatório a circunstâncias particularmente apropriadas (cf. Luiz Guilherme Marinoni. *Precedentes obrigatórios*. 2. ed. São Paulo: RT, 2011. item 5.2.1).

Superior Tribunal de Justiça ou pela realidade ou valores sociais ou, ainda, pela concepção geral que se passou a ter sobre o Direito. Há contrariedade à interpretação que deve vir a ser firmada pelo Superior Tribunal de Justiça ou contrariedade ao sentido que deve decorrer da revogação do precedente.

O Superior Tribunal de Justiça, ainda que tenha função de revisão, e não de cassação, não poderia ter assumido o mero papel de tutela da parte, descurando-se da sua missão de afirmar e desenvolver o direito. Há que se ter claro que a previsibilidade acerca das decisões judiciais constitui um valor moral imprescindível para o sujeito se autodeterminar num Estado de Direito, que decisões diferentes para casos iguais ou similares representam um atentado ao direito à igualdade e que não há coerência da ordem jurídica num Estado que não cuida de preservar, mediante sua Corte Suprema, a uniformidade das decisões judiciais[10].

2. A VERDADEIRA FUNÇÃO DO SUPERIOR TRIBUNAL DE JUSTIÇA

Embora o art. 105 da Constituição Federal seja claro ao conferir ao Superior Tribunal de Justiça a incumbência de zelar pela unidade do direito federal infraconstitucional, seria possível ver na Corte uma função privada, de proteção da parte.

Na verdade, as funções privada e pública, que podem marcar uma Corte Suprema, não se repelem, mas podem se combinar, e, em geral, se misturam[11]. Isso quer dizer que, para a caracterização da função de uma Corte Suprema como pública, não é necessário afastar a sua função de tutela aos litigantes. É necessário, isto sim, verificar se a função da Corte realmente se caracteriza como pública.

Não há dúvida de que a principal função do Superior Tribunal de Justiça tem relação com a garantia de unidade do direito. Acontece que, para tanto, o Tribunal se vale do recurso especial, interposto pela parte com o objetivo de ver corrigida a interpretação realizada pelo tribunal ordinário. A Suprema Corte, porém, embora também atenda aos sujeitos que se envolvem em conflitos, objetiva realizar um interesse que pode ser dito "superior", relacionado à garantia da unidade do direito. Nessa dimensão é interessante lembrar que Calamandrei atribuía ao recurso cassacional a qualidade de instrumento que se coloca a serviço do interesse público na unidade do direito objetivo nacional e na "exata e uniforme interpretação da lei"[12].

---

[10] V. Luiz Guilherme Marinoni. *Precedentes obrigatórios*. 2. ed., cit., p. 120-173.
[11] V. Elisabetta Silvestri. Le Corti Supreme Europee: accesso, filtri e selezione. *Le Corti Supreme*, cit., p. 105 e ss.
[12] Piero Calamandrei e Carlo Furno. Cassazione civile. *Novissimo digesto italiano*, II, 1958, p. 1.055 e ss.

Realmente, se a Corte existe para garantir a uniformidade da interpretação da lei federal, não há dúvida de que o interesse da parte, ao estimular a atuação do Tribunal, permite-lhe realizar um interesse público. A tutela da parte é secundária.

Chama-se a atenção para a circunstância de que o interesse público pode ser visto na correção da interpretação dada à lei pelo tribunal ordinário. A correção da aplicação do direito é uma função pública, no interesse da manutenção da unidade do direito. Acontece que a função pública, na afirmação e no desenvolvimento do direito federal, vai bem mais além.

O significado da função de afirmar e desenvolver o direito tem relação com a transformação dos conceitos de direito e de jurisdição. O incremento do poder judicial, derivado do impacto do constitucionalismo, exige que o Judiciário tenha uma Corte de Precedentes em vista da importância da estabilidade do direito para o desenvolvimento da vida em sociedade e para garantir a aplicação igualitária do direito pelos juízes.

A função de afirmar e desenvolver o direito federal revela uma preocupação com o que está por vir, ao contrário daquela que se limita a corrigir a aplicação do direito. A primeira tem conexão com o futuro, preocupada que está com a afirmação e com o desenvolvimento do direito para a orientação da sociedade e para a sua adequada aplicação em face dos casos que podem vir a eclodir.

A função corretiva, portanto, pode ser vista como uma função para o passado, reativa, enquanto a função de atribuir sentido ao direito, inclusive mediante a revogação do precedente em vista das mutações sociais e da própria concepção geral acerca do direito, faz ver uma função voltada ao futuro, prospectiva[13].

Porém, a função prospectiva, de desenvolvimento do direito, não se projeta apenas sobre os casos judiciais, ou seja, não garante apenas a igualdade em face da aplicação judicial do direito, mas proporciona a fixação das normas que orientam a conduta das pessoas e das empresas, iluminando a vida em sociedade e dando a todos a possibilidade de realmente confiar no Direito e nos atos do Poder Público.

Como se vê, além de uma Corte Suprema poder realizar funções privada e pública, essa última função, ligada à unidade do direito nacional, pode ser vista como uma função corretiva, para o passado – como acontecia na época em que Calamandrei olhava para a Cassação italiana –, mas também como uma função de afirmação e desenvolvimento do direito, voltada ao futuro, nos moldes da Suprema Corte estadunidense e de algumas Cortes Supremas europeias, como o *Bundesgerichtshof* alemão e o Tribunal Superior espanhol, ambos a exigir, como um dos requisitos para a admissão, respectivamente dos recursos de revisão e de

---

[13] Michele Taruffo. Le Corti Supreme Europee: accesso, filtri e selezione. *Le Corti Supreme*. Milano: Giuffrè, 2001. p. 97 e ss.

cassação, uma "questão de direito de fundamental importância" e o "interesse cassacional" – visto como um interesse geral ou público –, os quais se constituem em filtros para o acesso ao *Bundesgerichtshof* e ao Tribunal Superior.

O Superior Tribunal de Justiça, como decorrência da própria missão que lhe é imposta pela Constituição Federal, realiza funções privada e pública. Tutela o interesse da parte que se vale do recurso especial e, a partir deste, exerce nítida função pública ligada à garantia da uniformidade da interpretação da lei. Contudo, não se espera do Superior Tribunal de Justiça uma função pública de natureza corretiva e reativa, incapaz de concretizar o que se espera de uma Corte Suprema em um Estado Constitucional, particularmente a tutela da igualdade, da coerência do direito e da segurança jurídica.

É completamente ilógico supor que basta ao Superior Tribunal de Justiça corrigir as decisões dos tribunais ordinários. A correção, se constitui consequência imediata da decisão da Suprema Corte, pouco vale se não pode se firmar de modo a se projetar para o futuro, constituindo norte que deve guiar a sociedade e as decisões dos casos que estão por vir.

Perceba-se, contudo, que as decisões atualmente proferidas pelo Superior Tribunal de Justiça, tanto nos recursos especiais fundados em contrariedade à lei quanto naqueles baseados em divergência jurisprudencial, embora possam ser vistas como decisões que corrigem a interpretação da lei, não têm qualquer valor enquanto resposta de uma Corte Suprema que possui a função de conferir unidade ao direito.

3. O SUPERIOR TRIBUNAL DE JUSTIÇA COMO GARANTE DA IGUALDADE PERANTE O DIREITO, DA COERÊNCIA DA ORDEM JURÍDICA E DA PREVISIBILIDADE

O Superior Tribunal de Justiça deve funcionar como uma Corte voltada para o futuro, exercendo, portanto, função pública *prospectiva*, por não ter apenas o dever de corrigir a interpretação da lei. A sua função é a de garantir a unidade do direito, mas no sentido de explicitar à sociedade e aos juízes e tribunais inferiores a norma jurídica que deve ser utilizada para a solução dos casos, mediante o que se tutela a igualdade, a coerência da ordem jurídica e a previsibilidade.

É claro que o postulado da igualdade perante "a lei" não basta quando se tem clara a ideia de que o Judiciário atribui-lhe sentido. Nessa perspectiva, é preciso pensar em igualdade perante as decisões judiciais[14], o que remete ao problema da interpretação judicial.

---

[14] Como advertem Bankowski, MacCormick, Morawski e Ruiz Miguel, o direito manteria uma unidade apenas formal caso pudesse variar de acordo com o caso. De acordo com

Por mais perfeita que a construção linguística da norma possa parecer, esta possui, em menor ou maior latitude, significado equívoco e indeterminado, e, dessa forma, abre oportunidade a uma ampla variedade de interpretações[15]. O problema da aplicação da lei não está propriamente no poder conferido ao juiz, mas na própria dicção da norma legal. Não há dúvida de que a compreensão da lei e, portanto, o subjetivismo variam na medida em que a letra da lei abre maior ou menor espaço para o magistrado atuar na definição do significado normativo. Entende-se, em vista disso, que o subjetivismo do juiz é um dado; o que importa, diante da construção da decisão, é o texto legal. A lei é interpretada – e não meramente aplicada – não apenas porque o juiz inevitavelmente deve compreendê-la, mas especialmente porque o seu significado precisa ser apreendido e deduzido.

Diante da percepção do inevitável envelhecimento e esgotamento das disposições legislativas, tornou-se clara a necessidade de a lei conter espaços capazes de dar ao juiz o poder de adaptação da norma às novas realidades e valores. Surge, a partir daí, a noção de cláusulas gerais[16], vista como técnica legislativa que se contrapõe à técnica casuística. Há profunda modificação na maneira de o legislativo produzir direito. Ou melhor, ainda que o legislativo continue a se valer de Códigos, deixa-se de utilizar apenas a técnica casuística, admitindo-se, ao seu lado, as chamadas cláusulas gerais, destinadas a permitir ao juiz considerar circunstâncias não normatizadas para dar solução adequada aos casos concretos.

---

estes juristas, a unidade do direito é componente essencial para o tratamento igualitário de casos substancialmente similares, isto é, de casos que se qualificam como similares a partir de uma determinada e estável interpretação do direito. "This would be a sham if the law were subject to varying interpretation from case to case, for it would only be nominally the same law that applied to different cases with essentially similar features among themselves. Thus uniformity of law is an essential part of equality of treatment of essentially similar cases, that is, cases which qualify as similar under a given (and stable) interpretation of the law" (Zenon Bankowski; Neil Maccormick; Lech Morawski; Alfonso Ruiz Miguel. Rationales for precedent. *Interpreting Precedents: A Comparative Study*. London: Dartmouth, 1997. p. 481-482).

[15] V. Riccardo Guastini. Se i giudici creino diritto. In: A Vignudelli (org.). *Istituzioni e dinamiche del diritto:* I confini mobili della separazione dei poteri. Milano: Giuffrè, 2009. p. 389 e ss.

[16] V. Judith Martins-Costa. O direito privado como um "sistema em construção". *Revista da Faculdade de Direito da UFRGS*, Porto Alegre, v. 15, 1998, p. 129 e ss.; André Osorio Gondinho. Codificação e cláusulas gerais. *Revista trimestral de direito civil*, Rio de Janeiro, n. 2, abr./jun. 2000, p. 3 e ss.; Maria Celina B. M. Tepedino. A caminho de um direito civil constitucional. *Revista de direito civil*, Rio de Janeiro, v. 65, 1993, p. 21 e ss.

A técnica casuística é utilizada quando, para a estruturação da norma, estabelecem-se critérios para a qualificação dos fatos normados[17]. Ao contrário, as cláusulas gerais são caracterizadas por vagueza ou imprecisão de conceitos, tendo o objetivo de permitir o tratamento de particularidades concretas e de novas situações, inexistentes e imprevisíveis à época da elaboração da norma[18].

A técnica das cláusulas gerais funda-se na premissa de que a lei é apenas elemento que colabora para a construção judicial do direito. Portanto, tal técnica não só faz ruir a ideia de completude dos compêndios legislativos, definidos exclusivamente a partir da técnica casuística, como demonstra a insuficiência da lei, aplicada à base de subsunção, para a solução dos variados casos litigiosos concretos. Confere maior subjetividade ao juiz, dando-lhe poder para construir a decisão a partir de elementos que não estão presentes no tecido normativo.

A passagem da técnica casuística, em que a aplicação da norma se dá por subsunção, para a técnica das cláusulas gerais, em face da qual se exige um raciocínio judicial muito mais complexo e sofisticado, aponta para a necessidade de uma Corte de Precedentes que garanta a aplicação igualitária do direito. Quando se tem consciência teórica de que a decisão nem sempre é resultado de critérios previamente normatizados, mas pode constituir norma fundada em elementos que não estão presentes na legislação, não há como deixar de ver que as expectativas que recaíam na lei transferem-se para a decisão judicial.

Note-se que, se o juiz se vale da cláusula geral para chegar à regra adequada à regulação do caso concreto, a cláusula geral é norma legislativa incompleta e a decisão é a verdadeira norma jurídica do caso concreto. Dessa forma, como é intuitivo, afigura-se previsível a possibilidade de os juízes criarem diversas normas jurídicas para a regulação de casos substancialmente idênticos. Acontece que, como é óbvio, a função das cláusulas gerais não é permitir uma inflação de normas jurídicas

---

[17] Judith Martins-Costa. O direito privado como um "sistema em construção". *Revista da Faculdade de Direito da UFRGS*, v. 15, p. 134.

[18] Adverte Judith Martins-Costa que as cláusulas gerais não pretendem "dar, previamente, respostas a todos os problemas da realidade, uma vez que essas respostas são progressivamente construídas pela jurisprudência". "Por nada regulamentarem de modo complexo e exaustivo, atuam tecnicamente como metanormas, cujo objetivo é enviar o juiz para critérios aplicativos determináveis ou em outros espaços do sistema ou através de variáveis tipologias sociais, dos usos e costumes objetivamente vigorantes em determinada ambiência social. Em razão destas características esta técnica permite capturar, em uma mesma hipótese, uma ampla variedade de casos cujas características específicas serão formadas por via jurisprudencial, e não legal" (Judith Martins-Costa. O direito privado como um "sistema em construção". *Revista da Faculdade de Direito da UFRGS*, v. 15, p. 134).

para um mesmo caso, mas o estabelecimento de normas jurídicas de caráter geral. Como escreve Judith Martins-Costa, referindo-se à técnica das cláusulas gerais, "o alcance para além do caso concreto ocorre porque, pela reiteração dos casos e pela reafirmação, no tempo, da *ratio decidendi* dos julgados, se especificará não só o sentido da cláusula geral mas a exata dimensão da sua normatividade. Nesta perspectiva o juiz é, efetivamente, a boca da lei – não porque reproduza, como um ventríloquo, a fala do legislador, como gostaria a Escola da Exegese – mas porque atribuiu a sua voz à dicção legislativa tornando-a, enfim e então, audível em todo o seu múltiplo e variável alcance"[19]. Como se vê, a notável civilista chega até mesmo a utilizar termo próprio à teoria dos precedentes (*ratio decidendi*), utilizado no *common law* para identificar o real significado de um precedente e o modo e a extensão em que ele vincula as decisões judiciais subsequentes.

Tudo isso quer dizer que, embora o juiz possa criar a norma jurídica, é preciso impedir que haja uma multiplicidade de normas jurídicas para casos iguais, gerando desigualdade e insegurança. Aplica-se aí, literalmente, a máxima do *common law*, no sentido de que casos iguais devem ser tratados da mesma forma (*treat like cases alike*).

Considerando-se que a técnica das cláusulas gerais difundiu-se a partir dos anos 1940 do século XX, é no mínimo curioso constatar que os países do *civil law* ainda não tenham efetivamente se apercebido do problema, embora aos poucos venha se dando o devido lugar às Cortes incumbidas de definir o sentido do direito. O sistema que prevê cláusulas gerais e deixa de instituir mecanismo vocacionado à fixação de normas judiciais com caráter geral comporta-se de forma inadequada em relação aos mais básicos e importantes direitos fundamentais.

A concepção de Judiciário apagado pelo Legislativo e a ideia de juiz mero executor da lei obviamente estão distantes. Isso não significa, no entanto, que a admissão da insuficiência da lei e a atribuição de poder ao juiz para ditar a norma capaz de regular o caso concreto tenham gerado um sistema em que o magistrado é livre para criar o direito. A ampliação da latitude do poder judicial com base nas cláusulas gerais não apenas exige que o Superior Tribunal de Justiça exerça a sua função de Corte de Precedentes, como ainda reclama um aprofundamento de critérios capazes de garantir o controle das decisões judiciais.

De lado a questão das cláusulas gerais, outro aspecto deve ser considerado. Embora as cláusulas gerais também tenham a função de viabilizar a infiltração dos direitos fundamentais nos códigos e leis, o impacto do neoconstitucionalismo sobre a interpretação jurídica é mais extenso.

---

[19] Judith Martins-Costa. O direito privado como um "sistema em construção". *Revista da Faculdade de Direito da UFRGS*, v. 15, p. 139.

No Estado constitucional, as normas constitucionais e os direitos fundamentais dão unidade e harmonia ao sistema e, por isso, obrigam o intérprete a colocar o texto da lei na sua perspectiva. Em outras palavras, as normas constitucionais são vinculantes da interpretação das leis[20].

Embora a interpretação da lei sempre deva considerar o texto constitucional, nem sempre, como é óbvio, o intérprete está diante de um caso difícil, que lhe exige a individualização da interpretação que esteja de acordo com a Constituição. Porém, quando isso ocorre, a margem de discricionariedade para o juiz definir a interpretação da norma é incontestavelmente mais ampla do que aquela que lhe é conferida por uma regra que deve ser aplicada mediante subsunção.

A necessidade de compreensão da lei a partir da Constituição aumenta o risco de subjetividade das decisões judiciais, o que vincula a legitimidade da prestação jurisdicional a uma precisa justificação e, além disso, exige que o Superior Tribunal de Justiça se comporte como Corte de Precedentes.

Como escreve Wróblewski, se justificar uma decisão judicial consiste em dar-lhe as razões apropriadas[21], o problema da legitimidade da decisão judicial encontra-se na definição daquilo que assegura a sua aceitabilidade racional[22]. Decisão racional não é o mesmo que decisão baseada apenas em dados dotados de autoridade; geralmente, senão sempre, a decisão judicial exige que a argumentação recaia em pontos que não podem ser dedutivamente expostos[23]. Melhor dizendo,

---

[20] "Segundo certas doutrinas, as Constituições não são mais que um 'manifesto' político cuja concretização constitui tarefa exclusiva do legislador: os tribunais não devem aplicar as normas constitucionais – carentes de qualquer efeito imediato –, mas apenas as normas que são afirmadas pelas leis. Pois bem, *um dos elementos do processo de constitucionalização é precisamente a difusão, no seio da cultura jurídica, da ideia oposta, ou seja, da ideia de que toda norma constitucional – independentemente de sua estrutura ou de seu conteúdo normativo – é uma norma jurídica genuína, vinculante e suscetível de produzir efeitos jurídicos*" (Riccardo Guastini. La "constitucionalización" del ordenamiento jurídico: el caso italiano. In: Luigi Ferrajoli et al. *Los fundamentos de los derechos fundamentales*. Madrid: Trotta, 2001. p. 53).

[21] Jerzy Wróblewski. Legal syllogism and rationality of judicial decision. *Rechtstheorie*, Berlin, Dunker & Humblot, v. 5, 1974, p. 1, p. 39.

[22] V. Frank Michelman. Justification (and justifiability) of law in a contradictory world. *Nomos XXVIII: Justification*, New York: New York University Press, v. 71, 1986, p. 71-99.

[23] A respeito da argumentação jurídica, além das abordagens precursoras de Chaïm Perelman (Chaïm Perelman; Lucie Olbrecht-Tyteca. *Trattato dell'argomentazione*. Torino: Einaudi, 1996), Theodor Viehweg (*Tópica e jurisprudência*. Brasília: UNB, 1979), Edward H. Levi (*An introduction to legal reasoning*. Chigaco: University of Chigaco Press, 1949) e Stephen Toulmim (*The uses of argument*. Cambridge: Cambridge University Press, 1958), são fundamentais as teorias de Neil MacCormick (*Legal reasoning and Legal Theory*. Oxford: Clarendon Press, 1978), Ronald Dworkin (*Law's empire*, op. cit.), Robert Alexy (*Teoria da

a racionalidade do discurso judicial, sempre que ultrapassa a simples dedução lógica a partir da norma geral para o caso particular – é dizer, sempre que põe em questão a premissa da subsunção –, envolve um discurso que vai além daquilo que *tradicionalmente* se concebe como jurídico – que extravasa o domínio restrito das "fontes do direito" –, o qual se pode chamar de discurso prático ou moral.

Essa situação é propícia para a diversidade de decisões. De modo que, também quando se dá aos juízes poder para definir casos que apenas podem ser resolvidos mediante delicada interpretação da norma à luz da Constituição, há imprescindível necessidade de se estabelecer uma norma jurídica de caráter judicial ou um precedente com alcance geral.

Diante de tudo isso, não pode haver dúvida de que a igualdade perante as decisões necessita que o Superior Tribunal de Justiça passe a exercer, urgentemente, uma função de Corte de Precedentes. Dar soluções distintas a litigantes envolvidos em casos similares é tratá-los de forma desigual perante o Poder incumbido de afirmar o direito e garantir a igualdade. A inexistência de precedentes de conteúdo obrigatório, portanto, gera o descrédito do povo em relação ao Poder Judiciário, já que não se pode admitir que o Estado possa, sem fundamento racional, tratar as pessoas de formar desigual em face do Direito. Entender que os Juízes podem ser "livres" para afirmar o direito é admitir que a sua produção, por parte do Estado, não tem racionalidade ou é fruto de um Poder sem qualquer organização ou Corte com função de vértice.

A falta de uma Corte de Precedentes, relacionada ao direito infraconstitucional, além de gerar tratamento diferenciado em face do Direito, não permite que se tenha uma ordem jurídica coerente. A coerência do Direito, diante da função judicial contemporânea, obviamente exige que as decisões judiciais guardem coerência, o que não existe quando casos similares recebem respostas diferentes[24].

---

argumentação jurídica. São Paulo: Landi, 2001), Aulis Aarnio (*Lo racional como razonable*. Madrid: Centro de Estudios Constitucionales, 1991), Aleksander Peczenik (*On law and reason*. Dordrecht: Kluwer, 1989), Klaus Günther (*Teoria da argumentação no direito e na moral*: justificação e aplicação. São Paulo: Landy, 2004), Jürgen Habermas (*Direito e democracia*, op. cit.), Cass Sunstein (*Legal reasoning and political conflict*. New York: Oxford University Press, 1996) e Manuel Atienza (As razões do direito: teorias da argumentação jurídica. Trad. Maria Cristina Guimarães Cupertino. São Paulo: Landy, 2006).

[24] Em *Rationales for Precedent*, Bankowski, Neil MacCormick, Lech Morawski e Alfonso Ruiz Miguel afirmam o seguinte: "Uma vez que (ou na medida em que) nós estamos aqui tratando de sociedades caracterizadas pela fidelidade à ideologia e à prática da ordem legal 'racional' no sentido proposto por Max Weber (1967), podemos certamente dizer que a coerência na interpretação das disposições específicas sobre muitos casos, e práticas interpretativas que visam garantir uma coerência global do sistema jurídico, são absolutamente fundamentais para elas. Coerência em ambos os sentidos é da própria es-

Note-se que a falta de coerência no que é dito envolve uma falta de "sentido"[25]. O direito dos juízes, visto como discurso do Poder Judiciário, não guarda coerência quando formado por decisões que conferem significados díspares ao mesmo texto legal. Na verdade, no caso de decisões que afirmam significados diferentes a um mesmo texto, não há sequer como pensar em direito dos juízes ou em discurso do Poder Judiciário; desconhece-se o pensamento e o discurso do Judiciário[26].

Isso é extremamente grave quando se tem consciência de que a coerência do direito é um pressuposto do real funcionamento de um Estado de Direito. Como adverte MacCormick, "num estado moderno, com muitos juízes e muitas cortes e uma hierarquia estruturada de recursos, as mesmas regras e soluções devem orientar a decisão independente do juiz do caso. *Fidelidade ao Estado de Direito*

---

sência da ordem jurídica racional, assim como é crucial para a ideia de um discurso legal racional. Não é surpresa que, em todos os sistemas legais estudados, o valor da coerência da lei é um dos elementos-chave na compreensão da lógica local para a prática de tratar o precedente como vinculante em qualquer que seja o sentido particular ou sentidos localmente atribuídos à sua impositividade (ou, mais geralmente, sua força normativa). Isto é compreensível como uma razão independente para o precedente, enraizado na própria natureza da argumentação racional, essencial para a ordem jurídica racional. Num ponto de vista diferente, o papel unificador do precedente pode também ser visto simplesmente como aspecto do caráter unitário do sistema legal de um Estado bem organizado, o qual é papel principal das cortes sustentar. Coerência legal, em conjunto com a uniformidade da decisão, é realmente um valor reconhecido em todos os lugares, servido pelo respeito à força do argumento a partir do precedente, e o qual é função principal das cortes, em seu papel interpretativo, atingir. O valor da uniformidade pode ser tomado como um desiderato técnico-jurídico, assim como a coerência talvez possa ser considerada um aspecto da *elegantia juris*; mas ambos também concorrem para a integridade global do Estado como garante de um sistema jurídico único" (Zenon Bankowski; Neil Maccormick; Lech Morawski; Alfonso Ruiz Miguel. Rationales for precedent. *Interpreting Precedents: A Comparative Study*, cit., p. 487).

[25] Argumenta MacCormick: "Um conjunto incoerente de normas pode ser tal que cada uma possa ser cumprida sem infringir qualquer outra, e, mesmo assim, o todo parece não fazer sentido na constituição de uma ordem razoável de conduta – imagine uma casa na qual os habitantes devem deixar seus quartos tão desarrumados quanto possível às segundas, quartas e sextas-feiras, e então arrumá-los à máxima perfeição às terças, quintas e sábados, ficando o domingo como um dia de descanso. É possível ter e observar tais regras da casa – mas qual o seu sentido?" (Neil MacCormick. *Rethoric and the Rule of Law* – A theory of legal reasoning. New York: Oxford University Press, 2005. p. 223-224).

[26] "Uma prática de se seguir os precedentes contribui em maior medida para uma coerência e inteligibilidade no direito do que exercícios de poder *ad hoc* e desprovidos de padrão. A coerência e a inteligibilidade são desejáveis por dois motivos: elas tornam o direito mais 'acompanhável' ['*followable*'] e também mais suscetível à avaliação racional e à crítica" (Robert Summers. Precedent in the United States (New York State). *Interpreting Precedents: A Comparative Study*. London: Dartmouth, 1997. p. 383).

requer que se evite qualquer variação frívola no padrão decisório de um juiz ou corte para outro"[27]. Portanto, o Estado de Direito requer – mesmo para o direito infraconstitucional – uma Corte capacitada a editar precedentes destinados a servir de guia para a solução dos casos.

Ademais, é visível a relação entre a nova feição do Superior Tribunal de Justiça e a segurança jurídica, especialmente na sua função de garante da previsibilidade. A Corte de Cassação espanhola – que tem função similar à do Superior Tribunal de Justiça – recentemente declarou que o Juiz inferior é obrigado a respeitar as decisões proferidas em face do recurso de cassação e que a eficácia obrigatória dessas decisões decorre logicamente da finalidade desse recurso, concebido – assim como o recurso especial – "no interesse da lei e da preservação do princípio da segurança jurídica"[28].

O mínimo que o cidadão pode esperar do direito é a definição jurídica das condutas que pode praticar. Se as decisões judiciais acabam por regular condutas, a lei obviamente não é suficiente para outorgar segurança jurídica. Entretanto, decisões várias a respeito de uma dada situação ou conduta apenas proporcionam insegurança, eliminando qualquer possibilidade de o cidadão confiar nos atos estatais. Como é óbvio, a falta de coerência na regulação das condutas impede que alguém possa se portar de acordo com o direito produzido pelo Estado. É nessa dimensão que se pode falar em "ética do legalismo", nos termos de MacCormick[29], para quem a previsibilidade das decisões, vista como legalismo, constitui valor moral imprescindível para o homem poder se desenvolver – e, portanto, estar – em um Estado de Direito, ou seja, em um Estado que assegure a estabilidade do significado do Direito[30].

O sistema jurídico deve ser capaz de permitir a previsibilidade e, para tanto, importa o "modo de ser" do Superior Tribunal de Justiça enquanto Corte dotada de capacidade de definir o sentido do direito, além da autoridade das suas decisões sobre os órgãos judiciais inferiores. Realmente, como disse Massimo Corsale na obra *Certezza del Diritto e Crisi di Leggitimità*, um ordenamento jurídico absolutamente destituído de capacidade de permitir previsões e qualificações

---

[27] Neil MacCormick. *Rethoric and the Rule of Law* – A theory of legal reasoning, cit., p. 178.
[28] TSE, Sala Tercera, Sentencia de 18.01.2005.
[29] "De acordo com a 'ética do legalismo', há valores morais e sociais específicos que dependem da manutenção e suporte de uma ordem normativa institucional, para o bem da paz e previsibilidade entre os seres humanos, e como condição (mas não garantia) para manter-se a justiça entre eles" (Neil MacCormick. *Rethoric and the Rule of Law* – A theory of legal reasoning, cit., p. 6).
[30] Neil Maccormick. The ethics of legalism. *Ratio Juris*, 1989, 2, p. 184-193 e ss.

jurídicas unívocas e de gerar, assim, um sentido de segurança nos cidadãos não pode sobreviver enquanto tal[31].

A variação das decisões e, portanto, a impossibilidade de o jurisdicionado confiar e se pautar no que é dito pelo Judiciário estimulam a litigiosidade e a propositura de ações judiciais, contribuindo para a inefetividade do sistema. A previsibilidade das decisões judiciais certamente propicia a acomodação dos litígios[32]. Quando a parte que se julga prejudicada tem conhecimento de que o Judiciário não ampara a sua pretensão, não gastará tempo e dinheiro em busca de uma tutela jurisdicional que, de antemão, sabe que lhe será desfavorável. Porém, quando ao advogado – que tem a grave missão de orientar os cidadãos acerca dos seus direitos – não resta alternativa a não ser informar ao seu cliente que, no que diz respeito ao seu problema, o Judiciário já decidiu e tem decidido de várias formas, fica a parte com a viva impressão de que deve propor a demanda, "arriscando" obter uma decisão favorável. Afinal, se um juiz ou uma Câmara ou Turma podem lhe dar ganho de causa, vale a pena arcar com os custos e com a demora do processo. Portanto, também nessa perspectiva a falta de uma Corte de Precedentes milita contra o que se espera de um sistema de distribuição de justiça.

4. A NECESSIDADE DE UM FILTRO RECURSAL

Deixe-se claro que os requisitos constitucionais do recurso especial constituem filtros recursais, uma vez que delimitam as hipóteses em que o Superior

---

[31] Massimo Corsale. *Certezza del diritto e crisi di leggitimità*. Milano: Giuffrè, 1979. p. 40.

[32] "Um sistema que melhora a estabilidade do corpo de precedente da Corte desencoraja os gastos com litígios que visam perturbá-lo. Por outro lado, um regime mais altamente discricionário sinalizaria uma maior receptividade à argumentação dirigida à revogação do precedente, incentivando assim o aumento das despesas voltadas à revogação de decisões anteriores. As regras de *stare decisis* aumentam o nível de estabilidade e certeza no direito, diminuindo assim o incentivo à litigiosidade em todos os níveis do sistema judicial. A ideia de que a incerteza estimula a ação judicial não é exatamente nova. A visão apresentada aqui é simplesmente que uma regra de *stare decisis* aumenta a segurança e, portanto, reduz o incentivo à litigiosidade". "A system that enhances the stability of the Court's body of precedent discourages expenditures on litigation aimed at disrupting it. Conversely, a more highly discretionary regime would signal a greater receptiveness to arguments directed at overruling precedent, thus encouraging increased expenditures directed at overruling previous decisions. More fundamentally, rules of stare decisis enhance the level of stability and certainty in the law, thereby decreasing the incentive for litigation at all levels of the judicial system. The notion that uncertainty promotes litigation is hardly a new one. The insight offered here is simply that a rule of stare decisis increases certainty and thus reduces the incentive for litigation" (Thomas R. Lee. Stare decisis in economic perspective: an economic analisys of the Supreme Court's doctrine of precedent. *North Carolina Law Review*, n. 78, 2000, p. 652).

Tribunal de Justiça deve exercer a sua função, evidenciando que não lhe cabe analisar todas as decisões dos tribunais ordinários.

O Superior Tribunal de Justiça não pode entrar em ação para rever matéria de fato ou para corrigir a interpretação dada à lei federal. Deve, isso sim, impedir que prevaleça decisão de tribunal ordinário que divergiu de norma jurídica por ele fixada, definir o sentido da lei federal, inclusive quando sobre ela paira divergência interpretativa entre os tribunais, além de revogar os precedentes que deixaram de espelhar o sentido do direito.

Como já demonstrado, é certo que o recurso especial tem sido admitido para permitir a simples revisão da interpretação da lei federal. Isso acontece porque, como o Superior Tribunal de Justiça não define a interpretação da lei mediante precedente que se sobrepõe aos tribunais ordinários, abre-se um leque para que esses tribunais possam escolher uma das várias interpretações que podem ser conferidas à lei, dando-se ao Superior Tribunal de Justiça a oportunidade de corrigir ou não a opção do tribunal local, conforme a interpretação episódica que determinada Turma esteja conferindo à lei no momento do julgamento do recurso especial.

Quase o mesmo ocorre quando se aplica a técnica da divergência, uma vez que, sendo várias as interpretações possíveis da lei, não é difícil ao vencido encontrar um acórdão divergente, dando ao Superior Tribunal de Justiça, exatamente pela circunstância de que as suas decisões não têm caráter de precedente, apenas a possibilidade de escolher a interpretação que deve prevalecer para o caso sob julgamento. A decisão do Superior Tribunal de Justiça, ainda que derivada do emprego da técnica da divergência, não elimina a divergência acerca da interpretação da lei perante o território nacional, mas simplesmente opta por uma interpretação, como se a sua função fosse a de meramente resolver o caso que lhe foi submetido mediante o especial.

Portanto, os dois principais filtros do recurso especial estão a reclamar séria e aprofundada revisão, de modo que possam elevar o Superior Tribunal de Justiça à sua real função de desenvolver o direito federal. Não obstante, como antes foi dito, é possível que uma questão federal nunca tenha chegado ao Superior Tribunal de Justiça ou ainda não tenha oportunizado decisões divergentes entre tribunais distintos.

Lembre-se que, a partir do momento em que se estabelecer o significado e a coerência do direito do Superior Tribunal de Justiça mediante o encadeamento dos seus precedentes, será possível racionalmente detectar quando uma decisão de Tribunal de Justiça ou Regional Federal, ainda que tratando de "questão nova", estará a violar o seu entendimento. Essa possibilidade, sem dúvida, viabilizará a *racionalização* das decisões de admissibilidade do recurso especial nas hipóteses de "questões federais novas".

Contudo, isso não quer dizer que toda e qualquer decisão sobre uma questão federal nova deva abrir oportunidade à intervenção do Superior Tribunal de Justiça. Nem sempre a decisão aborda questão federal relevante, e, assim, confere à Corte Suprema oportunidade adequada para editar norma jurídica de conteúdo universal, capaz de servir de critério para a solução de casos outros que ainda estão por vir.

A existência de filtros, como é óbvio, tem como resultado a impossibilidade de toda e qualquer decisão ser discutida nos tribunais superiores. Embora isso realmente seja evidente diante dos requisitos tradicionais de admissibilidade dos recursos extraordinário e especial, surge alguma perplexidade quando se pensa em filtros como a técnica da repercussão geral, recentemente instituída no Supremo Tribunal Federal[33]. Os filtros tradicionais, assim como as técnicas semelhantes à repercussão geral – e mediante emenda constitucional –, legitimamente eliminam a possibilidade de se discutir determinadas decisões de tribunais ordinários.

Não há um direito subjetivo à revisão das decisões proferidas em segundo grau de jurisdição. Tanto é verdade que ninguém tem direito a interpor recurso especial para rever matéria de prova ou para solicitar a revisão da interpretação judicial ou da justiça da decisão. Ou seja, se o recurso especial já é restrito às três hipóteses do inciso III do art. 105 da Constituição Federal, inexiste obstáculo para limitá-lo por conta de outras regras, desde que referendas por emenda constitucional. Portanto, não há como pensar que filtros recursais, tais como a repercussão geral, destinados a dar às Cortes Supremas efetiva possibilidade de exercerem as suas funções, espelhem violação ao direito fundamental de acesso à justiça.

A Suprema Corte estadunidense constitui genuíno exemplo de Corte Suprema que funciona com filtro recursal destinado a conferir adequada oportunidade à instituição ou à revogação de precedente. O *writ of certiorari* confere à Suprema Corte ampla discricionariedade para selecionar os recursos. O *certiorari*, que nasceu para reduzir o número de recursos afetos à Suprema Corte, tornou-se um instrumento indispensável para a Corte desenvolver a sua função. O instituto não apenas permitiu à Corte racionalizar o seu tempo, dedicando-o aos casos mais importantes, mas, sobretudo, lhe deu condições de fixar soluções para situações de notável importância para o desenvolvimento da sociedade estadunidense[34].

---

[33] Sobre o tema, ver Luiz Guilherme Marinoni e Daniel Mitidiero. *Repercussão geral no recurso extraordinário*. 3. ed., cit.; Bruno Dantas. *Repercussão geral*. 3. ed. São Paulo: RT, 2012.

[34] Edward A. Hartnett. Questioning Certiorari: some reflections seventy-five years after the judges' bill. *Columbia Law Review*, New York, v. 100, n. 7, nov. 2010, p. 1.643-1.738;

O *Bundesgerichtshof* alemão – uma Corte de Revisão – e o Tribunal Superior espanhol também se valem de filtro recursal para poderem se concentrar sobre casos relevantes, adequados à edição de precedentes, e, assim, ao exercício de uma função claramente preocupada com o desenvolvimento do direito.

Em 2002 – em vista da reforma processual alemã de 2001 – foram instituídos como critérios para a admissão do recurso ao *Bundesgerichtshof* a *grundsätzliche Bedeutung* da questão de direito, assim como a relevância da decisão para a *Fortbildung des Rechts* ou para a unificação do direito. Ou seja, a autorização para o julgamento do recurso, que pode ser dada pelo Tribunal Regional Superior ou, na falta desta, pelo próprio *Bundesgerichtshof*, depende da "importância fundamental" da questão de direito ou da relevância da decisão para o "aperfeiçoamento" do direito ou para a uniformização da aplicação do direito[35].

Não há dúvida de que o requisito de maior significado, quando se pensa na função das Cortes Supremas contemporâneas, é o da "importância fundamental da questão de direito". A questão de direito não pode ser qualquer uma exatamente porque a decisão da Corte deve ter impacto sobre a evolução da ordem jurídica, e não apenas efeitos sobre os litigantes. A Corte, ao decidir questão de direito de fundamental importância, confere-lhe contornos e projeta-os ao futuro mediante a força dos precedentes, que vão orientar a solução dos casos conflitivos que ainda estão para eclodir.

Algo bastante similar está presente na atual conformação do recurso de cassação ao Tribunal Supremo espanhol. O art. 477 da Ley de Enjuiciamiento Civil afirma que "el recurso de casación habrá de fundarse, como motivo único, en la infracción de normas aplicables para resolver las cuestiones objeto del proceso" (art. 477, 1)[36].

O n. 2 do art. 477, com nova redação em vigor desde 30 de outubro de 2011, elenca hipóteses em que as decisões de segundo grau podem ser objeto de recurso de cassação. Assim, "cuando se dictaran para la tutela judicial civil de derechos fundamentales, excepto los que reconoce el artículo 24 de la

---

Margareth M. Cordray e Richard Cordray. The philosophy of Certiorari: jurisprudential considerations in Supreme Court case selection. *Washington University Law Quarterly*, Saint Louis, v. 82, n. 2, 2004, p. 389-452; Saul Brenner. Granting Certiorari by the United States Supreme Court: An Overview of the Social Science Studies. *Law Library Journal*, Chicago, v. 92, n. 2, 2000, p. 193-201; Robert W. Bennett. Judicial Review in the United States. *Annuario di Diritto Comparato e di Studi Legislativi*. Nápoles: Edizione Scientifiche Italiane, 2011. p. 155-182.

[35] Ver J. Musielak. Neue Fragen im Zivilverfahrensrecht. *JuS*, 2003, p. 273 e ss.

[36] Andrés de la Oliva Santos. Un modelo de casación civil eficaz para el tribunal supremo de España. *Annuario di Diritto Comparato e di Studi Legislativi*. Nápoles: Edizione Scientifiche Italiane, 2011. p. 249-280.

Constitución" (art. 477, 2, 1.º). O art. 24 da Constituição espanhola se refere aos direitos fundamentais *processuais*, que podem ser tutelados mediante "recurso extraordinário" a um dos Tribunais Superiores de Justiça que se colocam em uma zona intermediária entre os Tribunais de Apelação e o Tribunal Supremo[37]. Os parágrafos 2 e 3 do n. 2 do art. 477, em continuação, afirmam que as decisões de segundo grau também podem ser objeto de recurso de cassação "siempre que la cuantía del proceso excediere de 600.000 euros" (2.º) e "cuando la cuantía del proceso no excediere de 600.000 euros o este se haya tramitado por razón de la materia, siempre que, en ambos casos, la resolución del recurso presente interés casacional" (3.º).

O n. 3 do art. 477 se preocupa em esclarecer quando o recurso é cabível com base em "interesse cassacional". Diz a norma que "se considerará que un recurso presenta interés casacional cuando la sentencia recurrida se oponga a doctrina jurisprudencial del Tribunal Supremo o resuelva puntos y cuestiones sobre los que exista jurisprudencia contradictoria de las Audiencias Provinciales o aplique normas que no lleven más de cinco años en vigor, siempre que, en este último caso, no existiese doctrina jurisprudencial del Tribunal Supremo relativa a normas anteriores de igual o similar contenido". Diz a norma, ainda, que "cuando se trate de recursos de casación de los que deba conocer un Tribunal Superior de Justicia, se entenderá que también existe interés casacional cuando la sentencia recurrida se oponga a doctrina jurisprudencial o no exista dicha doctrina del Tribunal Superior sobre normas de Derecho especial de la Comunidad Autónoma correspondiente".

Há "interés casacional" i) quando a decisão recorrida contraria a "doctrina jurisprudencial" do Tribunal Supremo, ou seja, a sua jurisprudência consolidada; ii) quando há divergência entre os tribunais de segundo grau; e iii) quando a decisão recorrida aplica normas que entraram em vigor há menos de cinco anos, desde que não exista jurisprudência consolidada do Tribunal Supremo a respeito de normas anteriores de conteúdo igual ou similar.

O "interés casacional", como se vê, objetiva permitir que o Tribunal Supremo dê unidade ao direito, impedindo a sobrevivência de decisões que lhe são contrárias e dissipando as divergências entre os tribunais de segundo grau. No caso de leis que entraram em vigor há menos de cinco anos, e não tem conteúdo igual ou semelhante a leis anteriores a cujo respeito o Tribunal Supremo já firmou

---

[37] Art. 468 da Ley de Enjuiciaminento: "Las Salas de lo Civil y Penal de los Tribunales Superiores de Justicia conocerán, como Salas de lo Civil, de los recursos por infracción procesal contra sentencias y autos dictados por las Audiencias Provinciales que pongan fin a la segunda instancia".

jurisprudência consolidada, o recurso cassacional é admitido exatamente porque não existem as hipóteses de decisão contrária e de divergência entre tribunais.

A melhor doutrina estrangeira, quando analisa a racionalização do uso do recurso cassacional e, especialmente, o interesse cassacional enquanto pressuposto para a sua admissibilidade[38], afirma que o Tribunal Superior espanhol se tornou – ou tem parâmetros jurídicos para se tornar – "una vera e propria corte de precedentes"[39]. Isso quer dizer, obviamente, que o Superior Tribunal de Justiça também tem plenas condições de exercer a sua missão constitucional e a função de uma Corte de Precedentes.

Ademais, os exemplos da Suprema Corte estadunidense, do *Bundesgerichtshof* e do Tribunal Superior espanhol são mostras de que os filtros recursais não podem ser vistos como técnicas exclusivas das Cortes Constitucionais, mas, na verdade, constituem instrumentos relevantes para que uma Corte de vértice possa dar unidade ao direito em uma perspectiva prospectiva ou estabelecer o sentido do direito que deve orientar a solução de casos futuros[40].

É importante enfatizar que, no direito espanhol, o recurso cassacional é cabível, nos termos do primeiro parágrafo do n. 3 do art. 477 da Ley de Enjuiciamiento Civil, "cuando la sentencia recurrida se oponga a doctrina jurisprudencial del Tribunal Supremo". Ao contrário do que ocorre com o recurso especial, admissível em caso de contrariedade à lei federal (art. 105, III, *a*, da CF), o recurso cassacional é viável em caso de contrariedade à "doctrina jurisprudencial del Tribunal Supremo".

Trata-se, sem dúvida, de distinção importante, pois a ideia de contrariedade a precedente – ou mesmo, para ser atécnico ou compreensivo com as dificuldades para se estabelecer uma teoria de precedentes no Brasil, de contrariedade a "jurisprudência consolidada" – racionaliza o emprego do recurso especial. Lembre-se que o recurso especial, quando tem como requisito, em toda e qualquer hipótese, a pura e simples alegação de "contrariedade à lei federal", não tutela a unidade do direito federal, mas apenas possibilita à parte vencida interpor recurso para fazer

---

[38] O recurso de amparo constitucional, dirigido à Corte Constitucional espanhola, tem como requisito de admissibilidade a "especial trascendencia constitucional". Trata-se, igualmente, de filtro recursal. Sobre o ponto, ver Pedro Cruz Villalón. El Tribunal Constitucional Español. *Come decidono le Corti Costituzionali (e altre Corti) How Constitucional Courts Make Decisions*. Milano: Giuffrè, 2009. p. 85 e ss.; Mario Hernández Ramos. *El nuevo trámite de admisión del recurso de amparo constitucional*. Madrid: Editorial Reus, 2009.

[39] Michele Taruffo. Le Corti Supreme Europee: accesso, filtri e selezione. *Le Corti Supreme*, cit., p. 103.

[40] Michele Taruffo. Le funzioni delle Corti supreme: cenni generali. *Annuario di Diritto Comparato e di Studi Legislativi*. Nápoles: Edizione Scientifiche Italiane, 2011. p. 11-36.

valer a interpretação legal que lhe dá ganho de causa. Na verdade, isso é ainda assim porque não se dá ao Superior Tribunal de Justiça condições para editar precedentes para outorgar unidade ao direito federal.

No Brasil, afirmando-se a adequada compreensão do inciso III do art. 105 da Constituição Federal, torna-se evidente que o especial há de ser admitido apenas nos casos em que a decisão recorrida nega o entendimento do Superior Tribunal de Justiça, em que a decisão recorrida diverge da interpretação dada à lei por outro tribunal, em que a decisão se funda em lei federal cuja interpretação ainda não foi definida pelo Superior Tribunal de Justiça ou não gerou divergência entre tribunais de apelação, e quando a decisão recorrida, embora se pautando em precedente, reafirma uma interpretação superada por outros precedentes do Superior Tribunal de Justiça (inconsistência sistêmica) ou pela realidade ou valores sociais ou, ainda, pela concepção geral que se passou a ter sobre o Direito (incongruência social).

Interessa lembrar que as três primeiras condições de admissibilidade do especial são muito semelhantes aos pressupostos que fazem ver o "interés casacional" no direito espanhol. Lembre-se que o "interés casacional" está presente quando a decisão recorrida diverge do entendimento do Tribunal Supremo, quando há divergência entre os tribunais ordinários e, no caso em que se aplica lei em vigor há menos de cinco anos, quando não existe jurisprudência consolidada do Tribunal Supremo a respeito de norma anterior de conteúdo igual ou similar. Ora, o "interés casacional" que legitima o julgamento do recurso de cassação, segundo a melhor doutrina espanhola, é um "interés general determinado por la necesidad de establecer *doctrina jurídica interpretativa* de las fuentes del Derecho *dotada de especial autoridad*"[41].

---

[41] Em trabalho recente, intitulado de "Un modelo de casación civil eficaz para el Tribunal Supremo de España", Andrés de la Oliva Santos assim conclui: "Lo expuesto puede resumirse em la propuesta de que el Tribunal Supremo se dedique em España a resolver recursos de casación por infracción de leyes sustantivas (sin revisión de los hechos ni de presuntas infracciones de leyes procesales) siempre que concurra um interés general determinado por la necesidad de establecer doctrina jurídica interpretativa de las fuentes del Derecho dotada de especial autoridad. Ese interés general, concretamente, el *interés casacional*, debería prevalecer absolutamente sobre el *ius litigatoris* y se consideraría existente, no por arbitrio del mismo Tribunal Supremo, sino por la oposición de la sentencia recurrida a doctrina jurisprudencial del mismo Tribunal, por la existencia de jurisprudencia contradictoria de los tribunales de segunda instancia o por la inexistencia de doctrina autorizada sobre normas y preceptos materialmente nuevos, al margen de la *summa gravaminis* de los casos" (Andrés de la Oliva Santos. Un modelo de casación civil eficaz para el tribunal supremo de España. *Annuario di Diritto Comparato e di Studi Legislativi*. Nápoles: Edizione Scientifiche Italiane, 2011. p. 279-280).

Há questões de direito que, embora não expressamente resolvidas pela Corte Suprema, podem ser facilmente compreendidas a partir dos seus precedentes. O sentido do direito, estabelecido pela coordenação lógica de precedentes de uma Corte Suprema, pode conferir oportunidade para se dizer como a Suprema Corte entende determinado caso que ainda não lhe foi dado julgar. Obviamente não se está a falar, apenas, dos precedentes relativos a leis revogadas de conteúdo similar ou igual ao de leis novas, mas do sentido do direito estabelecido a partir de uma concatenação lógica dos precedentes, a significar uma doutrina judicial de maior amplitude, capaz de fazer supor a solução interpretativa para determinado caso ainda não especificamente resolvido pela Corte Suprema.

Há casos que, embora não sujeitos a um precedente específico da Corte Suprema, podem ser facilmente resolvidos pelo conteúdo do direito decifrável de determinada porção de precedentes, ou até mesmo de um único precedente – mesmo que relativo a uma questão de direito distinta. Para essas situações, quando se pensa na perspectiva de "questão de direito relevante ou de fundamental importância", não há razão para admitir recurso especial.

Porém, há ainda casos cuja solução não tem relevância para a sociedade, mas apenas importância momentânea para determinado sujeito. Casos desse tipo também não reclamam a intervenção de uma Corte com função de desenvolvimento do direito, voltada ao futuro.

Por conta disso, e apenas para os "casos novos" ou que ainda não suscitaram divergência entre os tribunais, importa um filtro recursal norteado pela relevância da questão federal, semelhante ao requisito para a admissão do recurso ao *Bundesgerichtshof* alemão. Filtro recursal desta espécie, como visto, não constitui privilégio das Cortes Constitucionais, mas também pode ser utilizado pelas Cortes incumbidas de definir o sentido do direito federal infraconstitucional.

O critério da relevância da questão federal confere à Corte oportunidade para se concentrar sobre questões federais que devem ser resolvidas para orientar as condutas e garantir a igualdade perante as decisões judiciais e a segurança jurídica. A relevância da questão federal, em outras palavras, concretiza-se na medida em que se percebe que a sua resolução é indispensável para iluminar a sociedade e guiar a solução dos casos que ainda estão por vir, evitando-se a negação da igualdade, da coerência do direito e da segurança jurídica.

Note-se que não são apenas as questões federais que se ligam a violações em massa, e assim podem gerar múltiplas ações, que reclamam uma definição de sentido por parte do Superior Tribunal de Justiça. Também as questões pontuais, mas que são relevantes para a orientação dos cidadãos e para a estabilização das relações jurídicas, necessitam ser definidas pela Suprema Corte. A circunstância de uma questão federal não estar relacionada a atos ou condutas que podem gerar múltiplas violações ou danos está longe de significar que ela não possa se inserir no cotidiano das pessoas e, portanto, constituir uma questão federal relevante e transcendente.

É certamente equivocado supor que uma Suprema Corte deve atuar apenas para resolver questões de direito que podem se repetir ou multiplicar, como se a sua tarefa fosse simplesmente reduzir a massa dos casos apresentados ao Judiciário. A definição judicial das questões federais tem importância muito maior. As decisões da Suprema Corte não impactam apenas os casos judiciais, mas, antes de tudo, a própria vida em sociedade, constituindo-se a base para os homens e as empresas se comportarem num Estado de Direito. Ademais, quando relacionados com o que acontece no Judiciário, os precedentes têm a função de garantir a igualdade e a segurança jurídica, e não os objetivos – que, na realidade, são meras consequências – de reduzir a carga de recursos ou acelerar a prestação jurisdicional.

Sublinhe-se o ponto: para se pensar em uma Corte de Precedentes, é imprescindível não colocar as consequências na frente da essência, ou seja, da própria razão de ser de uma Suprema Corte. O Superior Tribunal de Justiça, para se constituir em Corte Suprema ou em Corte de Precedentes, terá que ter em conta, antes e acima de tudo, a imprescindibilidade da sua atuação para garantir a estabilidade da vida social, a igualdade perante as decisões judiciais e a própria coerência da ordem jurídica.

20

ANOTAÇÕES SOBRE A REPERCUSSÃO GERAL NOS RECURSOS EXTRAORDINÁRIO E ESPECIAL

LUIZ MANOEL GOMES JUNIOR
Doutor em Direito e Mestre pela PUC/SP. Professor do Programa de Mestrado em Direito da Universidade de Itaúna (UIT-MG) e do Programa de Mestrado em Direito Processual e Cidadania da Universidade Paranaense (Unipar-PR) e dos cursos de Pós-graduação da PUC/SP (Cogeae) e da Escola Fundação Superior do Ministério Público do Mato Grosso (FESMP-MT). Consultor da Organização das Nações Unidas (2008-2010). Relator da Comissão Especial do Ministério da Justiça para elaboração do anteprojeto da nova Lei da Ação Civil Pública. Advogado.

FERNANDO DA FONSECA GAJARDONI
Juiz de Direito no Estado de São Paulo. Mestre e Doutor em Direito Processual pela Faculdade de Direito da USP. Professor Doutor de Direito Processual Civil da Faculdade de Direito de Ribeirão Preto da USP (FDRP/USP) e do programa de Mestrado em Direitos Coletivos da UNAERP.

SUMÁRIO: I – Introdução – a questão da efetividade do processo – II – Recurso extraordinário – hipóteses de cabimento – III – O pressuposto recursal da repercussão geral da questão constitucional – IV – Os reflexos gerais de natureza econômica, política, social ou jurídica – V – Aspectos processuais quanto à tramitação – VI – A adoção do modelo de repercussão geral para o recurso especial (STJ) – VII – Conclusões – Bibliografia.

"Quando tudo é tratado como importante... nada é".

I – INTRODUÇÃO – A QUESTÃO DA EFETIVIDADE DO PROCESSO

Não é recente a preocupação dos estudiosos e dos aplicadores do direito com a outorga de uma tutela jurisdicional ágil e eficiente. Mais do que a obediência às formas e ao procedimento, o que a população almeja é uma solução o mais rápido possível para o litígio existente. Correta e adequada a conclusão de que uma Justiça tardia é sempre uma forma de injustiça.

Atualmente, várias são as causas que congestionam os Tribunais, que vão desde o aumento da procura pelos serviços prestados pelo Poder Judiciário[1], até a irresignação exacerbada do Poder Público em suas várias esferas (União, Estados, Municípios etc.)[2].

No âmbito do Supremo Tribunal Federal, não é ocioso afirmar que a situação durante muito tempo foi **caótica**, isto se considerada a quantidade de recursos que são julgados pelo mais importante tribunal do país. O que era para ser *extraordinário* – manifestação da Suprema Corte – tornou-se *ordinaríssimo*. Todos recorrem ao Supremo Tribunal Federal, que passou a ser um "terceiro ou quarto grau de jurisdição"[3], e não é diferente no Superior Tribunal de Justiça.

Com efeito, hoje o Brasil vive uma situação surreal. Graças a uma Constituição Federal abundante em extensão, bem como ao fato evidente de toda causa depender da interpretação dela (ainda que preponderem questões de fato), ao menos três instâncias sobrepostas (quando não quatro) são chamadas

---

[1] A Constituição Federal estimulou um maior exercício da cidadania, com aumento da procura da tutela jurisdicional, mas sem que o Poder Judiciário estivesse preparado para absorver esta "litigiosidade contida".

[2] Em alerta do Supremo Tribunal Federal: "Antes de mais nada, cumpre identificar os fatores reais de congestionamento que atingem o Poder Judiciário. E o principal deles reside, inquestionavelmente, na oposição (muitas vezes infundada) e na resistência estatal (nem sempre justificável) a pretensões legítimas manifestadas por cidadãos de boa-fé que se veem constrangidos, em face desse inaceitável comportamento governamental, a ingressar em juízo, gerando, desse modo, uma desnecessária multiplicação de demandas contra o Poder Público. (...). É preciso reconhecer – e lamentar – que o Poder Público, muitas vezes, tem assumido, em alguns casos, a inaceitável posição de 'improbus litigator', incidindo, com essa inadequada conduta processual, em atitudes caracterizadoras de litigância temerária, intensificando, de maneira verdadeiramente compulsiva, o volume das demandas múltiplas que hoje afetam, gravemente, regularidade e a celeridade na efetivação da prestação jurisdicional pelo próprio Estado (...)" (STF, EDAgRE 246.564-RS, Rel. Min. Celso de Mello, j. 19.10.1999, *DJU* 26.11.1999).

[3] Muitas vezes o cliente já chega ao escritório querendo que, no contrato, seja previsto que o advogado irá recorrer "até o Supremo...", como se isso fosse sempre possível ou adequado. A título de exemplo, a 1.ª Turma do Superior Tribunal de Justiça teve uma média individual de, aproximadamente, 9,2 mil processos no ano de 2004. Segundo dados revelados pelo Presidente da 1.ª Turma, ministro Luiz Fux, foram julgados mais de 46 mil processos em 2004, sendo dois terços deles constituídos de decisões monocráticas. Os números confirmados pela Estatística, de janeiro a novembro, deixaram a Primeira Turma como recordista do Tribunal no total de julgados – informação obtida no site <www.stj.gov.br> – notícias de 17 de dezembro de 2004.

a se manifestar, indistintamente, sobre a ideal interpretação da Constituição Federal e da legislação ordinária, seja tal pronunciamento importante ou não para o país.

Em antigo trabalho, o saudoso Alcides Mendonça Lima[4] alertava para a necessidade de uma racionalização do sistema recursal, já que a outorga da tutela jurisdicional pelo Estado não significa, necessariamente, a possibilidade de interposição, ilimitada, de sucessivos recursos. Em outros termos, não existiria vedação na Constituição quanto à possibilidade de limitação do acesso aos recursos ou mesmo à existência de restrições quanto à sua utilização.

Se a demanda pela tutela jurisdicional restou ampliada, é óbvio que isto se reflete nos Tribunais respectivos, especialmente no Supremo Tribunal Federal e no Superior Tribunal de Justiça, sendo certo que o volume incontrolável de processos torna impossível o oferecimento de uma justiça célere e efetiva.

Foi promulgada a **Emenda Constitucional 45 – *Reforma do Poder Judiciário***, com uma relevante modificação no texto constitucional, alterando a redação do § 3.º do art. 102 da Constituição Federal, *in verbis*: "No recurso extraordinário o recorrente deverá demonstrar a **repercussão geral das questões constitucionais discutidas no caso**, nos termos da lei, a fim de que o Tribunal examine a admissão do recurso, somente podendo recusá-lo pela manifestação de dois terços de seus membros" – destaques nossos.

II – RECURSO EXTRAORDINÁRIO – HIPÓTESES DE CABIMENTO

Em breve apontamento, considerando que a doutrina especializada já analisou, de forma exaustiva, a questão, é pertinente apontar as hipóteses que autorizam a interposição do recurso extraordinário.

Será admissível o recurso extraordinário quando a decisão recorrida tiver contrariado o texto constitucional (art. 102, III, "a", da CF/1988). A dificuldade reside em delimitar o significado do termo "contrariar".

Haverá contrariedade ao texto constitucional quando a decisão recorrida ignorar a regra contida na Constituição ou quando a aplicar em situação inadequada. Estará evidenciada tal violação, por exemplo, quando o acórdão de segunda instância, ou em sede de Recurso Especial, admitir como válida e eficaz norma de direito civil emitida por Estado-Membro, quando o inciso I, do art. 22, da Constituição Federal, reserva a competência exclusiva sobre a matéria para a União Federal.

---

[4] *Recursos Cíveis* – Sistema de Normas Gerais. Rio de Janeiro: Freitas Bastos, 1963. p. 335 e ss.

De outro lado, a contrariedade exigida pelo texto constitucional deve estar presente de forma "direta e frontal"[5], não podendo ser do tipo "reflexa"[6]. É certo que, em alguns casos, há uma dificuldade para verificar se a violação é "direta"[7]. O que o magistério jurisprudencial do Supremo Tribunal Federal tem decidido é que será reflexa a violação quando, para se chegar a tal conclusão, haja necessidade de análise de texto infraconstitucional, o que autorizaria apenas o manejo do Recurso Especial, se for o caso[8].

Na concepção de Rodolfo de Camargo Mancuso[9]: "Justifica-se a restrição, a mais de um título: o STF, através do recurso extraordinário, só pode fazer o controle da CF, e não da legislação ordinária; esse recurso é do tipo procedimental rígido, não comportando exegese ampliativa em suas hipóteses de cabimento; por fim, se a ofensa foi bifronte, abarcando Constituição e Lei Federal, o correto é a interposição simultânea do extraordinário e do especial". No particular, correta a posição de Sérgio Rizzi: "Caberá recurso extraordinário quando a decisão recorrida

---

[5] "Se, para dar pela vulneração de regra constitucional, mister se faz, por primeiro, verificar da negativa de vigência de norma infraconstitucional, esta última é que conta, para efeitos do art. 102, III, 'a', da Lei Maior" (STF – AgrReg. 223.428-SE, Rel. Min. Néri da Silveira, j. 14.12.1998, DJU 09.04.1999 – RTJ 107/661).

[6] RTJ 105/704.

[7] Tal situação tem levado o Supremo Tribunal Federal a mitigar referido entendimento: "A intangibilidade do preceito constitucional assegurador do devido processo legal direciona ao exame da legislação comum. Daí a insubsistência da óptica segundo a qual a violência à Carta Política da República, suficiente a ensejar o conhecimento de extraordinário, há de ser direta e frontal. Caso a caso, compete ao Supremo Tribunal Federal exercer crivo sobre a matéria, distinguindo os recursos protelatórios daqueles em que versada, com procedência, a transgressão a texto constitucional, muito embora torne-se necessário, até mesmo, partir-se do que previsto na legislação comum. Entendimento diverso implica em relegar à inocuidade dois princípios básicos em um Estado democrático de direito – o da legalidade e o do devido processo legal, com a garantia da ampla defesa, sempre a pressuporem a consideração de normas estritamente legais" (STF – RE 158.215-4-RS, j. 30.04.1996, DJU 07.06.1996, p. 19.830).

[8] Merece destaque o posicionamento de Bento Herculano Duarte e Zulmar Duarte de Oliveira Jr. sobre o âmbito de cognoscibilidade do recurso extraordinário. Em tom crítico ao posicionamento restritivo sobre o conceito de "violação reflexa ao texto constitucional", estabelecem a necessidade de clivagem do posicionamento do STF para que esse Tribunal conheça dos REs toda vez que o núcleo do princípio seja afetado, ainda que normas infraconstitucionais também tenham sido atingidas (ofensa reflexa à CF). De acordo com os autores, "se a violação do princípio constitucional é de intensidade, cumpre conhecer o recurso extraordinário por sua violação, assegurando-lhe força normativa e não meramente semântica" (*Princípios do processo civil*: noções fundamentais. São Paulo: Método, 2012. p. 119-120).

[9] *Recurso Extraordinário e Recurso Especial*. São Paulo: RT, 2000. p. 130.

contrariar dispositivos da Constituição Federal; vale dizer, uma contrariedade direta e frontal; não podemos alegar a contrariedade à Constituição, colocando no meio a Lei Federal. Precisa ser uma alegação dirigida, sem intermediação da lei, à Constituição Federal".

Também poderá ser interposto recurso extraordinário quando a decisão recorrida declarar a inconstitucionalidade de tratado ou lei federal (art. 102, III, "b", da CF/1988).

Tal situação somente será admissível no controle incidental de constitucionalidade[10], visto que o controle abstrato, no caso de leis ou tratados federais, é de exclusiva competência do Supremo Tribunal Federal[11]. Não é relevante a razão pela qual a inconstitucionalidade foi reconhecida[12], mas sim, por si só, o reconhecimento da inadequação da norma com o texto constitucional.

De qualquer modo, basta a afirmação no acórdão de que a lei ou tratado federal seja incompatível com a Carta Política para autorizar a admissão do Recurso Extraordinário.

Além disso, restará possível a utilização do recurso extraordinário se a decisão questionada julgar válida lei ou ato de governo local contestado em face da Constituição Federal (art. 102, III, "c", da CF/1988). A hipótese é contrária à da alínea "b", posto que se alegou, aqui, a incompatibilidade da norma ou ato local frente a dispositivo constitucional e o acórdão entendeu que não estaria presente nenhuma inconstitucionalidade.

O que se procura com tal hipótese de admissibilidade é "inteireza positiva" da Carta Política[13].

A última hipótese, acrescentada pela Reforma do Poder Judiciário, é a alínea "d", do inciso III, do art. 102, da Constituição Federal (*d) julgar válida lei local contestada em face de lei federal*). Em razão de alteração no texto constitucional, competirá ao Supremo Tribunal Federal, e não ao Superior Tribunal de Justiça, o julgamento, em sede de recurso extraordinário, quando a decisão proferida por Tribunal "julgar válida lei ou ato de governo local contestado em face de lei federal".

---

[10] Apesar de ser possível o controle concentrado de constitucionalidade por parte dos tribunais locais, a sua competência resta limitada à análise das leis locais – municipais e estaduais – art. 125, § 2.º, da CF/1988.

[11] Art. 102, I, "a", da CF/1988.

[12] Uma norma pode ser inconstitucional por vários motivos: seja por não ter o órgão emissor competência para a sua expedição, seja pela desobediência a procedimento obrigatório – inconstitucionalidades formais – ou ainda pelo conteúdo que vai de encontro ao que foi delimitado pelo texto constitucional – inconstitucionalidade material.

[13] Rodolfo de Camargo Mancuso, ob. cit., p. 159.

Como ponderado pela Deputada Zulaiê Cobra[14], no Relatório da Reforma do Poder Judiciário: "Transferimos definitivamente para o Supremo Tribunal Federal, em sede de jurisdição extraordinária, as causas em que for julgada válida lei ou ato de governo local contestado em face de lei federal, com esteio no mesmo entendimento já externado anteriormente de que se trata de questão atinente às competências dos entes federados, matéria condizente com as atribuições do Pretório Excelso".

A doutrina sempre entendeu que tais questões teriam **natureza constitucional**, não sendo lógica a opção do Constituinte originário em outorgar tal função ao Superior Tribunal de Justiça. Em tal sentido há o magistério do Min. Carlos Mário da Silva Velloso[15]: "Esse pressuposto do recurso especial contém, no seu cerne, o contencioso constitucional, por isso que, de regra, quando um tribunal estadual julga válida uma lei ou ato de governo local contestado em face de lei federal é porque reconhece o tribunal estadual que a lei ou ato do governo local comportava-se na competência constitucional assegurada a este, tendo a lei federal, pois, invadido competência local, pelo que é inconstitucional".

Não diverge de tal posicionamento Athos Gusmão Carneiro[16], ao indicar que a hipótese retratada na alínea "b", do inciso III, do art. 105, da Constituição Federal, em sua antiga redação, "configura um contencioso constitucional, pois a contradição entre lei federal e lei local somente poderá ser dirimida à luz da partilha constitucional de competências legislativas entre a União e os Estados". Verificar se a lei ou ato de governo local são válidos quando contestados frente à lei federal é, em última análise, uma questão de competência e, portanto, de índole constitucional[17].

Conforme ponderado pelo Min. Moreira Alves[18]: "Ora, as questões de validade de lei ou de ato normativo de governo local em face da lei federal não são questões de natureza legal, mas sim, constitucional, pois se resolvem pelo exame

---

[14] Relatório da Reforma do Poder Judiciário – Câmara dos Deputados.
[15] *O Superior Tribunal de Justiça na Constituição de 1988.* São Paulo: RT. vol. 638, p. 25.
[16] *Anotações sobre o Recurso Especial.* São Paulo: RT. vol. 654, p. 14.
[17] Carlos Mário da Silva Velloso (O Superior Tribunal de Justiça na Constituição de 1988. *Revista dos Tribunais*, São Paulo, 638/16) afirma, ainda quando a competência para apreciar o recurso por tal fundamento era do Superior Tribunal de Justiça: "Esse pressuposto do recurso especial contém, no seu cerne, o contencioso constitucional, por isso que, de regra, quando um tribunal estadual julga válida uma lei ou ato de governo local contestado em face de lei federal é porque reconhece o tribunal estadual que a lei ou ato de governo local comportava-se na competência constitucional assegurada a este, tendo a lei federal, pois, invadido competência local, pelo que é inconstitucional".
[18] José Carlos Moreira Alves (O Supremo Tribunal Federal em face da nova Constituição – Questões e Perspectivas. *Arquivos do Ministério da Justiça*, Brasília, 1989).

da existência, ou não de invasão de competência da União, ou, se for o caso, do Estado".

De igual teor o Min. Sepúlveda Pertence[19]: "Ora, se entre uma lei federal e uma lei estadual ou municipal a decisão optar pela aplicação da última por entender que a norma central regulou matéria de competência local, é evidente que a terá considerado inconstitucional, o que basta à admissão do recurso extraordinário pela letra 'b' do art. 102, III, da Constituição (...)".

É certo, como advertido pela jurisprudência, que: "Nem sempre a discussão de validade de lei ou ato de governo local em face de lei federal se resolve numa questão constitucional de invasão de competência, podendo reduzir-se à interpretação da lei federal e da lei ou do ato local para saber de sua recíproca compatibilidade. Se, entre uma lei federal e uma lei estadual ou municipal, a decisão optar pela aplicação da última, por entender que a norma central regulou matéria de competência local, é evidente que a terá considerado inconstitucional, o que basta à admissão do recurso extraordinário pela letra 'b' do art. 102, III, da CF".[20]

Essas são as hipóteses que autorizam a admissão do Recurso Extraordinário. Não se pode olvidar, concluindo este tópico, que a finalidade do recurso extraordinário é, antes de tudo, atuar como instrumento visando "(...) preservar a intangibilidade do ordenamento constitucional assegurando, **nas situações concretas e individuais emergentes**, o respeito à autoridade, à eficácia, a validade e à integridade ou inteireza positiva da Carta Política (...)"[21], o que deixa evidenciada a sua relevância.

III – O PRESSUPOSTO RECURSAL DA REPERCUSSÃO GERAL DA QUESTÃO CONSTITUCIONAL

No regime constitucional anterior existia um instituto que permitia a seleção das demandas em que se discutiam assuntos relevantes, de modo que o Supremo Tribunal Federal somente analisava, em sede de recurso extraordinário, aquelas matérias que, pela sua natureza, pelas partes envolvidas ou pela sua repercussão, justificassem o apelo extremo. Era a denominada *arguição de relevância* (art. 325, XI, do Regimento Interno do Supremo Tribunal Federal).

Arruda Alvim[22] afirma que: "(...) a relevância é um sistema de filtro que permite afastar do âmbito dos trabalhos do Tribunal as causas que não têm efeti-

---

[19] STF – RE 117.809-PR, j. 14.06.1989, *DJU* 04.08.1999.
[20] *RTJ* 129/456.
[21] STF – Pet. 1.256-9-SP, Rel. Min. Sepúlveda Pertence, j. 04.11.1998, *DJU* 04.05.2001.
[22] A Alta Função Jurisdicional do Superior Tribunal de Justiça no Âmbito do Recurso Especial e a Relevância das Questões. RePro, São Paulo: RT, n. 96, 1999, p. 40.

vamente maior importância e cujo pronunciamento do Tribunal é injustificável. Mas, como se sublinhou, se, dentre essas, algumas se marcarem pela sua relevância, dessas haverá de tomar conhecimento o Tribunal".

Conforme argumentado por um dos autores deste trabalho[23], é evidente a perplexidade, causada na comunidade jurídica, em razão do exagerado número de recursos, ou mesmo a existência de matérias levadas ao conhecimento dos Tribunais Superiores sem que haja relevância nos temas apresentados[24]. Nelson Nery Junior[25] afirma que: "Com a extinção da arguição de relevância da questão federal, prevista na CF revogada, os tribunais superiores ficaram sem um instrumento adequado para **tornar seletiva** a interposição do RE e do REsp. Entendemos necessária a adoção de expediente análogo à arguição de relevância, o que somente poderá ser implementado por emenda constitucional, já que a lei ordinária não pode estabelecer restrições ao cabimento do RE e do Resp".

William Santos Ferreira[26] pondera, com razão, que atualmente qualquer causa, em tese, pode ser levada à apreciação pelo Supremo Tribunal Federal, bastando que haja uma controvérsia constitucional, o que é relativamente comum, já que a Constituição Federal disciplina várias questões.

Sob tal perspectiva, é certo que não podem os Tribunais Superiores atuar como uma terceira ou quarta instância, já que "(...) a sua função é estabelecer ou restabelecer uma organização na aplicação do direito no plano constitucional ou

---

[23] *Arguição de Relevância* – A Repercussão Geral das Questões Constitucional e Federal. Rio de Janeiro: Forense, 2001. p. 25.
[24] Segundo a doutrina: "Um outro aspecto positivo consiste em permitir aos tribunais superiores conhecer, ou não, dos recursos de acordo com a sua relevância social, política ou econômica, em vez de serem obrigados a decidir todas as questões, mesmo quando, na realidade, não têm nenhuma importância. No regime federativo, os tribunais superiores não se destinam a corrigir todas as eventuais falhas dos tribunais estaduais ou regionais, cabendo-lhes a função de salvaguardar a aplicação do texto constitucional, uniformizar a jurisprudência e intervir nos casos de decisões aberrantes ou iníquas." (...) "Não se justifica, pois, que pequenas diferenças de despesas de condomínio ou conflitos de vizinhança residencial venham a ocupar o tempo dos nossos magistrados do mais alto nível. Não se trata de criar um poder discricionário e muito menos arbitrário, mas de garantir a rapidez e coerência no conhecimento e na análise dos recursos. É um verdadeiro imperativo a fim de que os tribunais superiores tenham o tempo suficiente para examinar em profundidade e com a velocidade necessária as grandes questões jurídicas" (Ives Gandra da Silva Martins e Arnold Wald. A Reforma Judiciária. *Folha de São Paulo*, São Paulo, 29.11.04, p. A3).
[25] *Princípios Fundamentais* – Teoria Geral dos Recursos. São Paulo: RT, 2000. p. 239.
[26] *Sistema Recursal brasileiro:* de onde viemos, onde estamos e para onde (talvez) iremos. São Paulo: Atlas, 2004. Coletânea *Linhas Mestras do Processo Civil*. Coord. Hélio Rubens Batista Ribeiro Costa, José Horácio Halfeld Rezende Ribeiro e Pedro Cândido Dinamarco, p. 747.

infraconstitucional, sendo órgãos catalisadores das questões de importância e de repercussão que para tanto precisam ser cuidadosamente analisadas, havendo exaustiva reflexão sobre a decisão a ser tomada"[27].

Alerta Willian Santos Ferreira, com indiscutível razão, que há um "canto de sereia", pois, apesar da aparente democratização do acesso às instâncias extraordinárias, o volume é tão descomunal que se passa a trabalhar com julgamentos "em escala", o que é uma contradição em termos, já que se trata dos **órgãos de cúpula** do Poder Judiciário, cujo acesso deveria ser algo "extraordinário".

Alcides Mendonça Lima[28] afirma, com indiscutível razão, que o Estado tem interesse no sentido da redução ou restrição do acesso aos recursos, posto que a "(...) extensão ilimitada de um litígio, às vezes sem importância, para uma pessoa com espírito caprichoso, geraria como consequência um excesso de atividade para os tribunais e uma dilapidação de tempo e de dinheiro para os litigantes".

Nem a alegação de possível erro justifica a atual situação, pois haverá, quase certamente, a análise do litígio em dois graus de jurisdição e não se pode presumir que os juízes sempre decidam de forma equivocada, pois não corresponde à realidade. Deve-se partir do pressuposto daquilo que ordinariamente ocorre, ou seja, que as decisões de primeiro e segundo graus são corretas.

Anote-se, também, que, no direito estrangeiro, tem sido adotada tal espécie de "filtro", como, por exemplo, no novo Código de Processo Civil Japonês. Segundo Yasuhei Taniguchi[29], "(...). O novo Código mantém o recurso para a Suprema Corte como direito em tudo quanto respeite as questões constitucionais ou a um dos graves erros de procedimento enumerados no próprio Código. Fora daí, um recurso para a Suprema Corte fica sujeito à discrição da Corte. A parte prejudicada por decisão de segunda instância pode requerer à Suprema Corte permissão para recorrer, a qual apenas será concedida se a decisão impugnada for contrária a uma anterior decisão da Suprema Corte ou envolver questão de direito relevante (art. 318). Na essência, este novo sistema é similar ao do *certiorari* na Suprema Corte dos Estados Unidos. A classe dos advogados manifestou considerável oposição à reforma, porém sua oposição não teve êxito, porque inegavelmente a situação da Suprema Corte era quase impossível (...)"[30].

---

[27] William Santos Ferreira, ibid.
[28] *Recursos Cíveis*...ob. cit., p. 337.
[29] O Código de Processo Civil Japonês de 1996 – Um Processo Para o Próximo Século. *RePro*, São Paulo: RT, 2000, 99/62.
[30] Mencionada preocupação com o volume de recursos tem sido externada em vários pronunciamentos dos Ministros do Supremo Tribunal Federal: "(...). As distorções que ora atingem o Poder Judiciário resultaram de antigos e conhecidos equívocos diuturnamente retroalimentados. Um deles, a instabilidade normativa, desaguou numa avalancha de

No direito argentino, com a alteração do art. 280 do Código Processual Civil e Comercial da Nação[31], resultou igualmente acolhido o sistema, com o *nome iuris* de "gravidad institucional" (*certiorari*).

Analisando a questão sob a ótica do direito argentino, María Angélica Gelli[32] pondera que, em um primeiro momento, o requisito da *gravedad institucional* originou-se de uma criação pretoriana, havendo a utilização de diversas expressões indeterminadas (conceitos vagos), sendo certo que, com a Lei 23.774, a questão passou a ter uma disciplina normativa (art. 280, § 2.º, do Código Processual Civil e Comercial Argentino), *in verbis*[33]: "segundo a discrição da Corte e apenas com a invocação desta norma, poderá ser rechaçado o recurso extraordinário por falta de agravo federal suficiente ou quando as questões discutidas foram sem qualquer substância ou carentes de transcendência".

Ao contrário do direito constitucional brasileiro, que exige a fundamentação de toda e qualquer decisão judicial (art. 93, X, da CF/1988), no ordenamento jurídico argentino, a princípio, a decisão que decide pelo não conhecimento do recurso extraordinário em decorrência da falta de transcendência da questão federal dispensaria motivação[34].

---

processos, circunstância que acabou por distraí-lo do papel ativo que lhe compete na imprescindível preservação dos direitos humanos. É inegável que a profusão de processos amesquinhou o papel do Supremo Tribunal Federal, que não pode ficar reduzido à simples condição de quarta instância deliberativa. Urge que a atribuição constitucional a si destinada desde os primórdios da República seja melhor aquilatada, em benefício do aprimoramento da prestação jurisdicional. A função da Suprema Corte não é julgar, caso a caso, milhares de demandas idênticas, repetidas, como que a prestigiar, com sua intervenção, o que foi decidido nas outras importantes instâncias judiciais. O juiz de primeiro grau e o órgão revisor competente hão de ter sua jurisdição valorizada e fortalecida. A atuação dos tribunais superiores **deve ser reconhecida pela envergadura da causa, afastando-se a automaticidade na interposição do recurso**. Cabe ao supremo o papel de Corte constitucional, afirmadora de valores essenciais, inafastáveis, a serem reverberados por todo o Judiciário de maneira sintonizada com o tempo, com as necessidades da população, com o reequilíbrio das posições, de forma a fazer justiça social, sem a qual não há Justiça nem, portanto, Estado Democrático de Direito pleno (...)" (Marco Aurélio Mendes de Farias Mello. Posse do Excelentíssimo Senhor Ministro Marco Aurélio Mendes de Farias Mello, na Presidência do Supremo Tribunal Federal, e do Excelentíssimo Senhor Ministro Ilmar do Nascimento Galvão, na Vice-Presidência, *DJU* de 27.06.2001, p. 5) – destaques nossos.

[31] Santiago Legarre. *El Requisito de La Trascendencia en El Recurso Extraordinario*. Buenos Aires: Abeledo-Perrot, 1994.

[32] *Constitución de la Nación Argentina* – Comentada e Concordada. Buenos Aires: La Ley, 2004. p. 819 e ss.

[33] Tradução livre.

[34] María Angélica Gelli (*Constitución de la Nación Argentina*...ob. cit., p. 820 e 823) esclarece que esta é a posição da Suprema Corte, mas discorda, já que haveria possibilidade de abuso,

Relevante consignar que, segundo a doutrina[35], *(...) Modernamente, aponta-se a conveniência de que os tribunais supremos tenham poderes discricionários para selecionar os casos ou os problemas jurídicos de que devem se ocupar, admitindo-se que cuidem, apenas, dos que apresentem especial importância, como se dá, por excelência, com a questão jurídica que "na sua referência ao caso concreto seja susceptível de generalização a uma multiplicidade indeterminada de casos e da qual se deva esperar um contributo para a unidade e o progresso do direito".*

"Na realidade, o interesse de justa decisão do caso concreto 'não justificaria, só por si, a abertura de uma terceira instância.' E o Tribunal Supremo eventualmente funciona como essa terceira instância, limitadamente às questões de direito. Mas, ao mesmo tempo, o tribunal Supremo cumpre, além dessa, uma função específica, embora dela seja, no fundo, incindível: assegura a unidade do direito, orientando a jurisprudência no seu conjunto para tornar o direito mais claro e mais moderno: torna-se, pois, o 'intérprete das novas necessidades e dos novos problemas da prática jurídica'; conjugando 'a estabilidade com a continuidade', assimilando 'novos critérios jurídicos' e 'reconstituindo com eles a unidade jurídica'".

Ponderação relevante reside na circunstância de que o novo instituto jurídico-constitucional **repercussão geral** não é um "recurso", pois inexiste de forma autônoma, e a sua finalidade não é obter *per se* a reforma da decisão impugnada, mas sim a admissão do recurso extraordinário, havendo uma vinculação indissociável entre ambos, de modo que somente será determinada irresignação tida como dotada de repercussão geral, se analisado o seu objeto – razões recursais[36], em função dos motivos em que se procura demonstrar a **repercussão** das matérias debatidas na causa.

O instituto da *repercussão* é um pressuposto recursal específico, ou seja, determinado recurso extraordinário somente poderá ser analisado em seu mérito se a matéria nele contida apresentar o que se deva entender como **dotada de repercussão geral**. Ausente a *repercussão geral*, não há como haver qualquer incursão no mérito do recurso.

---

considerando a dispensa da motivação. Contudo, informa que a Suprema Corte rechaçou a alegação, invocando o fundamento de que esta norma permitiria ao tribunal exercer com maior eficácia sua obrigação de fazer justiça pela via do controle de constitucionalidade.

[35] José Jesus Cazetta Júnior (Conteúdo da causa de pedir e proposta de aplicação dessa categoria ao recurso extraordinário: um exame crítico. In: José Rogério Cruz e Tucci, José Roberto dos Santos Bedaque (Coordenadores). *Causa de pedir e pedido no processo civil:* (questões polêmicas). São Paulo: RT, 2002. p. 248-249).

[36] No mesmo sentido Augusto M. Morello (*La Nueva Etapa Del Recurso Extraordinario:* El "Certiorari". Buenos Aires: Libreria Editora Platense, 1990. p. 253) ao afirmar que: "(...). No es un recurso federal distinto, sino un episodio o matriz decisivo que integra la estructura y el perfil clásicos de nuestro viejo y sabio modelo plasmado en la ley 48".

A argumentação referente à *repercussão geral* deverá ser apresentada em capítulo destacado do recurso extraordinário (*preliminar* – art. 543-A, § 2.º, do CPC), jamais em peça autônoma, sob pena de caracterizar-se a preclusão consumativa quanto às demais alegações realizadas posteriormente – razões recursais propriamente ditas –, com o não conhecimento do recurso.

Não apresentando qualquer argumento no sentido de demonstrar a presença do pressuposto da *repercussão geral*, é o caso de não conhecimento do recurso.

IV – OS REFLEXOS GERAIS DE NATUREZA ECONÔMICA, POLÍTICA, SOCIAL OU JURÍDICA

O § 3.º, do art. 102, da Constituição Federal, exige que a causa em julgamento possua uma *repercussão geral da questão constitucional*, ou seja, reflexos que transcendam ao normal ou à rotina, ou seja, que tenha importância **econômica**, **política**, **social** ou mesmo **jurídica** (como, aliás, disciplinado pelo art. 543-A, § 1.º, do CPC, com a redação pela Lei 11.418/2006).

Já surge um primeiro aspecto relevante. A *repercussão geral* – ao menos por ora[37] – somente pode ser exigida em sede de recurso extraordinário, jamais no recurso especial[38].

Mas o que é *repercussão geral*? Segundo o Dicionário Michaelis[39], repercussão seria o ato de repercutir, ou seja, com o sentido de produzir efeitos várias vezes, ligando-se a uma noção de reproduzir um som[40].

---

[37] Conforme adiante se discorrerá, tramita no Congresso Nacional uma PEC (209/12) que pretende alterar o art. 105 da Constituição Federal, a tratar da competência do Superior Tribunal de Justiça (STJ). O texto condiciona a admissão do Recurso Especial (REsp) à demonstração da relevância das questões de direito federal infraconstitucional envolvidas no caso, na esteira do que já ocorre com o Recurso Extraordinário.

[38] Relevante esclarecer que, ao contrário dos recursos extraordinário e especial, cuja disciplina é prevista na Constituição Federal, dependendo de emenda constitucional para a restrição das hipóteses de admissibilidade, no caso do recurso de revista, de natureza trabalhista, a sua disciplina é inteiramente fixada na legislação infraconstitucional, sendo certo que instituto semelhante ao da repercussão geral já existe no art. 896-A da Consolidação das Leis do Trabalho – Decreto-lei 5.452/1943, ou seja, o pressuposto da "transcendência", *in verbis*: "O Tribunal Superior do Trabalho, no recurso de revista, examinará previamente se a causa oferece transcendência com relação aos reflexos de natureza econômica, política, social ou jurídica".

[39] São Paulo: Melhoramentos, 1998. p. 1.819.

[40] No mesmo sentido, o Dicionário Aurélio Eletrônico: "repercussão [Do lat. *repercussione*.] Substantivo feminino
1. Ato ou efeito de repercutir(-se). 2. Fig. Bom êxito que se caracteriza pela influência exercida, pelo prestígio alcançado: Seu livro teve repercussão aqui e no estrangeiro".

Assim, a análise do significado da palavra *repercussão geral* não auxilia muito na solução do problema.

De qualquer modo, entendemos que uma questão possui tal atributo quando seja **relevante**. Em trabalho já mencionado[41], apontamos um conceito utilizado por José Adriano Marrey Neto[42] para o que seja relevante; seria algo: "(...) cujo reflexo não se faça sentir estritamente dentro do âmbito do processo em que está sendo debatida.

'Será relevante, *v.g.*, a matéria de direito cuja decisão puder apresentar repercussões sociais, ou, então, aquela que envolva discussão de norma de ordem pública, ou, ainda, aquela atinente à interpretação e aplicação de dispositivos básicos de nosso Direito'".

Em outras palavras, "(...) quando o interesse no seu desate seja maior fora da causa do que, propriamente, dentro dela (...) o conceito de importância está relacionado com a importância para o público, em contraste com sua importância para as partes interessadas"[43].

A nosso ver, haverá repercussão em determinada causa/questão quando os reflexos da decisão a ser prolatada não se limitarem apenas aos litigantes, mas também à coletividade. Não necessariamente a toda coletividade (país), mas de uma forma não individual.

No direito argentino, podem ser apontados vários exemplos de situações nas quais não se reconheceu a existência de repercussão (transcendência)[44]: **a)** decisão que considerou que recurso de apelação foi julgado de forma equivocada; **b)** decisão que reconheceu a existência de caso fortuito – culpa concorrente – em acidente ferroviário; **c)** decisão que ampliou o valor de indenização em acidente de trabalho.

Nesses exemplos o único ponto em comum é o fato de que eventual decisão da Suprema Corte teria reflexos apenas para as partes, não para a sociedade, não transcendendo/repercutindo.

Também é classificada como questão federal *insustancial* quando há clara e reiterada jurisprudência da Suprema Corte em determinado sentido, não havendo argumentos novos que justifiquem uma revisão do posicionamento até

---

[41] *Arguição de Relevância*, ob. cit., p. 38.
[42] *A Arguição de Relevância da Questão Federal na Interposição do Recurso Extraordinário*. São Paulo: RT, vol. 593, p. 44.
[43] Dorestes Baptista. *Da Arguição de Relevância no Recurso Extraordinário*. 1976, p. 35, *apud* José Adriano Marrey Neto, *A Argüição* ob. cit., p. 44.
[44] María Angélica Gelli (*Constitución de la Nación Argentina...*ob. cit., p. 822).

então adotado[45]. Realmente, não haveria uma controvérsia real a justificar nova manifestação da Suprema Corte.

Mas quando haverá repercussão? Algumas situações podem ser indicadas, sem qualquer pretensão de se esgotar a questão, tendo sido tais ponderações acolhidas pelo legislador na elaboração do art. 543-A, § 1.º, do Código de Processo Civil:

> a) **reflexos econômicos**: quando a decisão possuir potencial de criar um precedente, outorgando um direito que pode ser reivindicado por um número considerável de pessoas (alteração nos critérios para se considerar a correção monetária dos salários de determinada categoria), ou mesmo que possa ter reflexos globais sobre órgãos da administração direta/indireta (inaplicabilidade do regime do art. 100 da CF para as sociedades de economia);
>
> b) **reflexos políticos**: na hipótese de decisão que altere diretrizes governamentais de qualquer das esferas de governo (Municipal, Estadual ou Federal), que deixe de aplicar tratado internacional; que trate de questões relacionadas ao próprio funcionamento do sistema democrático de governo;
>
> c) **reflexos sociais**: existirão quando a decisão deferir um direito ou indeferi-lo e essa mesma decisão vir a alterar a situação de fato de várias pessoas. Nas Ações Coletivas[46], a regra é que sempre, em princípio, haverá repercussão geral a justificar o acesso ao Supremo Tribunal Federal, considerando a amplitude da decisão, claro, se a questão possuir natureza constitucional;

Ainda se entende presente o reflexo social da decisão quando o objeto do processo for vinculado ao interesse público em seu sentido *lato*, sentido esse intimamente ligado a uma noção de "bem comum" (legitimidade do MP para, na proteção do patrimônio púbico, anular acordo para pagamento de débito tributário[47]).

Apontar algumas situações de fato, inclusive nas quais se reconheceu a legitimidade do Ministério Público para a defesa de interesses individuais homogêneos, pode ser útil, todas dotadas de ***repercussão social***: **1)** aumento das mensalidades escolares[48]; **2)** questões vinculadas ao Programa do Crédito Educativo[49]; **3)** nulidade de cláusula de instrumento de compra e venda, inclusive proibindo a sua

---

[45] Silvia B. Palácio Caeiro. *El Recurso Extraordinario Federal*. Buenos Aires: La Ley, 2002. p. 177.
[46] Ação Popular, Ação Civil Pública, Mandado de Segurança Coletivo etc.
[47] STF – RE 576.155 RG/DF, Rel. Min. Ricardo Lewandowski, j. 03.04.2008.
[48] STF – RE 163.231-SP, Rel. Min. Maurício Correa, j. 26.02.2001, *DJU* 29.06.2001; STJ – REsp 108.577-PI, Rel. Min. Carlos Alberto Menezes Direito, j. 04.03.1997, *DJU* 26.05.1997, dentre vários outros.
[49] STJ – REsp 33.897-MG, Rel. Min. Hélio Mosimann, j. 13.12.1995, *DJU* 05.08.1996.

utilização nos contratos futuros[50]; **4)** defesa de trabalhadores de minas que atuavam em condições insalubres[51]; **5)** proteção do direito ao recebimento do salário mínimo por servidores municipais[52]; **6)** aumento das mensalidades dos planos de saúde[53]; **7)** ausência de discriminação das ligações interurbanas em um único município[54]; **8)** objetivando a regularização de loteamentos urbanos destinados a moradias populares[55].

    d) reflexos jurídicos: esse é um requisito relevante, sob vários aspectos. Haverá repercussão quando a decisão atacada no recurso extraordinário estiver em desconformidade com o que já decidido pelo Supremo Tribunal Federal (jurisprudência dominante ou sumulada). Se o papel do Supremo Tribunal Federal é uniformizar a interpretação da Constituição, decisões contrárias ao seu entendimento não podem ser mantidas[56]. Trata-se de típico caso em que há presunção de repercussão geral (art. 543-A, § 3.º, do CPC).

---

[50] STJ-REsp 105.215-DF, Rel. Min. Sálvio de Figueiredo Teixeira, j. 24.06.1997, *DJU* 18.09.1997 e EREsp 141.491-SC, Rel. Min. Waldemar Zveiter, j. 17.11.1999, *DJU* 01.08.2000.

[51] STJ – REsp 58.682-MG, Rel. Min. Carlos Alberto Menezes Direito, j. 08.10.1996, *DJ* 06.12.1996.

[52] STJ – REsp 95.347-SE, Rel. Min. Edson Vidigal, j. 24.11.1998, *DJU* 01.02.1999.

[53] STJ – REsp 177.965-PR, Rel. Min. Ruy Rosado de Aguiar, j. 18.05.1999, *DJU* 23.08.1999.

[54] STJ – REsp 162.026-MG, Rel. Min. Peçanha Martins, j. 20.06.2002, *DJU* 11.11.2002.

[55] STJ-REsp 404.759-SP, Rel. Min. Humberto Gomes de Barros, j. 17.12.2002, *DJU* 17.02.2003. Constou da ementa: "3. O exercício das ações coletivas pelo Ministério Público deve ser admitido com largueza. Em verdade a ação coletiva, ao tempo em que propicia solução uniforme para todos os envolvidos no problema, livra o Poder Judiciário da maior praga que o aflige: a repetição de processos idênticos".

[56] Como já alertado pelo Superior Tribunal de Justiça: "Peço vênia para discordar. Tenho como indispensável à segurança das decisões judiciais, que se observe a orientação do Supremo Tribunal Federal, tomada na interpretação do texto constitucional e do sistema nele inserido. Não prego a submissão do juiz à Corte Suprema. Observo, entretanto, que a decisão contrária à jurisprudência assentada pelo Supremo Tribunal Federal gera algumas consequências negativas, das quais destaco algumas: a) ao desafiar a jurisprudência do Supremo Tribunal Federal, a sentença empresta àquele a quem outorgou vitória, uma esperança vã, tendente a se transformar em decepção; b) em compensação, impõe à outra parte uma derrota injusta, com prejuízos muitas vezes (como neste caso) irreversíveis; c) por outro lado, a rebeldia acarreta uma pletora de recursos desnecessários que só servem para acentuar a lentidão judicial; d) por último, ao fazer tabula rasa da jurisprudência, o juiz presta exemplo de desobediência nefasta, na conjuntura atual, em que nossas decisões tanto carecem de autoridade. De qualquer modo, se o preceito da lei complementar vige, a norma regimental contrária a ele é ilegal. Fosse este o único fundamento do acórdão, eu daria provimento ao recurso" (STJ – RMS 10.962-PR, Rel. Min. Humberto Gomes de Barros, j. 20.09.2001, *DJU* 05.11.2001).

Deve ser, também, considerado juridicamente relevante, com repercussão, quando a interpretação adotada pela decisão recorrida for aberrante ou absurda, por exemplo, quando evidentemente contrária ao texto constitucional. Já Barbosa Moreira[57] aponta, utilizando a experiência do Direito Alemão e Austríaco, algumas situações nas quais a relevância estaria caracterizada:

> *"a) questão capaz de influir concretamente, de maneira generalizada, numa grande quantidade de casos"*. Exemplos que podem ser citados: questões relacionadas a tributos federais ou a contratos cujo objeto seja de larga utilização – "cadernetas de poupança".
> *"b) decisão capaz de servir à unidade e aperfeiçoamento do Direito ou particularmente significativa para seu desenvolvimento"*. Uma hipótese seria a delimitação da incidência de dispositivo que regule o direito aos recursos, ou mesmo discussão sobre os limites constitucionais das tutelas de urgência.
> *"c) decisão que tenha imediata importância jurídica ou econômica para círculo mais amplo de pessoas ou para mais extenso território da vida pública"*. Um caso recente foi a possibilidade de alteração do índice de correção nos contratos de *leasing* pactuados em dólar norte-americano. É de todo evidente a importância econômica para o universo dos consumidores, especialmente pela ampla utilização de tal instrumento.
> *"d) decisão que possa ter como consequência a intervenção do legislador no sentido de corrigir o ordenamento jurídico positivo ou de lhe suprir lacunas"*. A correta compreensão quanto à legitimidade de políticas públicas em determinadas situações onde haja um grande número de feitos, bastando citar a questão da correção monetária das contas do FGTS.
> *"e) decisão que seja capaz de exercer influência capital sobre as relações com Estados estrangeiros ou com outros sujeitos do Direito Internacional Público"*.

Embora, em princípio, apenas a questão reconhecida como de repercussão geral seja objeto de julgamento pelo Supremo Tribunal Federal em sede de Recurso Extraordinário, não parece acertado excluir-se do objeto do julgamento, aprioristicamente, as questões que, invocadas no recurso extraordinário ao lado de outra(s) dotada(s) de repercussão geral, não tenham esse atributo. "É possível que as questões constitucionais assim distintas estejam vinculadas por relação de dependência lógica, caso de serem prejudiciais ou preliminares umas das outras. Se a questão a que se atribui repercussão geral é a condicionada, não será possível deixar de apreciar a condicionante. Nada impede, ainda, que a relevância do caso não resida propriamente, ou tão somente, em uma das questões jurídicas discutidas (fundamentos do pedido recursal), mas sim em algum ou alguns dos

---

[57] *Comentários...*, ob. cit., p. 547, *apud* J. J. Calmon de Passos, *Da Arguição...*, ob. cit., p. 18.

possíveis resultados práticos do julgamento da pretensão (efeitos do acolhimento do pedido). Também aqui, todos os fundamentos que lastreiam o pedido deduzido no extraordinário deverão ser examinados pelo tribunal"[58].

V - ASPECTOS PROCESSUAIS QUANTO À TRAMITAÇÃO

O processamento da repercussão geral foi regulamentado em sede de legislação ordinária (art. 543-A do Código de Processo Civil, com redação pela Lei 11.418/2006).

Em primeiro lugar, a decisão no sentido de acolher, ou não, a alegação de **repercussão geral** deverá ser em sessão pública (*ainda que em plenário virtual*), vedando o julgamento secreto tal como ocorria no regime anterior da *arguição de relevância* e tão duramente criticado.

O Ministro Gueiros Leite chegou a afirmar que: "(...) o sigilo das decisões do conselho na apreciação das arguições de relevância não deve ser absoluto, porque os atos judiciais, na sua complexidade, envolvem faculdades irrestritas, além da publicidade, como a consulta das partes aos autos e o pedido de certidões, por seus advogados, atos que podem invadir a esfera, mesmo discricionária, dos tribunais, porque têm por base direitos públicos subjetivos e de caráter político, matéria constitucional dogmática (...)"[59].

A decisão não é discricionária, pois ao julgador não é dado invocar motivos respaldados em uma conveniência, oportunidade ou justiça[60]. Assim, devem ser

---

[58] André de Albuquerque Cavalcanti Abbud. O Anteprojeto de Lei Sobre a Repercussão Geral dos Recursos Extraordinários. *Revista de Processo*, São Paulo: RT, ano 30, n. 129, nov. 2005, p. 114.

[59] *A Emenda n. 2/85 (RISTF) e a boa razão*. São Paulo: RT, vol. 615, p. 27.

[60] Como bem ponderado por Marcelo Harger (*A discricionariedade e os conceitos jurídicos indeterminados*. São Paulo: RT, vol. 756, p. 25), "Na realidade, o que ocorre é que enquanto a liberdade do constituinte é plena, a liberdade dos demais poderes encontra certas limitações. Mas as limitações são diferentes para cada um deles e, portanto, a esfera de liberdade também". (...) "É assim que a atividade administrativa somente pode ser exercida nos limites da lei (e da Constituição) e a atividade discricionária somente tem origem em uma atribuição legal". (...) "A atividade do legislador, por sua vez, somente encontra limites na Constituição. Este possui, portanto, uma esfera de liberdade muito maior que a do administrador pois o seu domínio abrange todas as relações jurídicas para as quais nada foi previsto pela Constituição. Mas há, ainda, outra diferença. É que enquanto o legislador pode escolher livremente, observados, apenas, os princípios constitucionais e as tendências e reações sociais, o administrador deve procurar atingir a finalidade prevista pela lei". (...) "A atividade jurisdicional também difere da administrativa em relação à discricionariedade. É que enquanto nesta há a possibilidade entre duas escolhas igualmente válidas para o direito naquela considera-se a decisão do Juiz como uma verdade objetiva,

apontadas, de forma **clara** e **precisa**, as razões pelas quais a alegação de que a causa/questão é relevante, possui repercussão, foi acolhida ou rejeitada.

Na concepção de Teresa Arruda Alvim Wambier[61], que rejeita a existência de uma "discricionariedade judicial": "Dizem os administrativistas que a discricionariedade é a margem da liberdade conferida pela lei àquele que a aplica pela circunstância de não determinar de modo concreto e específico como atingir, em cada caso, o fim querido pela lei. É um resíduo de liberdade, outorgado ao aplicador que gera para ele o dever de integrar a vontade da lei. (...). Indubitavelmente, entre a discricionariedade administrativa e a 'discricionariedade' judicial há diferenças tão fundamentais a ponto de justificar que, de regra, não se deva usar do termo discricionariedade atinentemente à atividade do Poder Judiciário, como se verá, salvo em raríssimas exceções.

(...). A diferença fundamental que há entre o preenchimento (em concreto) de um conceito vago – fenômeno a que, como se disse, muitos designam, com alguma impropriedade de 'discricionariedade propriamente dita, é que quando uma norma encampa o conceito vago, em sua redação, ela é concebida com o escopo de gerar uma só interpretação, ou seja, a gerar uma situação tal, de molde a que dela se extraia uma só interpretação, um só resultado'. (...). Com isso,

---

a justa aplicação da lei, a única solução a ser adotada diante do caso concreto. No dizer de Maria Sylvia Zanella Di Pietro, "no caso da função jurisdicional, não se pode conceber que o Juiz tivesse várias opções, para escolher segundo critérios políticos; caso contrário, poder-se-ia admitir que, depois de decidir a lide, pela aplicação da lei segundo trabalho de exegese, restariam outras soluções igualmente válidas". Contudo, já se entendeu que a decisão relacionada à arguição de relevância não seria ato judicial: "(...) Com efeito, este Tribunal não apreciou qualquer questão federal controvertida. Apenas rejeitou a arguição de relevância (volume IV, fls. 753). **"O julgamento de relevância de uma questão federal não era atividade jurisdicional"** (...) **"Era ato político.**

"Disse SYDNEY SANCHES: "O julgamento de relevância de uma questão federal não é atividade jurisdicional, é ato político, no sentido mais nobre do termo. Por ele se deve chegar à conclusão sobre se uma causa, mesmo não se encaixando em qualquer das hipóteses previstas... deve, apesar disso, ser examinada pelo STF, em recurso extraordinário". (Palestra proferida em 05.10.87, em "Curso sobre Recurso Extraordinário", Revista dos Tribunais, vol. 627, p. 259).

"No mesmo sentido, ARRUDA ALVIM: "... por se tratar de ato político, ainda que interpretativo, e, em que se aplica um conceito vago, avaliado pelo mais alto Tribunal do país, em sessão de Conselho, é que este ato não comporta recurso... não comporta ele comprometimento por qualquer outro meio, como, v.g., por ação rescisória, o que se constitui... em regra absolutamente geral" (*Argüição de Relevância no Recurso Extraordinário*, Editora Revista dos Tribunais, p. 29). "Digo eu."A rejeição de arguição de relevância não importa em exame de mérito (...)" (STF – AR 1.558-4-Pará, Rel. Min. Nelson Jobim, j. 07.12.2000, *DJU* 18.12.2000, p. 3).

61 Existe a "Discricionariedade" Judicial? *Revista de Processo*, São Paulo: RT, vol. 70, p. 232-234.

tem-se que o Juiz nunca tem diante de si vários caminhos dentre os quais pode, indiferentemente, escolher um, sendo, todos, juridicamente lícitos e 'queridos' pela norma, embora uns possam ser 'melhores' que outros. Para o Magistrado há uma solução, que pelo legislador é 'determinada' pela norma, ainda que o caminho para que se chegue até ela não seja dos mais fáceis.

(...). E se pode dizer que só há uma solução correta, embora o sistema tolere, do ponto de vista pragmático, haja dualidade ou mesmo pluralidade de decisões, fruto de aplicação da mesma norma, ao mesmo conjunto de fatos, se ela contém um conceito vago, que enseja atividade interpretativa mais complexa que o exercício de raciocínio (sic) preso ao esquema subsuntivo. Se o sistema 'tolera' essa dualidade ou pluralidade de decisões, embora essa situação seja indesejável (mas inevitável), é porque não há meios: 1.º) de se aferir, tecnicamente, qual seja a decisão ontologicamente mais correta; 2.º) nem de passar 'peneira fina', por ausência de meios técnicos capazes de uniformizar, de forma absoluta e impecável, todos os resultados possíveis, de todos os julgamentos que envolvam processos interpretativos complexos, de conceitos vagos".

Deve haver motivação expressa, inclusive em decorrência da regra do art. 93, IX, da CF/1988.

A obrigatoriedade da motivação origina-se de duas razões básicas: **uma de ordem técnica**, e a outra, de **ordem política**. A primeira baseia-se no fato de que, visando a conhecer o conteúdo preciso de certa decisão, deve ela ser motivada. **Sem motivo, não há como saber por que houve a escolha de um ou outro argumento, impossibilitando que a parte discorde e recorra.**

No que se refere à ordem política, deve ser argumentado que, caracterizando o Estado de Direito pela garantia de seus cidadãos, com a sujeição dos Poderes ao comando da Lei[62], não há como ela ser ignorada, sendo que a obrigatoriedade da motivação é imperativo constitucional (art. 93, IX, da CF/1988).

Impossível desconsiderar, ainda, que no "(...) caso das motivações das decisões judiciais, existem regras que visam, sob um certo prisma, fornecer **elementos de convicção aos seus destinatários**, de que o magistrado cumpriu bem sua função jurisdicional. Os argumentos utilizados na decisão, neste sentido, devem **persuadir** o cidadão a com ela consentir, conquistando sua adesão"[63].

Não entendemos possível, **em termos**, a aplicação do art. 557 do Código de Processo Civil[64], para rejeitar ou acolher a alegação de *repercussão geral*, já que

---

[62] Betina Rizzato Lara. *Liminares no Processo Civil*. São Paulo: RT, 1993. p. 39.
[63] Sérgio Nojiri. *O Dever de Fundamentar as Decisões Judiciais*. São Paulo: RT: 1999. p. 103.
[64] A atuação do relator, autorizada pelo art. 557 do Código de Processo Civil, nada mais é do que uma delegação da competência atribuída ao colegiado, o que não é estranho ao

o art. 543-A, § 4.º, do CPC, fala em decisão da repercussão geral pela *Turma*, que pressupõe decisão colegiada.

No ponto, criticável a opção constitucional, *data venia*. Ao procurar diminuir os julgamentos, criou-se uma **barreira burocrática**. O art. 557 do Código de Processo Civil autorizava até o mais – julgamento do mérito do recurso –, agora, em sede de recurso extraordinário, um pressuposto processual não poderá ser julgado com fundamento em tal dispositivo, mas o mérito recursal sim[65]!

Trata-se de uma verdadeira contradição: o relator pode julgar o mérito do recurso, provendo-o ou não, mas não poderá, monocraticamente, decidir se está presente o pressuposto da *repercussão geral*, salvo quando já houve precedente sobre o tema.

Contudo, a tratar da mesma questão em outra sede[66], um dos subscritores da presente argumentou que: "Aspecto importante, levando-se em consideração a necessidade de ser agilizado o processamento dos recursos, reside na hipótese de determinada questão já ter sido objeto de análise pelo colegiado que a teve como não relevante. Haverá necessidade que o relator novamente submeta idêntico tema à apreciação do colegiado? Entendemos que não. A regra constitucional exige que o colegiado rejeite a alegação, mas não necessariamente em todos os processos onde a mesma questão seja objeto de verificação, sob pena de prestigiar uma repetição enfadonha e desnecessária que não trará qualquer benefício. De qualquer modo, o Superior Tribunal de Justiça julga com base, principalmente, em seus precedentes[67]. Já tendo a Turma, Seção ou Órgão Especial decidido, possível

---

sistema processual, tal como na hipótese de deferimento do efeito suspensivo ao agravo de instrumento (art. 527, II, do CPC); da decisão em sede de cautelar ajuizada nos tribunais, inclusive no Superior Tribunal de Justiça (§ 2.º, do art. 288, do RISTJ); da liminar em sede de *habeas corpus*; ou mesmo do comando inserido no art. 558 do Código de Processo Civil, que autoriza o relator a suspender o cumprimento da decisão até o pronunciamento definitivo da turma ou câmara, sem necessidade de a decisão ser referendada.

Como já decidiu o Supremo Tribunal Federal: "I – É legítima, sob o ponto de vista constitucional, a atribuição conferida ao Relator para arquivar ou negar seguimento a pedido ou recurso intempestivo, incabível ou improcedente e, ainda, quando contrariar a jurisprudência predominante do Tribunal ou for evidente a sua incompetência (RI/STF, art. 21, § 1.º, Lei n.º 8.038/90, art. 38), desde que, mediante recurso – agravo regimental – possam as decisões ser submetidas ao controle colegiado" (STF –AgRegMI 595-4-MA, Rel. Min. Carlos Velloso, j. 17.03.1999 – LEX-STF 249/121).

[65] Alertando para esse problema: Luiz Antonio Sampaio Gouveia. Os Efeitos nos Tribunais Superiores. *Jornal Tribuna do Direito*, São Paulo, edição 142, fev. 2005, p. 26.

[66] *Arguição*...ob. cit., p. 94.

[67] No caso, pode-se utilizar, por analogia, o posicionamento já adotado pelo Supremo Tribunal Federal – RE 190.728 – 1.ª Turma –, aplicando a regra do parágrafo único, do art. 481, do CPC, ou seja, quando o órgão encarregado constitucionalmente já decidiu

a invocação do Artigo 557 do Código de Processo Civil visando à rejeição da arguição de relevância sem haver qualquer violação ao dispositivo constitucional".

Mesmo no passado sempre foi um critério seguro a verificação dos casos que o Supremo Tribunal Federal considerou relevantes, visando obter certa previsibilidade. Segundo Arruda Alvim[68]: "Observados os requisitos próprios de interposição de RE, poder-se-á, com fulcro no mesmo critério de similitude, invocar precedente arguição de relevância, já acolhida, para se estabelecer a comparação das hipóteses, com vistas à demonstração, tanto mais especialmente quando se manifeste a possibilidade conducente a se concluir até mesmo pela 'própria identidade'. Apesar dessa possibilidade, não se pode descartar a necessidade de, nessa invocação, procurar-se argumentativamente evidenciar uma identidade de razão jurídica, também, ao nível da relevância. Ou seja, deixar-se claro, de forma incisiva, que os fatos constitutivos do acórdão de que se recorre, 'carregam consigo', também e agora, com a mesma atualidade ou com o mesmo potencial valorativo, aquilo que foi justificador do anterior acolhimento da relevância. Consequentemente, o acolhimento da arguição de relevância exige que se demonstre, especificamente, que numa segunda causa, comparece, também a relevância, em si mesma.

É certo que esta tarefa ficará mais facilitada quando preexistirem diversos precedentes, no sentido de ser aquela questão ou causa relevante (...)".

De outro lado, a análise quanto à presença da ***repercussão geral*** não pode ser objeto de decisão pelo Presidente do Tribunal *a quo*, quando do juízo de admissibilidade do recurso extraordinário. Se a questão deve ser decidida pelo Supremo Tribunal Federal, não há como ser efetivada quando da prolação da decisão que admite, ou não, o recurso extraordinário.

Pelo próprio texto constitucional que disciplina a competência do Supremo Tribunal Federal para indicar ou julgar o que tenha repercussão ou não, ratifica essa assertiva.

Deverá o Presidente do Tribunal *a quo* analisar todos os pressupostos e requisitos para a admissibilidade do recurso extraordinário, menos se está presente, ou não, a ***repercussão geral***.

---

determinada questão, não há necessidade de ela, ainda que em outros recursos, ser reiteradamente levada para novas manifestações, salvo no caso de alteração substancial na sua composição. Em tal sentido, a doutrina quando comenta referida regra: "A fórmula adotada consagra *in totum* a jurisprudência do Supremo Tribunal Federal sobre a matéria, assentando a dispensabilidade da submissão da questão constitucional ao tribunal pleno ou ao órgão especial na hipótese do próprio Tribunal já ter adotado posição sobre o tema, ou, ainda, no caso de o plenário do Supremo Tribunal Federal já ter se pronunciado sobre a controvérsia" (Gilmar Ferreira Mendes. O Controle Incidental de Normas e a Lei n.º 9.756 de 1998. Boletim I.O.B. de Jurisprudência, São Paulo, 1.ª quinzena de 2000, p. 18).

[68] *Arguição...*ob. cit., p. 72.

Novamente ousamos discordar da opção, pois, se a parte não aceitasse a decisão, seria possível a utilização do recurso respectivo (agravo de instrumento). O Presidente do Tribunal *a quo* pode analisar se está presente a violação à Constituição, mas não se a questão *repercute de forma geral*, o que, *permissa venia*, é uma nova gritante contradição.

Optou o legislador (art. 543-A, § 2.º, do CPC) que os argumentos do recorrente para demonstrar a repercussão devem ser apresentados em sede de preliminar, opção que reputamos correta, inclusive sob pena de não conhecimento, especialmente se considerado o aspecto formal dos recursos de natureza extraordinária, como já anteriormente indicado.

De acordo com a orientação firmada no STF, é insuficiente a simples alegação de que a matéria em debate no recurso extraordinário tem repercussão geral. **Cabe à parte recorrente demonstrar de forma expressa e clara as circunstâncias que poderiam configurar a relevância** – do ponto de vista econômico, político, social ou jurídico – das questões constitucionais invocadas no recurso extraordinário[69], sendo a deficiência na fundamentação da preliminar de repercussão geral causa suficiente para o não conhecimento do recurso extraordinário[70].

---

[69] STF – ARE 660.749-AgR, Rel. Min. Joaquim Barbosa, *DJe* 24.02.2012. No mesmo sentido: "O § 1.º do art. 543-A do Código de Processo Civil dispõe que, 'para efeito da repercussão geral, será considerada a existência, ou não, de questões relevantes do ponto de vista econômico, político, social ou jurídico, que ultrapassem os interesses subjetivos da causa'. Não basta, portanto, dizer que o tema tem repercussão geral, sendo ônus exclusivo do recorrente demonstrar, com argumentos substanciais, que há no caso relevância econômica, política, social ou jurídica" (STF – ARE 715.601-RS, Rel. Min. Carmem Lúcia, j. 13.11.2012, *DJe* 04.12.2012).

[70] "De acordo com a orientação firmada por esta Suprema Corte, cabe à parte recorrente demonstrar de forma expressa e acessível as circunstâncias que poderiam configurar a relevância – do ponto de vista econômico, político, social ou jurídico – das questões constitucionais invocadas no recurso extraordinário. A deficiência na fundamentação inviabiliza o recurso interposto". (...) "No caso em exame, a então recorrente se limitou a indicar genericamente a existência de risco ao erário, sem identificar no que exatamente consistiria a lesão, nem suas dimensões quantitativas. Essa identificação é imprescindível, na medida em que as regras e os princípios constitucionais cuja violação entendeu presente o Tribunal de origem apresentam grande densidade (devido processo legal substantivo, direito de petição, contraditório e ampla defesa aplicáveis ao processo administrativo tributário). Agravo regimental ao qual se nega provimento" (STF – Ag. RE 611.023-RJ, Rel. Min. Joaquim Barbosa, j. 15.05.2012, *DJ* 04.06.2012). E ainda: "A insuficiência de fundamentação expressa, formal e objetivamente articulada pelo agravante para demonstrar, nas razões do recurso extraordinário, a existência de repercussão geral da matéria constitucionalmente arguida inviabiliza o exame do recurso. Assim, embora tenha mencionado a existência, na espécie vertente, de repercussão geral, o agravante não desenvolveu argumentos suficientes para cumprir o objetivo da

Deve ser anotado, por fim, que a regulamentação do processamento do pressuposto da *repercussão geral* do recurso extraordinário, em sede legislativa, não poderá alterar os parâmetros legais ou criar novos obstáculos para a sua análise, sob pena de ilegalidade ou mesmo inconstitucionalidade.

VI – A ADOÇÃO DO MODELO DE REPERCUSSÃO GERAL PARA O RECURSO ESPECIAL (STJ)

A nenhum estudioso do processo é dado negar que as divergências de interpretação sobre a lei (diversidade de julgamentos) são indesejadas pelo sistema processual civil brasileiro. Tanto é assim que o ordenamento jurídico pátrio predispõe de uma infinidade de instrumentos processuais a fim de evitá-las (incidente de uniformização de jurisprudência, embargos de divergência, recurso especial, recursos repetitivos, reclamação etc.).

Seria, entretanto, de uma *hipocrisia intelectual* manifesta afirmar que o sistema não pode conviver com essas divergências, ou mesmo que a uniformização dos julgados seja o *Graal*, o objetivo mais importante das reformas que estão sendo realizadas nos últimos 20 anos.

Diferentemente do que alguns afirmam, o sistema pode conviver com a divergência interpretativa. E, embora não deseje, convive bem com ela!

Por isso – e dentro das premissas estabelecidas neste texto –, recebemos com felicidade acadêmica a notícia da tramitação, na Câmara dos Deputados, da Proposta de Emenda Constitucional (PEC) 209/2012, que pretende alterar o art. 105 da Constituição Federal (que trata da competência do Superior Tribunal de Justiça), condicionando a admissão do Recurso Especial (REsp) à demonstração da relevância das questões de direito federal infraconstitucional envolvidas no caso, em condições equivalentes às adotadas pelo art. 102, § 3.º, da CF c/c art. 543-A do CPC (repercussão geral do RE).

Pela proposta, o Recurso Especial só será analisado pelo Superior Tribunal de Justiça se ficar demonstrado que a questão discutida tem importância generalizada na interpretação e aplicação das leis federais. A PEC 209/2012 insere o § 1.º no art. 105, trazendo a exigência da repercussão geral, que só poderá ser recusada por decisão de 2/3 dos membros do órgão competente para julgamento.

Conforme já anotamos anteriormente, o Brasil hoje vive uma situação surreal. Graças a uma legislação federal abundante (*inflação legislativa*), bem como ao fato evidente de toda causa depender da interpretação da lei (ainda que pre-

---

exigência constitucional" (STF – AgRg no AgIn 769.798/RO, 1.ª T., Rel. Min. Cármen Lúcia, j. 01.02.2011, *DJe* 23.02.2011).

ponderem questões de fato), ao menos três instâncias sobrepostas são chamadas a se manifestar, indistintamente, sobre a ideal interpretação da norma posta, seja tal pronunciamento importante ou não para o país.

Ao permitir que o Superior Tribunal de Justiça selecione as causas que repute transcendentes (competência seletiva) – tanto quanto já faz hoje o STF no regime do Recurso Extraordinário (art. 543-A do CPC) –, restabelece-se o seu papel de Tribunal Nacional, de Corte vocacionada ao julgamento de causas importantes para a federação (não para o indivíduo).

Caso aprovada a repercussão geral para o Recurso Especial, o Superior Tribunal de Justiça deixará de ser, como é hoje, uma 3.ª instância recursal, e passará a desempenhar, efetivamente, o papel para o qual genuinamente foi criado: o de julgar, com toda a atenção e qualidade possível, a divergência relevante de interpretação da lei federal pelos Tribunais de Justiça e Regionais Federais do país.

Segundo dados estatísticos, o Superior Tribunal de Justiça julgou 320.283 recursos em 2010, sendo que, no mesmo ano, lhe foram distribuídos 228.981 recursos. É um tanto ilusório acreditar que todos esses recursos tivessem importância suficiente a merecer pronunciamento do 2.º mais importante Tribunal do Brasil, ou mesmo que tenham sido julgados (contando o STJ com apenas 33 Ministros) com todo o esmero e atenção desejados.

O discurso repetitivo de que só pode haver uma única interpretação do direito, e que a igualdade entre os jurisdicionados deve sempre ser buscada, *maxima venia*, deve ceder em casos em que da diversidade interpretativa não se tenha reflexo algum, quantitativo (causas repetitivas) ou qualitativo (importância do bem tutelado), para a coletividade. O valor uniformidade deve decair frente a outros muito maiores, como o da efetividade da Justiça (da qual decorre o indispensável predicado da celeridade).

Afinal, na interpretação da matéria estritamente de fato (se é que isso existe!) já não é assim, com os pronunciamentos findando-se nas cortes locais? E por acaso houve algum abalo na estrutura do sistema nas hipóteses, conhecidas, em que os fatos foram valorados de modos distintos pelas cortes locais? Qual o problema de a interpretação do direito federal, em causas juridicamente desimportantes ou não repetitivas, ocorrer mesmo nas cortes locais?

Faz algum tempo, um dos autores deste trabalho foi chamado a se pronunciar, na qualidade de magistrado de 1.º grau, sobre um pedido de traslado de corpo de um jazigo para o outro (jurisdição voluntária). Admirado com a natureza atípica do que lhe era pedido, foi determinada que a parte indicasse qual o fundamento legal para que o Judiciário tivesse que se manifestar a respeito. Não sendo convincentes as explicações baseadas em legislação sanitária federal, o processo foi extinto por falta de interesse/necessidade (a autorização deveria ser obtida junto aos órgãos municipais), decisão essa confirmada pela 2.ª instância.

Contudo, esse pedido adormece em uma das milhares de pilhas de processos parados no STJ, até que um dia, sabe-se lá quando, virá um pronunciamento do órgão para decidir uma questão absolutamente irrelevante do ponto de vista jurídico, social, político e econômico.

A verdade nua e crua é só uma: nosso **Sistema Jabuticaba** de 03 ou 04 instâncias interessa muito (e apenas) àqueles que encontram no Judiciário parceiro estratégico para a postergação de obrigações legais (especialmente o Poder Público). Eles são os únicos efetivamente capazes de acessar as Cortes Superiores e postergar o cumprimento das decisões de 1.º e 2.º grau por anos a fio, já que para grande parcela dos jurisdicionados o acesso aos Tribunais Superiores é quase inexistente.

Com a admissão da repercussão geral pelo Superior Tribunal de Justiça, apenas aquilo que for relevante será uniformizado, deixando que questões interpretativas desimportantes, não repetitivas e sem importância supraindividual, acabem, mesmo, no âmbito das cortes locais.

Por óbvio, a lei que regulamenta a repercussão geral no âmbito do STJ deverá estabelecer, na medida do possível, critérios objetivos de relevância, sob pena de o mal que se pretende combater continuar existindo. Deverá, também, estabelecer hipóteses de presunção de relevância da questão infraconstitucional (como nos casos de divergência de interpretação da lei federal pelas cortes locais e regionais – art. 105, III, "c", da CF). Mas não se pode negar que a adoção desse filtro pode representar certa melhoria da qualidade dos serviços judiciais, em especial do próprio Superior Tribunal de Justiça[71].

VII - CONCLUSÕES

Não temos qualquer dúvida de que, de um modo geral, é positiva a adoção do pressuposto da *repercussão geral* tanto para o Recurso Extraordinário quanto para o Recurso Especial (no futuro que, esperamos, esteja próximo).

Como já tivemos ensejo de apontar[72], há uma necessidade de ser outorgado maior poder aos aplicadores da lei, isso com a finalidade de tornar viável a análise daquilo que é efetivamente *relevante*, inclusive com a inafastável possibilidade de sacrificar o que seja destituído de real importância. Se tudo for tido como digno

---

[71] No STF, o filtro da repercussão geral conseguiu reduzir drasticamente o volume de recursos. Foram distribuídos em 2007 quase 160 mil recursos. Em 2011, foram 38 mil. Não há dúvida alguma de que o mesmo impacto redutor superior a 400% beneficiará o STJ e todo o Sistema Judicial Brasileiro.

[72] *Arguição...*, ob. cit. p. 101-102.

de *relevância*, em razão do volume de recursos e feitos a serem julgados, **nada será tratado como tal**.

Deve ser lançado alerta para o fato de que o instituto da **repercussão geral** não pode ser utilizado de forma desarrazoada, apenas tendo como objetivo diminuir o volume de processos.

Mais do que nunca é indispensável o papel do Poder Judiciário, tão sufocado pela avalanche de processos. Contudo, não se pode olvidar o seu papel enquanto responsável pela outorga da tutela jurisdicional, especialmente em se tratando de dar a correta exegese da Constituição Federal.

BIBLIOGRAFIA

ABBUD, André de Albuquerque Cavalcanti. O Anteprojeto de Lei Sobre a Repercussão Geral dos Recursos Extraordinários. *Revista de Processo*, São Paulo: RT, ano 30, n. 129, nov. 2005.

ABREU, Iduna Weinert. A argüição de relevância da questão federal. *Revista de Informação Legislativa*, Brasília: Senado Federal, n. 61.

_____. Argüição de Relevância – Aspecto Político de sua apreciação pelo Supremo Tribunal Federal. *Revista de Informação Legislativa*, Brasília: Senado Federal, n. 56.

ALVES, José Carlos Moreira. O Supremo Tribunal Federal em face da nova Constituição – Questões e Perspectivas. *Arquivos do Ministério da Justiça*, Brasília, 1989.

ARRUDA ALVIM NETTO, José Manoel de. A alta função jurisdicional do Superior Tribunal de Justiça no âmbito do Recurso Especial e a relevância das questões. *Revista de Processo*, São Paulo: RT, n. 96, 1999.

_____. *A argüição de relevância*. São Paulo: RT, 1988.

BARBOSA MOREIRA, José Carlos. *Comentários ao Código de Processo Civil*. Rio de Janeiro: Forense, 1998, 1999.

_____. *O novo Processo Civil Brasileiro*. Rio de Janeiro: Forense, 2000.

BERMUDES, Sérgio. Arguição de Relevância da questão federal. *Enciclopédia Saraiva de Direito*, São Paulo: Saraiva, 1978, v. 7.

CAEIRO, Silvia B. Palácio. *El Recurso Extraordinario Federal*. Buenos Aires: La Ley, 2002.

CALMON DE PASSOS, José Joaquim. *Comentários ao Código de Processo Civil*. São Paulo: RT, 1984. vol. X, t. I.

_____. *Comentários ao Código de Processo Civil*. Rio de Janeiro: Forense, 1998. vol. III.

_____. Da arguição de relevância no recurso extraordinário. *Revista Forense*, Rio de Janeiro, 259/12.

CARNEIRO, Athos Gusmão. *Anotações sobre o Recurso Especial*. São Paulo: RT, vol. 654.

CAZETTA JUNIOR, José Jesus. Conteúdo da causa de pedir e proposta de aplicação dessa categoria ao recurso extraordinário: um exame crítico. In: CRUZ E TUCCI, José Rogério; BEDAQUE, José Roberto dos Santos (Coords.). *Causa de pedir e pedido no processo civil*: (questões polêmicas). São Paulo: RT, 2002.

CENEVIVA, Walter. Velloso propõe debate esclarecedor. *Folha de São Paulo*, São Paulo, caderno 3, 13.11.1999.

CORRÊA, Ana Maria Guelber. O Recurso Extraordinário e a argüição de relevância. *Revista de Informação Legislativa*, Brasília: Senado Federal, n. 75.

COUSO, Susana Garcia. *El juicio de relevância em la cuestión de inconstitucionalidad*. Madrid: Centro de Estudios Políticos y Constitucionales, 1998.

DICIONÁRIO AURÉLIO ELETRÔNICO. Curitiba: Positivo, 2004.

DICIONÁRIO MICHAELIS. São Paulo: Melhoramentos, 1998, p. 1.819.

DINAMARCO, Cândido Rangel. *A instrumentalidade do processo*. São Paulo: Malheiros Editores, 1987.

_____. O Relator, a Jurisprudência e os Recursos. In: WAMBIER, Teresa Arruda Alvim (Coord.). *Coletânea sobre Recursos*. São Paulo: RT, 1998.

DUARTE, Bento Herculano; OLIVEIRA JR., Zulmar Duarte de. *Princípios do processo civil*: noções fundamentais. São Paulo: Método, 2012.

FERREIRA, William Santos. Sistema Recursal brasileiro: de onde viemos, onde estamos e para onde (talvez) iremos. In: COSTA, Hélio Rubens Batista Ribeiro; RIBEIRO, José Horácio Halfeld Rezende; DINAMARCO, Pedro Cândido (Coords.). *Coletânea Linhas Mestras do Processo Civil*. São Paulo: Atlas, 2004.

GELLI, María Angélica. *Constitución de la Nación Argentina* – Comentada e Concordada. Buenos Aires: La Ley, 2004.

GOMES JUNIOR, Luiz Manoel. *Argüição de Relevância – A Repercussão Geral das Questões Constitucional e Federal*. Rio de Janeiro: Forense, 2001.

_____. A Lei 10.352 de 26.12.01 – Reforma do CPC – Alterações na Remessa Obrigatória e no Processamento dos Recursos Cíveis. *RePro*, São Paulo: RT, n. 105 e no *Repertório de Jurisprudência IOB* n.º 002/2002.

GORDILHO, Pedro. A Relevância da Questão Federal. *Revista do Advogado*, São Paulo, vol. 22.

GOUVEIA, Luiz Antonio Sampaio. Os efeitos nos Tribunais Superiores. *Jornal Tribuna do Direito*, São Paulo, edição 142, fev. 2005.

HARGER, Marcelo. A discricionariedade e os conceitos jurídicos indeterminados. *Revista dos Tribunais*, São Paulo: RT, vol. 756.

LACERDA, Galeno. *O Novo Direito Processual e os feitos pendentes*. Rio de Janeiro: Forense, 1974.

LARA, Betina Rizzato. *Liminares no Processo Civil*. São Paulo: RT, 1993.

LEAL, Victor Nunes. O Requisito da "Relevância" para Redução dos Encargos do Supremo Tribunal Federal. *Revista Forense*, Rio de Janeiro, vol. 213.

LEGARRE, Santiago. *El Requisito de La Trascendencia en El Recurso Extraordinario*. Buenos Aires: Abeledo-Perrot, 1994.

LEITE, Evandro Gueiros. A Emenda 2/85 (RISTF) e a Boa Razão. *Revista dos Tribunais*, São Paulo: RT, vol. 615.

LIMA, Alcides Mendonça. *Introdução aos Recursos Cíveis*. São Paulo: RT, 1976.

_____. *Recursos Cíveis* – Sistema de Normas Gerais. Rio de Janeiro: Freitas Bastos, 1963.

MANCUSO, Rodolfo de Camargo. *Divergência Jurisprudencial e Súmula Vinculante*. São Paulo: RT, 1999.

_____. *Recurso Extraordinário e Recurso Especial*. São Paulo: RT, 2000.

MARREY NETO, José Adriano. A Arguição de Relevância da Questão Federal na Interposição do Recurso Extraordinário. *Revista dos Tribunais*, São Paulo: RT, vol. 593.

_____. Recurso Extraordinário – Arguição de Relevância da questão federal. *Revista dos Tribunais*, São Paulo: RT, vol. 604.

MAXIMILIANO, Carlos. *Hermenêutica e Aplicação do Direito*. Rio de Janeiro: Forense, 1996.

MENDES, Gilmar Ferreira. *Direitos Fundamentais e Controle de Constitucionalidade* – Estudos de Direito Constitucional. São Paulo: Celso Bastos Editor, 1998.

_____. O Controle Incidental de Normas e a Lei n.º 9.756 de 1998. *Boletim IOB de Jurisprudência*, São Paulo, 1.ª quinzena de 2000.

MOREIRA ALVES, José Carlos. O Supremo Tribunal Federal em face da nova Constituição – Questões e Perspectivas. *Arquivos do Ministério da Justiça*, Brasília, 1989.

MORELLO, Augusto M. *La Nueva Etapa del Recurso Extraordinario: El "Certiorari"*. Buenos Aires: Libreria Editora Platense, 1990.

NERY JUNIOR, Nelson. A forma retida dos Recursos Especial e Extraordinário – apontamentos sobre a Lei 9.756/1998. In: WAMBIER, Teresa Arruda Alvim (Org.). *Coletânea sobre Recursos*. São Paulo: RT, 1999.

_____. *Princípios do Processo Civil na Constituição Federal*. São Paulo: RT, 1999.

_____. *Princípios Fundamentais* – Teoria Geral dos Recursos. São Paulo: RT, 2000.

_____; NERY, Rosa Maria Andrade. *Código de Processo Civil comentado*. São Paulo: RT, 1999 e 2003.

NOJIRI, Sérgio. *O dever de fundamentar as decisões judiciais*. São Paulo: RT, 1999.

PONTES, Valmir. O Recurso Extraordinário no Regimento Interno do Supremo Tribunal Federal. *Revista dos Tribunais*, São Paulo: RT, vol. 423.

SALEM NETO, José. *Recurso de Revista e Agravo de Instrumento*. São Paulo: LTR, 1999.

SANCHES, Sydney. Argüição de Relevância da Questão Federal. *Revista dos Tribunais*, São Paulo: RT, vol. 627.

SILVA, Evandro Lins e. O recurso extraordinário e a relevância da questão federal. *Revista dos Tribunais*, São Paulo: RT, vol. 485.

SILVA, José Afonso. *Aplicabilidade das normas constitucionais*. São Paulo: Malheiros Editores, 1998.

SPOTA, Alberto Antonio. *Recurso extraordinario*. Buenos Aires: La Ley, 2001.

TANIGUCHI, Yasuhei. O Código de Processo Civil Japonês de 1996 – Um Processo para o Próximo Século. *Revista de* Processo, São Paulo: RT, n. 99, 2000.

THEODORO JÚNIOR, Humberto. As alterações do Código de Processo Civil introduzidas pela Lei n.º 9.756, de 17.12.1998. In: *O processo civil brasileiro no limiar do novo século*. Rio de Janeiro: Forense, 1999.

_____. *As inovações do Código de Processo Civil*. Rio de Janeiro: Forense, 1995.

_____. *Curso de direito processual civil*. Rio de Janeiro: Forense, 1992 e 1999. vol. I.

VELLOSO, Carlos Mário da Silva. O Superior Tribunal de Justiça na Constituição de 1988. *Revista dos Tribunais*, São Paulo: RT, vol. 638.

WALD, Arnold; MARTINS, Ives Gandra da Silva. A reforma Judiciária e o STJ. *O Estado de São Paulo*, 10.04.2002, p. A2.

_____. A reforma judiciária. *Folha de São Paulo*, São Paulo, 29.11.2004, p. A3.

WAMBIER, Teresa Arruda Alvim. A função das súmulas do Supremo Tribunal Federal em face da teoria geral do direito. *Revista de Processo*, São Paulo: RT, n. 40.

_____. Da liberdade do juiz na concessão de liminares e a tutela antecipatória. In: WAMBIER, Teresa Arruda Alvim (Coord.). *Aspectos polêmicos da antecipação de tutela*. São Paulo, 1997.

_____. *Nulidades do processo e da sentença*. São Paulo: RT, 1998 e 2004.

21

TÉCNICAS INDIVIDUAIS DE REPERCUSSÃO COLETIVA X TÉCNICAS COLETIVAS DE REPERCUSSÃO INDIVIDUAL: UM GOLPE À TUTELA DE DIREITOS

MARCELO ABELHA RODRIGUES
Doutor e mestre em Direito Processual Civil pela PUC-SP.
Professor de Direito Processual Civil nos cursos de graduação e mestrado da UFES. Membro do Instituto Brasileiro de Direito Processual – IBPD.
Advogado. Juiz do TRE/ES – Classe dos Juristas – Biênios 2008/2012.

SUMÁRIO: 1. Introdução – 2. O que são, como surgiram e onde se inserem as técnicas individuais de repercussão coletiva (TIRC) e as técnicas coletivas de repercussão individual (TCRI) – 3. Comparação das TIRC com as TCRI: a manifestação de alguns institutos fundamentais do direito processual civil – 4. A quem interessa a substituição das TCRI pelas TIRC? Um duro golpe aos hipossuficientes e ao processo civil constitucional – 5. Conclusão – 6. Referências bibliográficas.

1. INTRODUÇÃO

O presente estudo tem como objetivo suscitar o debate acerca de uma tendência, verificada no sistema processual civil brasileiro, de substituir gradativamente as *técnicas coletivas de repercussão individual* (TCRI) por *técnicas individuais de repercussão coletiva* (TIRC). Se, é certo, não temos a pretensão de esgotar o assunto neste breve ensaio, pretende-se ao menos lançar as linhas mestras de tão importante discussão, que não tem, a nosso ver, recebido a devida atenção de nossa doutrina.

Segundo nos parece – e é o que pretendemos demonstrar –, muito embora se proclame ser feita em nome de uma rápida e igualitária solução das demandas, tal substituição prejudica sobremaneira a efetivação das garantias inerentes ao devido processo legal, afetando diretamente os hipossuficientes, em claro prejuízo, ainda, ao livre acesso à justiça. Em contrapartida, acaba por beneficiar os litigantes habituais, de elevada capacidade técnica e econômica.

Para tanto, é importante, antes de tudo, tecer breves considerações sobre o que são, como surgiram e o contexto em que se inserem cada um daqueles conjuntos de técnicas.

Na sequência, far-se-á uma breve comparação entre as TCRI e as TIRC, no intuito de verificar como alguns dos institutos fundamentais do direito processual civil, ligados ao devido processo legal, neles se manifestam.

Por fim, tentaremos demonstrar a quem beneficia e a quem prejudica o abandono das TCRI em prol das TIRC, no intuito de deixar claro os prejuízos dele resultantes.

2. O QUE SÃO, COMO SURGIRAM E ONDE SE INSEREM AS TÉCNICAS INDIVIDUAIS DE REPERCUSSÃO COLETIVA (TIRC) E AS TÉCNICAS COLETIVAS DE REPERCUSSÃO INDIVIDUAL (TCRI)

Por *técnicas individuais de repercussão coletiva* (TIRC) nos referimos a certos instrumentos processuais que, conquanto sejam aplicáveis a ações individuais, possibilitam que uma mesma questão de direito, que se repita em um grande número de processos, seja apreciada de uma única vez, por amostragem.

Incidem, destarte, nas chamadas *demandas repetitivas* (litígios de massa), isto é, naquelas que, embora veiculem pretensões individuais, relacionam-se por afinidade, justamente pela reiteração de uma mesma questão jurídica[1].

---

[1] Em relação aos fatores que levam atualmente ao surgimento de demandas repetitivas, bem como um resumo dos instrumentos previstos em nossa legislação processual para com elas lidar, conferir o excelente artigo de Leonardo José Carneiro da Cunha: O regime processual das causas repetitivas. *Revista de Processo*, São Paulo: RT, n. 179, 2010. Para críticas à tendência de "padronização decisória", sob o ponto de vista da teoria do direito e da hermenêutica, com interessantes considerações de direito comparado, ver: BAHIA, Alexandre; NUNES, Dierle; THEODORO JR., Humberto. Breves considerações sobre a politização do *Judiciário* e sobre o panorama de aplicação no direito brasileiro – Análise da convergência entre o *civil law* e o *common law* e dos problemas da *padronização decisória*. *Revista de processo*, São Paulo: RT, n. 189, 2010.

Como mais importantes exemplos de TIRC, temos, no Código de Processo Civil, a sistemática pensada para a repercussão geral (art. 543-B) e para os recursos especiais repetitivos (art. 543-C). Seleciona-se, em ambos, um ou alguns processos paradigmas, que terão aquela questão – constitucional ou federal, respectivamente – apreciada, valendo tal orientação para todos os demais processos, que ficam sobrestados. Costuma-se, ainda, conferir efeito vinculante ao entendimento, que deve ser aplicado aos processos futuros[2].

São, assim, técnicas que, inobstante sejam aplicáveis a demandas individuais, têm importantes repercussões coletivas.

Já as *técnicas coletivas de repercussão individual* (TCRI) são aquelas que tratam desses mesmos direitos singulares, repetitivos, sob a forma coletiva. Por meio delas, utiliza-se não o instrumental técnico individual previsto no Código de Processo Civil, mas sim aquele instituído pelo chamado *microssistema processual coletivo*, formado, sobretudo, pela Lei de Ação Civil Pública (n.º 7.347/1985) e pelo Código de Defesa do Consumidor (n.º 8.078/1990). Tutelam-se, destarte, direitos individuais (*homogêneos*) por uma perspectiva coletiva.

Assim é que a decisão proferida sob a forma coletiva se estende a todas as situações jurídicas individuais que nela se enquadrem. Posteriormente, os titulares de cada um dos direitos singulares ajuízam demandas para dirimir apenas as questões que lhes sejam particulares, tendo por fundamento aquela decisão genérica, que lhes beneficia.

Antes de prosseguir, é de fundamental importância que entendamos que ambas as técnicas podem ser manejadas, em última análise, para a tutela dos mesmos tipos de direito. São os chamados *direitos individuais homogêneos*, ou seja, aqueles que, por decorrerem de "origem comum"[3], provocam a reiteração de uma mesma questão jurídica. O que se altera, destarte, é unicamente o instrumento processual a ser utilizado.

Exposto, em breves linhas, o que devemos entender por TIRC e por TCRI, passamos a identificar como e quando referidas técnicas se inseriram no sistema processual civil brasileiro.

No que tange às TIRC, positivadas nos arts. 543-B e 543-C do Código de Processo Civil, importa entendermos que, muito embora tenham sido implantadas

---

[2] Eis a precisa definição de Cândido Dinamarco para os julgamentos por amostragem: "Consiste esse mecanismo em técnicas mediante as quais, em caso de multiplicidade de recursos versando a mesma tese jurídica (recursos repetitivos), o Tribunal julga um desses recursos por amostragem, propagando-se o resultado desse julgamento aos demais" (*Vocabulário do processo civil*. São Paulo: Malheiros, 2009. n. 92, p. 178).

[3] É essa, como se sabe, a definição constante do art. 81, III, do Código de Defesa do Consumidor.

tão somente no final da última década[4], se inserem num movimento legislativo, iniciado ao menos dez anos antes, que objetiva a diminuição do número de recursos a serem julgados pelos tribunais de cúpula.

Como é cediço, ano após ano, depois de criado o Superior Tribunal de Justiça, o número de processos distribuídos tanto àquela corte quanto ao Supremo Tribunal Federal cresceu de forma exponencial.

Assim, por exemplo, segundo dados estatísticos oficiais, enquanto em 1989 foram distribuídos ao Superior Tribunal de Justiça 6.103 processos, este número cresceu para 14.087 no ano seguinte, seguidos de 23.368 em 1991. Nos períodos subsequentes, tal quantia cresceu exorbitantemente, atingindo a assustadora marca de 92.107 processos distribuídos em 1998[5].

No Supremo Tribunal Federal, a realidade não era muito diferente: se em 1990 foram distribuídos um total de 16.226 processos, e em 1991 a quantia de 17.567, já em 1992 o número subiu para 26.325. Da mesma forma que no STJ, o montante cresceu desenfreadamente, culminando em 50.273 feitos no ano de 1998[6].

Foi justamente na tentativa de amenizar o problema que, no ano de 1998, por meio da Lei 9.756, foi inserida, no Código de Processo Civil, a técnica da retenção dos recursos excepcionais originados de decisões interlocutórias (art. 542, § 3.º[7]), com o indisfarçável propósito de conter o número de processos distribuídos àquelas cortes[8].

---

[4] Em relação à repercussão geral, muito embora tenha sido inserida no texto constitucional pela EC 45/2004, apenas com a Lei 11.418/2006 passou a ser regulamentada no Código de Processo Civil, sendo exigível, porém, apenas após 3 de maio de 2007, data da publicação da Emenda Regimental 21, de 30 de abril de 2007 (STF, Pleno, AI 664.567 QO/RS, Rel. Min. Sepúlveda Pertence, *DJ* 05.09.2007). No que tange aos recursos especiais repetitivos, a técnica foi prevista na Lei 11.872/2008, resolução do STJ 7/2008.

[5] Dados constantes do *Relatório estatístico de 2012*, publicado pelo Superior Tribunal de Justiça. Disponível em: <http://www.stj.gov.br/webstj/Processo/Boletim/verpagina.asp?vPag=0&vSeq=185>. Acesso em: 16 maio 2013.

[6] Dados disponibilizados no *website* do Supremo Tribunal Federal. Disponível em: <http://www.stf.jus.br/portal/cms/verTexto.asp?servico=estatistica&pagina=REAIProcessoDistribuido>. Acesso em: 16 maio 2013.

[7] "Art. 542 [...] § 3.º O recurso extraordinário, ou o recurso especial, quando interpostos contra decisão interlocutória em processo de conhecimento, cautelar, ou embargos à execução ficará retido nos autos e somente será processado se o reiterar a parte, no prazo para a interposição do recurso contra a decisão final, ou para as contrarrazões".

[8] A mesma lei, como é cediço, adotou outras técnicas com finalidades semelhantes, como, por exemplo, a do julgamento monocrático nos tribunais, prevista no art. 557, destinada a agilizar a análise dos recursos.

A medida, contudo, mostrou-se completamente inócua: já em 1999, o número de processos distribuídos ao Superior Tribunal de Justiça subiu para 118.977, seguido de 150.738 no ano 2000, culminando em impressionantes 313.364 em 2007.

Também no Supremo Tribunal Federal a demanda continuou a aumentar: em 1999 foram distribuídos 54.437 processos, com um crescimento para 90.839 no ano 2000, até que, em 2007, atingiu-se o montante de 112.938.

Nesse meio tempo, aliás, a EC 45/2004 inseriu, em nossa ordem constitucional, a previsão das Súmulas Vinculantes (art. 103-A), que, entretanto, como demonstram os dados acima mencionados, em pouco contribuíram para a diminuição do número de processos naqueles Tribunais Superiores.

É justamente nesse contexto que se inserem as TIRC alinhavadas nos arts. 543-B e 543-C do Código de Processo Civil.

No que se refere, inicialmente, à repercussão geral, como mencionado, muito embora inserida na Constituição Federal por obra da EC 45/2004, apenas em 3 de maio de 2007 passou a ser exigida no Supremo Tribunal Federal. Quanto à sistemática dos recursos especiais repetitivos, inserida no Código de Processo Civil pela Lei 11.872/2008, foi regulamentada pela Resolução 7/2008 do Superior Tribunal de Justiça.

A novidade, contudo, é que, diferentemente do que se passou com as tentativas anteriores, acima relatadas, as novas técnicas efetivamente conseguiram reduzir a quantidade de processos que chegaram àquelas Cortes.

Em relação, primeiramente, ao Supremo Tribunal Federal, o número de processos distribuídos recuou dos já mencionados 112.938, em 2007, para 66.783, em 2008, o que representa uma redução de mais de 40%. Restringida a análise, aliás, apenas aos recursos extraordinários, o percentual é ainda maior: se em 2007 chegaram àquela corte 49.708, no ano seguinte tal montante baixou para 21.531, reduzindo-se, destarte, aproximadamente em 57%[9].

Também no Superior Tribunal de Justiça, embora mais tímida, a redução foi significativa: os processos distribuídos recuaram dos já citados 313.364, em 2007, para 271.521, em 2008. No que tange apenas aos recursos especiais, a redução foi de 104.219, em 2007, para 85.612, em 2008 (pouco menos de 18%)[10].

---

[9] A tendência prosseguiu nos anos seguintes, como demonstram os seguintes números de recursos extraordinários distribuídos ao STF: 8.348 (2009); 6.735 (2010); 6.288 (2011); e 6.042 (2012).

[10] Também nos anos subsequentes reduziu-se o número de recursos especiais chegados ao STJ, observado, no entanto, um breve aumento em 2011: 75.600 (2009); 54.596 (2010); 70.422 (2011); e 55.672 (2012).

O que fica claro, destarte, é que, mais que buscar uma uniformização na resolução das questões jurídicas, as técnicas individuais de repercussão coletiva têm como escopo reduzir o número de processos a serem julgados pelos Tribunais Superiores. Se, é fato, este propósito de racionalização mostra-se de certa forma salutar, a verdade é que, como veremos, a substituição da tutela coletiva por tais técnicas é extremamente danosa ao devido processo legal.

Passando, agora, às TCRI, são elas tipificadas, como já indicado, pela tutela jurisdicional coletiva para a proteção de direito individuais homogêneos, incorporada a nosso sistema processual em 1990, por obra do Código de Defesa do Consumidor (Lei 8.078/1990). Trata-se, como é cediço, de direitos que, embora sejam em essência individuais, recebem tratamento coletivo, justamente pelas vantagens que oferece tal modalidade de tutela processual.

Dessa forma, precipuamente para os casos em que exista relevância social, marcada por uma grande dimensão quantitativa de situações jurídicas oriundas do mesmo fundamento de fato e de direito, se tutela de forma única, molecular, direitos individuais, com ganhos não apenas em termos de economia processual e celeridade, mas sobretudo de uma adequada representação da coletividade.

3. COMPARAÇÃO DAS TIRC COM AS TCRI: A MANIFESTAÇÃO DE ALGUNS INSTITUTOS FUNDAMENTAIS DO DIREITO PROCESSUAL CIVIL

Como afirmado, muito embora se possa enxergar nas técnicas individuais de repercussão coletiva um propósito – de certa forme nobre – de buscar uma maior racionalização da atividade jurisdicional e uma maior uniformidade na resolução das questões de direito, o fato é que, se bem analisadas, acabam por "estrangular" a verdadeira tutela coletiva dos direitos, pela qual tanto militou a doutrina processual brasileira nos anos 1970 e 1980. Isso sem falar nas evidentes violações às garantias do processo.

É justamente no intuito de deixar clara tal circunstância que passamos a fazer uma breve comparação entre as TIRC e as TCRI, tendo como base a forma como nelas se manifestam alguns importantes institutos do direito processual.

Comecemos por analisar a *legitimidade ativa* em cada uma delas, com importantes reflexos na garantia do contraditório: em relação às técnicas coletivas, lembremos, antes de tudo, que a Lei de Ação Civil Pública outorga legitimidade a umas poucas entidades que, no entender do legislador, estariam em melhor condição de defender em juízo os interesses da coletividade[11]. Daí falar-se em legitimidade adequada.

---

[11] Eis a atual redação do art. 5.º da Lei 7.347/1985: "Art. 5.º Têm legitimidade para propor a ação principal e a ação cautelar: I – o Ministério Público; II – a Defensoria Pública; III – a

Parece não haver dúvidas de que, ao escolher aqueles entes como os que exerceriam o papel de defender em juízo a coletividade, o legislador levou em conta não apenas sua representatividade, mas, sobretudo, sua capacidade de bem defender os interesses dessa mesma coletividade.

Entendamos, aqui, que as discussões relativas a direitos individuais homogêneos travar-se-ão, quase sempre, com instituições de grande porte. Não outra é a razão pela qual seus atos repercutem na esfera de um número indeterminado de pessoas de molde a caracterizar a homogeneidade dos direitos.

E, juntamente com esse grande porte, vêm sempre uma grande estrutura e um grande poder de influência em prol das teses que lhes são favoráveis. É justamente por isso que tem importância que, no outro polo do processo, estejam órgãos ou entidades com igual capacidade técnica e política, como é o caso do Ministério Público[12].

Se, entretanto, inserirmos as técnicas individuais de repercussão coletiva nessa mesma realidade, a conclusão inescapável é a de que dificilmente aqueles que representarão a coletividade terão condições de fazê-lo adequadamente.

União, os Estados, o Distrito Federal e os Municípios; IV – a autarquia, empresa pública, fundação ou sociedade de economia mista; V – a associação que, concomitantemente: a) esteja constituída há pelo menos 1 (um) ano nos termos da lei civil; b) inclua, entre suas finalidades institucionais, a proteção ao meio ambiente, ao consumidor, à ordem econômica, à livre concorrência ou ao patrimônio artístico, estético, histórico, turístico e paisagístico".

[12] A esse respeito, relativamente às ações civis públicas ambientais, remetemos o leitor ao que escrevemos em recente obra: RODRIGUES, Marcelo Abelha. *Direito ambiental esquematizado*. São Paulo: Saraiva, 2013. n. 9.3.2, p. 428-430. O seguinte trecho bem retrata a problemática: "O 'problema' em questão é saber se o homem do povo, sozinho e isolado, conseguiria desenvolver em juízo a melhor defesa do meio ambiente. Enfim, importa saber se a fragilidade socioeconômica-técnica do cidadão existente no plano material em relação ao poluidor, agravada num país com alto índice de analfabetismo como o Brasil, refletir-se-ia na condução (melhor ou pior) do processo em prol do ambiente. Não é preciso muito esforço para se perceber a abissal desigualdade técnica, social e econômica do cidadão em relação aos grandes poluidores. A diferença não é só financeira, o que por si só justificaria 'repensar' se vale a pena deixar o cidadão como titular da condução do processo ambiental (o mais abastado tem condições de contratar advogados mais especializados, mais competentes e acostumados com esse tipo de demanda). Agrega-se à hipossuficiência econômica também a técnica, porque normalmente o poluidor detém (e não raramente sonega) informações e dados sigilosos que dizem respeito às suas atividades e à prática da poluição em si. Assim, é a partir de problemas como esses que emerge o questionamento consistente em saber se é melhor para a sociedade (povo) – titular do meio ambiente ecologicamente equilibrado – permitir que a condução das demandas ambientais seja feita pelo cidadão comum ou, ao revés, se é preferível, do ponto de vista da concretização do devido processo legal, entregar a condução do processo a entes jurídicos que existam para tal finalidade".

Pensemos, por exemplo, que uma multiplicidade de consumidores esteja discutindo certa questão federal com entidades bancárias. A presidência (ou vice-presidência) de um dos tribunais estaduais, ao perceber o grande número de recursos especiais interpostos relativos a essa mesma questão, então, aplicando a regra do art. 543-C, § 1.º, seleciona um (ou alguns) como representativos da controvérsia, encaminhando-os ao Superior Tribunal de Justiça.

Nesse caso, aquele ou aqueles que travarão tão difícil disputa com as entidades bancárias serão nada mais que consumidores, naturalmente hipossuficientes diante de tão poderosas instituições.

Será, então, que esses indivíduos poderão representar adequadamente toda aquela multidão que está a aguardar a decisão a ser tomada no STJ para que possam ver solucionadas suas causas? A resposta, segundo nos parece, é negativa. E isso, como parece óbvio, viola gravemente as garantias do contraditório e da ampla defesa, que têm, na paridade de armas, um de seus mais importantes corolários.

Prossigamos: façamos, agora, uma comparação entre o regime da *coisa julgada* das verdadeiras ações coletivas com o *efeito vinculante* das decisões proferidas nos julgamentos por amostragem.

Uma das grandes preocupações presentes em nosso microssistema de tutela coletiva foi criar um regime para a coisa julgada que, ao mesmo tempo em que possibilitasse a efetividade da tutela coletiva – daí sua projeção *ultra partes* –, não violasse as garantias do contraditório e, mais ainda, do amplo acesso à justiça daqueles que desejassem litigar individualmente.

Por isso, em relação aos direitos individuais homogêneos, a coisa julgada é *secundum eventum litis*. Isto é: o que se decidir apenas alcança os indivíduos para beneficiá-los; nunca para prejudicá-los[13]. É este o sentido da regra do inciso III e §

---

[13] É o que ensina Ada Pellegrini Grinover: "Assim, no juízo de valor que antecedeu à escolha do legislador, verificava-se que a extensão da coisa julgada a terceiros, que não foram pessoalmente parte do contraditório, ofereceria riscos demasiados, calando fundo nas relações intersubjetivas, quando se tratasse de prejudicar direitos individuais; além disso, o esquema brasileiro da legitimação poderia suscitar problemas de constitucionalidade, na indiscriminada extensão subjetiva do julgado, por infringência ao contraditório. Foi por isso que o Código de Defesa do Consumidor agasalhou o regime da extensão da coisa julgada a terceiros, que não foram parte do processo, apenas para beneficiá-los. É a coisa julgada, *ultra partes* ou *erga omnes*, em caso de procedência da demanda, mantida a faculdade de os interessados, a título individual, ajuizarem sua ação pessoal, em caso de sentença desfavorável ao autor coletivo. Tudo, ainda, com o temperamento da inexistência de coisa julgada, na hipótese de rejeição da demanda coletiva, por insuficiência de provas. A solução da lei leva em conta todas as circunstâncias apontadas, visando harmonizar a índole da coisa julgada nas ações coletivas e sua necessária extensão a terceiros com as garantias do devido processo legal, do contraditório e da ampla defesa (art. 5.º, LIV e LV

3.º do art. 103 do Código de Defesa do Consumidor[14]. A coletividade apenas será afetada quando lhe for favorável a decisão. Caso contrário, estar-se-ia violando a garantia do contraditório e do acesso à justiça.

Vejamos, agora, o que ocorre com a sistemática dos recursos repetitivos: no mesmo exemplo que acabamos de dar, sendo o resultado favorável ou não, estarão os consumidores vinculados à decisão do Superior Tribunal de Justiça. E isso sem que houvessem tido a menor oportunidade de influir em seu teor e, o que é pior, sem qualquer garantia de que aqueles que os representava podia fazê--lo de forma adequada.

Passemos, por fim, a uma questão que, a nosso ver, demonstra com clareza uma absurda violação ao acesso à justiça: a obrigatoriedade ou não da suspensão dos processos individuais em virtude da discussão coletiva.

Como é cediço, ajuizada uma ação coletiva para defesa de direitos individuais homogêneos, não há qualquer impedimento ao prosseguimento das demandas singulares que porventura tratem da mesma questão.

Não é outro o sentido da regra do art. 104 do Código de Defesa do Consumidor: possibilitar que o demandante singular se submeta, se assim desejar, ao resultado do processo coletivo. Não passou pelas ideias dos grandes idealizadores deste sistema impedir os indivíduos de litigar isoladamente. Caso contrário, violar-se-ia a garantia de acesso à justiça. Só assim, ainda, se compatibiliza adequadamente o individual com o coletivo.

Vejamos, agora, a sistemática dos recursos repetitivos: nos termos dos parágrafos 1.º do art. 543-B e 543-C, uma vez selecionados os recursos excepcionais que servirão de paradigma, todos os demais permanecerão sobrestados, aguardando o posicionamento da Corte Superior.

---

da CF), as quais obstam a que o julgado possa desfavorecer aquele que não participou da relação jurídico-processual, sem o correlato, efetivo controle sobre a *representatividade adequada* e sem a segurança da efetiva possibilidade de utilização das técnicas de intervenção no processo e de exclusão da coisa julgada" (*Código brasileiro de defesa do consumidor* – comentado pelos autores do anteprojeto. 9. ed. Rio de Janeiro: Forense Universitária, 2007. p. 930-931).

[14] "Art. 103. Nas ações coletivas de que trata este código, a sentença fará coisa julgada: [...] III – *erga omnes*, apenas no caso de procedência do pedido, para beneficiar todas as vítimas e seus sucessores, na hipótese do inciso III do parágrafo único do art. 81. [...] § 3.º Os efeitos da coisa julgada de que cuida o art. 16, combinado com o art. 13 da Lei n.º 7.347, de 24 de julho de 1985, não prejudicarão as ações de indenização por danos pessoalmente sofridos, propostas individualmente ou na forma prevista neste código, mas, se procedente o pedido, beneficiarão as vítimas e seus sucessores, que poderão proceder à liquidação e à execução, nos termos dos arts. 96 a 99".

O grande problema é que os Tribunais Superiores simplesmente não cumprem a lei. Isso mesmo: acabam eles por extrapolar em muito o poder que a sistemática legal lhes dá, e determinam a suspensão de processos que não se encontram em fase de recurso especial ou extraordinário.

É exatamente o que ocorreu com os processos relativos aos chamados expurgos inflacionários nos períodos dos planos Bresser, Verão, Collor I e Collor II. Reconhecida a repercussão geral para cada um desses planos, o Supremo Tribunal Federal teve por bem determinar a suspensão da tramitação de todos os processos em tramitação no território nacional que versassem da mesma matéria, exceto aqueles que estivessem em fase instrutória ou de execução definitiva[15].

Tal possibilidade não está prevista no art. 543-B. O que prevê, seu § 1.º[16], é tão somente a suspensão dos recursos extraordinários que versem sobre a mesma questão. O mesmo se diga em relação ao art. 543-C, § 1.º[17], relativo aos recursos especiais.

Há, é certo, a previsão do art. 328 do Regimento Interno do STF[18] que permite ao relator e a seu Presidente "sobrestar todas as demais causas com questão idêntica".

Não nos afigura possível, todavia, que tal matéria fosse regulada por meio de norma regimental, uma vez que é questão indiscutivelmente afeita à relação jurídica processual e aos poderes e sujeições que atingem os sujeitos que dela fazem parte.

Ainda, porém, que houvesse sido tal norma veiculada por meio de lei, seria esta uma lei, a nosso ver, extremamente inoportuna: se é certo que as técnicas de "coletivização" de demandas individuais podem oferecer vantagens à tutela dos diretos, não vemos como se possa impedir aquele que deseje litigar individualmente. É clara, aqui, a agressão à garantia do amplo acesso à justiça.

---

[15] Quanto aos planos Bresser e Verão, a suspensão foi determinada pelo Min. Dias Toffoli no julgamento do RE 626.307/SP. Também de sua excelência partiu a ordem relativamente ao plano Collor I (RE 591.797/SP). Para o plano Collor II, ver decisão monocrática de lavra do Min. Gilmar Mendes no AI 754.745/SP.

[16] "Art. 543-B. [...] § 1.º Caberá ao Tribunal de origem selecionar um ou mais recursos representativos da controvérsia e encaminhá-los ao Supremo Tribunal Federal, sobrestando os demais até o pronunciamento definitivo da Corte".

[17] "Art. 543-C. [...] § 1.º Caberá ao presidente do tribunal de origem admitir um ou mais recursos representativos da controvérsia, os quais serão encaminhados ao Superior Tribunal de Justiça, ficando suspensos os demais recursos especiais até o pronunciamento definitivo do Superior Tribunal de Justiça".

[18] "Art. 328. Protocolado ou distribuído recurso cuja questão for suscetível de reproduzir-se em múltiplos feitos, a Presidência do Tribunal ou o(a) Relator(a), de ofício ou a requerimento da parte interessada, comunicará o fato aos tribunais ou turmas de juizado especial, a fim de que observem o disposto no art. 543-B do Código de Processo Civil, podendo pedir-lhes informações, que deverão ser prestadas em 5 (cinco) dias, e *sobrestar todas as demais causas com questão idêntica*".

4. A QUEM INTERESSA A SUBSTITUIÇÃO DAS TCRI PELAS TIRC? UM DURO GOLPE AOS HIPOSSUFICIENTES E AO PROCESSO CIVIL CONSTITUCIONAL

Em 31 de março de 2011, o Conselho Nacional de Justiça divulgou o relatório dos 100 maiores litigantes da justiça brasileira[19]. Trata-se de um documento importantíssimo, único, que demonstra quem são os demandantes em cada um dos setores do Poder Judiciário, e que deve servir de base para a gestão e o planejamento de ações, administrativas e legislativas, para melhorar o rendimento de nossa justiça.

Segundo tais dados, o Instituto Nacional do Seguro Social (INSS) é o maior litigante nacional, sendo parte em nada menos que 22,3% dos processos. Na sequência vêm a Caixa Econômica Federal (8,5%) e a Fazenda Nacional (7,4%). Já na justiça trabalhista, a União é a maior litigante, com 16,7% das demandas.

O dado mais interessante, entretanto, é o de que nada menos que 95% do total de processos são protagonizados pelo setor público (estadual, federal e municipal), por bancos e por empresas de telefonia.

O que fica claro, disso tudo, é a existência do que podemos chamar de *litigantes habituais*, responsáveis pela imensa maior parte do trabalho que se exige do Poder Judiciário brasileiro. Tais entidades, como parece claro, têm uma estrutura consentânea com o volume de demandas de que participam, em muito superior ao assessoramento jurídico e à capacidade financeira de que dispõem os cidadãos comuns.

Pior do que isso, porém, é perceber que, ao mesmo tempo em que contribuem com o assoberbamento do Poder Judiciário, essas mesmas entidades acabam por se beneficiar da morosidade que dele decorre.

No caso das entidades bancárias, por exemplo, a conta é muito simples: partindo-se da premissa de que a quase totalidade das demandas em que se envolvem decorrem de crises de adimplemento (obrigações de pagar quantia ou nelas convertível), é certamente lucrativo para os bancos protelar ao máximo a entrega da tutela jurisdicional – ainda que para ao final saírem derrotados –, mantendo consigo o ativo financeiro até o último momento em que possível, obtendo vantagens com sua utilização em sua atividade-fim que em muito compensam se comparadas aos juros e encargos moratórios.

Acabam, assim, por valer-se do tempo de demora do processo e do dano marginal por eles mesmos causado, para beneficiar-se em sua atividade-fim. Por

---

[19] CONSELHO NACIONAL DE JUSTIÇA. *100 maiores litigantes*. Disponível em: <http://www.cnj.jus.br/images/pesquisas-judiciarias/pesquisa_100_maiores_litigantes.pdf>. Acesso em: 16 maio 2013.

muitas vezes, aliás, justamente devido a essa demora, obtêm um acordo judicial com valores menores que aquele que seria devido em caso de julgamento desfavorável.

Já o cidadão comum, como parece óbvio, não tem a menor possibilidade de gozar de semelhantes vantagens: além de muitas vezes contar com assessoria jurídica precária, o que torna quase impossível transpor as inúmeras barreiras que se colocam ao acesso aos Tribunais Superiores, dificilmente gozam de recursos suficientes para manter-se por tanto tempo em um processo judicial. Acabam, muitas vezes, vencidos pelo cansaço.

Em tal quadro, parece-nos que as técnicas coletivas para a defesa de direitos individuais homogêneos são o único caminho capaz de inverter essa lógica: além de contribuir para a diminuição do número de processos – justamente pelo tratamento molecular que dão aos direitos singulares –, permitem que a coletividade esteja devidamente representada, por meio de entidades capazes de disputar, em condições de igualdade, com os litigantes habituais.

E isso, com o devido respeito aos que pensam em sentido contrário, as técnicas individuais de repercussão coletiva não conseguem oferecer. Se, é certo, podem contribuir para a diminuição dos processos, não permitem uma adequada representação dos inúmeros indivíduos interessados. Mais uma vez, saem ganhando os litigantes habituais, que têm a possibilidade de, de uma só vez, fazer prevalecer as teses que lhes são favoráveis, em discussões travadas com quem não tem a mínima condição de enfrentá-los.

É de se lembrar, aliás, que, ao contrário do que se passa com o regime da coisa julgada coletiva, as decisões, nas TIRC, podem prejudicar os indivíduos, que não chegaram sequer a participar de sua formação. E isso, não há dúvidas, viola o princípio do contraditório.

O fato, assim, é que, para os litigantes habituais, hipersuficientes, é muito mais arriscado ser réu numa ação coletiva – proposta, por exemplo, pelo Ministério Público – e ver o resultado espraiar-se *erga omnes* para toda a comunidade do que ser demandado por cada um dos indivíduos interessados, e, no julgamento de apenas um recurso, fazer prevalecer tese que lhe é favorável, valendo tal resultado para todos os demais processos.

5. CONCLUSÃO

Talvez o aspecto mais preocupante nisso tudo é o de que não se tem dado a devida atenção aos problemas que buscamos apontar. Louvam-se os benefícios que as técnicas individuais de repercussão coletiva podem trazer em termos de uniformização e agilidade dos julgamentos, sem se atentar, entretanto, para o grave comprometimento aos princípios constitucionais.

Enquanto, porém, os Tribunais Superiores preocupam-se com os absurdos números de processos que a eles chegam, os poderosos litigantes habituais beneficiam-se de técnicas criadas para tentar solucionar o problema de assoberbamento por eles mesmos criado.

Não se está, aqui, a desprezar por completo a utilidade que as técnicas individuais de repercussão coletiva possam ter, especialmente na racionalização do julgamento dos processos. Os números a que nos referimos demonstram sua capacidade para tanto. Mas isso não pode ser feito em total atropelo às garantias constitucionais do processo, prejudicando hipossuficientes e beneficiando os litigantes habituais.

Mais importante, porém, que criar técnicas como essas, seria dar real efetividade à verdadeira tutela coletiva dos direitos, pela qual tanto militou a doutrina brasileira nas décadas de 1970 e 1980. Esta, sim, é capaz não apenas de dar maior rendimento à atividade do Poder Judiciário, mas sobretudo possibilitar a adequada tutela dos direitos da coletividade.

Já temos, no direito brasileiro, um sistema processual coletivo. Falta dar-lhe aplicação.

Para finalizar, fazemos referência ao julgamento do Recurso Especial 911.802/RS. Discutia-se a cobrança de assinatura básica por empresa fornecedora de serviço de telefonia, ocasião em que a 1.ª Seção do Superior Tribunal de Justiça entendeu, por maioria de votos, por sua legalidade[20]. O Eminente Ministro Herman Benjamin, então relator, prolatou brilhante voto vencido, no qual demonstrou o absurdo da situação, na linha do que aqui alertamos:

> "Não se resiste aqui à tentação de apontar o paradoxo. Enquanto o ordenamento jurídico nacional nega ao consumidor-indivíduo, sujeito vulnerável, legitimação para a propositura de ação civil pública (Lei 7347/1985 e CDC), o STJ, pela porta dos fundos, aceita que uma demanda individual – ambiente jurídico-processual mais favorável à prevalência dos interesses do sujeito hiperpoderoso (*in casu* o fornecedor de serviço de telefonia) – venha a cumprir o papel de ação civil pública às avessas, pois o provimento em favor da empresa servirá para matar na origem milhares de demandas assemelhadas – individuais e coletivas. Aliás, em seus Memoriais, foi precisamente esse um dos argumentos (a avalanche de ações individuais) utilizado pela concessionária para justificar uma imediata intervenção da Seção.

---

[20] Trata-se, inclusive, de um dos julgados paradigmas que inspiraram a edição da Súmula 356 do STJ ("É legítima a cobrança da tarifa básica pelo uso dos serviços de telefonia fixa"), que, hoje, orienta a resolução da questão nos tribunais pátrios.

Finalmente, elegeu-se exatamente a demanda de uma consumidora pobre e negra (como dissemos acima, triplamente vulnerável), destituída de recursos financeiros para se fazer presente fisicamente no STJ, por meio de apresentação de memoriais, audiências com os Ministros e sustentação oral.

Como juiz, mas também como cidadão, não posso deixar de lamentar que, na argumentação(?) oral perante a Seção e também em visitas aos Gabinetes, verdadeiro monólogo dos maiores e melhores escritórios de advocacia do País, a voz dos consumidores não se tenha feito ouvir. Não lastimo somente o silêncio de D. Camila Mendes Soares, mas sobretudo a ausência, em sustentação oral, de representantes dos interesses dos litigantes-sombra, todos aqueles que serão diretamente afetados pela decisão desta demanda, uma gigantesca multidão de brasileiros (mais de 30 milhões de assinantes) que, por bem ou por mal, pagam a conta bilionária da assinatura-básica (lembro que só a recorrente, Brasil Telecom, arrecada, anualmente, cerca de três bilhões e meio de reais com a cobrança dessa tarifa – cfr. www.agenciabrasil.gov.br, notícia publicada em 8.6.2007)."

6. REFERÊNCIAS BIBLIOGRÁFICAS

BAHIA, Alexandre; NUNES, Dierle; THEODORO JR., Humberto. Breves considerações sobre a politização do *Judiciário* e sobre o panorama de aplicação no direito brasileiro – Análise da convergência entre o *civil law* e o *common law* e dos problemas da *padronização decisória*. Revista de processo, São Paulo: RT, n. 189, 2010.

CONSELHO NACIONAL DE JUSTIÇA. *100 maiores litigantes.* Disponível em: <http://www.cnj.jus.br/images/pesquisas-judiciarias/pesquisa_100_maiores_litigantes.pdf>. Acesso em: 16 maio 2013.

CUNHA, Leonardo José Carneiro da. O regime processual das causas repetitivas. *Revista de Processo*, São Paulo: RT, n. 179, 2010.

DINAMARCO, Cândido Rangel. *Vocabulário do processo civil*. São Paulo: Malheiros, 2009.

GRINOVER, Ada Pellegrini *et alii*. *Código brasileiro de defesa do consumidor – comentado pelos autores do anteprojeto*. 9. ed. Rio de Janeiro: Forense Universitária, 2007.

RODRIGUES, Marcelo Abelha. *Direito ambiental esquematizado*. São Paulo: Saraiva, 2013.

SUPERIOR TRIBUNAL DE JUSTIÇA. *Relatório estatístico de 2012.* Disponível em: <http://www.stj.gov.br/webstj/Processo/Boletim/verpagina.asp?vPag=0&vSeq=185>. Acesso em: 16 maio 2013.

SUPREMO TRIBUNAL FEDERAL. *Estatísticas do STF.* Disponível em: <http://www.stf.jus.br/portal/cms/verTexto.asp?servico=estatistica&pagina=REAIProcessoDistribuido>. Acesso em: 16 maio 2013.

22

A REPERCUSSÃO GERAL DA QUESTÃO CONSTITUCIONAL: O CARÁTER CONSTITUCIONAL DA ATRIBUIÇÃO E TRÁFEGO JURÍDICO--PATRIMONIAIS DA PROPRIEDADE INDUSTRIAL

MARCELLO SOARES CASTRO
Mestrando em Direito pela PUC-SP. Professor Assistente do Curso de Direito da PUC-SP. Pesquisador do Núcleo de Direito Processual da PUC-SP e pesquisador convidado do Núcleo de Direito Processual Contemporâneo – NPC-UFMA. Membro do Conselho Nacional de Pesquisa e Pós-Graduação em Direito – CONPEDI e da Associação Brasileira da Propriedade Intelectual – ABPI.

SUMÁRIO: 1. Considerações introdutórias – 2. A função diretiva da constituição federal e os direitos de propriedade industrial – 3. A missão do Supremo Tribunal Federal – 4. Recurso extraordinário; 4.1 Previsão constitucional e infraconstitucional do recurso extraordinário; 4.2 Processamento do recurso extraordinário: juízo de admissibilidade e juízo de mérito – 5. Repercussão geral e demais qualificadores/óbices do recurso extraordinário; 5.1 Repercussão geral: *previsão constitucional e infraconstitucional, finalidades e natureza jurídica;* 5.2 Critérios interpretativos da repercussão geral – 6. O debate dos direitos de propriedade industrial via recurso extraordinário; 6.1 Argumentos pela existência de repercussão geral nas questões referentes aos direitos de propriedade industrial; 6.2 Conformação constitucional da "obtenção/nulidade" e "exercício" dos direitos de propriedade industrial; 6.2.1 Debates sobre a obtenção/nulidade do direito de propriedade industrial; 6.2.2 Debates sobre o exercício do direito de propriedade industrial; 6.3 Números da "propriedade industrial" no STF – 7. Conclusão – Referências bibliográficas.

1. CONSIDERAÇÕES INTRODUTÓRIAS

A demonstração da repercussão geral da questão constitucional, ventilada por via recursal extraordinária, é considerada instrumento ou mecanismo de filtragem recursal. Sua finalidade não se restringe somente em resolver problemas de sobrecargas de feitos no Supremo Tribunal Federal, mas destacadamente conferir qualidade ao manejo do recurso extraordinário e a julgamentos daquela Corte Constitucional; é esse o desígnio da exigência que foi instituída pela Emenda Constitucional 45, de 8 de dezembro de 2004.

Neste ensaio, o nosso intuito foi analisar a repercussão geral como filtro qualificador do recurso extraordinário e do julgamento do Supremo, sendo que realizamos esse exame a partir de um dos direitos fundamentais, expressamente disposto na Constituição Federal: direitos de propriedade industrial.

Com esse propósito, inicialmente dissertamos acerca da função diretiva da Constituição Federal, e como isso deve ser concretizado tendo em vista os direitos de propriedade industrial, sendo que, posteriormente, tratamos do que entendemos ser a missão do Supremo Tribunal Federal.

Noutro momento, examinamos alguns aspectos do recurso extraordinário, como sua previsão constitucional e infraconstitucional, processamento, juízo de admissibilidade e juízo de mérito, até alcançarmos o tema central de estudo: a repercussão geral.

Para tanto, distinguimos aquilo que consideramos como filtros qualificadores e óbices, frente ao recurso extraordinário. Somente depois de realizar essa reflexão, analisamos a repercussão geral e os critérios identificadores da sua existência ou inexistência.

Seguindo tais critérios, passamos a debater os limites e possibilidades da análise de questões referentes aos direitos de propriedade industrial via recurso extraordinário, destacando argumentos pela existência ou inexistência de repercussão geral, tendo em vista o ambiente decisional, no qual aqueles direitos se encontravam inseridos.

2. A FUNÇÃO DIRETIVA DA CONSTITUIÇÃO FEDERAL E OS DIREITOS DE PROPRIEDADE INDUSTRIAL

A Constituição Federal (CF/1988), como *ordem jurídica fundamental da coletividade*, deve empreender a realização de três funções: *integração, organização e direção jurídica*.

Esta última – *direção jurídica* – mantém relação direta com o que identificamos como direitos fundamentais[1], devendo dotá-los de força vinculante para todo

---

[1] CANOTILHO, J. J. Gomes. *Direito Constitucional e Teoria da Constituição*. 5. ed. Coimbra: Almedina, 2002. p. 391. "As expressões 'direitos do homem' e 'direitos fundamentais' são

o ordenamento jurídico[2]. Não obstante, a análise constitucional deve ir além dos limites dos direitos constitucionais, passando pela noção de Estado Democrático de Direito (art. 1.º) e dignidade da pessoa humana (art. 1.º, III), passando pelo direito ao desenvolvimento entre os fundamentos da República (art. 3.º, II).

O *direito à propriedade industrial*, que incide sobre os bens imateriais resultantes das criações do espírito humano, como categoria dogmática, inclui-se neste rol de direitos fundamentais, porém, mais que isso, tanto da perspectiva da atribuição patrimonial quanto do tráfego jurídico e do exercício do direito, recaem no âmbito de outros dispositivos constitucionais e, por isso, a importância de se examinar a análise do Supremo Tribunal Federal (STF) quando questões atinentes àquele direito alcançam a jurisdição extraordinária.

Sedimentando esse raciocínio, importa destacar que o direito de *propriedade* está visivelmente previsto na Carta Federal de 1988, em seu art. 5.º, indicando que "todos são iguais perante a lei, sem distinção de qualquer natureza, garantindo aos brasileiros e aos estrangeiros residentes no país a inviolabilidade do direito (...) à propriedade".

Tal disposição – mesmo fazendo referência expressa somente aos direitos à propriedade (se partimos de uma hermenêutica instrumental do conceito de propriedade) – já seria, a princípio, suficiente, a nosso entender, para caracterizar os *direitos de propriedade industrial* como fundamentais. Mas o constituinte conferiu destaque a tais direitos de exclusividade sobre criações de fundo, de forma e sinais distintivos, indicando no art. 5.º, XXIX da Carta Republicana que "a lei assegurará aos autores de inventos industriais privilégio temporário para sua utilização, bem como proteção às criações industriais, à propriedade das marcas, aos nomes de empresas e a outros signos distintivos, tendo em vista o interesse social e o desenvolvimento tecnológico e econômico do País".

A leitura de tal dispositivo constitucional nos permite considerar que o constituinte, além de conceder o caráter de direito fundamental aos direitos de *patentes, desenhos industriais, marcas, indicações geográficas e repressão à concorrência desleal*, sujeita esses diretos patrimoniais ao *interesse social e ao desenvolvimento*

---

frequentemente utilizadas como sinônimas. Segundo a sua origem e significado poderíamos distingui-las da seguinte maneira: direitos do homem são direitos válidos para todos os povos e em todos os tempos (dimensão jusnaturalista-unversalista); direitos fundamentais são os direitos do homem, jurídico-institucionalmente garantidos e limitados espacio--temporalmente. Os direitos do homem arrancariam da própria natureza humana e daí o seu caráter inviolável, intemporal e universal; os direitos fundamentais seriam os direitos objetivamente vigentes numa ordem jurídica concreta".

[2] NERY JUNIOR, Nelson. *Princípios do processo civil na Constituição Federal:* processo civil, penal e administrativo. 9. ed. São Paulo: RT, 2009. p. 38.

tecnológico e econômico do Brasil, ratificando a aplicação sistêmica dos objetivos fundamentais da República (art. 4.º).

Sendo assim, não existem apenas faculdades impostas àquele que se afirma detentor de direitos de propriedade industrial, mas, partindo da emissão de normas de conformação de direitos fundamentais[3], existe também a busca da concretização desse direito frente à sociedade e, concomitantemente, limites impostos a tais direitos em favor desta.

Portanto, parte-se da premissa de que os direitos de propriedade industrial (DPIs) são direitos subjetivos patrimoniais constitucionalmente estabelecidos como direitos fundamentais, além de exigirem eficácia vertical e horizontal[4] quando aplicados, demandam, ainda, uma hermenêutica conformadora de seus limites e faculdades. Sem isso, a imprecisão pode conduzir a uma disseminação descontrolada tanto da insuficiência de proteção como do abuso deste, com efeitos antiempreendedores deletérios aos objetivos fundamentais da República, especialmente a garantia do desenvolvimento.

Nesse raciocínio, é missão do STF *lapidar a pauta de conduta interpretativa sobre os direitos de propriedade industrial*, evidenciando de pronto que as questões constitucionais que, porventura, sejam debatidas, via recurso extraordinário – sobre estes direitos –, são detentoras de *repercussão geral*, portanto merecem a atenção e o julgamento desta Corte Constitucional.

A conformação (concretização ou adaptação) à vida real torna-se possível a partir do momento em que os setores público e privado obedecem à diretriz de respeito à função social e ao desenvolvimento tecnológico e econômico, no dispositivo constitucional supracitado.

Com relação ao direito ao desenvolvimento, outros dispositivos constitucionalmente previstos também tratam dos direitos de propriedade industrial, como os arts. 218 e 219, que preceituam: "o Estado promoverá e incentivará o desenvolvimento científico, a pesquisa e a capacitação tecnológicas"; e que "o mercado

---

[3] Nesse sentido, Alexandre Reis Siqueira Freire afirma que as normas de conformação – ou de configuração – referentes aos direitos fundamentais complementam, concretizam, definem o conteúdo de proteção do direito fundamental, dando-lhe precisão. FREIRE, Alexandre Reis Siqueira. *Eficácia dos Direitos Fundamentais nas relações entre particulares*. 2004. Dissertação (Mestrado em Direito) – Universidade Federal do Paraná. Curitiba, 2004.

[4] Sobre o tema, em coautoria com Alexandre Reis Siqueira Freire, já realizamos um estudo no qual analisamos a *eficácia dos direitos fundamentais* e as *técnicas processuais de proteção dos direitos de propriedade industrial*. Verificar em FREIRE, Alexandre Reis Siqueira; CASTRO, Marcello Soares Castro. Direitos de propriedade intelectual e a exigência de tutela jurisdicional efetiva. *Revista de Processo*, São Paulo: RT, v. 209, 2012.

interno integra o patrimônio nacional e será incentivado de modo a viabilizar o desenvolvimento cultural e socioeconômico, o bem-estar da população e a autonomia tecnológica do País, nos termos de lei federal".

A breve recuperação dessas normas constitucionais, bem como as articulações com as respectivas categorias dogmáticas, serve para destacar que os *direitos de propriedade industrial* são considerados *direitos fundamentais*. Além disso, evidencia-se a *importância conferida pelo constituinte à tarefa de dotá-los de força vinculante* em face do ordenamento jurídico, assim como em toda decisão em que tais direitos encontram-se na pauta de discussão.

Esclarecemos sobre o caráter fundamental dos direitos de propriedade industrial, antes mesmo de tratarmos das questões eminentemente processuais referentes à repercussão geral, para que o leitor, ao examinar o que escreveremos nas linhas subsequentes, realize uma análise dos institutos processuais tratados à luz do direito material que se pretende ver realizado.

E, se ao STF foi conferida a missão de intérprete último de guardião da Constituição Federal, este deve exercê-la sempre que o debate girar em torno de questões atinentes à integração, à organização e à direção jurídica.

Destacadamente, visualizando o tema abordado neste ensaio, já expomos o nosso entendimento de que o *exercício desta missão de guardião da Constituição deve ocorrer quando essas questões referirem-se aos direitos de propriedade industrial e alcançarem o STF por via recursal*.

3. A MISSÃO DO SUPREMO TRIBUNAL FEDERAL

A estrutura do Poder Judiciário brasileiro, tendo em vista a disposição dos órgãos instituídos para dizer o direito e concretizar a tutela jurisdicional, obedece a uma lógica na qual se encontram, na base, as instâncias ordinárias; sobrepostas a estas figuram as instâncias especiais; e, no ápice, está posto o STF.

Portanto, o STF é o órgão de cúpula do Poder Judiciário, podendo ser identificado como *aquele que profere a última palavra no que diz respeito à interpretação do texto constitucional*, atuando como *guardião da Constituição*[5].

Ao refletirmos sobre a ideia de sobreposição entre tribunais, podemos afirmar que aqueles que, topologicamente, se encontram postos diferenciadamente

---

[5] Mesmo reconhecendo que pela via recursal o STF e o STJ detêm competências paralelas – aquele para julgar recursos extraordinários sobre questões referentes a direito constitucional, enquanto este julga questões de direito infraconstitucional via recurso especial –, não há como deixar de identificar o STF como órgão de cúpula do Poder Judiciário, na medida em que a este foi atribuída a missão de intérprete último da Constituição.

acima dos demais, desempenham funções de *revisores e instrutores interpretativos*. São esses tribunais que, além de julgar recursos[6] ou outros meios de impugnação, desempenham a importante missão de apresentar *pautas de conduta interpretativa* aos demais órgãos do Poder Judiciário.

Utilizamos o termo "revisor" na sua acepção mais abrangente para designar a função que os tribunais detêm de concretizar o *devido processo legal* por meio do *duplo grau de jurisdição*; ou seja, ocorrendo o *efeito devolutivo* inerente aos recursos, o recorrente pleiteia outra manifestação do Poder Judiciário sobre as questões decididas. Em regra, esse pleito é direcionado a um órgão superior – Tribunais de Justiça ou Tribunais Regionais Federais –, podendo ser, posteriormente, direcionado aos tribunais de sobreposição – como o STF.

Contudo, observando a utilização do termo "revisor", quando nos referimos a tribunais como o STF, há que se esclarecer que esta *revisão* é direcionada somente às questões de direito, não ocorrendo reexame da causa. Isto importa na medida em que cortes como o STF devem exercer, precipuamente, função paradigmática em face dos demais órgãos do Poder Judiciário, conferindo atenção às *questões de direito*, deixando para as instâncias ordinárias o exame ou reexame da causa.

Como esclarece Barbosa Moreira, o recurso extraordinário não acarreta o reexame da causa pelo STF. Por isso, afirma-se que a apelação possibilita o reexame da causa, dada sua dimensão devolutiva; já o recurso extraordinário, noutra medida, é recurso de devolutividade restrita, permitindo somente o reexame de questões de direito, ou como prefere o autor supracitado, "nele unicamente se discutem *quaestiones iuris*, e destas apenas as relativas ao direito federal" (destaque do original)[7].

Portanto, quando nos referimos à *função revisora* exercida pelo STF, por impugnação, via recurso extraordinário, restringimos esse reexame às questões de direito, mesmo reconhecendo a dificuldade em diferenciar questões de fato e questões de direito.

A função de "instrutor interpretativo" mantém relação direta com o que identificamos como *missão institucional de apresentar pautas de conduta interpretativa relativas à Constituição Federal* – no caso do STF.

A "pauta de conduta" é uma das formas de compatibilização interpretativa, pois apresenta determinada *interpretação sobre um texto*, assim como uma *solução*

---

[6] Supremo Tribunal Federal: recurso extraordinário; Superior Tribunal de Justiça e Tribunal Superior Eleitoral: recurso especial; Tribunal Superior do Trabalho: recursos de revista.
[7] BARBOSA MOREIRA, José Carlos. *Comentários ao Código de Processo Civil, Lei n.º 5.869, de 11 de janeiro de 1973, vol. V; arts. 476 a 565*. 15. ed. Rio de Janeiro: Forense, 2009. p. 585.

isonômica a conflitos identificados como semelhantes e inseridos em ambientes decisionais também semelhantes[8].

É uma forma diferenciada de concretizar a racionalidade de um sistema jurídico, pois nestes termos esta ocorrerá não apenas pela compatibilização das normas existentes no ordenamento, mas a partir da compatibilização das normas jurídicas decorrentes do julgamento dos casos concretos[9].

Destarte, isso esclarece que o STF é o órgão que se encontra no ápice da estrutura do Poder Judiciário, responsável, *precipuamente, pela guarda da Constituição Federal.*

No que interessa para este ensaio, o exercício da guarda da Constituição Federal poderá ocorrer quando o STF *julgar, mediante recurso extraordinário, as causas decididas em única ou última instância, quando a decisão recorrida contrariar dispositivo constitucional, ou incorrer noutras variáveis que também ocasionarem interpretação contrária a dispositivo constitucional.*

---

[8] É inadmissível que a "liberdade de decidir" seja encarada somente como poder do juiz, sem que seja adotada uma conduta responsável por esses ao utilizá-la; a "liberdade de decidir" é um dever-poder do juiz de apresentar a solução correta a determinado caso, observando as inúmeras variáveis existentes e respeitando as pautas de condutas apresentadas pelos tribunais de sobreposição, assim como a jurisprudência estável desses tribunais. Como sustenta a professora Teresa Arruda Alvim Wambier, "aceitar, de forma ilimitada, que o juiz tem liberdade para decidir de acordo com sua própria convicção, *acaba por equivaler a que haja várias pautas de conduta diferentes (e incompatíveis) para os jurisdicionados*" (WAMBIER, Teresa Arruda Alvim. Estabilidade e adaptabilidade como objetivos do direito: *civil law* e *common law. RePro*, São Paulo: RT, 172, 2009, p. 144).

[9] Teresa Arruda Alvim Wambier completa seu raciocínio frisando a existência de um paradoxo que envolve a *suposta racionalidade* de um sistema de *civil law*, destinada a conter abusos e a interpretação flexibilizada e irrestrita para cada caso. É uma incongruência do sistema solucionar controvérsias repetidas ou semelhantes de formas diferentes ou diametralmente conflitantes. A instabilidade jurisprudencial não produz qualquer efeito saudável ao sistema jurídico, ao Poder Judiciário com instituição, tampouco ao jurisdicionado. No entendimento da autora supracitada: "A dispersão da jurisprudência, fruto de diversas causas, é realmente um paradoxo, na exata medida em que os sistemas de *civil law* foram concebidos por um ato racional especificamente destinado a conter abusos. Foram estruturados e moldados para gerar segurança, previsibilidade e respeitar a igualdade. Ora, de que adianta ter-se uma só lei com diversas interpretações possíveis? Tantas pautas de conduta haverá, quantas forem estas interpretações. É como, repetimos, se houvesse *várias leis* disciplinando a mesma matéria" (WAMBIER, Teresa Arruda Alvim. Estabilidade e adaptabilidade como objetivos do direito: *civil law* e *common law. RePro*, São Paulo: RT, 172, 2009, p. 146). Isso é o que denominamos de racionalidade interpretativa que deve fluir por todo o organismo integrante do sistema jurídico brasileiro.

O julgamento do recurso extraordinário, além de ocasionar os efeitos identificados por uma teoria geral dos recursos, possibilita que o STF apresente uma *pauta de conduta interpretativa acerca do texto constitucional*.

Assim sustenta Teresa Arruda Alvim Wambier, ao escrever que o recurso extraordinário tem a "função de preservar a ordem jurídica, evitando a dilaceração do sistema jurídico federal ou normativo federal, exercendo, assim, a sua função, que é a de tornar claras pautas de conduta"[10].

Entendemos que não é suficiente identificar o julgamento do recurso extraordinário simplesmente como outra interpretação, de outra corte, acerca de determinado conflito levado ao Poder Judiciário. Não é por menos que tanto se destaca o caráter objetivo compreendido nos recursos excepcionais. Isso porque, para além do julgamento de um recurso que retrata interesses subjetivos, o julgamento de um recurso extraordinário deixará evidente a interpretação do STF sobre a inteligência do texto constitucional.

Por conseguinte, o julgamento de um recurso extraordinário transcende a esfera subjetiva individual de interesses; alcança, certamente, a esfera coletiva dada à objetivação do recurso.

Percebemos a intenção de elucidar que ao STF institui-se a missão de não só julgar recursos, mas julgar recursos extraordinários que apresentem questões que transcendam a esfera subjetiva das partes, debatendo questões de relevância econômica, política, social ou jurídica: *este é o fundamento da repercussão geral*.

Importa expor a compreensão de Arruda Alvim, analisando a constitucionalização do direito e o atuar de juízes e tribunais, tendo em vista a importância da jurisprudência no contexto brasileiro atual: "entre outros aspectos, a função jurisdicional é ampliada para comportar a análise do alcance e significado dos conceitos jurídicos indeterminados, a efetivação das normas constitucionais, bem como o controle da validade e eficácia das normas jurídicas em geral. Admite-se uma abrangência cada vez maior na atuação dos juízes e tribunais na aplicação do direito, de tal modo que o estudo da jurisprudência passa a merecer especial atenção"[11].

Neste modelo, *direito* e *realidade* devem ser capturados juntos, sob pena de que normas processuais não produzam os efeitos esperados, pois foram pensadas

---

[10] WAMBIER, Teresa Arruda Alvim. *Recurso especial, recurso extraordinário e ação rescisória*. 2. ed. São Paulo: RT, 2008. p. 245.

[11] ARRUDA ALVIM. Apontamentos sobre o papel do juiz e dos tribunais na ordem constitucional vigentes: enfoque comparativo entre jurisprudência e os sistemas de precedentes. In: Lucca, Newton De; MEYER-PFLUG, Samantha Ribeiro; NEVES, Mariana Barboza Baesta (Coords.) *Direito Constitucional Contemporâneo*. Homenagem ao Professor Michel Temer. São Paulo: Quartier Latin, 2012. p. 681-682.

alheias à realidade social na qual são aplicadas. Do mesmo modo, direito e realidade não podem mais figurar como elementos opostos, mas atuar conjuntamente "como elementos da ação jurídica, sintetizáveis no trabalho jurídico efetivo de caso para caso – na forma da norma jurídica produzida"[12].

E se a norma jurídica é construída em cada caso – e de caso por caso como ocorre na jurisprudência –, destaca-se ainda mais a importância da função desempenhada pelos juízes e tribunais na elaboração de um portfólio jurisprudencial que seja adaptável e estável.

Por isso a importância de compreender o STF como o órgão do Poder Judiciário responsável por dispor as *pautas de conduta interpretativa sobre o texto constitucional*, exercendo efeitos não somente entre os personagens integrantes de determinado processo judicial, mas também em face da sociedade.

4. RECURSO EXTRAORDINÁRIO

O recurso extraordinário, em sua atual disciplina, é o meio de impugnação cabível das decisões ainda não transitadas em julgado, proferidas em única ou última instância, que acarretem possível interpretação contrária à Constituição Federal e que apresentem questão detentora de repercussão geral.

Entretanto, a definição do recurso extraordinário respeita uma transição histórica, que pode ser identificada entre o antes e o depois da Constituição Federal de 1988.

Nas palavras de Barbosa Moreira, referindo-se aos ensinamentos de Pontes de Miranda, a função do recurso extraordinário "era a de assegurar a inteireza positiva, a validade, a autoridade e a uniformidade de interpretação da Constituição e das leis federais".

Com o surgimento da Constituição de 1988, houve a cisão entre as matérias devolvidas por recurso extraordinário, isso porque, além do Supremo Tribunal Federal, o Poder Judiciário passou a ser composto pelo Superior Tribunal de Justiça.

A matéria que outrora era impugnada por recursos extraordinários (constitucional e infraconstitucional), passou a ser impugnada por recurso extraordinário ao STF (matéria constitucional) e recursos especial ao STJ (matéria infraconstitucional).

Afirmam que tal cisão foi uma escolha política que visava diminuir a sobrecarga que afligia o STF; anos mais tarde, percebeu-se que criar outros tribu-

---

[12] MÜLLER, Friedrich. O Novo Paradigma do Direito. In: Lucca, Newton De; MEYER-PFLUG, Samantha Ribeiro; NEVES, Mariana Barboza Baesta (Coords.) *Direito Constitucional Contemporâneo*. Homenagem ao Professor Michel Temer. São Paulo: Quartier Latin, 2012. p. 270.

nais para comportar o elevado número de feitos, principalmente recursais, que sobrecarregam os tribunais de cúpula do Poder Judiciário brasileiro, não seria a medida mais efetiva.

Sendo assim, além da tentativa de solucionar esse problema numérico, decidiu-se aperfeiçoar o recurso extraordinário, incluindo a repercussão geral da questão constitucional – elemento de notável caráter qualitativo, institucional e técnico.

Certo que, além de instituir um filtro para resolver o problema de sobrecarga do STF, a repercussão geral deve ser entendida como elemento que aprimora os recursos direcionados àquela corte. Isto ocorre a partir do momento em que a repercussão geral visa conferir maior qualidade aos julgamentos do STF, pois só possibilitará o alcance do apelo extraordinário a uma Corte Constitucional se as questões debatidas detiverem uma relevância diferenciada.

Conclusivas são as palavras de Barbosa Moreira ao destacar a importância que o recurso extraordinário desempenha no sistema jurídico nacional, realçando a sua consagração e impossibilidade de outro delineamento que não seja aquele já desenhado pela Constituição Federal, escrevendo que, "seja como for, não há desconhecer a importância e a delicadeza do papel que se vê chamada a desenhar (hoje como outrora, conquanto reduzida sua espera de atuação) a figura recursal sob exame, qual peça do nosso mecanismo político – tomada a palavra em sua mais nobre acepção. É o que justifica, sem dúvida, a consagração do recurso extraordinário em nível constitucional, subtraída ao legislador ordinário a possibilidade de eliminá-lo, ou mesmo de restringir-lhe (ou ampliar-lhe) a área de cabimento, que a própria Constituição se incumbe de demarcar"[13].

Trataremos detidamente da repercussão geral em linhas posteriores, mas essa digressão histórica se mostra útil para esclarecimentos do contexto no qual o respectivo instituto foi inserido na legislação, assim como o papel que ele pode desempenhar no aprimoramento do recurso extraordinário e no exercício da missão constitucional do STF.

4.1 Previsão constitucional e infraconstitucional do recurso extraordinário

A CF/1988, tratando do STF, define no art. 102, III, a competência recursal de julgar os recursos extraordinários.

Indica o dispositivo supracitado que compete ao STF julgar, em recurso extraordinário, as *causas decididas* em *única* ou *última instância*, quando a deci-

---

[13] BARBOSA MOREIRA, José Carlos. *Comentários ao Código de Processo Civil, Lei n.º 5.869, de 11 de janeiro de 1973, vol. V; arts. 476 a 565.* 15. ed. Rio de Janeiro: Forense, 2009. p. 585.

são recorrida: *a) contrariar dispositivo desta Constituição; b) declarar a inconstitucionalidade de tratado ou lei federal; c) julgar válida lei ou ato de governo local contestado em face desta Constituição; e d) julgar válida lei local contestada em face de lei federal.*

No Código de Processo Civil (CPC), a disciplina do respectivo recurso se encontra, topologicamente, no título reservado aos recursos, com algumas previsões no capítulo destinado às disposições gerais, assim como no capítulo que trata dos recursos para o STF e o STJ.

Portanto, observamos que a escolha do legislador infraconstitucional foi de atribuir um regime único de tratamento aos recursos extraordinários e especiais, mesmo sendo evidente a competência diferenciada para julgar cada um desses recursos. Todavia, mesmo reconhecendo as semelhanças entre aqueles recursos, suas diferenças são respeitadas, dentre elas a exigência de *repercussão geral* somente para o recurso extraordinário.

De todo modo, podemos afirmar que a disciplina do recurso extraordinário, além de encontrar disposições pulverizadas no título destinado aos recursos, encontra-se especificada nos arts. 541 a 546 do Código de Processo Civil e, além de versar sobre aqueles recursos, também se ocupa de recurso especial, agravo, embargos de divergência e incidente de resolução de recursos repetitivos; o Regimento Interno do STF também se ocupa da disciplina do recurso em exame.

4.2 Processamento do recurso extraordinário: juízo de admissibilidade e juízo de mérito

O recurso extraordinário, assim como os demais recursos, obedece a um processamento que respeita a distinção entre dois momentos: *o juízo de admissibilidade* e o *juízo de mérito*.

Identificamos, portanto, a ocorrência desses dois momentos, sendo que o *juízo de admissibilidade* é exercido tanto pelo juízo *a quo*, quanto pelo juízo *ad quem* – nesta análise, o STF; o juízo de mérito é exercido somente pelo STF.

Em linhas gerais, o julgamento do recurso extraordinário comporta três juízos de admissibilidade: (i) pelo juízo *a quo*, especificamente pela presidência ou vice-presidência do tribunal recorrido[14]; sendo o recurso extraordinário

---

[14] Observa Barbosa Moreira que "a alternativa ora constante do texto (presidente ou vice--presidente) consagra a prática já anterior à Lei n.º 8.038 e até à vigente Constituição, nos termos de normas de organização judiciária (ou regimentais) que atribuíam a um ou outro membro da direção do tribunal a função de deferir ou indeferir o recurso; no Tribunal de Justiça do Estado do Rio de Janeiro, *v.g.*, a competência era e é do 3.º vice-presidente

desde logo admitido pelo juízo *a quo*, ou por impugnação e julgamento do agravo de instrumento, e respeitada a ordem de julgamento do recurso especial, se também interposto do mesmo acórdão, os autos são direcionados ao STF; assim, ocorre o segundo juízo de admissibilidade, agora realizado (ii) pelo juízo *ad quem* – em algumas circunstâncias exercido pelo presidente, mas posteriormente exercido pelo relator; tendo em vista que o recurso extraordinário não foi recusado nem pelo presidente, tampouco pelo relator, e, nos casos de recusa, a respectiva decisão tenha sido devidamente impugnada e, assim, possibilitando-se o alcance do respectivo órgão colegiado do STF, realiza-se (iii) outro juízo de admissibilidade pelo juízo *ad quem*, sendo que o Tribunal verificará novamente a existência ou não dos requisitos de admissibilidade do recurso extraordinário[15].

Sobre o juízo de admissibilidade, Alexandre Reis Siqueira Freire sustenta que tal etapa "consiste na atividade de verificação da existência concorrente dos pressupostos extrínsecos e intrínsecos, para que se possa examinar o mérito do recurso"[16]. Segue distinguindo, com base nos estudos de Barbosa Moreira, que "os pressupostos intrínsecos relacionam-se com a própria existência do direito de recorrer. Por sua vez, os pressupostos extrínsecos são os atinentes ao exercício daquele direito"[17].

Compõe o rol de requisitos de admissibilidade do recurso extraordinário, como "intrínsecos": (i) cabimento, (ii) legitimidade recursal, (iii) interesse recursal e (iv) inexistência de fato ou extintivo do direito de recorrer; e como "extrínsecos":

(Código de Organização e Divisão Judiciárias, art. 33, n.º II);". Assim, ao se referir a "presidente ou vice-presidente", deve-se considerar que o legislador atribui a membros da direção do tribunal a competência de realizar o juízo de admissibilidade do recurso extraordinário, e não a outro membro, mesmo que de direção, do órgão fracionário que tenha pronunciada a decisão impugnada (BARBOSA MOREIRA, José Carlos. *Comentários ao Código de Processo Civil, Lei n.º 5.869, de 11 de janeiro de 1973*, vol. V; arts. 476 a 565. 15. ed. Rio de Janeiro: Forense, 2009. p. 594-595.

[15] A descrição detalhada dos respectivos juízos de admissibilidade do recurso extraordinário, com todas as variáveis possíveis, é bem explicada por Barbosa Moreira. Ver BARBOSA MOREIRA, José Carlos. *Comentários ao Código de Processo Civil, Lei n.º 5.869, de 11 de janeiro de 1973*, vol. V; arts. 476 a 565. 15. ed. Rio de Janeiro: Forense, 2009. p. 599-635.

[16] FREIRE, Alexandre Reis Siqueira. O recurso especial no novo Código de Processo Civil. In: DANTAS, Bruno (Org.) *Revista de Informação Legislativa* / Senado Federal, Subsecretaria de Edições Técnicas; Ano 48, n.º 190, t. 1, abril/junho; Brasília: Senado Federal, Subsecretaria de Edições Técnicas, 2011, p. 18.

[17] FREIRE, Alexandre Reis Siqueira. O recurso especial no novo Código de Processo Civil. In: DANTAS, Bruno (Org.) *Revista de Informação Legislativa* / Senado Federal, Subsecretaria de Edições Técnicas; Ano 48, n.º 190, t. 1, abril/junho; Brasília: Senado Federal, Subsecretaria de Edições Técnicas, 2011, p. 18.

(i) tempestividade, (ii) preparo, (iii) regularidade formal e (iv) inexistência de fato ou impeditivo do direito de recorrer[18].

Tendo em vista o perfil diferenciado característico do recurso extraordinário, identificamos alguns requisitos como *especiais*, sendo estes: (i) *decisão de única ou última instância e necessidade de exaurir instâncias*, (ii) *prequestionamento*, (iii) *reexame de questões de direito*, (iv) *reexame de questões constitucionais, e* (v) *repercussão geral*, o que nos direciona à crítica de alguns *óbices jurisprudenciais a recursos*.

Superado o juízo de admissibilidade, poder-se-á realizar o *juízo de mérito* do recurso extraordinário. Nesse momento, analisam-se as *questões de direito*, relativas à *interpretação do texto constitucional*, dotadas de *repercussão geral*, com a finalidade de verificar se da decisão impugnada incorreu em *error in procedendo* ou *error in judicando*.

Uma peculiaridade que envolve *admissibilidade* e *mérito* no recurso extraordinário, por ser recurso de fundamentação vinculada[19], é que o legislador, ao dispor quais as hipóteses de cabimento deste recurso, também indica o que deve ser analisado no mérito para se julgar procedente ou improcedente o pleito recursal.

Exemplificando: se o recorrente interpõe recurso extraordinário com base na alínea *a*, do art. 102, III, da Constituição Federal, ele afirma que a decisão impugnada *contrariou dispositivo da Constituição*. Nesta perspectiva poderia surgir a dúvida de como realizar o juízo de admissibilidade e o juízo de mérito sem confundir esses dois momentos processuais e suas finalidades, na medida em que a expressão "contrariar dispositivo desta Constituição" serve tanto para a admissibilidade como para o mérito recursal.

Teresa Arruda Alvim Wambier destaca essa questão, afirmando que "acontece com frequência certa dose de sobreposição entre juízo de admissibilidade de recursos e o mérito, quando se trata de recursos com fundamentação vinculada, já

---

[18] Alguns estudiosos, como Luiz Guilherme Marioni e Daniel Mitidiero, dispõem que a *"inexistência de fato extintivo do direito de recorrer" é requisito intrínseco, e a "inexistência de fato impeditivo do direito de recorrer" é requisito extrínseco; outros estudiosos não fazem a mesma distinção; todavia, o exame aprofundado deste interessante debate doutrinário não corresponde como fundamental para o estudo realizado neste ensaio*. Importa a clara distinção feita por Marinoni e Mitidiero, ao lecionarem que: "os pressupostos de admissibilidade recursal reputam-se intrínsecos quando concernem à existência, ou não, do poder de recorrer. São considerados extrínsecos, ao contrário, quando atinem ao modo de exercer esse poder" (MARINONI, Luiz Guilherme; MITIDIERO, Daniel. *Repercussão geral no recurso extraordinário*. 3. ed. São Paulo, 2012. p. 38-39.

[19] Assim como o recurso especial, os embargos de declaração, embargos de divergência etc.

que o legislador alista como *requisito* de admissibilidade destes recursos algo que, rigorosamente, deve ser analisado com profundidade quando do juízo de mérito"[20].

Barbosa Moreira, analisando a questão, afirma que a técnica aplicada pelo legislador constituinte, nas letras *b*, *c* e *d*, do art. 102, III, da Constituição, é adequada, por ser *axiologicamente neutra*. Contudo, a técnica utilizada na letra *a* do mesmo dispositivo poderia suscitar *algumas dúvidas*, por não ser axiologicamente neutra; mas tais dúvidas resultariam bem mais da má distinção entre juízo de admissibilidade e juízo de mérito do que propriamente da escolha de redação[21].

De toda forma, tanto Barbosa Moreira quanto Teresa Arruda Alvim Wambier esclarecem que a melhor interpretação seria que: (i) para o juízo de admissibilidade, "é cabível recurso extraordinário quando se afirmar que a decisão recorrida contraria dispositivo da Constituição Federal"; e (ii) para o juízo de mérito, "é procedente o recurso que impugnar decisão que contrariar dispositivo da Constituição Federal", ou "é procedente o recurso, pois impugnou decisão que contraria dispositivo da Constituição Federal"[22]. Quanto às demais hipóteses, a distinção entre admissibilidade e mérito é bem clara.

Portanto, compreendemos que tanto *admissibilidade* (no que se refere ao cabimento) quanto *mérito* do recurso extraordinário podem ser extraídos do próprio art. 102, III, da Constituição, respeitado um bom entendimento das diferenças existentes entre esses dois momentos recursais.

5. REPERCUSSÃO GERAL E DEMAIS QUALIFICADORES/ÓBICES DO RECURSO EXTRAORDINÁRIO

A admissibilidade de um recurso extraordinário, como se pode perceber, não se trata de uma tarefa fácil, pois, além de preencher todos os referidos requisitos de admissibilidade inerentes aos recursos em geral, exige-se a indicação exata de elementos qualificadores que permitam a abertura da via extraordinária e o acesso ao STF. Tratando-se de uma Corte Constitucional,

---

[20] WAMBIER, Teresa Arruda Alvim. *Recurso especial, recurso extraordinário e ação rescisória*. 2. ed. São Paulo: RT, 2008. p. 249.

[21] BARBOSA MOREIRA, José Carlos. *Comentários ao Código de Processo Civil, Lei n.º 5.869, de 11 de janeiro de 1973*, vol. V; arts. 476 a 565. 15. ed. Rio de Janeiro: Forense, 2009. p. 588-589 e 631-635.

[22] BARBOSA MOREIRA, José Carlos. *Comentários ao Código de Processo Civil, Lei n.º 5.869, de 11 de janeiro de 1973*, vol. V; arts. 476 a 565. 15. ed. Rio de Janeiro: Forense, 2009. p. 587-591; WAMBIER, Teresa Arruda Alvim. *Recurso especial, recurso extraordinário e ação rescisória*. 2. ed. São Paulo: RT, 2008. p. 252.

esse tribunal deve direcionar sua atenção a questões relevantes para a Justiça e sociedade brasileira. E, certamente, não detemos entendimento oposto daqueles que sustentam isso.

Sabemos, e inclusive assim expomos em linhas pretéritas, a importância da missão empreendida pelo Supremo, posicionando-nos a favor da seleção dos recursos para julgamento, mas contra qualquer óbice ou restrição ilegítima ao recurso extraordinário.

Já citamos Barbosa Moreira, mas nos interessa reforçar o argumento desse processualista que define esse meio de impugnação como uma *peça do nosso mecanismo político – no entendimento mais nobre possível – consagrado constitucionalmente, e que subtrai do legislador, assim como aos intérpretes do direito – seja qual for sua posição na estrutura do Poder Judiciário, como o STF – a possibilidade de restringir o recurso extraordinário – se a Constituição não o fez.*

Tal assertiva não quer sustentar um recurso extraordinário com "devolutividade ampla", pois sabemos que tanto a Constituição Federal quanto a legislação infraconstitucional restringem a devolutividade desse recurso. Inclusive, identificamos esses elementos limitadores como *qualificadores* das questões que podem e devem ser julgadas pelo STF, como a existência de *decisão de única ou última instância e necessidade de exaurir instâncias, prequestionamento, reexame de questões de direito, reexame de questões constitucionais e repercussão geral.*

Entendemos, portanto, que o acesso ao STF por via recursal exige *mecanismos de filtragem.* Porém, analisando as atuais pautas de conduta apresentadas por essa corte, identificamos aqueles filtros que se encaixam como *qualificadores*, assim como filtros apontados como *óbices jurisprudenciais.*

Somos contra a utilização desses *óbices jurisprudenciais*, pois tais filtros acarretam efeitos prejudiciais ao exercício do direito de impugnar decisões. A sobrecarga ao STF não deve justificar o manejo de tais óbices e ocasionar o desrespeito ao devido processo legal e ao direito de exercer o controle de decisões judiciais.

No que se refere às questões que deveriam ser analisadas, atinentes ao direito fundamental à propriedade industrial, destacamos alguns *óbices* que impedem o acesso de alguns recursos extraordinários ao juízo de mérito: a *impossibilidade de julgar questões puramente de fato*, sob o argumento de se exigir reexame da causa e de provas, como se a distinção entre questões de fato e de direito fosse incontroversa; a *ofensa reflexa* à Constituição, o que leva à consideração de que todas as questões referentes aos direitos de propriedade industrial se resolveriam somente no âmbito da lei infraconstitucional; a *repercussão geral*, se aplicada sem a percepção de que os direitos de propriedade industrial detêm transcendência evidente, desconsiderando seu *status* fundamental e a importância que eles desempenham no contexto econômico, político, social e jurídico brasileiro.

Feitas essas ressalvas, trataremos especificamente da *repercussão geral*, tendo em vista ser este o objeto principal de análise neste estudo. Posteriormente, trataremos do *método de aferir a questão referente aos direitos de propriedade industrial e seu enquadramento como questão dotada de repercussão geral*, assim como dos óbices jurisprudenciais que têm impedido a análise destas questões pelo STF.

5.1 Repercussão geral: *previsão constitucional e infraconstitucional, finalidades e natureza jurídica*

A *repercussão geral* é um filtro qualificador das questões julgáveis no mérito pelo STF via recurso extraordinário. Nesse sentido, José Miguel Garcia Medina afirma que "pode-se dizer que a questão constitucional hábil a ensejar o conhecimento do recurso extraordinário é *qualificada*" (destaque do original)[23].

Tal requisito afasta os recursos que trazem questões constitucionais que não transcendem a esfera subjetiva das partes, assim como aqueles recursos que impugnam questões não detentoras de relevância, visando concretizar o caráter objetivo do recurso extraordinário.

Portanto, só se permite o *acesso ao juízo de mérito* aos recursos que apresentam ao STF questões que detenham *transcendência* e *relevância* do ponto de vista *econômico, social, político* e *jurídico*.

Este instituto foi introduzido por força da Emenda Constitucional 45/2004; vejamos o art. 102, § 3.º, da Constituição Federal: "No recurso extraordinário o recorrente deverá demonstrar a repercussão geral das questões constitucionais discutidas no caso, nos termos da lei, a fim de que o Tribunal examine a admissão do recurso, somente podendo recusá-lo pela manifestação de dois terços de seus membros".

Exercendo sua função de filtragem, qualificam-se as questões merecedoras da atenção do STF, permitindo que a corte decida sobre questões que sejam realmente relevantes para a sociedade brasileira, efetivando a função de *guardião da Constituição* – como apresentador de pautas de conduta sobre o texto constitucional –, e não apenas como mais uma instância revisora na estrutura do Poder Judiciário.

A repercussão geral recebeu disciplina infraconstitucional com a Lei 11.418/2006. O art. 543-A do CPC dispõe que o *Supremo Tribunal Federal, em decisão irrecorrível, não conhecerá do recurso extraordinário, quando a questão constitucional nele versada não oferecer repercussão geral*, sendo que será considerada, ou não considerada, a repercussão geral da questão constitucional, a partir

---

[23] MEDINA, José Miguel Garcia. *Prequestionamento e repercussão geral e outras questões relativas aos recursos especial e extraordinário*. 6. ed. São Paulo: RT, 2012. p. 186.

da observação da sua relevância, do *ponto de vista econômico, político, social ou jurídico, que ultrapassem os interesses subjetivos da causa*[24].

Pedro Miranda de Oliveira nos parece ser exato ao definir três finalidades para a repercussão geral da questão constitucional: "a) diminuir o número de processos do STF; b) uniformizar a interpretação constitucional sem exigir que a Corte decida múltiplos casos idênticos sobre a mesma questão constitucional; e c) firmar o papel deste tribunal com Corte Constitucional e não como instância recursal, delimitando sua competência no julgamento de recursos extraordinários a questões constitucionais com relevância social, política, econômica ou jurídica, que transcendem os interesses subjetivos da causa"[25].

Notadamente, observando a terminologia "repercussão geral", permite-nos afirmar estarmos diante de um conceito vago ou indeterminado. Para se aferir se uma questão constitucional, veiculada por recurso extraordinário, detém ou não repercussão geral, é imperioso verificar se ela é caracteristicamente *transcendente* e detém *relevância do ponto de vista econômico, político, social ou jurídico*.

Teresa Arruda Alvim Wambier afirma que em sistemas jurídicos como o brasileiro, que preza a observância da lei escrita, assim como a sua rigidez, é importante a existência de elementos de flexibilização do sistema, sendo que isso ocorre na medida em que se confere espaço aos *conceitos vagos ou indeterminados, cláusulas gerais e princípios jurídicos*[26].

---

[24] Contudo, de acordo com o julgamento da Questão de Ordem em AI 664.567-RS, a exigência da demonstração formal e fundamentada da repercussão geral das questões constitucionais, em recurso extraordinário, só incide quando a intimação do acórdão recorrido tenha ocorrido a partir de 3 de maio de 2007, observando a data da publicação da Emenda Regimental 21, de 30 de abril de 2007. Portanto, mesmo que a Emenda Constitucional 45/2004 e a Lei 11.418/2006 sejam datadas antes do marco indicado no julgamento dessa questão de ordem, o Supremo Tribunal Federal preferiu escolher a data mais recente para o início da exigência desse requisito recursal. Ver: STF AI-QO 664.567, Tribunal Pleno, Rel. Min. Sepúlveda Pertence, em 18.06.2007, publicado em 06.09.2007.

[25] MIRANDA DE OLIVEIRA, Pedro. *Repercussão geral das questões constitucionais*. 2011. 571f. Tese (Doutorado em Direito) – Pontifícia Universidade Católica de São Paulo: São Paulo, 2011, p. 322.

[26] Contudo, deve-se lembrar que ao legislador incumbe o árduo empreendimento de elaboração normativa, e nem sempre o legislador contemporâneo é capaz de prospectar uma situação vindoura e, com isso, legislar para o futuro. Em tempos presentes, em que as transformações ocorrerem em notável velocidade, é missão de todos aqueles responsáveis pela proteção dos direitos, estarem sensíveis às exigências da sociedade. Medina e Wambier identificaram que o legislador tem se preocupado com essa complexidade fenomenológica, pois: "o mesmo se preocupa em elaborar normas que explicitem os objetivos do sistema jurídico, não mais se limitando a regrar condutas. Vê-se, com isso, o surgimento de normas jurídicas *ainda mais gerais*, que trazem em seu bojo noções de

Essas três modalidades de *poros* existentes no rígido sistema jurídico de origem *civil law* o tornam permeável, pois "permitem ao juiz (*rectius*, ao Judiciário) adaptar o direito a mudanças e também às peculiaridades dos casos concretos"[27].

Portanto, no que diz respeito à *repercussão geral*, compreendemos que *a técnica legislativa empregada foi a melhor possível*, pois dessa forma permite-se que o STF capture elementos externos e construa a interpretação correta do que é transcendente e relevante[28].

Na mesma linha, Bruno Dantas, ao analisar as ideias de *núcleo conceitual, halo conceitual, conceitos descritivos* e *conceitos normativos*, afirma que "a *repercussão geral* é, sem sombra de dúvida, um conceito jurídico que se encaixa à perfeição na qualificação de *indeterminado* ou *vago*"[29]. Segue analisando a "margem de manobra" na interpretação do conceito de repercussão geral, assim como quais os limites e possibilidades que o Supremo Tribunal Federal terá ao indicar que determinada questão constitucional transcenda e seja relevante ou não. De acordo com o autor supracitado, "a *repercussão geral* consiste em um misto de *conceito descritivo indeterminado* e *conceito normativo indeterminado*, pois, embora a representação da palavra *repercussão* possa ser percebida pelos sentidos, independendo,

---

conteúdo variável (de conceito vago ou indeterminado), a fim de possibilitar, ao órgão jurisdicional, aplicar a norma jurídica levando em conta as *peculiaridades de cada caso*, particularidades estas insuscetíveis de serem minuciosamente reguladas pelo legislador. [...] Na medida em que o ordenamento jurídico se apresenta permeado de normas pouco precisas e vagas, como são as cláusulas gerais e os princípios, torna-se ainda mais importante o processo, já que é deste espaço que se dará a criação da solução jurídica precisa, ajustada à peculiaridades da controvérsia". Nessa perspectiva, aqueles personagens do processo (partes e órgão jurisdicional) adquirem *status* ativo no método, colaborando todos na propositura da solução jurídica (MEDINA, José Miguel Garcia; WAMBIER, Teresa Arruda Alvim. *Parte geral do processo do conhecimento*. Processo civil moderno. São Paulo: RT, 2009. p. 34-37).

[27] Como afirma Teresa Arruda Alvim Wambier, a adaptabilidade (aplicação de conceitos vagos, cláusulas gerais e princípios jurídicos) permite ao órgão jurisdicional adequar ou conformar o direito aplicado à situação conflituosa existente. Nessa perspectiva, flexibiliza-se a vinculatividade da lei nesse sistema, permeabilizando sua rigidez (WAMBIER, Teresa Arruda Alvim. Estabilidade e adaptabilidade como objetivos do direito: *civil law* e *common law*. RePro, São Paulo: RT, 172, 2009, p. 139).

[28] Barbosa Moreira afirma que "estamos diante de um 'conceito jurídico indeterminado', como tantos outros utilizados pelo legislador, que deixa ao órgão judicial o cuidado de concretizá-los à vista das características da espécie *sub judice*" (BARBOSA MOREIRA, José Carlos. A redação da Emenda Constitucional 45 (reforma da Justiça). *Revista Forense*, Rio de Janeiro, v. 378, mar./abr. 2005, p. 39-46, p. 44).

[29] DANTAS, Bruno. *Repercussão geral*: perspectivas histórica, dogmática e de direito comparado; questões processuais. 2. ed. São Paulo: RT, 2009. p. 235.

em princípio, de preenchimento valorativo para a sua concretização, o mesmo não ocorre com a palavra *geral*, de modo que resulta inegável que a definição do caráter geral pode dar ensejo a questionamentos no plano do *halo* conceitual. (...) não estamos a afirmar que o conceito jurídico de *repercussão geral* é insuscetível de valoração. Nossa opinião é a de que, como o constituinte derivado se valeu de linguagem parcialmente descritiva, o preenchimento valorativo encontra menor espaço de ação, e deve se restringir à palavra *geral*, o que, sem dúvida, limita a margem de manobra que o Supremo Tribunal Federal terá com o novo instituto. De todo modo, cabe o reforço final de que a utilização do conceito indeterminado terá o condão de manter a regra permanentemente atualizada, dispensando modificações legislativas com vistas à adequação do seu conteúdo e às mudanças de ideologias e paradigmas" (destaque do original)[30].

Por fim, quanto à natureza jurídica do instituto, entendemos ser este um *requisito de admissibilidade autônomo* do recurso extraordinário. Isso porque a decisão pode ser *recorrível*, incorrendo uma das hipóteses de cabimento, assim como o recurso pode preencher os demais requisitos intrínsecos e extrínsecos, assim sendo o meio de impugnação adequado; contudo, sua admissibilidade dependerá de outro elemento, a repercussão geral da questão constitucional – o que para nós figura como *requisito autônomo*.

Essas considerações são essenciais para o presente estudo, que objetiva, por fim, verificar as possibilidades e os limites interpretativos do STF sobre questões relativas aos direitos de propriedade industrial, a existência, ou não, de repercussão geral nesses casos, assim como a utilização de óbices jurisprudenciais em diversos casos.

5.2 Critérios interpretativos da repercussão geral

O art. 543-A do CPC nos apresenta os critérios que devem ser adotados para se aferir a existência ou não de repercussão geral.

Podemos afirmar que o exame de determinada questão constitucional para aqueles fins exige a identificação da *relevância* e da *transcendência*.

A *relevância* é critério qualitativo, pois exige a demonstração da importância do julgamento de determinada questão, observados os *pontos de vista* já estabelecidos no texto processual, a saber: *econômico, político, social ou jurídico*.

Destarte, compreendemos que a repercussão geral, como conceito indeterminado que é, encontra seu limite exatamente nesses quatro aspectos, não po-

---

[30] DANTAS, Bruno. *Repercussão geral*: perspectivas histórica, dogmática e de direito comparado; questões processuais. 2. ed. São Paulo: RT, 2009. p. 236-237.

dendo ser utilizado outro se não aqueles já estabelecidos. À vista disso, o seu *halo conceito* é limitado à análise econômica, política, social ou jurídica da relevância de determinada questão.

Já a *transcendência* pode ser considerada um critério institucional, quantitativo ou mesmo técnico. O que o legislador pretende, ao dispor "ultrapassem os interesses subjetivos da causa", é exatamente ressaltar que, além de surtirem efeitos na esfera de interesses subjetivos das partes, o julgamento daquela questão constitucional merece atenção do STF, pois o seu resultado final é a apresentação de uma pauta de conduta interpretativa.

O efeito desta pauta de conduta serve de *parâmetro* tanto para os poderes executivos, legislativo e judiciário como para os particulares. Aquela interpretação deve ser considerada (seja para ser aplicada ou para não aplicar) no exercício dos poderes públicos, assim como nos empreendimentos das relações entre particulares.

É *institucional*, pois concretiza, por meio do julgamento de questões relevantes, a missão da Corte Constitucional, transcendendo os interesses das partes e alcançando o *interesse institucional de assegurar a inteireza positiva, a validade, a autoridade e a uniformidade de interpretação da Constituição Federal*.

Outrossim, é critério *quantitativo*, pois a pauta de conduta, resultante do julgamento do recurso extraordinário, atinge a sociedade como um todo ou grupos sociais específicos. Surte efeito, ainda, noutros processo e noutros recursos – esta última variável pode ser retratada no incidente de julgamento de recursos repetitivos.

Ainda pode ser apontado como critério *técnico*, pois imprime um aperfeiçoamento do manejo da técnica processual de impugnação de decisões referentes a questões constitucionais julgáveis por uma Corte Constitucional.

Importa destacar a lição de Luiz Guilherme Marinoni e Daniel Mitidiero, afirmando que a configuração da repercussão geral pode ser compreendida utilizando-se "Uma fórmula que conjuga relevância e transcendência (repercussão geral = relevância + transcendência). A questão debatida tem de ser relevante do ponto de vista econômico, político, social e jurídico, além de transcender para além do interesse subjetivo das partes na causa. Tem de contribuir, em outras palavras, para a persecução da unidade do Direito no Estado Constitucional brasileiro, compatibilizando e/ou desenvolvendo soluções de problemas de ordem constitucional. Presente o binômio, caracterizada está a repercussão geral da controvérsia"[31].

---

[31] MARINONI, Luiz Guilherme; MITIDIERO, Daniel. *Repercussão geral no recurso extraordinário*. 3. ed. São Paulo, 2012. p. 40.

Existem, ainda, *questões específicas que já detêm repercussão geral*, ou seja, em que se presume a existência da relevância e transcendência.

Pedro Miranda de Oliveira divide tais presunções de repercussão geral entre *absolutas* e *relativas*[32]. Seriam *presunções absolutas*, de acordo com o art. 543-A, § 3.º, do Código de Processo Civil, situações em que a questão trazida no recurso extraordinário ou referir-se a (i) interpretação contrária à sumula, ou (ii) interpretação contrária à jurisprudência do Supremo Tribunal Federal. Contudo, seriam *presunções relativas* da existência de repercussão geral se a questão tratar de (i) divergência entre tribunais a respeito de questão constitucional; (ii) declaração de inconstitucionalidade de tratado ou lei federal; (iii) existência de ação de controle concentrado de constitucionalidade sobre a questão debatida; e (iv) ações coletivas.

Georges Abboud ainda indica como questão que detém repercussão geral aquelas relativas a direitos fundamentais, pois "se a questão constitucional posta no recurso extraordinário referir-se à violação a direito fundamental, a repercussão geral deverá ser interpretada em conformidade com a sistemática da Constituição Federal que confere ampla proteção aos direitos fundamentais, a fim de desobrigar o particular de demonstrar que a solução jurídica de seu recurso extraordinário consistirá em paradigma para a solução de diversas outras demandas. Aliás, seria no mínimo desarrazoado admitir-se, conforme o art. 543-A, § 3.º, do CPC, de que sempre haveria repercussão geral se os recursos impugnarem decisão contrária à súmula ou à jurisprudência dominante, e não se admitir a existência de repercussão quando o apelo extraordinário impugnar decisão contrária ao direito fundamental"[33].

Certamente este entendimento é correto e encampa aquilo que identificamos como *função diretiva da Constituição Federal*, ou seja, *direção jurídica* no sentido de dotar os direitos fundamentais de força vinculante para todo o ordenamento jurídico, assim como para os poderes estatais e para a sociedade – *eficácia vertical e horizontal dos direitos humanos*.

Isso nos encaminha ao debate da *função do Supremo Tribunal Federal e os direitos de propriedade industrial*, sob a ótica do recurso extraordinário, repercussão geral e outros filtros recursais.

---

[32] MIRANDA DE OLIVEIRA, Pedro. *Repercussão geral das questões constitucionais*. 2011. 571f. Tese (Doutorado em Direito) – Pontifícia Universidade Católica de São Paulo: São Paulo, 2011, p. 367 a 379.

[33] ABBOUD, Georges. *Jurisdição Constitucional e direitos fundamentais*. São Paulo: RT, 2011. p. 471-472.

6. O DEBATE DOS DIREITOS DE PROPRIEDADE INDUSTRIAL VIA RECURSO EXTRAORDINÁRIO

6.1 Argumentos pela existência de repercussão geral nas questões referentes aos direitos de propriedade industrial

Os direitos de propriedade industrial são recepcionados como direitos fundamentais pelo texto constitucional.

A estrutura do art. 5.º, XXIX, da CF/1988, como esclarecemos, evidencia: (i) a sua *eficácia vertical e horizontal imediata*, tendo em vista a *função constitucional de direção jurídica* de conferir *vinculatividade aos direitos fundamentais – patentes, desenhos industriais, marcas, indicações geográficas e repressão da concorrência desleal*; assim como (ii) as diretrizes do plano (ou programa) de eficácia desses direitos – *observação do interesse social e do desenvolvimento tecnológico e econômico do Brasil*.

Assim, a caracterização como *direito fundamental* e a *exigência explícita de conformação* dos direitos de propriedade industrial já seriam argumentos suficientes para dirimir quaisquer dúvidas de que as questões constitucionais que tratam desses direitos, sendo impugnadas via recursal, merecem a atenção e o julgamento comprometido do STF.

Quando analisamos o exercício dos direitos de propriedade industrial verificamos que o Estado garante o exercício desses direitos aos indivíduos, mas ao mesmo tempo indica alguns parâmetros referentes à obtenção e exercício desses direitos, tendo em vistas interesses públicos dispostos no respectivo dispositivo constitucional.

A proteção dos direitos de propriedade industrial, sob a ótica do texto constitucional, é erguida a partir da "compatibilização" da *harmonia* e *conflitos* entre *interesses públicos e interesses privados*, portanto, merecendo o empreendimento do Supremo em apresentar os limites e possibilidades de tais direitos[34].

Trabalhando essa perspectiva de *compatibilização* de interesses, Milton Lucídio Leão Barcellos sustenta que "a harmonia/conflito dos interesses públicos com os interesses privados se estabelece no momento em que o Estado confere determinada proteção à propriedade industrial, garantindo um direito de propriedade ao particular e, ao mesmo tempo, criando requisitos e restrições à obtenção e ao exercício desse direito de propriedade em atenção aos

---

[34] BARCELLO, Milton Lucídio Leão. *Propriedade industrial & Constituição*: as teorias preponderantes e sua interpretação na realidade brasileira. Porto Alegre: Livraria do Advogado, 2007. p. 18.

interesses públicos contidos nos mandamentos constitucionais. (...) igualmente determinam-se os pontos de tensão frente à realidade fático-jurídica tendo em vista que, conforme destacamos, o perfeito balanceamento entre os interesses públicos e privados constitui-se em elemento imprescindível apto a justificar o atual sistema de propriedade industrial corretamente interpretado de acordo com seus valores axiológicos"[35].

Destarte, não importa somente a análise de questões constitucionais referentes aos direitos de propriedade industrial, quando analisadas em abstrato, por exemplo, para se verificar se algum dispositivo da Lei 9.279/1996 (Lei de Propriedade Industrial) é eivado, ou não, por inconstitucionalidade.

Quando consideramos os direitos de propriedade industrial, é a partir da tensão fático-jurídica que surgem as principais questões: questões essas que merecem um julgamento do STF.

A verificação de questões constitucionais, relacionadas aos direitos de propriedade, faz jus a toda atenção possível do STF, quando impugnadas e veiculadas via recurso extraordinário, ou seja, *quando analisadas a partir de casos concretos*.

6.2 Conformação constitucional da "obtenção/nulidade" e "exercício" dos direitos de propriedade industrial

Os direitos de propriedade industrial, além de serem garantidos como direitos fundamentais, como expomos, exigem a compatibilização entre interesses públicos e interesses privados. Essa compatibilização é elemento importante quando da *obtenção/nulidade* e do *exercício* daqueles direitos, para que isso ocorra de acordo com as diretrizes constitucionais.

Contudo, em algumas situações, a conformação da *obtenção/nulidade* e *exercício* dos direitos de propriedade industrial poderá exigir a interpretação de questões constitucionais complexas. Nesse ambiente, cabe ao STF decidir as questões constitucionais acerca da obtenção ou nulidade de determinados direitos inerentes a uma patente, desenho industrial, marca ou indicação geográfica, ou referente ao exercício desses direitos.

Assim, para fins desse estudo, podemos distinguir os processos que se ocupam de questões relativas à *obtenção*/nulidade dos direitos de propriedade industrial e aqueles processos que se ocupam do *exercício* desses direitos.

---

[35] BARCELLO, Milton Lucídio Leão. *Propriedade industrial & Constituição*: as teorias preponderantes e sua interpretação na realidade brasileira. Porto Alegre: Livraria do Advogado, 2007. p. 18-19.

6.2.1 Debates sobre a obtenção/nulidade do direito de propriedade industrial

Podemos afirmar que, nesses casos, é evidente a repercussão geral da questão constitucional que se pretende debater no âmbito do STF.

Não é por menos que nas ações em que se discute a *obtenção/nulidade de direitos de propriedade industrial* exige-se a participação tanto daquele que afirma ser titular do direito como do Instituto Nacional de Propriedade Industrial. No caso deste último, trata-se de órgão da Administração Pública, que conta com corpo técnico capaz de analisar a propriedade industrial, assim como analisar os interesses privados existentes e indicar se esta é compatível ou não com os interesses públicos.

Podemos citar uma série de questões que, levadas ao Judiciário, mereceriam ser debatidas pelo STF, caso se sustentasse que a decisão da instância inferior contrapõe-se aos direitos de propriedade industrial: (i) patentes de biotecnologia, relacionadas ao ser humano; (ii) licença compulsória de patentes tendo em vista exercício abusivo; (iii) quebra de patentes por emergência nacional ou interesse público; (iv) patentes de construtividade e arranjos técnicos, relacionados à indústria de armamento, ligada ao interesse de defesa nacional; (v) regulamentação das invenções desenvolvidas por servidores públicos e em âmbito universitário; [36] etc.

6.2.2 Debates sobre o exercício do direito de propriedade industrial

Quando questões relativas ao *exercício dos direitos de propriedade industrial* são debatidas em âmbito judicial, em regra, o que temos é a contraposição de interesses particulares. Contudo, como bem demonstramos, a eficácia dos direitos fundamentais deve ser vista também na perspectiva horizontal, ou seja, na relação entre particulares.

Afirma Fabiano de Bem da Rocha que "as questões atinentes à propriedade industrial são estabelecidas sob o ponto de vista da discussão de direitos privados, em que não haveria, em tese, interesse de transcendência"[37]. Entretanto, mesmo reconhecendo a dificuldade de se demonstrar a transcendência das questões que

---

[36] ROCHA, Fabiano de Bem da. Análise crítica da repercussão geral constitucional e sua arguição no recurso extraordinário de questões relativas à propriedade industrial. In: ROCHA, Fabiano de Bem da. *Capítulos de processo civil na propriedade industrial*. Rio de Janeiro: Lumen Juris, 2009. p. 344-348.

[37] ROCHA, Fabiano de Bem da. Análise crítica da repercussão geral constitucional e sua arguição no recurso extraordinário de questões relativas à propriedade industrial. In: ROCHA, Fabiano de Bem da. *Capítulos de processo civil na propriedade industrial*. Rio de Janeiro: Lumen Juris, 2009. p. 342.

debatem direitos de propriedade industrial, para fins de repercussão geral, o autor supracitado poderá afirmar que "é evidente que a arguição de questão de repercussão geral é feita caso a caso (talvez aí a válvula motivadora desse mecanismo), ou seja, como já referido, segundo o evento em discussão. Nada impede, portanto, que diferentemente das conclusões que aqui chegamos, possa um determinado caso judicial envolvendo discussão privada sobre direitos de propriedade industrial ter acesso à Suprema Corte, por haver demonstração de repercussão geral. Isso há de ficar claro"[38].

Discordamos do posicionamento de Rocha, pois ele considera que as questões envolvendo os direitos de propriedade industrial, por transitarem entre as esferas de interesse privado das partes, em regra estariam desprovidas de transcendência. Mas foi boa a ressalva feita pelo mesmo autor, destacando que em determinado caso judicial aquela questão constitucional pode ser dotada de relevância e transcendência suficientes, correspondentes à repercussão geral.

Todavia, compreendemos que, como regra, os direitos de propriedade industrial, por se tratarem de direitos fundamentais, seriam detentores de repercussão geral. Sabemos que a possibilidade de que a questão constitucional repercuta noutros processos é variável e importante para o reconhecimento, ou não, de repercussão geral; mas, além do caráter quantitativo, o caráter institucional do instituto deve ser considerado.

Assim, elucida Georges Abboud, em alguns casos, que "o recurso extraordinário poderá conter gravíssima questão constitucional e mesmo assim não apresentar a possibilidade de que a questão nele posta possa servir de paradigma para a solução de diversos outros casos"[39]. Contudo, a decisão apresentada, a partir do julgamento do mérito daquele recurso, pode servir como pauta de conduta para o exercício dos direitos de propriedade industrial nas relações entre particulares.

Isso contribuiria bastante para a redução do número de conflitos e, consequentemente, para a diminuição do número de casos levados ao Poder Judiciário. Além disso – e é o que nos parece mais importante –, a pauta de conduta apresentada aos particulares serviria para o exercício de um direito fundamental conforme a Constituição.

---

[38] ROCHA, Fabiano de Bem da. Análise crítica da repercussão geral constitucional e sua arguição no recurso extraordinário de questões relativas à propriedade industrial. In: ROCHA, Fabiano de Bem da. *Capítulos de processo civil na propriedade industrial*. Rio de Janeiro: Lumen Juris, 2009. p. 344-348.

[39] ABBOUD, Georges. *Jurisdição Constitucional e direitos fundamentais*. São Paulo: RT, 2011. p. 471.

Como sustenta Georges Abboud, "assim, a repercussão geral não pode ser interpretada como mecanismo que obrigue o recorrente a demonstrar que a solução do caso dele servirá como paradigma para o desfecho de diversos outros processos, quando a questão constitucional suscitada em seu recurso corresponder à violação de direito fundamental. Atribuir tal ônus ao recorrente, praticamente inviabilizaria todos os recursos extraordinários que objetivassem a proteção de direitos fundamentais[40].

Portanto, mesmo compreendendo que, nos casos que envolvem o exercício dos direitos de propriedade industrial, é evidente que o interesse entre particulares seja o elemento preponderante, não podemos supor que determinada questão constitucional, referente à prática de ato ilícito ou dano incidente contra direitos fundamentais, seja eminentemente excluída da apreciação do STF; ou será que questões atinentes ao exercício e conformação de um direito fundamental não merecem a atenção daquela Corte Constitucional?

Como o intuito do presente estudo é analisar o comportamento do Supremo Tribunal Federal frente aos direitos de propriedade industrial, examinamos as decisões dos últimos anos, para *verificar se existe enfrentamento da questão relativa à repercussão geral* em alguns casos, e do mesmo modo *identificar a utilização dos óbices jurisprudenciais*.

6.3 Números da "propriedade industrial" no STF

A coleta e seleção dos dados a partir do portfólio jurisprudencial do STF objetivou identificar a atenção conferida aos direitos de propriedade industrial, destacadamente no âmbito recursal extraordinário[41].

---

[40] ABBOUD, Georges. *Jurisdição Constitucional e direitos fundamentais*. São Paulo: RT, 2011. p. 471.

[41] É importante esclarecermos que a análise quantitativa acerca da jurisprudência do Supremo Tribunal Federal sobre os direitos de propriedade industrial, adotadas nestes estudos, não envolveu dados estatísticos apresentados em relatórios que continuamente a referida corte apresenta periodicamente. Isso porque nenhum dos relatórios apresentados dispõe de informações específicas sobre o comportamento do STF quanto aos direitos de propriedade industrial. O STF disponibiliza em seu sítio virtual (www.stf.jus.br) estatísticas interessantes sobre o número de causas julgadas, a utilização do incidente de resolução de recursos repetitivos, a aplicação da repercussão geral etc. Contudo, dados específicos sobre os julgamentos que discutem os direitos de propriedade industrial ainda não foram objeto de estudos naqueles relatórios, isso porque o número de causas envolvendo tais direitos ainda é residual no STF. Mas entendemos ser este mais um motivo que impulsiona a nossa pesquisa e o desenvolvendo deste breve ensaio, tendo em vista não existirem tantos outros estudos debatendo esse objeto específico. A

Entre 03.03.2007 e 03.12.2012, catalogamos um total de 43 (quarenta e três) decisões, sendo 7 (sete) acórdãos e 36 (trinta e seis) decisões monocráticas.

Desse total, somente 10 (dez) das 43 (quarenta e três) decisões foram proferidas em sede de recurso extraordinário, o que nos permite afirmar que 33 (trinta e três) das decisões se referiam a agravos sucessivos, objetivando alcançar o julgamento de mérito.

Nenhuma das 43 (quarenta e três) decisões foi proferida em sede de juízo de mérito, somente tratando do juízo de admissibilidade; sendo que todas essas decisões foram no sentido pela inadmissibilidade do recurso.

Somente 1 (uma) das 43 (quarenta e três) decisões ocupou-se de analisar alguma questão referente à repercussão geral, sendo ela, ainda, no sentido de que o recorrente não havia demonstrado as razões pelas quais entende que a questão constitucional é dotada de repercussão geral, ou seja, a existência ou não de relevância e transcendência não foi objeto de análise.

As demais decisões de inadmissibilidade dos recursos utilizaram os seguintes argumentos: (i) ofensa indireta à Constituição (ou interpretação de legislação infraconstitucional, ou controvérsia equacionada sobre o ângulo estritamente legal, ou violação reflexa e obliqua à Constituição); (ii) reexame de fatos e provas (ou revolvimento

---

pesquisa jurisprudencial utilizada nesta investigação divide-se em duas etapas: (i) uma com enfoque quantitativo, como a respectiva coleta numérica de dados; e (ii) outra com enfoque qualitativo, a partir da análise e cruzamento dos dados numéricos obtidos, com o intuito de aperfeiçoar as questões investigadas e debatidas. Os dados jurisprudenciais foram coletados no banco de dados de jurisprudência do STF (http://www.stf.jus.br/portal/jurisprudencia/pesquisarJurisprudencia.asp), seguindo-se pela análise de 100% das decisões que foram encontradas, utilizando-se algumas palavras-chave. Foram coletadas decisões monocráticas e acórdãos, não necessariamente com trânsito em julgado, proferidos pelo STF nos últimos cinco anos (de 03.03.2007 a 03.12.2012). Para a seleção das palavras-chave, utilizamos como critério o texto constitucional que se ocupa especificadamente dos direitos de propriedade industrial, o art. 5.º, XIX, da Constituição Federal; estas foram as palavras-chave aplicadas na busca: "art. + 5.º + XIX", "XIX", "propriedade + industrial", "invento", "inventos + industriais", "criação", "criações + industriais", "marca", "nome", "nomes + empresas", "signos", "signos + distintivos"; também utilizamos os termos "patentes", "invenção", "modelo", "desenhos" e "marca". Com tais critérios, obtivemos um total de 55 decisões; filtramos os resultados que nos apresentavam decisões que não se ocupavam propriamente de direitos de propriedade industrial, como, por exemplo, alguns que se referiam a "extradição", "inatividade de servidores públicos", "assistência judiciária" etc. Ressaltamos que, ao analisarmos as decisões coletadas de acordo com aquele critério de busca, sempre objetivamos identificar o enfrentamento de questões relativas ao art. 5.º, inciso XIX, da Constituição Federal. Esse esclarecimento é importante, pois evidenciamos aos leitores os critérios adotados para a realização e utilização de "estudo numérico" neste estudo, procedendo com transparência e cautela quando da utilização e manejo dessa modalidade de informação.

de provas); (iii) questão não prequestionada; (iv) demais argumentos – existência de súmula do Supremo Tribunal Federal que não possibilita a admissibilidade do respectivo recurso; provimento de recursos especiais, com respectivas prejudicialidades do recurso extraordinário; perda superveniente do objeto; falta de interesse recursal; e desistência de recurso. Em algumas decisões, mais de um desses argumentos eram utilizados no sentido da inadmissibilidade do recurso extraordinário.

Portanto, tendo em vista esses dados, os *argumentos* pela inadmissibilidade dos recursos extraordinários, para discutir questões constitucionais referentes aos direitos de propriedade industrial, são: (i) ofensa indireta à Constituição: argumento utilizado 27 vezes; (ii) impossibilidade de reexame de fatos e provas: argumento utilizado 18 vezes; (iii) questão não prequestionada: argumento utilizado oito vezes; (iv) demais questões processuais: argumento utilizado cinco vezes; (v) razões da repercussão geral não demonstradas corretamente: argumento utilizado uma vez; (vi) questões constitucionais envolvendo direitos de propriedade industrial repercussão geral debatida pelo Supremo Tribunal Federal: nenhuma vez utilizado; e (vii) questões constitucionais envolvendo direitos de propriedade industrial repercussão geral reconhecida pelo STF.

Recursos Extraordinários *Juízo de Admissibilidade* *Análise da Repercussão Geral*	Decisões
juízo positivo de admissibilidade do recurso extraordinário	0 / 43
juízo negativo de admissibilidade do recurso extraordinário *(por óbices jurisprudenciais ou outras questões processuais)*	43 / 43
juízo negativo de admissibilidade do recurso extraordinário *(por inexistência de repercussão geral)*	0 / 43
repercussão geral analisada ou em análise	0 / 43
repercussão geral reconhecida ou não reconhecida	0 / 43
Total: 43	

Argumentos Utilizados no Juízo de Admissibilidade	Vezes utilizadas
ofensa indireta à constituição	27
impossibilidade de reexame de fatos e provas	18
questão não prequestionada	8
demais questões processuais	5
razões da repercussão geral não demonstrada corretamente	1
presentes os requisitos de admissibilidade	0

Esses números demonstram que, tratando-se do debate das questões envolvendo os direitos de propriedade industrial, quando impugnadas via recursal extraordinária, o STF tem aplicado diversos filtros que impossibilitam o julgamento de mérito daquelas questões. Portanto, não é a repercussão geral o filtro que impossibilita o acesso ao julgamento de mérito das questões constitucionais acerca de direitos de propriedade industrial – mesmo porque temas envolvendo esses direitos ainda não foram alvo do exame da existência, ou não, de relevância e transcendência; o perigo habita o ambiente de manejo de outros filtros jurisprudenciais, como os fundamentados em "ofensa indireta ou reflexa à Constituição", a "impossibilidade de reexame de fatos e provas" e "questão não prequestionada".

7. CONCLUSÃO

Indubitavelmente, a inserção da repercussão geral da questão constitucional, ventilada no recurso extraordinário, retrata a consciência de que a tutela jurisdicional, para ser prestada com *efetividade*, deve ser feita observando a *flexibilidade, a estabilidade e a isonomia*.

A repercussão geral, assim sendo, constitui-se importante *filtro qualificador do manejo do recurso extraordinário e do exercício da atividade judiciária* – destacadamente exercida pelo STF. Nisso consiste o sentido de identificarmos o caráter, e até mesmo escopos, *qualitativo, quantitativo, institucional e técnico* na repercussão geral, pois isso nos concede a certeza de que a utilização desse filtro é tentativa relevante no aperfeiçoamento da boa técnica processual.

Sendo um conceito jurídico indeterminado, a identificação da repercussão geral exige uma valoração objetiva por parte do STF. Mesmo com a "indeterminação" que a lei processual a configurou, a repercussão geral passa a ser dotada de "determinação", a partir da reflexão sobre dois aspectos: a *relevância* e a *transcendência*. Portanto, a repercussão geral passa de uma condição de *indeterminação* posta pela técnica de redação legislativa, adotada a uma condição de determinação, após a valoração exercida pelo STF, e a objetivação da reflexão sobre a existência de *relevância* – do ponto de vista econômico, político, social ou jurídico – e *transcendência*.

No que tange aos direitos de *propriedade industrial*, verificamos que o seu *status* como *direitos fundamentais*, expressamente disposto na CF/1988, já estabelece uma postura cuidadosa ao STF para se aferir à existência ou não de repercussão geral. Observando isso, demonstramos alguns critérios e variáveis que, acreditamos, sejam importantes nesse exercício desempenhado pelo STF, com o objetivo de contribuir para os futuros debates e alertar a Corte Constitucional de possíveis questões que possam ser identificadas como detentoras de repercussão geral e, por isso, merecedoras de atenção e julgamento de mérito.

Pautados em investigação de decisões do STF, destacamos nossa inquietação, e percebemos que existem filtros jurisprudenciais que têm obstado o acesso das questões envolvendo direitos de propriedade industrial ao julgamento de mérito por esse Tribunal.

Certo é que a *repercussão geral* conferiu efetividade à tutela jurisdicional, oferecida pelo STF quando do julgamento de recursos extraordinários. Além de prezar pela *flexibilidade e estabilidade* jurisprudencial, assim como aperfeiçoar o exercício da missão de guardião da Constituição pelo STF, a repercussão geral acarretou nesses últimos anos a apresentação de "relevantes" e "transcendentes" *pautas de conduta interpretativas.*

Os direitos de propriedade industrial, assim como outros direitos fundamentais, devem ocupar cada vez mais a atenção do STF, para a melhor concretização da função diretiva da Constituição. É evidente a relevância e transcendência de diversas questões que envolvem os direitos sobre bens imateriais resultantes das criações do espírito humano, seja em sua perspectiva de atribuição patrimonial, seja no tráfego jurídico e no exercício do direito. E, tendo em vista a expressa disposição constitucional dos direitos de propriedade industrial, importa ainda mais a reflexão sobre esses direitos pelo STF, via recurso extraordinário.

REFERÊNCIAS BIBLIOGRÁFICAS

ABBOUD, Georges. Jurisdição Constitucional e direitos fundamentais. São Paulo: RT, 2011.

ARRUDA ALVIM. Apontamentos sobre o papel do juiz e dos tribunais na ordem constitucional vigentes: enfoque comparativo entre jurisprudência e os sistemas de precedentes. In: Lucca, Newton De; MEYER-PFLUG, Samantha Ribeiro; NEVES, Mariana Barboza Baesta (Coords.) *Direito Constitucional Contemporâneo.* Homenagem ao Professor Michel Temer. São Paulo: Quartier Latin, 2012.

BARBOSA MOREIRA, José Carlos. A redação da Emenda Constitucional 45 (reforma da Justiça). *Revista Forense,* Rio de Janeiro, v. 378, mar./abr. 2005, p. 39-46.

_____. *Comentários ao Código de Processo Civil, Lei n.º 5.869, de 11 de janeiro de 1973, vol. V; arts. 476 a 565.* 15. ed. Rio de Janeiro: Forense, 2009.

BARCELLO, Milton Lucídio Leão. *Propriedade industrial & Constituição*: as teorias preponderantes e sua interpretação na realidade brasileira. Porto Alegre: Livraria do Advogado, 2007.

CANOTILHO, J. J. Gomes. *Direito Constitucional e Teoria da Constituição.* 5. ed. Coimbra: Almedina. 2002.

DANTAS, Bruno. *Repercussão geral*: perspectivas histórica, dogmática e de direito comparado; questões processuais. 2. ed. São Paulo: RT, 2009.

FREIRE, Alexandre Reis Siqueira. *Eficácia dos Direitos Fundamentais nas relações entre particulares*. 2004. Dissertação (Mestrado em Direito) – Universidade Federal do Paraná. Curitiba, 2004.

_____. O recurso especial no novo Código de Processo Civil. In: DANTAS, Bruno (Org.). *Revista de Informação Legislativa* / Senado Federal, Subsecretaria de Edições Técnicas; Ano 48, n.º 190, t. 1, abril/junho; Brasília: Senado Federal, Subsecretaria de Edições Técnicas, 2011, p. 18.

_____; CASTRO, Marcello Soares Castro. Direitos de Propriedade Intelectual e a Exigência de Tutela Jurisdicional Efetiva. *Revista de Processo*, São Paulo: RT, v. 209, 2012.

MARINONI, Luiz Guilherme; MITIDIERO, Daniel. *Repercussão geral no recurso extraordinário*. 3. ed. São Paulo, 2012.

MEDINA, José Miguel Garcia. *Prequestionamento e repercussão geral e outras questões relativas aos recursos especial e extraordinário*. 6. ed. São Paulo: RT, 2012.

_____; WAMBIER, Teresa Arruda Alvim. *Parte geral do processo do conhecimento*. Processo civil moderno. São Paulo: RT, 2009.

MIRANDA DE OLIVEIRA, Pedro. *Repercussão geral das questões constitucionais*. 2011. 571f. Tese (Doutorado em Direito) – Pontifícia Universidade Católica de São Paulo: São Paulo, 2011.

MÜLLER, Friedrich. O novo paradigma do Direito. In: Lucca, Newton De; MEYER-PFLUG, Samantha Ribeiro; NEVES, Mariana Barboza Baesta (Coords.) *Direito Constitucional Contemporâneo*. Homenagem ao Professor Michel Temer. São Paulo: Quartier Latin, 2012.

NERY JUNIOR, Nelson. *Princípios do processo civil na Constituição Federal:* processo civil, penal e administrativo. 9. ed. São Paulo: RT, 2009.

ROCHA, Fabiano de Bem da. *Análise crítica da repercussão geral constitucional e sua arguição no recurso extraordinário de questões relativas à propriedade industrial*. ROCHA, Fabiano de Bem da. Capítulos de processo civil na propriedade industrial. Rio de Janeiro: Lumen Juris, 2009.

WAMBIER, Teresa Arruda Alvim. Estabilidade e adaptabilidade como objetivos do direito: *civil law* e *common law*. RePro, São Paulo: RT, 172, 2009.

_____. *Recurso especial, recurso extraordinário e ação rescisória*. 2. ed. São Paulo: RT, 2008.

23

A REPERCUSSÃO GERAL EM TEMA DE PRECATÓRIO

MARCUS VINICIUS FURTADO COÊLHO
Advogado militante nos tribunais superiores. Membro da Comissão de Juristas do Senado para o novo Código de Processo Civil. Professor de Pós--Graduação. Pós-Graduado e Doutorando em direito processual. Presidente do Conselho Federal da Ordem dos Advogados do Brasil.

SUMÁRIO: 1. Os novos limites para a instauração da jurisdição extraordinária do Supremo Tribunal Federal após a emenda constitucional 45/2004 – 2. O reconhecimento da repercussão geral na jurisprudência do Supremo Tribunal Federal; 2.1 A incidência dos juros de mora (RE 579.431); 2.2 A compensação de precatórios adquiridos de terceiros (RE 566.349); 2.3 A possibilidade de opção entre o pagamento integral e o parcelado (RE 597.092); 2.4 A possibilidade de mudança da natureza do precatório (RE 631.537); 2.5 A precedência dos precatórios alimentares (RE 612.707); 2.6 A compensação de débitos líquidos e certos pela Fazenda Pública (RE 678.360) – 3. Conclusão – Bibliografia.

1. OS NOVOS LIMITES PARA A INSTAURAÇÃO DA JURISDIÇÃO EXTRAORDINÁRIA DO SUPREMO TRIBUNAL FEDERAL APÓS A EMENDA CONSTITUCIONAL 45/2004

O art. 102 da Carta Magna, ao disciplinar a competência da Suprema Corte Brasileira, deixa bem claro que a Corte tem por escopo maior o exercício da Jurisdição Constitucional exercida principalmente por meio de três distintas modalidades, conforme a classificação do eminente Professor José Afonso da Silva, que aqui adotaremos.[1]

São as três modalidades: jurisdição constitucional sem controle de constitucionalidade, jurisdição constitucional da liberdade e jurisdição constitucional com controle de constitucionalidade. O exímio constitucionalista bem descreve as duas primeiras funções como a competência do Pretório Excelso para, geralmente em razão da parte, realizando o princípio da inafastabilidade da jurisdição cunhado no art. 5.º, XXXV, da CF/1988, absorver a jurisdição residual do sistema jurisdicional brasileiro.[2]

É, contudo, a jurisdição constitucional com controle de constitucionalidade que aqui nos interessa. Afinal, são dois os meios de exercício dessa modalidade: as ações diretas, interventivas ou genéricas; e a via de exceção do recurso extraordinário. As ações diretas, previstas no art. 102, I, "a" e "p", são interventivas ou genéricas porquanto dizem respeito ao controle abstrato de constitucionalidade, ao passo que a jurisdição extraordinária se instaura sobre caso concreto.[3]

Portanto, vê-se que a jurisdição constitucional com controle de constitucionalidade bem pode se instaurar abstratamente por meio das ações diretas (art. 102, I, "a" e "p") ou, concretamente, pela via excepcional do recurso extraordinário. É esta a hipótese em que o constituinte cuidou de permitir a aproximação da interpretação da norma constitucional às situações concretas, pois, como bem leciona Konrad Hesse, a "interpretação tem significado decisivo para a consolidação e preservação da força normativa da Constituição", e esta deve corresponder ao dinamismo das relações sociais.[4]

Eis a lição do constitucionalista alemão:

"Em outras palavras, uma mudança das relações fáticas pode ou deve provocar mudanças na interpretação da Constituição. Ao mesmo tempo, o sentido da proposição jurídica estabelece o limite da interpretação e, por conseguinte, o limite de qualquer mutação normativa. A finalidade (Telos) de uma proposição constitucional e sua nítida vontade normativa não devem ser sacrificadas em virtude de uma mudança da situação. Se o sentido de uma proposição normativa não pode mais ser realizado, a revisão constitucional afigura-se inevitável. Do contrário, ter-se-ia a supressão da tensão entre norma e realidade com a supressão

---

[1] SILVA, José Afonso da. *Curso de direito constitucional positivo*. 35. ed. São Paulo: Malheiros, 2012. p. 560-561.
[2] Idem.
[3] Ibidem.
[4] HESSE, Konrad. *A força normativa da Constituição*. Tradução de Gilmar Mendes. Porto Alegre: Sérgio Antônio Fabris Editor, 1991. p. 9.

do próprio direito. Uma interpretação construtiva é sempre possível e necessária dentro desses limites. A dinâmica existente na interpretação construtiva constitui condição fundamental da força normativa da Constituição e, por conseguinte, de sua estabilidade. Caso ela venha a faltar, tornar-se-á inevitável, cedo ou tarde, a ruptura da situação jurídica vigente".[5]

Portanto, como bem assenta o mestre alemão, a supressão da tensão entre norma e realidade causaria verdadeira supressão do próprio direito, a impedir a vigência da finalidade da norma. É, portanto, vital para a ordem jurídica a missão da Jurisdição Extraordinária do Pretório Excelso que permite, a partir de determinada alteração na dinâmica das relações sociais, dizer a aplicação da norma constitucional.

Contudo, mesmo nesses casos, a Constituição não reservou ao Supremo o simples papel de ser mais uma instância às partes, pois, como se depreende da própria interpretação do art. 102, III, o recurso extraordinário exige que a causa já haja sido decidida em "única" ou "última" instância.

Senão, vejamos o dispositivo:

> "Art. 102. Compete ao Supremo Tribunal Federal, precipuamente, a guarda da Constituição, cabendo-lhe:
> (...)
> III – julgar, mediante recurso extraordinário, as causas decididas em única ou última instância, quando a decisão recorrida: (...)".

E, como "não se presumem na lei palavras inúteis" (*Verba cum effectu, sunt accipienda*), há de se observar que a instauração da competência do Supremo Tribunal Federal se dá quando já esgotadas as instâncias recursais. Com efeito, vê-se que nem mesmo nos casos de competência originária de outro Tribunal Superior cabe o recurso para inaugurar mera competência de segunda instância. O permissivo deixa claro que não cabe ao Supremo rejulgar a causa, porquanto encerrada a jurisdição ordinária, mas, em caráter excepcional, garantir a vigência da Constituição nas hipóteses taxativamente descritas nas alíneas "a" a "c".

Eis as alíneas que seguem no dispositivo:

a) contrariar dispositivo desta Constituição;

b) declarar a inconstitucionalidade de tratado ou lei federal;

---

[5] HESSE, Konrad. *A força normativa da Constituição*. Tradução de Gilmar Mendes. Porto Alegre: Sérgio Antônio Fabris Editor, 1991. p. 9.

c) julgar válida lei ou ato de governo local contestado em face desta Constituição.

Eis que a causa já decidida em última instância, seja porque esgotados os recursos ou porque única, apenas poderá ser revista extraordinariamente se contrariar a norma constitucional. Tal contrariedade pode se dar diretamente, por meio da declaração de inconstitucionalidade de lei federal (ou tratado recebido como tal) ou, ainda, por declaração de validade de ato de governo local.

Até o advento da EC 45/2004, portanto, eram estas as exigências do Recurso Extraordinário. Todos os pressupostos ao longo do tempo exigidos pela jurisprudência para limitá-lo podem ser facilmente compreendidos à luz de tais limites explicitados na norma.

Tome-se como exemplo o enunciado da Súmula 279 do STF: "Para simples reexame de prova não cabe recurso extraordinário". Ora, se o recurso extraordinário exige julgamento da causa em única ou última instância, é consequência lógica a impossibilidade de o Pretório Excelso rejulgar a causa senão, dentro da restrição da norma, para interpretar a matéria constitucional apontada como violada e dirimir a dúvida quanto à sua interpretação. *Mutatis Mutandis*, podem também ser compreendidos sob tal exame todos os demais pressupostos já exigidos pela Corte máxima.

Assim, muito embora já viesse a doutrina afirmando que "a função do RE era estritamente manter a inteireza do sistema constitucional positivo, sem pretender fazer justiça no caso concreto", foi efetivamente a partir da EC 45/2004 que se passou a exigir a repercussão geral por meio do § 3.º do art. 102.[6]

Veja-se o dispositivo:

> "§ 3.º No recurso extraordinário o recorrente deverá demonstrar a repercussão geral das questões constitucionais discutidas no caso, nos termos da lei, a fim de que o Tribunal examine a admissão do recurso, somente podendo recusá-lo pela manifestação de dois terços de seus membros".

Portanto, o RE passou a exigir a relevância de discussão do tema para a sociedade. Não obstante o julgamento possa beneficiar o recorrente, o resultado deste deve possuir o grupo social relevante. A obtenção do pronunciamento jurisdicional do Pretório Excelso sobre o mérito do recurso passou a exigir que a serventia não se limite às partes, mas transborde tal relação.[7]

---

[6] DANTAS, Bruno. *Repercussão geral*. 3. ed. São Paulo: RT, 2012. p. 270.
[7] DANTAS, Bruno. Op. cit., p. 249.

Dito isso, o presente trabalho objetiva a análise das hipóteses já consideradas pelo Supremo Tribunal Federal como aptas à instauração de sua competência excepcional em matéria de precatórios. É dizer, se a nova fronteira da jurisdição extraordinária parte da exigência do transbordamento dos interesses das partes processuais, aqui veremos as hipóteses em que a Corte considerou tal requisito preenchido, em tema tão caro à sociedade brasileira quanto o longo calvário de recebimento de valores devidos pela Fazenda, tal qual reconhecido judicialmente.

2. O RECONHECIMENTO DA REPERCUSSÃO GERAL NA JURISPRUDÊNCIA DO SUPREMO TRIBUNAL FEDERAL

2.1 A incidência dos juros de mora (RE 579.431)

Em 11 de junho de 2008, o STF decidiu que o dispositivo da repercussão geral poderia ser aplicado a recursos extraordinários que discutem matérias já pacificadas pelo STF, sem a necessidade de sua anterior distribuição. Decidiu-se que tais recursos deveriam ser enviados à Presidência, que, levando antes a questão a plenário, este decidiria se: i) aplicaria a jurisprudência da Corte; ii) rediscutiria a matéria; ou iii) identificando-se que a questão ainda não fora decidida, determinaria o seguimento normal do recurso.

Na mesma sessão, o plenário compreendeu que a incidência dos juros de mora do período compreendido entre a data do cálculo de liquidação e a data da expedição da requisição de pequeno valor ou do precatório é matéria ainda não decidida pela Corte e, portanto, preenchendo o requisito da repercussão geral, deveria ser regularmente distribuído o recurso que acabou possuindo relatoria do e. Min. Marco Aurélio.

Eis a ata da decisão:

> "O Tribunal acolheu a questão de ordem proposta pela Senhora Ministra Ellen Gracie, para: a) nos termos do voto da relatora, definir procedimento próprio para exame de repercussão geral nos casos de questões constitucionais que formam a jurisprudência dominante nesta Corte, vencido o Senhor Ministro Marco Aurélio; b) reconhecer a existência de repercussão geral quanto às questões que envolvem os juros de mora no período compreendido entre a data do cálculo de liquidação e a data da expedição da requisição de pequeno valor ou do precatório; e c) determinar a distribuição normal do recurso extraordinário, para futura decisão do mérito no Plenário, nos termos do voto da relatora, reajustado parcialmente. Votou o Presidente, Ministro Gilmar Mendes. Plenário, 11.06.2008" (RE 579.431, *DJe* 23.10.2008).

Isso porque a matéria preenche, a toda evidência, o caráter extraindividual, uma vez que seu deslinde imbrica na própria necessidade de compreensão do cumprimento das obrigações do Estado perante o Cidadão. Simultaneamente, o debate desperta divergências entre as Cortes que exigem uniformização pelo Pretório Excelso. Aliás, é tal o interesse social da demanda que o próprio Conselho Federal da Ordem dos Advogados do Brasil foi admitido como terceiro interessado, dado o seu mister de atuar "na guarda dos princípios basilares da República".[8]

Ademais, no caso em comento há singularidade que o distingue claramente da hipótese já julgada nos autos do RE 591.085, em que se discutia a possibilidade de incidência dos juros de mora quando, após a liquidação e antes da expedição do RPV ou precatório, tal período ainda se encontrava dentro do prazo de 18 meses previsto constitucionalmente no art. 100, § 1.º. Aqui, distingue-se o fato de haver extrapolação de tal prazo no caso concreto.

Vale destacar, inclusive, o trecho da petição protocolada pela Ordem dos Advogados do Brasil que bem pontua relevância da questão:

> "Com todo respeito, afigura-se imoral a tese defendida no recurso extraordinário não somente por impor privilégio injustificado ao Estado, mas por resultar prejuízo:
> Aos credores do Estado, que temerão que seus créditos sejam corroídos pela inflação no decorrer do tempo (...);
> Ao Poder Judiciário, que apesar de lutar por um Sistema Judiciário acessível, ágil e efetivo, será 'premiado' por usa própria letargia administrativa;
> Todo cidadão contribuinte, que é cobrado com eficiência pelo Estado, sem a contrapartida da eficiência e valorização no recebimento dos seus créditos".

Entrementes, a matéria é de tal modo polêmica do ponto de vista jurídico, que o próprio Superior Tribunal de Justiça determinou o sobrestamento dos Recursos Especiais que a versavam e, por meio do mecanismo dos recursos repetitivos, elegeu e julgou como representativo de controvérsia o REsp 1.143.677/RS, de relatoria do cultíssimo Min. Luiz Fux.

Confira-se a ementa da decisão:

> "Processo civil. Recurso especial representativo de controvérsia. Artigo 543-C, do CPC. Direito Financeiro. Requisição de pequeno valor. Período compreendido entre a data da elaboração da conta de liquidação e o efetivo pagamento da RPV. Juros de mora. Descabimento. Súmula Vinculante 17/STF. Aplicação analógica. Correção monetária. Cabimento. Taxa Selic. Inaplicabilidade. IPCA-E. Aplicação.

---

[8] Decisão Monocrática do Min. Marco Aurélio de Mello publicada no *DJe* de 27.06.2012.

1. A Requisição de pagamento de obrigações de Pequeno Valor (RPV) não se submete à ordem cronológica de apresentação dos precatórios (artigo 100, § 3.º, da Constituição da República Federativa do Brasil de 1988), inexistindo diferenciação ontológica, contudo, no que concerne à incidência de juros de mora, por ostentarem a mesma natureza jurídica de modalidade de pagamento de condenações suportadas pela Fazenda Pública (Precedente do Supremo Tribunal Federal: AI 618.770 AgR, Rel. Ministro Gilmar Mendes, Segunda Turma, julgado em 12.02.2008, DJe-041 Divulg 06.03.2008 Public 07.03.2008).

2. A Lei 10.259/2001 determina que, para os efeitos do § 3.º, do artigo 100, da CRFB/1988, as obrigações de pequeno valor, a serem pagas independentemente de precatório, compreendem aquelas que alcancem a quantia máxima de 60 (sessenta) salários mínimos (§ 1.º, do artigo 17, c/c o *caput*, do artigo 3.º, da Lei 10.259/2001).

3. O prazo para pagamento de quantia certa encartada na sentença judicial transitada em julgado, mediante a Requisição de Pequeno Valor, é de 60 (sessenta) dias contados da entrega da requisição, por ordem do Juiz, à autoridade citada para a causa, sendo certo que, desatendida a requisição judicial, o Juiz determinará o sequestro do numerário suficiente ao cumprimento da decisão (artigo 17, *caput* e § 2.º, da Lei 10.259/2001).

4. A Excelsa Corte, em 29.10.2009, aprovou a Súmula Vinculante 17, que cristalizou o entendimento jurisprudencial retratado no seguinte verbete: 'Durante o período previsto no parágrafo 1.º do artigo 100 da Constituição, não incidem juros de mora sobre os precatórios que nele sejam pagos.'

5. Consequentemente, os juros moratórios não incidem entre a data da elaboração da conta de liquidação e o efetivo pagamento do precatório, desde que satisfeito o débito no prazo constitucional para seu cumprimento (RE 298.616, Rel. Ministro Gilmar Mendes, Tribunal Pleno, julgado em 31.10.2002, DJ 03.10.2003; AI 492.779 AgR, Rel. Ministro Gilmar Mendes, Segunda Turma, julgado em 13.12.2005, DJ 03.03.2006; e RE 496.703 ED, Rel. Ministro Ricardo Lewandowski, Primeira Turma, julgado em 02.09.2008, DJe-206 Divulg 30.10.2008 Public 31.10.2008), exegese aplicável à Requisição de Pequeno Valor, por força da princípio hermenêutico *ubi eadem ratio ibi eadem legis dispositio* (RE 565.046 AgR, Rel. Ministro Gilmar Mendes, Segunda Turma, julgado em 18.03.2008, DJe-070 Divulg 17.04.2008 Public 18.04.2008; e AI 618.770 AgR, Rel. Ministro Gilmar Mendes, Segunda Turma, julgado em 12.02.2008, DJe-041 Divulg 06.03.2008 Public 07.03.2008).

6. A hodierna jurisprudência do Superior Tribunal de Justiça, na mesma linha de entendimento do Supremo Tribunal Federal, pugna pela não incidência de juros moratórios entre a elaboração dos cálculos e o efetivo pagamento da requisição de pequeno valor – RPV (AgRg no REsp 1.116229/RS, Rel. Ministro Felix Fischer, Quinta Turma, julgado em 06.10.2009, DJe 16.11.2009; AgRg no REsp 1.135.387/PR, Rel. Ministro Haroldo Rodrigues (Desembargador Convocado do TJ/CE), Sexta Turma, julgado em 29.09.2009, DJe 19.10.2009; REsp 771.624/PR, Rel. Ministro Teori Albino Zavascki, Primeira Turma, julgado em 16.06.2009,

DJe 25.06.2009; EDcl nos EDcl no AgRg no REsp 941.933/SP, Rel. Ministro Jorge Mussi, Quinta Turma, julgado em 14.05.2009, *DJe* 03.08.2009; AgRg no Ag 750.465/RS, Rel. Ministra Maria Thereza de Assis Moura, Sexta Turma, julgado em 28.04.2009, *DJe* 18.05.2009; e REsp 955.177/RS, Rel. Ministra Eliana Calmon, Segunda Turma, julgado em 14.10.2008, *DJe* 07.11.2008).

7. A correção monetária plena, por seu turno, é mecanismo mediante o qual se empreende a recomposição da efetiva desvalorização da moeda, com o escopo de se preservar o poder aquisitivo original, sendo certo que independe de pedido expresso da parte interessada, não constituindo um *plus* que se acrescenta ao crédito, mas um *minus* que se evita.

8. Destarte, incide correção monetária no período compreendido entre a elaboração dos cálculos e o efetivo pagamento da RPV, ressalvada a observância dos critérios de atualização porventura fixados na sentença de liquidação, em homenagem ao princípio da segurança jurídica, encartado na proibição de ofensa à coisa julgada (*Mutatis mutandis*, precedentes do STJ: EREsp 674.324/RS, Rel. Ministra Denise Arruda, Primeira Seção, julgado em 24.10.2007, *DJ* 26.11.2007; AgRg no REsp 839.066/DF, Rel. Ministro Herman Benjamin, Segunda Turma, julgado em 03.03.2009, *DJe* 24.03.2009; EDcl no REsp 720.860/RJ, Rel. Ministro Teori Albino Zavascki, Rel. p/ Acórdão Ministro José Delgado, Primeira Turma, julgado em 10.04.2007, *DJ* 28.05.2007; EDcl no REsp 675.479/DF, Rel. Ministra Denise Arruda, Primeira Turma, julgado em 12.12.2006, *DJ* 01.02.2007; e REsp 142.978/SP, Rel. Ministra Eliana Calmon, Segunda Turma, julgado em 04.12.2003, *DJ* 29.03.2004).

9. Entrementes, ainda que a conta de liquidação tenha sido realizada em período em que aplicável a Taxa Selic como índice de correção monetária do indébito tributário, impõe-se seu afastamento, uma vez que a aludida taxa se decompõe em taxa de inflação do período considerado e taxa de juros reais, cuja incompatibilidade, na hipótese, decorre da não incidência de juros moratórios entre a elaboração dos cálculos e o efetivo pagamento, no prazo legal, da requisição de pequeno valor – RPV.

10. Consectariamente, o índice de correção monetária aplicável aos valores constantes da RPV, quando a conta de liquidação for realizada no período em que vigente a Taxa Selic, é o IPCA-E/IBGE (Índice Nacional de Preços ao Consumidor Amplo Especial), à luz do Manual de Orientação de Procedimentos para os cálculos na Justiça Federal, aprovado pela Resolução 242/2001 (revogada pela Resolução 561/2007).

11. A vedação de expedição de precatório complementar ou suplementar do valor pago mediante Requisição de Pequeno Valor tem por escopo coibir o fracionamento, repartição ou quebra do valor da execução, a fim de que seu pagamento não se faça, em parte, por RPV e, em parte, por precatório (artigo 100, § 4.º, da CRFB/1988, repetido pelo artigo 17, § 3.º, da Lei 10.259/2001), o que não impede a expedição de requisição de pequeno valor complementar para pagamento da correção monetária devida entre a data da elaboração dos cálculos e a efetiva satisfação da obrigação pecuniária.

12. O Supremo Tribunal Federal, em 13.03.2008, reconheceu a repercussão geral do Recurso Extraordinário 579.431/RS, cujo *thema iudicandum* restou assim identificado: 'Precatório. Juros de mora. Incidência no período compreendido entre a data da feitura do cálculo e a data da expedição da requisição de pequeno valor.'

13. O reconhecimento da repercussão geral pelo STF, com fulcro no artigo 543-B, do CPC, como cediço, não tem o condão, em regra, de sobrestar o julgamento dos recursos especiais pertinentes.

14. É que os artigos 543-A e 543-B, do CPC, asseguram o sobrestamento de eventual recurso extraordinário, interposto contra acórdão proferido pelo STJ ou por outros tribunais, que verse sobre a controvérsia de índole constitucional cuja repercussão geral tenha sido reconhecida pela Excelsa Corte (Precedentes do STJ: AgRg nos EREsp 863.702/RN, Rel. Ministra Laurita Vaz, Terceira Seção, julgado em 13.05.2009, *DJe* 27.05.2009; AgRg no Ag 1.087.650/SP, Rel. Ministro Benedito Gonçalves, Primeira Turma, julgado em 18.08.2009, *DJe* 31.08.2009; AgRg no REsp 1.078.878/SP, Rel. Ministro Luiz Fux, Primeira Turma, julgado em 18.06.2009, *DJe* 06.08.2009; AgRg no REsp 1.084.194/SP, Rel. Ministro Humberto Martins, Segunda Turma, julgado em 05.02.2009, *DJe* 26.02.2009; EDcl no AgRg nos EDcl no AgRg no REsp 805.223/RS, Rel. Ministro Arnaldo Esteves Lima, Quinta Turma, julgado em 04.11.2008, *DJe* 24.11.2008; EDcl no AgRg no REsp 950.637/MG, Rel. Ministro Castro Meira, Segunda Turma, julgado em 13.05.2008, *DJe* 21.05.2008; e AgRg nos EDcl no REsp 970.580/RN, Rel. Ministro Paulo Gallotti, Sexta Turma, julgado em 05.06.2008, *DJe* 29.09.2008).

15. Destarte, o sobrestamento do feito, ante o reconhecimento da repercussão geral do *thema iudicandum*, configura questão a ser apreciada tão somente no momento do exame de admissibilidade do apelo dirigido ao Pretório Excelso.

16. Recurso especial parcialmente provido, para declarar a incidência de correção monetária, pelo IPCA-E, no período compreendido entre a elaboração dos cálculos e o efetivo pagamento da requisição de pequeno valor – RPV, julgando-se prejudicados os embargos de declaração opostos pela recorrente contra a decisão que submeteu o recurso ao rito do artigo 543-C, do CPC. Acórdão submetido ao regime do artigo 543-C, do CPC, e da Resolução STJ 08/2008" (REsp 1.143.677/RS, Rel. Min. Luiz Fux, Corte Especial, j. 02.12.2009, *DJe* 04.02.2010).

Portanto, ao julgar a matéria sob a ótica da eventual violação à legislação federal, o Superior Tribunal de Justiça concluiu pela impossibilidade de incidência dos juros de mora entre a liquidação e a expedição dos RPVs ou precatórios. Destarte, resta à Suprema Corte solver a discussão constitucional que envolve o tema e, como segue por ordem lógica, dar a palavra final.

2.2 A compensação de precatórios adquiridos de terceiros (RE 566.349)

Em 6 de outubro de 2008, o Supremo Tribunal federal reconheceu a existência de repercussão geral em mais um assunto envolvendo precatórios: a compensação de precatórios adquiridos de terceiros com débitos tributários junto à Fazenda Pública. Trata-se do RE 566.349.

Na hipótese, os precatórios que se pretende compensar representam créditos de natureza alimentar, que não se inserem no parcelamento previsto no *caput* do art. 78 e, portanto, o STF deverá se pronunciar acerca da possibilidade de autoaplicação do referido artigo e se os créditos de natureza alimentar podem ser compensados com débitos tributários.

Nesse caso, o Superior Tribunal de Justiça entendeu pela "impossibilidade de o Poder Judiciário invadir a esfera reservada à Administração Pública, e, por conseguinte, determinar a compensação pretendida pela Recorrente". Aqui, em sede de Recurso Ordinário, compreendeu que a eventual compensação estaria sujeita ao alvedrio da Administração Pública.

Eis a ementa do Acórdão:

> "Tributário. Mandado de segurança. Compensação entre precatórios adquiridos de terceiros e débitos tributários da contribuinte. Artigo 78, § 2.º do Ato das Disposições Constitucionais Transitórias. Esfera de poder reservada à Administração Pública. Alegação de ilegalidade afastada. Dilação probatória. Impossibilidade.
> I – Mandado de Segurança impetrado buscando a compensação entre precatório judicial adquirido de terceiro e débitos tributários da empresa impetrante.
> II – O artigo 170 do Código Tributário Nacional, ao tratar do instituto da compensação tributária, impõe o entendimento de que somente a lei pode atribuir à autoridade administrativa o poder de deferir ou não a referida compensação entre créditos líquidos e certos com débitos vencidos ou vincendos.
> III – Nesse quadro, verifica-se a absoluta impossibilidade de o Poder Judiciário invadir a esfera reservada à Administração Pública, e, por conseguinte, determinar a compensação pretendida pela Recorrente.
> IV – Ao Poder Judiciário compete, tão somente, observar os casos em que plasmada a ilegalidade do ato administrativo, frente à ordem jurídica vigente, e não o contrário, como deseja a Recorrente, ao pleitear o deferimento de uma operação que a própria lei condicionou ao alvedrio da Administração Pública. Precedentes: RMS n.º 12.568/RO, Rel. Min. Laurita Vaz, *DJ* de 09.12.02 e RMS n.º 13.017/RO, Rel. Min. Milton Luiz Pereira, *DJ* de 25.11.2002.
> V – Acrescente-se, nos termos da manifestação do *Parquet* Federal: 'Além disso, conforme as informações prestadas pelo Secretário de Finanças do Estado de Rondônia e não contestadas pela empresa recorrente na peça de fls. 112/124, o precatório n.º 1.946/1993 encontra-se suspenso por força de decisão judicial exarada nos autos de ação de nulidade de ato jurídico, em trâmite na 2.ª Vara da Fazenda Pública do Estado de Rondônia.'
> VI – A controvérsia sobre a certeza e liquidez do precatório oferecido à compensação demanda produção de prova, o que não se coaduna com o rito célere do Mandado de Segurança.

VII – Recurso em Mandado de Segurança improvido" (RMS 20.526/RO, Rel. Min. Francisco Falcão, 1.ª Turma, j. 09.05.2006, *DJ* 25.05.2006, p. 150).

Contudo, ao mesmo tempo em que a discussão se encerra no conteúdo expresso do § 2.º do art. 78 do ADCT, é de arrepiar o fundamento de que seria necessária a reprodução do dispositivo pelas Cartas Estaduais. É, aliás, como sabiamente o Conselho Federal da Ordem dos Advogados do Brasil bem definiu a questão:

"E não há que se falar em exigência de legislação infraconstitucional, como equivocadamente entendeu o Eg. STJ, 'data máxima venia', porquanto a redação do § 2.º do art. 78 do ADCT é inequívoca ao prescrever o poder liberatório das prestações anuais não liquidadas até o final do exercício a que se referem".

E, para tanto, basta observar o próprio texto do art. 78, § 2.º, do ADCT:

"Art. 78. Ressalvados os créditos definidos em lei como de pequeno valor, os de natureza alimentícia, os de que trata o art. 33 deste Ato das Disposições Constitucionais Transitórias e suas complementações e os que já tiverem os seus respectivos recursos liberados ou depositados em juízo, os precatórios pendentes na data de promulgação desta Emenda e os que decorram de ações iniciais ajuizadas até 31 de dezembro de 1999 serão liquidados pelo seu valor real, em moeda corrente, acrescido de juros legais, em prestações anuais, iguais e sucessivas, no prazo máximo de dez anos, permitida a cessão dos créditos.
(...)
§ 2.º As prestações anuais a que se refere o *caput* deste artigo terão, se não liquidadas até o final do exercício a que se referem, poder liberatório do pagamento de tributos da entidade devedora".

Assim, resta também, no caso, aguardar a solução da controvérsia pela Suprema Corte em uma questão que, além de aparentar cristalina necessidade de admissão da compensação pelo texto expresso do dispositivo supracitado, é um passo seguro para o fim do excesso de proteção aos débitos do Estado em detrimento do crédito do cidadão.

2.3 A possibilidade de opção entre o pagamento integral e o parcelado (RE 597.092)

Em mais este caso, em que o estado do Rio de Janeiro sustenta a possibilidade de opção pelo ente público entre a realização do pagamento dos precatórios de maneira integral, observada a ordem de precedência, nos termos do art. 100 da Constituição Federal, ou de maneira parcelada, com base no art. 78 do ADCT.

Isso porque, dentre outras distinções, releva notar que, enquanto o regime de pagamento integral previsto no art. 100 da CF/1988 apenas permite o sequestro se inobservada a ordem de precedência, o parcelamento do art. 78 do ADCT permite tal providência tanto naquela hipótese quanto no caso de não previsão orçamentária ou não pagamento de parcela.

Eis a ementa do acórdão que reconheceu a repercussão geral da matéria:

> "Constitucional. Precatório. Parcelamento. Art. 78 do ADCT, incluído pela EC 30/2000. Possibilidade de o ente público optar pela realização do pagamento dos precatórios de maneira integral (art. 100 da Constituição) ou de forma parcelada (art. 78 do ADCT). Sequestro de recursos financeiros: hipóteses de cabimento (art. 78, § 4.º, do ADCT). Relevância jurídica e econômica da questão constitucional. Existência de repercussão geral" (RE 597.092 RG, Rel. Min. Ricardo Lewandowski, j. 05.11.2009, *DJe*-218 Divulg. 19.11.2009, Public. 20.11.2009, *Ement*. vol-02383-06, p. 1.268).

É interessante notar o estágio limítrofe em que atinge a questão nesse caso, em que nem honra o Estado sua dívida por meio do pagamento integral e, tampouco, por intermédio de parcelamento previsto no art. 78 do ADCT, mas, inadimplente de toda sorte, prefere a desproporcional proteção dada ao Estado pelo regime de pagamento integral.

2.4 A possibilidade de mudança da natureza do precatório (RE 631.537)

O Tribunal de Justiça do Rio Grande do Sul compreendeu que a cessão de crédito realizada do credor original para duas empresas ocasionaria a perda de sua natureza alimentar. Assim, poder-se-ia alterar a ordem cronológica do pagamento, afastando-se a precedência prevista no art. 100 da CF/1988.

Na ocasião em que restou reconhecida a repercussão geral, o Min. Marco Aurélio, relator do caso, bem assentou que "cumpre explicitar a possibilidade de, sendo objeto de cessão o crédito estampado no precatório, definido constitucionalmente, modificar-se-lhe a natureza".

Eis a ementa do acórdão:

> "Crédito contra a Fazenda. Cessão. Natureza alimentar. Transmudação do crédito alimentício em normal. Possui repercussão geral a controvérsia sobre a possibilidade de a cessão de direito creditório alterar a natureza alimentar do precatório" (RE 631.537 RG, Rel. Min. Marco Aurélio, *DJe* 19.04.2011).

É de se observar a aparente impropriedade da decisão gaúcha que, com todo o respeito à fundamentação densa jurídica, faz desaparecer o atrativo referente à busca de cessão do crédito, deixando por via transversa de proteger os credores alimentícios, cuja especial guarda exige a Carta da República na satisfação de seus direitos.[9] A quebra dessa proteção sob o pretexto da cessão de crédito é, em verdade, negar que tal credor não merece primazia e, portanto, tal cessão deverá se dar nos mesmos termos que o credor comum.

2.5 A precedência dos precatórios alimentares (RE 612.707)

O recurso do Estado de São Paulo ataca decisão do Superior Tribunal de Justiça que consignou a necessidade de pagamento integral dos créditos alimentares antes dos créditos incluídos no art. 78 do ADCT, sob pena de quebra da ordem cronológica estabelecida no art. 100 da CF/1988.

De fato, o Estado de São Paulo dividiu os precatórios em duas classes, quais sejam, alimentares e não alimentares, e, sob o alegado alicerce no julgamento da ADI 1.662, sustentou que a quebra em tal ordem apenas poderia se dar segundo a precedência dos créditos abrangidos por uma mesma classe.

Eis o acórdão do E. STJ que consignou a impossibilidade de quebra da precedência dos precatórios de natureza alimentar:

> "Constitucional. Precatório. Crédito alimentar. Prioridade em relação aos comuns. Quebra da precedência. Sequestro. Cabimento.
>
> 1. Os atos do presidente ou do colegiado de Tribunal de Justiça que disponham sobre processamento e pagamento de precatório não têm caráter jurisdicional, mas administrativo (Súmula 311/STJ; Súmula 733/STF). Segundo a jurisprudência do STF (*v.g.*: ADI 1.098, Min. Marco Aurélio, *DJ* de 25.10.96; RE 281.208, Min. Ellen Gracie, *DJ* de 26.04.02) e do STJ (*v.g.*: RMS 14.940/RJ, 1.ª T., *DJ* de 25.11.2002; RMS 26.990/SP, 1.ª T., *DJe* 28.08.2008; RMS 19.047/SP, 2.ª T., *DJ* de 26.09.2005; RMS 17.824/RJ, 2.ª T., *DJ* de 01.02.2006), esse entendimento é aplicável também às decisões que, no curso do processamento, deferem ou indeferem pedido de sequestro de recursos públicos.
>
> 2. 'A jurisprudência do Supremo, ao interpretar o disposto no *caput* do artigo 100 da Constituição da República, firmou-se no sentido de submeter, mesmo as prestações de caráter alimentar, ao regime constitucional dos precatórios, ainda que reconhecendo a possibilidade jurídica de se estabelecerem duas ordens distintas de precatórios, com preferência absoluta dos créditos de natureza alimentícia (ordem especial), sobre aqueles de caráter meramente

---

[9] Voto do Min. Marco Aurélio.

comum (ordem geral)' (STA – Ag 90, Min. Ellen Gracie, *DJ* de 26.10.97). No mesmo sentido, reconhecendo a 'preferência absoluta' dos créditos alimentares, cujo pagamento deve ser atendido prioritariamente: ADI-MC 571, Min. Néri da Silveira, *DJ* de 26.02.93 e na ADI 47, Min. Octávio Gallotti, *DJ* de 13.06.97. Nesse pressuposto, o pagamento de crédito comum antes do alimentar importa quebra de precedência, autorizando a ordem a expedição de ordem de sequestro de recursos públicos.

3. Recurso provido" (RMS 24.510/SP, Rel. Min. Denise Arruda, Rel. p/ Acórdão Min. Teori Albino Zavascki, 1.ª Turma, j. 21.05.2009, *DJe* 22.06.2009).

Com efeito, o brilhante acórdão de relatoria do e. Min. Teori Zavaski bem assenta que o artifício de divisão entre as classes de precatórios não pode servir para a quebra de preferência dos precatórios alimentares. Ainda que haja "possibilidade jurídica de se estabelecerem duas ordens distintas de precatórios", deve-se preservar a "preferência absoluta dos créditos de natureza alimentícia (ordem especial), sobre aqueles de caráter meramente comum (ordem geral)".

A acertada decisão do Superior Tribunal de Justiça consagra a letra constitucional e permite a sobrevivência da norma, em detrimento de mais um mecanismo de fuga ao seu cumprimento. Os precatórios alimentares não possuem caráter de enriquecimento ou vantagem, mas constituem garantia básica do cidadão já demais mitigados pelo ordenamento.

2.6 A compensação de débitos líquidos e certos pela Fazenda Pública (RE 678.360)

A Suprema Corte reconheceu também a repercussão geral da matéria atinente à constitucionalidade dos §§ 9.º e 10 do art. 100 da CF/1988, cuja previsão é a de que a Fazenda Pública devedora poderá, no momento da expedição dos precatórios, abater o valor correspondente a débitos contra elas, mesmo das parcelas vincendas de parcelamentos.

Isso porque o Tribunal Regional Federal da 4.ª Região assentou a inconstitucionalidade de tais parágrafos incluídos pela EC 62/2002, razão pela qual a União interpôs recurso cujo tema também já é matéria das ADIs 4.357 e 4.400, que também se encontram sob a relatoria do e. Min. Luiz Fux.

3. CONCLUSÃO

Longe de pretender esgotar ou examinar com demasiada minúcia os temas aqui postos, este trabalho objetou demonstrar especialmente o parâmetro segundo o qual o STF tem delineado as fronteiras de sua atuação no controle de constitucionalidade concreto em matéria de precatórios. As hipóteses de repercussão geral são, pois, as verdadeiras linhas aptas a tal demonstração.

Decerto que os precatórios não apenas constituem crédito do Estado com indivíduos, mais do que isso, representam o vivo direito destes em verem adimplida uma obrigação que lhes pende ser cumprida. Afinal, seja pelo descumprimento de um dever objetivo do Estado, ou pelo inadimplemento de prestação à qual faziam jus, dentre outros, verdade é que o cidadão de qualquer forma afetado vê-se diante de verdadeira jornada de Sísifo para o recebimento de seu crédito, uma vez que, após longa batalha judicial, ainda há que esperar uma díspar norma para tal cumprimento.

Destarte, os temas que ora se visam sob a análise de constitucionalidade do Pretório Excelso possuem manifesto contorno que desborda a relação processual, para ocupar discussão que envolve até mesmo a realização efetiva dos direitos fundamentais. No momento em que um cidadão não pode dispor, seja por qual razão, de seu crédito perante o Estado e, por outro lado, deve suportar extravagantes garantias no cumprimento dos débitos deste, é arrepiante a ameaça do ente Estatal.

Urge que a Suprema Corte aprecie os temas inerentes aos precatórios judiciais, postos em repercussão geral, possibilitando a satisfação dos credores em um ambiente de segurança jurídica.

BIBLIOGRAFIA

DANTAS, Bruno. *Repercussão geral*. 3. ed. São Paulo: RT, 2012.

HESSE, Konrad. *A força normativa da Constituição*. Tradução de Gilmar Mendes. Porto Alegre: Sérgio Antônio Fabris Editor, 1991.

SILVA, José Afonso da. *Curso de direito constitucional positivo*. 35. ed. São Paulo: Malheiros, 2012.

SUPERIOR TRIBUNAL DE JUSTIÇA. REsp n.º 1.143.677, Rel. Min. Luiz Fux, Corte Especial, *DJe* de 04.02.2010.

_____. RMS n.º 20.526, Rel. Min. Francisco Falcão, 1.ª Turma, *DJ* de 25.05.2006.

_____. RMS n.º 24.510, Rel. Min. Denise Arruda, Rel. p/ Acórdão Min. Teori Zavascki, 1.ª Turma, *DJe* de 22.06.2009.

SUPREMO TRIBUNAL FEDERAL. RE n.º 579.431, *DJe* de 23.10.2008.

_____. RE n.º 597.092, Rel. Min. Ricardo Lewandowski, *DJe* de 20.11.2009.

_____. RE n.º 631.537, Rel. Min. Marco Aurélio, *DJe* de 19.04.2011.

24

A REPERCUSSÃO GERAL COMO INSTRUMENTO DE RACIONALIZAÇÃO DA PRESTAÇÃO JURISDICIONAL NO CONTEXTO DA CRISE DA RECORRIBILIDADE EXTRAORDINÁRIA

OSMAR MENDES PAIXÃO CÔRTES
Advogado. Doutor em Direito pela PUC/SP. Mestre em Direito pela Universidade de Brasília. Membro do Instituto Brasileiro de Direito Processual, do Instituto Iberoamericano de Derecho Procesal e do Instituto Panamericano de Derecho Procesal.

SUMÁRIO: I – A crise da recorribilidade extraordinária e a busca de soluções – II – Origem e regulamentação da repercussão geral – III – A repercussão geral como mecanismo de otimização e racionalização da prestação jurisdicional – IV – A repercussão geral utilizada com o rito repetitivo – V – Análise crítica – Bibliografia.

I – A CRISE DA RECORRIBILIDADE EXTRAORDINÁRIA E A BUSCA DE SOLUÇÕES

É fato que os recursos de natureza extraordinária vivem uma crise.

As razões da chamada crise podem ser divididas em estruturais, culturais e imediatas.

Estruturais são as que acompanham a recorribilidade extraordinária desde a sua origem, relacionadas à sua estrutura.

Sabe-se que o recurso extraordinário foi incorporado à nossa legislação antes mesmo da Constituição de 1891. Foi importado do direito norte americano que, por sua vez, inspirou-se no direito inglês.

O chamado *writ of error* era o mecanismo previsto na legislação norte americana para corrigir erros de julgamento relacionados à legislação federal. Questionada a legislação por meio do julgamento de determinado processo, havendo o risco de desrespeito – o que poderia colocar em risco a própria Federação, em razão da divisão de competências – surgiria a possibilidade de se revisar uma decisão por meio do *writ*.

Adotado o modelo federativo no Brasil, resolveu-se utilizar do exemplo norte americano. Ocorre que nos Estados Unidos da América a competência legislativa dos Estados, na divisão federativa, é muito maior do que no Brasil, onde grande parte das matérias é de competência federal.

A consequência natural é que, no Brasil, a maioria das questões levadas a juízo passa pela análise da legislação federal. Assim, a chance de serem levantadas hipóteses de possíveis ofensas à legislação interpretada é grande, levando quase que a maioria dos casos à apreciação das Cortes Superiores (encarregadas de apreciar alegações de ofensa às legislações constitucional e infraconstitucional).

A segunda razão para a crise é a cultural – existe o hábito, a cultura de se recorrer no Brasil.

Seguindo o exemplo de legislações da Europa continental, a legislação processual brasileira sempre se ocupou mais em criar mecanismos recursais para corrigir erros de julgamento do que em impor a observância a teses já definidas e também em impor o conformismo com decisões de primeiro grau e de segundo grau.

Assim, foi absorvida pela cultura judiciária a prática de recorrer sempre, por se vislumbrar, em geral, chance de reforma de uma decisão equivocada – quer por estar em desconformidade com decisões de Cortes hierarquicamente superiores quer por se guardar menos credibilidade em decisões hierarquicamente inferiores.

A terceira razão é a imediata – alterações na legislação que fizeram aumentar o volume de recursos relacionadas à antecipação de tutela.

Com a previsão expressa, a partir de 1994, da antecipação de tutela na legislação (Lei n.º 8.952/1994 que alterou o Código de Processo Civil) criaram-se, a partir da interpretação legislativa, mecanismos para se chegar, em todos os casos, aos Tribunais Superiores – agravos, cautelares para destrancar recursos retidos etc. O mau uso dos pedidos antecipatórios, dessa forma, gerou um acúmulo maior ainda de processos nas Cortes Superiores.

Os Tribunais, assim, veem-se diante de um dilema – priorizar a função dos recursos e o respeito ao direito subjetivo de recorrer e manter intacta a estrutura tradicional da recorribilidade extraordinária ou mudar de rumo e reduzir o volume de processos em tramitação ainda que sacrificando em certa medida o papel originário das Cortes Superiores.

A questão é de difícil resolução, mas lembre-se que a prestação tardia da jurisdição é incompatível com a atual ordem constitucional[1] e com o próprio Estado Democrático de Direito. Ademais, o acúmulo de processos, alguns desnecessários, nos Tribunais, inviabiliza um exame detido e apurado de teses.

Há muito se debate se é melhor a prestação jurisdicional lenta e segura ou a prestação jurisdicional rápida, ainda que não tão segura. Mas a discussão, quando se fala da "crise" da recorribilidade extraordinária, extrapola essa resposta, pois agrega a questão de os Tribunais Superiores, com o volume de processos em tramitação (existente e potencial) conseguirem de fato exercer suas funções.

O caminho que tem sido trilhado, pela jurisprudência e pela legislação, é o da opção pela redução de processos e purificação da função dos Tribunais em detrimento da prevalência do direito subjetivo de recorrer e da prestação caso a caso da jurisdição extraordinária. Exemplo são os institutos da repercussão geral e do rito repetitivo.

Nessa linha, inclusive, afirmamos que o procedimento recursal tem ganhado características mais próximas a de processos objetivos – não há mais necessariamente o direito e a necessidade de se julgar caso a caso, podendo a decisão tomada em um caso afetar outros tantos. A repercussão geral é um bom exemplo.

II – ORIGEM E REGULAMENTAÇÃO DA REPERCUSSÃO GERAL

O § 3.º, do artigo 102, da Constituição Federal, com a redação dada pela Emenda Constitucional n.º 45/2004, prevê:

> "§ 3.º. No recurso extraordinário o recorrente deverá demonstrar a repercussão geral das questões constitucionais discutidas no caso, nos termos da lei, a fim de que o Tribunal examine a admissão do recurso, somente podendo recusá-lo pela manifestação de dois terços de seus membros."

Trata-se de um requisito prévio de admissibilidade – a repercussão geral das questões constitucionais discutidas no caso.

Na vigência da Constituição anterior, outro instituto com função semelhante já existia – a relevância da questão federal.

---

[1] Artigo 5.º, inciso LXXVIII: "a todos, no âmbito judicial e administrativo, são assegurados a razoável duração do processo e os meios que garantam a celeridade de sua tramitação."

A Emenda Constitucional n.º 1, de 17 de outubro de 1969, tratou do recurso extraordinário no artigo 119, III:

> "Compete ao Supremo Tribunal Federal:
> (...)
> III – julgar, mediante recurso extraordinário, as causas decididas em única ou última instância por outros tribunais, quando a decisão recorrida:
> a) contrariar dispositivos desta Constituição ou negar vigência de tratado ou lei federal;
> b) declarar a inconstitucionalidade de tratado ou lei federal;
> c) julgar válida lei ou ato do governo local contestado em face da Constituição ou de lei federal; ou
> d) der à lei federal interpretação divergente da que lhe tenha dado outro Tribunal ou o próprio Supremo Tribunal Federal.
> § 1.º. As causas a que se refere o item III, alíneas *a* e *d* deste artigo, serão indicadas pelo Supremo Tribunal Federal no Regimento Interno, que atenderá à sua natureza, espécie ou valor pecuniário."

A grande novidade à época foi a inclusão do § 1.º, que atribuiu competência ao Supremo Tribunal Federal para regular o cabimento do recurso extraordinário nas hipóteses de violação à Constituição, lei ou tratado, e de divergência jurisprudencial.

Era hipótese de exercício de função normativa pelo Supremo Tribunal Federal por delegação direta da Constituição Federal. Observa-se, da leitura do referido parágrafo, já uma preocupação em limitar o cabimento do recurso extraordinário[2], dando ao intérprete máximo da Constituição, a quem incumbe o seu julgamento e que bem conhece o recurso, a possibilidade de "indicar" quais as causas seriam por ele apreciadas. Mas essa possibilidade de regulamentação estava restrita às alíneas *a* e *d*.

Nas hipóteses de inconstitucionalidade de tratado ou lei federal (alínea *b*) e discussão sobre a constitucionalidade de lei ou ato de governo local, em face da Constituição ou de lei federal (alínea *c*), o recurso extraordinário seria sempre cabível. A preocupação do legislador foi, também, a de não esvaziar a função do recurso em casos nos quais estivesse em jogo a compatibilidade de normas

---

[2] José Afonso da Silva já sob a égide da Constituição de 1946 (*Do recurso extraordinário no direito processual brasileiro*. São Paulo: RT, 1963. pp. 31 e segs.) falava em "crise" do recurso extraordinário, fruto do grande número de processos levados à apreciação do Supremo Tribunal Federal. No mesmo sentido, Rodolfo de Camargo Mancuso (*Recurso extraordinário e recurso especial*. 7. ed. São Paulo: RT, 2001. pp. 57 e segs.).

federais com a Constituição e de normas locais com a Constituição e com a legislação federal.

O artigo 308 do Regimento Interno do Supremo Tribunal Federal, que entrou em vigor em 15 de outubro de 1970, elencou hipóteses em que era incabível recurso extraordinário:

> "Salvo nos casos de ofensa à Constituição ou discrepância manifesta da jurisprudência predominante no Supremo Tribunal Federal, não caberá o recurso extraordinário, a que alude o seu art. 119, parágrafo único, das decisões proferidas:
> I – nos processos por crime ou contravenção a que sejam cominadas penas de multa, prisão simples ou detenção, isoladas, alternadas ou acumuladas, bem como as medidas de segurança com eles relacionadas;
> II – nos litígios decorrentes:
> a) de acidente do trabalho;
> b) das relações de trabalho mencionadas no art. 110 da Constituição.
> III – nos mandados de segurança, quando não julgarem o mérito;
> IV – nas causas cujo benefício patrimonial, determinado segundo a lei, estimado pelo autor no pedido, ou fixado pelo Juiz em caso de impugnação, não exceda, em valor, de sessenta (60) vêzes o maior salário mínimo vigente no País, na data do seu ajuizamento, quando uniformes os pronunciamentos das instâncias ordinárias; e de trinta (30), quando entre elas tenha havido divergência, ou se trate de ação sujeita a instância única."

O Regimento Interno, ao regulamentar o § 1.º, do artigo 119, da Constituição da República, resguardou e ressalvou das restrições as hipóteses de ofensa à Constituição ou discrepância da decisão recorrida com a jurisprudência predominante no Supremo Tribunal Federal. Isso demonstra clara preocupação em impor limites sem retirar finalidades primordiais do recurso extraordinário, além das consignadas nas alíneas *b* e *c* de guarda da Lei Maior, como a de uniformizar a interpretação das normas legais.

A Emenda Regimental n.º 3, de 12 de junho de 1975, alterou a redação do art. 308:

> "Salvo nos casos de ofensa à Constituição ou relevância da questão federal, não caberá o recurso extraordinário, a que alude o seu artigo 119, parágrafo único, das decisões proferidas:
> I – Nos processos por crime de contravenção a que sejam cominadas penas de multa, prisão simples ou detenção, isoladas, alternadas ou acumuladas, bem como as medidas de segurança com eles relacionadas;
> II – nos *habeas corpus,* quando não trancarem a ação penal, não lhe impedirem a instauração ou a renovação, nem declararem a extinção da punibilidade;

III – nos mandados de segurança, quando não julgarem o mérito;

IV – nos litígios decorrentes:

a) de acidente de trabalho;

b) das relações de trabalho mencionadas no artigo 110 da Constituição;

c) da previdência social;

d) da relação estatutária de serviço público, quando não for discutido o direito à constituição ou subsistência da própria relação jurídica fundamental;

V – nas ações possessórias, nas de consignação em pagamento, nas relativas à locação, nos procedimentos sumaríssimos e nos processos cautelares;

VI – nas execuções por título judicial;

VII – sobre extinção do processo, sem julgamento do mérito, quando não obstarem a que o autor intente de novo a ação;

VIII – nas causas cujo valor, declarado na petição inicial, ainda que para efeitos fiscais, ou determinado pelo juiz, se aquele for inexato ou desobediente aos critérios legais, não exceda de 100 vezes o maior salário mínimo vigente no País, na data do seu ajuizamento, quando uniformes as decisões das instâncias ordinárias; e de 50, quando entre elas tenha havido divergência, ou se trate de ação sujeita a instância única."

O mesmo Regimento Interno, com a redação dada pela Emenda Regimental n.º 2, de 4 de dezembro de 1985, passou a prever, no artigo 325:

"Nas hipóteses das alíneas 'a' e 'd' do inciso III do artigo 119 da Constituição Federal, cabe recurso extraordinário:

I – nos casos de ofensa à Constituição;

II – nos casos de divergência com a Súmula do Supremo Tribunal Federal;

III – nos processos por crime a que seja cominada pena de reclusão;

IV – nas revisões criminais dos processos de que trata o inciso anterior;

V – nas ações relativas à nacionalidade e aos direitos políticos;

VI – nos mandados de segurança julgados originalmente por Tribunal Federal ou Estado, em matéria de mérito;

VII – nas ações populares;

VIII – nas ações relativas ao exercício de mandato eletivo federal, estadual ou municipal, bem como às garantias da magistratura;

IX – nas ações relativas ao estado das pessoas, em matéria de mérito;

X – nas ações rescisórias, quando julgadas procedentes em questão de direito material;

XI – em todos os demais feitos, quando reconhecida a relevância da questão federal."

Mais uma vez, restrições foram impostas ao cabimento do recurso extraordinário que, à primeira vista, esvaziariam o seu conteúdo, mas que, ao contrário e em tese, aumentaram a sua importância, de fiel fiscal da legislação federal e da Constituição da República.

A maior inovação, entretanto, foi trazida em 1977, com a alteração da redação do § 1.º, do artigo 119, pela Emenda Constitucional n.º 07/1977:

> "§ 1.º As causas a que se refere o item III, alíneas *a* e *d* deste artigo, serão indicadas pelo Supremo Tribunal Federal no Regimento Interno, que atenderá à sua natureza, espécie, valor pecuniário ou relevância da questão federal."

O recurso extraordinário, nesses casos, observaria mais restrições impostas pelo Regimento Interno do Supremo Tribunal Federal, tendo em vista a natureza, a espécie, o valor pecuniário e agora, também, a *relevância da questão federal*.

Para aferir se a questão era ou não relevante, à época, criou-se a chamada "arguição de relevância da questão federal", suprimida pela atual Constituição.

Essa arguição, introduzida pela Emenda Regimental n.º 3, de 12.6.1975, ao Regimento Interno do Supremo Tribunal Federal, deveria ser feita em capítulo destacado da petição do recurso extraordinário e o seu exame era anterior ao do recurso. Funcionava como um pré-requisito de admissibilidade.

A questão federal era tida como relevante, nos termos do artigo 327 do RISTF[3], quando, pelos reflexos na ordem jurídica, e considerados os aspectos morais, econômicos, políticos ou sociais da causa, exigisse a apreciação do recurso extraordinário. Era examinada na sessão do Conselho, no Supremo Tribunal Federal, previamente ao recurso propriamente dito[4].

Muitas críticas foram feitas à arguição de relevância, que poderia levar à absoluta discricionariedade do Supremo Tribunal Federal na apreciação do recurso extraordinário. E, de fato, dependendo da regulamentação dada pelo Supremo Tribunal Federal, havia risco de redução considerável das hipóteses

---

[3] Com a redação dada pela Emenda Regimental n.º 02/85.
[4] Interessante notar que a admissão da arguição de relevância não importava no necessário exame do recurso extraordinário. Tanto é assim que, se o recurso fosse denegado, mesmo se procedente a arguição de relevância, seria necessária a interposição de agravo de instrumento. Nesse sentido, STF, Agrag 146.435. Rel. Min. Francisco Rezek. 2.ª Turma. *DJ* de 26.09.1997. E, no sentido de que a arguição de relevância não é um meio de impugnação das decisões judiciais, STF, AgrRE 90.155. Rel. Min. Xavier de Albuquerque. 1.ª Turma. *DJ* de 11.12.1978.

de cabimento do recurso e esvaziamento da sua tradicional função relacionada à manutenção do federalismo. Mas um maior risco poderia advir do excesso de processos levados à apreciação da Suprema Corte.

Abolido pela Constituição de 1988, instrumento semelhante à arguição, com a Emenda Constitucional n.º 45, reapareceu com o nome de "repercussão geral".

Na verdade, não se tratou da volta da "arguição", porque há diferenças entre os dois instrumentos, mas de uma provável solução ao grande número de processos em tramitação perante o Supremo Tribunal Federal (inviabilizando o funcionamento da Corte), que parte dos mesmos princípios da "arguição".

À luz da Constituição anterior, considerando os reflexos na ordem jurídica, os aspectos morais, econômicos, políticos ou sociais da causa, o Supremo Tribunal Federal indicaria, em sessão do Conselho, e examinaria, previamente, se a causa deveria ou não ser apreciada no recurso extraordinário.

Isso porque a Emenda Constitucional n.º 1, de 1969, já autorizava que as causas que dessem ensejo ao recurso extraordinário por contrariedade à legislação e por divergência jurisprudencial fossem indicadas no Regimento Interno, atendendo à natureza, espécie e valor pecuniário. Com a Emenda n.º 07, de 1977, foi inserido o cabimento também quando houvesse relevância da questão federal.

Fica claro que o legislador constituinte da época, como o atual, que elaborou e aprovou a Emenda Constitucional n.º 45, preocupou-se com o grande número de processos que chegava (e chega) ao Supremo Tribunal Federal, que pode inviabilizar o seu papel de guardião da Constituição Federal e de dar unidade à Federação, na medida em que é impossível que a Corte Suprema fique à disposição para reexaminar todas as questões jurídicas do país.

É, portanto, a possibilidade de "filtragem" de processos sem maior relevância, que não põem em cheque o princípio federativo e a guarda da Constituição, a força motora que levou à criação dos dois instrumentos – a antiga "arguição de relevância" e a atual "repercussão geral".

Há, de fato, semelhanças técnicas, como a demonstração prévia ao preenchimento dos requisitos, da importância da questão que justificaria a apreciação pelo Supremo Tribunal Federal.

Mas há, todavia, diferenças. A "arguição" inseria-se num sistema em que a regra seria o não exame pelo Supremo Tribunal Federal (§ 1.º, do artigo 119), nas hipóteses das alíneas *a* (violação) e *d* (divergência). Na atual "repercussão", cria-se apenas um pré-requisito (a demonstração da repercussão geral das questões constitucionais), sem nenhuma disposição no sentido de que o Tribunal indicará as causas excepcionais que serão apreciadas e sem referência a uma ou outra alínea específica.

Ademais, a norma do atual § 3.º tem eficácia limitada, dependendo da atuação do legislador ordinário, a quem incumbiu atribuir um conceito jurídico determinado ao que seria a "repercussão geral". Nesse sentido, a Lei n.º 11.418/2006, que acrescentou os artigos 543-A e 543-B ao CPC, definiu que se levará em consideração na repercussão geral (que deve ser exposta em preliminar às razões recursais) "a existência, ou não, de questões relevantes do ponto de vista econômico, político, social ou jurídico, que ultrapassem os interesses subjetivos da causa".

Por mais que tenha tentado o legislador (e no mesmo sentido é o Regimento Interno do Supremo Tribunal Federal – artigos 322 e seguintes), é difícil objetivamente se definir repercussão geral. O § 1.º, do artigo 543-A, do CPC, apenas prevê que "para efeito da repercussão geral, será considerada a existência, ou não, de questões relevantes do ponto de vista econômico, político, social ou jurídico, que ultrapassem os interesses subjetivos da causa".

De objetiva há a necessidade de se ultrapassarem os interesses subjetivos da causa e a possibilidade de se ver reconhecida a repercussão pelo fato de a decisão recorrida contrariar súmula ou jurisprudência dominante do Supremo Tribunal Federal (§ 4.º, do artigo 543-A, do CPC).

A intenção do legislador foi a de limitar o exame do Supremo Tribunal Federal a causas cujas decisões tenham uma repercussão que extrapole o âmbito daquele processo específico, seja econômica, social, política ou jurídica.

O Tribunal, por suas Turmas ou pelo Pleno (a remessa dos autos ao Plenário pode ficar dispensada se a Turma decidir pela repercussão por no mínimo 4 votos), examinará, antes das hipóteses de cabimento, se está ou não demonstrada (o que é um ônus da parte recorrente) a repercussão geral da questão constitucional. Se dois terços dos ministros decidir pela falta de repercussão geral, o Tribunal sequer apreciará o cabimento do recurso.

É possível, todavia, que a questão tenha repercussão geral, mas não preencha os requisitos constitucionais do cabimento. Nessa hipótese, o recurso continuará não devendo ser admitido, ou conhecido.

Nos termos do Regimento Interno do Supremo Tribunal Federal, a decisão sobre a repercussão geral é irrecorrível. Mas é importante esclarecer que irrecorrível é a decisão originária sobre a repercussão geral. A decisão que, eventualmente, aplicar mal um precedente sobre a repercussão geral, se monocrática, pode ser objeto de agravo, nos termos do próprio Regimento Interno (artigo 327, § 2.º).

Para mais legitimar o procedimento da repercussão geral, já que, uma vez tomada uma decisão sobre um tema, o STF, no caso de negativa de repercussão, não julgará mais a matéria, são admitidas manifestações de terceiro, a serem deferidas pelo relator do processo.

A decisão que apreciar o pedido de ingresso de terceiro é irrecorrível.

Algumas críticas têm sido feitas à autorização regimental de discussão virtual (pelo meio eletrônico, conforme autorizado pelos artigos 323 e seguintes) acerca da repercussão geral pelos Ministros do Supremo Tribunal Federal, o que iria de encontro com o princípio da publicidade.

Para combater as críticas, o Regimento Interno além de colocar prazo para manifestações dos outros ministros (20 dias), prevê que devem ser juntadas as manifestações aos autos (físicos ou digitais – artigo 325) e estabelece a presunção de existência de repercussão geral se ultrapassado o prazo para apresentação de manifestações.

O Supremo Tribunal Federal (Questão de Ordem no AI 760358/SE – Tribunal Pleno. Rel. Min. Gilmar Mendes) passou a autorizar que recursos sejam inadmitidos pelos Tribunais inferiores pela falta de repercussão geral e que contra essas decisões de inadmissão não sejam mais cabíveis remédios (nem agravo de instrumento e nem reclamação) para a Corte Superior. No máximo será cabível agravo para o próprio Tribunal *a quo* que indeferiu o processamento do recurso extraordinário.

De acordo com o Ministro Relator, Gilmar Mendes, a admissão de recursos direcionados ao STF contra decisões denegatórias por falta de repercussão geral, "significa confrontar a lógica do sistema e restabelecer o modelo da análise casuística, quando toda a reforma processual foi concebida de forma a permitir que a Suprema Corte se debruce uma única vez sobre cada questão constitucional."

A única hipótese restante de recurso para o STF em caso de repercussão geral apreciada pelo Tribunal *a quo* é a de não retratação por parte do Tribunal de origem quando o Supremo Tribunal já tiver julgado o mérito do *leading case*, após o reconhecimento da existência de repercussão geral.

Algumas críticas poderiam ser feitas sobre essa atual sistemática de delegar para os Tribunais de origem a apreciação da repercussão geral, já que há a aplicação de precedentes sobre a falta de repercussão geral pelos Presidentes/Vice-presidentes dos Tribunais inferiores, ao exercerem o juízo de admissibilidade, dos recursos extraordinários. Isso porque a competência seria exclusiva do Supremo Tribunal Federal para dizer sobre a repercussão.

Ocorre que o procedimento (inclusive com o não envio de agravos contra decisões denegatórias de recursos extraordinários por falta de repercussão geral ao Supremo Tribunal Federal), se bem utilizado, pode ajudar em muito os Tribunais e os jurisdicionados na medida em que agiliza a tramitação dos feitos. Ademais, a apreciação meritória da existência ou não de repercussão geral continua sendo apenas do Supremo Tribunal Federal. Os Tribunais de origem limitam-se a aplicar os precedentes definidos pela Suprema Corte.

E o Supremo Tribunal Federal tem agido com cautela, reconhecendo sempre a repercussão geral em questões sensíveis e afastando a repercussão de questões de ordem infraconstitucionais subjetivas (como questões processuais relativas a admissibilidade de recursos).

Filtro por filtro, melhor a previsão e a utilização com razoabilidade do instrumento da repercussão geral pelo Supremo Tribunal Federal do que a tentativa infrutífera de redução do elevadíssimo número de recursos que sobem diariamente à Suprema Corte sem sistematização.

Sobre o "mérito" das questões que têm sido reconhecida a repercussão geral, é difícil se falar de forma precisa em linha adotada pelo Supremo Tribunal Federal para reconhecer ou não. Mas há uma tendência em se reconhecer a repercussão de matérias relacionadas à competência material, ações coletivas, *leading cases* tributários, *leading cases* de matérias que se repetem em vários casos.

III - A REPERCUSSÃO GERAL COMO MECANISMO DE OTIMIZAÇÃO E RACIONALIZAÇÃO DA PRESTAÇÃO JURISDICIONAL

Dentro da já referida tendência à objetivação do procedimento recursal, a repercussão geral ganha especial destaque.

Uma vez definido que determinada matéria não tem repercussão geral, recursos extraordinários que versem sobre a questão não serão mais encaminhados ao Supremo Tribunal Federal.

Isso significa que o recurso interposto por uma dada parte para ser apreciado pela Corte Suprema sofrerá o efeito de definição tomada em outro recurso, distinto do seu.

O recurso paradigma, onde decidido se o tema tem ou não repercussão geral, irradiará efeitos para todos os recursos já interpostos e a serem interpostos que versem a mesma tese.

Além de objetivar em certa medida o procedimento recursal, o instrumento da repercussão geral nitidamente otimiza e racionaliza a prestação jurisdicional.

Grande responsável pela demora no encerramento dos processos sabe-se que é o acúmulo de recursos no âmbito dos Tribunais Superiores, notadamente no Supremo Tribunal Federal.

Nada mais lógico, para tentar otimizar e agilizar a prestação jurisdicional, que se busquem alternativas como a eficaz repercussão geral, pela qual a subida de recursos futuros ao Supremo Tribunal Federal é diretamente obstada.

De que adianta recorrer de matéria já pacificada ou que não será apreciada pela Suprema Corte? A repercussão geral, nesse sentido, estabelece parâmetros de recorribilidade – só chegará à última instância o que tiver chance de ser reapreciado, o que merecer ser examinado pelo STF.

A racionalização da prestação jurisdicional é clara. A intenção de se filtrar matérias indesejadas e que não têm motivo para alcançarem o órgão de cúpula do Poder Judiciário torna mais ágil o procedimento e abrevia o fim das demandas.

IV – A REPERCUSSÃO GERAL UTILIZADA COM O RITO REPETITIVO

A Lei 11.418, de 19.12.2006, acrescentou o artigo 543-B ao Código de Processo Civil, que dispõe sobre o recurso extraordinário repetitivo.

Quando houver multiplicidade de recursos sobre o mesmo tema, identificada pelo Tribunal *a quo* ou pelo Supremo Tribunal Federal, pode haver a afetação de um dos recursos, ficando sobrestados os demais até a decisão no paradigma.

E, uma vez tomada decisão no recurso paradigma, todos os demais recursos sobre o mesmo tema sofrerão imediato efeito. Decisões contrárias serão revistas e as no mesmo sentido da decisão tomada no *leading case* serão automaticamente mantidas.

A sistemática representa uma revolução na forma tradicional de julgamento e de eficácia das decisões. Isso porque, no rito repetitivo, a decisão tomada no *leading case* afetará todos os recursos em trâmite no país, imediatamente. Some-se que a utilização conjunta do rito repetitivo potencializa a repercussão geral.

Quando a multiplicidade for identificada no Tribunal de origem, deve haver a seleção de um caso representativo da controvérsia e o envio ao Supremo Tribunal Federal que sobrestará os demais recursos existentes sobre o assunto até o pronunciamento definitivo da Corte Suprema. Essa é a dicção do § 1.º do artigo 543-B.

Mas a identificação de um paradigma representativo da controvérsia pode ocorrer no âmbito do próprio Supremo Tribunal Federal. Nesse caso, o Ministro que decidir afetar o recurso ao rito repetitivo comunicará os demais Ministros do Tribunal e determinará o sobrestamento de todos os recursos em trâmite no país sobre o assunto. Os autos que estiverem no STF serão imediatamente devolvidos aos Tribunais de origem (artigo 328 do Regimento Interno do STF).

Ao julgar o recurso repetitivo paradigma, o Supremo Tribunal Federal pode: (i) negar a existência de repercussão geral; (ii) reconhecer a existência de repercussão geral e dar provimento ao recurso extraordinário; e (iii) reconhecer a existência de repercussão geral e negar provimento ao recurso extraordinário.

Na hipótese (i), todos os demais recursos sobrestados automaticamente são considerados inadmitidos, não sendo processados e enviados ao STF.

Na hipótese (ii), como houve a reforma da decisão recorrida, o STF comunicará aos Tribunais de origem o sentido da decisão e o próprio Tribunal de origem deve retratar-se e reformar as decisões recorridas (em desconformidade com a decisão tomada pelo STF).

Na hipótese (iii), como foi mantida a tese adotada pelo acórdão recorrido, o STF comunicará ao Tribunal de origem o sentido da decisão e o próprio Tribunal de origem se encarregará de declará-los prejudicados.

O Supremo Tribunal Federal, assim, limitar-se-á a apreciar o *leading case*. A operacionalização pós-decisão fica a cargo das Cortes de origem. Apenas no caso de o Tribunal de origem manter uma decisão contrária à tomada no caso paradigma é que os autos serão remetidos ao STF para reformar o acórdão contrário à orientação tomada. O § 4.º, do artigo 543-B, do CPC, é claro nesse sentido.

Note-se que a intenção é impor o respeito à tese firmada pela Suprema Corte, mas ainda assim, com receio de algum Tribunal mal interpretar ou desrespeitar frontalmente a decisão do STF, o legislador preocupou-se em prever expressamente a possibilidade de reforma da decisão pelo Supremo Tribunal.

Não deve a parte no processo em que desrespeitada a tese do repetitivo, insurgir-se por reclamação (até, tecnicamente, poderia), mas, ao contrário, deve se utilizar de simples petição dirigida ao Presidente ou Vice-Presidente do Tribunal de origem e requerer o processamento do seu recurso. Apenas em não havendo a remessa é que deve a parte se utilizar da reclamação por desrespeito à decisão no *leading case*.

O § 5.º, do mesmo artigo 543-B, remete ao Supremo Tribunal Federal, por meio de seu Regimento, a regulamentação de maiores detalhes sobre o rito repetitivo.

Importante frisar que os recursos extraordinários e os que eventualmente vierem a ser interpostos é que ficarão retidos. Apenas os recursos. As ações em estágio inicial sobre o assunto não ficarão suspensas ou sobrestadas.

O procedimento do recurso extraordinário repetitivo é simples. Complexa, repita-se, foi a mudança de paradigma. Antes, o recurso extraordinário seria julgado pelo STF. Com o rito repetitivo, o Tribunal inferior, prolator da decisão recorrida, é que pode vir, em juízo de retratação, a rejulgar a matéria objeto do recurso.

Também, importante notar que a decisão proferida no recurso paradigma (afetado ao rito repetitivo) afetará outros processos, ou seja, transcenderá o limite do individual, do subjetivo, ganhando nítido caráter objetivo.

Tanto o caráter é objetivo que terceiros podem participar do debate, desde que admitido o ingresso nos autos pelo Relator. E a previsão de ampla divulgação do resultado do julgamento é uma imposição regimental (artigo 329 do Regimento Interno do Supremo Tribunal Federal).

Os agravos interpostos contra as decisões denegatórias dos recursos extraordinários também serão afetados, consoante disposto no Regimento Interno (artigo 328-A, § 1.º, do CPC).

V - ANÁLISE CRÍTICA

A utilização do instituto da repercussão geral bem reflete o atual momento da recorribilidade extraordinária – de mudança de paradigma (do subjetivo para o objetivo).

Dado recurso sofrerá efeitos diretos de decisão tomada em outro processo – os efeitos se expandem e produzem efeitos gerais.

Lembre-se de que os Tribunais Superiores há muito sinalizam no sentido de não mais terem condições de continuar sendo Cortes "de varejo", que julgam diariamente centenas e milhares de processos.

O legislador, sensível à realidade do acúmulo desnecessário de processos, adotou medidas, como a dos recursos repetitivos e da repercussão geral, para auxiliar os Tribunais a se desafogarem. E as medidas têm sido extremamente úteis, até por estarem sendo bem utilizadas.

A adoção dos mecanismos de redução do volume de processos em tramitação não significa esvaziar o Supremo Tribunal Federal para que ele pare de dar a última palavra acerca da legislação constitucional.

Ao contrário, serve para valorizar mais o seu papel constitucionalmente previsto. De nada adianta julgar muito teses já repetidas ou sem o vagar necessário ao exame dos processos. É melhor se ater a julgamento de casos importantes e impor a observância da sua jurisprudência, otimizando a prestação jurisdicional e dando segurança e previsibilidade aos jurisdicionados, além de garantir a proteção à Federação.

É mais importante julgar teses relevantes e posteriormente impor a observância da linha definida do que julgar milhares de processos individuais.

A mudança é clara, cabe a todos os jurisdicionados e magistrados inferiores aprender a conviver com essa nova realidade, sem abusar das medidas originárias nos Tribunais e tentando prestigiar sempre a linha definida da jurisprudência do Supremo Tribunal Federal.

BIBLIOGRAFIA

CÔRTES, Osmar Mendes Paixão. *Recursos para os tribunais superiores: recurso extraordinário, recurso especial, embargos de divergência e agravos*. Rio de Janeiro: GZ Ed., 2012.

_____. *Recurso extraordinário: origem e desenvolvimento no direito brasileiro*. 2. ed. Rio de Janeiro: Forense, 2006.

DANTAS, Bruno. *Repercussão geral*: perspectivas histórica, dogmática e de direito comparado – questões processuais. 3. ed. São Paulo: RT, 2012.

MANCUSO, Rodolfo de Camargo. *Recurso extraordinário e recurso especial*. 7. ed. São Paulo: RT, 2001.

SILVA, José Afonso da. *Do recurso extraordinário no direito processual brasileiro*. São Paulo: RT, 1963.

25

REPERCUSSÃO GERAL E O USO DA RECLAMAÇÃO CONSTITUCIONAL CONTRA A DECISÃO DE SOBRESTAMENTO DO RECURSO EXTRAORDINÁRIO

PEDRO HENRIQUE PEDROSA NOGUEIRA

Doutor (UFBA) e Mestre (UFAL) em Direito. Professor de Direito Processual Civil (graduação e mestrado) da Universidade Federal de Alagoas (UFAL). Professor e coordenador do curso de Direito da SEUNE. Membro do Instituto Brasileiro de Direito Processual (IBDP) e da Associação Norte e Nordeste de Professores de Processo (ANNEP). Advogado.

SUMÁRIO: 1. Nota introdutória – 2. A decisão de sobrestamento de recurso extraordinário para análise da repercussão geral – 3. Sobre a natureza da reclamação constitucional – 4. A reclamação constitucional para preservação de competência do Supremo Tribunal Federal – 5. Possibilidade do uso da reclamação constitucional contra a decisão de sobrestamento do recurso extraordinário para análise de repercussão geral – 6. Conclusão.

1. NOTA INTRODUTÓRIA

A regulamentação infraconstitucional do instituto da repercussão geral, promovida pela Lei n. 11.418/2006, trouxe profunda transformação no procedimento do recurso extraordinário, inaugurando um novo paradigma no Direito brasileiro.

Um dos pontos de notável mudança está no regime de análise da repercussão geral quando se tratar de recursos fundados em "idêntica controvérsia" (CPC, art. 543-B). Introduziu-se a técnica do "julgamento por amostragem", permitindo que o Supremo Tribunal Federal examine a repercussão geral a partir de um ou mais processos previamente selecionados representativos da matéria a ser decidida, cabendo ao presidente do tribunal de origem promover a seleção dos processos a serem enviados e *suspender* o processamento dos demais recursos até o desfecho da questão.

Considerando que a Lei n. 11.418/2006 não previu nenhum meio de impugnação recursal dirigido ao Supremo para impugnar a decisão do presidente do tribunal de origem que suspende os recursos fundados em "idêntica controvérsia" para aguardar a definição da repercussão geral, surge o questionamento sobre a admissibilidade do uso da reclamação constitucional para possibilitar a apreciação pelo Supremo Tribunal Federal do recurso extraordinário indevidamente sobrestado.

É dessa problemática que iremos tratar.

2. A DECISÃO DE SOBRESTAMENTO DE RECURSO EXTRAORDINÁRIO PARA ANÁLISE DA REPERCUSSÃO GERAL

Prevê o art. 543-B, §§ 1.º a 3.º, do CPC em vigor:

> "Art. 543-B. Quando houver multiplicidade de recursos com fundamento em idêntica controvérsia, a análise da repercussão geral será processada nos termos do Regimento Interno do Supremo Tribunal Federal, observado o disposto neste artigo.
>
> § 1.º. Caberá ao Tribunal de origem selecionar um ou mais recursos representativos da controvérsia e encaminhá-los ao Supremo Tribunal Federal, sobrestando os demais até o pronunciamento definitivo da Corte.
>
> § 2.º. Negada a existência de repercussão geral, os recursos sobrestados considerar-se-ão automaticamente não admitidos.
>
> § 3.º. Julgado o mérito do recurso extraordinário, os recursos sobrestados serão apreciados pelos Tribunais, Turmas de Uniformização ou Turmas Recursais, que poderão declará-los prejudicados ou retratar-se."

A sistemática impõe a adoção, para o exame da repercussão geral em recursos fundados em "idêntica controvérsia", do modelo de julgamento por amostragem[1]: um processo é selecionado para possibilitar o exame da questão, inibindo a su-

---

[1] MARINONI, Luiz Guilherme; MITIDIERO, Daniel. *Repercussão Geral no Recurso Extraordinário*. 2. ed. São Paulo: RT, 2008. p. 61.

bida ao Supremo Tribunal Federal dos demais recursos "idênticos", cabendo ao presidente do tribunal recorrido promover essa seleção.

A escolha de quais recursos serão remetidos para o exame da existência de repercussão geral, feita pelo presidente do tribunal recorrido, não pode ser tida como arbitrária. Embora o texto do art. 543-B do CPC silencie quanto aos critérios a serem considerados nessa seleção, "a interpretação desse dispositivo não pode ser outra que não a fixação de critério que leve em conta a robustez e a completude dos argumentos na tentativa de demonstração da repercussão geral"[2].

Feita a seleção pelo presidente do tribunal de origem e realizado o juízo positivo de admissibilidade, ocorrerá o sobrestamento dos demais recursos fundados na mesma controvérsia enquanto se aguarda a definição da presença ou não da repercussão geral da questão debatida.

Caso não venha a ser reconhecida a existência de repercussão geral, os recursos extraordinários até então sobrestados serão "automaticamente" inadmitidos, na dicção do art. 543-B, § 2.º, do CPC. Uma interpretação literal do dispositivo poderia induzir a conclusão segundo a qual a decisão proferida pelo Supremo no caso selecionado já bastaria para implicar a imediata inadmissibilidade de todos os recursos sobrestados em segunda instância.

Essa não nos parece ser a melhor interpretação. O que estabeleceu o art. 543-B, § 2.º, do CPC – a despeito do termo "automaticamente" –, foi, em verdade, o caráter *absolutamente vinculante* quanto à inadmissibilidade do recurso em razão da ausência de repercussão geral"[3]. Como destacou ADERBAL AMORIM, "o indeferimento da repercussão geral pela maioria qualificada de oito membros do Pretório irradia plena eficácia (CPC, art. 543-A, § 5.º). Por isso, vincula todo e qualquer recurso extraordinário em que se discutir idêntica matéria"[4].

Assim, faz-se imprescindível que o presidente do tribunal proferia juízo de admissibilidade negativo em cada um dos processos até então sobrestados, denegando todos os recursos extraordinários, inclusive porque será do trânsito

---

[2] DANTAS, Bruno. *Repercussão Geral* – Perspectivas histórica, dogmática e de direito comparado. São Paulo: RT, 2008. p. 319.

[3] WAMBIER, Teresa Arruda Alvim; MEDINA, José Miguel Garcia. *Processo Civil Moderno* – Recursos e Ações Autônomas de Impugnação. São Paulo: RT, 2008. vol. 2, p. 245. No mesmo sentido: DANTAS, Bruno. *Repercussão Geral* – Perspectivas histórica, dogmática e de direito comparado. São Paulo: RT, 2008. p. 321.

[4] AMORIM, Aderbal Torres de. *O Novo Recurso Extraordinário*. Porto Alegre: Livraria do Advogado, 2010. p. 60.

em julgado dessa decisão que fluirá o prazo para ação rescisória contra o acórdão recorrido (Súmula 401 do STJ)[5-6].

Caso se reconheça a existência de repercussão geral, segundo o art. 543-B do CPC, e julgado o mérito, os recursos então sobrestados serão examinados pelo presidente do tribunal recorrido, que poderá inadmitir cada um dos recursos, quando estiverem em dissonância com o entendimento fixado pelo Supremo Tribunal Federal, ou ordenar o retorno ao órgão julgador (Câmara, Turma, Seção ou Pleno) para que se promova o juízo de adequação com a orientação sufragada no recurso extraordinário paradigma. Tem-se aí um *efeito regressivo*: o próprio tribunal fica autorizado, com a superveniência da decisão da Suprema Corte, a reformular o seu acórdão com o fito de ajustá-lo à *ratio decidendi* do julgado proferido no processo em que apreciada e decidida a repercussão geral.

Portanto, a decisão do Supremo Tribunal Federal, embora assim não esteja explicitado no texto legislativo, também terá eficácia vinculante quando reconhecida a repercussão geral e examinado o mérito da pretensão recursal[7]. Como bem

---

[5] Observa-se que a decisão que reconhece a inexistência de repercussão geral é um ato jurídico processual extraprocedimental em relação aos demais processos sobrestados. Trata-se de ato jurídico que repercute em cada um dos processos suspensos, muito embora não integre o procedimento deles. De fato, a decisão do Supremo Tribunal Federal não é um ato que integre o procedimento dos processos sobrestados Sobre a ação dos atos jurídicos processuais extraprocedimentais, conferir: DIDIER JR., Fredie; NOGUEIRA, Pedro Henrique Pedrosa. *Teoria dos Fatos Jurídicos Processuais*. Salvador: JusPodivm, 2011. p. 31.

[6] "Ao Tribunal de origem cumprirá noticiar nos autos de cada recurso paralisado o julgamento do Supremo Tribunal Federal, declarando-os não admitidos." (MARINONI, Luiz Guilherme; MITIDIERO, Daniel. *Repercussão Geral no Recurso Extraordinário*. 2. ed. São Paulo: RT, 2008. p. 74). Parece-nos, contudo, que não se trata de decisão declaratória. O tribunal de origem, embora esteja verticalmente vinculado com o precedente da Suprema Corte, profere juízo de inadmissibilidade com decisão de natureza *constitutiva*. Conforme salientou Barbosa Moreira, o desfecho do recurso "não é automático: vai depender do que decida o órgão de origem, pelo qual aquele(s) recurso(s) ainda serão apreciado(s)" (BARBOSA MOREIRA, José Carlos. *Comentários ao Código de Processo Civil*. 14. ed. Rio de Janeiro: Forense, 2008. vol. V, p. 620). Saber se a decisão em questão é declarativa ou constitutiva é importante para a definição da fluência do prazo para ação rescisória.

[7] Negando veementemente a eficácia vinculante da decisão do Supremo em sede de repercussão geral é o posicionamento de Scarpinella Bueno. Segundo ele, "não há efeitos vinculantes nas decisões proferidas pelo Supremo Tribunal Federal em sede de recurso extraordinário, inclusive quando se fixa a existência (ou a inexistência) de repercussão geral" (BUENO, Cassio Scarpinella. *Curso Sistematizado de Direito Processual Civil*. São Paulo: Saraiva, 2008. vol. 5, p. 265).

destacou LUIZ FUX[8], "a mensagem do legislador é para que esses recursos sejam julgados, no mérito, da mesma forma como definiu o E. STF".

De fato, seria sem sentido que, depois de promover a suspensão dos processos para aguardar o julgamento da repercussão geral e a definição quanto ao mérito do recurso extraordinário sujeito ao regime do art. 543-B, § 2.º, do CPC, os tribunais de segunda instância ou turmas recursais não mantivessem nenhum tipo de vinculação vertical com a "decisão-modelo"[9].

3. SOBRE A NATUREZA DA RECLAMAÇÃO CONSTITUCIONAL

Muito se discutiu, e ainda se discute, na doutrina e em jurisprudência sobre a natureza jurídica da reclamação constitucional[10], havendo o Supremo Tribunal Federal[11] incorporado expressamente à sua jurisprudência a tese, defendida por ADA PELLEGRINI GRINOVER[12], de que ela seria uma manifestação do direito de petição (CF/1988, art. 5.º, XXXIV, "a").

Estamos entre aqueles[13] que entendem ser a reclamação uma verdadeira ação, de natureza constitucional destinada a preservar competência e a garantir a autoridade de decisões judiciais ou de súmulas vinculantes.

A tese segundo a qual a reclamação se enquadraria no direito de petição encontra alguns obstáculos, bem percebidos por FREDIE DIDIER JR. e LEONARDO

---

[8] FUX, Luiz. *Curso de Direito Processual Civil*. 4. ed. Rio de Janeiro: Forense, 2008. vol. I, p. 893.

[9] "A decisão da Suprema Corte é vinculante para os processos em curso e mesmo aqueles já julgados podem ser objeto de 'juízo de retratação' se a decisão ainda não estiver em mãos do órgão superior de reapreciação" (FUX, Luiz. *Curso de Direito Processual Civil*. 4. ed. Rio de Janeiro: Forense, 2008. vol. I, p. 893).

[10] Para um apanhado das diversas correntes doutrinárias já surgidas a respeito da natureza da reclamação, conferir: DANTAS, Marcelo Navarro Ribeiro. *Reclamação Constitucional no Direito Brasileiro*. Porto Alegre: Sergio Antonio Fabris Editor, 2000. p. 431-461.

[11] STF, ADI 2.212/CE, Rel. Min. Ellen Gracie, *DJ* de 14.11.2003.

[12] GRINOVER, Ada Pellegrini. Da Reclamação. *Revista Brasileira de Ciências Criminais*, São Paulo: RT, n.º 38, abr.-jun. 2002, p. 79-80.

[13] Nesse sentido: PONTES DE MIRANDA, Francisco Cavalcanti. *Comentários ao Código de Processo Civil*. Rio de Janeiro: Forense, 1997. vol. V, p. 287; DANTAS, Marcelo Navarro Ribeiro. *Reclamação Constitucional no Direito Brasileiro*. Porto Alegre: Sergio Antonio Fabris Editor, 2000. p. 460-461; DIDIER JR., Fredie; CUNHA, Leonardo José Carneiro da. *Curso de Direito Processual Civil*. 7. ed. Salvador: JusPodivm, 2009. vol. 3, p. 464; ALVIM, Eduardo Arruda. Do cabimento de reclamação pelo descumprimento de súmula vinculante à luz da Lei n.º 11.417/2006. *Revista Forense*, Rio de Janeiro: Forense, vol. 394, nov.-dez. 2007, p. 60, dentre muitos outros.

José Carneiro da Cunha[14], pois, para manter a coerência com seu posicionamento, o Supremo Tribunal Federal (uma vez admitindo-a como manifestação do direito de petição): a) não poderia exigir pagamento de custas; b) não deveria exigir capacidade postulatória; e c) a decisão em reclamação não estaria apta a produzir coisa julgada material.

Não existiria problema em se admitir a reclamação como manifestação do direito de petição, se pensada fosse a ação no contexto da conhecida teoria de Couture[15] como um direito de petição; nessa hipótese, os desencontros jurisprudenciais e doutrinários seriam apenas semânticos, pois, a rigor, estar-se-ia tratando do mesmo fenômeno.

Parece ser inegável, porém, o caráter jurisdicional da atividade desenvolvida pelos tribunais ao apreciarem e decidirem reclamações.

Seria difícil de imaginar que o tribunal pudesse, mediante atividade que não fosse jurisdicional (provocada, pois pelo exercício da pretensão à tutela jurídica, ou do "direito de ação") cassar decisões judiciais.

Além disso, há, na própria jurisprudência do Supremo Tribunal Federal, algumas manifestações[16], inclusive recentes, abraçando aberta e explicitamente a tese da reclamação como uma autêntica ação.

Embora esse estudo não seja o lugar para aprofundar o debate em volta desse tema, firma-se aqui a premissa de que reclamação, no sistema jurídico brasileiro, é uma verdadeira ação de natureza constitucional.

4. A RECLAMAÇÃO CONSTITUCIONAL PARA PRESERVAÇÃO DE COMPETÊNCIA DO SUPREMO TRIBUNAL FEDERAL

O nosso sistema jurídico concebe a reclamação como instrumento de garantia da observância das decisões dos tribunais e da preservação de competência[17]. A Constituição Federal assim o prevê expressamente no art. 102, I,

---

[14] DIDIER JR., Fredie; CUNHA, Leonardo José Carneiro da. *Curso de Direito Processual Civil*. 7. ed. Salvador: Juspodivm, 2009. vol. 3, p. 469.

[15] COUTURE, Eduardo J. *Fundamentos del Derecho Procesal Civil*. Buenos Aires: Júlio César Farias, 2009. p. 61-65.

[16] "[...] a própria natureza da reclamação, como ação constitucional de rito sumário especial, recomenda que sua propositura seja feita de forma a se individualizar os atos de teor idêntico ou semelhante, emanados de uma mesma autoridade coatora" (STF, Rcl 5.470/PA, Rel. Min. Gilmar Mendes, *DJe* de 10.03.2008).

[17] Leonardo Morato bem sintetiza a funcionalidade da reclamação em proveito do sistema jurídico; para ele a reclamação é "instrumento que permite a pronta correção do

"I", estabelecendo competir ao Supremo Tribunal Federal processar e julgar "a reclamação para a preservação de sua competência e garantia da autoridade de suas decisões"[18]. Com o advento da Emenda Constitucional n. 45/2004, introduziu-se em nosso ordenamento jurídico, a súmula vinculante, a parir da inserção do enunciado do art. 103-A na Constituição, que, por sua vez, em seu § 3.º[19], também prevê o uso da reclamação nos casos de contrariedade à súmula.

Como se pode notar, a decisão proferida em sede de reclamação, quando de *procedência*, variará de acordo com a pretensão (objeto litigioso) manifestada pelo reclamante. Estão positivadas, no sistema, reclamações que geram três tipos de tutelas jurisdicionais, diferenciadas pela espécie de pretensão deduzida: i) reclamação para preservar a competência do tribunal; ii) reclamação para garantir a observância de decisões do tribunal; e iii) reclamação para garantir a observância de súmula vinculante.

Na reclamação para preservação da competência do tribunal, tem-se como causa de pedir a usurpação competencial atribuída ao órgão jurisdicional. O Supremo Tribunal Federal ou o Superior Tribunal de Justiça eram competentes e outro órgão judicial invadira sua esfera de competência. A Lei n. 8.038/1990, em seu art. 13, repetindo o que já previsto no texto constitucional, previu: "Para preservar a competência do Tribunal ou garantir a autoridade das suas decisões, caberá reclamação da parte interessada ou do Ministério Público".

Na reclamação em que se alega usurpação de competência, busca-se restabelecer ao tribunal competente o processo que lhe seja pertinente. Sendo assim, o reconhecimento da procedência da reclamação importa determinação para que o processo, em cujo bojo a competência restou usurpada, seja remetido ao tribunal competente. Como salienta ADA PELLEGRINI GRINOVER, "no julgamento definitivo

---

eventual desacato ou da indevida invasão competencial, sendo certo que, por meio dele, é possível levar-se ao conhecimento dos órgãos responsáveis, de forma direta e imediata, a ocorrência desses eventos afrontosos e ilegais – que deturpam a operacionalidade do sistema" (MORATO, Leonardo. A Reclamação Constitucional e sua Importância para o Estado Democrático de Direito. *Revista de Direito Constitucional e Internacional*, São Paulo: RT, n.º 51, abr.-jun. 2005, p. 186).

[18] A Constituição também estende, em dispositivo idêntico, a possibilidade de uso da reclamação para preservação de competência e da autoridade das decisões do Superior Tribunal de Justiça (CF/88, art. 105, I, "f".

[19] "Art. 103-A [...]
§ 3.º Do ato administrativo ou decisão judicial que contrariar a súmula aplicável ou que indevidamente a aplicar, caberá reclamação ao Supremo Tribunal Federal que, julgando-a procedente, anulará o ato administrativo ou cassará a decisão judicial reclamada, e determinará que outra seja proferida com ou sem a aplicação da súmula, conforme o caso."

favorável, a reclamação voltada à preservação da competência leva à avocação ou à determinação de remessa do processo em que se verificou a usurpação de competência"[20]. O art. 161, I e II, do RISTF a esse respeito estabelece:

> "Art. 161. Julgando procedente a reclamação, o Plenário ou a Turma poderá:
> I – avocar o conhecimento do processo em que se verifique usurpação de sua competência;
> II – ordenar que lhe sejam remetidos, com urgência, os autos do recurso para ele interposto".

A eficácia da decisão em reclamação por usurpação de competência é preponderantemente *mandamental*[21], pois a respectiva tutela de procedência ordena a remessa do processo ao tribunal ou o órgão competente que fará, então, o respectivo julgamento. A própria avocação, expressamente autorizada no Regimento Interno do STF e, implicitamente, no Regimento Interno do STJ (art. 191), explicita a mandamentalidade do provimento.

São exemplos desse tipo de reclamação: a) reclamação fundada em alegação de suspensão da execução ordenada pelo juiz de 1.º grau em razão da pendência de ação rescisória do julgado exequendo no STF (somente o Supremo teria a competência para deferir a tutela de urgência)[22]; b) reclamação fundada em existência de conflito federativo entre Estados-membros, ou entre estes e a União[23] (a fim de que o Supremo, em reconhecendo a existência de conflito federativo, avoque o conhecimento do processo); e c) reclamação fundada em negativa de seguimento de agravo de instrumento da decisão denegatória de seguimento de recurso extraordinário ou especial, por parte do tribunal local[24].

---

[20] GRINOVER, Ada Pellegrini. Da Reclamação. *Revista Brasileira de Ciências Criminais*, São Paulo: RT, n.º 38, abr.-jun. 2002, p. 82.

[21] Não obstante o caráter mandamental do julgamento de procedência na reclamação para preservação de competência do tribunal, não se pode negar, também, a sua eventual eficácia imediata constitutiva negativa, porquanto as decisões proferidas no processo pelo juiz ou tribunal incompetente ficarão desconstituídas com o reconhecimento de procedência da reclamação.

[22] DIDIER JR., Fredie; CUNHA, Leonardo José Carneiro da. *Curso de Direito Processual Civil*. 7. ed. Salvador: Juspodivm, 2009. vol. 3, p. 471.

[23] MENDES, Gilmar Ferreira. A Reclamação Constitucional no Supremo Tribunal Federal. *Fórum Administrativo* – Direito Público. Belo Horizonte: Fórum, junho 2009, p. 96.

[24] JOSÉ HENRIQUE MOUTA ARAÚJO defende, inclusive, que nessa hipótese de reclamação estaria configurada sua natureza de sucedâneo recursal: "Ora, *in casu*, a reclamação terá como consequência a reforma ou invalidação de uma decisão, sem ter natureza jurídica de recurso, razão pela qual terá, pelo menos nessa hipótese, natureza de sucedâneo recursal"

5. POSSIBILIDADE DO USO DA RECLAMAÇÃO CONSTITUCIONAL CONTRA A DECISÃO DE SOBRESTAMENTO DO RECURSO EXTRAORDINÁRIO PARA ANÁLISE DE REPERCUSSÃO GERAL

Discute-se na doutrina, ainda, sobre o meio de impugnação cabível contra a decisão do presidente do tribunal de origem que suspende o recurso extraordinário para que se aguarde a definição da repercussão geral pelo Supremo Tribunal Federal. O CPC é silente quanto ao recurso cabível nesse caso.

Há quem defenda[25], mesmo diante do silêncio legislativo, caber contra a decisão de sobrestamento o recurso de agravo para o Supremo Tribunal Federal (antes agravo de instrumento, agora, com advento da Lei n. 12.322/2010, agravo nos próprios autos) previsto no art. 544 do CPC, isto é, o velho agravo contra a decisão denegatória.

Outros[26] entendem que havendo sobrestamento equivocado, a parte interessada deverá requerer ao próprio tribunal de origem a revogação da decisão de suspensão e, em caso de manutenção, seria cabível o agravo de instrumento (agravo nos próprios autos) previsto no art. 544 do CPC, em aplicação ao princípio da fungibilidade.

Houve também quem já sustentasse a multiplicidade de meios de impugnação: agravo de instrumento, medida cautelar, reclamação e simples petição[27].

A jurisprudência do Supremo Tribunal Federal[28], porém, tem contrariado a doutrina majoritária e recusado a possibilidade de agravo (de instrumento, ou

---

(ARAÚJO, José Henrique Mouta. Reflexões que envolvem a nova hipótese de reclamação junto ao STF advinda da EC n.º 45. *Repositório de Jurisprudência IOB*, São Paulo: IOB, n.º 8, abr. 2005, p. 243).

[25] BARBOSA MOREIRA, José Carlos. *Comentários ao Código de Processo Civil*. 14. ed. Rio de Janeiro: Forense, 2008. vol. V, p. 621; MEDINA, José Miguel Garcia. *Prequestionamento e Repercussão Geral*. 6. ed. São Paulo: RT, 2012. p. 121; DANTAS, Bruno. *Repercussão Geral* – Perspectivas histórica, dogmática e de direito comparado. São Paulo: RT, 2008. p. 320; ALVIM, Eduardo Arruda. *Direito Processual Civil*. 2. ed. São Paulo: RT, 2008, p. 921; WAMBIER, Luiz Rodrigues; TALAMINI, Eduardo. *Curso Avançado de Processo Civil*. 10. ed. São Paulo: RT, 2009. vol. 1, p. 665, entre outros.

[26] MARINONI, Luiz Guilherme; MITIDIERO, Daniel. *Repercussão Geral no Recurso Extraordinário*. 2. ed. São Paulo: RT, 2008. p. 63; RIBEIRO, Flávia Pereira. A repercussão geral no recurso extraordinário. *Revista de Processo*, São Paulo: RT, 2001, n. 197, jul. 2011, p. 466.

[27] CONCEIÇÃO, Marcelo Moura da. Julgamento por amostragem dos recursos excepcionais: denegação da justiça? *Revista de Processo*, São Paulo: RT, n. 181, mar. 2010, p. 252.

[28] "Não se conhece de agravo de instrumento, perante o Supremo Tribunal Federal, contra decisão que aplica sistemática da repercussão geral" (STF, Pleno, AI 775.144 AgR, Rel. Min. Cezar Peluso, *DJe* DE 25.08.2011).

nos próprios autos) para a impugnação da decisão de sobrestamento dos recursos extraordinário representativos de "idêntica controvérsia": "Se não houve juízo de admissibilidade do recurso extraordinário, não é cabível a interposição do agravo de instrumento previsto no art. 544 do Código de Processo Civil"[29].

Com efeito, o agravo previsto no art. 544 do CPC[30], dirigido ao Supremo, supõe decisões denegatórias de seguimento. Se o recurso foi sobrestado é porque não foi inadmitido, motivo pelo qual a decisão monocrática do presidente (ou vice-presidente) do tribunal de origem deve ser impugnada por agravo interno.

A questão está em saber se seria cabível reclamação para atacar a decisão do presidente do tribunal de origem que erroneamente suspende recurso extraordinário sujeito a regime de idêntica controvérsia (CPC, art. 543-B). E mais especificamente: se, interposto e rejeitado o agravo interno no tribunal de origem, seria possível o uso da reclamação constitucional para atacar, agora não o ato isolado do presidente, mas a *decisão colegiada de sobrestamento indevido*?

O Supremo Tribunal Federal, num primeiro momento[31], refutou o uso da reclamação contra a decisão isolada do presidente do tribunal de origem. Os fundamentos seriam: i) não se configuraria a "usurpação de competência", pois a jurisdição da Corte Suprema ainda não estaria inaugurada (e somente quando proferido o juízo de admissibilidade); e ii) a admissão traria o "indesejável efeito colateral de ordem prática" de abrir as portas do Supremo para cada decisão do tribunal de origem que suspendesse os recursos sob o regime de repercussão geral.

O segundo fundamento representa motivo de ordem metajurídica. Trata-se de jurisprudência defensiva: entende-se pela inadmissibilidade da reclamação com o receio da multiplicação de processos. Mesmo que razões dessa ordem fossem válidas para se afastar a admissão da reclamação, ainda assim a crítica permaneceria.

Isso por que a parte, se não puder ajuizar a reclamação constitucional, ainda terá a seu dispor o agravo contra a decisão de inadmissão do recurso

---

[29] STF, Pleno, Rcl 7.569, Rel. Min. Ellen Gracie, *DJe* de 11.12.2009.

[30] "Art. 544. Não admitido o recurso extraordinário ou o recurso especial, caberá agravo nos próprios autos, no prazo de 10 (dez) dias."

[31] O STF tem reiterado sua jurisprudência quanto à inadmissibilidade da reclamação para atacar ato do presidente do tribunal de origem que indevidamente suspende recurso extraordinário nos termos do art. 543-B do CPC. Nesse sentido: STF, Pleno, Rcl 9.391 AgR. Rel. Min. Ricardo Lewandowski, *DJe* de 11.04.2011, entre outros precedentes. Nessas situações, tem-se convertido a reclamação em agravo interno, remetendo-se os autos à instância originária para apreciação. A questão, porém, permanece em aberto se o tribunal de origem ratifica, no julgamento do agravo interno, a decisão de sobrestamento.

extraordinário, em que irá tentar demonstrar ser a situação objeto de análise diversa da que se espelhou no julgado paradigma. Portanto, na prática, não haveria economia de processos, mas apenas postergação da análise de uma questão que já poderia (e deveria) ser resolvida logo.

Quanto ao primeiro fundamento, é preciso considerar que a usurpação de competência não se dá apenas quando o órgão jurisdicional decide sem ser competente. Ao sobrestar indevidamente um recurso extraordinário, está o tribunal de origem impedindo que o Supremo Tribunal Federal exerça sua jurisdição. Como bem destacaram FREDIE DIDIER JR. e LEONARDO CARNEIRO DA CUNHA, "o Presidente ou Vice-Presidente do tribunal local está deixando de determinar o seguimento do recurso ou omitindo-se na sua remessa ao tribunal superior, o que acarreta, em última análise, usurpação de competência"[32].

Admitir que o tribunal de origem, *mesmo depois de provocado por agravo interno*, dê a última e definitiva palavra sobre o envio ou não do recurso extraordinário seria retirar do Supremo o poder-dever de julgar processo de sua competência. O ato judicial de sobrestamento indevido representa *omissão ilícita* do tribunal de origem. A Corte de revisão deveria exercer o juízo de admissibilidade e não o fizera por, equivocadamente, entender ser o caso de suspensão do recurso extraordinário para análise de repercussão geral.

É possível configurar-se a usurpação de competência por ato judicial omissivo, como bem salientou MARCELO NAVARRO[33]. A própria demora ou o retardo no exercício do juízo de admissibilidade pelo presidente do tribunal de origem pode configurar usurpação de competência, por impedir que o Supremo, enquanto perdurar a omissão, exerça suas atribuições de apreciar o recurso extraordinário que lhe seja dirigido[34].

Impedir o uso da reclamação implica dar ao tribunal de origem a palavra final sobre assunto que não lhe diz respeito, pois, em última análise, a Corte local estaria controlando a jurisdição do Supremo, obstaculizando a imediata análise de recurso que trata situação não compatível com a identidade de controvérsia prevista no art. 543-B do CPC.

Embora a jurisdição do Supremo somente esteja inaugurada com o juízo positivo de admissibilidade do recurso extraordinário, certo é que o tribunal de

---

[32] DIDIER JR., Fredie; CUNHA, Leonardo José Carneiro da. *Curso de Direito Processual Civil.* 7. ed. Salvador: Juspodivm, 2009. vol. 3, p. 337.
[33] DANTAS, Marcelo Navarro Ribeiro. *Reclamação Constitucional no Direito Brasileiro.* Porto Alegre: Sergio Antonio Fabris Editor, 2000. p. 482-483.
[34] DIDIER JR., Fredie; CUNHA, Leonardo José Carneiro da. *Curso de Direito Processual Civil.* 7. ed. Salvador: Juspodivm, 2009. vol. 3, p. 468.

origem não pode, por aplicação equivocada do art. 543-B do CPC, impedir que a Suprema Corte exerça plenamente sua competência constitucional, sobrestando recurso que de pronto já deveria estar sendo processado[35].

Assim, se a parte interessada interpôs, sem êxito, agravo interno contra a decisão de sobrestamento, cabe reclamação para o Supremo Tribunal Federal para permitir o exercício do juízo de admissibilidade pelo presidente do tribunal recorrido[36].

Se o caso não corresponde à situação de "idêntica controvérsia", a parte não pode ficar impossibilitada de acudir ao Supremo Tribunal Federal para permitir que seu recurso seja processado, admitido e julgado. Sobrestamento equivocado de recurso extraordinário implica intromissão indevida na esfera de competência do Supremo, por inibir a análise de recurso extraordinário que não deveria estar suspenso e poderia de logo ser examinado pela Corte Suprema.

6. CONCLUSÃO

Ao final do exposto, podemos concluir ser cabível agravo interno contra a decisão do presidente do tribunal de origem que suspende recursos extraordinários fundados em "idêntica controvérsia" (CPC, art. 543-B).

É cabível, outrossim, reclamação constitucional, fundada em usurpação de competência, para cassar a decisão colegiada do tribunal de origem que mantém o sobrestamento dos processos sob o regime do art. 543-B do CPC e possibilitar o imediato juízo de admissibilidade do recurso extraordinário que revele situação não idêntica a do recurso selecionado para exame da repercussão geral.

---

[35] O próprio Supremo tem, em diversos precedentes, reputado configurada a usurpação de competência como pressuposto autorizador da reclamação, na negativa de trânsito de agravo de instrumento contra decisões denegatórias de recurso extraordinário pelo tribunal de origem. Nesse sentido: STF, Rcl 2.132, Rel. Min. Celso de Mello, DJ de 14.02.2003.

[36] Segundo o RISTF, art. 328-A, o juízo de admissibilidade do recurso extraordinário deve ser posterior à definição da repercussão geral. Assim, a decisão de sobrestamento deve anteceder a decisão de admissão. Desse modo, julgada procedente a reclamação, deverá haver determinação para o tribunal de origem para que exclua o recurso do regime de suspensão e exerça o juízo de admissibilidade. Trata-se de provimento de caráter mandamental.

26

PARA UMA EFETIVIDADE MAIOR DO INSTITUTO DA REPERCUSSÃO GERAL DAS QUESTÕES CONSTITUCIONAIS

PEDRO MIRANDA DE OLIVEIRA
Doutor em Direito pela PUC-SP. Mestre em Direito pela PUC-PR. Professor Adjunto de Processo Civil da UFSC. Professor nos cursos de Pós-Graduação em Direito Processual Civil da UFSC, da PUC-Rio, do CESUSC, da UNIVALI, da UNISUL, da UNIVILLE, da UNIDAVI, da FACTO e do Complexo Educacional Damásio de Jesus. Professor da Escola Superior da Magistratura do Estado de Santa Catarina – ESMESC e da Escola Superior do Ministério Público de Santa Catarina – ESMPSC. Membro do Instituto Brasileiro de Direito Processual – IBDP e do Instituto Iberoamericano de Direito Processual – IIDP. Advogado e consultor jurídico.

SUMÁRIO: 1. Introdução – 2. Segurança jurídica, previsibilidade, unidade do direito e princípio da isonomia – 3. Repercussão geral e a objetivação do recurso extraordinário – 4. O binômio *repercussão geral e súmula vinculante*; 4.1 Diferenças entre os institutos; 4.2 Segurança jurídica *versus* efetividade do processo; 4.3 Prevalência da segurança jurídica e da efetividade do processo; 4.4 A aplicação dos dois institutos conjuntamente – 5. Conclusão – Bibliografia.

1. INTRODUÇÃO

O papel que a Constituição Federal desempenha no ordenamento jurídico, sobretudo no sistema processual civil, é importantíssimo. Bem por isso, ao aplicador do direito ou ao intérprete cabe investigar antes a ordem constitucional e somente depois examinar o Código de Processo Civil. Aos processualistas, advogados e magistrados também incumbe o dever de, em primeiro lugar, rever o modelo processual constitucional para, após, observar o procedimento delineado pela norma infraconstitucional. O texto constitucional é o fundamento de validade de todas as demais normas infraconstitucionais.

Com o resgate da força normativa das normas constitucionais e a inserção, pelo constituinte, de um autêntico modelo de processo civil na Constituição, há a necessidade de o jurista buscar ferramentas adequadas para tornar a prestação da tutela jurisdicional efetiva.

Nessa linha, é generalizada a convicção de que uma das intenções primordiais da Emenda Constitucional n.º 45/2004 (EC 45/2004) foi justamente reduzir o tempo de duração dos processos. No que tange aos recursos extraordinários, diminuir-lhes o número no Supremo Tribunal Federal.

A emenda reformadora incluiu, entre os pressupostos de admissibilidade dos recursos extraordinários, a exigência da repercussão geral da questão constitucional suscitada, regulada por alterações no CPC e no Regimento Interno do Supremo Tribunal Federal (RISTF).

O instituto da repercussão geral das questões é uma espécie de mecanismo de seleção de recurso extraordinário que permite ao STF recusar aquele cujo interesse em jogo esteja restrito às partes do processo ou que a matéria discutida não seja relevante sob o ponto de vista econômico, político, social ou jurídico.

Na verdade, duas inovações ganharam destaque como propostas para a solução da "crise do STF". São elas: (a) necessidade de se demonstrar, em sede de recurso extraordinário, a repercussão geral das questões constitucionais discutidas no caso (CF, art. 102, § 3.º), funcionando assim como um requisito de admissibilidade deste instrumento recursal; e (b) possibilidade de o STF editar súmulas com efeito vinculante (CF, art. 103-A).

Dessa constatação emerge a necessidade de se fazer uma releitura do sistema jurídico brasileiro, a partir da Constituição, levando-se em consideração as inovações apontadas. Qualquer tentativa de se empreender tal tarefa, desconsiderando os novos preceitos agora lançados pela emenda reformadora (EC 45/2004), estará fadada ao insucesso. É imprescindível a correta interpretação dos textos legais à luz dessas novas normas e de uma sistematização coerente com a nova ordem superiormente estabelecida.

A introdução dos novos institutos no ordenamento jurídico é importante e, se bem aplicado, poderá reduzir significativamente o grande número de processos que alcançam o STF, além de dar novo contorno ao recurso extraordinário e à competência da Corte.

2. SEGURANÇA JURÍDICA, PREVISIBILIDADE, UNIDADE DO DIREITO E PRINCÍPIO DA ISONOMIA

Em que pese a existência de outras conotações, neste trabalho tem-se *segurança jurídica* como *garantia de previsibilidade*, previsibilidade esta que permite à sociedade conhecer qual a norma de conduta a ser seguida, aquela que é estabelecida pela lei e aplicada pelo Poder Judiciário.

Em outras palavras, um dos fundamentos do Estado de Direito é a segurança jurídica, que consiste no conjunto de condições que torna possível às pessoas o conhecimento antecipado e reflexivo das consequências diretas de seus atos, à luz da liberdade reconhecida.

Segundo Donaldo Armelin, "a segurança jurídica, que é um dos valores para os quais tende o direito, corresponde a um aspecto particularizado da segurança, cuja importância para a vida social chega a superar a própria Justiça, enquanto elemento essencial à coesão social. A confiança em que as coisas ocorram normalmente é fundamental para a paz social".[1]

A segurança jurídica faz que as partes consigam antever a norma que será aplicada ao caso concreto e o resultado final da demanda. Trata-se da previsibilidade necessária que tem o jurisdicionado de saber que ao Poder Judiciário compete decidir as lides e declarar quem tem razão, sempre atuando de acordo com a autoridade e a vontade da lei. Essa certeza é o que proporciona à comunidade jurídica e à sociedade a sensação de estabilidade no entendimento das normas legais.

Frederick Schauer, tratando do precedente norte-americano, sustenta que quando um juiz tem de decidir um caso da mesma forma que decidiu uma lide anterior, as partes poderão prever o que acontecerá no futuro com mais facilidade. A habilidade de prever o que um juiz fará ajuda-nos a melhor planejar nossas vidas, a ter certa tranquilidade e a evitar a paralisia causada pelo desconhecido.[2]

Em outras palavras, o Estado tem o dever de garantir a previsibilidade, ou seja, cabe-lhe responder à confiança do cidadão em relação às consequências de suas ações perante a sociedade. É dizer: no Estado de Direito, a segurança jurídica e a ciência que o indivíduo tem sobre os seus direitos e deveres são as formas de concretização da cidadania.

---

[1]   ARMELIN, Donaldo. Alterações da jurisprudência e seus reflexos nas situações já consolidadas sob o império da orientação superada. *Revista Brasileira de Direito Processual*, Belo Horizonte, v. 70, p. 31-48, abr./jun. 2010. p. 38.

[2]   SCHAUER, Frederick. Precedent. *Stanford Law Review*, Stanford, v. 39, p. 571-605, fev. 1987. p. 597.

Segundo Teresa Arruda Alvim Wambier, "trata-se de um fenômeno que produz tranquilidade e serenidade no espírito das pessoas, independentemente daquilo que se garanta como provável de ocorrer como valor significativo". Não se refere, pois, à *segurança* da expectativa *de que tudo deva ficar como está*. Para a autora, continua sendo absolutamente imprescindível que "o direito gere *segurança*, no sentido de possibilitar aos jurisdicionados terem expectativas generalizáveis sobre condutas, próprias e alheias (e não mais no sentido de manutenção do *status quo*)".[3]

Conforme os ideais da Revolução Francesa, manter o juiz preso à lei seria sinônimo de segurança jurídica e de igualdade entre os cidadãos. A certeza do direito estaria na impossibilidade de o juiz interpretar a lei, melhor dizendo, estaria na própria lei. O ponto tem enorme relevância. Note-se que o *civil law* não só imaginou, utopicamente, que o juiz apenas atuaria consoante a vontade da lei, como ainda supôs que, em virtude da certeza jurídica que daí decorreria, o cidadão teria segurança e previsibilidade no trato das relações sociais. Mais: imaginou que a lei seria o suficiente para garantir a igualdade dos cidadãos. Os países que adotaram o sistema do *common law*, contudo, perceberam que a segurança e a previsibilidade teriam de ser buscadas não na lei, mas sim nos precedentes ou mais precisamente no *stare decisis*,[4] cuja expressão completa é *stare decisis et non quieta movere*, que significa "ficar com o que foi decidido e não mover o que está em repouso".

No sistema do *common law* uma decisão judicial desempenha dupla função. Segundo o jurista norte-americano Edward D. Re, "a decisão, antes de mais nada, define a controvérsia, ou seja, de acordo com a doutrina da *res judicata* as partes não podem renovar o debate sobre as questões que foram decididas. Em segundo lugar, no sistema do *common law*, consoante a doutrina do *stare decisis*, a decisão judicial também tem valor de precedente".[5]

---

[3] ARRUDA ALVIM WAMBIER, Teresa. *Recurso especial, recurso extraordinário e ação rescisória*. 3. ed. São Paulo: RT, 2008. p. 58-60.

[4] MARINONI, Luiz Guilherme. *Precedentes obrigatórios*. São Paulo: RT, 2010. p. 63. O autor explica: "A ausência de respeito aos precedentes está fundada na falsa suposição, própria ao *civil law*, de que a lei seria suficiente para garantir a certeza e a segurança jurídica. A tradição de *civil law* afirmou a tese de que a segurança jurídica apenas seria viável se a lei fosse estritamente aplicada. A segurança seria garantida mediante a certeza advinda da subordinação do juiz à lei. Porém, é curioso perceber que a certeza jurídica adquiriu feições antagônicas no *civil law* e no *common law*, já que no último fundamentou o *stare decisis*, enquanto no *civil law* foi utilizado para negar a importância dos tribunais e das suas decisões" (Ibidem, p. 49).

[5] RE, Edward D. "Stare decisis". Trad. Ellen Gracie Northfleet. *Revista de Processo*, São Paulo, v. 73, p. 47-54, jan./mar. 1994. p. 47-48.

O sistema de precedentes, portanto, faz que as cortes ajam em duas dimensões: resolvem conflitos, e isto diz respeito ao *passado*; e têm o papel de fazer direito, criando regras para o *futuro*.[6]

Na avaliação de Luiz Guilherme Marinoni, a segurança e a previsibilidade são valores almejados por ambos os sistemas (direito codificado e direito costumeiro). Porém, no *civil law*, supôs-se que tais valores seriam realizados por meio da lei e da sua estrita aplicação pelos juízes, enquanto no *common law*, por nunca ter existido dúvida de que os juízes interpretam a lei e, por isso, podem proferir decisões diferentes, enxergou-se na força vinculante dos precedentes o instrumento capaz de ganhar a segurança e a previsibilidade que a sociedade necessita para se desenvolver.[7]

A segurança, portanto, não decorre propriamente da lei, mas principalmente das decisões proferidas pelos tribunais; apenas pode ser garantida respeitando a igualdade perante a interpretação dos juízes. Se os tribunais emitem decisões contraditórias, aplicando o mesmo dispositivo legal em diversos sentidos, o que se terá é insegurança jurídica.

Aspecto dos sistemas jurídicos que sempre preocupou os estudiosos se refere à insegurança jurídica que gera para os jurisdicionados, entre outras consequências, o fato de pessoas em *situações absolutamente idênticas* sofrerem efeitos de *decisões completamente diferentes*.[8]

Quando uma mesma regra ou princípio é interpretado de maneira diversa por juízes ou tribunais em casos iguais, isso gera *insegurança jurídica*, pois para o mesmo problema uns obtêm e outros deixam de obter êxito em suas respectivas demandas.

Causa perplexidade a qualquer um (e, curiosamente, menos àquele que opera com o direito) a circunstância de uma mesma questão jurídica receber do Judiciário mais de uma solução. Essa perplexidade apenas se multiplica e ganha contornos objetivamente nocivos quando o mesmo tema acaba sendo comum a um grande número de demandas.[9]

---

[6] ARRUDA ALVIM WAMBIER, Teresa. Estabilidade e adaptabilidade como objetivos do direito: *civil law* e *common law*. *Revista de Processo*, São Paulo, v. 172, p. 121-174, jun. 2009. p. 131.

[7] MARINONI, Luiz Guilherme. *Precedentes obrigatórios*. São Paulo: RT, 2010. p. 63.

[8] ARRUDA ALVIM WAMBIER, Teresa; MEDINA, José Miguel Garcia; WAMBIER, Luiz Rodrigues. Repercussão geral e súmula vinculante – relevantes novidades trazidas pela EC n. 45/2004. In: ARRUDA ALVIM WAMBIER, Teresa *et al.* (coord.). *Reforma do Judiciário*: primeiros ensaios críticos sobre a EC n. 45/2004. São Paulo: RT, p. 373-389, 2005. p. 381.

[9] SANTOS, Evaristo Aragão. Sobre a importância e os riscos que hoje corre a *criatividade jurisprudencial*. *Revista de Processo*, São Paulo, v. 181, p. 38-58, mar. 2010. p. 40.

Com efeito, decisões divergentes geram insegurança jurídica nos jurisdicionados e descrédito do Poder Judiciário. É, portanto, nefasto, do ponto de vista jurídico.[10] São os efeitos deletérios da divergência.

Daí a importância dada primeiramente ao STF e ao recurso extraordinário, como instrumentos estatais a serem utilizados na incessante busca pela certeza jurídica e unidade do direito brasileiro.

A dicotomia entre os valores justiça-segurança está particularmente presente no problema da divergência jurisprudencial e na correlata busca constante de instrumentos capazes de preveni-la ou debelá-la, em prol da almejada isonomia substancial devida aos jurisdicionados.[11]

Nas palavras de Teresa Arruda Alvim Wambier, "estabilidade, uniformidade e solidez são condições para a existência de *previsibilidade*. Neste panorama a *igualdade* acaba naturalmente sendo respeitada".[12]

Em um Estado unitário é essencial haver um órgão jurisdicional de hierarquia superior, com a finalidade de preservar o ordenamento objetivo e dar uma interpretação uniforme às normas vigentes. Nos Estados que adotam a forma federativa, a necessidade de existir uma corte com essas atribuições é ainda maior, pois convivem dois tipos de justiça: as estaduais e a federal. A unidade do direito impõe a unidade jurisdicional. Se a segurança e a certeza jurídica são os principais valores eleitos pelo direito, a uniformidade de interpretação e a inteireza do ordenamento objetivo são fundamentais.[13]

A ideia da uniformização da jurisprudência, segundo José Carlos Barbosa Moreira, "liga-se ao fato da existência, no aparelho estatal, de uma *pluralidade de órgãos judicantes* que podem ter (e com frequência têm) de enfrentar iguais questões de direito e, portanto, de enunciar teses jurídicas em idêntica matéria. Nasce daí a possibilidade de que, num mesmo instante histórico – *sem* variação das condições culturais, políticas, sociais, econômicas, que possam justificar a discrepância –, a mesma regra de direito seja diferentemente entendida, e às

---

[10] ARRUDA ALVIM WAMBIER, Teresa. *Recurso especial, recurso extraordinário e ação rescisória*. 3. ed. São Paulo: RT, 2008. p. 222.

[11] MANCUSO, Rodolfo de Camargo. Súmula vinculante e a EC n. 45/2004. In: ARRUDA ALVIM WAMBIER, Teresa *et al.* (coord.). *Reforma do Judiciário*: primeiros ensaios críticos sobre a EC n. 45/2004. São Paulo: RT, p. 685-719, 2005. p. 699.

[12] ARRUDA ALVIM WAMBIER, Teresa. Estabilidade e adaptabilidade como objetivos do direito: *civil law* e *common law*. Revista de Processo, São Paulo, v. 172, p. 121-174, jun. 2009. p. 129.

[13] CÔRTES, Osmar Mendes Paixão. *Recurso extraordinário*: origem e desenvolvimento no direito brasileiro. Rio de Janeiro: Forense, 2005. p. 198.

espécies semelhantes se apliquem teses jurídicas divergentes ou até opostas. Assim se compromete a unidade do direito – que não seria posta em xeque, muito ao contrário, pela evolução *homogênea* da jurisprudência dos vários tribunais – e não raro se semeiam, entre os membros da comunidade, o descrédito e o ceticismo quanto à efetividade da garantia jurisdicional". E continua: "Nesses limites, e somente neles, é que põe o problema da uniformização da jurisprudência. Não se trata, nem seria concebível que se tratasse, de impor aos órgãos judicantes uma camisa de força, que lhes tolhesse o movimento em direção a novas maneiras de entender regras jurídicas, sempre que a anteriormente adotada já não corresponda às necessidades cambiantes do convívio social. Trata-se, pura e simplesmente, de evitar, na medida do possível, que a sorte dos litigantes e afinal a própria unidade do sistema jurídico vigente fiquem na dependência exclusiva da distribuição do feito ou do recurso a este ou àquele órgão".[14]

A criação dos recursos se justifica como *meio de controle* das decisões judiciais. Sistemas jurídicos como o brasileiro, em que as normas constitucionais e federais são aplicadas por tribunais estaduais e tribunais regionais federais autônomos entre si, também dão ensejo à criação de recursos com finalidade de proporcionar a *unidade de inteligência* acerca do direito nacional.[15] É o que ocorre com o recurso extraordinário, cuja finalidade, como mencionado antes, é a proteção da Constituição e a pacificação da interpretação em benefício da segurança jurídica e da paz social, não sendo prioritariamente vocacionado à proteção do interesse particular das partes.

José Frederico Marques afirma que "a Constituição vigente manteve o recurso extraordinário como remédio destinado a manter a unidade de aplicação da Constituição em todo o organismo judiciário do país".[16]

Na linha de raciocínio de Pontes de Miranda, "é função, pois, do recurso extraordinário manter a autoridade e a unicidade de incidência e inteligência das leis federais".[17]

Fato é que a repercussão geral fortaleceu esse papel. Com o advento do novo instituto, o STF, para poder desempenhar a sua função, deve examinar apenas as

---

[14] BARBOSA MOREIRA, José Carlos. *Comentários ao Código de Processo Civil*. 11. ed. Rio de Janeiro: Forense, 2003. v. V. p. 4-5.
[15] MEDINA, José Miguel Garcia. *Prequestionamento e repercussão geral*: e outras questões relativas aos recursos especial e extraordinário. 5. ed. São Paulo: RT, 2009. p. 18.
[16] FREDERICO MARQUES, José. *Instituições de direito processual civil*. Campinas: Millennium, 1999. v. IV. p. 273.
[17] PONTES DE MIRANDA. *Comentários ao Código de Processo Civil*. 2. ed. Rio de Janeiro: Forense, 2000. t. VIII. p. 39.

questões que, segundo alguns critérios, lhe pareceram de maior impacto para a obtenção da unidade do direito.

Portanto, segundo analisa Luiz Guilherme Marinoni, "o que está por detrás da repercussão geral é o interesse na concreção da unidade do direito".[18]

A propósito, mais importante para a verticalização das decisões do STF é a súmula vinculante, ao estender o conteúdo de seus enunciados a todos os órgãos do Poder Judiciário, efeito fundamental para a segurança jurídica e a unidade do direito.

Originando-se as súmulas de um processo de padronização (equalização) da jurisprudência, uma de suas funções é exatamente impedir os conflitos dentro do próprio Judiciário, que, além de macularem sua própria imagem, pouco contribuem para a segurança jurídica, chegando mesmo a negar o princípio da isonomia de tratamento aos cidadãos. Na realidade, por este prisma, a súmula constitui um instituto que busca a eliminação das antinomias do sistema. Objetiva-se, em outras palavras, alcançar a coerência que deve haver no direito. A necessária unidade do direito não pode ser olvidada.[19]

A violação à unidade do direito reflete a desorganização do próprio Estado na sua função de preservar a paz social. A falta da unidade de aplicação do direito federal, sobretudo em matéria constitucional, conduz à ampliação dos litígios, uma vez que a resposta do Estado pode ser favorável ou não às partes, dependendo do órgão jurisdicional que aprecia a demanda. É uma verdadeira *loteria judiciária*.

O objetivo de unificar a jurisprudência dos Tribunais Superiores, com os tribunais inferiores respeitando-a, exprime a verdadeira finalidade de pacificação social, com a valorização de princípios fundamentais, tais como a isonomia e a segurança jurídica.

A isonomia, assim como a segurança jurídica, são elementos inerentes à formação de um Estado, especialmente de um Estado Democrático de Direito. Estriba-se nestes postulados o *caput* do art. 5.º da Constituição ao estabelecer que "todos são iguais perante a lei, sem distinção de qualquer natureza".

Na lição de Teresa Arruda Alvim Wambier, o princípio da isonomia significa, *grosso modo*, que todos são iguais perante a lei: logo, a lei deve a todos tratar de modo uniforme e assim também (sob pena de se esvaziar o princípio) devem fazer os tribunais, respeitando o entendimento tido por correto e decidindo de

---

[18] MARINONI, Luiz Guilherme. *Precedentes obrigatórios*. São Paulo: RT, 2010. p. 471-472.
[19] TAVARES, André Ramos. *Reforma do Judiciário no Brasil pós-88*: (des)estruturando a justiça: comentários completos à EC n. 45/2004. São Paulo: Saraiva, 2005. p. 112.

forma idêntica casos iguais, em um mesmo momento histórico. A doutrinadora ainda comenta que "de nada adiantaria a existência de comando constitucional dirigido ao legislador se o Poder Judiciário não tivesse que seguir idêntica orientação, podendo decidir, com base na mesma lei, no mesmo momento histórico (ou seja, sem que fatores históricos possam influir no sentido que se deva dar à lei) em face de idênticos casos concretos, de modos diferentes. Trata-se de uma conquista dos povos civilizados, que gera segurança, previsibilidade e se constitui numa defesa do sistema contra a arbitrariedade".[20]

Em suma, segundo Celso Antônio Bandeira de Mello, "dúvida não padece que, ao se cumprir uma lei, todos os abrangidos por ela hão de receber tratamento parificado, sendo certo, ainda, que ao próprio ditame legal é interdito deferir disciplinas diversas para situações equivalentes".[21]

Em outras palavras, o princípio da isonomia recomenda que não se decida diferentemente, em face de casos iguais. Só assim será proporcionada a plena aplicação da igualdade. Para isso, o princípio da isonomia deve ser válido tanto na norma legislada quanto na sua aplicação pelo Poder Judiciário.

Com efeito, se nem sempre é *justo* dar a mesma solução para casos idênticos, pois ambas as decisões podem ser injustas, por outro lado, uma coisa é certa: é *injusto* dar diferentes soluções para casos idênticos. Em outras palavras, *se decisões iguais para casos iguais não é garantia de justiça, decisões diferentes para casos iguais é garantia de injustiça*. Repete-se: o tratamento desigual pelos tribunais é certeza de injustiça em pelo menos um dos casos.

A respeito, José Maria Rosa Tesheiner afirma que "é um escândalo que a vitória ou a sucumbência da parte se determine pela sorte, conforme a distribuição do seu processo se faça a esta ou aquela Câmara. Se todos são iguais perante a lei (Constituição, art. 5.º), não se concebe que o Tribunal trate uns diferentemente dos outros, em identidade de circunstâncias".[22]

Outra nota: se determinada decisão ou norma legal é constitucional ou inconstitucional, que o seja para todos.

Nesse contexto estão inseridos os institutos da súmula vinculante e da repercussão geral, que, sem bem utilizados, ao menos garantirão decisões iguais para casos iguais.

---

[20] ARRUDA ALVIM WAMBIER, Teresa. Sobre a Súmula 343. *Revista de Processo*, São Paulo, v. 86, p. 148-157, abr./jun. 1997. p. 150.

[21] MELLO, Celso Antônio Bandeira de. *O conteúdo jurídico do princípio da igualdade*. 2. ed. São Paulo: RT, 1984. p. 14.

[22] TESHEINER, José Maria Rosa. Uniformização de jurisprudência. *Ajuris*, Porto Alegre, v. 50, p. 178-183, nov. 1990. p. 179.

3. REPERCUSSÃO GERAL E A OBJETIVAÇÃO DO RECURSO EXTRAORDINÁRIO

Os processos objetivos têm como característica o fato de que a controvérsia cinge-se à análise da lei em tese, tratando, notadamente, do método de controle normativo abstrato de constitucionalidade. Conclui-se que é a formação de decisões paradigmáticas pelo STF que aproxima o julgamento dos recursos extraordinários daqueles realizados nos denominados processos objetivos.[23]

Na avaliação de Luiz Guilherme Marinoni e Daniel Mitidiero, se, por um lado, as ações de controle abstrato são seguramente processos objetivos, por outro, pode-se afirmar que existe um processo irreversível de objetivação do controle concreto de constitucionalidade no âmbito do STF.[24]

Com o advento da repercussão geral, a Suprema Corte deixou de julgar todos os recursos que lhe forem dirigidos para julgar, na verdade, a tese que estiver sendo abordada no recurso. A partir de então, o recurso extraordinário é, apenas na aparência, um meio de impugnação entre as partes. O recurso deve gerar um julgamento paradigma, em que o importante não é o caso em si, mas a questão constitucional suscitada, a tese que estiver sendo abordada. E, dentro desse conceito, a decisão deve servir de modelo para casos futuros.

O requisito da repercussão geral reforça, portanto, a ideia de que o principal no recurso extraordinário não é o caso concreto, mas a questão constitucional nele veiculada. O exame do caso concreto é uma consequência da sedimentação da tese, ou seja, da correta interpretação das questões jurídicas debatidas naquele processo.[25] A esse fenômeno convencionou-se denominar *objetivação do recurso extraordinário*.

---

[23] RODRIGUES NETTO, Nelson. A intervenção de terceiros nos julgamentos da repercussão geral do recurso extraordinário e do recurso especial paradigmático. In: DIDIER JÚNIOR, Fredie *et al.* (coord.). *O terceiro no processo civil brasileiro e assuntos correlatos*: estudos em homenagem ao professor Athos Gusmão Carneiro. São Paulo: RT, p. 383-397, 2010. p. 385-386.

[24] MARINONI, Luiz Guilherme; MITIDIERO, Daniel. *Repercussão geral no recurso extraordinário.* São Paulo: RT, 2007. p. 67. Segundo Arruda Alvim, "conquanto a validade e a eficácia das decisões sejam, predominantemente, circunscritas às partes, *as que são proferidas pelos tribunais de cúpula – e particularmente as proferidas pelo STF – transcendem o ambiente das partes*, e com isto projetam-se o prestígio e a autoridade da decisão no segmento da atividade jurídica, de todos quantos lidam com o direito, e, mesmo em espectro maior, para a sociedade toda" (A EC n. 45 e o instituto da repercussão geral. In: ARRUDA ALVIM WAMBIER, Teresa *et al.* (coord.). *Reforma do Judiciário*: primeiros ensaios críticos sobre a EC n. 45/2004. São Paulo: RT, p. 63-99, 2005. p. 83).

[25] LEONEL, Ricardo de Barros. *Reformas recentes do processo civil*: comentário sistemático. São Paulo: Método, 2007. p. 169.

A objetivação, pois, vem se traduzindo numa tendência, sobretudo nas causas que têm repercussão geral, ou seja, que têm relevância econômica, política, social ou jurídica, envolvendo matérias de natureza previdenciária, tributária, administrativa etc., uma vez que versam sobre relações jurídicas de trato sucessivo idênticas.

É justamente por versarem sobre situações idênticas que essas causas permitem uma solução homogênea para todos os casos. O exemplo mais representativo ocorreu quando o STF julgou uma multiplicidade de recursos extraordinários, abordando relação jurídica sujeito-União *lato sensu* atinente à questão que versava sobre o Programa de Integração Social (PIS). Naquela oportunidade, decidiu a Corte: "A proposta aqui desenvolvida parece consultar a tendência de não estrita subjetivação ou de maior objetivação do recurso extraordinário, que deixa de ter caráter marcadamente subjetivo ou de defesa de interesse das partes, para assumir, de forma decisiva, a função de defesa da ordem constitucional objetiva".[26]

Em outra decisão, o Min. Gilmar Mendes discorreu: "Quando a Constituição, na Emenda Constitucional n.º 45, fez a opção pelo modelo da repercussão geral, a meu ver – isso já foi observado aqui em outros momentos –, deu-se um fenômeno, gostemos ou não, de certa dessubjetivação ou certa objetivação do recurso extraordinário. O Ministro Sepúlveda Pertence já vinha fazendo essa observação, mas esse passo foi ampliado com a repercussão geral. Conjugado com a súmula vinculante, obviamente isso se torna bastante claro".[27]

A repercussão geral, sem dúvida, contribuiu para a democratização da prestação jurisdicional, pelo fato de o recurso extraordinário perder a sua condição de refletir interesses individuais das partes para gerar expansão dos seus efeitos aos demais jurisdicionados que se encontrem em idêntica situação jurídica, embora não integrem o mesmo processo.[28]

De fato, o recurso extraordinário, no direito brasileiro, observa-se que de um papel estritamente subjetivo, com o advento da repercussão geral consolidou uma importante afeição objetiva, ao permitir que questões constitucionais fossem apartadas do caso concreto e debatidas no plano abstrato. Em suma, a repercussão geral e a consequente objetivação do recurso extraordinário refletem o reconhecimento de que as decisões do STF devem ser sempre paradigmáticas e relevantes.

---

[26] BRASIL. Supremo Tribunal Federal, Segunda Turma, RE 388.830-7/RJ. Rel. Min. Gilmar Mendes, j. 12.02.2006, *DJU* 10.03.06.

[27] BRASIL. Supremo Tribunal Federal, Pleno, RE 579.431-8 QO/RS. Rel. Min. Ellen Gracie, voto do Min. Gilmar Mendes, j. 13.03.2008, *DJU* 24.10.2008.

[28] DELGADO, José Augusto. Reflexões sobre a repercussão geral como condição para o conhecimento do recurso extraordinário. In: SILVA, Bruno Freire e; MAZZEI, Rodrigo (coord.). *Reforma do Judiciário*: análise interdisciplinar e estrutural do primeiro ano de vigência. Curitiba: Juruá, p. 261-293, 2006. p. 264.

4. O BINÔMIO *REPERCUSSÃO GERAL E SÚMULA VINCULANTE*

Há uma relação clara entre os institutos da repercussão geral e da súmula vinculante, e não só porque foram inseridos no ordenamento jurídico brasileiro pela EC 45/2004.

A repercussão geral está inserida no contexto mais amplo da Reforma do Judiciário, de transcendência dos interesses subjetivos em prol do exercício da função paradigmática do STF. Nesse compasso, está alinhada à súmula vinculante, que traz caráter objetivador, por assim dizer, aos pronunciamentos deste Tribunal. Com isso, afasta-o de uma feição puramente jurisdicional e afirma seu caráter de Corte Constitucional.[29]

Arruda Alvim, tratando dos dois institutos, afirma que "existe *um certo denominador comum 'mediato'* entre essas duas modificações, o qual possivelmente consiste em que, por meio de ambas, se minimizará imediatamente a atividade do STF (e com a súmula vinculante diminuir-se-á ou simplificar-se-á muito, na medida da edição delas, a atividade de todo o Judiciário e da Administração, *amplamente* referida no Texto Constitucional".

E continua: "É certo que com a repercussão geral fica *quantitativamente* minimizado o acesso ao STF e, com a súmula vinculante, quando e na medida em que editadas, ter-se-á *ainda maior eficácia das decisões do STF*, porquanto a súmula será obrigatória, ou, vinculante, para assuntos que tenham sido sumulados, atingindo Judiciário e Administração, ou seja, juízes e litigantes, e Administração e administrados.

As decisões decorrentes dos futuros recursos extraordinários terão *maior visibilidade, e daí, certamente, neste sentido, maior eficácia*. Essas decisões do STF expressarão ou carregarão consigo mesmas a repercussão geral existente na questão constitucional que tenha sido decidida".[30]

Uma das finalidades da *repercussão geral*, sem dúvida, é fazer com que o STF decida uma única vez cada questão constitucional, dentro de um determinado contexto histórico, tornando tal decisão paradigmática, a fim de que não seja preciso se pronunciar em outros processos com idêntica matéria. Ou seja, ter-se-á

---

[29] LAMY, Eduardo de Avelar. Repercussão geral no recurso extraordinário: a volta da arguição de relevância? In: ARRUDA ALVIM WAMBIER, Teresa *et al.* (coord.). *Reforma do Judiciário*: primeiros ensaios críticos sobre a EC n. 45/2004. São Paulo: RT, p. 167-180, 2005. p. 179.

[30] ARRUDA ALVIM. A EC n. 45 e o instituto da repercussão geral. In: ARRUDA ALVIM WAMBIER, Teresa *et al.* (coord.). *Reforma do Judiciário*: primeiros ensaios críticos sobre a EC n. 45/2004. São Paulo: RT, p. 63-99, 2005. p. 66-67.

um caso que servirá de modelo para os outros, evitando a repetição de decisões pelo STF. Mas isso só será possível se for editada uma súmula vinculante a respeito do mérito da questão constitucional dotada de repercussão geral.

4.1 Diferenças entre os institutos

Embora se defenda que, verificada a existência de repercussão geral e julgado o mérito do recurso extraordinário, seria muito importante que a questão constitucional debatida pelo STF seja sumulada, cumpre ressaltar que os institutos da repercussão geral e da súmula têm natureza e finalidades distintas. A repercussão geral é um dos pressupostos de admissibilidade do recurso extraordinário, enquanto a súmula é o resultado de reiterados julgamentos de recursos extraordinários sobre a mesma matéria.

A diferença ficará mais evidente a partir da consideração de que, do julgamento de recurso extraordinário em que tenha sido acolhida a repercussão geral poder-se-á, como resultado deste mesmo julgamento, criar uma súmula.

Arruda Alvim, tratando do antigo instituto da arguição de relevância, mas em raciocínio perfeitamente aplicável ao caso, afirma que "a diferença entre a Súmula e o *enunciado de arguição de relevância acolhida*, pois, é a de que, na Súmula, se expressa a interpretação do Direito, como decorrência de julgamentos coincidentes de recursos extraordinários, ao passo que os enunciados oriundos de arguições de relevância acolhidas explicitam um juízo político, externo ao julgamento, e significativo de que o tema é representativo do *direito federal relevante*".[31]

Com efeito, as questões constitucionais que têm a existência de repercussão geral reconhecida pelo STF se restringem, exclusivamente, à admissibilidade do recurso extraordinário; apenas viabilizam o julgamento do mérito do recurso. Em síntese, a repercussão geral antecede o julgamento do recurso extraordinário que, por sua vez, antecede eventual publicação de súmula a respeito da questão constitucional analisada.

Convém realçar que a *repercussão geral* funciona como um fator de diminuição de trabalho *externo* ao julgamento, haja vista que não se toca no mérito do recurso. A *súmula*, por sua vez, influencia o âmbito *interno*, vinculando a própria decisão *a quo*.[32] Em outras palavras, se, de um lado, a repercussão geral

---

[31] ARRUDA ALVIM. A EC n. 45 e o instituto da repercussão geral. In: ARRUDA ALVIM WAMBIER, Teresa *et al.* (coord.). *Reforma do Judiciário*: primeiros ensaios críticos sobre a EC n. 45/2004. São Paulo: RT, p. 63-99, 2005. p. 67.

[32] SARTÓRIO, Elvio Ferreira; JORGE, Flávio Cheim. O recurso extraordinário e a demonstração da repercussão geral. In: ARRUDA ALVIM WAMBIER, Teresa *et al.* (coord.).

pode ser vista de fora para dentro, considerando a presunção desta em favor do recurso paradigma (o *quorum* para desconstituir é de 2/3 do Pleno); de outro, a súmula vinculante pode ser vista de dentro do STF para fora, com vinculação do enunciado ao Poder Judiciário e à Administração Pública direta e indireta.

4.2 Segurança jurídica *versus* efetividade do processo

O dilema entre segurança jurídica, de um lado, e celeridade processual, de outro, vem provocando grandes debates sobre a atividade jurisdicional ao longo dos tempos.

Para Joel Dias Figueira Júnior, "a grande dúvida e, igualmente, o grande problema e desafio dos estudiosos do processo civil contemporâneo, ao nosso modesto entender, residem na tentativa de equacionamento harmonioso do trinômio valorativo fundado em *celeridade* (tempo), *segurança* (devido processo legal) e *justiça da decisão* (aplicação equânime do direito ao caso concreto)". E conclui: "Convivemos diuturnamente com os citados valores processuais que, ao serem confrontados, aparentam ser antagônicos, ou, pelo menos de equacionamento duvidoso, espécie de tentativa insana de acendimento de uma vela a Deus e outra a Satanás".[33]

O embate entre segurança e celeridade, a rigor, reflete uma queda de braço inerente a dois princípios constitucionais: princípio do acesso à justiça (aqui concebido como as garantias processuais da inafastabilidade do controle jurisdicional, do contraditório e da ampla defesa) e princípio da efetividade (aqui entendido como a garantia da duração razoável do processo).

O processo ideal seria aquele que pudesse, no momento seguinte ao da violação do direito, conceder o direito material a quem tem razão. Este ideal de justiça instantânea, no entanto, é impossível de ser alcançado, na medida em que as partes precisam de tempo para postular, produzir provas e, finalmente, é preciso também um tempo para que o juiz possa decidir.[34]

Há muito, já sustentava Francesco Carnelutti que a bandeira da justiça rápida e segura contém uma contradição *in adjecto*: se é segura não é rápida,

---

Reforma do Judiciário: primeiros ensaios críticos sobre a EC n. 45/2004. São Paulo: RT, p. 181-189, 2005. p. 184-185.

[33] FIGUEIRA JÚNIOR, Joel Dias. A trama recursal no processo civil brasileiro e a crise da jurisdição estatal. *Revista de Processo*, São Paulo, v. 188, p. 265-276, out. 2010. p. 267.

[34] CARNEIRO, Paulo Cezar Pinheiro. *Acesso à justiça, juizados especiais cíveis e ação civil pública*: uma nova sistematização da teoria geral do processo. Rio de Janeiro: Forense, 1999. p. 79.

se é rápida não é segura.[35] Daí a assertiva de que a perfeita conciliação entre o binômio rapidez (efetividade) e segurança (acesso à justiça) nenhum país ainda conseguiu atingir.

De um modo geral, todo empenho em aperfeiçoar o conhecimento (contraditório, ampla defesa, instrução, recursos) favorece o encontro da verdade. Por outro lado, as concessões feitas em detrimento da busca incessante pela verdade visam a acelerar o serviço jurisdicional e a torná-lo aderente à realidade do conflito.

Nas palavras de José Carlos Barbosa Moreira, "nem o valor celeridade deve primar, pura e simplesmente, sobre o valor verdade, nem este sobrepor-se, em quaisquer circunstâncias, àquele", ou seja, "queremos sim, uma justiça rápida; mas não é só isso que queremos: queremos uma justiça melhor".[36]

Os inúmeros princípios (ou garantias fundamentais), como mencionado anteriormente, nem sempre são absolutos e muito frequentemente entram em conflito uns com os outros, reclamando do aplicador da lei um trabalho de harmonização para definir, no caso concreto, qual princípio deve prevalecer.[37]

Dessa forma, todos os princípios constitucionais deveriam prevalecer plenamente, sempre e sem restrição alguma. Porém, como isso não é possível dentro mesmo do complexo de normas da Constituição da República, resta lançar mão de princípios exegéticos como o da *proporcionalidade*, que vem ganhando grande relevância como um princípio de ponderação entre os demais.

O fato é que ambos os princípios (o da segurança jurídica e o da efetividade do processo) convivem no ordenamento jurídico brasileiro. Por tal razão, urge harmonizar as duas concepções e não fazer com que um simplesmente anule o outro. Esta é a árdua tarefa daqueles que se propõem a interpretar o ordenamento jurídico, transformando-o em um verdadeiro *sistema*.

No passado, a opção do legislador foi a de privilegiar o aspecto da segurança em detrimento da rapidez. O raciocínio era no sentido de que quanto mais extenso o procedimento e quanto maior o número de incidentes e de recursos cabíveis,

---

[35] CARNELUTTI, Francesco. *Diritto e processo*. Nápoles: Morano, 1958. p. 154.
[36] BARBOSA MOREIRA, José Carlos. Efetividade do processo e técnica processual. *Revista de Processo*, São Paulo, v. 77, p. 168-176, jan./mar. 1995. p. 171.
[37] No entendimento de Eros Roberto Grau, "isso significa que, em cada caso, armam-se diversos jogos de princípios, de sorte que diversas soluções e decisões, em diversos casos, podem ser alcançadas, umas privilegiando a decisividade de certo princípio, outras a recusando". (*A ordem econômica na Constituição de 1988*: interpretação e crítica. São Paulo: RT, 1990. p. 116).

certamente, mais justa seria a decisão final. Frise-se que esta opção foi adotada com base em uma realidade totalmente diversa da atual.[38]

Por isso, atualmente, o legislador não esconde sua opção pela rapidez.[39] Tal escolha fica evidente com as recentes alterações introduzidas no CPC e com o advento da EC 45/2004, que acrescentou ao art. 5.º um novo inciso com a seguinte redação: "LXXVIII – a todos, no âmbito judicial e administrativo, são assegurados a razoável duração do processo e os meios que garantam a celeridade de sua tramitação". Essa disciplina consagra definitivamente o princípio da efetividade do processo.

A celeridade, no entanto, deve ser priorizada e com o mínimo de sacrifício da segurança jurídica.

Luiz Rodrigues Wambier muito bem ressalta "sobre o risco que representa para um Estado de direito tão incipiente o sacrifício de garantias constitucionais a qualquer pretexto, ainda que se trate de motivação nobre, como é a que deseja imprimir maior celeridade processual. Entre processo rápido e que sacrifica garantias e o moroso que as respeita integralmente, ficamos com o segundo, embora seja ideal e possível o encontro entre a celeridade e o respeito aos direitos fundamentais de cada pessoa".[40]

Nesse ínterim, a angústia dos pensadores do processo pode ser resumida na seguinte questão: tornar o processo um instrumento de rápida entrega da prestação jurisdicional, sem, entretanto, "atropelar" o direito de defesa das partes. Nem tanta celeridade que impeça a defesa dos jurisdicionados, nem tanta minúcia que enseje o atraso na entrega da prestação jurisdicional.

4.3 Prevalência da segurança jurídica e da efetividade do processo

O princípio da efetividade do processo impõe que a tutela jurisdicional se dê dentro de um lapso de tempo razoável. Nesse sentido, o instituto da repercus-

---

[38] CARNEIRO, Paulo Cezar Pinheiro. *Acesso à justiça, juizados especiais cíveis e ação civil pública*: uma nova sistematização da teoria geral do processo. Rio de Janeiro: Forense, 1999. p. 79.

[39] Enfatiza Teori Albino Zavascki que "o legislador, ao construir a solução normativa para dirimir as tensões entre o direito à efetividade do processo e o direito à segurança jurídica, criou mecanismos de prevalência do primeiro. Ora, essa opção do legislador deverá ser considerada, daqui por diante, como *princípio de interpretação* das demais normas do sistema processual. Ou seja, as normas processuais deverão ser interpretadas e aplicadas em conformidade com o referido princípio, de modo a que se obtenha, do ponto de vista sistemático, resultados convergentes e direcionados a alcançar o valor jurídico privilegiado" (Antecipação da tutela e colisão de direitos fundamentais. In: TEIXEIRA, Sálvio de Figueiredo (coord.). *Reforma do Código de Processo Civil*. São Paulo: Saraiva, p. 143-166, 1996. p. 154).

[40] WAMBIER, Luiz Rodrigues. *Liquidação de sentença*. 2. ed. São Paulo: RT, 2000. p. 172.

são geral e a restrição ao cabimento do recurso extraordinário estão em perfeita sintonia com o corolário constitucional da duração razoável do processo.

A barreira estabelecida pela repercussão geral encontra harmonia com o direito à tutela jurisdicional efetiva, pois visa, entre outros objetivos, à duração razoável do processo sem as delongas de um recurso extraordinário, que não foi concebido para amparar questões estritamente particulares, sem reflexo no contexto constitucional.

E não se diga que haveria restrição ao direito de acesso à justiça, pois a primeira e segunda instâncias cumprem perfeitamente esse papel. Como se sabe, a maioria dos casos que chega ao STF, obrigatoriamente, já passou pela primeira e segunda instâncias, perfectibilizando, assim, o princípio do duplo grau de jurisdição. Nesse sentido, o acesso à Corte Constitucional, por meio de recurso extraordinário, não se configuraria um direito subjetivo absoluto. A parte não tem direito a um terceiro e/ou quarto grau de jurisdição.

Por outro lado, permitir que um processo se prolongue no tempo, com a interposição de recurso extraordinário, sem que para tanto a tese nele ventilada seja relevante o suficiente para submetê-lo ao crivo do STF, significa ofensa ao princípio da efetividade do processo.

A súmula vinculante também se encaixa nesse contexto, pois sua eficácia obrigatória agiliza os julgamentos nos tribunais inferiores e, sobretudo, impede a subida de recursos extraordinários ao STF.

Paralelamente, há a questão da segurança jurídica. Afinal, uma das principais diretrizes do STF é preservar a unidade de entendimento da própria Constituição, em prol da segurança do direito que, afinal, importa para a garantia da hegemonia da própria federação.

Na prática forense, especialmente nas instâncias ordinárias, entretanto, não é incomum a adoção de decisões contrárias não só à jurisprudência dominante, mas às súmulas dos Tribunais Superiores. Tal conduta contribui significativamente para o descrédito da prestação jurisdicional oferecida e para a demora na solução dos litígios.

Ora, uma decisão de tribunal inferior contrária ao entendimento do STF certamente acarretará a interposição de um recurso extraordinário. Resultado: demora na entrega da prestação jurisdicional e mais um recurso para a referida Corte apenas fazer valer um entendimento anteriormente sedimentado. Pior: o respeito pelas decisões judiciais tende a desaparecer quando a sociedade começa a admitir que nada do que foi julgado em decisões anteriores tem valor em uma controvérsia atual, sobretudo dos Tribunais Superiores.

Há ainda outro aspecto a destacar. O STF foi criado para julgar as questões relevantes para o país, não as irrelevantes. Essa assertiva leva à seguinte inferência: se a querela versa sobre matéria que se mostra muito importante, no sentido de que a decisão importa não apenas ao caso concreto, mas à sociedade em geral; se é caso que pode repetir-se muitas vezes, então é conveniente que a Corte Constitucional firme, desde logo, o seu posicionamento, que julgue a questão e dê um sólido norte para os demais tribunais do país.

Daí a instauração do sistema da repercussão geral das questões constitucionais combinado com o das súmulas vinculantes. Trata-se de um binômio que privilegia tanto a segurança jurídica quanto a efetividade do processo. É certo que o legislador ordinário, em outras etapas da reforma processual privilegiou a efetividade em detrimento da segurança. Era o norte que estava sendo seguido nas reformas do CPC. Mas o legislador da Reforma do Judiciário (EC 45/2004) privilegiou os dois princípios com a implantação do binômio *repercussão geral e súmula vinculante*.

Conforme assenta Bruno Dantas, "em última análise, o legislador reforçou, de modo apriorístico, a *segurança jurídica*, a *igualdade perante a lei* e a *legalidade*, como valores fundamentais e estruturantes do nosso Estado Democrático de Direito, e, portanto, dignos de tutela pela mais elevada Corte de Justiça do País, independentemente de qualquer outra espécie de repercussão na sociedade".[41]

Em linhas genéricas, a repercussão geral e a súmula vinculante concorrem para a desobstrução do STF. Ambos os institutos traduzem relevante passo rumo à *razoável duração do processo* e à *celeridade de sua tramitação*, que passaram a ser garantias fundamentais dos jurisdicionados.[42]

Em outras palavras, esses mecanismos objetivam compatibilizar a uniformização das decisões judiciais, concretizando o valor da segurança jurídica. Dessa forma, acabam por velar pela unidade do direito constitucional brasileiro. De outra parte, evidenciam notável economia de atos processuais, prestigiando, assim, a efetividade do processo.

Em suma, o objetivo da utilização do binômio *repercussão geral e súmula vinculante* é privilegiar a segurança jurídica e não apenas tornar a prestação jurisdicional mais célere. A efetividade é uma consequência da boa aplicação dos institutos.

---

[41] DANTAS, Bruno. *Repercussão geral*: perspectivas histórica, dogmática e de direito comparado: questões processuais. 2. ed. São Paulo: RT, 2009. p. 288.

[42] FÉRES, Marcelo Andrade. Impactos da Emenda Constitucional n. 45/2004 sobre o recurso extraordinário: a repercussão geral (ou transcendência) e a nova alínea *d* do inciso III do art. 102 da Constituição. *Revista Dialética de Direito Processual*, São Paulo: Dialética, v. 39, 105-112, jun. 2006. p. 112.

4.4 A aplicação dos dois institutos conjuntamente

A mera introdução do instituto da repercussão geral não é suficiente para garantir o êxito idealizado na reforma constitucional (EC 45/2004). Como qualquer outro instituto, a aplicação da repercussão geral requer precaução na fixação de seus parâmetros hermenêuticos.

Foi objetivo do legislador fazer com que o STF profira decisões que sejam úteis à coletividade. Entretanto, a repercussão geral, por si só, não é geradora de decisão com eficácia vinculante. O § 5.º do art. 543-A do CPC consagra a força obrigatória apenas da decisão negativa sobre a presença de repercussão geral. Note-se que o dispositivo não faz referência à eficácia do reconhecimento da repercussão geral, tampouco sobre a própria questão que se reconheceu dotada de repercussão geral.

Com efeito, as decisões proferidas em sede de recursos extraordinários, ainda que dotados de repercussão geral, continuarão a ter eficácia *inter partes*. Quando se fala em repercussão geral, não se quer dizer que a decisão do STF vincule a todos, mas sim que tal decisão certamente influenciará julgamentos futuros, fortalecendo a ideia de sistema.

José Guilherme Berman, analisando o projeto que deu origem à Lei n.º 11.418/2006, sustenta que, "embora não atribua efeito vinculante expressamente às decisões de mérito prolatadas no julgamento de recursos extraordinários que tenham repercussão geral reconhecida, o projeto simplifica o procedimento de uniformização do entendimento do STF, permitindo uma rápida retratação dos acórdãos de instâncias inferiores que o contrariem ou, caso não haja tal retratação, abre-se o caminho para a reforma liminar pelo Relator do recurso, sem a necessidade de julgamento por órgão colegiado no STF".[43]

É justamente aí que reside o problema: a lei só abrange os recursos sobrestados. Pergunta-se: e os recursos extraordinários que certamente advirão meses ou anos após a aplicação desse regime? E os recursos extraordinários que não são repetitivos, ou seja, em que não se aplica o regime previsto no art. 543-B do CPC?

Como se vê, apenas o mecanismo de sobrestamento de recursos repetitivos não resolve o problema. Para evitar tal situação, a repercussão geral deverá obrigatoriamente ser combinada com a edição de súmula vinculante, sob pena de o instituto não alcançar os objetivos para o qual foi criado.

Fato é que, do binômio *repercussão geral e súmula vinculante* serão extraídos os melhores resultados possíveis do novo sistema. Caso não seja proferida uma

---

[43] BERMAN, José Guilherme. *Repercussão geral no recurso extraordinário*: origens e perspectivas. Curitiba: Juruá, 2009. p. 136.

súmula com eficácia obrigatória após o julgamento de uma questão relevante, o STF continuará a receber uma enxurrada de recursos extraordinários a respeito da mesma matéria.

Em outras palavras, se não for assim (julgamento de mérito e publicação de súmula vinculante), a reforma ficará sem sentido, eis que cada recurso extraordinário que verse sobre questão dotada de repercussão geral dependerá sempre de nova manifestação do STF (ao menos do Ministro relator), o que conduzirá a resultado contraproducente, para não dizer frustrante.

Outro aspecto a considerar: enquanto o STF não publicar súmula vinculante sobre as matérias que julga, continuará tratando os recursos individualmente, em vez de permitir a "adoção do julgamento objetivo inaugurado pela reforma constitucional"[44] (EC 45/2004), que criou o instituto da repercussão geral.

Observação interessante é que cada julgamento de recurso extraordinário com repercussão geral (todos devem ter este atributo) possa ser um momento de nova reflexão e, firmada a tese, seja ela transformada em súmula vinculante.

Como a questão constitucional com repercussão geral necessariamente tem grande importância para a sociedade, a decisão que a enfrenta, consequentemente, assume outro *status* quando comparada às decisões que o STF outrora proferia. Esse novo *status* contém, naturalmente, a ideia de precedente constitucional vinculante. Seria contrassenso imaginar que a Corte Constitucional se prestaria para selecionar questões constitucionais caracterizadas pela relevância e pela transcendência, e ainda assim permitir que estas pudessem ser tratadas de forma diferente pelos tribunais inferiores.[45]

É o que o Min. Marco Aurélio chamou de *racionalização dos trabalhos do STF*: "O instituto da repercussão geral visa à racionalização dos trabalhos judicantes, levando o Supremo a pronunciar-se de forma vinculada – via Plenário, portanto – sobre o alcance de texto da Constituição Federal. Por isso, em situação concreta que se reproduza considerados múltiplos interesses jurídicos, há de abrir-se margem ao trânsito do extraordinário. Em síntese, tanto quanto possível, esta Corte deve delimitar o alcance da Carta da República, editando, a seguir, verbete de súmula vinculante".[46]

Em diversas oportunidades, o próprio STF manifestou-se pela importância da aplicação em conjunto do binômio *repercussão geral e súmula vinculante*.

---

[44] BRASIL. Supremo Tribunal Federal, Pleno, RE 591.068-7 QO-RG / PR. Rel. Min. Gilmar Mendes, j. 07.08.2008, *DJU* 20.02.2009.

[45] MARINONI, Luiz Guilherme. *Precedentes obrigatórios*. São Paulo: RT, 2010. p. 471-472.

[46] BRASIL. Supremo Tribunal Federal, Pleno, RE 567.801-6 RG / MG. Rel. Min. Menezes Direito, voto do Min. Marco Aurélio, j. 06.03.2008, *DJU* 12.09.2008.

Nas palavras do Min. Menezes Direito, o reconhecimento da relevância do tema possibilita "que o Plenário desta Corte promova o julgamento da questão sob a égide do instituto da repercussão geral, com todos os benefícios daí decorrentes, inclusive com a possibilidade de posterior edição de súmula vinculante".[47]

Em outro julgamento, o Ministro Joaquim Barbosa afirmou que "ao Supremo cabe pronunciar-se a respeito [do tema], editando, a seguir, verbete da súmula vinculante, que norteará não só a vida em sociedade, como também os diversos órgãos administrativos e judiciários".[48]

O Ministro Marco Aurélio ressalta a eficácia da repercussão geral nos seguintes termos: "[...] adotado entendimento pelo Supremo, com a posterior edição de verbete de súmula vinculante, poderão os órgãos de origem decidir sem viabilizar-se a remessa de outros processos, ou mesmo de outros autos, a este Tribunal".[49]

A combinação da súmula vinculante com o instituto da repercussão geral, segundo André Ramos Tavares[50], cria uma nítida conexão entre o modelo de controle difuso-concreto e o modelo abstrato-concentrado, "aproximando aquele das características próprias deste último, o que talvez seja realmente o caminho mais apropriado para países que pretendam manter ambos os modelos concomitantemente".

Ao escolher as matérias que têm relevância e transcendência e em seguida julgar o mérito do recurso extraordinário e emitir súmula vinculante, tem-se aí um objetivo comum: igualdade e justiça. Casos iguais deverão ser julgados da mesma forma.

Para José Henrique Mouta Araújo, "uma coisa é certa, com a implantação e o amadurecimento destes institutos, ter-se-á um caminho bem trilhado e restrito ao STF. As decisões sumuladas deste Tribunal podem ter eficácia

---

[47] BRASIL. Supremo Tribunal Federal, Pleno, RE 568.645-1 RG/SP. Rel. Min. Menezes Direito, j. 06.02.2009, *DJU* 30.04.2009.

[48] BRASIL. Supremo Tribunal Federal, Pleno, RE 582.525-6 RG/SP. Rel. Min. Joaquim Barbosa, voto do Min. Marco Aurélio, j. 24.04.2008, *DJU* 16.05.2008.

[49] BRASIL. Supremo Tribunal Federal, Pleno, RE 575.093-1 RG/SP. Rel. Min. Marco Aurélio, j. 24.04.2008, *DJU* 23.05.2008. No mesmo sentido: "Impõe-se a manifestação do Supremo e, com isso – seja qual for a decisão proferida –, a emissão de verbete de súmula com eficácia vinculante, como é próprio aos pronunciamentos ocorridos sob o aspecto da repercussão geral". (BRASIL. Supremo Tribunal Federal, Pleno, RE 570.122-1 RG / RS. Rel. Min. Marco Aurélio, j. 21.02.2008, *DJU* 11.04.2008).

[50] TAVARES, André Ramos. A repercussão geral no recurso extraordinário. In: _____; LENZA, Pedro; ALARCÓN, Pietro de Jesús Lora (coord.). *Reforma do Judiciário*: analisada e comentada. São Paulo: Método, p. 209-220, 2005. p. 218-219.

vinculante, ao passo que os recursos excepcionais passam a possuir requisito de admissibilidade específico – ligado à demonstração de circunstâncias que ultrapassam os limites subjetivos da causa".[51]

Tanto no instituto da *repercussão geral* como no da *súmula vinculante* estão presentes, de um lado, a política de valorização de autoridade do STF na interpretação e tutela da Constituição, e de outro, o objetivo de desafogar a Corte Constitucional do intolerável volume de processos que, atualmente, chega a comprometer a prestação jurisdicional a seu encargo. Ambas as inovações foram concebidas em termos razoáveis e tendem a produzir bons resultados na consecução dos objetivos perseguidos. Sua maior e melhor eficiência, entretanto, será notada com o passar do tempo, à medida que o exercício das faculdades inovadas venha a tornar mais definidas e mais transparentes as posições do STF no manejo das súmulas e das definições dos casos concretos de repercussão geral. A contribuição pretoriana se mostra, sem dúvida, relevante e decisiva.[52]

Joel Dias Figueira Júnior, analisando criticamente o sistema recursal brasileiro, traz a lume algumas sugestões para minimizar os problemas do ordenamento e, entre outras medidas, aponta: "consolidar o instituto da súmula vinculante e da repercussão geral".[53]

É certo que os institutos devem ser consolidados. Mas é certo também que *repercussão geral* e *súmula vinculante* são instrumentos para a sistematização, racionalização e transparência das decisões do STF acerca dos temas que lhe são submetidos. São ferramentas processuais comprometidas com o objetivo de entrega de prestação jurisdicional efetiva. É por tudo isso que devem estes institutos ser aplicados conjuntamente.

5. CONCLUSÃO

São variadas as causas da morosidade do Judiciário. Entre elas figura como principal óbice à efetividade de acesso à justiça a repetição de milhares de causas, com os mesmos fundamentos e pedidos, geralmente ocasionadas por uma atuação

---

[51] ARAÚJO, José Henrique Mouta. A repercussão geral e o novo papel do STF. *Revista Dialética de Direito Processual*, São Paulo: Dialética, v. 50, p. 60-66, maio 2007. p. 65.
[52] THEODORO JÚNIOR, Humberto. Repercussão geral no recurso extraordinário (Lei n.º 11.418) e súmula vinculante do Supremo Tribunal Federal (Lei n.º 11.417). *Revista Magister de Direito Civil e Processual Civil*, Porto Alegre, v. 18, p. 5-32, maio/jun. 2007. p. 32.
[53] FIGUEIRA JÚNIOR, Joel Dias. A trama recursal no processo civil brasileiro e a crise da jurisdição estatal. *Revista de Processo*, São Paulo, v. 188, p. 265-276, out. 2010. p. 275.

irregular do Estado e de grandes empresas prestadoras de serviços que, violando direitos individuais, fazem prosperar um sem-número de ações reparadoras.

Recorrer a uma pretensão resistida é um direito garantido pela ordem constitucional em vigor, mas dele não se pode abusar, sob pena de causar graves prejuízos para uma das partes e para o Estado, cujos Tribunais Superiores, cada dia mais, veem aumentar a afluência de recursos, em sua maioria injustificáveis.

Se o legislador atentasse apenas para a busca do valor *justiça*, novos recursos poderiam ser admitidos e aberta sempre estaria a possibilidade de a parte irresignada apresentar renovados argumentos, outras provas, diferentes exceções. Mas a necessidade de uma solução estável e a exigência de um momento em que o conflito de interesses fique definitivamente eliminado do mundo do direito, somada a exigência de segurança no gozo dos bens da vida, impõem uma limitação ao número e à possibilidade de admissibilidade dos recursos, em opção legislativa, ante as condições econômicas e sociais, produto das experiências de cada país em determinado momento de sua história.

A propósito, o STF não é um órgão de terceiro grau de jurisdição, nem integra o sistema ordinário de distribuição de justiça, não obstante, por via oblíqua, possa-se obter justiça nos casos apreciados pela Corte.

Talvez um dos grandes desafios do direito processual civil brasileiro contemporâneo seja adequar a proteção da garantia de reexame das decisões judiciais previstas na Constituição com a grande quantidade de recursos que diariamente chegam aos tribunais, pois dos conflitos apresentados ao Judiciário deve prevalecer a desejada *efetividade do processo*.

A instauração do novo ordenamento recursal civil brasileiro não teve outro propósito senão agilizar a tramitação dos processos no âmbito dos tribunais, deixando clara a opção do legislador pela efetividade do processo.

Diz-se isso porque, no estudo da *repercussão geral das questões constitucionais*, nossa maior preocupação foi justamente com a eficácia do novo instituto, ou seja, com os mecanismos existentes para dele extrair os melhores resultados possíveis. Com efeito, é imprescindível que a repercussão geral se revele apta para render os frutos que dela se esperam.

O problema de excesso de processos no STF é legítimo, mas a técnica utilizada para solucioná-lo, muitas vezes, não! Em muitos casos, não se está diante de argumentos jurídicos, mas, ao contrário, de argumentos de política judiciária e de uma tentativa de diminuir a carga de trabalho da Corte. Durante décadas o STF utilizou esse expediente ("jurisprudência defensiva") para barrar a subida dos recursos extraordinários. Com o advento do requisito da repercussão geral, não há mais por que utilizá-lo. Quem sabe a partir de agora o STF seja um pouco menos rígido com questões meramente formais, exigência de "prequestionamento explícito" etc.

O país ganha uma grande oportunidade de ver a sua Corte Constitucional analisando apenas temas de grande importância para a nação, pois é isso que o novo instituto permite. Aliás, há uma mobilização que supera em muito a discussão *inter partes*, há a influência do Ministério Público, do *amicus curiae*, dos próprios tribunais inferiores e, sobretudo, a possibilidade de o STF analisar os grandes temas constitucionais com mais profundidade.

Dessa forma, o Supremo Tribunal Federal, em vez de julgar *tudo*, deve julgar apenas o que realmente tem relevância para o país. Com a diminuição do número de processos, crescerá, na mesma proporção, a exigência de efetiva *repercussão* de tais julgamentos e também a necessária atenção no julgamento de cada uma, tanto quanto o respeito por parte da sociedade. Talvez o filtro qualitativo da *repercussão geral das questões constitucionais* tenha o poder de causar uma revolução em nosso sistema jurídico.

É de se esperar que o novo instituto, inserido em nosso sistema após uma discussão ampla e democrática, possa contribuir para que o Poder Judiciário, especialmente o STF, preste um serviço eficaz e transparente, respeitado pela população e pelos operadores do direito, atendendo assim aos anseios da sociedade brasileira.

Por outro lado, a introdução do novo *filtro* não pode, sob nenhum aspecto, ser considerada prematura, pois houve tempo mais do que suficiente para que fossem expressadas as mais diversas opiniões de diversos setores da sociedade, sobretudo da comunidade jurídica.

Trata-se, a repercussão geral, de salutar expediente que, ao mesmo tempo, visa a concretizar o valor da igualdade e patrocinar sensível economia processual, racionalizando a atividade judicial, a fim de contribuir para a realização da unidade do direito em nosso Estado Constitucional.

Constituindo o direito um sistema, deve manter a característica de unidade. Se o ordenamento jurídico deve manter uma unidade, é de se concluir que a aplicação da lei deve ser feita de modo idêntico para todos aqueles que se encontram na mesma situação de fato, no mesmo momento histórico.

Quando o mesmo dispositivo legal é interpretado de maneira diversa por vários tribunais em causas idênticas, isso gera desigualdade. A lei deve ser aplicada de maneira isonômica e não variada, diante de diversas pessoas que buscam seus direitos perante o Poder Judiciário.

A máxima constitucional (a lei é igual para todos) fica reduzida à fórmula vã se, em consequência da liberdade de interpretação jurisdicional, casos concretos rigorosamente iguais corresponderem soluções jurídicas antagônicas ou divergentes.

Para o indivíduo que paga impostos, seja pobre ou rico, o que lhe interessa é a prática de uma justiça equitativa e a segurança de que seus interesses sejam amparados e respeitados, livre de interpretações menos exatas, heterogêneas e díspares dos textos legais.

Em suma, a aplicação da lei pelo Poder Judiciário acaba gerando diversos entendimentos a seu respeito, o que não é desejável, pois a lei não deve ter vários sentidos em um mesmo momento histórico, sob pena de causar insegurança jurídica. O ideal, portanto, seria o entendimento uno sobre a aplicação da norma legal, sobretudo por parte dos Tribunais Superiores.

Em nome de uma pretensa autonomia, no entanto, identificam-se diversas decisões proferidas pelo STF não seguidas pelos tribunais inferiores. A consequência desse desrespeito aos precedentes é a indesejável multiplicação de recursos extraordinários para fazer valer o entendimento sedimentado pela própria Corte.

É nesse contexto que surge a EC 45/2004, como uma tentativa de equacionar essa questão, com a instauração do sistema consubstanciado no binômio *repercussão geral e súmula vinculante*, instrumentos idealizados para reduzir a insegurança jurídica decorrente da rebeldia dos tribunais inferiores em acatar as orientações do STF.

Eis a tese defendida no presente trabalho: a repercussão geral só produzirá plenamente os efeitos pretendidos pelo legislador se aplicada concomitantemente com a publicação de súmula vinculante a respeito das questões constitucionais dotadas de repercussão geral.

As súmulas vinculantes são imposições criadas pelo sistema jurídico, que do contrário ficaria obrigado a ter de julgar todos os dias inúmeros casos idênticos, já analisados à exaustão.

O efeito vinculante da súmula pode ser visto como uma consequência do respeito à estrutura hierárquica do Poder Judiciário e não de limitação à liberdade de convencimento dos juízes de primeiro e segundo graus. Afinal, em última análise, a função do STF é, precipuamente, ser o fiel guardião da Constituição. O Supremo é a *máxima instância de superposição* em relação a todos os órgãos de jurisdição.

Os juízes das instâncias ordinárias, no entanto, continuam livres para a apreciação dos casos concretos e valoração das normas jurídicas. O que se busca com a implantação das súmulas vinculantes é dar à norma um único sentido entre os vários que se lhe podiam atribuir, sempre levando em consideração a interpretação dada pelo STF.

Repercussão geral e súmula vinculante são institutos jurídicos que contribuem para a realização do direito fundamental à tutela jurisdicional efetiva, estimulando a verticalização das decisões judiciais e prestando homenagem ao valor da segurança jurídica.

Com o advento da repercussão geral, o STF passou a apreciar apenas matérias relevantes para o país. Se é assim, maior razão ainda para que a jurisprudência sumulada da referida Corte venha a vincular os graus inferiores de jurisdição.

Os dois institutos têm importâncias similares. A repercussão geral ganha envergadura à medida que decisões reiteradas só poderão ocorrer em processos cujo debate constitucional fora considerado de repercussão geral. Em outras palavras, não há que se falar em súmula vinculante, ou mesmo súmula, em matérias que não carreguem em seu bojo a relevância constitucional. De outra parte, a decisão acerca da causa em debate, para ter maior amplitude, deve ser sumulada, para que possa sempre ser aplicada a casos futuros.

Se a repercussão geral é um filtro para obstar o conhecimento dos recursos extraordinários, a súmula vinculante, por sua vez, é um instrumento eficaz para garantir a autoridade das decisões proferidas pelo Supremo Tribunal Federal e sua aplicação nos tribunais hierarquicamente inferiores.

De fato, é de suma importância que o STF, encarregado de dar a última palavra sobre a interpretação das normas constitucionais, emita súmula vinculante apenas após exaustiva discussão da matéria nas instâncias ordinárias, tendo ainda o critério de selecionar as causas que serão submetidas ao seu crivo. Daí a importância da repercussão geral.

Por outro lado, não faria qualquer sentido que o Pleno do STF, para analisar matérias já decididas, precisasse se reunir todas as vezes que recurso extraordinário chegasse à Corte. Além de evidente contrassenso do ponto de vista pragmático, pois frustraria a esperada redução do número de recursos, interpretação assim reduziria a natureza paradigmática das suas decisões.

Cabe ressaltar, uma vez mais, que o novo requisito de admissibilidade do recurso extraordinário – a *repercussão geral das questões constitucionais* – deve ser aplicado juntamente com a súmula vinculante, a fim de se obter o melhor resultado prático que dele se espera.

Tal discussão poderia revelar-se interessante apenas no plano acadêmico, parecendo inócua no plano pragmático, não fosse a sua imensa utilidade prática no cotidiano dos tribunais, sobretudo do STF.

De outra parte, entende-se sempre louvável a insistente tentativa da doutrina em sistematizar o conteúdo de um instituto jurídico. Tal tarefa, a rigor, é importante para a exata compreensão do direito, esclarecer alguns dos muitos pontos obscuros do texto legal e contribuir para que, talvez, encontre-se uma interpretação mais adequada para as novidades recém-chegadas ao sistema recursal brasileiro.

Imperioso é consignar o desejo, um tanto pretensioso talvez, no sentido de que o entendimento quanto à aplicação dos dois institutos aqui defendidos seja sedimentado na doutrina e na jurisprudência e, quem sabe, no futuro, possa-se dizer categoricamente que não pairam quaisquer dúvidas quanto aos seus delineamentos. Tal anseio é pertinente, haja vista que, é certo, ainda não se atingiu esse estágio de desenvolvimento.

Portanto, é importante que o binômio *repercussão geral e súmula vinculante* seja usado com sabedoria, no intuito de dar maior funcionalidade e racionalização aos trabalhos do STF e, consequentemente, aos demais órgãos do Poder Judiciário brasileiro.

Afinal, durante décadas, várias alternativas vêm sendo colocadas à prova e muitas delas se mostraram insuficientes para sequer minimizar o problema da crise da Suprema Corte. É chegada, pois, a hora de os novos institutos mostrarem a que vieram.

BIBLIOGRAFIA

ARAÚJO, José Henrique Mouta. A repercussão geral e o novo papel do STF. *Revista Dialética de Direito Processual*, São Paulo: Dialética, v. 50, p. 60-66, maio 2007.

ARMELIN, Donaldo. Alterações da jurisprudência e seus reflexos nas situações já consolidadas sob o império da orientação superada. *Revista Brasileira de Direito Processual*, Belo Horizonte, v. 70, p. 31-48, abr./jun. 2010.

ARRUDA ALVIM. A EC n. 45 e o instituto da repercussão geral. In: ARRUDA ALVIM WAMBIER, Teresa et al. (coord.). *Reforma do Judiciário*: primeiros ensaios críticos sobre a EC n. 45/2004. São Paulo: RT, p. 63-99, 2005.

ARRUDA ALVIM WAMBIER, Teresa. Estabilidade e adaptabilidade como objetivos do direito: *civil law* e *common law*. *Revista de Processo*, São Paulo, v. 172, p. 121-174, jun. 2009.

_____. Estabilidade e adaptabilidade como objetivos do direito: *civil law* e *common law*. *Revista de Processo*, São Paulo, v. 172, p. 121-174, jun. 2009.

_____. *Recurso especial, recurso extraordinário e ação rescisória*. 3. ed. São Paulo: RT, 2008.

_____. Sobre a Súmula 343. *Revista de Processo*, São Paulo, v. 86, p. 148-157, abr./jun. 1997.

_____; MEDINA, José Miguel Garcia; WAMBIER, Luiz Rodrigues. Repercussão geral e súmula vinculante – relevantes novidades trazidas pela EC n. 45/2004. In: ARRUDA ALVIM WAMBIER, Teresa et al. (coord.). *Reforma do Judiciário*: primeiros ensaios críticos sobre a EC n. 45/2004. São Paulo: RT, p. 373-389, 2005.

BARBOSA MOREIRA, José Carlos. *Comentários ao Código de Processo Civil*. 11. ed. Rio de Janeiro: Forense, 2003. v. V.

_____. Efetividade do processo e técnica processual. *Revista de Processo*, São Paulo, v. 77, p. 168-176, jan./mar. 1995.

BERMAN, José Guilherme. *Repercussão geral no recurso extraordinário*: origens e perspectivas. Curitiba: Juruá, 2009.

CARNEIRO, Paulo Cezar Pinheiro. *Acesso à justiça, juizados especiais cíveis e ação civil pública*: uma nova sistematização da teoria geral do processo. Rio de Janeiro: Forense, 1999.

CARNELUTTI, Francesco. *Diritto e processo*. Nápoles: Morano, 1958.

CÔRTES, Osmar Mendes Paixão. *Recurso extraordinário*: origem e desenvolvimento no direito brasileiro. Rio de Janeiro: Forense, 2005.

DANTAS, Bruno. *Repercussão geral*: perspectivas histórica, dogmática e de direito comparado: questões processuais. 2. ed. São Paulo: RT, 2009.

DELGADO, José Augusto. Reflexões sobre a repercussão geral como condição para o conhecimento do recurso extraordinário. In: SILVA, Bruno Freire e; MAZZEI, Rodrigo (coord.). *Reforma do Judiciário*: análise interdisciplinar e estrutural do primeiro ano de vigência. Curitiba: Juruá, p. 261-293, 2006.

FÉRES, Marcelo Andrade. Impactos da Emenda Constitucional n. 45/2004 sobre o recurso extraordinário: a repercussão geral (ou transcendência) e a nova alínea *d* do inciso III do art. 102 da Constituição. *Revista Dialética de Direito Processual*, São Paulo: Dialética, v. 39, 105-112, jun. 2006.

FIGUEIRA JÚNIOR, Joel Dias. A trama recursal no processo civil brasileiro e a crise da jurisdição estatal. *Revista de Processo*, São Paulo, v. 188, p. 265-276, out. 2010.

FREDERICO MARQUES, José. *Instituições de direito processual civil*. Campinas: Millennium, 1999. v. IV.

GRAU, Eros Roberto. *A ordem econômica na Constituição de 1988*: interpretação e crítica. São Paulo: RT, 1990.

LAMY, Eduardo de Avelar. Repercussão geral no recurso extraordinário: a volta da arguição de relevância? In: ARRUDA ALVIM WAMBIER, Teresa *et al*. (coord.). *Reforma do Judiciário*: primeiros ensaios críticos sobre a EC n. 45/2004. São Paulo: RT, p. 167-180, 2005.

LEONEL, Ricardo de Barros. *Reformas recentes do processo civil*: comentário sistemático. São Paulo: Método, 2007.

MANCUSO, Rodolfo de Camargo. Súmula vinculante e a EC n. 45/2004. In: ARRUDA ALVIM WAMBIER, Teresa *et al*. (coord.). *Reforma do Judiciário*: primeiros ensaios críticos sobre a EC n. 45/2004. São Paulo: RT, p. 685-719, 2005.

MARINONI, Luiz Guilherme. *Precedentes obrigatórios*. São Paulo: RT, 2010.

_____; MITIDIERO, Daniel. *Repercussão geral no recurso extraordinário*. São Paulo: RT, 2007.

MEDINA, José Miguel Garcia. *Prequestionamento e repercussão geral*: e outras questões relativas aos recursos especial e extraordinário. 5. ed. São Paulo: RT, 2009.

MELLO, Celso Antônio Bandeira de. *O conteúdo jurídico do princípio da igualdade*. 2. ed. São Paulo: RT, 1984.

PONTES DE MIRANDA. *Comentários ao Código de Processo Civil*. 2. ed. Rio de Janeiro: Forense, 2000. t. VIII.

RE, Edward D. "Stare decisis". Trad. Ellen Gracie Northfleet. *Revista de Processo*, São Paulo, v. 73, p. 47-54, jan./mar. 1994.

RODRIGUES NETTO, Nelson. A intervenção de terceiros nos julgamentos da repercussão geral do recurso extraordinário e do recurso especial paradigmático. In: DIDIER JÚNIOR, Fredie *et al.* (coord.). *O terceiro no processo civil brasileiro e assuntos correlatos*: estudos em homenagem ao professor Athos Gusmão Carneiro. São Paulo: RT, p. 383-397, 2010.

SANTOS, Evaristo Aragão. Sobre a importância e os riscos que hoje corre a *criatividade jurisprudencial*. *Revista de Processo*, São Paulo, v. 181, p. 38-58, mar. 2010.

SARTÓRIO, Elvio Ferreira; JORGE, Flávio Cheim. O recurso extraordinário e a demonstração da repercussão geral. In: ARRUDA ALVIM WAMBIER, Teresa *et al.* (coord.). *Reforma do Judiciário*: primeiros ensaios críticos sobre a EC n. 45/2004. São Paulo: RT, p. 181-189, 2005.

SCHAUER, Frederick. Precedent. *Stanford Law Review*, Stanford, v. 39, p. 571-605, feb. 1987. p. 597.

TAVARES, André Ramos. A repercussão geral no recurso extraordinário. In: _____; LENZA, Pedro; ALARCÓN, Pietro de Jesús Lora (coord.). *Reforma do Judiciário*: analisada e comentada. São Paulo: Método, p. 209-220, 2005.

_____. *Reforma do Judiciário no Brasil pós-88*: (des)estruturando a justiça: comentários completos à EC n. 45/04. São Paulo: Saraiva, 2005.

TESHEINER, José Maria Rosa. Uniformização de jurisprudência. *Ajuris*, Porto Alegre, v. 50, p. 178-183, nov. 1990.

THEODORO JÚNIOR, Humberto. Repercussão geral no recurso extraordinário (Lei n.º 11.418) e súmula vinculante do Supremo Tribunal Federal (Lei n.º 11.417). *Revista Magister de Direito Civil e Processual Civil*, Porto Alegre, v. 18, p. 5-32, maio/jun. 2007.

WAMBIER, Luiz Rodrigues. *Liquidação de sentença*. 2. ed. São Paulo: RT, 2000.

ZAVASCKI, Teori Albino. Antecipação da tutela e colisão de direitos fundamentais. In: TEIXEIRA, Sálvio de Figueiredo (coord.). *Reforma do Código de Processo Civil*. São Paulo: Saraiva, p. 143-166, 1996.

27

ANÁLISE CRÍTICA DO INSTITUTO DA REPERCUSSÃO GERAL DENTRO DA ATUAL SISTEMÁTICA PROCESSUAL – NECESSIDADE DE TOMADA DE AÇÕES PREVENTIVAS

RODOLFO DE CAMARGO MANCUSO
Doutor e Livre-docente pela Faculdade de Direito da Universidade de São Paulo, Professor associado de direito processual da mesma Universidade e Procurador do Município de São Paulo.

VANESSA CHACUR POLITANO
Mestranda em Direito Processual Civil pela USP. Advogada.

SUMÁRIO: 1. Introdução; 1.1. Constituição de 1988 e acesso à justiça; 1.2. Crise do Supremo e Emenda Constitucional n.º 45/2004 – 2. Regulamentação – Procedimento para verificação da repercussão geral; 2.1. Repercussão Geral qualitativa e quantitativa – 3. Natureza e finalidade da repercussão geral – 4. Pontos positivos do instituto – 5. Críticas à estrutura procedimental – 6. Realidade da aplicação da repercussão geral – 7. Análise crítica do mecanismo, da realidade de sua aplicação e de seus efeitos colaterais: necessidade de tomada de ações preventivas – 8. Conclusão – Bibliografia.

1. INTRODUÇÃO

1.1. Constituição de 1988 e acesso à justiça

Na crescente valorização do acesso à justiça decorrente das ondas renovatórias de Cappelletti e Garth[1], é promulgada a Constituição Federal de 1988, que amplia

---

[1] CAPPELLETTI, Mauro; GARTH, Bryant. Acesso à justiça, tradução de Ellen Gracie Northfleet. Porto Alegre: Fabris, 1988, p. 67-68.

o conceito da inafastabilidade da tutela jurisdicional em seu art. 5.º, inciso XXXV, antes já entabulado pela Constituição de 1946[2], suprimindo a palavra "individual" para estender os efeitos da garantia para o âmbito coletivo.

Ainda que o conceito de acesso à justiça não exprima exatamente o acesso ao Poder Judiciário[3], fato é que, com a atual Constituição, a criação dos Juizados Especiais, combinada com o fortalecimento da assistência judiciária gratuita aos menos favorecidos e com a representação de interesses difusos, há um aumento da judicialização dos conflitos, um verdadeiro aumento da instauração de demandas.

Não bastante, o fenômeno da globalização e a introdução da tecnologia em todos os âmbitos da sociedade induzem a um aumento em quantidade e em complexidade das relações sociais, que muitas vezes envolvem enormes contingentes de indivíduos, trazendo ao Judiciário uma série de relações massificadas.

Inegável atestar que também se apresenta uma cultura voraz, reticente quanto ao benefício dos acordos, dos contratos "em que todos saem ganhando", mas, ao contrário, obstinada em tirar vantagem econômica em toda e qualquer oportunidade, fundamento do que Kazuo Watanabe denomina de cultura da sentença[4] – exatamente o inverso da cultura da pacificação social, objetivo precípuo do processo como instrumento, conforme ensina Cândido Rangel Dinamarco.[5]

Após a profunda alteração da dinâmica das relações sociais e com a promulgação da atual e moderna Constituição Federal – a chamada Constituição programática –, o Poder Judiciário encontrava-se atrasado, dependente de uma série de burocracias processuais, altamente rígidas e ineficazes para o alcance da pacificação social diante do acúmulo de pilhas de autos intocados.

Esta, a chamada crise do Poder Judiciário, não demorou a atingir também o Supremo Tribunal Federal, instância originariamente preordenada a conhecer de causas de largo impacto, que reclamam cognição plena e exauriente de uma Corte Constitucional. Sucede que, após a Constituição Federal de 1988, a Corte viu-se assoberbada pela sobrecarga de recursos extraordinários, muitas vezes oriundos do mesmo fato jurídico, ou de uma lei mal sancionada, ou mesmo de um procedimento administrativo discutível – os temidos recursos repetitivos.

---

[2] "A lei não poderá excluir da apreciação do Poder Judiciário qualquer lesão de direito individual".

[3] MANCUSO, Rodolfo de Camargo. A resolução dos conflitos e a função judicial no contemporâneo Estado de Direito. São Paulo: Revista dos Tribunais, 2009, p. 267-268.

[4] WATANABE, Kazuo. Cultura da sentença e cultura da pacificação. In: YARSHEL, Flávio Luiz; MORAES, Maurício Zanoide de (coords.). Estudos em homenagem à Professora Ada Pellegrini Grinover. São Paulo: DPJ, 2005, p. 686.

[5] DINAMARCO, Cândido Rangel. A instrumentalidade do processo. 14. ed. São Paulo: Malheiros, 2009, p. 184.

1.2. Crise do Supremo e Emenda Constitucional n.º 45/2004

O recurso extraordinário – que já viera importado da técnica norte-americana desde a República, a qual, embora fosse coerente, não foi aqui bem aplicada[6] – já dava sinais de que o amontoado de recursos envolvidos com a questão muitas vezes privada dos litigantes abarrotaria o Supremo Tribunal Federal, impedindo-o de exercer sua função de Corte Constitucional. A alta complexidade da sociedade apenas veio a acelerar esse processo, a que se denominou a "Crise do Supremo".

Com o objetivo de conter a caótica situação, hoje se propõe a valorização da atuação do juiz, já que o processo, considerado em si mesmo, mostra-se ineficaz a pacificar efetivamente o enorme contingente de lides apresentadas. É o que se denomina "ativismo judicial", muito vantajoso nos processos em que se evidencia a necessidade de uma sensibilidade maior do julgador e uma atuação eficiente diante das lacunas que a lei processual inevitavelmente apresenta.

Além disso, é possível notar uma crescente valorização dos precedentes jurisprudenciais, com o objetivo de uniformizar uma jurisprudência sabidamente discrepante, assim na perspectiva horizontal – órgãos judiciais integrantes de uma mesma Justiça – como no sentido vertical (parametrização dos julgamentos nos órgãos judiciais vinculados a um dado Tribunal).

A divergência, em boa parte, se deve à falta de legislação específica ou à deficiência da existente, levando a uma crescente necessidade das mais diversas interpretações, inclusive com vista ao suprimento das lacunas.

No que diz respeito especificamente à Crise do Supremo, severas medidas são tomadas frente às mudanças da sociedade (a necessidade de prequestionamento para admissão do recurso extraordinário; a retenção obrigatória de recursos – art. 542, § 3.º do CPC; a edição de súmulas persuasivas), tendência que teve seu ápice com a Emenda Constitucional n.º 45/2004, preordenada à Reforma do Judiciário.

Humberto Theodoro Júnior aduz que a Emenda em questão adveio indiscutivelmente da Crise do Supremo:

> Foi, sem dúvida, a necessidade de controlar e reduzir o sempre crescente e intolerável volume de recursos da espécie que passou a assoberbar o Supremo Tribunal a ponto de comprometer o bom desempenho de sua missão de Corte Constitucional, que inspirou e justificou a reforma operada pela EC 45.[7]

---

[6] MANCUSO, Rodolfo de Camargo. Recurso extraordinário e recurso especial. São Paulo: Revista dos Tribunais, 2013, p. 43.

[7] THEODORO JÚNIOR, Humberto. Repercussão geral no recurso extraordinário (Lei n.º 11.418) e súmula vinculante do Supremo Tribunal Federal (Lei n.º 11.417). In: RDCPC, n. 48, jul./ago. 2007, p. 103.

Tal Emenda alterou o procedimento relativo ao recurso extraordinário, incluindo a exigência de demonstração de repercussão geral da questão constitucional, para a sua admissão, através da introdução do § 3.º ao artigo 102 da Carta Magna:

> Art.102. Compete ao Supremo Tribunal Federal, precipuamente, a guarda da Constituição, cabendo-lhe:
> (...)
> III – julgar, mediante recurso extraordinário, as causas decididas em única ou última instância, quando a decisão recorrida:
> (...)
> § 3.º No recurso extraordinário o recorrente deverá demonstrar a repercussão geral das questões constitucionais discutidas no caso, nos termos da lei, a fim de que o Tribunal examine a admissão do recurso, somente podendo recusá-lo pela manifestação de dois terços de seus membros.

A regulamentação jurídica do requisito da repercussão geral veio através da Lei n.º 11.418/2006, que acrescentou os artigos 543-A e 543-B ao Código de Processo Civil,[8] e, após, com a Emenda Regimental do STF n.º 21, de 30.04.2007

---

[8] Art. 543-A. O Supremo Tribunal Federal, em decisão irrecorrível, não conhecerá do recurso extraordinário, quando a questão constitucional nele versada não oferecer repercussão geral, nos termos deste artigo.
§ 1o Para efeito da repercussão geral, será considerada a existência, ou não, de questões relevantes do ponto de vista econômico, político, social ou jurídico, que ultrapassem os interesses subjetivos da causa.
§ 2o O recorrente deverá demonstrar, em preliminar do recurso, para apreciação exclusiva do Supremo Tribunal Federal, a existência da repercussão geral.
§ 3o Haverá repercussão geral sempre que o recurso impugnar decisão contrária a súmula ou jurisprudência dominante do Tribunal.
§ 4o Se a Turma decidir pela existência da repercussão geral por, no mínimo, 4 (quatro) votos, ficará dispensada a remessa do recurso ao Plenário.
§ 5o Negada a existência da repercussão geral, a decisão valerá para todos os recursos sobre matéria idêntica, que serão indeferidos liminarmente, salvo revisão da tese, tudo nos termos do Regimento Interno do Supremo Tribunal Federal.
§ 6o O Relator poderá admitir, na análise da repercussão geral, a manifestação de terceiros, subscrita por procurador habilitado, nos termos do Regimento Interno do Supremo Tribunal Federal.
§ 7o A Súmula da decisão sobre a repercussão geral constará de ata, que será publicada no Diário Oficial e valerá como acórdão.
Art. 543-B. Quando houver multiplicidade de recursos com fundamento em idêntica controvérsia, a análise da repercussão geral será processada nos termos do Regimento Interno do Supremo Tribunal Federal, observado o disposto neste artigo.

(com alterações posteriores nas Emendas Regimentais n.º 22, de 30.11.2007, n.º 23, de 11.03.2008, n.º 24, de 20.05.2008, n.º 27, de 28.11.2008, n.º 31, de 29.05.2009, n.º 41, de 16.09.2010, n.º 42, de 02.12.2010, e n.º 47, de 24.02.2012). Ou seja, a estrutura legal – procedimental viabilizadora do parágrafo inserido na Constituição – se apresentou, na sua primeira versão, somente após quatro anos da publicação da Emenda Constitucional.

2. REGULAMENTAÇÃO – PROCEDIMENTO PARA VERIFICAÇÃO DA REPERCUSSÃO GERAL

Conforme dita a atual legislação procedimental, o recurso extraordinário não será admitido quando houver manifestação de 2/3 dos membros do Supremo Tribunal Federal no sentido do reconhecimento da ausência da repercussão geral, quorum prudencial que coincide com o do direito norte-americano.[9]

Isto significa dizer que é a rejeição que deverá ser expressa e fundamentada, sob pena de reconhecimento da repercussão geral mediante presunção diante do silêncio do Supremo.[10]

Será reconhecida automaticamente a repercussão geral "sempre que o recurso impugnar decisão contrária a súmula ou jurisprudência dominante do Tribunal" (artigo 543-A, § 3.º, do CPC).

A análise da existência da repercussão geral cabe, num primeiro momento, à Turma, e, caso não haja manifestação positiva de pelo menos quatro de seus membros, a questão deve ser submetida ao Plenário.

---

§ 1o Caberá ao Tribunal de origem selecionar um ou mais recursos representativos da controvérsia e encaminhá-los ao Supremo Tribunal Federal, sobrestando os demais até o pronunciamento definitivo da Corte.

§ 2o Negada a existência de repercussão geral, os recursos sobrestados considerar-se-ão automaticamente não admitidos.

§ 3o Julgado o mérito do recurso extraordinário, os recursos sobrestados serão apreciados pelos Tribunais, Turmas de Uniformização ou Turmas Recursais, que poderão declará-los prejudicados ou retratar-se.

§ 4o Mantida a decisão e admitido o recurso, poderá o Supremo Tribunal Federal, nos termos do Regimento Interno, cassar ou reformar, liminarmente, o acórdão contrário à orientação firmada.

§ 5o O Regimento Interno do Supremo Tribunal Federal disporá sobre as atribuições dos Ministros, das Turmas e de outros órgãos, na análise da repercussão geral.

[9] ARRUDA ALVIM, José Manoel de. A emenda constitucional 45/2004 e a repercussão geral. Revista Autônoma de Processo, Curitiba: Juruá Editora, n. 1, out./dez. 2006, p. 227.

[10] THEODORO JÚNIOR, Humberto. Op. cit., p. 116.

Em caso de negativa da repercussão geral, a decisão terá efeito vinculante sobre as demais causas que trouxerem matéria idêntica, o que permitirá o indeferimento liminar do recurso pelo próprio Relator ou até mesmo pela Presidência do Tribunal *a quo*.

O artigo 543-B trata da possibilidade de recursos múltiplos, relativos à mesma questão constitucional. Ali se estabelece que caberá ao Tribunal *a quo* selecionar "um ou mais recursos representativos da controvérsia e encaminhá-los ao Supremo", devendo sobrestar os demais recursos múltiplos até decisão final da Corte.

Em caso de negativa de existência de repercussão geral, os recursos sobrestados serão considerados automaticamente não admitidos. Todavia, se o Supremo houver analisado o mérito da questão posta, e mesmo assim inadmitido o recurso, deverá o Tribunal a quo apreciar todos os recursos sobrestados, declarando-os prejudicados, por apenas replicarem tese rechaçada, ou retratar-se, alterando o posicionamento antes manifestado para alinhá-lo com o da Corte Suprema.

Caso assim não proceda mantendo o posicionamento contrário ao STF e admitindo o recurso extraordinário, o Supremo poderá cassar ou reformar liminarmente o acórdão.

2.1. Repercussão Geral qualitativa e quantitativa

VANICE LÍRIO DO VALLE classifica as duas hipóteses de repercussão geral dos artigos 543-A e 543-B do CPC em repercussão geral qualitativa e quantitativa, respectivamente, fazendo alusão à verificação da questão relevante e transcendente que possa servir de modelo para o pronunciamento do Supremo Tribunal Federal (qualitativa), e ao julgamento de um recurso paradigma que virá a ser repetidamente imposto aos demais recursos múltiplos sobre a mesma questão constitucional (quantitativa).[11]

3. NATUREZA E FINALIDADE DA REPERCUSSÃO GERAL

Afinal, qual seria a natureza da repercussão geral? Claramente ela é, ao lado da necessidade de prequestionamento e dos demais requisitos formais de admissibilidade (artigo 102, inciso III, da CF), um elemento de contenção dos recursos extraordinários dirigidos ao Supremo Tribunal Federal.

Entendemos que, na prática, é um requisito de admissibilidade cuja análise deverá se realizar posteriormente à análise dos requisitos formais de

---

[11] DO VALLE, Vanice Lírio. Repercussão geral: um passo a mais na difícil trilha de construção da vinculatividade das decisões judiciais. Revista da EMERJ, v. 10, n. 40, 2007, p. 133.

admissibilidade do recurso extraordinário (preparo e preenchimento dos requisitos legais), a despeito da respeitável opinião de José Manoel de Arruda Alvim Netto.[12]

Ora, não faria sentido analisar-se o preenchimento ou não da repercussão geral, movimentando a máquina do Supremo Tribunal Federal para uma análise política, quase meritória, da questão constitucional subsumida no recurso, se fosse ele, por exemplo, deserto em virtude da insuficiência de preparo.

A fim de preencher o requisito de repercussão geral constante do § 3.º do art. 102 da Constituição Federal, o § 1.º do artigo 543-A do CPC determina a necessidade de demonstração da relevância da questão a ser dirimida, bem como da sua transcendência. Aquela nada mais é do que a importância do tema em face da Constituição Federal, e esta se evidencia por meio do alcance da solução que vier a ser apresentada pelo Supremo Tribunal Federal, que deverá ter um impacto considerável em meio à sociedade, para além das partes envolvidas na lide.

Esse impacto deve ser medido nos âmbitos econômico, político, social ou jurídico, conforme redação do § 1.º do art. 543-A do CPC.

Trata-se de verdadeiro filtro, que tem natureza eminentemente política, já que o instituto da repercussão geral foi assim constituído por meio de conceito vago ou indeterminado, cuja determinação não é passível de apreensão pelo método clássico da subsunção.[13] O objetivo claro do constituinte é permitir à Corte Suprema a escolha das causas em que pretende atuar, a fim de consolidar a sua função de Corte Constitucional.

José Manoel de Arruda Alvim Netto, intenso defensor do instituto antes mesmo de sua implantação, assevera que o reconhecimento da repercussão social não é ato de julgamento (...) senão que é ato de avaliação política.[14]

A indeterminação do instituto foi, aliás, o modo que o constituinte encontrou para adequar um entrave rígido à modernidade do tempo de sua verificação, a impedir o envelhecimento e a defasagem do conceito com o curso do tempo e a transformação da sociedade.[15]

---

[12] ARRUDA ALVIM, José Manoel de. Op. cit., p. 75.
[13] DANTAS, Bruno. Repercussão geral: algumas lições da Corte Suprema argentina ao Supremo Tribunal Federal brasileiro. Revista de Informação Legislativa, Brasília, ano 47, n. 187, jul./set. 2010, p. 36.
[14] ARRUDA ALVIM, José Manoel de. Op. cit., p. 239.
[15] Fenômeno da mutação constitucional, por meio do qual se permite inserir normas abertas e de ordem principiológica a fim de possibilitar a constante adequação à realidade social vigente.

É evidente, outrossim, que o filtro em questão foi avalizado legalmente diante da necessidade de represamento dos recursos repetitivos, a fim de oferecer resposta à Crise do Supremo, conforme bem pondera Humberto Theodoro Júnior.[16]

Ante este fato, Antônio Pereira Gaio Júnior[17] muito bem resume as principais finalidades do requisito de admissibilidade da repercussão geral, quais sejam:

(i.) firmar o papel do STF como Corte Constitucional e não como instância recursal;

(ii.) ensejar que o STF só analise questões relevantes para a ordem constitucional, cuja solução extrapole o interesse subjetivo das partes (binômio relevância e transcendência); e

(iii.) fazer com que o STF decida uma única vez cada questão constitucional, não se pronunciando em outros processos com idêntica matéria.

4. PONTOS POSITIVOS DO INSTITUTO

A despeito das severas críticas que recebeu, inclusive contestando a sua constitucionalidade, há que se reconhecer alguns benefícios trazidos com a inserção do requisito de admissibilidade da repercussão geral para a sistemática de apreciação do recurso extraordinário.

O primeiro deles, sem dúvida, é a clara valorização do STF como guardião da Constituição, a saber, a Corte Constitucional, com consequente valorização do seu poder político.

O conceito vago e indeterminado trazido pelo instituto, não obstante cause insegurança jurídica e certa incerteza, possibilita o aqui já mencionado fenômeno da mutação constitucional,[18] valioso elemento nos tempos atuais em que a alteração da realidade é veloz, e passa a requerer cada vez mais rapidamente a mudança e a adequação da lei.

É possível que se diga ainda que a intenção do legislador, ao regulamentar a repercussão geral, claramente era no sentido de valorizar e estreitar o diálogo da Corte Superior com os tribunais a quo,[19] o que, por razões óbvias, traria enormes benefícios ao jurisdicionado, que atualmente padece em razão da falta de coesão

---

[16] THEODORO JÚNIOR, Humberto. Op. cit., p. 116.
[17] GAIO, Antônio Pereira. Considerações sobre a ideia da repercussão geral e a multiplicidade dos recursos repetitivos no STF e STJ. *Revista de Processo*, n. 170, ano 34, abr. 2009, p. 142.
[18] FILARDI, Hugo. Conceito de ofensa direta à Constituição para fins de cabimento de recurso extraordinário. *Revista da EMERJ*, v. 11, n. 44, 2008, p. 267.
[19] DO VALLE, Vanice Lírio. Op. cit., p. 137.

das instâncias representativas do Poder Judiciário e da dificuldade de gerência e administração daquele órgão.

Para mais, a repercussão geral, enquanto requisito de admissibilidade recursal, tem como um de seus objetivos principais controlar os recursos repetitivos, oferecendo um paradigma que permite julgá-los por amostragem (art. 543-B do CPC). Tal finalidade o faz operar como instrumento em prol da atuação do Poder Judiciário frente ao direito coletivo, cuja legislação processual ainda é muito escassa e ineficiente.

Sobre o assunto, Luiz Rodrigues Wambier e Rita de Cássia Corrêa de Vasconcelos chegam a afirmar que o simples fato de os direitos nas ações coletivas transcenderem o interesse dos litigantes induz à conclusão de que a repercussão geral da questão constitucional seria inafastável.[20] Em verdade entendemos que tal mote fica mais evidente diante da repercussão geral quantitativa do artigo 543-B do CPC, mas não necessariamente vislumbrada a repercussão geral qualitativa do artigo 543-A daquele mesmo Código.

Aliás, o conceito de repercussão geral qualitativa adstrito à previsão legal constante do artigo 543-A do Código de Processo Civil vislumbra uma possibilidade de ação preventiva, de agir pedagógico no sentido de provocar o Supremo a julgar questões inéditas, cujo efeito multiplicador, apesar de reconhecido, ainda não se propagou na realidade.[21]

A pedagogia reside na lição dada pelo Supremo por meio do julgamento de questão que tem características intrínsecas de matéria que repercute na esfera da sociedade nos âmbitos econômico, social político ou jurídico. Tal previsão, se bem aplicada, dentro de um tempo razoável e antes da proliferação de demandas sobre a questão fixada, poderá vir a surtir efeitos muito favoráveis ao sistema Judiciário como um todo.

Tomando por base a decisão judicial como bem público, como sustentam Luciano Benetti Timm e Manoel Gustavo Neubarth Trindade em artigo sobre as alterações legislativas dos recursos dirigidos aos tribunais superiores, as decisões do Supremo Tribunal para os casos de repercussão geral quantitativa (em recursos repetitivos – art. 543-B do CPC) deixam de servir apenas para as partes envolvidas nos litígios nas quais são exaradas, passando a servir como modelo de conduta para o restante da sociedade e como orientação para os tribunais e órgãos a eles

---

[20] DE VASCONCELOS, Rita de Cássia Corrêa; WAMBIER, Luiz Rodrigues. Sobre a repercussão geral e os recursos especiais repetitivos, e seus reflexos nos processos coletivos. *Revista dos Tribunais*, ano 98, v. 882, abr. 2009, p. 33.

[21] DO VALLE, Vanice Lírio. Op. cit., p. 134.

vinculados, o que acaba por influenciar nos "custos da transação e na assimetria de informação e, assim, na eficácia social e econômica".[22]

Isso dá ensejo à conclusão encontrada pelos economistas no sentido de que a repercussão geral possui racionalidade econômica motivadora, cuja decisão sobre a (in)existência produzirá efeitos transcendentais, ou externalidades, como denominam aqueles estudiosos.

Do ponto de vista econômico, é fundamental a uniformização da jurisprudência, a par da segurança jurídica a ser oferecida pelo sistema.

É muito comum deparar-se com demandas repetitivas de grandes litigantes, como o Estado, órgãos públicos e também no setor privado, tais os planos de saúde e bancos. Sabe-se que são eles assíduos litigantes porque, não raro, interessa-lhes manter um grande acervo de processos em andamento, inclusive por razões econômicas.

Daí a relevância de instrumento que se mostra obstinado a perseguir a uniformização da jurisprudência. Além disso, a redução dos recursos repetitivos a um único julgamento é outra técnica que claramente tende a valorizar a celeridade processual, garantindo mais eficácia econômica e jurídica.

Por fim, o fortalecimento do Supremo Tribunal Federal como Corte Constitucional traz benefício evidente, superando o defasado entendimento de que ele poderia atuar como terceira ou quarta instância. Nesse sentido é que se diz que, com a repercussão geral, o Supremo estaria a realizar o julgamento da tese e não o julgamento da causa, o que, embora venha de encontro ao estabelecido na súmula 456 da Corte, pode justificar-se ao ângulo do pragmático objetivo de redução da sobrecarga de recursos repetitivos.

5. CRÍTICAS À ESTRUTURA PROCEDIMENTAL

De outro lado, severas e bem fundamentadas também são as críticas à regulamentação do instituto.

O artigo 543-A §§ 5.º e 7.º, e o artigo 543-B, em seus §§ 2.º, 3.º e 4.º, conferem uma espécie de efeito vinculante à decisão de mérito do Supremo Tribunal Federal, proferida após o reconhecimento da existência da repercussão geral, determinando que os Tribunais a quo ficam adstritos a julgar conforme decisão

---

[22] TIMM, Luciano Benetti; TRINDADE, Manoel Gustavo Neubarth. As recentes alterações legislativas sobre os recursos aos Tribunais Superiores: a repercussão geral e os processos repetitivos sob a ótica da Law and economics. *Revista de Processo*, n. 178, dez. 2009, p. 166-167.

do Supremo, podendo, no entanto, retratar-se no caso de haver julgado contrariamente à manifestação final do STF.

Tal efeito vinculante, que recobre a tese fixada pelo Supremo Tribunal Federal e não apenas a decisão de existência ou não de repercussão geral sobre uma questão constitucional, não está previsto pela Constituição Federal, o que tem dado azo a questionamentos sobre a constitucionalidade desse mecanismo.[23]

Atente-se, aliás, que o enunciado do Supremo Tribunal Federal ganha efeito vinculante sem que, para o seu julgamento, tenha sido observada a regra do quorum mínimo exigido para a criação de súmulas vinculantes (artigo 103-A da Constituição Federal, que exige a aprovação de 2/3 dos membros da Corte).[24]

Pior. Ao contrário do sistema da súmula vinculante, o mecanismo vinculante apresentado pelos parágrafos dos artigos 543-A e 543-B do Código de Processo Civil não tem previsão de uma estrutura sistêmica para revisão do julgado, que, muitas vezes, torna-se necessária diante das rápidas transformações da sociedade e das legislações inferiores. A ausência de um sistema de revisão para o julgado que produz efeito vinculante agrava os malefícios do artigo, que coloca a jurisprudência sob o risco de congelamento, conforme bem salienta Vanice do Valle.[25]

Além disso, a possibilidade de retratação a que se refere o § 3.º do art. 543-B em verdade restabelece a competência já exaurida do Tribunal a quo, o que fere a previsão do artigo 463 do Código de Processo Civil. É evidente que há uma transferência da competência para análise de mérito dos recursos extraordinários sobrestados ao Tribunal a quo, o que vem a afrontar a distribuição de competências prevista pela Constituição Federal.

Outrossim, nos casos em que a repercussão geral aduzida no recurso extraordinário não for reconhecida pelo Supremo Tribunal Federal, por razões políticas e abstratas em face do conceito vago do instituto, a última palavra sobre a questão constitucional debatida nos autos será a palavra do Tribunal a quo, que em verdade formará jurisprudência sobre a matéria.[26]

Veja-se que o problema não reside no fato do Tribunal a quo proferir seu entendimento acerca da matéria constitucional (em controle constitucional incidental e difuso), mas sim no fato de sua manifestação constituir a versão definitiva da questão, contrariando a determinação do exercício de guardião da Constituição Federal exclusivamente pelo Supremo Tribunal Federal.

---

[23] DO VALLE, Vanice Lírio. Op. cit., p. 132.
[24] DO VALLE, Vanice Lírio. Op. cit., p. 152-153.
[25] DO VALLE, Vanice Lírio. Ibid., p. 154.
[26] BAHIA, Alexandre Gustavo Melo Franco; VECCHIATTI, Paulo Roberto Iotti. Inconstitucionalidade do requisito da repercussão geral do recurso extraordinário e da técnica do julgamento por pinçamento. *Revista dos Tribunais*, RT n. 911, set. 2011, p. 253.

Outra crítica se volta com relação ao § 1.º do artigo 543-B do CPC, que confere à Presidência do Tribunal a quo a seleção de "um ou mais recursos representativos da controvérsia", em caso de recursos repetitivos. Aponta-se que a escolha do recurso paradigma implica necessariamente a análise prévia do mérito, visto que a análise não se valerá apenas do questionamento apontado em repercussão geral, mas da apreensão da questão de fundo das causas recorridas.

Esse trabalho, que é muito difícil, moroso e desgastante, esbarra na competência para apreciação do mérito do recurso extraordinário apenas pelo Supremo Tribunal Federal, em evidente afronta à divisão de competências prevista constitucionalmente.

Isso tudo sem mencionar o fato de que a própria seleção de recurso para julgamento por amostragem é muitíssimo criticável diante da dificuldade de verificação das semelhanças das demandas (de pedido e causa de pedir) e da possibilidade de extensão de determinado julgamento de recurso paradigma às demais causas, que, por vezes, possuem características outras, ou até mesmo um quadro fático e jurídico mais simplificado.

No que concerne ao procedimento adotado pelo Regimento Interno do STF, a crítica se volta contra o artigo 21, § 1.º,[27] que concede ao Relator do recurso extraordinário a atribuição de negar seguimento a recurso manifestamente inadmissível, improcedente ou contrário à jurisprudência dominante ou à súmula, bem como reformar ou cassar, em sede monocrática, acórdão contrário à orientação do artigo 543-B do Código de Processo Civil.

Tal previsão, claramente voltada a desafogar o Plenário e as Turmas do STF, confere demasiados poderes ao Ministro Relator, à míngua de previsão constitucional[28] e, no caso específico da repercussão geral, chegam a ferir o próprio § 3.º do artigo 102, que determina que a decisão seja tomada por quorum mínimo de 2/3 dos seus membros.

O julgamento por amostragem, por fim, mostra-se capaz de erradicar o controle difuso de constitucionalidade pelo Supremo Tribunal Federal, órgão que deixa de analisar a causa submetida a julgamento e os meandros jurídicos para ater-se à tese e ao dispositivo alegadamente violado. Aderbal Torres de Amorim,

---

[27] "Art. 21. São atribuições do Relator:
§ 1.º Poderá o(a) Relator(a) negar seguimento a pedido ou recurso manifestamente inadmissível, improcedente ou contrário à jurisprudência dominante ou a Súmula do Tribunal, deles não conhecer em caso de incompetência manifesta, encaminhando os autos ao órgão que repute competente, bem como cassar ou reformar, liminarmente, acórdão contrário à orientação firmada nos termos do art. 543-B do Código de Processo Civil."

[28] DE SOUZA, Camila Mutran. A Repercussão Geral no recurso extraordinário – Investigação dos aspectos processuais civis decorridos do advento da Lei n. 11.418/2006. Revista LTr, v. 73, n. 5, mai. 2009, p. 592.

em estudo sobre o tema, denomina tal fenômeno de "abstrativização do controle difuso de constitucionalidade".[29]

6. REALIDADE DA APLICAÇÃO DA REPERCUSSÃO GERAL

A realidade nua e crua demonstra que o Poder Judiciário não conseguiu operacionalizar a regulamentação da matéria, conforme o Código de Processo Civil e o Regimento Interno do STF.

No final do ano de 2012, mais precisamente em 19 de outubro, o Conselho Nacional de Justiça, atento à ausência de prática da regulamentação em questão, com a consequente manutenção do sistema engessado de remessa de recursos repetitivos à Corte Suprema e abarrotamento das salas de recursos superiores, publicou a Resolução Normativa n.º 160, a qual "dispõe sobre a organização do Núcleo de Repercussão Geral e Recursos Repetitivos no Superior Tribunal de Justiça, Tribunal Superior do Trabalho, Tribunal Superior Eleitoral, Superior Tribunal Militar, Tribunais de Justiça dos Estados e do Distrito Federal e nos Tribunais Regionais Federais, e dá outras providências".

Constatada a ausência de diálogo entre os tribunais superiores e os tribunais inferiores, o Conselho Nacional de Justiça optou por obrigar cada um dos entes jurisdicionais a organizar um Núcleo de Repercussão Geral e Recursos Repetitivos (NURER), órgão que irá centralizar a aplicação da regulamentação dos artigos 543-A, 543-B e 543-C. Para tanto, concedeu o prazo de até 90 dias da data da publicação daquela Resolução.

As atribuições do NURER consistem, dentre outras, no auxílio na identificação de recursos representativos da controvérsia, no acompanhamento dos recursos paradigmas e no encaminhamento de relatório ao Supremo Tribunal Federal, ao Conselho Nacional de Justiça e ao Superior Tribunal de Justiça, trimestralmente, com dados referentes aos processos sobrestados que aguardam julgamento do mérito dos temas da repercussão geral e dos recursos repetitivos.

Há notícia de que o Superior Tribunal de Justiça já criou o seu próprio NURER.[30] No entanto, apesar do prazo concedido já ter se exaurido em 7 de fevereiro do ano de 2013, apenas alguns tribunais cumpriram a determinação da Resolução, criando seu próprio Núcleo. São eles: TJES, TJAP, TJBA, TJGO, TJMG, TJMT, TJRJ, TJRS e TJSP, além do próprio STJ e do TRE-RO.[31]

---

[29] TORRES DE AMORIM, Aderbal. O recurso extraordinário e a abstrativização do controle difuso de constitucionalidade. Revista de Processo, n. 191, 2011.

[30] Notícia acessível em: http://www.stj.jus.br/portal_stj/publicacao/engine.wsp?tmp.area=398&tmp.texto=108322.

[31] Notícia acessível em: http://tj-es.jusbrasil.com.br/noticias/100374277/tjes-esta-entre--os-11-do-pais-que-ja-criaram-o-nurer.

Ou seja, 26 tribunais ainda se encontram às voltas com a criação do seu próprio Núcleo, o que não dá perspectivas muito favoráveis considerando-se que, mesmo após a criação de tais estações de serviço, será necessária uma consolidação no trato e na análise das matérias de repercussão geral e dos recursos repetitivos, que, por si só, é tarefa severamente árdua.

Enquanto isso não ocorre, os artigos do CPC e as normas do Regimento Interno do STF seguem sem aplicação plena, e o instituto da repercussão geral permanece numa sorte de limbo, entre o procedimento adotado anteriormente e o procedimento instaurado pela Lei n.º 11.418/2006.

Não obstante as dificuldades de aplicação da legislação por parte dos Tribunais a quo, o STF tem aplicado a medida com rigor. Os números de recursos devolvidos com base no art. 543-B do CPC são surpreendentes: 73.669 processos descartados entre meados de 2007 e 2012, sendo que o ápice ocorreu no ano de 2011, com a restituição de 29,69% dos processos recebidos com base na inexistência de repercussão geral.[32]

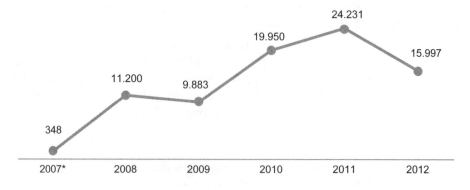

---

[32] Informações obtidas no site do STF: http://www.stf.jus.br/portal/cms/verTexto.asp?servico =jurisprudenciaRepercussaoGeral&pagina=numeroRepercussao.

Cap. 27 • SISTEMÁTICA PROCESSUAL: NECESSIDADE DE AÇÕES PREVENTIVAS

Ano	Quantidade de Processos	%
2007*	348	0,43
2008	11.200	13,72
2009	9.883	12,11
2010	19.950	24,45
2011	24.231	29,69
2012	15.997	19,60
Total	81.609	100,00

* Os dados do ano de 2007 são referentes apenas ao segundo semestre.

O TJSP e o TJRS são os dois tribunais de origem que mais tiveram seus recursos devolvidos no período considerado: 9.077 e 9.393, respectivamente.

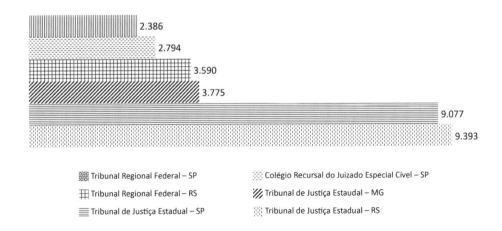

Processos Devolvidos pelo STF baseados no art. 543-B do CPC por Origem: 2007* - 2011

10 Origens mais Incidentes	Processos Devolvidos
Tribunal de Justiça Estadual – RS	9.393
Tribunal de Justiça Estadual – SP	9.077
Tribunal de Justiça Estadual – MG	3.775
Tribunal Regional Federal – RS	3.590
Colégio Recursal do Juizado Especial Cível – SP	2.794
Tribunal Regional Federal – SP	2.386
Tribunal de Justiça Estadual – RJ	2.284
Superior Tribunal de Justiça – DF	1.953

Em que pese à demonstração numérica expressiva, a dúvida acerca da efetividade da técnica por pinçamento, ou julgamento por amostragem, do artigo 543-B ainda persiste, o que vem colocado à prova diante da constatação que os tribunais de origem ainda não se adequaram estruturalmente para proceder à aplicação do artigo. Ou seja, ainda não estão prontos para realizar a devida análise dos recursos e da matéria de fundo, escolher e remeter ao Supremo um recurso paradigma e sobrestar os demais que incorrerem exatamente sobre o mesmo tema.

Ao que tudo indica, o único a verdadeiramente implementar tal técnica tem sido o STF, na tentativa exitosa de ganhar fôlego em meio à imensidão de recursos recebidos.

Humberto Theodoro Júnior, Dierle Nunes e Alexandre Gustavo Bahia asseveram que a busca da eficiência quantitativa pela técnica do julgamento por amostragem faz com que a técnica seja utilizada também em causas não maturadas o suficiente, o que gerará alguns paradoxos: (i) a apreensão do debate das demandas coletivas por ações individuais; (ii) nos processos escolhidos podem ser trazidos pontos complexos ainda não submetidos ao crivo de debates anteriores pelo próprio tribunal superior; e (iii) ausência de preservação do espaço para exposição ampla, investigação criteriosa e dissecação minuciosa dos temas ora levantados, com restrição do contraditório dinâmico.[33]

Evidente que qualquer critério para a escolha do recurso paradigma não atenderá a todos os princípios processuais. Aqui e ali poderá haver alguma violação

---

[33] BAHIA, Alexandre Gustavo; THEODORO JÚNIOR, Humberto; NUNES, Dierle. Litigiosidade em massa e repercussão geral no recurso extraordinário. Revista de Processo, RePro n. 177, nov. 2009, p. 21.

ao devido processo legal, à ampla defesa e ao contraditório na medida em que os recursos não escolhidos não tiverem suas razões analisadas.[34]

Por fim, encontra-se sub judice a Ação Direta de Inconstitucionalidade n.º 4.371[35] que tem por objeto o art. 543-A do CPC e o § 3.º do art. 102 da CF, proposta pelo Instituto Brasileiro de Defesa dos Lojistas de Shopping – IDELOS, cujos autos se encontram conclusos com o Ministro Relator, Luiz Fux, desde 25.06.2011, já com parecer da Procuradoria Geral da República pela improcedência do pedido. O argumento utilizado assevera que a repercussão geral é um óbice indevido ao exercício pleno das atribuições institucionais do Supremo Tribunal Federal, pois retira de sua competência a análise de controvérsias constitucionais, deixando-as sem resolução, o que causa instabilidade e insegurança.

7. ANÁLISE CRÍTICA DO MECANISMO, DA REALIDADE DE SUA APLICAÇÃO E DE SEUS EFEITOS COLATERAIS: NECESSIDADE DE TOMADA DE AÇÕES PREVENTIVAS

Diante do que se expôs anteriormente, é possível depreender as razões do constituinte para a inserção do requisito de admissibilidade da repercussão geral para os recursos extraordinários. O objetivo mais visível é o de impedir que o STF se transforme (ou continue sendo) uma terceira ou quarta instância recursal, o que sequer está previsto em nossa Constituição, e claramente a afrontaria.

Entretanto, a eficiência do mecanismo, e de sua regulamentação procedimental, é rasa diante das infinitas implicações práticas que um sistema de tal grandeza e complexidade acabar por trazer. A introdução desse mecanismo, no alto da pirâmide do sistema judiciário, é um procedimento muito delicado, que acaba por esbarrar em milhares de outros pilares constitucionalmente erguidos.

Isso porque não se trata de um mecanismo pensado dentro do conjunto da Constituição quando de sua promulgação. É, antes, um instrumento excogitado para uma situação de extrema sobrecarga do serviço judiciário do STF.

Para que sua introdução na estrutura procedimental estivesse de acordo com a Constituição, seria necessário alterar diversos dispositivos da Carta Magna, tais como a questão de o Supremo julgar a causa ou fixar a tese; a concessão de efeito

---

[34] BAHIA, Alexandre Gustavo Melo Franco; VECCHIATTI, Paulo Roberto Iotti. Inconstitucionalidade do requisito da repercussão geral do recurso extraordinário e da técnica do julgamento por pinçamento. Revista dos Tribunais, RT n. 911, set. 2011, p. 248-249.

[35] Notícia disponível em: http://www.stf.jus.br/portal/cms/verNoticiaDetalhe.asp?idConteudo=118645.

vinculante à decisão negativa de existência da repercussão geral; a possibilidade de tomada de decisões referentes ao tema em sede monocrática; a divisão da competência de julgamento do mérito dos recursos extraordinários com os Tribunais a quo, dentre diversos outros.

A introdução de elementos de contenção no topo da pirâmide judiciária induz evidentes efeitos colaterais. Cabe analisar se o preço que se paga por estes efeitos colaterais é baixo o suficiente para a manutenção do filtro e a possibilidade de conferir sobrevida ao Supremo Tribunal Federal.

A atual distribuição da justiça é comumente avaliada por números.[36] Busca-se efetividade qualitativa e esquece-se de que a falta de qualidade dos julgados enseja a propositura de novas e cada vez mais complexas demandas.

Além disso, conforme asseverado, há uma litigiosidade exacerbada, um verdadeiro problema de ordem social e econômica enraizado na sociedade brasileira.

Tal problema não poderá ser resolvido mediante a criação de filtros aos tribunais superiores, já que a base da pirâmide persistirá se alargando, assim, em número e em complexidade de causas.

Nesse sentido, acurada a conclusão de Alexandre Bahia, Humberto Theodoro Júnior e Dierle Nunes:

> A assertiva recorrente de que os dados numéricos indicam que a filtragem de recursos nos tribunais superiores otimizam sua atuação em termos de celeridade, devido à diminuição do número de processos sob sua competência, não pode, em linha de princípio, obscurecer a busca de soluções mais consentâneas com o trato da normatividade nessa litigância de massa, uma vez que o desafogamento desses órgãos do Poder Judiciário não garante que a aplicação do direito se torne qualitativamente melhor.[37]

Conclui-se, portanto, que se faz necessária uma reforma estrutural, uma alteração de paradigma na pirâmide judiciária, partindo de sua base, isto é, do momento da propositura das demandas.

Destarte, impende que a medida seja tomada de forma preventiva, por modo a evitar que milhares de demandas cheguem aos tribunais superiores, bem como aos tribunais de origem e até mesmo às instâncias primárias. Especialmente no que concerne aos recursos repetitivos, que muito antes de tornarem-se recursos

---

[36] BAHIA, Alexandre Gustavo; THEODORO JÚNIOR, Humberto; NUNES, Dierle. Op. cit., p. 19.

[37] BAHIA, Alexandre Gustavo; THEODORO JÚNIOR, Humberto; NUNES, Dierle. Ibid., p. 18.

foram demandas replicadas, e já assolaram também as instâncias de primeiro grau, os Tribunais locais/regionais e, finalmente, os Tribunais Superiores.

A percepção da necessidade de tomada de medidas preventivas tem alcançado alguma preocupação do legislador, que já apresenta algumas alternativas. Um exemplo disso encontra-se no PLC n.º 8.046/2010, sobre o novo CPC: o julgamento antecipadíssimo do pedido que contrariar Súmula persuasiva de Tribunais Superiores, acórdão de Tribunais Superiores em julgamento de recursos repetitivos ou contrariar entendimento firmado em incidente de resolução de demandas repetitivas.

Outra hipótese que, infelizmente, não veio a prosperar constava do Projeto de Lei n.º 5.139/2009 (disciplina a ação civil pública para a tutela de interesses difusos, coletivos ou individuais homogêneos e dá outras providências): um mecanismo de unificação das demandas repetitivas, ainda no âmbito do direito coletivo.[38] Propunha-se, inclusive, que com o ajuizamento de ação coletiva fossem suspensas as demandas individuais que versem sobre o mesmo tema.[39]

8. CONCLUSÃO

O acúmulo das alterações da realidade da sociedade impõe a transformação do Poder Judiciário, sob pena de seu congelamento e ineficácia perene.

As recentes alterações legislativas preveem a instalação de filtros para a remessa de recursos aos Tribunais Superiores, tal qual a repercussão geral da questão constitucional. Independentemente de seus aspectos meritórios, verifica-se que a aplicação prática de seu mecanismo é custosa, problemática e não ataca a origem dos males, mas apenas represa a litigiosidade exacerbada num grau superior da estrutura do Poder Judiciário.

Talvez as medidas cogitadas de lege ferenda não sejam as mais adequadas, porque sua aplicação poderá, tal como se passa com os filtros dos Tribunais Superiores, infringir garantias atinentes ao devido processo legal. Mas é interessante notar que se caminha para um novo modelo de abordagem da crise do Judiciário, não só aplicando-se filtros para os Tribunais Superiores, mas combatendo-se a instauração das demandas replicadas desde o momento das proposituras individuais, o que nos parece ser muito mais eficiente.

---

[38] Artigo 5.º do Projeto de Lei.
[39] "Art. 37. O ajuizamento de ações coletivas não induz litispendência para as ações individuais que tenham objeto correspondente, mas haverá a suspensão destas, até o julgamento da demanda coletiva em primeiro grau de jurisdição."

BIBLIOGRAFIA

ARRUDA ALVIM, José Manoel de. A emenda constitucional 45/2004 e a repercussão geral. Revista Autônoma de Processo, Curitiba: Juruá Editora, n. 1, out./dez. 2006.

BAHIA, Alexandre Gustavo Melo Franco; VECCHIATTI, Paulo Roberto Iotti. Inconstitucionalidade do requisito da repercussão geral do recurso extraordinário e da técnica do julgamento por pinçamento. Revista dos Tribunais, RT, n. 911, set. 2011.

BAHIA, Alexandre Gustavo; THEODORO JÚNIOR, Humberto; NUNES, Dierle. Litigiosidade em massa e repercussão geral no recurso extraordinário. Revista de Processo – RePro n. 177, nov. 2009.

CAPPELLETTI, Mauro; GARTH, Bryant. Acesso à justiça, tradução de Ellen Gracie Northfleet. Porto Alegre: Fabris, 1988.

DANTAS, Bruno. Repercussão geral: algumas lições da Corte Suprema argentina ao Supremo Tribunal Federal brasileiro. Revista de Informação Legislativa, Brasília, ano 47, n. 187, jul./set. 2010.

DE SOUZA, Camila Mutran. A Repercussão Geral no recurso extraordinário – Investigação dos aspectos processuais civis decorridos do advento da Lei n. 11.418/2006. Revista LTr, v. 73, n. 5, mai. 2009.

DE VASCONCELOS, Rita de Cássia Corrêa; WAMBIER, Luiz Rodrigues. Sobre a repercussão geral e os recursos especiais repetitivos, e seus reflexos nos processos coletivos. Revista dos Tribunais, ano 98, v. 882, abr. 2009.

DINAMARCO, Cândido Rangel. A instrumentalidade do processo. 14. ed. São Paulo: Malheiros, 2009.

DO VALLE, Vanice Lírio. Repercussão geral: um passo a mais na difícil trilha de construção da vinculatividade das decisões judiciais. Revista da EMERJ, v. 10, n. 40, 2007.

FILARDI, Hugo. Conceito de ofensa direta à Constituição para fins de cabimento de recurso extraordinário. Revista da EMERJ, v. 11, n. 44, 2008.

GAIO, Antônio Pereira. Considerações sobre a ideia da repercussão geral e a multiplicidade dos recursos repetitivos no STF e STJ. Revista de Processo, n. 170, ano 34, abr. 2009.

MANCUSO, Rodolfo de Camargo. A resolução dos conflitos e a função judicial no contemporâneo Estado de Direito. São Paulo: Revista dos Tribunais, 2009.

THEODORO JÚNIOR, Humberto. Repercussão geral no recurso extraordinário (Lei n.º 11.418) e súmula vinculante do Supremo Tribunal Federal (Lei n.º 11.417) In: RDCPC, n. 48, jul./ago. 2007.

TIMM, Luciano Benetti; TRINDADE, Manoel Gustavo Neubarth. As recentes alterações legislativas sobre os recursos aos Tribunais Superiores: a repercussão geral e os processos repetitivos sob a ótica da Law and economics. Revista de Processo, n. 178, dez. 2009.

TORRES DE AMORIM, Aderbal. O recurso extraordinário e a abstrativização do controle difuso de constitucionalidade. Revista de Processo, n. 191, 2011.

WATANABE, Kazuo. Cultura da sentença e cultura da pacificação. In: YARSHEL, Flávio Luiz; MORAES, Maurício Zanoide de (coords.). Estudos em homenagem à Professora Ada Pellegrini Grinover. São Paulo: DPJ, 2005.

28

REPERCUSSÃO GERAL COMO TRANSFORMÁ-LA NUM INSTITUTO ADEQUADO À MAGNITUDE DA MISSÃO DE UMA CORTE SUPERIOR?

TERESA ARRUDA ALVIM WAMBIER
Livre-docente, doutora e mestre em Direito pela PUC-SP. Professora nos cursos de graduação, especialização, mestrado e doutorado da mesma instituição. Professora no curso de mestrado da Unipar. Professora Visitante na Universidade de Cambridge – Inglaterra (2008 e 2011). Professora Visitante na Universidade de Lisboa (2011). Presidente do IBDP. Vice-presidente do Instituto Ibero-americano de Direito Processual. Membro Conselheiro da International Association of Procedural Law. Membro do Instituto Panamericano de Derecho Procesal, da Academia de Letras Jurídicas do Paraná e de São Paulo, do IAPR e do IASP, da AASP, do IBDFAM. Membro do Conselho Consultivo da Câmara de Arbitragem da Federação das Indústrias do Paraná – CAIEP. Membro do Conselho Consultivo RT (Editora Revista dos Tribunais). Advogada.

LUIZ RODRIGUES WAMBIER
Doutor em Direito pela PUC-SP. Mestre em Direito pela UEL. Professor no curso de mestrado em Direito da Unipar. Professor no curso de especialização em Direito Processual Civil da PUC-SP. Professor no Instituto de Direito Romeu Felipe Bacellar. Membro do IBDP, do Instituto Ibero-americano de Direito Processual e do Instituto Panamericano de Derecho Procesal. Membro Titular da Academia de Letras dos Campos Gerais e da Academia de Letras Jurídicas do Paraná. Membro do Conselho Consultivo da Câmara de Arbitragem da Federação das Indústrias do Paraná – CAIEP. Membro do Conselho Consultivo RT (Editora Revista dos Tribunais). Advogado.

SUMÁRIO: 1. Introdução – 2. A relevância da jurisprudência das Cortes Superiores – 3. A repercussão geral – 4. O adequado alcance da expressão repercussão geral – O indesejável imediatismo.

1. INTRODUÇÃO

Inspirada na antiga arguição de relevância e na necessidade de limitar o acesso amplo ao STF, de modo a tornar seletiva a admissão de recursos e limitar a competência da Suprema Corte às questões constitucionais revestidas de relevância social, política, econômica ou jurídica, a Emenda Constitucional 45/2004 (conhecida como a reforma do judiciário) introduziu a *repercussão geral* como requisito intrínseco de admissibilidade do recurso extraordinário. Trata-se de instituto que tem por escopo "filtrar" a matéria a ser analisada pelo STF. Só matéria constitucional, de interesse fundamental para a sociedade, é que pode ser objeto de recurso para o Supremo. Esta característica deve ser arguida em preliminar de recurso pelo recorrente e será apreciada pelo colegiado (competência exclusiva do STF).[1]

A repercussão geral não deve ser vista como um método de diminuição da carga de trabalho do STF. É imprescindível compreender o alcance do instituto como umbilicalmente ligado à função paradigmática da jurisprudência das Cortes Superiores.

Note-se, de outra parte, que o legislador propositadamente serviu-se da expressão "repercussão geral", que é um conceito jurídico indeterminado, cujo sentido deve ser fixado pelo próprio STF. De todo modo, nas consequentes e sucessivas reformas geradas pela referida Emenda Constitucional 45, é possível extraírem-se alguns elementos que caracterizam a repercussão geral.[2]

Neste quadro, nada mais natural que se estabelecer relação entre a repercussão geral, o regime do art. 543-B do CPC[3] e a Súmula Vinculante. A função de uniformi-

---

[1] Digna de ser transcrita, a lição de Bruno Dantas, *Repercussão geral: perspectivas histórica, dogmática e de direito comparado*: questões processuais. 3. ed. rev., atual. e ampl. São Paulo: RT, 2012 (Recursos no processo civil), p. 260, define repercussão geral como "pressuposto especial de cabimento do recurso extraordinário, estabelecido por comando constitucional, que impõe que o juízo de admissibilidade do recurso leve em consideração o impacto indireto que eventual solução das questões constitucionais em discussão terá na coletividade, do modo que se lho terá por presente apenas no caso de a decisão de mérito emergente do recurso ostentar a qualidade de fazer com que parcela representativa de um determinado grupo de pessoas experimente, indiretamente, sua influência, considerados os legítimos interesses sociais extraídos do sistema normativo e da conjuntura política, econômica e social reinante num dado momento histórico".

[2] Dispõe o § 1.º do art. 543-A, que "para efeito da repercussão geral, será considerada a existência, ou não, de questões relevantes do ponto de vista econômico, político, social ou jurídico, que ultrapassem os interesses subjetivos da causa". O § 3.º do mesmo artigo diz, ainda, que "haverá repercussão geral sempre que o recurso impugnar decisão contrária a súmula ou jurisprudência dominante do Tribunal".

[3] TRIBUTÁRIO. Imposto sobre produtos industrializados – IPI. Insumos tributados e produto final sujeito à alíquota zero ou isento. Pretensão ao aproveitamento do crédito.

zar os diversos entendimentos que embasam decisões de diferentes tribunais sobre múltiplos casos idênticos, que envolvem o mesmo tema constitucional controvertido, representa um dos mais importantes vértices de atuação do STF.

Não só as demandas que têm por objeto interesses difusos, coletivos e individuais homogêneos (que normalmente apresentam relevância social), mas também as individuais, por vezes, podem se revestir do interesse geral aqui tratado. Evidentemente, a repercussão geral não é instituto que se liga exclusivamente à quantidade de pessoas atingidas pela decisão. Em ações individuais, pode ocorrer a necessidade de o Tribunal se manifestar, por exemplo, acerca do alcance de uma expressão contida em determinada norma constitucional, resolvendo o litígio entre A e B. Haverá aí, sim, em que pese se trate de demanda individual, repercussão geral, devendo o Tribunal fixar orientação para futuros conflitos.[4]

É este o tema central deste ensaio.

2. A RELEVÂNCIA DA JURISPRUDÊNCIA DAS CORTES SUPERIORES

Antes de mais nada, é bom que se repise: as decisões dos Tribunais Superiores devem ser paradigmáticas. Devem consubstanciar-se em norte para os demais tribunais, que têm de curvar-se à jurisprudência reiterada dos Tribunais de Cúpula. Isto não significa de modo algum, em nenhum possível sentido, que nós estaríamos nos transformando num país do *common law*.

I – O tema apresenta relevância do ponto de vista jurídico e econômico. II – Repetição em múltiplos feitos com fundamento em idêntica controvérsia. III – Repercussão geral reconhecida (STF, RG no RE 562980/SC, rel. Min. Ricardo Lewandowski, j. 27.03.2008, *DJe* 16.05.2008, m.v.).

Da constitucionalidade dos encargos previstos na Lei 10.438/2002. Natureza jurídica. Tarifa ou tributo. Relevância econômica e jurídica. Quantidade extraordinária de recursos. Número elevado de processos judiciais. Existência de repercussão geral (STF, RG no RE 576189/RS, rel. Min. Ricardo Lewandowski, j. 20.03.2008, *DJe* 11.04.2008, m.v.).

[4] Corretamente, nesse sentido, o voto (vencido) do Min. Marco Aurélio, quando do julgamento da RG em RE 578.657-9/RS, j. 24.04.2008, cujas principais passagens se passa a transcrever: "Conforme venho ressaltando, cumpre encarar o instituto da repercussão geral com largueza. O instrumental viabiliza a adoção de entendimento pelo Colegiado Maior, com o exercício, na plenitude, do direito de defesa. Em princípio, é possível vislumbrar-se grande número de processos, mas, uma vez apreciada a questão, a eficácia vinculante do pronunciamento propicia a racionalização do trabalho judiciário. Ante, até mesmo, a quadra vivida, nitidamente de correção de rumos, de apego, no âmbito da Administração Pública, ao princípio da legalidade, a matéria veiculada está a reclamar decisão definitiva do Supremo – a possibilidade, ou não, de o servidor desviado de função vir a receber salário que não diga respeito ao cargo para o qual prestou serviços".

Ao contrário, aliás. O fenômeno consistente no natural respeito aos precedentes das Cortes Superiores e é típico dos países desenvolvidos, que adotam o sistema do *civil law*, como a França e a Alemanha.

O que caracteriza essencialmente o *common law* é a *judge made law*, ou o direito feito/construído/criado pelos juízes, que, é claro, tem que ser vinculante, por que desempenha o papel que a lei escrita desempenha para nós, do *civil law*.

Cada vez mais há a consciência de que o papel da jurisprudência, mesmo nos países em que esta não é *vinculante*, é relevante para o *desenho* final da norma. O jurisdicionado segue/obedece/pauta a sua conduta não na lei escrita, pura e simplesmente, mas na lei compreendida/interpretada/aplicada pelos Tribunais. Por isso, a relevância da responsabilidade do Judiciário na criação de jurisprudência estável, coerente e uniformizada.

De fato, de que adianta ter-se uma mesma lei para todos, sem que esta lei seja interpretada do mesmo modo pelos Tribunais? O resultado da dispersão excessiva da jurisprudência pode ser tão desastroso quanto o fato de haver dois textos de lei regendo a mesma situação de formas diferentes, num mesmo momento histórico.

A prática do respeito aos precedentes, como regra, gera até mesmo economia. Ou seja, o malefício que representa, para a sociedade, a jurisprudência dividida e instável, se reflete também, e talvez principalmente, no campo econômico. Lewis A. Kornhauser comenta que, a cada vez que a jurisprudência muda, surge a necessidade de *ajustment costs*.[5]

Sabe-se que os sistemas de *civil law* foram concebidos justamente com o *objetivo racional*, expressamente declarado, de gerar *segurança* para o jurisdicionado, evitando surpresas e arbitrariedade. O juiz decide, *grosso modo*, de acordo com a lei (= de acordo com regras conhecidas) e, se a lei comporta infinitas formas de interpretação, consubstanciando-se, cada uma delas, em pautas de conduta diferentes para os indivíduos, o próprio sentido e a razão de ser do princípio da legalidade ficam comprometidos.

Inexorável a conclusão de que a legalidade só tem sentido prático se concretizada à luz do princípio da isonomia. Se houver várias regras para decidir-se o mesmo caso, como se vai saber de antemão qual vai ser a aplicada pelo juiz, no caso de José?[6] É inútil a lei ser a mesma para todos, criando

---

[5] An economic perspective on stare decisis, In: *Chicago-Kent Law Review*, vol. 65, 1989, p. 63-92.

[6] Por isto é que a influência da jurisprudência tem sido objeto de reflexão também de autores do *civil law*. Diz Michele Taruffo: "Pesquisas desenvolvidas em vários sistemas jurídicos demonstraram que a referência a precedentes há muito tempo não é mais uma característica peculiar dos sistemas de *common law*, estando hoje presente em todos os

ilusão de isonomia, se os tribunais podem indefinidamente[7] interpretá-la de modos diferentes e surpreender os jurisdicionados.[8]

Saber as regras do jogo antes do começo da partida significa que: "pessoas não devem ser tratadas como animais, que descobrem que algo é proibido quando o bastão alcança o seu nariz".[9]

Várias são as causas que geram diversidade na interpretação da lei, fenômeno que preocupa operadores e pensadores do Direito.[10] Uma delas, sem dúvida, é o fato de a lei, nos dias de hoje, conter uma quantidade impressionante de conceitos vagos e cláusulas gerais. Mas a diversidade de opiniões a respeito do que seja a decisão "justa", num país plural como o Brasil, é o que explica muitas das divergências sobre o sentido de normas não tão vagas assim.[11] Talvez estas opiniões diferentes

---

sistemas, também de *civil law*". No original: "Ricerche svolte in vari sistemi giuridici hanno dimostrato che il riferimento al precedente non è più da tempo una caratteristica peculiare degli ordinamenti di common law, essendo ormai presente in quasi tutti i sistemi, anche di civil law". *Precedente e giurisprudenza*, Napoli: Editoriale Scientifica srl, 2007, p. 7.

[7] Claro que se admite a inexorabilidade de que haja um certo período de incerteza e consequente insegurança, quando se trata de interpretar uma lei nova. Mas deve haver um momento em que a jurisprudência se harmonize.

[8] Afinal de contas: "(...) expectativas sobre deveres impostos pela lei dependem não só da própria lei mas também do que prevalece nos tribunais". No original: *(...) expectations about legal obligations depend nor only on the prevailing judicial practice*. Lewis A. Kornhauser, *An Economic perspective on stare decisis*, Chicago – Kent Law Review, vol. 65, 1989, p. 78.

[9] No original: *people should not be like dogs that only discover that something is forbidden when the stick hits their noses* R. C. Van Caenegem, *Judges, Legislators & Professors*, Goodhart lectures, 1984-1985, Chapters in European Legal History, Cambridge University Press, 2006, p. 161.

[10] Autores antigos do *common law* já observavam que: "há, consequentemente, duas forças constantemente trabalhando: (1) a tendência de se afastar da regra existente sob o impulso de se corrigir injustiças; (2) a tendência inconsciente de se afastar do direito como decorrência de um erro. Esses dois fatores são suficientemente relevantes para transformar em muito difícil a tarefa de predizer o modo como o Direito vai ser aplicado". No original *there are, therefore, two forces constantly at work: (1) the tendency to depart from the applied law under a conscious impulse to correct injustice; (2) the unconscious tendency to depart from the applied law under the influence of error. These two factors of growth are sufficiently pervasive to make the task of predicting the application of law very difficult. (...).* Albert Kocourek, *An Introduction to the Science of Law*, Little, Brown and Company, 1927, Boston, § 4.°, p. 7.

[11] "Muitas razões, como por exemplo, mal entendidos, raciocínio defeituoso, falhas na percepção ou desvios ligados a obtenção de vantagens, para falar de poucas, levam à discordâncias sobre o sentido de normas jurídicas. Em sociedades pluralísticas, entretanto, a falta de estabilidade e a problematização sobre os sentidos da norma é resultado, sobretudo, de um conflito sobre *diversas concepções do que seja bom*, que competem umas com as outras". No original: *Many reasons, such as misunderstandings,*

sejam até mesmo responsáveis pelo manejo diferente dos métodos tradicionais de interpretação das leis, que podem, sim, levar a resultados distintos.[12] Mas, com certeza, há muitas outras causas.[13]

Outras razões, talvez ligadas à *fase da evolução histórica* em que se encontram os países, podem também ser responsáveis por esta falta de uniformidade. É o que acontece nos países da América Latina, com exceção do Chile, do Uruguai e da Costa Rica. Dentre as causas responsáveis por este fenômeno está a fragilidade das instituições, que coexiste com o indesejável nível de pobreza.[14]

No Brasil, é notória a gravidade do problema do excesso de casos em que há diversidade de interpretações da lei num mesmo momento histórico, o que compromete a previsibilidade e a igualdade. Há juízes de primeira instância e tribunais de segundo grau que decidem reiteradamente de modo diferente questões absolutamente idênticas.

Estas divergências existem também no âmbito dos tribunais superiores: entre eles – STJ e STF – e entre seus órgãos fracionários. Isto ocorre muito mais frequentemente no STJ, que tem maior número de órgãos fracionários.

O fato de estas divergências existirem também no plano dos tribunais superiores, na verdade, impede que suas decisões desempenhem o papel de norte, de orientação para os demais órgãos do Judiciário.

Há juízes em nosso país que se sentem diminuídos por terem de *curvar-se* à jurisprudência dominante de um tribunal superior ou a uma súmula vinculante. Mas há quem reconheça, felizmente, que a dispersão da jurisprudência e a falta de estabilidade comprometem fundamentalmente a credibilidade do Poder Judiciário como um todo. A uniformização da jurisprudência "é muito provavelmente uma

---

faulty reasoning, failures in perception or biases linked to vantage points, to name a few, may be responsible for disagreements on the meaning of legal norms. In societies that are pluralistic in fact, however, destabilization and problematization of meanings is traceable, above all, to the conflict among competing conceptions of the good (grifamos). Michel Rosenfeld, *Just Interpretations*: law between ethics and politics. Londres: University of California Press, 1998, p. 276.

[12] Aproximadamente, neste sentido, Robert Alexy; Ralf Dreier, Statutory Interpretations in the Federal Republic of Germany, In: D. Neil MacCormick; Robert S. Summers (coords.), *Interpreting Statutes*, Dartmouth, 1991, I, 1, p. 74.

[13] Sobre a situação italiana, em que há jurisprudência contraditória, alterações bruscas e situações, às vezes, caóticas v. Michele Taruffo; Massimo la Torre, Precedents in Italy, In: Neil MacCormick; Robert S. Summers (coords.). *Interpreting Precedents: a Comparative Study*. Sudbury, MA: Dartmouth Publishing Company, 1997, p. 17 e ss.

[14] Eduardo Oteiza, El problema de la uniformidad de la jurisprudencia en America Latina, In: *Revista Iberoamericana de Derecho Procesal*, Buenos Aires, 2007, ano VI, n. 10, p. 158-215.

prática que aumenta o poder da instituição cuja função é decidir (...) harmonia ou coerência interna reforça a credibilidade externa".[15]

De fato, estamos convencidos de que o excesso de dispersão jurisprudencial desacredita o Judiciário e decepciona o jurisdicionado. É um mal para a sociedade.

A função dos tribunais de cúpula é de relevância extraordinária neste contexto. É inadmissível que estes tribunais, principalmente o STF, decidam sem ter esta responsabilidade como pano de fundo, pintado com cores fortes, de sua atuação.

Esta é a razão da escolha do tema central destas nossas reflexões em que se faz uma crítica ao uso tímido (de alcance reduzido) do instituto da repercussão geral.

3. A REPERCUSSÃO GERAL

Sempre nos pareceu ser extremamente saudável que houvesse um filtro para os recursos endereçados aos Tribunais Superiores. Estes filtros, que existem em muitos outros países, são uma forma de seleção muito mais razoável do que a nossa conhecida e criticável jurisprudência *defensiva*.

Por isso, pensamos ser bastante elogiável a reintrodução, pela Emenda Constitucional 45/2004, de sistemática semelhante à da antiga arguição de relevância, em vigor até antes da CF de 1988.

É surpreendente, todavia, que tenha entendido o legislador constitucional deverem-se distinguir questões relevantes das não relevantes, no plano do direito constitucional e não no plano da lei federal, como se tudo o que constasse da lei federal fosse relevante. Desconhecemos as razões que podem ter levado a esse resultado final na redação da Emenda Constitucional 45/2004, embora seja de se supor que a exclusão do STJ do sistema de repercussão esteja ligada à inexorabilidade do exercício de uma certa função "controladora", pelo STJ, em relação aos Tribunais de segundo grau de jurisdição.

Além do mais, a jurisprudência "defensiva" já significa, hoje, um *certiorari de facto*.

Mas o fato é que somente as questões constitucionais que tenham repercussão geral é que podem ser objeto de exame do STF ao julgar recurso extraordinário, de acordo com o ordenamento jurídico em vigor.

Em preliminar de recurso, deve o recorrente demonstrar que o tema discutido no recurso tem uma relevância que transcende àquele caso concreto. Deve-se apontar as circunstâncias que transformam a questão que será julgada

---

[15] No original: *(...) is likely a practice to increase the power of the decisionmaking institution (...) Internal consistency strengthens external credibility.* Frederick Schauer, Precedent, In: *Stanford Law Review*, vol. 39, fev. 1987, p. 600.

em caso de interesse geral, institucional, semelhantemente ao que já ocorria no passado, quando havia, no sistema processual brasileiro, o instituto da arguição de relevância.

Em nosso sentir, trata-se de um filtro, idêntico, sob o ponto de vista substancial, ao sistema da relevância. Hoje, chegam ao STF, exclusivamente, questões cuja importância transcenda à daquela causa em que o recurso foi interposto. Em nossa opinião, este filtro faz com que o STF seja reconduzido à sua verdadeira função, que é a de zelar pelo direito objetivo no nível constitucional – sua eficácia, sua inteireza e a uniformidade de sua interpretação –, na medida em que os temas trazidos à discussão tenham relevância para a Nação.

No sistema anterior, havia uma relevância *pressuposta* nas causas em que se verificava a ofensa ao direito objetivo ao nível constitucional, ou seja, só pelo fato de ter havido ofensa à norma constitucional em tese, a questão seria relevante. Hoje, no que diz respeito à ofensa à CF, é necessário um *plus*: não é *qualquer* questão que se considera como tendo repercussão geral, só pela circunstância de ter sido ofendido *o texto*, mas a questão deve gerar repercussão geral em si mesma, ou seja, deve revestir-se de relevância qualificada.

A repercussão geral obsta que o STF se transmude numa 4.ª instância e leva à redução considerável da carga de trabalho daquele Tribunal. Este resultado acaba por beneficiar os jurisdicionados, também de forma indireta, já que a tendência é a de que os acórdãos do STF passem, cada vez mais, a ser fruto de reflexões mais demoradas e profundas por parte dos julgadores. Esta seleção de matérias realmente importantes, não só para o âmbito de interesse das partes, deve dar ensejo à prestação de jurisdição de melhor qualidade.

Diz o § 1.º do art. 543-A que, "para efeito da repercussão geral, será considerada a existência, ou não, de questões relevantes do ponto de vista econômico, político, social ou jurídico, que ultrapassem os interesses subjetivos da causa". O § 3.º do mesmo artigo diz, ainda, que "haverá repercussão geral sempre que o recurso impugnar decisão contrária a súmula ou jurisprudência dominante do Tribunal".

O § 1.º do art. 543-A, como se vê, *não definiu, de modo pormenorizado*, as questões em que há *repercussão geral* e nem poderia tê-lo feito. Valeu-se de outras expressões *igualmente gerais*, cujo sentido haverá de ser fixado com precisão pelo próprio Supremo Tribunal Federal.

Trata-se de conceitos indeterminados, cujo referencial semântico não é facilmente identificável no mundo empírico. Há, é claro, critérios para que se possam identificar "questões relevantes do ponto de vista econômico, político, social ou jurídico, que ultrapassem os interesses subjetivos da causa". Por isso, deve-se afastar definitivamente a ideia de que se estaria, aqui, diante de decisão de natureza discricionária ou puramente "subjetiva".

Há muitos anos, vimos insistindo ser equivocado o uso da expressão *discricionariedade judicial*, enquanto vinculada a situações em que o juiz interpreta *conceitos vagos*.[16] E aqui se está, exatamente, diante da hipótese de interpretação de conceito vago ou indeterminado.

Às vezes, a lei se serve de conceitos precisos (por exemplo, *um ano*) e, por outras vezes, de conceitos que linguisticamente têm sido chamados de *conceitos vagos* ou *indeterminados* (por exemplo, *união estável, bom pai de família, interesse público* etc.). Esses conceitos aparecem, aliás, na formulação de princípios jurídicos e de cláusulas gerais.

Raciocínios com base em princípios jurídicos, a inserção de conceitos vagos e cláusulas gerais na lei são fenômenos típicos do Direito contemporâneo.

Interpretar um conceito vago é pressuposto lógico da aplicação de uma norma posta, ou de um princípio jurídico, que contenha um conceito dessa natureza em sua formulação. É pressuposto lógico da efetiva aplicação, mas, na verdade, integra o processo interpretativo, visto como um todo.

A interpretação pode, de fato, ser tida como um processo de *qualificação da realidade*. Consubstancia-se no núcleo do processo de aplicação da norma.

Assim, quando se quer chegar à interpretação de um termo jurídico, se fazem duas perguntas: uma é relativa à significação do termo; a outra é ligada ao próprio objeto, e consiste em se indagar se aquele determinado objeto pode ser designado por aquele termo.

Pode-se ver, no processo interpretativo, um movimento *pendular*, que se dá entre o texto da norma e os fatos, até que haja o término do "processo subsuntivo", ou seja, do encaixe dos fatos na norma e vice-versa.

Muito frequentemente, a indeterminação de um conceito é apontada como uma *imperfeição das línguas*. Todavia, ao contrário do que possa parecer, às vezes se atinge maior perfeição e requinte com conceitos vagos do que com conceitos precisos. Orman Quine[17] faz expressiva analogia com o pintor que, diluindo suas cores, é mais preciso que o autor de mosaicos feitos de pedras preciosas. A indeterminação dos conceitos não é, pois, um *defeito* da linguagem, mas uma *característica*, que também tem funções positivas. O legislador

---

[16] Teresa Arruda Alvim Wambier, *Controle das decisões judiciais por meio de recursos de estrito direito e de ação rescisória: recurso especial, recurso extraordinário e ação rescisória: o que é uma decisão contrária à lei?*, São Paulo, RT, 2001, p. 350-378; *Recurso especial, recurso extraordinário e ação rescisória*, 2. ed. São Paulo, RT, 2008, p. 175-209.

[17] Orman Quine, *Palabra y objeto*, tradução de Manuel Sacristán, Barcelona, 1968, apud Fernando Sainz Moreno, *Conceptos jurídicos, interpretación y discrecionalidad*, Madrid, Civitas, 1976, p. 68.

apercebeu-se disso e vem utilizando cada vez mais amplamente esses conceitos na redação dos textos de lei.

A interpretação dos conceitos vagos vem adquirindo cada vez mais importância no mundo contemporâneo porque o uso destes conceitos consiste numa técnica legislativa *marcadamente afeiçoada à realidade em que hoje vivemos, que se caracteriza justamente pela sua instabilidade, pela imensa velocidade com que acontecem os fatos, com que se transmitem informações, se alteram "verdades" sociais.*

Os conceitos, de um modo geral, mesmo os conceitos determinados, podem ser vistos como algo que tem uma *estrutura interna*. Um círculo de certeza de tamanho pequeno, um círculo maior que este, que seria a zona de "penumbra" (*Begriffshof*), e um ainda maior, que seria uma outra zona de certeza, agora negativa.

Assim, esta imagem com estes três círculos concêntricos encerraria, no centro, uma área em que há *a certeza, positiva* (*é*, com certeza – núcleo do conceito –, *Begriffskern*) e, como última zona do círculo, uma zona de certeza negativa (*não é*, com certeza).

Na verdade, esta orla periférica de incerteza está presente em quase todos os *conceitos*, com exceção talvez das grandezas matemáticas. O que varia é a *extensão* desta orla. Assim, a diferença entre conceitos indeterminados e determinados é de natureza *quantitativa*.

De qualquer modo, todavia, é imprescindível afirmar-se que esta zona de incerteza, que, sob certo aspecto, pode ser "tolerada" sob o ponto de vista linguístico, deve ser *eliminada* no mundo jurídico. Assim, e por isso, o fato de os Tribunais decidirem com base em normas que contêm conceitos vagos não pode servir de "pretexto" para justificar (e manter) jurisprudência conflitante, criando insegurança no sistema.

Assim, é imprescindível que o STF torne cada vez mais nítido seu entendimento a respeito do que sejam questões que apresentam *repercussão geral*, para orientar o jurisdicionado ou, em outros termos, a sociedade.

Se a problemática que gira em torno dos conceitos vagos é, originariamente, sem sombra de dúvida, de natureza linguística, é inevitável constatar-se, sob este ângulo de análise, que conceitos indeterminados possam comportar mais de uma interpretação, todas razoavelmente defensáveis. *Todavia, como dissemos, a partir da perspectiva jurídica, toda a problemática desta situação emergente deve ser entendida e resolvida à luz de* critérios jurídicos *e não linguísticos*. Trata-se de um problema *eminentemente jurídico* e, por isso, deve ser *resolvido juridicamente*.

Uma das consequências de se afirmar que se trata de um problema jurídico *é a de que o problema tem de ser resolvido juridicamente, ou seja, o resultado do raciocínio não pode ser a declaração de que se está diante de uma questão duvidosa*[18] e que várias respostas seriam, portanto, aceitáveis.

Trata-se de um reflexo de um princípio que é *essencial à própria ideia de direito*. Este princípio não se pode destruir pela simples *dificuldade* de achar e demonstrar qual seja a única solução correta.[19]

Como vimos, os critérios para a identificação de questão que tenha *repercussão* geral são os de ordem econômica, social, política e, mesmo, jurídica, no sentido estrito.

Relevância jurídica no sentido estrito existe, por exemplo, quando está em jogo o conceito ou a noção de um instituto básico do nosso direito, de molde a que aquela decisão, se subsistisse, pudesse significar perigoso e relevante precedente, como, por exemplo, a de *direito adquirido.*[20]

Estabeleceu o § 3.º do art. 543-A, a propósito, que "haverá repercussão geral sempre que o recurso impugnar decisão contrária a súmula ou jurisprudência dominante do Tribunal". Vê-se que, sob este prisma, a relevância jurídica[21], em

---

[18] Fernando Sainz Moreno, *op. cit.*, p. 164.

[19] Deve-se anotar que o princípio de que deve haver uma só resposta, uma só solução (a melhor, a justa, a verdadeira) nada tem a ver com o princípio de "una respuesta y sólo una", criticado por Guasp. Este autor critica a tese de que existe uma unidade absoluta na ordem jurídica e que o Direito tende sempre a dar respostas únicas e harmônicas entre si (*Derecho*, Madrid, 1971, p. 410 e ss., apud Fernando Sainz Moreno, *op. cit.*, p. 166-167).

[20] Neste sentido, são os acórdãos:
Salário-família – Emenda Constitucional 20/1998 – Direito adquirido – Afastamento na origem – Recurso extraordinário – Repercussão geral configurada. Possui repercussão geral a controvérsia acerca da existência de direito adquirido à percepção de salário-família ante a alteração promovida pela Emenda Constitucional 20/1998 (STF, RG no RE 657989/RS, rel. Min. Marco Aurélio, j. 10.05.2012, *DJe* 18.06.2012.)
Recurso extraordinário. Repercussão geral reconhecida. Direito previdenciário. Direito adquirido ao melhor benefício. Tem relevância jurídica e social a questão relativa ao reconhecimento do direito adquirido ao melhor benefício. Importa saber se, ainda que sob a vigência de uma mesma lei, teria o segurado direito a eleger, com fundamento no direito adquirido, o benefício mais vantajoso, consideradas as diversas datas em que o direito poderia ter sido exercido, desde quando preenchidos os requisitos mínimos para a aposentação. Repercussão geral reconhecida, de modo que restem sobrestados os recursos sobre a matéria para que, após a decisão de mérito por esta Corte, sejam submetidos ao regime do art. 543-B, § 3.º, do CPC (STF, RG no RE 630501/RS, rel. Min. Ellen Gracie, j. 21.10.2010, *DJe* 23.11.2010.)

[21] Questão de ordem. Agravo de instrumento. Conversão em recurso extraordinário (CPC, art. 544, parágrafos 3.º e 4.º). IPTU. Incidência de alíquotas progressivas até a Emenda Constitucional 29/2000. Relevância econômica, social e jurídica da controvérsia. Reconhecimento da existência de repercussão geral da questão deduzida no apelo extremo

sentido estrito, pode ultrapassar "os interesses subjetivos da causa", referidos no § 1.º do mesmo artigo, pois pressupôs o § 3.º que, tendo sido contrariadas súmula ou jurisprudência dominante do STF, estará presente questão com repercussão geral.[22]

---

[22] interposto. Precedentes desta corte a respeito da inconstitucionalidade da cobrança progressiva do IPTU antes da citada emenda. Súmula 668 deste tribunal. Ratificação do entendimento. Possibilidade de aplicação dos procedimentos da repercussão geral (CPC, art. 543-B). 1. Mostram-se atendidos todos os pressupostos de admissibilidade, inclusive quanto à formal e expressa defesa pela repercussão geral da matéria submetida a esta Corte Suprema. Da mesma forma, o instrumento formado traz consigo todos os subsídios necessários ao perfeito exame do mérito da controvérsia. Conveniência da conversão dos autos em recurso extraordinário. 2. A cobrança progressiva de IPTU antes da EC 29/2000 – assunto de indiscutível relevância econômica, social e jurídica – já teve a sua inconstitucionalidade reconhecida por esta Corte, tendo sido, inclusive, editada a Súmula 668 deste Tribunal. 3. Ratificado o entendimento firmado por este Supremo Tribunal Federal, aplicam-se aos recursos extraordinários os mecanismos previstos no § 1.º do art. 543-B, do CPC. 4. Questão de ordem resolvida, com a conversão do agravo de instrumento em recurso extraordinário, o reconhecimento da existência da repercussão geral da questão constitucional nele discutida, bem como ratificada a jurisprudência desta Corte a respeito da matéria, a fim de possibilitar a aplicação do art. 543-B, do CPC (STF, RG na QO no AI 712743/SP, rel. Min. Ellen Gracie, j. 12.03.2009, *DJe* 08.05.2009.)

[22] Questão de ordem. Recurso extraordinário. Procedimentos de implantação do regime da repercussão geral. Questão constitucional objeto de jurisprudência dominante no Supremo Tribunal Federal. Plena aplicabilidade das regras previstas nos arts. 543-A e 543-B do Código de Processo Civil. Atribuição, pelo plenário, dos efeitos da repercussão geral às matérias já pacificadas na corte. Consequente incidência, nas instâncias inferiores, das regras do novo regime, especialmente as previstas no art. 543-B, § 3.º, do CPC (declaração de prejudicialidade ou retratação da decisão impugnada). Limitação da taxa de juros reais a 12% ao ano. art. 192, § 3.º, da Constituição Federal, revogado pela Emenda Constitucional 40/2003. Aplicabilidade condicionada à edição de lei complementar. Jurisprudência consolidada, inclusive com edição de enunciado da súmula do tribunal. Reconhecimento da repercussão geral do tema, dada a sua evidente relevância. Recursos extraordinários correspondentes com distribuição negada e devolvidos à origem, para a adoção dos procedimentos previstos no art. 543-B, § 3.º, do CPC. 1. Aplica-se, plenamente, o regime da repercussão geral às questões constitucionais já decididas pelo Supremo Tribunal Federal, cujos julgados sucessivos ensejaram a formação de súmula ou de jurisprudência dominante. 2. Há, nessas hipóteses, necessidade de pronunciamento expresso do Plenário desta Corte sobre a incidência dos efeitos da repercussão geral reconhecida para que, nas instâncias de origem, possam ser aplicadas as regras do novo regime, em especial, para fins de retratação ou declaração de prejudicialidade dos recursos sobre o mesmo tema (CPC, art. 543-B, § 3.º). 3. Fica, nesse sentido, aprovada a proposta de adoção de procedimento específico que autorize a Presidência da Corte a trazer ao Plenário, antes da distribuição do RE, questão de ordem na qual poderá ser reconhecida a repercussão geral da matéria tratada, caso atendidos os pressupostos de relevância. Em seguida, o Tribunal poderá, quanto ao mérito, (a) manifestar-se pela subsistência do entendimento já consolidado

Relevância social existe na discussão de problemas relativos à educação,[23] à moradia ou mesmo à legitimidade do MP para a propositura de certas ações.[24] Aliás, *essa repercussão geral deverá ser pressuposta em um número considerável de ações coletivas, só pelo fato de serem coletivas.*

Relevância econômica há em ações que discutem, por exemplo, o sistema financeiro da habitação[25] ou a privatização de serviços públicos essenciais,[26] como a telefonia, o saneamento básico, a infraestrutura etc.

---

ou (b) deliberar pela rediscussão do tema. Na primeira hipótese, fica a Presidência autorizada a negar distribuição e a devolver à origem todos os feitos idênticos que chegarem ao STF, para a adoção, pelos órgãos judiciários a quo, dos procedimentos previstos no art. 543-B, § 3.º, do CPC. Na segunda situação, o feito deverá ser encaminhado à normal distribuição para que, futuramente, tenha o seu mérito submetido ao crivo do Plenário. 4. Possui repercussão geral a discussão sobre a limitação da taxa de juros reais a 12% ao ano, prevista no art. 192, § 3.º, da CF, até a sua revogação pela Emenda Constitucional 40/2003. Matéria já enfrentada por esta Corte em vários julgados, tendo sido, inclusive, objeto de súmula deste Tribunal (Súmula STF n.º 648). 5. Questão de ordem resolvida com a definição do procedimento, acima especificado, a ser adotado pelo Tribunal para o exame da repercussão geral nos casos em que já existente jurisprudência firmada na Corte. Deliberada, ainda, a negativa de distribuição do presente recurso extraordinário e dos que aqui aportarem versando sobre o mesmo tema, os quais deverão ser devolvidos pela Presidência à origem para a adoção do novo regime legal (STF, QO no RE 582650/BA, rel. Min. Ellen Gracie, j. 16.04.2008, *DJe* 24.10.2008).

[23] Universidade pública – Reserva de vagas – Inconstitucionalidade de lei declarada na origem – Repercussão geral configurada. Possui repercussão geral a controvérsia atinente à constitucionalidade da Lei estadual n.º 2.894/2004, mediante a qual se reservaram 80% das vagas oferecidas em concursos vestibulares da Universidade do Estado do Amazonas – UEA aos candidatos egressos de escolas de ensino médio daquele Estado, desde que nelas tenham cursado os três anos obrigatórios, e os 20% restantes aos demais candidatos (STF, RG no RE 614873/AM, rel. Min. Marco Aurélio, j. 08.09.2011, *DJe* 29.09.2011.)

[24] CONSTITUCIONAL. Processual civil. Ministério Público. Legitimidade. Ação civil pública. Defesa de interesses de beneficiários do chamado "seguro DPVAT". Presença da repercussão geral da questão constitucional discutida. Possui repercussão geral a questão constitucional alusiva à legitimidade do Ministério Público para propor ação civil pública em defesa dos interesses de beneficiários do chamado "Seguro DPVAT" (STF, RG no RE 631111/GO, rel. Min. Ayres Britto, j. 08.09.2011, *DJe* 02.05.2012.)

[25] DIREITO CONSTITUCIONAL. Execução extrajudicial. Sistema financeiro da habitação. Recepção do decreto-lei n.º 70/1966. Presença de repercussão geral (STF, RG no AI 771770/PR, rel. Min. Dias Toffoli, j. 04.03.2010, *DJe* 26.03.2010).

[26] TRIBUTÁRIO – ICMS – água canalizada – art. 155, II, CF. Repercussão geral – existência. Ultrapassa os interesses subjetivos das partes a controvérsia relativa à possibilidade de incidência do ICMS sobre o fornecimento de água canalizada. Análise dos conceitos de mercadoria e de serviço público essencial e específico. Repercussão geral reconhecida (STF, RG no RE 607056/RJ, rel. Min. Dias Toffoli, j. 21.10.2010, *DJe* 21.02.2011).

Repercussão política há quando, por exemplo, de uma causa pudesse emergir decisão capaz de influenciar relações com Estados estrangeiros ou organismos internacionais.[27]

A decisão que não admite o recurso extraordinário em razão da ausência de repercussão geral deve ser fundamentada.[28]

---

[27] RECURSO. Extraordinário. Imunidade tributária recíproca. Extensão. Empresas públicas prestadoras de serviços públicos. Repercussão geral reconhecida. Precedentes. Reafirmação da jurisprudência. Recurso improvido. É compatível com a Constituição a extensão de imunidade tributária recíproca à Empresa Brasileira de Infraestrutura Aeroportuária – INFRAERO, na qualidade de empresa pública prestadora de serviço público (STF, RG no ARE 638315/BA, rel. Min. Cezar Peluso, j. 09.06.2011, DJe 31.08.2011, vencido o Min. Luiz Fux).

ESTRANGEIRO – Expulsão – Filho brasileiro – Soberania nacional *versus* família – Repercussão geral configurada. Possui repercussão geral a controvérsia acerca da possibilidade de expulsão de estrangeiro cujo filho brasileiro nasceu posteriormente ao fato motivador do ato expulsório (STF, RG no RE 608898/SP, rel. Min. Marco Aurélio, j. 10.03.2011, DJe 28.09.2011.)

Assistência social – Garantia de salário mínimo a menos afortunado – Estrangeiro residente no país – Direito reconhecido na origem – Possui repercussão geral a controvérsia sobre a possibilidade de conceder a estrangeiros residentes no país o benefício assistencial previsto no art. 203, V, da Carta da República (STF, RG no RE 587970/SP, rel. Min. Marco Aurélio, j. 25.06.2009, DJe 02.10.2009.)

TRIBUTÁRIO. Imposto sobre produtos industrializados. Bacalhau (peixe seco e salgado). Tratamento. Alcance de acordo internacional. General agreement on trade and tariffs. Decreto legislativo 30/1994 e decreto 301355/1994. Proposta pelo reconhecimento da repercussão geral da matéria. Tem repercussão geral a discussão sobre a incidência do IPI sobre operações com bacalhau (peixe seco e salgado), à luz do GATT, dos princípios da isonomia, da seletividade e da extrafiscalidade e do conceito de industrialização (STF, RG no RE 627280/RJ, rel. Min. Joaquim Barbosa, j. 17.11.2011, DJe 23.02.2012.)

[28] São exatamente nesse sentido as observações de José Miguel Garcia Medina, *Prequestionamento e repercussão geral e outras questões relativas aos recursos especial e extraordinário*, 6. ed. rev., atual. e ampl. São Paulo: RT, 2012, p. 303: "Naturalmente, incide [...], o princípio constitucional segundo o qual *todas as decisões judiciais devem ser públicas e fundamentadas* (art. 93, IX, da CF). Assim, *tanto a manifestação do relator (favorável ou contrária à repercussão geral) quanto a do ministro que dele divergir deverão ser fundamentadas, e tornadas públicas ao longo do procedimento*, de modo a tornar conhecidas tais razões de imediato, e não apenas ao final da deliberação pelo plenário, acerca da presença (ou não) de repercussão geral (cf. § 7.º do art. 543-A do CPC). Nesse sentido, o art. 329 do Regimento Interno do STF impõe a 'ampla e específica divulgação do teor das decisões sobre repercussão geral'".

Semelhantemente, decidiu-se que "II – A exigência do art. 93, IX, da Constituição, não impõe seja a decisão exaustivamente fundamentada. O que se busca é que o julgador informe de forma clara e concisa as razões de seu convencimento. Precedentes. III – Agravo regimental improvido (STF, T2, AgRg no RE 697942/DF, rel. Min. Ricardo Lewandowski, j. 11.12.2012, DJe 01.02.2013, v.u.)".

De acordo com o Direito brasileiro (art. 93, IX, da CF), não se pode mais conceber que a decisão acerca de a questão ter ou não repercussão geral se dê em sessão secreta, como ocorria com a arguição de relevância.

A justificativa para que a decisão acerca da arguição de relevância fosse proferia em sessão secreta, e não fosse fundamentada, era a de que não se tratava de *ato jurisdicional*, mas de ato de natureza legislativa, já que, com isso, os ministros, que estabeleciam as hipóteses de cabimento do recurso extraordinário no regimento interno do STF, estariam pura e simplesmente "acrescentando" como que "mais um inciso" ao art. 325, em cujo *caput* eram previstos os casos em que cabia o recurso extraordinário. Dentre os incisos, havia o XI, em que se dizia que o recurso extraordinário seria cabível "em todos os demais feitos, quando reconhecida a relevância da questão federal".

A explicação não convencia e as críticas ao instituto eram ferozes. Tal era a indisposição que esta sessão secreta causava que a comunidade jurídica, operadores e estudiosos do Direito, ao invés de enxergarem na arguição de relevância uma *saída*, nela viam equivocadamente uma *restrição*.

4. O ADEQUADO ALCANCE DA EXPRESSÃO REPERCUSSÃO GERAL – O INDESEJÁVEL IMEDIATISMO

Tem-se percebido certa tendência do STF, que a nosso ver deve ser abandonada, no sentido de usar a repercussão geral com vistas, numa perspectiva imediatista, *exclusivamente* a diminuir a sobrecarga de trabalho deste Tribunal.

No início deste texto, quando anunciamos sucintamente qual seria o tema central destas anotações, dissemos que, de fato, é compreensível que, numa primeira fase, se tivesse usado o instituto da repercussão geral para resolver um problema de momento, que tende a deixar de ser tão grave, consistente na sobrecarga de recursos de STF. Em seguida, caberia a esta Corte retomar plenamente o exercício de sua função, que é fixar parâmetros interpretativos para as normas da Constituição Federal e para as demais do ordenamento jurídico brasileiro, interpretado à luz desta.

Queremos dizer com isso que casos haverá, e efetivamente há, em que se deve reconhecer a presença de repercussão geral, sem que isto signifique, de forma imediata, *limpeza de mesas*.

Em hipóteses como as em que se discutem contornos de conceitos jurídicos, como *coisa julgada* ou *ato jurídico perfeito*, ainda que se trate de recurso interposto em ação que corre entre, pura e simplesmente, A e B, há, a nosso ver, repercussão geral, que deve ser reconhecida para que se supere o juízo de admissibilidade do recurso.

A repercussão geral não deve ser compreendida como estando presente só se a quantidade de pessoas, imediatamente atingidas diretamente pela decisão for significativa, ainda que o termo *geral* possa sugerir isto.

Exemplo de caso em que deveria ter sido reconhecida a repercussão geral é o acórdão que condenou a CBF a indenizar torcedor por dano moral resultante de atividade de árbitro em certo jogo de futebol.

A questão é, na verdade, a *identificação* do que sejam *danos morais*. Claro que, uma vez se tendo decidido no sentido de que a atuação de um árbitro durante certo jogo de futebol, ainda que haja suspeita de manipulação de dados, define-se de modo mais preciso o que são danos morais e o alcance do art. 5.º, X, da CF, e podem-se, assim, evitar milhares de ações em que se formulem pedidos do gênero perante o Judiciário.[29]

Em recurso extraordinário, cujo objeto teria sido a análise do alcance do princípio do acesso ao Judiciário, em situação regida por lei municipal que exige cobrança amigável prévia, como condição para o ajuizamento da execução fiscal, entendeu-se não haver repercussão geral. Ficaram vencidos Min. Gilmar Mendes e Marco Aurélio.[30]

Outro exemplo emblemático de caso em que a repercussão geral deveria, a nosso ver, ter sido reconhecida foi o recurso de acórdão em que se discutiu conceito de direito adquirido. Tratava-se de médicos que tinham cursado a faculdade fora do Brasil, em momento histórico em que certa convenção estava em vigor no Brasil, convenção esta que previa o reconhecimento automático do diploma pela via administrativa, que, no caso, não foi obtido. Vencidos Min. Marco Aurélio e Min. Ellen Gracie.[31]

Também não há como deixar de enxergar-se repercussão geral em recurso que impugna decisão de 2.º grau que considerou constitucional a incidência de IR sobre rendimentos pagos acumuladamente a pessoa física, que, justamente porque recebeu de modo acumulado (por erro da autarquia), acabou sendo descontada em IR à alíquota máxima, de 27,5%, como os contribuintes com capacidade econômica infinitamente maior.[32]

---

[29] STF, Repercussão Geral em RE 565.138-0/BA, Rel. Min. Menezes Direito, j. 09.11.2007, *DJe* 07.12.2007, m.v. – voto vencido Min. Marco Aurélio.
[30] STF, Repercussão Geral em RE 568.657-4/MS, Rel. Min. Cármen Lúcia, j. 09.11.2007, *DJe* 01.02.2008.
[31] STF, Repercussão Geral em RE 584.573-7/RS, Rel. Min. Ricardo Lewandowski, j. 05.06.2008, *DJe* 20.06.2008.
[32] STF, Repercussão Geral em RE 592.211-1/RJ, Rel. Min. Menezes Direito, j. 06.11.2008, *DJe* 21.11.2008, m.v. – votos vencidos Min. Carlos Britto e Min. Marco Aurélio.

O fato de o STF não reconhecer a repercussão geral no caso entre A e B, em que se discute, por exemplo, o conceito de coisa julgada, é resultado da aguda falta de consciência da função paradigmática que este tribunal deve desempenhar. O viés conceitual da repercussão geral deve abranger especialmente esta função (paradigmática) do STF, enquanto guardião da Constituição Federal, para, independentemente do número de recursos, estabelecer padrões de interpretação das normas constitucionais para toda a Nação.

Somente assim se estará caminhando rumo à tão almejada estabilidade, coerência e uniformidade na interpretação e leitura final do sistema normativo pelos Tribunais Superiores, o que virá, sem dúvida, a beneficiar a sociedade como um todo, sem surpresa, sem arbitrariedade, sem depender da "sorte" de o caso específico ser distribuído para este ou aquele órgão fracionário que têm entendimentos diferentes sobre o mesmo tema.

> # 29

REPERCUSSÃO GERAL E O *WRIT OF CERTIORARI* – UMA PROPOSTA DE *LEGE FERENDA*

THIAGO RODOVALHO

Doutorando em Direito Civil – Arbitragem pela PUC/SP. Mestre em Direito Civil pela PUC/SP (2009). Possui graduação em Direito pela Pontifícia Universidade Católica de Campinas (2001). Advogado em São Paulo. Membro da Lista de Árbitros do Conselho Arbitral do Estado de São Paulo – CAESP. Professor-assistente convidado de Arbitragem e Mediação na graduação da PUC/SP (assistindo Professor titular Francisco José Cahali). Professor de Direito Civil e Filosofia do Direito do Instituto Superior de Ciências Aplicadas (ISCA) de 2005 a 2008. Palestrante convidado no COGEAE (PUC/SP) (Professor mestre). Autor de diversas publicações (livros e artigos). Curriculum Lattes: http://lattes.cnpq.br/5142974418646979.

SUMÁRIO: 1. Introdução – 2. Notas sobre a repercussão geral – 3. O estado da arte e a necessidade de uma aproximação maior com o *writ of certiorari*: uma proposta de *lege ferenda* – 4. Conclusão – Referências Bibliográficas

1. INTRODUÇÃO

A *reforma do Poder Judiciário* promovida pela Emenda Constitucional n. 45 traduziu-se efetivamente numa importante medida para o aprimoramento da justiça brasileira.

Se não teve – e nem o poderia ter – o condão de resolver todos os problemas que assolam a *crise da justiça*, há que se reconhecer que trouxe consigo inúmeros méritos.

Como é forçoso reconhecer, não poderia resolver *por completo* as mazelas da *crise da justiça*, pois essa resolução passa, necessariamente, por diversos campos e medidas que escapam ao âmbito de uma emenda constitucional, tais como mudança da *cultura de litígio*[1] que impera no Brasil, *melhor administração da justiça* e *reforma do atual Código de Processo Civil* [especialmente na parte de recursos (o que tem sido objeto da discussão em torno do Novo CPC, atualmente em trâmite no Congresso Nacional)].

No tocante à (necessária) mudança da *cultura de litígio* e à *melhor administração da justiça*, a EC/45 contribuiu sobremaneira para seu aprimoramento, com a criação do Conselho Nacional de Justiça – CNJ.

Especialmente após a Resolução CNJ n. 125/2010,[2-3] que trata da *Política Judiciária Nacional de tratamento adequado dos conflitos de interesses no âmbito do Poder Judiciário*, e que justamente procurou desenvolver no país o que se cunhou de *sistema multiportas* ou *tribunal multiportas* [com inspiração no sistema americano (*Multidoor Courthouse System*)],[4] estimulou-se o uso de *meios extrajudiciais de solução dos conflitos*, tais como negociação, conciliação e mediação.

Contudo, a sociedade brasileira ainda continua sendo permeada pela *cultura do litígio*, e essa mudança cultural demanda tempo e envolvimento de diversos setores da sociedade para conscientização a respeito de outras formas de resolução dos conflitos.

Demais disso, o CNJ vem cumprindo importante papel no aprimoramento da administração da justiça no país, especialmente com o mapeamento da situação e estabelecimento de metas, ainda que haja muito por fazer.

O terceiro aspecto da *crise da justiça* demanda uma reforma do Código de Processo Civil e sua melhor *racionalização*, especialmente quanto ao *sistema recursal*, o que tem sido objeto de discussão no Novo CPC.

A EC/45 teve, ainda, o mérito de consagrar o *direito constitucional à razoável duração do processo*.

---

[1] Sobre o tema, v., entre outros, Kazuo Watanabe. Cultura da sentença e cultura da pacificação, In: Flavio Luiz Yarshell; Maurício Zanoide de Moraes, *Estudos em homenagem à Professora Ada Pellegrini Grinover*, São Paulo: DPJ Editora, 2005, pp. 684-690; Kazuo Watanabe. Modalidade de mediação, CJF. *Mediação: um projeto inovador* (Série Cadernos do CEJ), v. 22, Brasília: CJF, 2003, pp. 42-50.

[2] Recentemente alterada por meio da Emenda n. 1, de 31 de janeiro de 2013.

[3] A respeito da Resolução CNJ n. 125/2010, cfr. Francisco José Cahali, *Curso de arbitragem*, 2.ed. São Paulo: Revista dos Tribunais, 2012, pp. 37-53.

[4] V. Nancy Andrighi; Gláucia Falsarella Foley. Sistema multiportas: o Judiciário e o consenso, *Folha de São Paulo, Tendências e Debates*, 24.06.2008.

Mas, como dito, se a EC/45 não teve o condão (e nem poderia) de resolver por completo os problemas da *crise da justiça*, teve, por outro lado, o incomensurável relevo de resgatar a função *constitucional* e *institucional* do Supremo Tribunal Federal, ainda que tenha faltado similar (e necessária) atuação em relação ao Superior Tribunal de Justiça.[5]

Isto porque a EC/45, com a instituição da *súmula vinculante, prestigiou a autoridade* do Supremo Tribunal Federal,[6] e, com a instituição da *repercussão geral, prestigiou a razão de ser* da Corte, isto é, a de atuar apenas *extraordinariamente*, quando tratar-se de caso cuja relevância se sobreponha ao mero interesse particular das partes, representando, assim, a *culminância* da atividade jurisdicional, expressando a última palavra em matéria *constitucional* (STF) ou *federal* (STJ)[7] e *unificando* o entendimento sobre a matéria,[8] a fim de que haja *integridade* do sistema jurídico nacional, procurando, com isso, deixar de

---

[5] José Manoel de Arruda Alvim Netto. A EC n. 45 e o instituto da repercussão geral, In: Teresa Arruda Alvim Wambier *et alii*. *Reforma do judiciário – Primeiras reflexões sobre a Emenda Constitucional n. 45/2004*, São Paulo: Revista dos Tribunais, 2005, p. 68: "A crítica à instituição da repercussão geral, para o STF, não procede; mas, o que, em nosso sentir, tem procedência é a não adoção de igual sistema para o STJ".

[6] Sobre o tema, Thiago Rodovalho. Do respeito às decisões do STF e a súmula vinculante, In: Vladmir Oliveira da Silveira (coord.). *Revista de Direito Brasileira – RDBras*, São Paulo: Revista dos Tribunais/Conpedi, , n. 4, ano 2, v. 2, pp. 237-242, jan./jun. de 2012.

[7] José Manoel de Arruda Alvim Netto. A alta função jurisdicional do Superior Tribunal de Justiça no âmbito do recurso especial e a relevância das questões, *STJ 10 anos:* Obra comemorativa 1989-1999, Brasília: Superior Tribunal de Justiça, 1999, p. 37.

[8] José Miguel Garcia Medina. *Prequestionamento e repercussão geral e outras questões relativas aos recursos especial e extraordinário*, 6. ed. São Paulo: Revista dos Tribunais, 2012, n. 1.1.1, p. 24: "É o que sucede com os recursos extraordinário e especial. Decerto, a aplicação do direito, pelo órgão judicante, seria precária se não se buscasse preservar a unidade de sua compreensão, evitando interpretações divergentes do direito positivo. Busca-se, por isso, na medida do possível, obter a unidade de inteligência da norma, em função do *entendimento unificador e estabilizador que lhe devem dar os tribunais superiores*". V., também, José Miguel Garcia Medina, Sobre a PEC n. 209/2012, que pretende instituir o requisito da "relevância" da questão federal para o recurso especial, *Cadernos Jurídicos da OAB Paraná*, n. 35, novembro de 2012, p. 4; Luiz Guilherme Marinoni; Daniel Mitidiero. *Repercussão geral no recurso extraordinário*, São Paulo: Revista dos Tribunais, 2007, n. 1.1, p. 15. Sobre o tema, v. ainda, amplamente, José Manoel de Arruda Alvim Netto. A alta função jurisdicional do Superior Tribunal de Justiça no âmbito do recurso especial e a relevância das questões, *STJ 10 anos:* Obra comemorativa 1989-1999, Brasília: Superior Tribunal de Justiça, 1999, *passim*; Ovídio A. Baptista da Silva. A função dos tribunais superiores, *STJ 10 anos:* Obra comemorativa 1989-1999, Brasília: Superior Tribunal de Justiça, 1999, *passim*.

funcionar na *prática* como mais uma instância *ordinária* (= 3.ª e 4.ª instâncias ordinárias).[9-10]

A esse respeito, como bem pontuam Joaquim Falcão *et alii*:

> *Essa interpretação da Constituição* [acesso à justiça e duplo grau de jurisdição] *é frequentemente mencionada quando se discute a importância de se manter aberto o acesso ao STF, por parte dos litigantes, pela via recursal. Entretanto, ao analisarmos mais detidamente a distribuição dos tribunais de origem dos processos que chegam ao STF, percebemos que a jurisdição recursal do STF serve basicamente a uma garantia muito além do duplo grau de jurisdição. Na prática, no Brasil, se garante no mínimo o triplo grau de jurisdição, às vezes até mesmo o quádruplo grau de jurisdição.*[11]

Nesse contexto, juntas, *súmula vinculante* e *repercussão geral* procuram justamente *afastar* esse cenário, prestigiando a atuação do STF como *instância extraordinária* (excepcional), e ajudam a conferir *estabilidade* e *racionalidade* ao sistema jurídico brasileiro.[12]

Especificamente com relação à *repercussão geral*, objeto desse estudo, passados quase dez anos da EC/45 e decorridos cinco anos de sua vigência efetiva operada pela Emenda n. 21/2007 ao Regimento Interno do Supremo Tribunal Federal, nota-se que esse instituto tem se relevado um importante instrumento a serviço do STF para prestigiar sua *ratio essendi*, tendo sido responsável por *sen-*

---

[9] Tratamos do tema em artigo pendente de publicação: Thiago Rodovalho. O Superior Tribunal de Justiça e a Arguição de Relevância, In: Ministra Isabel Gallotti *et alii* (orgs.). *O Superior Tribunal de Justiça e o Direito Processual Civil*, no prelo. V., também, Thiago Rodovalho. Do respeito às decisões do STF e a súmula vinculante, In: Vladmir Oliveira da Silveira (coord.). *Revista de Direito Brasileira – RDBras*, São Paulo: Revista dos Tribunais/Conpedi, ano 2, v. 2, pp. 229/255, jan./jun. de 2012.

[10] Isso fica evidente quando se nota que a absoluta maioria dos processos recebidos pelo Supremo Tribunal Federal são recursos, correspondendo a quase 92% dos casos recebidos de 1988 até 2009, ou 1.120.597 de recursos, especialmente após a CF/1988, como noticiam Joaquim Falcão *et alii. I Relatório Supremo em Números – O Múltiplo Supremo*, Rio de Janeiro: FGV, 2011, pp. 21-22.

[11] Joaquim Falcão *et alii. I Relatório Supremo em Números – O Múltiplo Supremo*, Rio de Janeiro: FGV, 2011, p. 32.

[12] Luiz Guilherme Marinoni; Daniel Mitidiero. *Repercussão*, cit., n. 1.1, pp. 15-18; Thiago Rodovalho. Do respeito às decisões do STF e a súmula vinculante, In: Vladmir Oliveira da Silveira (coord.). *Revista de Direito Brasileira – RDBras*, São Paulo: Revista dos Tribunais/Conpedi, ano 2, v. 2, pp. 229-255, jan./jun. de 2012.

sível redução do número de processos no STF, que vem decrescendo anualmente desde 2007.[13]

Nesse cenário, é possível analisar pontos que têm dado certo na *repercussão geral* e o que pode ser aprimorado.

2. NOTAS SOBRE A REPERCUSSÃO GERAL

A repercussão geral (juntamente com a súmula vinculante) teve o condão de contribuir imensamente para a transformação do Supremo Tribunal Federal em uma efetiva *Corte Constitucional*,[14] com a *objetivação* cada vez maior de sua atuação.[15]

Nesse contexto, o instituto da *repercussão geral* evita que o STF tenha de atuar em questões meramente particulares, que digam respeito unicamente ao interesse subjetivo das partes envolvidas no processo.[16]

Desta sorte, com o advento do referido instituto, em não se tratando de *quaestio iuris* cuja relevância *transcenda* o mero interesse subjetivo das partes, o recurso não deve ter seu mérito enfrentado pelo Supremo.[17] Como sinteticamente

---

[13] A esse respeito, cfr. *Anuário da Justiça – Brasil*, São Paulo: Conjur, pp. 38-43, 2012.

[14] Encarnacion Alfonso Lor. *Súmula vinculante e a repercussão geral – Novos institutos de direito processual constitucional*, São Paulo: Revista dos Tribunais, pp. 46-47, 2009.

[15] Nesse sentido, voto do Min. Gilmar Mendes no Processo Administrativo n. 318.715/STF: *O recurso extraordinário "deixa de ter caráter marcadamente subjetivo ou defesa de interesse das partes, para assumir, de forma decisiva, a função de defesa da ordem constitucional objetiva. Trata-se de orientação que os modernos sistemas de Corte Constitucional vêm conferindo ao recurso de amparo e ao recurso constitucional (Verfassungsbeschwerde)* [...] *A função do Supremo nos recursos extraordinários — ao menos de modo imediato — não é a de resolver litígios de fulano ou beltrano, nem a de revisar todos os pronunciamentos das cortes inferiores. O processo entre as partes, trazido à corte via Recurso Extraordinário, deve ser visto apenas como pressuposto para uma atividade jurisdicional que transcende os interesses subjetivos* [cfr. Fredie Didier Junior. Transformações do recurso extraordinário, In: Luiz Fux *et alii* (coords.). *Processo e Constituição – Estudos em homenagem ao Professor José Carlos Barbosa Moreira*, São Paulo: Revista dos Tribunais, pp. 983-984, 2006,].

[16] Lembrando-se, sempre, a advertência feita por Arruda Alvim: *quando se diz que tudo é relevante, a consequência é que nada ou quase nada é tratado como realmente importante* (José Manoel de Arruda Alvim Netto. *A alta função jurisdicional do Superior Tribunal de Justiça*, cit., p. 44).

[17] José Manoel de Arruda Alvim Netto. A EC n. 45 e o instituto da repercussão geral, In: Teresa Arruda Alvim Wambier *et alii*. *Reforma do judiciário – Primeiras reflexões sobre a Emenda Constitucional n. 45/2004*, São Paulo: Revista dos Tribunais, 2005, p. 65: *viabilizando-se que o STF, mais uma vez instalado o regime da EC n. 45, só venha a julgar*

consignam Luiz Guilherme Marinoni e Daniel Mitidiero, a fórmula da repercussão geral *conjuga* relevância e transcendência (repercussão geral = relevância + transcendência).[18]

A questão jurídica posta na lide deve, pois, ser *relevante* e *transcender* o mero interesse subjetivo das partes.[19]

Sendo assim, impõe-se para o conhecimento e enfrentamento do Recurso Extraordinário, que a *quaestio iuris* nele posta consubstancie-se verdadeiramente em uma *questão jurídica* qualificada *por sua repercussão para além do interesse subjetivo das partes* (= repercussão geral),[20] cumprindo-se, portanto, com a *alta função institucional das Cortes Superiores*, em especial, o STF, na qualidade de *Corte Constitucional*, o que não é efetivamente possível sem a existência de *filtro recursal* que torne sua atuação mais *racional*.[21]

Nesse sentido, os precisos dizeres de José Medina, para quem:

> *Tendo em vista a exigência de demonstração de repercussão geral, afirmamos que a questão constitucional, para que o recurso extraordinário seja conhecido, deve ser* qualificada. *Assim, não basta a existência de questão constitucional na decisão recorrida; além disso, exige-se que tal questão ofereça repercussão geral, para que o recurso extraordinário seja admissível*.[22]

---

recursos extraordinários na medida em que tenham repercussão geral, *deixando sempre de julgar os recursos que não sejam dotados dessa repercussão, ainda que formal e substancialmente pudessem ser aptos à admissão e ao julgamento, e até mesmo julgamento favorável.* Haja vista não ser *função* dos Tribunais Extraordinários a correção de *erros judiciais* ou de *injustiças* [cfr. José Manoel de Arruda Alvim Netto. *A arguição de relevância no recurso extraordinário*, São Paulo: Revista dos Tribunais, n. 28, p. 100, 1988. V., ainda, as críticas de Ovídio A. Baptista da Silva. *A função dos tribunais superiores*, cit., pp. 155-156; Newton Doreste Baptista, *Da arguição de relevância no recurso extraordinário*, Rio de Janeiro: Forense, 1976, p. 41].

[18] Luiz Guilherme Marinoni; Daniel Mitidiero. *Repercussão*, cit., n. 2.2.1, p. 33. V., também, Bruno Dantas. *Repercussão geral*, 3. ed. São Paulo: Revista dos Tribunais, n. 1.4, , 2012, p. 36.

[19] Essa é, inclusive, uma das diferenças entre a antiga *arguição de relevância* que havia no STF (centrado exclusivamente na ideia de *relevância*) e o atual instituto da *repercussão geral*, que exige mais do que isso, sendo necessária a *transcendência* da questão para além do interesse subjetivo das partes. Nesse sentido, Luiz Guilherme Marinoni; Daniel Mitidiero. *Repercussão*, cit., n. 2.1, p. 31. Sobre o tema, v., também, Thiago Rodovalho. O Superior Tribunal de Justiça e a Arguição de Relevância, In: Ministra Isabel Gallotti *et alii* (orgs.). *O Superior Tribunal de Justiça e o Direito Processual Civil*, no prelo.

[20] A esse respeito, cfr. Bruno Dantas. *Repercussão geral*, cit., n. 5.2.8, pp. 258-262.

[21] José Manoel de Arruda Alvim Netto. *A alta função jurisdicional do Superior Tribunal de Justiça*, cit., p. 39.

[22] José Miguel Garcia Medina. *Prequestionamento e repercussão geral*, cit., n. 3.1.2, p. 117.

Com isso, o Supremo Tribunal Federal é "reconduzido à sua verdadeira função, que é a de zelar pelo direito objetivo – sua eficácia, sua inteireza e a uniformidade de sua interpretação – na medida em que os temas trazidos à discussão tenham relevância para a Nação".[23]

Assim, o STF, na qualidade de *instância extraordinária* e de imprescindível órgão de *racionalização do discurso jurídico – uniformizando o entendimento* sobre a CF – tem seus julgados efetivamente funcionando como *precedentes* a orientar a atuação das instâncias *ordinárias*,[24] e cuja atuação *excepcional* e *objetivada* permitirá que sejam cada vez mais frequentemente precedentes *exemplares* e *paradigmáticos*, pois, como pontua Arruda Alvim, seus "pronunciamentos exorbitam [ou devem exorbitar] do interesse das partes, projetando-se para toda a sociedade a verdade do seu entendimento e nesta influindo".[25]

Deste modo, com a *repercussão geral*, *aproximou-se* o sistema constitucional brasileiro à tendência internacional de *excepcionalizar*, com a criação de *filtros*, o acesso à Corte Suprema, cuja *razão de ser* é desnaturada com a desmedida profusão de recursos de natureza individual que se lhe chegam diuturnamente.[26] Assim, aproximou-se o sistema constitucional brasileiro, por exemplo, aos siste-

---

[23] José Miguel Garcia Medina; Luiz Rodrigues Wambier; Teresa Arruda Alvim Wambier. Repercussão geral e súmula vinculante – Relevantes novidades trazidas pela EC n. 45/2004, In: Teresa Arruda Alvim Wambier *et alii*. *Reforma do judiciário* – Primeiras reflexões sobre a Emenda Constitucional n. 45/2004, São Paulo: Revista dos Tribunais, 2005, p. 374.

[24] José Manoel de Arruda Alvim Netto. *A alta função jurisdicional do Superior Tribunal de Justiça*, cit., pp. 38-39, dissertando sobre o STJ, mas cujas ensinanças aplicam-se também integralmente ao STF: O Superior Tribunal de Justiça, no tocante à legislação federal, *é o fecho da abóbada da justiça sobre a legalidade infra constitucional* e suas decisões devem ser *paradigmáticas, pois que, o rumo dessas, vale como roteiro para os demais Tribunais e jurisdicionados, mercê dos precedentes assentados* [...] *Tais decisões, em devendo ser exemplares, hão, igualmente, de carregar consigo alto poder de convicção, justamente porque são, em escala máxima, os precedentes a serem observados e considerados pelos demais Tribunais*.

[25] José Manoel de Arruda Alvim Netto. *A alta função jurisdicional do Superior Tribunal de Justiça*, cit., p. 38. V, ainda, José Manoel de Arruda Alvim Netto. A EC n. 45 e o instituto da repercussão geral, In: Teresa Arruda Alvim Wambier *et alii*. *Reforma do judiciário* – Primeiras reflexões sobre a Emenda Constitucional n. 45/2004, São Paulo: Revista dos Tribunais, 2005, p. 67: *É certo que com a repercussão geral fica* quantitativamente *minimizado o acesso ao STF, e, com a súmula vinculante, quando e na medida em que editadas, ter-se-á* ainda maior eficácia das decisões do STF*, porquanto a súmula será obrigatória, ou, vinculante, para os assuntos que tenham sido sumulados, atingindo Judiciário e Administração, ou seja, juízes e litigantes, e, Administração e administrados. As decisões decorrentes dos futuros recursos extraordinários terão* maior visibilidade*, e, daí, certamente, neste sentido, maior eficácia. Essas decisões do STF expressarão ou carregarão consigo mesmas a repercussão geral existente na questão constitucional que tenha sido decidida.*

[26] Nesse sentido, Bruno Dantas. *Repercussão geral*, cit., n. 3.1, pp. 96 *et seq*.

mas estadunidense (com o *writ of certiorari*), alemão [com o critério de questão com *significação fundamental* (*grundsätzlichen Bedeutung*)][27] e argentino (com a *gravidad institucional*).[28]

Decorridos cinco anos de sua vigência efetiva, operada pela Emenda n. 21/2007 ao Regimento Interno do Supremo Tribunal Federal, o instituto da *repercussão geral* tem se relevado efetivamente um exitoso instrumento de consolidação da função institucional do STF, com uma redução do ano de 2007 para 2008 de cerca de 40% dos processos distribuídos para a Corte (de 112.938 para 66.873), redução essa que se acentuou nos anos subsequentes, representando, em 2012, uma redução de cerca de 60% em relação ao ano de 2007 (de 112.938 em 2007 para 46.392 em 2012).[29]

3. O ESTADO DA ARTE E A NECESSIDADE DE UMA APROXIMAÇÃO MAIOR COM O *WRIT OF CERTIORARI*: UMA PROPOSTA DE *LEGE FERENDA*

É, pois, inegável o êxito que representou, no Brasil, a adoção do instituto da *repercussão geral*. De todas as medidas que já foram tentadas no país para *racionalizar* a atuação das Cortes *extraordinárias*, e, especialmente, para debelar a *crise do Supremo*, a repercussão geral é induvidosamente a mais exitosa (ao lado da súmula vinculante).[30]

---

[27] Cfr. José Manoel de Arruda Alvim Netto. *A arguição de relevância no recurso extraordinário*, São Paulo: Revista dos Tribunais, 1988, n. 28, pp. 96-105; José Manoel de Arruda Alvim Netto. *A alta função jurisdicional do Superior Tribunal de Justiça*, cit., pp. 44-47.

[28] Sobre o tema no direito comparado, v., amplamente, a excelente pesquisa feita por Bruno Dantas: *Repercussão geral*, cit., n. 3.1, pp. 96 *et seq.* Nesse sentido, v., também, Luiz Guilherme Marinoni; Daniel Mitidiero. *Repercussão*, cit., n. 1.3, pp. 20-22; José Manoel de Arruda Alvim Netto. A EC n. 45 e o instituto da repercussão geral, In: Teresa Arruda Alvim Wambier *et alii. Reforma do judiciário – Primeiras reflexões sobre a Emenda Constitucional n. 45/2004*, São Paulo: Revista dos Tribunais, 2005, pp. 68-73.

[29] Os números podem ser conferidos no sítio eletrônico do STF: http://www.stf.jus.br/portal/cms/verTexto.asp?servico=estatistica&pagina=movimentoProcessual.
V. também em *Anuário da Justiça – Brasil*, São Paulo: Conjur, 2012, pp. 38-43.

[30] A respeito das diversas tentativas anteriores de minorar o supercongestionamento processual do STF, v., entre outros, Vitor Nunes Leal. O requisito da "relevância" para redução dos encargos do Supremo Tribunal, In: José Carlos Barbosa Moreira (coord.), *Revista Forense – Comemorativa 100 anos*, t. V (Direito Processual Civil), Rio de Janeiro: Forense, 2006, pp. 153-167; Vitor Nunes Leal. Aspectos da reforma judiciária, In: *Revista de Informação Legislativa*, n. 7. Brasília: Senado Federal, 1965, pp. 15-46. Cfr. também Rodolfo de Camargo Mancuso. *Recurso extraordinário e recurso especial*, 12. ed. São Paulo: Revista dos Tribunais, 2013, n. 1, pp. 68 *et seq.*

Contudo, se há muito a comemorar, também é oportunidade para se analisar o que pode ser aprimorado. Assim, o que os números igualmente revelam é que tem havido certa estabilização com a repercussão geral, em torno de 40 mil processos distribuídos anualmente no STF: 42.729 em 2009; 41.014 em 2010; 38.019 em 2011; e 46.392 em 2012.

Sendo que merece atenção o fato de que, no ano de 2012, não só *cessou* a redução do volume de processos distribuídos no STF que se vinha experimentando até então, como, ao revés, houve *aumento* desse volume em relação ao ano anterior (de 38.019 em 2011 para 46.392 em 2012).

Além do aumento do volume de processos distribuídos no ano de 2012, o próprio número que se estabilizava, em torno de 40 mil processos ao ano, ainda se revela inapropriado para a função institucional e constitucional do Supremo Tribunal Federal, na qualidade de instância *extraordinária* e de guardião da Constituição Federal (Corte Constitucional).

Por exemplo, tomando-se por base o volume de processos distribuídos ao STF no ano de 2012 (46.392), significa, em média, que cada um dos 11 Ministros que compõem a Corte (desconsiderando a questão do Presidente), teria de julgar, aproximadamente, 4.217 processos, o que equivale a 351 processos ao mês (*incluindo* como período trabalhado os recessos) ou 17 processos por dia (considerados apenas dias úteis), ou, ainda, cerca de 2 processos por hora, considerando uma jornada de trabalho de 10 horas. Sendo que, em 2012, foram julgados, na verdade, 87.784 processos, o que corresponde a, aproximadamente, 7.980 processos por Ministro, o que equivale a 665 processos ao mês (*incluindo* como período trabalhado os recessos) ou 33 processos por dia (considerados apenas dias úteis), ou, ainda, cerca de 3,3 processos por hora, considerando uma jornada de trabalho de 10 horas.

Ou seja, a despeito de todo progresso viabilizado pelo instituto da *repercussão geral*, com a redução do supercongestionamento processual que vitimava o STF, fato é que os números no Tribunal ainda são indiscutivelmente alarmantes, muito superiores aos de qualquer outra Corte do gênero em países civilizados, o que torna o efetivo exercício da função institucional e constitucional do STF muito prejudicado.

Com base em importante estudo estatístico, essa é, em igual sentir, a conclusão a que chegaram Joaquim Falcão *et al.*, para quem:

> *Ou seja, o STF, apesar de muito beneficiado com a repercussão geral, ainda encontra dificuldades para lidar com o volume de casos. Apenas metade dos processos relacionados à repercussão geral foram julgados de 2007 até 2010. Isso nos mostra que o STF tem capacidade para lidar com apenas 50% dos processos que chegam com preliminar de repercussão geral. O número máximo de casos*

que ele poderia receber hoje seria, portanto, metade dos mais de 30 mil processos que está recebendo. Do contrário, pode-se esperar novo acúmulo de processos futuramente.[31]

Sendo assim, o momento é de refletir sobre formas de aprimoramento da *repercussão geral*, para que se torne um filtro ainda mais apto a assegurar o cumprimento da função institucional do STF.

Em nosso sentir, esse *aprimoramento* se faz com uma maior *aproximação* do instituto que de certa forma já lhe serviu de fonte de inspiração, qual seja, o *writ of certiorari* dos EUA.[32]

A bem da verdade, a própria experiência estadunidense nesse aspecto revela que não foi através apenas de uma única reforma que se atingiu o cenário que se tem atualmente para a *Supreme Court*.

Ao contrário, foram necessárias *três* importantes reformas até que o *writ of certiorari* tivesse a feição que possui hoje.

Nesse contexto, conquanto o *certiorari* já existisse desde 1789,[33] a primeira reforma por que passou foi em 1891, por meio da *Evarts Act*, que implementou a *discretionary jurisdiction*.[34] Entretanto, tratou-se, ainda, de uma reforma tímida, apesar de já conceder *certa* liberdade à Suprema Corte no exercício de sua jurisdição recursal.[35-36]

Foram, contudo, as próximas duas reformas, ocorridas em 1925 e 1988, que contribuíram substancialmente para a feição atual do *certiorari*.[37] Na reforma

---

[31] Joaquim Falcão et alii. *I Relatório Supremo em Números – O Múltiplo Supremo*, Rio de Janeiro: FGV, 2011, p. 61.

[32] Sobre o tema, v. amplamente Bruno Dantas. *Repercussão geral*, cit., n. 3.2, pp. 97 *et seq.* V., também, Daniela de Angelis. Writ of certiorari e a repercussão geral no recurso extraordinário: considerações acerca da discricionariedade das Supremas Cortes norte-americana e brasileira, In: *Publicações da Escola da AGU – 2.º Curso de introdução ao direito americano: Fundamentals of US Law Course*, v. 1, Brasília: EAGU, 2012, pp. 117-127; Sergio Costa Silva. A competência discricionária da Suprema Corte dos Estados Unidos da América, In: *Publicações da Escola da AGU – 2.º Curso de introdução ao direito americano: Fundamentals of US Law Course*, v. 1, Brasília: EAGU, 2012, pp. 259-270.

[33] Bruno Dantas. *Repercussão geral*, cit., n. 3.2, p. 100.

[34] Sergio Costa Silva. *A competência discricionária*, cit., p. 268.

[35] Bruno Dantas. *Repercussão geral*, cit., n. 3.2, pp. 100-101.

[36] O *certiorari* aplica-se apenas à jurisdição *recursal* e não à jurisdição *originária*, que é extremamente *reduzida*. Sobre a jurisdição *originária*, cfr. Toni M. Fine. *Introdução ao sistema jurídico anglo-americano*, São Paulo: Martins Fontes, 2011, n. 3, p. 37.

[37] Houve, ainda, alteração no *certiorari* por meio de lei em 1914 (Bruno Dantas. *Repercussão geral*, cit., n. 3.2, p. 101).

ocorrida em 1925, a *mandatory jurisdiction* foi sensivelmente restringida e foram concedidos poderes verdadeiramente *discricionários* para a Suprema Corte como *filtro* ao seu acesso via recurso, afastando-se a ideia de existência de um *direito subjetivo a todo litigante de ter seu recurso examinado pela Suprema Corte*.[38]

Finalmente, no ano de 1988, com a *Supreme Court Case Selection Act*, houve a *supressão* da *mandatory jurisdiction* (até então significativamente restringida pela reforma de 1925), instituindo plenamente *jurisdição discricionária* para a Suprema Corte (*discretionary jurisdiction*), de tal sorte que, para um recurso ter seu mérito enfrentado, a Corte deveria discricionariamente conceder-lhe o *certiorari*, que passou, portanto, a expressar um controle *político*.[39]

Assim, a feição do *writ of certiorari* passou a consistir em poder *discricionário*[40] exercido em decisão *colegiada* e *por maioria* de forma *imotivada* [em função de *judicial policies*, inexistindo *statute grounds* (*fundamentos de direito escrito*) para justificá-la][41] e *irrecorrível* (decidindo a "*petition for writ of certiorari*" simplesmente afirmando "*denied certiorari*" ou "*granted certiorari*"), poder esse exercido pela *U.S. Supreme Court* na *seleção* dos processos que, em razão de sua *relevância* (*important or meritorious*),[42] merecem ter o mérito por elas enfrentado.[43-44]

Esse sistema estadunidense do *certiorari* tem funcionado muito adequadamente para assegurar a *razão de ser* da Corte Suprema, basta ver a relevância

---

[38] Bruno Dantas. *Repercussão geral*, cit., n. 3.2, pp. 102-103; Daniela de Angelis. *Writ of certiorari*, cit., p. 121.
[39] Bruno Dantas. *Repercussão geral*, cit., n. 3.2, p. 104; Sergio Costa Silva. *A competência discricionária*, cit., p. 267.
[40] Toni M. Fine. *Introdução ao sistema jurídico anglo-americano*, cit., n. 3, p. 37; Bob Woodward; Scott Armstrong. *Por detrás da Suprema Corte*, 2. ed. São Paulo: Saraiva, 1985, p. 2 (v. também *nota de rodapé* n. 2).
[41] Guido Fernando Silva Soares. *Common law* – Introdução ao direito dos EUA, São Paulo: Revista dos Tribunais, 1999, p. 92; Toni M. Fine. *Introdução ao sistema jurídico anglo--americano*, cit., n. 3, p. 38.
[42] Vitor Nunes Leal. *O requisito da "relevância"*, cit., p. 158; Vitor Nunes Leal. *Aspectos da reforma judiciária*, cit., p. 37.
[43] V. Bryan A. Garner (ed.). *Black's Law Dictionary*, 9. ed. St. Paul: West/Thomson Reuters, 2009, *certiorari*, p. 258.
[44] Nos dizeres de Bernard Schwartz: "*Portanto, é errôneo pensar que a Corte Suprema americana é apenas um tribunal de apelação. O seu poder facultativo de determinar os casos que ela própria pode julgar resultou no fato de que ela deixou de ser simplesmente um órgão do judiciário comum. É um tribunal de recurso especial apenas para a solução de questões consideradas como envolvendo um interesse público substancial, e não os interesses exclusivos de algumas pessoas privadas*" (Bernard Schwartz. *Direito constitucional americano*, Rio de Janeiro: Forense, 1966, pp. 176-177).

que se dá à pauta de julgamento anual da *Supreme Court*, com os poucos, porém sempre mui relevantes, casos sobre os quais ela *detidamente* vai se debruçar, podendo dedicar-se com o afinco que a questão merece, com dedicada atenção aos argumentos levantados pelas partes, e com ampla participação da sociedade, com *amicus curiae* e audiências públicas, não se tratando de *meras formalidades* pré-julgamento.

Assim, nessa *discricionariedade* que se lhe permite, a *Supreme Court* recebe anualmente cerca de oito mil pedidos de *certiorari*, dos quais apenas cerca de *cem* são concedidos (*granted*) e aceitos para julgamento e enfrentamento do mérito,[45] ou seja, admissibilidade em torno de 2% (em alguns anos, tendo oscilado entre 4 a 5%).[46]

No Brasil, contudo, mesmo com o êxito proporcionado pela *repercussão geral*, fato é que o congestionamento processual ainda continua em patamares muitíssimo elevados. O percentual de *reconhecimento* de repercussão geral é em torno de 70% (estatística colacionada até o ano de 2010),[47] o que acaba contribuindo decisivamente para o ainda elevado número de processos distribuídos ao Supremo Tribunal Federal no ano de 2012 (46.392).

Isso revela que, comparativamente aos EUA, o Brasil ainda se encontra na fase inicial das primeiras reformas que se sucederam naquele país em matéria de *certiorari*, quando a *discricionariedade* concedida à Corte Suprema ainda não era ampla e, por consequência, insuficiente para traduzir-se em uma resposta adequada ao desvirtuamento de sua função institucional em razão do congestionamento recursal.

Falta-nos, pois, justamente o avanço que ao longo dos tempos foi perpetrado nos EUA, até, finalmente, chegar-se à *discricionariedade* que a feição atual do *certiorari* permite à *Supreme Court*.

Durante o período da *arguição de relevância* (que mais verdadeiramente se aproximava do *writ of certiorari* que a *repercussão geral*), o percentual de *reconhecimento* da relevância era igualmente mais próximo ao percentual da *Supreme Court*, em torno de 5% (das mais de 30 mil arguições de relevância apreciadas pelo STF no período).[48]

---

[45] Toni M. Fine. *Introdução ao sistema jurídico anglo-americano*, cit., n. 3, p. 38.
[46] Encarnacion Alfonso Lor. *Súmula vinculante*, cit., pp. 45-46.
[47] Cfr. Relatório do STF sobre a Repercussão Geral de março de 2010, p. 3, disponível em: http://www.stf.jus.br/portal/cms/verTexto.asp?servico=jurisprudenciaRepercussaoGeralRelatorio&pagina=rg_resultados.
V. também Rodolfo de Camargo Mancuso. *Recurso extraordinário*, cit., p. 194.
[48] Cfr. Rodolfo de Camargo Mancuso. *Recurso extraordinário*, cit., p. 182.

A enorme diferença entre os percentuais atuais do STF (70%) para os percentuais da *arguição de relevância* (5%) e para os percentuais da *Supreme Court* (em torno de 2%) é fruto justamente da *ausência de discricionariedade ampla ao Supremo*.

Conquanto se lhe reconheça, com a *repercussão geral*, um *exercício político* e, consequentemente, *discricionário* (flexível),[49] ainda não se lhe reconhece, ao STF, *discricionariedade ampla*. Reconhece-lhe tão somente *discricionariedade restrita*, com a necessidade de julgamento público e motivado, e com matérias cuja repercussão é presumida (CPC 543-A § 3.º "Haverá repercussão geral sempre que o recurso impugnar decisão contrária a súmula ou jurisprudência dominante do Tribunal").[50]

Com isso, limita-se a eficiência desse filtro recursal que tem se mostrado exitoso, mas cuja contribuição para a racionalização da atuação do STF poderia ser muito mais adequada, para viabilizar efetivamente o papel constitucional da Corte, inclusive para uma atuação *predominantemente en banc* (com o Tribunal Pleno), em detrimento dos julgamentos em turmas e até mesmo monocráticos.[51]

A adoção de critérios *flexíveis* em vez de *rígidos*, para a admissibilidade recursal para a Corte Suprema, não é ideia nova, já a defendia Vitor Nunes Leal, para quem:

> *O problema, realmente, não é simples. Se o fosse, há mais tempo teria sido solucionado, pois o Tribunal e os nossos melhores juristas sobre ele têm meditado longamente. Além de medidas parciais, de alcance reduzido, só ultimamente o próprio Tribunal tomou providências mais arrojadas. Sirva de exemplo a "Súmula" de sua jurisprudência predominante, de considerável proveito, apesar da incompreensão de uns poucos juristas sobre seu verdadeiro significado.*
>
> *Com a agravação do acúmulo de serviço do Supremo Tribunal, que se acentuou nos últimos anos, conviria adotar um esquema diferente dos que têm sido sugeridos, isto é, um* critério *flexível de redução dos seus encargos, como se fez nos Estados Unidos.*[52]

Passados tantos anos, suas palavras ainda continuam atuais.

---

[49] Nesse sentido, v. José Manoel de Arruda Alvim Netto. *A EC n. 45 e o instituto da repercussão geral*, cit., p. 82. Em sentido contrário, Bruno Dantas. *Repercussão geral*, cit., n. 5.2.3, pp. 235 *et seq.*

[50] Luiz Guilherme Marinoni; Daniel Mitidiero. *Repercussão*, cit., n. 2.2.1, pp. 34-35.

[51] Vitor Nunes Leal. *O requisito da "relevância"*, cit., p. 156.

[52] Vitor Nunes Leal. *O requisito da "relevância"*, cit., p. 157. V., ainda, Vitor Nunes Leal. *Aspectos da reforma judiciária*, cit., pp. 35-36.

Essa flexibilidade (*discricionariedade ampla*) permitiria robusta redução do congestionamento recursal que vitima o STF, mas sem mutilação da sua competência. E o *contrapeso* para evitar *prejuízo à sociedade* é o *quorum mínimo de três votos* (nos EUA, *rule of four*) para admissão do recurso,[53] denominado com muita propriedade por Arruda Alvim de *quorum prudencial*, que confere alto grau de *certeza e segurança jurídica*.[54]

Nos dizeres de Vitor Nunes Leal:

> *Admitindo-se, apenas para argumentar o* descrédito *da maioria do Tribunal, seria difícil imaginar que nem três juízes, no total de 11, tivessem o critério necessário para fazer chegar ao Tribunal uma causa que fosse realmente relevante.*
>
> *Vê-se, pois, que o mecanismo proposto reduz ao mínimo o receado perigo de subjetivismo, que, de resto repetimos, é um falso problema.*[55]

Esse *critério flexível* consiste na necessidade de maior aproximação do instituto da *repercussão geral* ao *writ of certiorari*, com o reconhecimento de *discricionariedade ampla ao Supremo*, contrabalanceado pelo *quorum prudencial*.

4. CONCLUSÃO

Sendo assim, em nosso sentir, conforme vimos expondo ao longo desse artigo, a adoção, no Brasil, do instituto da *repercussão geral* tem se revelado uma exitosa medida, que muito já contribuiu nesses cinco anos de efetiva existência para a viabilização da *função institucional e constitucional* do Supremo Tribunal Federal.

Contudo, o *êxito* da repercussão geral não pode se tornar um *empecilho* ao seu aprimoramento. Embora muito já tenha contribuído, a repercussão geral, conquanto exitosa, ainda tem sido *insuficiente* para efetivamente consolidar o STF como instância *extraordinária* e Corte guardiã da Constituição Federal, para deixar de funcionar na *prática* como mais uma instância *ordinária* (= 3.ª ou 4.ª instância ordinária).

---

[53] Vitor Nunes LEAL. *O requisito da "relevância"*, cit., p. 164.
[54] José Manoel de Arruda Alvim Netto. *A EC n. 45 e o instituto da repercussão geral*, cit., p. 65. Nesse sentido, v., também, Rodolfo de Camargo Mancuso. *Recurso extraordinário*, cit., p. 196.
[55] Vitor Nunes Leal. *O requisito da "relevância"*, cit., p. 165. V., também, José Manoel de Arruda Alvim Netto. *A alta função jurisdicional do Superior Tribunal de Justiça*, cit., p. 44: *quando se diz que tudo é relevante, a consequência é que nada ou quase nada é tratado como realmente importante.*

Nesse contexto, para o pleno atingimento dessa finalidade, nos afigura-se necessário que o instituto da *repercussão geral* se aprimore com a adoção de um *critério mais flexível*.

Para tanto, a *repercussão geral* deve ter uma maior aproximação com seu instituto inspirador, o *writ of certiorari*, com o consequente reconhecimento de *discricionariedade ampla ao Supremo* na seleção dos recursos que lhe são dirigidos, discricionariedade essa que tem como contrapeso o *quorum prudencial* de 2/3 dos Ministros da Corte para não reconhecer a repercussão, de modo a conferir alto grau de *certeza* e *segurança jurídica*.

Esse critério mais *aberto* e *flexível* (*discricionariedade ampla*) permitirá um maior controle político a ser feito pelo próprio Supremo Tribunal Federal acerca das questões constitucionais *verdadeiramente relevantes* (*important or meritorious*) que devam ser admitidas e ter o mérito enfrentado pela Corte.

Com isso, prestigiar-se-á a própria *razão de ser* do Supremo Tribunal Federal como *Corte Constitucional* e instância *extraordinária*,[56] com a maior *racionalização do discurso jurídico* e a uniformização do entendimento sobre a Constituição Federal,[57] além de viabilizar um exercício mais acurado de sua própria função, com decisões cada vez mais trabalhadas e paradigmáticas.

REFERÊNCIAS BIBLIOGRÁFICAS

ALSINA, Landelino Lavilla. *Seguridad juridica y funcion del derecho (discurso leido el dia 8 de febrero de 1999 en su recepción publica como academico de numero, por el Excmo. Sr. D. Landelino Lavilla Alsina y contestacion del Excmo. Sr. D. Eduardo García de Enterría y Martinez-Carande)*, Madrid: Real Academia de Jurisprudencia y Legislacion, 1999.

ALVIM WAMBIER, Teresa Arruda. *Recurso especial, recurso extraordinário e ação rescisória*, 2. ed. São Paulo: Revista dos Tribunais, 2008.

Andrighi, Nancy; Foley, Gláucia Falsarella. Sistema multiportas: o Judiciário e o consenso, In: *Folha de São Paulo*, Tendências e Debates, 24.06.2008.

-*Anuário da Justiça – Brasil*, São Paulo: Conjur, 2012.

---

[56] Cfr. Cândido Rangel Dinamarco. *A função das Cortes Supremas na América Latina*, In: José Carlos Barbosa Moreira *et alii* (dirs.). *Revista Forense*, Rio de Janeiro: Forense, ano 94, v. 342, abr./jun. de 1998, p. 4: *a Corte Suprema de um país é sempre uma instituição política de primeira grandeza entre as instituições de todos os Poderes*.

[57] As Cortes Supremas são órgãos de *unidade* do direito nacional (Cândido Rangel Dinamarco. *A função das Cortes Supremas na América Latina*, In: José Carlos Barbosa Moreira *et alii* (dirs.). *Revista Forense*, Rio de Janeiro: Forense, ano 94, v. 342, abr./jun. de 1998, p. 11).

ARENDT, Hannah. O que é a autoridade?, In: Hannah Arendt. *Entre o passado e o futuro*, 6. ed. Perspectiva: São Paulo, 2007.

Angelis, Daniela de. Writ of certiorari e a repercussão geral no recurso extraordinário: considerações acerca da discricionariedade das Supremas Cortes norte americana e brasileira, In: *Publicações da Escola da AGU – 2.º Curso de introdução ao direito americano: Fundamentals of US Law Course*, v. 1, Brasília: EAGU, 2012.

ARRUDA ALVIM Netto, José Manoel de. A EC n. 45 e o instituto da repercussão geral, In: Teresa Arruda Alvim Wambier *et alii*. *Reforma do judiciário – Primeiras reflexões sobre a Emenda Constitucional n. 45/2004*, São Paulo: Revista dos Tribunais, 2005.

_____. O Estado-de-Direito e a função jurisdicional, In: Darcy Arruda Miranda Junior. *Revista do Instituto de Pesquisas e Estudos Jurídico-Econômicos-Sociais*, vol. 1, Bauru: Instituição Toledo de Ensino, jan./jul., 1966.

_____. A alta função jurisdicional do Superior Tribunal de Justiça no âmbito do recurso especial e a relevância das questões, In: *STJ 10 anos:* Obra comemorativa 1989-1999, Brasília: Superior Tribunal de Justiça, 1999.

_____. *A arguição de relevância no recurso extraordinário*, São Paulo: Revista dos Tribunais, 1988.

AYRES BRITTO, Carlos. *Teoria da Constituição*, Rio de Janeiro: Forense, 2006 (3. tir.).

BAPTISTA da Silva, OVÍDIO A. A função dos tribunais superiores, *STJ 10 anos:* Obra comemorativa 1989-1999, Brasília: Superior Tribunal de Justiça, 1999.

BENETI, SIDNEI Agostinho. Doutrina de precedentes e organização judiciária, In: Luiz Fux *et alii* (coords.). *Processo e Constituição – Estudos em homenagem ao Professor José Carlos Barbosa Moreira*, São Paulo: Revista dos Tribunais, 2006.

BERMUDES, Sergio. A função jurisdicional no Brasil, In: *Estudos de direito processual em homenagem a José Frederico Marques*, São Paulo: Saraiva, 1982.

Cahali, Francisco José. *Curso de arbitragem*, 2. ed. São Paulo: Revista dos Tribunais, 2012.

CANOTILHO, José Joaquim Gomes. *Direito constitucional e teoria da Constituição*, 7. ed. Coimbra: Almedina, 2003.

CÁRMEN LÚCIA Antunes Rocha. *Princípios constitucionais da administração pública*, Belo Horizonte: Del Rey, 1994.

CAVALCANTI FILHO, Theophilo. *O Problema da Segurança no Direito*, São Paulo: Revista dos Tribunais, 1964.

CELSO DE MELLO Filho, José. *Constituição federal anotada*, 2. ed. São Paulo: Saraiva, 1986.

CNJ – Departamento de Pesquisas Judiciárias. *Justiça em números*, Brasília: CNJ, 2012.

Dantas, Bruno. *Repercussão geral*, 3. ed. São Paulo: Revista dos Tribunais, 2012.

Didier Junior, Fredie. Transformações do recurso extraordinário, In: Luiz Fux *et alii* (coords.). *Processo e Constituição* – Estudos em homenagem ao Professor José Carlos Barbosa Moreira, São Paulo: Revista dos Tribunais, 2006.

DINAMARCO, Cândido Rangel. A função das Cortes Supremas na América Latina, In: José Carlos Barbosa Moreira *et alii* (dirs.). *Revista Forense*, Rio de Janeiro: Forense, ano 94, v. 342, pp. 3-11, abr./jun. de 1998.

DORESTE BAPTISTA, Newton. *Da arguição de relevância no recurso extraordinário*, Rio de Janeiro: Forense, 1976.

Falcão, Joaquim *et alii*. *I Relatório Supremo em Números – O Múltiplo Supremo*, Rio de Janeiro: FGV, 2011.

FERRAZ JUNIOR, Tércio Sampaio. Função Social da Dogmática Jurídica, São Paulo: Revista dos Tribunais, 1980.

Fine, Toni M. *Introdução ao sistema jurídico anglo-americano*, São Paulo: Martins Fontes, 2011.

GARNER, Bryan A. (ed.). *Black's Law Dictionary*, 9. ed. St. Paul: West/Thomson Reuters, 2009.

GRAU, Eros Roberto. *Ensaio e discurso sobre a interpretação/aplicação do direito*, 5. ed. São Paulo: Malheiros, 2009.

HÄBERLE, Peter. *El Estado Constitucional*, Buenos Aires: Astrea, 2007.

HESSE, Konrad. *Elementos de direito constitucional da República Federal da Alemanha*, Porto Alegre: SAFE, 1998.

IHERING, Rudolf von. *El fin en el derecho*, Buenos Aires: Heliasta, 1978.

Leal, Vitor Nunes. O requisito da "relevância" para redução dos encargos do Supremo Tribunal, In: José Carlos Barbosa Moreira (coord.), *Revista Forense – Comemorativa 100 anos*, t. V (Direito Processual Civil), Rio de Janeiro: Forense, pp. 153-167, 2006.

_____. Aspectos da reforma judiciária, In: *Revista de Informação Legislativa*, n. 7, Brasília: Senado Federal, pp. 15-46, 1965.

LOEWENSTEIN, Karl. *Teoría de la Constitución*, 2. ed. (4. reimp.), Barcelona: Ariel, 1986.

Lor, Encarnacion Alfonso. *Súmula vinculante e a repercussão geral* – Novos institutos de direito processual constitucional, São Paulo: Revista dos Tribunais, 2009.

Mancuso, Rodolfo de Camargo. *Recurso extraordinário e recurso especial*, 12. ed. São Paulo: Revista dos Tribunais, 2013.

Marinoni, Luiz Guilherme; Mitidiero, Daniel. *Repercussão geral no recurso extraordinário*, São Paulo: Revista dos Tribunais, 2007.

MEDINA, José Miguel Garcia. *Prequestionamento e repercussão geral e outras questões relativas aos recursos especial e extraordinário*, 6. ed. São Paulo: Revista dos Tribunais, 2012.

_____. Sobre a PEC n. 209/2012, que pretende instituir o requisito da "relevância" da questão federal para o recurso especial, *Cadernos Jurídicos da OAB Paraná*, n. 35, novembro de 2012.

_____; Wambier, Luiz Rodrigues; Alvim Wambier, Teresa Arruda. *Repercussão geral e súmula vinculante* – Relevantes novidades trazidas pela EC n. 45/2004, In: Teresa Arruda Alvim Wambier et alii. *Reforma do judiciário* – Primeiras reflexões sobre a emenda constitucional n. 45/2004, São Paulo: Revista dos Tribunais, 2005.

MENDES, Gilmar Ferreira. *Jurisdição constitucional*, 5. ed. São Paulo: Saraiva, 2005.

_____; Inocêncio Mártires Coelho; Paulo Gustavo Gonet Branco. *Curso de direito constitucional*, 4. ed. São Paulo: Saraiva, 2009.

MIRANDA, Jorge. *Manual de Direito Constitucional*, t. VI, 3. ed. Coimbra: Coimbra Editora, 2008.

OÑATE, Flavio López de. *La certeza del derecho*, Buenos Aires: EJEA, 1953.

PAULSEN, Leandro. *Repercussão geral no recurso extraordinário* – Estudos em homenagem à Ministra Ellen Gracie, Porto Alegre: Livraria do Advogado, 2011.

RODOVALHO, Thiago. *Abuso de direito e direitos subjetivos*, São Paulo: Revista dos Tribunais, 2011.

_____. Das Rechtsstaatsprinzip (O Princípio do Estado Democrático de Direito) e a Segurança Jurídica, In: José Manoel de Arruda Alvim Netto et alii (dirs.). *Revista Forense*, Rio de Janeiro: Forense, ano 108, v. 415, pp. 291/315, jan./jun. de 2012.

_____. Do respeito às decisões do STF e a súmula vinculante, In: Vladmir Oliveira da Silveira (coord.). *Revista de Direito Brasileira – RDBras*, São Paulo: Revista dos Tribunais/Conpedi, ano 2, v. 2, pp. 229/255, jan./jun. de 2012.

_____. O Superior Tribunal de Justiça e a Arguição de Relevância, In: Ministra Isabel Gallotti et alii (orgs.). *O Superior Tribunal de Justiça e o Direito Processual Civil*, no prelo.

SARLET, Ingo Wolfgang; MARINONI, Luiz Guilherme; MITIDIERO, Daniel. *Curso de direito constitucional*, São Paulo: Revista dos Tribunais, 2012.

SCHMITT, Carl. *Teoría de la Constitución*, Madrid: Alianza Editorial, 2009 (reimp.).

Schwartz, Bernard. *Direito constitucional americano*, Rio de Janeiro: Forense, 1966.

Silva, Sergio Costa. A competência discricionária da Suprema Corte dos Estados Unidos da América, In: *Publicações da Escola da AGU* – 2.º Curso de introdução ao direito americano: Fundamentals of US Law Course, v. 1, Brasília: EAGU, pp. 259/270, 2012.

SMEND, Rudolf. *Constitución y derecho constitucional*, Madrid: Centro de Estudios Constitucionales, 1985.

Soares, Guido Fernando Silva. *Common law* – Introdução ao direito dos EUA, São Paulo: Revista dos Tribunais, 1999.

SOUZA NETO, Cláudio Pereira de; SARMENTO, Daniel. *Direito constitucional: teoria, história e métodos de trabalho*, Belo Horizonte: Fórum, 2012.

TRIBE, Laurence H. *American Constitutional Law*, v. 1, 3. ed. New York: Foundation Press, 2000.

WATANABE, Kazuo. Modalidade de mediação, CJF. *Mediação:* um projeto inovador (Série Cadernos do CEJ), v. 22, Brasília: CJF, 2003.

_____. Cultura da sentença e cultura da pacificação, In: Flavio Luiz Yarshell; Maurício Zanoide de Moraes, *Estudos em homenagem à Professora Ada Pellegrini Grinover*, São Paulo: DPJ Editora, 2005.

Woodward, Bob; Armstrong, Scott. *Por detrás da Suprema Corte*, 2. ed. São Paulo: Saraiva, 1985.

30

RECLAMAÇÃO NA REPERCUSSÃO GERAL

ZULMAR DUARTE DE OLIVEIRA JUNIOR
Advogado.
Consultor Jurídico do Estado de Santa Catarina.
Professor do Centro Universitário Barriga Verde (UNIBAVE).
Pós-Graduado em Direito Civil e Processual Civil pelo Centro de
Ensino Superior Sul Brasileiro (CESULBRA).

SUMÁRIO: 1. Enfoque Inicial – 2. Supremacia constitucional – 3. Recurso Extraordinário e Jurisdição Constitucional – 4. Repercussão geral e inconstitucionalidades – 5. Reclamação como garantia da competência e da função nomofilática do Supremo – 6. Enfoque final.

1. ENFOQUE INICIAL

Por uma miríade de razões, que não nos cabe aqui inventariar, a jurisdição constitucional brasileira assumiu relevância sobranceira, ostentando o Supremo Tribunal Federal posição de destaque no Poder Judiciário brasileiro, mormente considerado o inconsciente coletivo. A preeminência já era assegurada formalmente pela Constituição (art. 92).

A voz corrente, repetida em cantilena, "vou até o Supremo Tribunal Federal", posteriormente transformada em ato pela interposição do recurso extraordinário, abarrotou os escaninhos e congestionou a pauta do Supremo Tribunal Federal.

Pois bem, esse arquétipo incrementou sobremaneira, de forma exponencial, as funções do Supremo Tribunal Federal, inviabilizando rapidamente, em menos de uma década, a possibilidade de cumprir seu mister constitucional e, principalmente, dar vazão aos anseios da população.

Entrementes, fazia-se indispensável represar tal volume de trabalho, emprestando novel racionalidade ao tema, direcionando o recurso extraordinário ao leito natural transposto pela enxurrada de recursos que aportavam diuturnamente na Suprema Corte.

A Emenda Constitucional no 45, de 30 de dezembro de 2004 (EC 45), ao inserir o § 3.º ao art. 102 da Constituição da República Federativa do Brasil de 1988 (CRFB), pretendem levar a cabo tal objetivo.

Ao propósito, a EC 45 perpetrou uma clivagem na matéria constitucional submetida ao Supremo Tribunal Federal pela via do recurso extraordinário, separando-a em dois grupos, quais sejam, as dotadas de repercussão geral,[1] e aquelas não reverberativas.

Como se verá, a escolha tem um preço, permitindo que inconstitucionalidades transitem em julgado, mas cujo valor não pode ultrapassar o limite prudencial estatuído, de onde exsurge o potencial da reclamação como forma de controle na aplicação do instituto da repercussão geral.

2. SUPREMACIA CONSTITUCIONAL

Nos Estados Constitucionais, as Constituições assumem um caráter fundacional da ordem jurídica, pelo que alocadas no próprio vértice da dita pirâmide normativa.

> Em qualquer Estado, em qualquer época e lugar, encontra-se sempre um conjunto de normas fundamentais, respeitantes à sua estrutura, à sua organização e à sua actividade – escritas ou não escritas, em maior ou menor número, mais ou menos simples ou complexas. Encontra-se sempre uma Constituição como expressão jurídica do enlace entre o poder e a comunidade política ou entre governantes e governado.[2]

---

[1] "A repercussão geral constitui conceito jurídico indeterminado, exata e objetivamente seu significado absoluto a partir de sua constituição semântica, esta formada por expressões de significados vários, amplos e/ou imprecisos, devendo a integração interpretativa do citado conceito ser feita caso a caso e com o passar do tempo pelo STF, considerando as variantes de tempo e espaço de uma sociedade em constante mutação, mas sempre de forma jurídica, razoável e pretensiosamente objetiva, a se evitar alegação de discricionariedade onde inexista." (SILVA, Ticiano Alves. Apreciação pelo juízo a quo da existência de alegação da repercussão geral. Revista de processo, São Paulo: RT, v. 161, p. 165, jul. 2008).

[2] MIRANDA, Jorge. Teoria do estado e da constituição. 2. ed. rev. e atual. Rio de Janeiro: Forense, 2009. p. 161.

É a primazia normativa do corpo constitucional.

Deveras, nosso ordenamento jurídico pode ser comparado ao cosmos. Cosmos em que se verifica o brilho que apresentam determinadas normas jurídicas quando comparadas a outras normas do mesmo ordenamento.

Por óbvio, *estrela maior desse cosmos*, a irradiar fulgurante luminosidade em todas as direções – mesmos nos mais recônditos rincões –, bem como a calcinar objetos celestes que lhe contrastem, *é a Constituição*.

É o ensinamento de festejado constitucionalista português:

> A constituição é uma lei dotada de características especiais. Tem um brilho autônomo expresso através da forma, do procedimento de criação e da posição hierárquica das suas normas. Estes elementos permitem distingui-la de outros actos com valor legislativo presentes na ordem jurídica. Em primeiro lugar, caracteriza-se pela sua posição hierárquico-normativa superior relativamente às outras normas do ordenamento jurídico. Ressalvado algumas particularidades do direito comunitário, a superioridade hierárquico-normativa apresenta três expressões: (1) as normas constitucionais constituem uma *lex* superior que recolhe fundamento de validade em si própria (autoprimazia normativa); (2) as normas da constituição são normas de normas (*normae normarum*), afirmando-se como uma fonte de produção jurídica de outras normas (leis, regulamentos, estatutos); (3) superioridade normativa das normas constitucionais implica o princípio da conformidade de todos os actos do poder público com a Constituição.[3]

Portanto, a Constituição possui força heterodeterminante:

> Uma das consequências mais relevantes da natureza das normas constitucionais concebidas como *heterodeterminações positivas e negativas* das normas hierarquicamente inferiores é a conversão do *direito ordinário* em *direito constitucional concretizado*. Como determinantes negativas, as normas constitucionais desempenham uma *função de limite* relativamente às normas de hierarquia inferior; como determinantes positivas, as normas constitucionais regulam parcialmente o próprio conteúdo das normas inferiores, de forma a poder obter-se não apenas uma compatibilidade formal entre o direito supraordenado (normas constitucionais) e infraordenado (normas ordinárias, legais, regulamentares), mas também uma verdadeira conformidade material.[4]

---

[3] CANOTILHO, José Joaquim Gomes. Direito constitucional: e teoria da constituição. 4. ed. Coimbra: Almedina, 1997. p. 1.111-1.112.

[4] CANOTILHO, José Joaquim Gomes. Op. cit., p. 1.114.

Assim, pela própria ordem de subordinação nomológica, as leis de hierarquia inferior não devem ser ofensivas às de hierarquia superior, mormente as de hierarquia incontrastável (Constituição), pois destas extraem seus fundamentos de validade.

Sobre o escalonamento do ordenamento jurídico, precisa a observação de KELSEN:

> Devido ao caráter dinâmico do direito, uma norma vale porque e até ser produzida através de outra norma, isto é, através de outra determinada norma, representando está fundamento de validade para aquela. A relação entre a norma determinante da produção de outra e a norma produzida de maneira determinada pode ser representada com a imagem espacial do ordenamento superior e inferior. A que determina a produção é mais alta, e a produzida de modo determinado é mais baixa. O ordenamento jurídico não é, portanto, um sistema jurídico de normas igualmente ordenadas, colocadas lado a lado, mas um ordenamento escalonado de várias camadas de normas jurídicas. Sua unidade se deve à conexão, que acontece porque a produção e, desta forma, a validade de uma reverte para a outra, cuja produção novamente determinada pela outra; um regresso que desemboca, finalmente na norma fundamental, na regra fundamental hipotética e, consequentemente, no fundamento de validade mais alto, aquele que cria a unidade desta conexão de produções.[5]

Nesse pensar:

> A ideia básica do *princípio da hierarquia* é esta: os actos normativos (leis, decretos-leis, tratados, decretos legislativos regionais, regulamentos) não têm todos a mesma hierarquia, isto é, não se situam num plano de horizontalidade uns em relação aos outros, mas sim num plano de verticalidade, à semelhança de uma *pirâmide jurídica*.[6]

Verdade seja, a Constituição tem uma força própria, que motiva e ordena a vida do Estado, sendo ela própria uma garantia para execução dos seus preceitos, pelo que dotada de pretensão de eficácia.

Ensina HESSE:

---

[5] KELSEN, Hans. Teoria pura do direito: introdução à problemática científica do direito. São Paulo: RT, 2001.
[6] CANOTILHO, op. cit., p. 680.

A Constituição adquire força normativa na medida em que logra realizar essa pretensão de eficácia.[7]

Tenha-se presente, em si, tal compreensão do tema ficaria esvaziada acaso essa superioridade nomológica da Constituição não se retratasse na prática.

No ponto, avulta a importância do Poder Judiciário. Poder dotado de vontade de constituição (*Wille zur Verfassung*), razão pela qual, existindo pressupostos realizáveis (*realizierbare voraussetzungen*), deve primar por calibre exegético que otimize as normas constitucionais – princípio da ótima concretização da norma.

Mais uma vez, transcreve-se o ensinamento de HESSE:

> Embora a Constituição não possa, por si só, realizar nada, ela pode impor tarefas. A Constituição transforma-se em força ativa se essas tarefas forem efetivamente realizadas, se existir a disposição de orientar a própria conduta segundo a ordem nela estabelecida, se, a despeito de todos os questionamentos e reservar provenientes dos juízos de conveniência, se puder identificar a vontade de concretizar essa ordem. Concluindo, pode-se afirmar que a Constituição converter-se-á em força ativa se se fizerem presentes, na consciência geral – particularmente, na consciência dos principais responsáveis pela ordem constitucional –, não só a vontade de poder (*Wille zur Macht*), mas também a vontade de Constituição (*Wille zur Verfassung*).[8]

Notadamente sobre a importância da hermenêutica constitucional, estatui mais uma vez HESSE:

> b) Um ótimo desenvolvimento da força normativa da Constituição depende não apenas do seu conteúdo, mas também de sua *práxis*. De todos os partícipes da vida constitucional, exige-se partilhar aquela concepção anteriormente por mim denominada "vontade de Constituição" (*Wiile zur Verfassung*). Ela é fundamental, considerada global ou singularmente.
> Todos os interesses momentâneos – ainda quando realizados – não logram compensar o incalculável ganho resultante do comprovado respeito à Constituição, sobretudo naquelas situações em que sua observância revela-se incômoda.[9]

Desenganadamente, a par da supremacia constitucional, decorrente do maior estalão da Constituição, somada à necessidade de sua efetivação, surge a jurisdição constitucional.

---

[7] HESSE, Konrad. A força normativa da Constituição (Die normative Kraft der Verfassung). Tradução de Gilmar Ferreira Mendes. Porto Alegre: Fabris, 1991. p. 16.
[8] HESSE, Konrad. Op. cit., p. 19.
[9] HESSE, Konrad. Op. cit., p. 22.

[...] justiça constitucional *como o complexo de actividades jurídicas desenvolvidas por um ou vários órgãos jurisdicionais, destinadas à fiscalização da observância e cumprimento das normas e princípios constitucionais vigentes.*[10]

Dito às claras e às secas, a supremacia constitucional seria apenas nominal, não fosse o controle jurisdicional predestinado a manter os atos inferiores nos binários da Constituição.

3. RECURSO EXTRAORDINÁRIO E JURISDIÇÃO CONSTITUCIONAL

Como é de conhecimento comezinho, o Brasil adotou um sistema misto de controle de constitucionalidade das leis, englobando tanto o difuso, tributário do *judicial review* norte-americano, quanto o concentrado austríaco, modelado por KELSEN (*abstrakte normenkontrolle – abstract review*).

Aliás, atualmente, verifica-se uma aproximação de tais modelos, verdadeiro amálgama dos instrumentos de controle de constitucionalidade, justificando inclusive falar em objetivação do recurso extraordinário.

Mesmo porque, tanto o modelo concentrado quanto o difuso visam, em última análise, aferir a conformidade constitucional, isto é, o cotejo do conteúdo dos atos estatais, em sentido amplo, para verificar se conformes à substância da Constituição – norma mais resistente.

Esclarecedora a alegoria realizada por CALAMANDREI:

> Aqui se estabelece entre as diversas categorias de normas jurídicas (quase se diria, a semelhança da *escala de durezas* que os físicos têm estabelecido para os minerais) uma gradação de resistência: quando batem entre si normas jurídicas resistentes em diversos graus, a mais resistente, mesmo que seja mais antiga, prevalece sempre, o mesmo que na batida entre a panela de ferro e uma de cerâmica, sobre a mais recente, mas muito mais frágil.[11]

Nessa ampla moldura, o recurso extraordinário surge como instrumento destinado à preservação da Constituição, seja no controle de constitucionali-

---

[10] CANOTILHO, José Joaquim Gomes. Op. cit., p. 864.
[11] CALAMANDREI, Piero. Direito processual civil: estudos sobre o processo civil. Tradução de Luiz Abezia e Sandra Drina Fernandez Barbery. Campinas: Bookseller, 1999. p. 38. v. 3.

dade de atos normativos (difuso ou concentrado[12]), seja diante de provimentos jurisdicionais.

O recurso extraordinário é a chave recursal, por excelência, que abre as portas de entrada da jurisdição constitucional da Corte Suprema, permitindo o joeiramento de ditas (in)juridicidades constitucionais.

Daí por que qualquer obstáculo ao recurso extraordinário exsurge como limitador à jurisdição constitucional, e, por consequência, permite que inconstitucionalidades eventualmente perseverem.

4. REPERCUSSÃO GERAL E INCONSTITUCIONALIDADES

O instituto da repercussão estigmatiza, por assim dizer, os recursos extraordinários, separando-os em admissíveis ou inadmissíveis, não pela (in)existência de inconstitucionalidade, mas por sua (ir)relevância.

Noutras palavras, a repercussão geral filtra os recursos passíveis de submissão ao Supremo Tribunal, absolvendo de instância os demais, ligada, em regra, a questões alheias à pretensão recursal – não transcendente e despida de repercussões jurídica, política, social e econômica.

Registre-se, embora não se possa traçar uma linha de continuidade nos institutos, uma primeira[13] tentativa de limitar o acesso ao Supremo Tribunal Federal se deu pela arguição de relevância. A Constituição de 1967, emendada em 1969, conferiu ao Regimento Interno do Supremo Tribunal Federal (art. 119, § 3.º) o *status* de lei ordinária, o qual, por sua vez, estatuiu o filtro da arguição de relevância no art. 308.[14] Esse regime persistiu até o advento da nova ordem constitucional.

---

[12] Pense-se no recurso extraordinário interposto contra acórdão proferido em ação declaratória proposta contra atos normativos estaduais ou municipais nos Tribunais Estaduais (CRFB/88, art. 125, § 2º).

[13] "Durante toda a trajetória histórica do recurso extraordinário observa-se que os seus requisitos de admissibilidade sofreram inúmeras alterações, visando sempre a diminuir o número de casos que alcançam o Supremo Tribunal Federal" (TUCCI, José Rogério Cruz e. Anotações sobre a repercussão geral como pressuposto de admissibilidade do recurso extraordinário (Lei 11.418/2006). *Revista de processo*. São Paulo: RT, v. 145, p. 151, mar. 2007).

[14] "Art. 308. Salvo nos casos de ofensa à Constituição ou relevância da questão federal, não caberá o recurso extraordinário, a que alude o seu art. 119, parágrafo único, das decisões proferidas: (...) § 2º Caberá ao Presidente do Tribunal de origem, com agravo do despacho denegatório para o Supremo Tribunal Federal (art. 294), o exame da ocorrência das hipóteses ressalvadas nos incisos II, III, IV, letra d e VII, bem como de arguição razoável de ofensa à Constituição. § 3º Caberá privativamente ao Supremo Tribunal Federal o exame da arguição de relevância da questão federal. § 4º A arguição de relevância da questão federal processar-se-á por ins-

Do direito comparado citam-se como expressivos da mesma tendência, entre outros, o *writ of certiorari*, exposto na Regra 10 da Suprema Corte dos Estados

---

trumento, da seguinte forma: I – na petição de recurso extraordinário (arts. 304 e 305), o recorrente deduzirá, sucinta, mas fundamentadamente, em capítulo específico e destacado, a demonstração da relevância da questão suscitada, pedirá a formação do instrumento e indicará, além das enumeradas no inciso seguinte, outras peças essenciais cuja reprodução deva integrá-lo; II – juntada aos autos a petição, o Presidente do Tribunal de origem mandará formar instrumento do qual constarão, por fotocópia ou processo equivalente de reprodução, a sentença de primeira instância, o acórdão recorrido, a petição de recurso extraordinário e, no caso do § 5º, o despacho que o houver admitido ou inadmitido, bem como as peças indicadas na forma do inciso anterior; III – o recorrido será intimado para responder à arguição no prazo de cinco dias; IV – formado o instrumento, com a resposta do recorrido ou sem ela, intimar-se-á o recorrente para, em quinze dias, promover sua reprodução, por fotocópia ou processo equivalente, em mais um exemplar, e pagar as custas devidas ao Supremo Tribunal Federal (art. 111 e §§ 1º, 2º e 3º), iguais às taxadas para o caso de agravo de instrumento; V – correrão à conta do recorrente, no Tribunal de origem, as despesas com a formação, reprodução e remessa do instrumento; VI – formado, reproduzido e preparado o instrumento, o Presidente do Tribunal mandará remetê-lo, em dois exemplares, ao Supremo Tribunal Federal; VII – no Supremo Tribunal Federal, o instrumento será registrado como Arguição de Relevância (art. 60, VI), que prescindirá de relator, processando-se pela seguinte forma: a) preparar-se-á extrato para reprodução em cópias e distribuição a todos os Ministros, com indicação da sessão de Conselho, designada para sua apreciação; b) um dos exemplares do instrumento permanecerá à disposição dos Ministros; c) ao Presidente caberá apresentar a arguição à apreciação do Conselho; VIII – da ata da sessão do Conselho, que se publicará para ciência dos interessados, constará apenas a relação das arguições acolhidas e rejeitadas; IX – a apreciação em Conselho não comportará pedido de vista, dispensará motivação e será irrecorrível; X – o acolhimento da arguição de relevância será comunicado ao Presidente do Tribunal de origem, para que faça processar o recurso extraordinário, mas não implicará o ulterior Conhecimento deste, pela Turma ou pelo Plenário. § 5º Quando o recorrente suscitar, além da relevância da questão federal, outras hipóteses de exclusão da inadmissibilidade do recurso extraordinário, reguladas neste artigo, observar-se-á o seguinte: I – se o recurso for admitido, poderá o recorrente, ainda assim, no prazo de cinco dias, requerer ao Presidente do Tribunal de origem o processamento da arguição de relevância, cujo instrumento subirá apensado aos autos originais; II – se o recurso for inadmitido e o recorrente, além de interpor agravo, também requerer o processamento da arguição de relevância, os dois instrumentos subirão apensados; III – a arguição de relevância será apreciada antes do julgamento do recurso ou do agravo; IV – no caso do inciso I, se a arguição for acolhida, a Turma ou o Plenário considerará tal decisão ao julgar o recurso; se rejeitada, limitar-se-á ao exame dos demais motivos pelos quais o recurso houver sido interposto; V – no caso do inciso II, se a arguição for acolhida, processar-se-á o recurso extraordinário (§ 4º, X), e ficará prejudicado o agravo; se rejeitado, julgar-se-á este, limitadamente aos motivos pelos quais houver sido interposto; VI – se o recurso for inadmitido e o recorrente não agravar do despacho de inadmissão, o processamento da arguição de relevância atenderá ao disposto no § 4º." (Disponível em:<http://www.stf.jus.br/arquivo/cms/bibliotecaConsultaProdutoBibliotecaRI/anexo/RegimentoInterno1970ConsolidadoAtualizado.pdf>. Acesso em: 26 ago. 2013).

Unidos,[15] as disposições relativas à inadmissibilidade do recurso de cassação italiano (art. 360-bis[16]) e o certiorari "argentino".[17]

Justamente, ainda que não se possa encadear os diferentes institutos na mesma matriz genética, indiscutivelmente objetivam idêntica finalidade, pelo que, podemos dizer, têm ligação finalística (teleológica).

---

[15] "Rule 10. Considerations Governing Review on Certiorari Review on a writ of certiorari is not a matter of right, but of judicial discretion. A petition for a writ of certiorari will be granted only for compelling reasons. The following, al though neither controlling nor fully measuring the Court's discretion, indicate the character of the reasons the Court considers: (a) a United States court of appeals has entered a decision in conflict with the decision of another United States court of appeals on the same important matter; has decided an important federal question in a way that conflicts with a decision by a state court of last resort; or has so far departed from the accepted and usual course of judicial proceedings, or sanctioned such a de parture by a lower court, as to call for an exercise of this Court's supervisory power; (b) a state court of last resort has decided an impor tant federal question in a way that conflicts with the decision of another state court of last resort or of a United States court of appeals; (c) a state court or a United States court of appeals has decided an important question of federal law that has not been, but should be, settled by this Court, or has decided an important federal question in a way that conflicts with relevant decisions of this Court. A petition for a writ of certiorari is rarely granted when the asserted error consists of erroneous factual findings or the misapplication of a properly stated rule of law." (Disponível em: <http://www.supremecourt.gov/ctrules/2013RulesoftheCourt.pdf>. Acesso em: 26 ago. 2013).

[16] "Art. 360-bis. (Inammissibilità del ricorso) Il ricorso è inammissibile: 1) quando il provvedimento impugnato ha deciso le questioni di diritto in modo conforme alla giurisprudenza della Corte e l'esame dei motivi non offre elementi per confermare o mutare l'orientamento della stessa; 2) quando è manifestamente infondata la censura relativa alla violazione dei princìpi regolatori del giusto processo." (Disponível em: <http://www.altalex.com/index.php?idnot=33738>. Acesso em: 26 ago. 2013).

[17] " Art. 280. LLamamiento de autos. Rechazo del recurso extraordinario. Memoriales en el recurso ordinario. Cuando la Corte Suprema por recurso extraordinario, la recepción de la causa implicará el llamamiento de autos. La Corte, según su sana discreción, y con la sola invocación de esta norma, podrá rechazar el recurso extraordinario, por falta de agravio federal suficiente o cuando las cuestiones planteadas resultaren insustanciales o carentes de trascendencia. Si se tratare del recurso ordinario del artículo 254, recibido el expediente será puesto en secretaría, notificándose la providencia que así lo ordene personalmente o por cédula. El apelante deberá presentar memorial dentro del término de diez (10) días, del que se dará traslado a la otra parte por el mismo plazo. La falta de presentación del memorial o su insuficiencia traerá aparejada la deserción del recurso. Contestado el traslado o transcurrido el plazo para hacerlo se llamará autos. En ningún caso se admitirá la apertura a prueba ni la alegación de hechos nuevos." (Disponível: <http://www.infoleg.gov.ar/infolegInternet/anexos/15000-19999/16547/texact.htm#5>. Acesso em: 26 ago.2013).

A pedra angular desses institutos é o joeiramento dos recursos augustos e angustos, só permitindo o acesso aos Tribunais de Superposição daquelas questões importantes, por assim dizer, ao próprio ordenamento jurídico.

O recurso não deixa de ser conhecido por ausência de boas razões, mas sim porque não transcendentes as questões aviadas, o que pode encobrir manifestas inconstitucionalidades, com potencial comprometimento ou dano marginal ao ordenamento, à sua eficácia normativa, à pretensão de ordenação do que desordenado está.

Porém, permitam-nos dizer, a perpetuação dessas inconstitucionalidades não é suficiente para comprometer a unidade do direito, uma vez que não são suficientes para sua fragmentação, par da não transcendência e ausência de relevância.

Como observou alhures o professor Fernando da Fonseca Gajardoni, o sistema acomoda essas divergências intestinais, mormente quando não passíveis de reprodução em um sem-número de casos.

Deveras, conquanto a incidência da norma não dependa da vontade dos indivíduos – os fatos ingressam a todo momento no mundo jurídico (PONTES DE MIRANDA[18]) –, diversas são as vezes em que a norma não adapta ou molda a realidade ao que pretende, não realiza a tese predisposta como consequência à hipótese prevista e realizada (CARNELUTTI[19]).

Em uma sentença simples – que peca pela imprecisão, cuja utilização é justificada pela força da persuasiva –, nem sempre a coincidência entre o fato específico real e o fato específico legal (CALAMANDREI[20]) faz prevalecer a vontade concreta da lei (CHIOVENDA[21]).

Isso porque, normalmente, a chave de ignição para atuar a lei está nas mãos do interessado, ao qual se permite, e acontece, não girá-la, deixando, entre outros, o Poder Judiciário na sua inércia conatural e o direito paralisado.

Ademais, poucas não são as decisões inconstitucionais ou ilegais a prevalecer pelo manuseio infeliz, por exemplo, dos recursos de sobreposição (*v.g.*, ausência de prequestionamento).

---

[18] MIRANDA, Pontes. Tratado de direito privado: parte geral. Atualizado por Vilson Rodrigues Alves. Campinas: Bookseller, 2000. t. I.
[19] CARNELUTTI, Francesco. Sistema de direito processual civil: introdução e função do processo civil. Tradução de Hiltomar Martins Oliveira. São Paulo: Classic Book, 2000. v. 1.
[20] CALAMANDREI, Piero. Direito processual civil: estudos sobre processo civil. Tradução de Luiz Abezia e Sandra Drina Fernandez Barbery. Campinas: Bookseller, 1999. v. 1.
[21] CHIOVENDA, Giuseppe. Instituições de Direito Processual Civil. Tradução de Paolo Capitanio. Anotações de Enrico Tullio Liebman. Campinas: Bookseller, 1998. v. 1.

Justamente, em todas essas situações o ordenamento se alheia à incorreção episódica, mercê da existência de meios para sua retificação, ainda que não alcançados, virtualidades que legitimam, só por si, a decisão (LUHMANN[22]).

Nessa linha de inteligência, a repercussão geral, como pressuposto de admissibilidade recursal, não enverga e muito menos quebra a unidade do direito, pois as decisões colocadas à margem de revisão não repercutem significativamente sobre a sua aplicação.

É que esses erros de direito, essas inconstitucionalidades, seriam bacilos de doença não transmissível, ficam no hospedeiro inicial, razão pela qual são insuscetíveis de animar surto epidêmico com risco ao tecido conjuntivo da sociedade.

Ainda não visualizamos um perigo à força normativa da Constituição, já que a decisão sobre a ausência de repercussão geral recai sobre os ombros da Corte predestinada constitucionalmente a estabelecer o sentido e alcance da *norma normarum*.

À Corte Suprema, alçada à condição de interlocutora oficial da Carta Magna (CRFB/1988, art. 102), boca da Constituição, compete a função de guarda do texto magno, precisando seu sentido e alcance.[23]

À obviedade, boca da Constituição não no sentido propugnado e superado de MONTESQUIEU (*bouche de la loi*), mas sim naquele resultante do novo concerto entre os poderes constituídos, na conhecida fórmula do Juiz HUGHES: "*We are under a Constitution but the Constitution is what the judges say it is*".

Posta assim a questão, integra o espectro de análise do Supremo Tribunal Federal, ao examinar as questões constitucionais que lhe são submetidas, as potencialidades destas questões fraturarem a ordem constitucional, isto é, apresentarem os pressupostos da repercussão geral.

O não conhecimento do recurso extraordinário, pela ausência de repercussão geral, longe de representar um alijamento de competência constitucional, é propriamente o exercício do mister constitucional pela Suprema Corte, no que aponta a inexistência de relevância de uma dada questão frente à Constituição. O órgão que verbaliza, dimensiona e imposta a *vox* constitucional – atribui-lhe frequência, intensidade, timbre e, por que não, sotaque –, diz que o tema não merece uma palavra.

Portanto, como o não conhecimento, pela inexistência de repercussão, é realizado pelo órgão competente constitucionalmente para a defesa da ordem

---

[22] LUHMANN, Niklas. Legitimação pelo procedimento. Brasília: UNB, 1980.
[23] MAXIMILIANO, Carlos. Hermenêutica e aplicação do direito. 16. ed. Rio de Janeiro: Forense, 1997. p. 1.

constitucional, descabe suscitar querela quanto à constitucionalidade do filtro da repercussão geral.

5. RECLAMAÇÃO COMO GARANTIA DA COMPETÊNCIA E DA FUNÇÃO NOMOFILÁTICA[24] DO SUPREMO

Em outra perspectiva, a repercussão geral, além de importante filtro recursal, igualmente serve ao Supremo na sua função nomofilática, notadamente naquela destinada a imprimir uma dicção uniforme sobre matérias constitucionais.

Reconhecida a repercussão geral e julgado o caso paradigma, o provimento jurisdicional do Supremo Tribunal Federal será estendido aos demais casos similares, na forma dos arts. 543-A e 543-B do Código de Processo Civil – eficácia positiva.

De igual sorte, negada a repercussão geral, o provimento jurisdicional também produzirá eficácia, agora negativa, nos demais processos na origem, eis que obstaculizará o seguimento do recurso extraordinário, assentando a ausência de sua relevância constitucional.

Tenha-se presente que o instituto da repercussão geral assegura uma uniformização da jurisprudência do Supremo Tribunal Federal, tanto no concernente à correta dicção de determinadas normas constitucionais (aspecto positivo) quanto na impossibilidade de determinados temas serem passíveis de debate na Corte Constitucional (dimensão negativa).

TARUFFO, enfocando situação símile, agudamente observou:

> Voltando, para concluir, dentro dos territórios da própria pátria, vale também a pena aludir a um problema de notável relevo. Em páginas claríssimas da Cassação Civil, já em 1920, Piero Calamandrei sublinhava que a função de nomofilaquia da Corte de Cassação teria tido que se desenvolver, em conexão com a função de garantir a uniformidade da jurisprudência, através da prolação de sentenças capazes não apenas de assegurar a exata interpretação do direito, mas também de impor esta interpretação como cânone de decisão dos casos sucessivos. Calamandrei apresentava a ideia que a Corte de Cassação, uma vez unificada, torna-se aquilo que em termos modernos se chama "corte do precedente" e assim desenvolveria as suas funções, e em particular aquela de nomofilaquia, através de decisões capazes de orientar a jurisprudência sucessiva. Ele antecipava, em verdade, aquela que é hoje a função principal das cortes superiores em muitos ordenamentos, de *common law* e de *civil law*, que é a de assegurar o controle de legitimidade através da fixação de precedentes destinados a projetar-se como pontos de referência sobre decisões dos outros juízes. Com fórmula sintética se

---

[24] CALAMANDREI, Piero. La cassazione civile. Milano: Fratelli Bocca, 1920. p. 104. v. 2.

pode falar de "nomofilaquia através do precedente", justamente para indicar que a função típica de uma corte superior é de assegurar o uniforme respeito à lei através de decisões "universalizáveis" e projetáveis para o futuro.[25]

Decotada a temática nesses termos, surge a hipótese do indevido enquadramento pelo Tribunal de origem de determinada questão sobre o paradigma de outro submetido ao regime da repercussão geral.

Especificamente, um caso estaria sobrestado, mas versaria sobre situação distinta daquela colhida pela eficácia da repercussão.

A bem da verdade, ocorreria aí um indevido represamento e contigenciamento da questão na origem, que mal se acomodaria nas bitolas da hipótese paradigma, de onde, a rigor, a letargia do recurso extraordinário não se imporia.

Assim, exsurge a importância da reclamação para impedir que um recurso sobrestado, sob a rubrica de determinada matéria – esta sim submetida à repercussão geral –, não resista bem à pressão de enquadramento, na exata medida em que trabalha com especificidade constitucional suficiente que permita sua distinção daquele tema carimbado com o dístico da repercussão.

O recorrente teria seu extraordinário submetido ao julgamento em série, a espera de um rótulo, que não faz jus ao conteúdo, uma vez que a matéria objeto do seu recurso é diversa da constante e que será enfrentada na repercussão geral reconhecida.

O colorido recebe tintas ainda mais fortes quando cogitamos que, não fosse a própria incorreção na decisão sobre o enquadramento, a situação embainha a usurpação da competência do Supremo Tribunal Federal.

É que ao Supremo Tribunal Federal compete com exclusividade apreciar a existência da repercussão geral de determinada matéria (CPC, artigo 543-A), o que decorre, como já visto, da sua condição de guardião da Constituição.

Ponto está, evidentemente usurpa a competência do Supremo Tribunal Federal decisão que coloque incorretamente sobre a guarida da repercussão geral tema absolutamente distinto daquele conhecido e reconhecido pela Corte Suprema.

Mesmo porque esse tema diverso, não fosse a retenção incorreta, mereceria ascender ao Supremo Tribunal Federal para ter ou não reconhecida sua repercussão geral e, eventualmente, ser julgado (CPC, art. 543-A).

A par disso, empacado indevidamente um recurso extraordinário, por incorreta submissão à tarja da repercussão de hipótese dessemelhante, abre-se a via da reclamação pela usurpação da competência do Supremo Tribunal Federal.

---

[25] TARUFFO, Michele. Precedente e jurisprudência. *Revista de Processo*. São Paulo: RT, v. 199, p. 146, set. 2011.

A despeito da natureza jurídica da reclamação,[26] é indiscutível que o aludido remédio constitucional é predestinado, entre outros objetivos, à preservação da competência do Supremo Tribunal Federal.

Colhe-se da Carta Magna:

> Art. 102. Compete ao Supremo Tribunal Federal, precipuamente, a guarda da Constituição, cabendo-lhe:
> I – processar e julgar, originariamente:
> (...).
> l) a reclamação para a preservação de sua competência e garantia da autoridade de suas decisões;
> (...).

Ora bem, como compete ao Supremo Tribunal Federal analisar, com exclusividade, a existência de repercussão geral em dada matéria, por imperativo lógico tem idêntica competência para aferir se outro caso está nas balizas daquela – competência sobre a competência.

Demais disso, a possibilidade do manuseio da reclamação é justificada também pela segunda parte do enunciado linguístico normativo em apreço, no que adjudica ao Tribunal Supremo a responsabilidade para "garantia da autoridade de suas decisões".

Garantir a autoridade da decisão que consiste não só em determinar sua observância nos casos idênticos, mas igualmente em não permitir sua extensão a situações não abrangidas no espectro e horizonte decisório.

A reclamação assumiria a condição de pendor da função nomofilática do Supremo Tribunal Federal, possibilitando o controle, por parte deste, da fiel observância da decisão que reconheceu a repercussão geral em determinada hipótese, a fim de evitar sua indevida ampliação para situações não iguais.

Porém, inevitável consignar, o Supremo Tribunal Federal vem negando o manuseio da reclamação para discussão do sobrestamento na origem, remetendo a problemática à resolução intestina dos Tribunais inferiores.

A posição abstencionista do Supremo principiou no julgamento da questão de ordem na ação cautelar no 2.177/PE, Relatora Ministra Ellen Gracie, quando assentada que as pretensões cautelares envolvendo processos sobrestados devem ser analisadas pelos Tribunais de origem.

---

[26] Não seria esta a sede, e nem se tem aqui tal objetivo – tarefa que reivindica uma monografia específica –, basta dizer que existe divergência sobre o caráter da reclamação, isto é, se seria medida administrativa, ação ou recurso. Entendemos ser a reclamação uma ação.

Conquanto existam decisões vacilantes (*v.g.*, Rcl no 7.523/SP, Relator Ministro Menezes Direito), o fato é que o Supremo Tribunal Federal, a partir da questão de ordem no Agravo de Instrumento 760.358/SE, entendeu que o represamento indevido de recurso extraordinário é matéria afeta aos tribunais anteriores.

A razão da decisão está ligada à funcionalidade do próprio Tribunal que novamente veria o assoberbamento dos trabalhos pelas reclamações, as quais substituiriam os recursos extraordinários represados. Por assim dizer, a cada represamento uma potencial reclamação seria proposta.

O voto da sempre Ministra Ellen Gracie na Reclamação no 7.569/SP é expressivo:

> Penso não ser adequada a ampliação da utilização da reclamação para correção de equívocos na aplicação da jurisprudência desta Corte aos processos sobrestados na origem. (...). A análise individualizada da aplicação da jurisprudência firmada por esta Corte no âmbito da repercussão geral acarretará um drástico aumento do número de reclamações a serem apreciadas neste Supremo Tribunal, o que certamente não estará em harmonia com o objetivo pretendido com a criação do requisito da repercussão geral.

O argumento seduz.

A racionalização implementada pela repercussão geral seria esvaziada pela via da reclamação. A expansão objetiva e exponencial das decisões do Supremo pela repercussão seria restringida pela análise, caso a caso, das reclamações aviadas nos processos sobrestados.

Todavia, no tema, o Supremo Tribunal Federal alia a autoridade do argumento ao argumento de autoridade,[27] pois, certo ou errado, uniformiza o entendimento sobre o sentido e alcance dos preceptivos constitucionais, o mito de poder errar por último.

Portanto, a diminuição da carga de trabalho da Corte Suprema não deve passar pelo comprometimento de sua função nomofilática, porquanto a força normativa da Constituição depende inclusive do seu perfeito funcionamento.

Fechar as portas do Supremo às questões relativas ao extravasamento pelos Tribunais de origem da decisão de repercussão geral poderá implicar a preservação da inconstitucionalidade em temas não considerados irrelevantes (sem repercussão).

O represamento indevido de determinado recurso extraordinário, veiculando questão constitucional distinta daquela representativa e submetida ao Supremo,

---

[27] Lembremos, de ARISTÓTELES: "Amicos Platos, sed magis amica veritas".

implica, sem dúvida ou esforço hermenêutico, usurpação da competência desta Corte para análise de matéria constitucional, enfraquecimento de função nomofilática, propriamente de potencial violação da Constituição, com o subsequente esmaecimento de sua força normativa, tudo a justificar e impor o conhecimento da reclamação.

6. ENFOQUE FINAL

O Supremo Tribunal Federal é predestinado constitucionalmente à salvaguarda do texto constitucional, a fim de assegurar a força normativa, não apenas nominal, da Carta Magna.

O recurso extraordinário é uma das vias de acesso ao Supremo Tribunal Federal, permitindo e vitalizando as funções deste, sendo importante instrumento também de controle de constitucionalidade.

A repercussão geral limita o conhecimento do recurso extraordinário por irrelevância e/ou não transcendência das questões objeto do recurso, mediante decisão da Corte Suprema, o que, a um só tempo, preserva a posição desta como guardiã do texto magno e racionaliza seus trabalhos.

Nesse compasso, o controle de adequação do caso sobrestado na origem nas bitolas da hipótese submetida ao regime da repercussão pode e deve ser realizado por meio da reclamação, instrumento vocacionado tanto ao respeito da competência do Supremo Tribunal Federal quanto à autoridade de suas decisões.

www.editoraforense.com.br
forense@grupogen.com.br

Pré-impressão, impressão e acabamento

grafica@editorasantuario.com.br
www.editorasantuario.com.br
Aparecida-SP